Le système juridique chinois

Sous la direction de
LI Lin et MO Jihong

Le système juridique chinois

Traduit par
ZHU Lin, DU Yixiong et LIU Xiaoyan

L'Harmattan

L'ouvrage a été révisé par Guy LEFEBVRE et JIAO Jie.

Soutenu par Chinese Fund for the Humanities and Social Sciences

5-7, rue de l'École-Polytechnique - 75005 Paris

www.editions-harmattan.fr

ISBN : 978-2-336-48820-2
EAN : 9782336488202

SOMMAIRE

LISTE DES ABRÉVIATIONS

APN	Assemblée populaire nationale
CBRC	China Banking Regulatory Commission (Commission de régulation bancaire de Chine)
OMC	Organisation Mondiale du Commerce
PCC	Parti communiste chinois
PIB	Produit Intérieur Brut
PNB	Produit national brut
RAS	Région Administrative Spéciale
RMB	Renminbi
RPC	République Populaire de Chine
URSS	Union des républiques socialistes soviétiques
VCLT	Convention de Vienne sur le droit des traités

CHAPITRE 1.

INTRODUCTION AU SYSTÈME JURIDIQUE CHINOIS

LI Lin

Section 1 : Définition de la loi et du système juridique

Le concept de système juridique est étroitement lié au mot-clé « loi » qui constitue sa forme d'expression la plus courante. Une compréhension complète de ce concept dans le contexte chinois est impossible sans une connaissance approfondie du sens qu'il faut donner au terme « loi », selon la tradition de ce pays.

I. loi et ses sources dans le contexte chinois

1. Qu'est-ce que la loi ?

En Occident, on remarque plusieurs écoles de pensée qui retiennent différentes interprétations sur le sens à donner au terme « loi », certaines d'entre elles s'opposant catégoriquement. Citons, d'abord, la doctrine des normes comme exemple : les positivistes occidentaux modernes, représentés par Herbert HART, en particulier, considèrent généralement que la loi est un ensemble de règles spéciales directement ou indirectement utilisées par une société afin de décider quelles actions jugées contraires à l'intérêt public doivent être sanctionnées ou exécutées au moyen de la force par les pouvoirs publics. Citons ensuite la philosophie volontariste de Jean-Jacques ROUSSEAU selon laquelle : « les lois ne sont que des registres de nos volontés » [1] ; également, selon Georg Wilhelm Friedrich

1 Jean-Jacques ROUSSEAU, Du contrat social, traduit par HE Zhaowu, Commercial Press, 1980, p. 51.

HEGEL, philosophe juridique allemand pour qui la loi est la manifestation de la volonté[1]. En outre, selon le juriste américain Karl N. LLEWELLY, de l'école du réalisme juridique : la pratique des fonctionnaires ou des civils, notamment celle des juges relatives au jugement compose le droit, plutôt que des règles juridiques édictées sur support papier. C'est ainsi que l'action des juges, des avocats et des autres fonctionnaires chargés d'appliquer la loi, tels que les agents des forces de l'ordre, face aux différends, constitue la loi elle-même[2].

Dans l'ancienne Chine, la «loi» (法 fa, 法律 fa lü) connaît aussi ses propres interprétations. Selon le premier livre écrit sur l'histoire des caractères chinois, le Dictionnaire analytique de la langue et des caractères (说文解字 Shuowen Jiezi), la «loi» en chinois simplifié provient de l'ancienne variante " 灋 " (pinyin : fa). Cet idéogramme chinois est composé de trois signes qui exprime l'idée d'équité et de châtiment : « 氵 » (shui), « 廌» (zhi) et « 去» (qu). La première partie de cet idéogramme « 氵 » signifie l'eau, démontrant que la peine (châtiment) doit être juste et égale comme l'eau, dont la surface est parfaitement planée; la seconde partie « 廌 » représente un animal saint dans la mythologie chinoise qui savait distinguer le juste de l'injuste et les bons des mauvais et qui se précipitait sur les individus malhonnêtes pour les expulser en les encornant. Enfin, la troisième partie « 去» traduit l'idée de «repousser» ou de «rejeter», révélant que ceux qui ont commis de mauvaises actions seront menacés par le zhi «廌»[3]. Selon cette interprétation, la «loi» (法 fa) et la peine (ou le châtiment) (刑 xing) sont des mots interchangeables.

Dans l'antiquité chinoise, l'expression «loi» (法 fa) a été non seulement utilisée avec celle de «peine» (刑 xing), mais aussi avec celle de «discipline» (律 lü). D'après le Code Tang (唐律疏义), établi au début de cette dynastie (618-907), la «loi» est équivalente à la «discipline». Ces mots s'associent en quelque sorte pour former le mot composé «loi et discipline» (法律 fa lü) qui apparaît quelquefois dans les documents anciens, mais qui est surtout d'usage contemporain. Depuis la fin de la dynastie des Qing (1644-1912), les mots «loi» et «loi et discipline» ont commencé à être utilisés de manière interchangeable sous l'influence du système du droit continental occidental, par l'intermédiaire du Japon, ainsi que par la réforme qui s'est déroulée à la fin de cette dynastie.

Dans la Chine moderne, l'expression «loi» (法律 fa lü) est définie par la vaste majorité de la doctrine comme signifiant le système des règles de conduite, formulées ou autorisées par l'État et dont l'exécution est confiée aux autorités chargées de la coercition. La loi est censée refléter la volonté des dirigeants, qui

1 HEGEL, Principes de la philosophie du droit, traduit par FAN Yang et ZHANG Qitai, Commercial Press, 1961, pp. 10 et 36.
2 K. N. LLEWELLY, The Bramble Bush, 1930, p. 3.
3 Œuvres complètes de LIANG Qichao, Beijing Press, 1999, p. 1258.

est déterminée en fonction des conditions prévalant à une époque donnée, et qui fixe les droits et les devoirs des personnes avec pour objectif de confirmer, protéger et développer les relations et ordres sociaux qui leur sont favorables[1]. Elle peut se présenter sous deux formes : un sens large et un sens étroit. Au sens large, la « loi » désigne l'ensemble des normes juridiques élaborées par les autorités chinoises compétentes. Au sens étroit, la « loi » ne renvoie qu'aux lois dites « fondamentales » et aux autres lois élaborées par l'Assemblée Populaire Nationale (APN) ainsi que son Comité permanent. Par habitude, les chercheurs théoriciens chinois désignent la loi au sens large comme « loi » (法 fa) et la loi au sens étroit comme « législation » (法律 fa lü).

2. Les sources du droit dans le contexte chinois

Les sources du droit font référence aux formes d'expression du droit, ou si l'on préfère, on doit s'interroger sur comment ou de quelles manières ce droit s'est-il formé ? Il s'agit en fait d'une expression polysémique, originaire de Fontes Iuris du droit romain, qui signifie l'origine du droit ou plus précisément les sources du droit. Notons que dans les Commentaires sur les lois d'Angleterre du 18e siècle, Sir William BLACKSTONE n'avait pas encore utilisé l'expression « les sources du droit ». Au 19e siècle, John AUSTIN a employé cette expression dans son œuvre The Province of Jurisprudence Determined pour montrer que l'origine des normes juridiques découle d'une autorité, le souverain qui dispose de sanctions pour les faire observer et qui est habituellement obéit. Dans le volume la Practical Jurisprudence, publié en 1883, E. C. CLARK a distingué « les sources du droit » en deux types, soit « les sources du contenu du droit et les données pour connaître le droit » : les premières constituent les « sources du droit » tandis que les deuxièmes représentent les « formes du droit »[2]. Cette distinction considère les sources du droit comme des principes de fond, tels que l'origine de l'autorité du droit, son histoire et son contenu. Les formes du droit, pour leur part, sont envisagées comme étant les diverses formes d'existence du droit comprenant le droit écrit, le droit coutumier, etc.

Pour leur part, les chercheurs chinois classent les sources du droit sous différents angles : par exemple, les sources formelles et de fond, les sources formelles et informelles, les sources directes et indirectes, les sources principales et secondaires, etc. Chacune de ces classifications répond à des critères de raisonnabilité et de nature scientifique, mais comporte évidemment aussi des limites. En réalité, le développement du droit est fort différent selon les pays et les cultures. Ainsi, aucun modèle unique n'arrive à résumer ou à décrire d'une

1 Groupe de rédaction du présent livre, Jurisprudence, (Manuel scolaire clef rédigé dans le programme de recherche et de construction sur la théorie du marxisme), People's Publishing House & Higher Education Press, 2011, p. 36.

2 Kenzo TAKADA, Théories anglo-américaines sur les sources de droit, traduit par YANG Lei, Université de sciences politiques et droit du sud-ouest de Chine, 1983, pp. 1-3.

manière simplifiée le parcours historique d'une civilisation juridique dont font partie les sources du droit.

En Chine moderne, les sources du droit directes sont multiples, incluant principalement les lois constitutionnelles, les autres types de lois, les règlements administratifs, les règlements locaux, les traités, etc.

A. Lois constitutionnelles

Dans la majorité des pays de droit écrit, la Constitution, en tant que loi fondamentale d'un pays, jouit de l'autorité suprême dans le système juridique national et constitue la source principale du droit à laquelle les autres sources doivent se conformer. Les sources constitutionnelles du droit chinois en vigueur actuellement comprennent principalement la Constitution de la République Populaire de Chine de 1982 et ses 31 amendements formulés respectivement en 1988, 1993, 1999 et 2004, ainsi que d'autres lois de nature constitutionnelle, telles que la Loi organique, la Loi électorale, la Loi sur l'autonomie ethnique territoriale, la Loi fondamentale de la région administrative spéciale de Hong Kong, la Loi fondamentale de la région administrative spéciale de Macao, la Loi sur le drapeau national, la Loi sur l'emblème, la Loi sur la nationalité, la Loi sur la représentation populaire de l'Assemblée populaire nationale et des assemblées populaires locales de divers échelons, etc. La Constitution est donc la loi fondamentale de la Chine et jouit du statut de source suprême du droit ou de « loi des lois » dans la mesure où toutes les autres lois et tous les règlements doivent se conformer à elle. Le caractère de prédominance de la Constitution conduit à trois remarques principales : en premier lieu, en tant que dispositif principal, elle a pour objectif de déterminer la structure de l'État ainsi que les rapports entre les diverses branches de celle-ci. Elle prévoit également les droits et devoirs fondamentaux des citoyens ; en second lieu, elle constitue le fondement des autres sources du droit national et de l'élaboration des autres lois ; enfin, compte tenu de son importance, elle obéit à des règles particulières pour être modifiée : tout amendement doit être adopté à la majorité des deux tiers au moins des députés de l'Assemblée populaire nationale (APN), sur proposition du Comité permanent de l'APN ou d'un cinquième au moins des députés de celle-ci.

Le rôle de la Constitution à titre de source suprême du droit se manifeste principalement dans l'interprétation de celle-ci et le contrôle constitutionnel. Premièrement, on remarque que la Constitution chinoise prévoit que le Comité permanent de l'APN assume la responsabilité de son interprétation et veille à son application. L'interprétation de la Constitution s'effectue principalement en prenant en compte le caractère fondamental de ce texte ou sous forme des résolutions ou décisions. Deuxièmement, il faut noter que l'APN a le pouvoir de modifier ou d'annuler les décisions inopportunes prises par son Comité permanent et même d'annuler les lois élaborées par celui-ci qui sont considérées non conformes à la Constitution. Troisièmement, on observe que le Comité permanent de l'APN possède le pouvoir important de contrôler les activités du Conseil des affaires d'État, de la Commission militaire centrale, de la Cour populaire suprême et du Parquet populaire suprême. Il peut ainsi, par exemple, annuler les règlements administratifs, les décisions et les ordonnances formulées par le Conseil des Affaires d'État qui seraient contraires à la Constitution et aux lois. Il a également le pouvoir d'annuler les règlements et les décisions à caractère local émanant des organes du pouvoir des provinces, des régions autonomes et des municipalités relevant directement de l'autorité centrale qui seraient contraires à la Constitution et aux lois.

Sous la politique « Un État, deux systèmes », indiquons que le statut de la Constitution en tant que source suprême du droit connaît des exceptions importantes pour les régions administratives spéciales de Hong Kong et de Macao restituées à la Chine. Ces exceptions à la Constitution sont nécessaires au maintien du système capitaliste dans ces régions, avec la prémisse selon laquelle la Chine continentale préserve évidemment son caractère d'État socialiste. Le système à appliquer dans ces régions est déterminé en respectant leur situation concrète par l'APN en vertu des dispositions prévues par des lois particulières. Nous aurons l'occasion d'y revenir un peu plus loin dans ce texte. Les Lois fondamentales s'appliquant dans les régions administratives spéciales de Hong Kong et de Macao ont été élaborées en fonction de la Constitution, et y sont conformes. Les lois fondamentales servent de base à la rédaction de la législation de ces régions et aucune loi formulée par l'organe législatif de celles-ci ne peut être en conflit avec ces lois. Notons que les lois fondamentales n'exigent pas que toute la législation des régions administratives spéciales se conforme à la Constitution chinoise, ce qui montre la haute autonomie des sources du droit de ces régions et assure l'application de la politique « Un pays, deux systèmes ».

B. Lois

Couramment, le mot anglais « law » a deux sens : premièrement, il renvoie à certaines normes régissant l'ordre social ; deuxièmement, il renvoie également à une règle universellement reconnue dans l'évolution naturelle ou sociale. Le premier sens est souvent qualifié de « loi normative », tandis que le deuxième est appelé « loi descriptive » ou « règle scientifique ». Certains chercheurs chinois utilisent le terme « law » selon deux expressions, « loi » et « législation », en les considérant comme étant des concepts de différents niveaux. Ils estiment que l'expression « la loi » est supérieure à « la législation » et sert en quelque sorte de guide à cette dernière. Ainsi, « la loi » constituerait la source de fond de « la législation », source selon laquelle elle devrait suivre les prescriptions. Pourtant, dans le sens de source formelle du droit, le mot « law » comprend simultanément ces deux expressions, et ce, sans distinction nette.

La Constitution chinoise indique que les textes législatifs et normatifs élaborés par l'APN et son Comité permanent constituent des sources du droit mais évidemment subordonnées à la Constitution. Ces textes comprennent « les lois fondamentales » relatives à la structure de l'État et les autres « lois essentielles » votées par l'APN d'un côté, et « les lois » votées par le Comité permanent d'autre part. Selon la Constitution, l'APN a le pouvoir d'édicter et de modifier les lois constitutionnelles et les lois essentielles, dont le Code pénal, le Code civil[1] et les lois organiques de l'État, tandis que son Comité permanent, quant à lui, a juridiction sur les lois autres que celles élaborées par l'APN. Dans l'intervalle des sessions de l'APN, son Comité permanent est responsable pour compléter et modifier partiellement les lois votées par celle-ci, à condition que les principes fondamentaux régissant ces lois ne soient pas violés.

En examinant les sources du droit énoncées par la Constitution, on remarque que les lois dites « fondamentales » ou « essentielles » se distinguent nettement des lois ordinaires de trois façons : premièrement, l'organe responsable de leur adoption est différent; les lois fondamentales ou essentielles sont élaborées par l'APN et les lois « ordinaires » le sont par le Comité permanent. En Chine, le statut constitutionnel de l'organe législatif est l'élément essentiel qui détermine la hiérarchie des lois qui y sont élaborées : plus ce statut est élevé, plus les lois qui y sont adoptées bénéficient d'une autorité persuasive. Deuxièmement, leur contenu n'est pas le même. Les lois « fondamentales » ou « essentielles », comme leur nom l'indique, concernent les secteurs importants de l'économie ou de la société et prévoient les droits et devoirs fondamentaux des citoyens, alors que les lois « ordinaires » n'ont généralement pas pour objectif de viser un tel contenu fondamental. Troisièmement, leurs effets sont distincts. Le texte découlant du processus de l'élaboration des lois « ordinaires », on l'a dit, ne peut pas être en contradiction avec celui des lois « fondamentales ». Par ailleurs, le pouvoir du Comité permanent de compléter et de modifier partiellement les lois adoptées par l'APN, dans l'intervalle de ses sessions, est très limité : il ne peut le faire qu'à la condition que les principes fondamentaux régissant ces lois ne soient pas violés. Cependant, cette interprétation de la Constitution quant au sens à donner à l'expression « loi » ne fait pas l'unanimité et il est donc possible d'en arriver à un autre résultat.

1 Dans cette traduction, les traducteurs ont parfois opté pour l'utilisation du terme "Code" afin de désigner une loi de la République populaire de Chine, dans le souci d'assurer une meilleure compréhension des lecteurs francophones. Cependant, il est essentiel de souligner que cette utilisation ne correspond pas exactement à celle du terme "Code" dans le système juridique français, qui fait référence à un recueil exhaustif des lois et règlements régissant un domaine spécifique du droit. En Chine, un processus de codification des lois et des règlements est en cours. La première loi chinoise à être intitulée "Code" depuis la fondation de la République populaire de Chine en 1949 est le Code civil, entré en vigueur le 1er janvier 2021.

Selon la Constitution, on l'a mentionné, l'APN a, d'une part, le pouvoir d'élaborer « les lois fondamentales » ou « essentielles » et, d'autre part, le Comité permanent de celle-ci a le droit de formuler et de modifier les lois autres que celles adoptées par l'APN. Or, dans un même article, les normes formulées par l'APN sont appelées à la fois « lois fondamentales » et « lois », ce qui peut engendrer une certaine confusion et un problème d'interprétation. En outre, la Constitution énonce que le Conseil des affaires d'État et les Assemblées populaires provinciales ont la possibilité d'élaborer des règlements à caractère local à condition qu'ils ne soient pas contraires à la Constitution, aux lois et aux règlements administratifs de l'État. On remarque ici que cette disposition ne fait pas de distinction entre les expressions « lois » et « lois fondamentales ». De là, d'aucuns croient que les expressions « lois fondamentales » et « lois » énoncées dans la Constitution chinoise ne peuvent pas être interprétées ou expliquées séparément et qu'elles constituent au contraire un ensemble et une même notion, donc une même source de droit. Ce point de vue n'est pas convaincant dans la mesure où si elles équivalaient à une même notion, il serait redondant d'utiliser le terme « loi fondamentale » dans la Constitution et que si ces expressions étaient indivisibles à titre de source du droit, il serait alors inapproprié d'indiquer dans les textes législatifs que les « lois » faites par le Comité permanent de l'APN sont susceptibles de contrevenir aux « lois fondamentales » adoptées par l'APN, et ce, puisqu'elles sont la même chose, celle-ci ne peut évidemment pas se contredire elle-même. Mais si ces expressions sont différentes, comment les distinguer à titre de sources du droit lorsqu'elles sont en conflit ? Ainsi, un problème se pose en pratique : le statut de source juridique de la Loi fondamentale de la région administrative spéciale de Hong Kong et de celui de Macao sont-ils une question qui relève de la « loi fondamentale » ou de la « loi » ? S il s'agit d'une loi « fondamentale », il n'y a alors pas de dispositions constitutionnelles prévoyant de « ne pas contrevenir à la loi fondamentale ». Cela implique-t-il que la législation de la région administrative spéciale de Hong Kong puisse contrevenir à la « loi fondamentale » ? (Cette logique est évidemment incorrecte.) Mais si c'est une question de « lois », comment distinguer le statut de la « loi fondamentale » en tant que source juridique de celui d'autres lois ?

C. Règlements ou règles administratifs

La théorie occidentale traditionnelle de la séparation des pouvoirs vise à distinguer les différentes fonctions de l'État au sein de trois organes, indépendant les uns des autres : un premier organe, appelé législatif (l'assemblée), est une institution exprimant la volonté du peuple en édictant des lois pour le compte de celui-ci. Un deuxième organe exerce la fonction exécutive ou administrative et s'occupe de l'exécution des lois adoptées par l'assemblée. Enfin, un autre organe a pour fonction de régler les litiges en appliquant les lois, il exerce la fonction juridictionnelle ou judiciaire. D'après la théorie traditionnelle de la séparation des pouvoirs, les organes administratifs et judiciaires n'ont aucun pouvoir législatif. Afin d'appliquer les lois, les organes administratifs peuvent établir des règlements ou d'autres règles administratives conformément au pouvoir qui leurs sont accordés par la Constitution et les diverses lois qu'ils sont chargés d'appliquer. Selon les sources du droit, les règlements ou règles administratives sont susceptibles de porter divers noms, tels que les décisions administratives, les résolutions administratives, la règlementation administrative, les règlements administratifs, etc.

La Constitution chinoise énonce clairement que le Conseil des affaires d'État a le pouvoir d'édicter des règlements et des règles administratives. Le statut juridique de ces sources du droit est évidemment inférieur à celui de la Constitution, des « lois fondamentales », des autres lois, mais se situe au-dessus de la réglementation locale. Les règlements et les règles administratives doivent être établis en conformité avec la Constitution et les lois, et ils ne doivent donc pas entrer en conflit avec celles-ci. Les règlements locaux, pour leur part, ne doivent pas contrevenir aux règles de droit édictées par l'APN et son Comité permanent. Le pouvoir du Conseil des affaires d'État d'édicter des règlements et des règles administratives couvre un large éventail d'aspects, tels que le droit de la gestion du travail administratif sur l'ensemble du pays, la direction et la gestion du travail économique, de l'éducation, de la science, de la culture, de la santé publique, de la culture physique, du planning familial, des affaires civiles, de la sécurité publique, de l'administration judiciaire, de la construction de la défense nationale, ainsi que la garantie concrète des droits fondamentaux de la personne, etc. Par ailleurs, selon les dispositions de la Loi sur la législation, les règlements et les règles administratives promulgués par le Conseil des affaires d'État peuvent viser les objets suivants : (1) l'élaboration des règlements administratifs pour la mise en œuvre des lois ; (2) les pouvoirs et les fonctions prévus par l'article 89 de la Constitution et dont nous venons tout juste d'énumérer les principaux éléments ci-devant.

Le Conseil des affaires d'État a aussi compétence pour exercer les autres fonctions et pouvoirs qui lui seraient impartis par l'APN et par son Comité permanent. Depuis 1978, le Comité permanent de l'APN a accordé au Conseil des affaires d'État trois autorisations législatives : selon la première autorisation, datée de 1983, il a été autorisé à modifier et à compléter les « Mesures provisoires pour l'installation des cadres âgés faibles, malades et handicapés » et les « Mesures provisoires pour la retraite et la démission des travailleurs » ; la seconde s'est produite en 1984, lorsqu'on lui a concédé le pouvoir de formuler et de promulguer le « Règlement provisoire sur les impôts » ; et la troisième, en 1985, quand on lui a permis d'élaborer des règles et des règlements provisoires sur la réforme économique et l'ouverture sur le monde extérieur. Ces autorisations ont été accordées lorsque la législation chinoise était en refonte et au stade initial de son développement, et quand la législation de l'APN et de son Comité permanent n'a pas répondu adéquatement aux besoins de la réforme et de l'ouverture sur le monde extérieur. Cette catégorie d'autorisation a été abandonnée plus tard et remplacée par « l'autorisation des articles de loi » qui fait référence à la pratique par laquelle les organes législatifs délèguent certains pouvoirs de légiférer qui doivent s'exercer de façon conforme à la loi d'attribution. En Chine, la délégation au moyen de « l'autorisation des articles de loi » est souple et ciblée, mais elle doit être exercée prudemment car elle peut être faite arbitrairement et être difficile à surveiller.

D. Lois et règlements locaux

Les lois et règlements à caractère local en Chine réfèrent à des normes juridiques applicables à des régions spécifiques et élaborés par les organes locaux dotés du pouvoir de les édicter. Les sources juridiques des lois et des réglementations locales se manifestent différemment selon qu'on est en présence d'États fédéraux ou d'États unitaires. Dans un État fédéral composé de plusieurs entités autonomes, les pouvoirs sont partagés entre le gouvernement fédéral et les gouvernements des entités fédérées. Ces entités jouissent ainsi d'un assez large pouvoir législatif. Du point de vue des sources du droit, elles peuvent édicter toutes les normes juridiques relevant de leurs pouvoirs, y compris les constitutions des entités fédérées et d'autres lois locales. Dans un État unitaire, une certaine forme d'autonomie est donnée aux pouvoirs locaux par le pouvoir central. Si les autorités locales ont un pouvoir d'édicter des normes, ce pouvoir est limité par la Constitution et les lois prises par le gouvernement central. Du point de vue des sources juridiques, la réglementation locale, en tant que source du droit, ne se retrouve pas dans tous les États unitaires. Il faut, par ailleurs, noter que les pouvoirs des autorités locales sont très variables d'un État à un autre.

Dans la Chine contemporaine, d'une manière générale, les lois et les règlements locaux, édictés par les assemblées populaires locales et leurs comités permanents dotés du pouvoir normatif à différents échelons, comprennent les règlements locaux eux-mêmes, la législation autorisée, les règlements autonomes, les règlements distincts, la législation des RAS (Région administrative spéciale), etc. Selon la Constitution chinoise, la Loi fondamentale, la Loi organique ou la Loi d'habilitation, les organes locaux jouissant du pouvoir législatif comprennent : les assemblées populaires provinciales et leurs comités permanents, les assemblées populaires des chefs-lieux des provinces et leurs comités permanents, les assemblées populaires des grandes villes et leurs comités permanents, les assemblées populaires des villes spécialement habilitées à exercer le pouvoir législatif et leurs comités permanents, les organes législatifs des RAS et les assemblées populaires des régions autonomes des minorités ethniques.

L'article 116 de la Constitution énonce que les assemblées populaires des régions autonomes des minorités ont le droit d'établir des statuts et règlements autonomes ou distincts particuliers sur l'exercice de l'autonomie, conformément aux caractéristiques politiques, économiques et culturelles locales. Selon la Constitution et la Loi de l'autonomie des régions des minorités ethniques, les assemblées populaires des régions autonomes des minorités ethniques jouissent du pouvoir législatif selon deux aspects : elles bénéficient d'abord des mêmes pouvoirs que ceux des assemblées populaires des régions non autonomes, y compris le pouvoir de décider, sous forme de l'élaboration de règlements locaux ou d'autres manières, des questions importantes relatives à l'économie, à l'éducation, aux sciences, à la culture, à la santé publique, aux affaires civiles, aux affaires des nationalités, etc. ; elles possèdent aussi divers droits sur la législation autonome.

On pense généralement qu'à titre de sources du droit, les lois et règlements autonomes ou distincts (appelés « statuts et règlements sur l'exercice de l'autonomie ») divergent des lois et règlements locaux de trois façons : (1) leurs organes législatifs sont différents. Les organes législatifs ayant le pouvoir d'édicter des lois et règlements locaux sont les assemblées populaires locales de différents échelons et leurs comités permanents, tandis que le pouvoir législatif de faire des règlements sur l'autonomie est, on l'a vu, accordé aux assemblées populaires des régions autonomes des minorités ethniques, ou à celles des départements autonomes ou des districts autonomes. (2) ils possèdent une base législative différente. Il faut, en effet, que les règlements locaux soient établis en fonction des situations spécifiques et des besoins réels de la région administrative concernée, à condition toutefois qu'ils ne contreviennent pas à la Constitution, aux lois et aux règlements ou règles administratives établis par les autorités centrales ; les assemblées populaires des régions autonomes des minorités ethniques, pour leur part, peuvent établir des règlements distincts ou autonomes en fonction des spécificités de la politique, de l'économie et de la culture locales sans nécessairement respecter l'exigence de « ne pas contrevenir à la Constitution, aux lois et aux règlements ou règles administratives ». (3) les procédures législatives sont également différentes. Les règlements locaux doivent être soumis au Comité permanent de l'ANP qui en prendra acte ; les règlements édictés dans les capitales et dans les grandes villes, quant à eux, ne prennent effet qu'après leur approbation par le Comité permanent de l'APN ; enfin, les règlements sur l'autonomie promulgués dans les départements ou districts autonomes entrent en vigueur après leur approbation par le Comité permanent des assemblées populaires de la province ou de la région autonome concernée et doivent être soumis au Comité permanent de l'APN.

On remarque donc, en résumé, qu'une des caractéristiques particulières des règlements particuliers sur l'exercice de l'autonomie, en tant que source du droit, est qu'ils peuvent être adaptés aux besoins réels des régions et des individus concernés sans entrer en conflit avec des normes juridiques possédant un statut hiérarchique supérieur et sans contrevenir aux principes et à l'esprit fondamental des lois et des règlements concernés.

Les régions administratives spéciales de Hong Kong et de Macao bénéficient d'un pouvoir législatif élargi. Les conseils législatifs des RAS possèdent le droit de légiférer dans tous les domaines soumis à l'autonomie des régions. Les sources du droit dans la RAS de Hong Kong sont principalement : la Loi fondamentale de la Région administrative spéciale de Hong Kong, les lois faites par le conseil législatif, la common law, les principes d'équité, la législation subordonnée, le droit coutumier, etc. Les sources de droit de la RAS de Macao, pour leur part, sont principalement constituées par la Loi fondamentale de la Région administrative spéciale de Macao, les lois formulées par le Conseil législatif, les règlements administratifs émis par le chef de l'exécutif, etc.

E. Traités

En droit international, le terme « traité » est défini de façon large ou étroite. Un traité dans un sens étroit réfère à un accord conclu par deux pays. Dans un sens large, selon la Convention de Vienne sur le droit des traités (VCLT), adoptée en 1969, il signifie « un accord international conclu entre États et régi par le droit international, qu'il soit consigné dans un instrument unique ou dans plusieurs instruments connexes, et quelle que soit sa désignation particulière ». En ce qui concerne les sources du droit, l'application d'un traité dans un État particulier ou dans un ordre juridique interne dépend de sa relation avec la législation nationale.

Antonio CASSESE, juriste italien, a proposé que les constitutions de tous les pays soient généralement classées en quatre catégories en ce qui concerne leurs relations avec les traités : 1. la Constitution ne prévoit aucune disposition quant à l'application des traités internationaux en droit interne ; 2. elle indique que l'on doit se conformer aux obligations des traités qui, cependant, n'ont pas de priorité par rapport au droit interne ; 3 elle mentionne qu'il y a primauté des traités sur l'ordre juridique interne et donc qu'il n'est pas nécessaire d'adopter une loi pour leur donner effet ; 4. elle permet aux traités de contredire la Constitution[1].

En Chine moderne, les traités constituent une source de droit et sont définis de façon large. Par exemple, dans le Recueil des Traités de la République populaire de Chine, édité par le Ministère des Affaires étrangères de la Chine, les traités, les accords, les protocoles, et les échanges de lettres sont tous incorporés dans la catégorie des « traités » et sont généralement considérés comme des sources du droit chinois. Bien que les relations entre les lois chinoises et les traités (droit international) ne soient pas prévues par la Constitution chinoise, elles se manifestent dans certaines dispositions législatives spécifiques. Par exemple, la Décision sur la compétence pénale relative aux crimes définis par des traités internationaux conclus ou acceptés par la République populaire de Chine, adoptée le 23 juin 1987 par la 21e session du Comité permanent de la VIe APN, indique que pour les crimes définis dans les traités internationaux conclus par la

1 Antonio CASSESE, La Constitution contemporaine et le droit international, citations de : WANG Tieya « Le statut des traités dans le système juridique de la Chine », Revue de droit chinois et comparé (Volume 1), Centre de recherche en droit chinois et droit comparé, City University of Hong Kong, 1995, p. 19.

Chine ou auxquels elle a adhéré, cette dernière a une compétence pénale en vertu des obligations que lui imposent ceux-ci. Selon la Loi chinoise sur la procédure administrative, lorsqu'un tribunal populaire traite des affaires administratives liées à des affaires étrangères, « si un traité international conclu ou accepté par la République populaire de Chine contient des dispositions différentes de celles énoncées dans la présente loi, les dispositions du traité international s'appliquent, à moins que celles-ci ne contiennent des dispositions sur lesquelles la Chine a formulé des réserves ». La Loi chinoise sur la procédure civile prévoit également que lorsqu'un tribunal populaire traite des affaires civiles liées à des affaires étrangères, un traité international conclu ou accepté par la Chine contient des dispositions différentes de celles énoncées dans cette loi, les dispositions du traité international s'appliquent, à moins que celles-ci ne contiennent également des dispositions sur lesquelles la Chine a formulé des réserves. À partir de ces dispositions, on comprend que la Chine applique le principe selon lequel il y a primauté du droit international sur le droit interne sauf en cas de réserve spécifique.

II. Définition du système juridique

L'expression « système juridique » comporte plusieurs sens en Occident. En Chine, ce terme comprend aussi de nombreuses significations. En effet, premièrement, l'expression « système juridique » peut être traduite à partir des pictogrammes «法制», «法系», «法律体系» ou encore «法律制度» en chinois. Ces différentes expressions représentent le mode d'existence de certains regroupements de lois ou de groupes de lois ou de certains types de lois. Par conséquent, quelle que soit l'expression choisie, le choix d'un mot ou d'un autre se justifie tant et aussi longtemps que l'on conserve le même tout au long d'un texte. D'autre part, il existe de nombreuses façons de définir le terme « système juridique » en chinois. Voici quelques exemples :

Tout d'abord, on entend par « système juridique (法律制度)» l'ensemble de tous les principes, des normes et des textes légaux d'un pays ou d'une région. Dans ce cas, le système juridique est l'ensemble des règles juridiques adoptées dans un espace spécifique, c'est-à-dire le « pluriel » des diverses formes existantes des lois, qui dans le contexte chinois a, à peu près, le même sens que les pictogrammes « 法律体系 ». En chinois, le terme « système (制度)» est interprété, dans certains cas, comme signifiant « les procédures et les normes de comportement à respecter par le public, ou encore des normes comme les actes, les rites et les coutumes développés dans certaines conditions historiques ». Par conséquent, du point de vue de la formation des mots, la « loi (法律)» est généralement équivalent au « système (制度)». Ainsi, la combinaison de « loi (法律)» et de « système (制度)» en un seul mot a simplement un but tautologique.

Deuxièmement, le terme « système juridique (法律制度)» est considéré en chinois comme une alternative à celui de « légalité （法制）» ou de « Loi et système

(法律和制度)». Par exemple, dans L'histoire du système juridique chinois et L'histoire du système juridique occidental, les manuels nationaux utilisés généralement par les facultés de droit des universités et collèges de toute la Chine, le terme « système juridique » a le même sens que celui de ces deux concepts.

Troisièmement, le terme « système juridique » est appelé « système de lois (法律 系 统) » pour la raison que les « systèmes » peuvent être traduits en chinois comme " 制度 " ou 体制 ", 系统 " ou " 体系 ". Avec cette interprétation, le système juridique, en tant qu'entité imposant des règles comportementales et des normes de jugement sur la société, sert de véhicule aux études et pratiques juridiques. Dans un sens statique, il codifie et reflète les systèmes sociaux et les valeurs d'un État, alors que dans un sens dynamique, il vise non seulement les résultats des recherches juridiques mais sert aussi d'exemple de la description des règles qui y prévalent[1].

Quatrièmement, le terme « système juridique », différent du système religieux, du système économique, du système social, du système politique, du système culturel ainsi que du système moral, est une forme organisationnelle de règles composée des lois et des règlements définissant des droits et des obligations, qui sont imposés par l'autorité de l'État. Cette explication est donnée d'un point de vue du sens extensif de l'expression « système juridique ».

Cinquièmement, le terme « système juridique » est un système qui se compose d'un système législatif, d'un système d'application de la loi, d'un système judiciaire, ainsi que des diverses branches du droit, telles que le droit public, le droit privé, le droit social, le droit international, etc. Plutôt que d'adopter le critère et la théorie du droit romain sur la distinction entre le droit public et le droit privé, la Chine utilise plutôt son propre modèle intitulé « Système de lois socialistes aux caractéristiques chinoises ». Par conséquent, dans la Chine moderne, l'expression « le système des lois » équivaut également à celle de « système juridique », et il s'agit là d'une manifestation d'une certaine forme de standardisation de ces expressions.

Lawrence M. FRIEDMAN, historien du droit américain, affirme dans son livre The Legal System : A Social Science Perspective que grâce à de nombreuses approches, les justiciables peuvent avoir accès au contenu du « système juridique », mais qu'« une définition communément approuvée par les universitaires ou les citoyens n'a jamais été formulée »[2]. Il existe toutefois des sous-systèmes qui sont généralement reconnus par le public : « ce qu'ils ont en commun, c'est qu'ils sont des systèmes, qu'ils fonctionnent avec des normes ou des règles, et qu'ils sont liés à l'État ou ont une autorité similaire

1 REN Lihua, Définition du système juridique-tension immanente entre la recherche et la pratique du droit, première série de Law Forum, 2006.

2 Lawrence M. FRIEDMAN, Systèmes juridiques : du point de vue des sciences sociales, traduit par LI Qiongying et LIN Xin, Presses de l'Universit de sciences politiques et de droit de Chine, 1994, p. 1.

à celui-ci»[1]. En tant que système, son mécanisme de fonctionnement peut être simplifié comme suit : le droit et la société interagissent continuellement selon un mécanisme par lequel «l'environnement social constitue la base et l'entrée du système juridique par l'intermédiaire d'un sous-système qui en est en quelque sorte l'input" ; l'output", quant à lui, est le résultat émanant des normes et des institutions juridiques et qui ont évidemment une «influence» et un «effet» sur le monde extérieur; l'interaction continuelle entre l'environnement social et le droit fait en sorte que le premier donne par la suite un retour d'information au système, sur la base du processus précédent et ainsi de suite»[2]. Selon les trois étapes, le terme «système juridique» peut être interprété comme un système «input-process-output».

Au lieu de s'attarder sur une définition précise du terme «système juridique», nous voulons plutôt dans ce livre décrire le «système législatif chinois» et «le système juridique aux caractéristiques chinoises». Nous présenterons d'une manière simple aux lecteurs chinois et étrangers le contenu suivant : le système de législation, le système de lois, la Constitution et ses lois connexes, le droit administratif, le droit civil et commercial, le droit économique, le droit social, le droit pénal, le droit procédural contentieux et non contentieux, la notion d'«un pays, deux systèmes» et les lois des régions administratives spéciales, le droit international et le système juridique chinois, etc. Nous espérons que ce livre constitue le point de départ d'une étude plus approfondie du système juridique chinois moderne.

Section 2 : Déroulement de la construction du système juridique de la République populaire de Chine

La Chine, une des civilisations les plus anciennes, avec une histoire de plus de 5000 ans, constitue également un modèle juridique jouissant d'une longue histoire. Dès le 21e siècle av. J.-C., le droit coutumier est apparu durant un régime d'esclavage prévalant dans ce pays. Au cours des périodes du Printemps et de l'Automne et des périodes des Royaumes Combattants (770 av. J.-C.-221 av. J.-C.), la Chine a commencé à formuler par écrit les lois formant des codes. Pendant la dynastie des Tang (618-907), la Chine possédait des codes assez complets, hérités et développés par des dynasties féodales. Le système juridique chinois était unique dans le monde et la Chine ancienne a apporté une importante contribution à la civilisation humaine.

1 Lawrence M. FRIEDMAN, Systèmes juridiques : du point de vue des sciences sociales, traduit par LI Qiongying et LIN Xin, Presses de l'Universit de sciences politiques et de droit de Chine, 1994, p. 12.

2 JI Weidong, Sources et effets du droit, in Lawrence M. FRIEDMAN, Systèmes juridiques : du point de vue des sciences sociales, traduit par LI Qiongying et LIN Xin, Presses de l'Universit de sciences politiques et de droit de Chine, 1994, traduction Avant-propos, p. 6.

La première source du droit en Chine était le droit coutumier, tout comme en droit occidental. Selon les registres des livres anciens, la dynastie Xia, première de l'histoire de la Chine (environ 2205 à 1767 avant J. C.) a formulé un droit criminel appelé « Yu Xing », et la dynastie Shang (environ 1570 à 1045 avant J. C.) a édicté des lois connues sous le nom de « Tang Xing » en réponse aux luttes de classes entre les esclaves, les gens ordinaires et les propriétaires d'esclaves. La dynastie Zhou (environ 1045-256 avant J. C.), pour sa part, disposait de sources importantes du droit, comme les Neuf Peines et les Peines Lü, ainsi que les textes Shi, Gao et Ming publiés par le roi Zhou. La loi écrite la plus ancienne de la Chine a vu le jour lorsque Zi Chan, dirigeant de l'État Zheng, en 536 avant J. C., a inscrit la première codification de droit pénal sur un trépied. On peut constater, selon ces documents, que les sources du droit dans la Chine ancienne se rapportent principalement au droit pénal. Pendant la période des Royaumes Combattants, Li Li, de l'État Wei, a intégré les lois pénales de divers États et a formulé le premier code relativement complet, à savoir les six chapitres des Livres de la Loi. En dualité avec la loi, on retrouve les « Rites » (Li) qui constituent les principales coutumes de la société ancienne de la Chine et qui doivent être suivies par tous. La loi est en quelque sorte l'accessoire du Li, ensemble des normes morales : cela se traduit par diverses expressions qui énoncent, par exemple, que « sortir du Li fait entrer dans le châtiment » ou encore que « le Li prémunît d'avance, la loi sanctionne après coup ».

Depuis la société féodale, les sources formelles du droit écrit de la Chine sont devenues graduellement complètes et matures et se sont développées sous de multiples formes. Après la dynastie des Tang, le droit coutumier a pris la forme de « la loi (lü), du règlement (ling), de l'interdit (ge) et du décret (shi) » comme sources principales et « du code (dian), de l'ordre du roi (chi), de la directive (bi) et de la jurisprudence (li) » comme autres sources, par ailleurs, importantes. À la fin de la dynastie Qing, avec l'initiative de Shen Jiaben, ministre chargé de la révision des lois, des projets de loi pénale, civile et procédurale ont été adoptés en s'appuyant sur le modèle du droit civil occidental et sur les sources et les formes du droit français, allemand et japonais, rompant ainsi la tradition qui s'était maintenue pendant plus de 2000 ans. Plus tard, la République de Chine a continué de s'inspirer du modèle de droit civil occidental dans sa législation et a établi un système de sources juridiques qui était principalement constitué par les Six Lois (droit constitutionnel, droit civil et commercial, droit administratif, droit pénal, droit de la procédure civile et droit de la procédure pénale).

Les sources du droit de la Chine contemporaine proviennent de la période du régime révolutionnaire dirigée par le Parti communiste chinois (PCC). De l'an 1931, où la République soviétique de la Chine a établi un régime révolutionnaire jusqu'à la fondation de la République populaire de Chine, en 1949, ce régime a adopté successivement le Projet de Constitution, la Loi organique du pouvoir, la Loi du travail, la Loi sur le mariage, l'Ordonnance pénale, l'Ordonnance sur la procédure, etc. Toutefois, pendant la guerre, les politiques, les décisions et les résolutions adoptées sous la République populaire de Chine, ont constitué de véritables sources du droit et ont même eu préséance sur la Constitution et les autres normes juridiques. Par la suite, sous la direction du PCC, le peuple chinois a avancé progressivement vers la construction d'un État de droit socialiste par diverses révolutions, constructions, réformes et développements[1].

Après la fondation de la République populaire de Chine, l'édification d'un État de droit dans la nouvelle Chine a connu deux grandes périodes de développement accompagnées par de nombreux obstacles en matière politique, économique, sociale et culturelle.

I. Construction juridique durant la période de la fondation de la République populaire de la Chine en 1949 jusqu'à la réforme et l'ouverture en 1978

1. Fondation du système juridique de la République populaire de Chine : de la Fondation de la République populaire de Chine en 1949 à la promulgation de la Constitution en 1954

La période couvrant le début de la fondation de la République populaire de Chine en octobre 1949 jusqu'à la promulgation de la Constitution en 1954, jette les bases du système juridique socialiste de la Chine. En septembre 1949, la première séance plénière de la Conférence consultative politique du peuple chinois (CCPPC) a adopté le Programme commun visant les particularités de la Constitution provisoire et a formulé la Loi organique du gouvernement populaire central. L'article 17 du Programme commun énonce explicitement que « nous devrions abolir toutes les lois, les ordonnances et les systèmes judiciaires qui ont été émis ou mis en place par le gouvernement des réactionnaires Kuomintang pour opprimer le peuple, afin d'adopter des lois et des ordonnances pour le protéger et établir des systèmes judiciaires populaires ». Ces deux lois constitutionnelles et d'autres lois connexes ont servi de fondement au nouveau système juridique dans les premières années de la naissance de la République populaire de Chine.

Au cours de cette période, afin de s'adapter aux besoins de la lutte politique et de la construction juridique, la Chine a mis en place un « Système législatif pluraliste » pour assurer la transition du régime avec les fonctions suivantes des divers organes : la CCPPC a alors pour rôle de promulguer les lois fondamentales, le gouvernement populaire central, pour sa part, doit élaborer et interpréter les lois et les ordonnances de l'État ainsi que superviser

1 Construction juridique de la Chine (Livre blanc), Bureau de presse du Conseil des affaires d'État, 2008.

leur mise en œuvre, le Conseil des Affaires politiques du Gouvernement populaire central (CAPGPC) a pour rôle d'émettre des résolutions et des ordonnances ainsi que d'examiner leur mise en œuvre et d'abolir ou de réviser les résolutions et les ordonnances qui sont faites par les ministères, les commissions, les bureaux et les institutions subordonnées et les gouvernements locaux à tous les échelons et qui contreviennent aux lois et aux règlements de l'État et aux résolutions et ordres du CAPGPC et aussi de proposer des projets de loi au gouvernement populaire central ; enfin, selon les règles générales des organisations gouvernementales locales, les comités des gouvernements populaires des grandes zones administratives, des provinces, des municipalités et des districts pourront édicter des ordonnances, règles et règlements distincts, tandis que les organes autonomes des minorités ethniques auront des pouvoirs similaires liés à leur statut particulier.

Un tel système législatif a amélioré l'efficacité législative et a accéléré le développement de la législation émanant des organes centraux et locaux. Des lois de différents types ont été adoptées. Par exemple, on note des lois destinées à organiser et mettre en place le pouvoir de l'État : Programme commun, Loi organique de la Conférence consultative politique du Peuple chinois, Loi organique du gouvernement populaire central, Règles organisationnelles générales de la Conférence des représentants populaires de tous les milieux (déclarées invalides), Règles organisationnelles générales du Comité du gouvernement populaire des grandes régions administratives (déclarées invalides), Règles organisationnelles générales du Conseil des Affaires politiques et de ses organes subordonnés à tous les niveaux (déclarées invalides), Règlement organisationnel provisoire de la Cour populaire (déclaré invalide), Règlement organisationnel provisoire du Parquet populaire suprême (déclaré invalide), Règlement organisationnel général des Conférences provinciales des représentants populaires de tous milieux (déclaré invalide), Règlement organisationnel général des Conférences municipales des représentants populaires de tous milieux (déclaré invalide), Règlement organisationnel général des Conférences de district des représentants populaires de tous milieux (déclaré invalide), etc. Par ailleurs, les lois destinées à réprimer les actes des bandits et des réactionnaires, à renforcer le régime et à maintenir l'ordre social qui ont été adoptées sont principalement les suivantes : Règlement pour punir les réactionnaires (déclaré invalide), Mesures provisoires sur le contrôle des réactionnaires (déclarées invalides), Règlement provisoire pour punir les bandits (déclaré invalide), Règlement sur la sécurité urbaine (déclaré invalide) et Règlement sur la sécurité en milieu rural (déclaré invalide). De même, les lois visant à restaurer et développer l'économie nationale, à stabiliser l'ordre économique et à punir la corruption et la dégénérescence qui ont édictées sont les suivantes : Mesures de mise en œuvre des politiques fiscales nationales, Décisions sur l'unification du travail national en matière budgétaire et économique, Règlement provisoire sur la violation de la monnaie nationale, Mesures provisoires sur l'interdiction de la circulation transfrontalière des monnaies nationales, billets et valeurs (déclarées invalides), Mesures provisoires concernant le chômage des travailleurs (déclarés invalides), Règlement sur l'assurance du travail (mis en œuvre en 1951 et révisée en 1953 et 1956 respectivement), Règlement provisoire sur les entreprises privées, Règlement pour punir la corruption (déclarée invalide), Dispositions sur le traitement de la corruption et du gaspillage et de la correction des erreurs bureaucratiques, Loi douanière provisoire, etc. Enfin, les lois concernant les réformes foncières et les réformes sociales démocratiques adoptées sont les suivantes : Loi de la réforme agraire (mise en vigueur en 1950 et devenue invalide à la fin de 1987), Décisions sur l'identification de la classe rurale, Mesures sur le traitement des terres qui sont de la propriété des Chinois d'outre-mer dans les réformes foncières, Loi sur le mariage, etc.

Le système judiciaire de la République populaire de Chine a été instauré avec le nouveau régime. Ainsi, le 1er octobre 1949, la première session du Comité du gouvernement populaire central a nommé SHEN Junru président de la Cour populaire suprême et LUO Ronghuan, chef du Parquet populaire suprême. Le 22 octobre de cette année, ces deux nouvelles instances ont tenu une séance inaugurale et SHEN Junru et LUO Ronghuan sont effectivement entrés en fonction. En 1951, le gouvernement populaire central a promulgué les normes suivantes : Règlements organisationnels provisoires des tribunaux populaires (déclarés invalides), Règlements organisationnels provisoires du Parquet populaire suprême (déclarés invalides) et Règles organisationnelles générales des parquets populaires locaux de divers échelons (déclarées invalides). Ces règles et règlements régulent les systèmes, les fonctions et les pouvoirs des tribunaux et des parquets populaires. Ainsi, le gouvernement populaire central a commencé à établir des systèmes organisationnels des tribunaux et des parquets populaires à tous les échelons.

Au niveau des structures organiques, les élections des représentants des structures de base ont commencé à s'effectuer à partir de mars 1953 et ont pris fin avec succès en mai 1954. Jusqu'en août 1954, les assemblées populaires locales de divers échelons se situant au-dessus du niveau du district ont été successivement mises en place. « En dehors de la province de Taïwan non libérée, le peuple chinois a établi ses régimes dans 25 provinces, incluant la région autonome de Mongolie intérieure, le Tibet, la préfecture de Chamdo, trois municipalités relevant directement de l'autorité centrale, 2216 districts et unités administratives fonctionnant comme districts, 163 villes, 821 régions relevant des municipalités et 224 660 cantons. En outre, elles ont mis en place 65 organes jouissant de l'autonomie dans des circonscriptions autonomes des minorités ethniques se situant au-dessus du niveau du district »[1].

1 LOU Bangyan, Connaissance de base de la Constitution de la République populaire de Chine, Maison d'édition La Connaissance Nouvelle, 1955, p. 32.

2. Fondation du système juridique de la République populaire de Chine : de la promulgation de la Constitution en 1954 au Mouvement contre les droitistes en 1958

La période de 1954 à 1957 constitue la véritable période de fondation du système juridique socialiste de la Chine. Durant cette période, la première Constitution socialiste de la République populaire de Chine a été édictée et publiée. Au début de l'année 1953, le Comité du gouvernement populaire central a décidé de constituer un comité de rédaction de cette Constitution, avec MAO Zedong, comme président, et 32 membres, dont ZHU De et SONG Qingling. Le 15 septembre 1954, le projet de Constitution a été soumis pour approbation à la première session plénière de la Ière Assemblée populaire nationale (APN), fournissant ainsi une base constitutionnelle pour la construction et le développement du système juridique socialiste et marquant l'établissement officiel de ce système.

Pendant cette période, le Parti au pouvoir s'est surtout focalisé sur le développement économique plutôt que sur le sujet de la lutte des classes. En 1956, lors de la tenue du VIIIe Congrès national du PCC (Parti communiste de Chine), LIU Shaoqi a souligné, dans le rapport politique de celle-ci, que : « L'une des tâches pressantes auxquelles nous sommes confrontées dans les affaires étatiques est de formuler systématiquement des lois relativement complètes et d'améliorer le système juridique chinois. La révolution est passée et de nouveaux rapports de production ont été établis. Notre lutte est devenue celle de la protection du développement harmonieux des forces productives sociales et les moyens de la révolution socialiste doivent être modifiés en conséquence. Il est donc absolument nécessaire d'établir un système juridique complet ».

A. Mettre en place du travail législatif

La Constitution de 1954 a énoncé le principe selon lequel l'APN est le seul organe exerçant le pouvoir législatif de la nation et que celui-ci doit être centralisé. Selon les statistiques, de 1954 à 1957, avant le mouvement contre les droitistes, les lois et les règlements formulés par l'APN et son Comité permanent, par le Conseil des affaires d'État, ainsi que les documents juridiques relativement importants promulgués par les ministères et les commissions du Conseil des affaires d'État se chiffrent à 731[1]. La formulation de ces lois, règlements et ordonnances a enrichi le système juridique chinois et a fourni une base juridique et une garantie légale pour que le développement économique, politique et social de la nouvelle Chine entre dans une voie moderne. La rédaction de certaines lois fondamentales particulièrement importantes, comme la Loi pénale, la Loi civile et la Loi de la procédure civile, a été rapidement mise en œuvre. Notons que la Loi pénale a été révisée

1 Par exemple, Règlement sur l'organisation des comités résidentiels urbains, Règlement sur le registre de l'état civil, Règlement sur les coopératives de production agricole, Règlement sur l'arrestation et la détention, Règlement sur la gestion de la sécurité publique et les punitions, etc.

22 fois jusqu'en 1957 et que tous les projets de loi de celle-ci ont été présentés aux députés de l'APN pour solliciter leurs opinions. Une grande partie de la Loi civile a aussi été rédigée et diffusée aux unités concernées pour avis consultatifs ; la rédaction de la Loi de procédure pénale a également commencé et son premier projet a été achevé en juin 1957.

B. Établir le système judiciaire

Lors de la 1ère session de la 1ère APN, la Loi organique des cours populaires (mise en œuvre le 1er janvier 1980 et modifiée respectivement en 1983, 1986 et 2006) et la Loi organique des parquets populaires (établie en 1979 et révisée en 1983 et 1986) ont été reformulées. Selon les dispositions de la Loi organique des cours populaires, le système organisationnel des tribunaux est passé de trois niveaux (le tribunal de niveau de district, le tribunal de niveau provincial et le tribunal populaire suprême) à quatre niveaux (tribunal de base, tribunal intermédiaire, Cour supérieure provinciale et Cour populaire suprême). De plus, le tribunal militaire, le tribunal ferroviaire, le tribunal pour le transport par voie d'eau et d'autres tribunaux populaires spéciaux ont été mis en place ainsi que le système du double degré de juridiction à quatre niveaux. En tant qu'organe judiciaire suprême de la Chine, la Cour populaire suprême est chargée de superviser le travail judiciaire des tribunaux locaux et des tribunaux populaires spéciaux des divers échelons. Des collèges judiciaires ont aussi été constitués au sein des tribunaux populaires afin de discuter de leurs expériences, d'affaires importantes ou difficiles ainsi que d'autres questions liées aux jugements.

Pour sa part, la Loi organique des parquets populaires prévoit que le système de direction des parquets passe de la double direction (assumée par le parquet de l'échelon supérieur et le comité du gouvernement populaire du même échelon) à la direction directe (les parquets locaux de divers échelons et les parquets spéciaux conduisent leurs travaux sous la direction des parquets de l'échelon supérieur et du Parquet suprême), tandis que des parquets de quatre niveaux sont mis en place et, enfin, un collège du parquet, dirigé par le procureur général, est instauré. En tant qu'organes de la supervision juridique en Chine, les parquets sont chargés de la supervision générale des lois, des enquêtes, des procès, des prisons, etc.

Certains principes et systèmes de base ont été introduits pour la fonction judiciaire de la Chine, comme le système de répartition du travail avec la responsabilité individuelle, celui de la surveillance mutuelle entre les autorités de sécurité publique, les parquets et les tribunaux, le système d'indépendance de l'exercice des fonctions et des pouvoirs des parquets et des tribunaux, le principe d'égalité devant les lois, le système des assesseurs populaires, le système de l'audience et de la défense publique, le système collégial, le système de récusation, le système du double degré de juridiction, le système de révision de la peine de mort, le système de surveillance des jugements, etc. Ces systèmes constituent toujours aujourd'hui une importante caractéristique du système judiciaire chinois.

Des efforts ont également été faits pour améliorer la construction de la force de sécurité publique. Au cours des premières années de la République populaire de Chine, cette force était issue de l'armée. Après la mise en vigueur de la Constitution, en 1954, la force de sécurité publique a été séparée de l'armée et était principalement responsable du maintien de l'ordre social. En 1957, le Comité permanent de l'APN a élaboré les Règlements sur la police populaire (déclarés abolis en 1995 lorsque la Loi sur la police populaire a été mise en œuvre), qui énonçait explicitement la nature, les tâches, les fonctions et les pouvoirs de la police populaire, permettant ainsi de s'assurer que la construction de celle-ci était sur la bonne voie.

Notons, également, que le système de rééducation par le travail a été organisé au cours de cette période. Le gouvernement a ainsi promulgué les Règlements sur la rééducation par le travail (qui ont été déclarés abolis en mars 1990 lorsque les Règlements sur les centres de détention ont été mis en œuvre) et les Mesures provisoires de traitement des criminels rééduqués par le travail, libérés après avoir purgé leurs peines, et leur réinsertion dans la société active. Ces règlements et ces mesures ont établi le système de rééducation par le travail et ont précisé les organes chargés de le mettre en œuvre, les lignes directrices, les politiques et les mesures correspondantes ainsi que le placement des criminels libérés. Le Conseil des affaires d'État a publié les Décisions sur les questions de rééducation par le travail qui prévoyaient la portée et les méthodes appliquées à ceux qui devaient être hébergés, réformés et rééduqués par le travail.

C. Promouvoir le travail d'inspection et de législation

Conformément à la Loi organique du Conseil des affaires d'État, et à la Loi organique des assemblées populaires locales et des comités populaires locaux de divers échelons, le Ministère de la surveillance a été instauré au sein du Conseil des affaires d'État ; des organes de supervision ont été aussi mis en place auprès des comités populaires et des commissariats dans les provinces, dans les municipalités relevant directement de l'autorité centrale et dans les villes divisées en districts. Des équipes de supervision, sous la direction directe de l'autorité compétente, ont été envoyées dans les districts ainsi que dans les villes non divisées en districts selon les besoins. En novembre 1955, le Conseil des affaires d'État a édicté les Règles organisationnelles simplifiées du ministère de la surveillance qui prévoyait pacifiquement les mécanismes du système de supervision et amenaient les travaux de supervision nationale sur une voie codifiée et institutionnalisée.

En novembre 1954, la 2e du comité permanent de la première APN a approuvé la création du Bureau des affaires législatives du Conseil des affaires d'État. Ce dernier a édicté les Règles organisationnelles simplifiées du Bureau des affaires législatives du Conseil des affaires d'État qui prévoient des dispositions spécifiques sur les tâches, les institutions internes, les systèmes, l'examen des lois et les mécanismes régissant les réunions.

Le système du barreau et du notariat de la République populaire de Chine a également été instauré. Notons que, jusqu'en juin 1957, la Chine comptait 19 barreaux, 817 services de conseils juridiques, plus de 2 500 avocats à plein temps et plus de 300 avocats à temps partiel ; par ailleurs, on remarque que, jusqu'à la fin de 1957, 51 villes en Chine ont créé des services de notaires, que plus de 1200 tribunaux de niveau municipal et de district ont accepté des affaires notariales et que plus de 290 000 dossiers notariaux ont été traités par près de 1 000 notaires à plein temps. De plus, le système d'arbitrage de la Chine a été initialement établi et les ministères concernés ont formulé les Dispositions provisoires sur les procédures d'arbitrage de la Commission d'arbitrage du commerce extérieur en vertu de la Commission d'arbitrage de la Chine pour la promotion du commerce international qui ont élaboré des dispositions détaillées sur la portée de l'arbitrage, le choix des arbitres, l'organisation, la sentence et l'exécution de celle-ci, etc.

D. Établir et développer l'éducation en sciences politiques et juridiques

L'éducation dans le domaine des sciences politiques et juridiques a commencé par la formation des fonctionnaires. Puis, en novembre 1949, l'Université de Chaoyang a été transformée en première université destinée à former des juristes professionnels pour la nouvelle Chine, l'Université de Sciences politiques et de droit de Chine ; en 1950, l'Université Renmin a été créée. Sa faculté de droit est devenue la première faculté universitaire officielle de formation en droit établi par la République populaire de Chine et l'enseignement du droit pour les étudiants de premier cycle a été lancé. Jusqu'en 1957, la Chine possédait 10 instituts ou facultés de sciences politiques et de droit dans tout le pays, avec 8 245 personnes inscrites. Au cours des huit années qui ont suivi la création de la République populaire de Chine, 13 090 étudiants ont obtenu leur diplôme dans les instituts ou facultés de sciences politiques et de droit, dont 263 étaient des étudiants de troisième cycle.

3. Revers éprouvés par le système juridique de la République populaire de Chine : du Mouvement contre les droitistes en 1958 à la fin de la Révolution culturelle en 1976

Les 20 années suivantes, qui ont duré de 1957 à 1976, ont été témoins d'un changement dans l'histoire de la République populaire de Chine en connaissant de nombreux vicissitudes et revers. En raison des erreurs commises par la gauche dans la construction nationale, en particulier pendant les années tourmentées de la Révolution culturelle, le système de l'APN a été gravement atteint et le travail du Parti et de l'État ainsi que de la construction juridique socialiste démocratique ont été sérieusement affectés. Ces conséquences ont constitué des leçons majeures pour le peuple chinois.

Au cours de la seconde moitié de l'année 1957, l'attitude et l'opinion de MAO Zedong sur le système juridique ont changé radicalement. Lors de la session élargie du Bureau politique du Comité central du PCC, qui s'est tenue en août 1958, MAO Zedong a déclaré que « la Chine ne peut pas se passer de la loi, mais nous avons nos propres moyens. Les méthodes de MA Qingtian sont les meilleures : faire des enquêtes, résoudre les problèmes sur place et concilier les différends dans la plupart des cas. La Chine ne peut pas gouverner la majorité des citoyens par la loi puisqu'une grande majorité de personnes comptent plutôt sur les usages et les coutumes pour régler leurs différends.. . La Chine ne maintiendra pas l'ordre par la Loi civile et la Loi pénale… le pays est-il gouverné par la loi ou par l'homme ? L'homme constitue l'élément fondamental de la Chine et celle-ci utilisera les lois uniquement comme référence pour le traitement des litiges »[1].

Désormais, la construction juridique de la Chine fait des reculs, ce qui se manifeste par les aspects suivants : premièrement, les principes fondamentaux du système juridique socialiste (le principe de l'égalité devant la loi, le principe de la division du travail avec la responsabilité individuelle et la surveillance mutuelle entre les autorités de sécurité publique, les procureurs et les tribunaux, le principe selon lequel les tribunaux instruisent les procès de façon indépendante et conformément aux lois, le principe selon lequel les procureurs exercent le pouvoir général de surveillance juridique et leurs fonctions de façon indépendante et conformément aux lois, le principe du respect des droits de la défense) ont été sévèrement critiqués et écartés ; deuxièmement, le travail législatif s'est progressivement mis en veilleuse. Dans cette veine, on remarque que l'APN et son comité permanent ainsi que le Conseil des affaires d'État et ses services subordonnés ont édicté 143 documents normatifs en 1958, mais seulement 14 en 1965. De 1958 à 1966, aucune loi importante n'a été formulée et, de plus, la rédaction des lois fondamentales, telles que la Loi pénale, la Loi sur la procédure pénale, la Loi civile et la Loi sur la procédure civile a été interrompue ; troisièmement, certains organes juridiques ont été supprimés. Ainsi, en 1959, le ministère de la Justice, le Ministère de la supervision et le Bureau des affaires législatives sous le Conseil des affaires d'État ont été abolis ; de plus, les associations des avocats et des notaires ont été démantelées ; par ailleurs, le système judiciaire, exigeant la responsabilité individuelle et la surveillance mutuelle entre les autorités de sécurité publique, les procureurs et les tribunaux, a été remplacé par le travail conjoint des autorités de la sécurité publique, des procureurs et des tribunaux. Quatrièmement, notons que les pratiques de destruction du système juridique, de violation des droits

1 Bureau général du Comité permanent de l'Assemblée populaire nationale, La construction du système de l'Assemblée populaire dans les quarante dernières années, Maison d'édition Démocratie et droit de Chine, 1991, p. 102.

civils, d'arrestation progressive des innocents sont devenues courantes à partir de 1957.

Au cours des 10 ans de la Révolution culturelle, les institutions démocratiques et juridiques de la République populaire de Chine ont été presque totalement détruites et le système juridique socialiste a été sérieusement endommagé : les activités de l'APN et de son Comité permanent ont été suspendues alors que le groupe central de la Révolution culturelle est devenu la plus haute autorité gouvernante; partout dans le pays des individus ont mené leur propre révolution indépendamment des comités du PCC et des gouvernements locaux, tandis que les organes légitimes du pouvoir politique ont été remplacés par des comités de la révolution; les droits civils ont été gravement atteints et le droit à la vie, à la liberté et celui de posséder des biens individuels ne sont plus garantis. Durant cette période, de nombreux Chinois, allant du président de l'État aux citoyens ordinaires, ont été déshonorés, emprisonnés et même battus à mort et ont vu leurs biens confisqués. Les organes de la sécurité publique, les bureaux de procureurs et les tribunaux ont été totalement détruits; en 1969, les parquets populaires ont été officiellement dissous; enfin, les organes de la sécurité publique et la Cour populaire suprême ont glissé dans un état de paralysie avec peu de personnel resté en poste.

II. Construction juridique depuis la réforme et l'ouverture de la Chine en 1978

Depuis que la Chine a adopté la politique de réforme et d'ouverture en 1978, la construction juridique a connu 4 périodes de développement :

1. Restauration et reconstruction du système juridique de l'État : de la fin de la Révolution culturelle en 1976 à la promulgation de la Constitution en 1982

Après la fin de la Révolution culturelle, en 1976, la Chine a commencé à apaiser les tensions et à rétablir l'ordre. En décembre 1978, DENG Xiaoping a souligné lors de la session de clôture de la conférence de travail de la Commission centrale du PCC que : « Afin d'assurer la démocratie populaire, nous devons renforcer notre système juridique. La démocratie doit être institutionnalisée et inscrite dans la loi de manière à faire en sorte que les institutions et les lois ne changent pas à chaque fois que la direction change, ou à chaque fois que les dirigeants modifient leurs points de vue ou leurs centres d'intérêt. Le problème d'aujourd'hui est que notre système juridique est incomplet et que beaucoup de lois ne sont pas encore élaborées. Il faut donc se concentrer sur l'élaboration des lois pénale et civile, des lois concernant la procédure et d'autres lois nécessaires, telles que celles concernant les usines, les communes populaires, les forêts, les prairies, la protection de l'environnement, le travail et les investissements étrangers. Ces lois devront être discutées et adoptées au moyen de processus démocratiques.

Pendant ce temps, les organes judiciaires et les parquets devront être renforcés. Tout cela fera en sorte qu'il existera des lois à respecter, qu'elles seront strictement observées et appliquées, et que leurs contrevenants seront traduits en justice». Il a aussi souligné que «les relations entre les entreprises et l'État, entre une entreprise et une autre, entre les entreprises et les individus, etc., devront également être définies par la loi, et que la plupart des conflits entre ceux-ci devront être résolus par celle-ci. Il y a beaucoup de travail législatif à accomplir, et nous ne disposons pas suffisamment de personnes bien formées. Par conséquent, les dispositions légales pourront être imparfaites pour commencer, puis être progressivement améliorées. Certaines lois pourront être appliquées dans certaines localités et plus tard adoptées à l'échelle nationale après avoir été évaluées et améliorées. Les dispositions légales pourront être révisées ou complétées une par une, si nécessaire; il n'y a pas besoin d'attendre une révision complète d'un corps entier de la loi. En bref, il est préférable d'avoir des lois plutôt que rien, et il est mieux de les avoir plus tôt que tard»[1]. Cette façon de penser d'une manière pragmatique s'est adaptée au fur et à mesure avec la réalité du terrain et est ainsi devenue une ligne directrice pour l'activité juridique de la Chine pendant une certaine période après 1978. En outre, elle a été un guide majeur pour accélérer la construction juridique et pour résoudre en temps opportun les problèmes causés par la pénurie du droit.

Le 18 décembre 1978 a marqué la tenue de la 3e session plénière du XIe Comité central du Parti. La séance a fait une synthèse des expériences et des leçons historiques, surtout celles de la Révolution culturelle, élevant ainsi la construction de la démocratie et de la primauté du droit à un nouveau sommet. Cette réunion a servi de jalon dans l'histoire du système juridique de la Chine nouvelle. La session a particulièrement souligné les points suivants : afin d'assurer la démocratie de la Chine populaire, il faut renforcer le système juridique socialiste et institutionnaliser les principes de la démocratie dans la loi afin que ce système et les lois soient stables, cohérents et d'une grande autorité et que, par ailleurs, il existe des lois à respecter, qu'elles soient strictement observées et appliquées avec toute la rigueur requise et, enfin, que les contrevenants à ces dernières soient traduits en justice. Dès lors, la Chine devait mettre le travail législatif à l'ordre du jour de l'APN et de son Comité permanent. On indique également que les parquets et les organes judiciaires doivent garder une indépendance nécessaire à l'exercice de leurs fonctions, rester fidèles aux lois, aux systèmes, aux intérêts du peuple et à la vérité, et veiller à ce que les citoyens soient égaux devant la loi et ne laisser aucun privilège l'emporter sur le principe de la primauté de celle-ci.

La pierre angulaire du début de la construction juridique dans la nouvelle période post-révolutionnaire est l'édiction de la législation qui a pris une

1 DENG Xiaoping. «Libérer les esprits, rechercher la vérité dans les faits et unir comme un seul en regardant vers l'avenir», Œuvres choisies de DANG Xiaoping (Volume II). Maison d'édition du Peuple, 1994, p. 147.

grande ampleur en 1979. Ainsi, en juillet de cette année, la 2e session de la Ve APN a adopté 7 lois importantes : la Loi pénale, la Loi sur la procédure pénale, la Loi organique des assemblées populaires locales et des gouvernements locaux de divers échelons, la Loi électorale de l'APN et des assemblées populaires locales de divers échelons, la Loi organique des tribunaux, la Loi organique des parquets et la Loi sur les entreprises sino-étrangères à capitaux mixtes. C'est la première fois dans l'histoire de la législation de la Chine qu'autant de lois aussi importantes ont été adoptées lors d'une même session[1]. Au cours de cette session de l'APN, DENG Xiaoping a souligné que : « nous avons formulé 7 lois... ce fut une condition préalable nécessaire à la création d'une situation politique stable et à l'unité. Après cette session, nous allons formuler une série de lois. En effet, nous manquons de lois civiles qui sont éminemment nécessaires à notre société. Nous devons également adopter de nombreuses lois régissant le développement économique, telles que celles relatives aux usines. Les lois que nous avons adoptées sont trop peu nombreuses. Nous avons besoin d'une centaine de lois dont nous ne disposons pas actuellement. Par conséquent, nous avons beaucoup de travail à faire et cela est juste au début »[2].

En septembre 1979, le Comité central du PCC a publié les Instructions pour garantir strictement l'exécution de la Loi pénale et de la Loi sur la procédure pénale (Document n° 64 publié par le PCC en 1979), en déclarant que la promulgation de ces lois a eu une grande importance pour le renforcement du système juridique socialiste. On estime que leur application rigoureuse peut constituer un indicateur important pour juger si la Chine connaît un succès dans l'instauration d'un tel système. Le document n° 64 a, par ailleurs, critiqué des phénomènes qui existaient depuis longtemps, tels que mépriser le système juridique, remplacer des lois par la politique et les discours ainsi que de permettre la prééminence du pouvoir sur la loi. Ce document a également formulé des exigences claires sur la direction à prendre quant au travail judiciaire à effectuer par les comités du PCC : (1) Ils doivent agir en stricte conformité avec la Loi pénale et la Loi sur la procédure pénale et changer et corriger résolument tous les points de vue et les pratiques contrevenant à ces lois. En ce sens, les dirigeants des comités de divers échelons doivent cesser de considérer leurs opinions personnelles comme des lois et de les imposer aux autres. (2) Il faut que le travail judiciaire se concentre sur les lignes directrices et les politiques dûment adoptées. Ainsi, le moyen le plus important de renforcer le leadership du Parti est de garantir que les parquets et les tribunaux exercent leur propre autorité de façon indépendante et donc

1 WU Daying, LIU Han et al., « Les problèmes de la législation socialiste chinois », Maison d'Édition des Masses, 1984, p. 64.

2 DENG Xiaoping, « La démocratie et le système juridique doivent être également renforcés », extraits des Œuvres choisies de DENG Xiaoping, 2e volume, Maison Édition du Peuple, 1994, p. 189.

sans l'interférence des organes administratifs, des groupes et des individus. (3) Ils doivent améliorer rapidement les organes judiciaires des divers échelons et s'efforcer de se doter d'une équipe de qualité pour effectuer le travail judiciaire. (4) Ils doivent assurer des préparatifs adéquats afin de permettre une diffusion efficace et à grande échelle de la Loi pénale et la Loi sur la procédure pénale. (5) Les organisations du Parti des divers échelons, leurs dirigeants et tous leurs membres doivent constituer des exemples d'observation de la loi. Le principe selon lequel tout le monde est égal devant la loi doit être appliqué fermement. Par ailleurs, aucun citoyen n'est autorisé à enfreindre la loi et aucun privilège ne doit permettre à quelqu'un de se soustraire à celle-ci. Le système de l'approbation par les comités du Parti de divers échelons doit être également annulé. Le document n° 64 du PCC est considéré comme un signe important d'une nouvelle étape dans la construction juridique socialiste de la Chine.

Comment devrions-nous traiter les lois, les ordonnances et les règlements administratifs formulés près de 30 ans avant le programme de la réforme et de l'ouverture sur le monde extérieur ? En 1980, PENG Zhen, vice-président du comité permanent de l'APN, a réitéré, dans le rapport de la 15e session du Ve Comité permanent de l'APN[1], que les normes adoptées depuis la fondation de la République populaire de Chine sont restées valides, à l'exception de celles incompatibles avec la Constitution, les lois et les ordonnances établis par la Ve APN et son Comité permanent. Au cours des 17 années qui ont suivi la fondation de la République Populaire de Chine, la Chine a édicté plus de 1500 lois, ordonnances et règlements administratifs, parmi lesquels de nombreux règlements sont toujours applicables ou le sont en grande partie. Comme il manque de temps face à de fortes tâches législatives, la réitération de leur validité a permis de se concentrer afin de rédiger les lois les plus urgentes et nécessaires qui n'existaient pas auparavant, et ce, surtout dans le secteur de la réglementation économique. Ceci a constitué une mesure importante pour améliorer le régime des lois socialistes. Les lois, les ordonnances et les règlements administratifs formulés dans le passé peuvent être généralement divisés en 3 catégories : premièrement, certaines lois perdent de l'efficacité après avoir rempli leurs missions historiques, telle que la Loi de réforme agraire et les Règlements provisoires sur les entreprises privées, etc. Certaines lois ont été remplacées par de nouvelles, telles, que la Loi électorale, formulée en 1953, et la Loi organique des tribunaux populaires, la Loi organique des paquets populaires promulguée en 1954, etc. Ces lois ont été remplacées par les lois élaborées au cours de la 2e session de la Ve APN. Deuxièmement, certaines normes sont encore applicables ou fondamentalement applicables, mais ont besoin d'être modifiées et complétées légèrement. Ce genre de phénomène est très fréquent. Parmi ces normes, on remarque les Règlements sur l'organisation de la sécurité publique et des peines, les Décisions sur les questions de

1 PENG Zhen, Rapport du Ve comité permanent de l'Assemblée populaire nationale, 1980.

rééducation par le travail, les Règlements provisoires sur les récompenses et punitions des agents administratifs de l'État, les Règlements concernant l'organisation des comités des habitants municipaux, etc. Troisièmement, certaines lois doivent être complètement modifiées ou supprimées. Ce genre de phénomène est rare. En fonction des situations pratiques, une enquête approfondie et des recherches devraient être menées pour voir lesquelles sont toujours applicables et lesquelles doivent être modifiées, complétées ou abolies. Le Comité permanent de l'APN, le Conseil des affaires d'État et les départements subordonnés concernés examinent les diverses lois et agissent en conséquence. L'ensemble de ces considérations permettra d'établir une base importante pour préparer le travail législatif massif qui se déroulera au cours de cette nouvelle période de développement du système juridique socialiste chinois.

Pendant ce temps, d'autres aspects des lois chinoises ont été restaurés et reconstruits.

Le 9 septembre 1979, le Comité central du PCC a publié des instructions en soulignant qu'« il est nécessaire de renforcer le leadership relatif au travail judiciaire du Parti pour s'assurer que les organes judiciaires exercent véritablement leurs fonctions, telles que prévues par la Constitution et les lois. Le leadership sur le travail judiciaire du gouvernement central doit se concentrer sur les documents et les politiques ». Selon les mêmes instructions, il faut en même temps « perfectionner rapidement les juridictions des divers degrés et faire des efforts pour construire une équipe de travail judiciaire solide »[1]. Par ailleurs, la 12e session de la Ve APN en 1979 et la 2e session du Comité permanent de la VIe APN en 1983 ont apporté des modifications et des suppléments à la Loi organique des tribunaux populaires, ce qui a permis une nette amélioration de l'organisation de ceux-ci.

L'article 43 de la Constitution chinoise, promulguée lors de la première session de la Ve Assemblée populaire nationale, en mars 1978, a décrété le rétablissement des parquets populaires. En juin de la même année, le Parquet suprême populaire de Chine a été officiellement rétabli. La Loi organique du Parquet populaire de Chine a été adoptée puis promulguée, selon ce qui avait été prévu par la Constitution, lors de la 2e session de la Ve Assemblée populaire nationale du 1er juillet 1979.

Les organes de sécurité publique, judiciaires, administratifs et de sûreté de l'État ont, par ailleurs, été restaurés ou reconstruits. Ainsi, le 15 juin 1979, l'équipe politique et juridique du Comité central du PCC a émis des suggestions pour le rétablissement des organes judiciaires. Le 13 septembre 1979, la 11e session de la Ve APN a décidé, sur le fondement d'une préparation suffisante, de rétablir le ministère de la Justice « afin de s'adapter aux besoins de la construction juridique

1 Le travail de jugement de la Chine contemporaine, volume 1, Maison d'Édition Chine contemporaine, 1993, p. 155.

socialiste et de renforcer le travail judiciaire et administratif»[1]. Par la suite, des bureaux judiciaires locaux ont été établis à tous les niveaux et les travaux judiciaires et administratifs ont repris.

De même, la Loi relative à la procédure pénale, promulguée au mois de juillet 1979, et la Loi organique des cours populaires de la même année ont clairement indiqué que les défendeurs peuvent confier la défense de leurs intérêts à des avocats. Au début de cette année-là, les avocats exerçant leur profession dans le domaine du droit pénal ont commencé à intervenir dans les activités judiciaires du district Hulan de la province du Hei Longjiang. Puis, les organisations d'avocats ont été rétablies à Beijing, Shanghai, Daqing, Harbin (les deux dernières villes étant situés dans la province du Hei longjiang) et Bishan (de la province du Sichuan) et certaines pratiques des avocats ont repris leur rythme. Jusqu'en octobre 1980, les barreaux ont été rétablis dans les provinces de Henan, Shanxi et Shandong; des équipes préparatoires pour le rétablissement des barreaux ont été également constituées dans 17 autres villes ou provinces (par exemple, Beijing, Tianjin, Shanghai, Liaoning, Jiangsu, Gansu) ; un total de 381 bureaux de consultation juridique a été établi à travers la Chine, avec plus de 3000 avocats à plein temps. En août 1980, la 15e session de la Ve APN a adopté les Règlements provisoires du travail des avocats de la République populaire de Chine[2].

Notons également que le Comité des affaires politiques et législatives du Comité central a été rétabli en janvier 1980 et que, pour sa part, la Société de droit de Chine a été fondée en juillet 1982.

Le Conseil des affaires d'État a, par ailleurs, soumis des propositions à la 1ère session de la VIe APN pour la création du Ministère de la sécurité de l'État afin de renforcer le travail relatif à la sécurité nationale. Ainsi, le premier juillet 1983, la Conférence de fondation de cet organe a été tenue.

Un autre signe qui démontre l'émergence de la construction de l'État de droit concerne les procès de deux cliques contre-révolutionnaires, dirigées respectivement par LIN Biao et JIANG Qing. Le 20 novembre 1980, le tribunal spécial de la Cour populaire suprême a ouvert un procès contre les principaux criminels des deux cliques, aboutissant à la condamnation à mort avec deux ans de sursis de JIANG Qing et ZHANG Chunqiao, et condamnant WANG Hongwen à la réclusion à perpétuité en le privant de ses droits politiques pour la vie ainsi que condamnant YAO Wenyuan à 20 ans de prison et, enfin, condamnant les autres principaux criminels à un emprisonnement à durée déterminée. De la fin de l'année 1980 au début de celle de 1983, d'autres membres principaux des deux cliques

1 Le travail judiciaire en Chine contemporaine, Maison d'édition Chine contemporaine, 1995, p. 57.

2 Rédacteur en chef HAN Yanlong, L'histoire législative de la République populaire de Chine, deuxième volume, Maison d'édition de l'École du comité central du Parti communiste de Chine, 1998, pp. 794-795.

contre-révolutionnaires ont également été jugés, tant au sein de l'armée que de la société civile. Ces procès ont eu une grande importance pour la construction juridique de la Chine. Ils ont significativement clôturé la Révolution culturelle en démontrant que la Chine était déjà sortie du guêpier de l'État gouverné arbitrairement par l'homme et se dirige alors vers l'État de droit.

« À la fin de l'année 1982, la correction massive des procès injustes et faux a été finalisée au niveau national. Selon les statistiques incomplètes, une trentaine d'affaires injustes, fausses ou erronées ayant une dimension nationale ont été corrigées par l'approbation du Comité central du PCC. Environ trois millions de fonctionnaires ont été réhabilités ; plus de 470 000 membres du PCC ont réadhéré au parti ; des centaines de milliers de fonctionnaires et de citoyens innocents qui avait été jugés erronément durant la Révolution culturelle ont été libérés », de surcroît, « 530 000 citoyens qui avait été considérés comme de droite ont été réhabilités »[1].

2. Développement de l'État de droit : de la promulgation de la Constitution de 1982 au XIVe Congrès national du PCC(1992)

La 3e session plénière du XIe Comité central du Parti communiste de Chine a supprimé les obstacles idéologiques menant à la construction d'un État de droit, ouvrant ainsi une nouvelle ère menant à la révision immédiate de la Constitution qui est devenue la priorité de l'époque. En septembre 1980, l'APN a mis en place un Comité spécifiquement désigné pour la révision de la Constitution, avec YE Jianying élu comme président. Basée sur l'établissement d'une démocratie en pleine expansion, la 5e session de la Ve APN a adopté une nouvelle Constitution, le 4 décembre 1982.

La Constitution de 1982 a non seulement hérité des principes fondamentaux de la Constitution de 1954, mais a également apporté d'importantes réformes et améliorations en tenant compte des besoins de la construction du pays basé sur le régime socialiste de l'époque. Par exemple, à partir des leçons tirées de la Révolution culturelle durant laquelle la Constitution a été parfois bafouée, le préambule et l'article 5 de cette nouvelle Constitution ont établi les principes de la primauté du droit en construisant un État de droit socialiste et ont notamment précisé que les organismes d'État et les forces armées doivent prendre la Constitution comme le critère fondamental de leurs activités et assumer la responsabilité de préserver son inviolabilité et d'assurer son application. La Constitution a, par ailleurs, renforcé le rôle des bureaux permanents des organes suprêmes du pouvoir de l'État et a élargi les fonctions et les pouvoirs du Comité permanent de l'APN. Elle a également consolidé les fonctions de législation et de supervision de l'Assemblée populaire nationale. Notons que la Constitution a aussi favorisé la mise en place du pouvoir local par l'établissement des comités permanents de

1 L'histoire de Chine comme miroir, 4e volume, Maison d'édition Drapeau rouge, 1993, p. 42.

l'Assemblée populaire à tout échelon administratif, du plus haut niveau à celui de district. Ces comités permanents sont chargés d'assurer l'observation et l'application de la Constitution et des lois au sein des districts dont ils ont administrativement la charge. Les comités permanents et les assemblées populaires au niveau de la province, des régions autonomes et des municipalités ont le droit de formuler des règlements locaux et de superviser les gouvernements, les tribunaux populaires et les parquets populaires. En tirant des leçons du fait que la Révolution culturelle a bouleversé les droits civils à cette époque, la nouvelle Constitution a clarifié les droits civils fondamentaux et a enrichi les droits des citoyens ainsi que les mesures judiciaires qui protègent ces derniers. En outre, la Constitution a mis en œuvre de nombreuses autres réformes visant à renforcer la construction du pouvoir de l'État et à améliorer les organes étatiques.

La Constitution de 1982, en favorisant, protégeant, et en promettant la construction d'un État de droit, a ouvert un nouveau chapitre dans l'évolution législative de la Chine.

L'article 31 de la Constitution de 1982, pour sa part, prévoit clairement que « l'État établit, s'il en est besoin, des régions administratives spéciales. Les systèmes à appliquer dans ces régions administratives sont déterminés, selon la situation concrète, par l'APN. »

En décembre 1984, la Chine et la Grande-Bretagne ont signé une Déclaration commune sino-britannique sur la question de Hong Kong, qui a confirmé que la République populaire de Chine exercerait, à partir du premier juillet 1997, sa souveraineté sur Hong Kong, réalisant ainsi le souhait de tout le peuple chinois de reprendre la souveraineté sur cette région qui avait été perdue au cours des 100 dernières années[1]. Le 10 avril 1985, la 3e session de la VIe APN a officiellement ratifié cette entente et a décidé d'établir le Comité des rédactions des lois de base pour l'administration spéciale de Hong Kong. La 3e session de la VIIe APN, tenue le 4 avril 1990, pour sa part, a adopté la Loi fondamentale de la Région administrative spéciale de Hong Kong de la République populaire de Chine. Puis, le 13 avril 1987, la Chine et le Portugal ont signé la Déclaration commune sur la question de Macao ; la rédaction de la Loi fondamentale de la Région administrative spéciale de Macao a alors débuté. Lors de la 1ère session de la VIIe APN du 13 avril 1988, on a adopté les Décisions sur l'établissement du Comité de rédaction des lois de base pour la Région administrative spéciale de Macao. Par ailleurs, le 31 mars 1993, lors de la 1ère session de la VIIIe APN, la Loi fondamentale de la Région administrative de Macao de la République Populaire de Chine a été adoptée. La promulgation de la Loi fondamentale de la Région administrative spéciale de Hong Kong de la République populaire de Chine et de la Loi fondamentale de la Région administrative de Macao de la République Populaire de Chine a été considérée comme un grand événement de la vie nationale et de la

1 Annuaire du Droit de la Chine (1987), Presses de droit de Chine, 1987, p. 522.

construction du système juridique de la Chine. Ces textes ont établi le principe d'« Un pays, deux systèmes » sous la forme d'une loi fondamentale, ceci étant un fait pionnier dans l'histoire législative de la Chine. Ces lois fondamentales, on l'a déjà dit, précisent les règles de droit applicables à Hong Kong et Macao, ce qui constitue une garantie juridique importante pour le développement économique et pour la stabilité politique de ces deux régions.

En février 1988, le Comité central du PCC a officiellement énoncé des propositions sur la révision de la Constitution, a reconnu la légalité de l'économie privée et a autorisé le transfert des terres conformément à la loi. En avril 1988, la 1ère session de la VIIe APN a adopté des amendements à la Constitution qui ont prévu que « l'État permet au secteur privé d'exister et de se développer dans les limites prescrites par la loi » et que « les droits d'usage foncier peuvent être transférés conformément à la loi ». Par la suite, le 19 mai 1990, le Conseil d'État a promulgué le Règlement provisoire sur la concession et le transfert des droits d'usage foncier concernant les terres urbaines appartenant à l'État, qui est devenu une référence importante pour la vente et la cession des droits d'usage foncier en Chine.

En novembre 1985, la 13e session du Comité permanent de la VIe APN a adopté des Résolutions sur la vulgarisation juridique auprès des citoyens, permettant ainsi de notables progrès dans la connaissance des droits et obligations qui s'appliquent à eux ainsi que du concept de l'État de droit.

Pendant cette période, afin de garantir le bon déroulement de la modernisation du régime socialiste, l'APN et son Comité permanent ont donné la priorité à la rédaction de lois en matière économique, élaborant ainsi la Loi sur des contrats économiques, la Loi sur les statistiques, la Loi sur la protection de l'environnement (de manière expérimentale), la Loi sur la protection de l'environnement marin, la Loi sur la prévention et le contrôle de la pollution de l'eau, la Loi sur l'hygiène alimentaire (de manière expérimentale), la Loi sur la sécurité du trafic maritime, ainsi que le Règlement sur l'expropriation foncière pour des fins de développementnational. En même temps, afin de s'adapter à l'ouverture du pays et aux besoins d'investissement de capitaux et de technologies émanant des pays étrangers, on a aussi élaboré la Loi sur les entreprises sino-étrangères à capitaux mixtes, la Loi sur l'impôt des entreprises sino-étrangères à capitaux mixtes, la Loi sur l'impôt des entreprises étrangères, la Loi sur l'impôt du revenu personnel, la Loi sur les marques de commerce et la Loi sur les brevets d'invention ; on a également approuvé le Règlement s'appliquant à la zone économique spéciale de la province de Guangdong. Les lois chinoises existantes sur l'économie restaient, par ailleurs, à être complétées par un nombre important de lois concernant la coopération économique entre la Chine et les pays étrangers ainsi que d'autres lois économiques visant à garantir le bon déroulement de la restructuration économique, de la réforme et de l'ouverture du pays[1]. En 1993, lors de la synthèse des travaux législatifs de la VIIe APN, le vice-président Peng Chong a déclaré qu'au cours des cinq dernières années, l'APN ainsi que son Comité permanent ont adopté des amendements à la Constitution, 59 lois et 27 décisions sur différentes questions juridiques. Rappelons qu'en 1988, certains articles de la Constitution ont été modifiés, le statut de l'économie privée a été reconnu, le transfert des droits d'usage foncier a été autorisé, ce qui a exercé un effet positif sur la réforme et l'ouverture ainsi que sur la construction économique de la Chine et qui correspondait au désir du Comité permanent de prioriser ces éléments dans le cadre de son travail législatif. Entre 1988 et 1993, il a également élaboré 21 lois portant sur l'économie tout en complétant et modifiant certaines lois, telles que la Loi sur la procédure civile (de manière expérimentale), la Loi sur la gestion des terres, la Loi sur les entreprises sino-étrangères à capitaux mixtes, la Loi sur la protection de l'environnement, la Loi sur les brevets d'invention, la Loi sur les marques de commerce, etc. [2].

3. Construction de l'État de droit à l'ère de l'économie du marché dans un régime socialiste et mise en œuvre de la stratégie fondamentale de gouvernance par le droit : du XIVe Congrès du PCC en 1992 jusqu'à la tenue du XVIIIe Congrès du PCC en 2012

De 1992 à 1997, on peut noter deux événements significatifs dans le développement de l'histoire juridique de la République populaire de Chine. Le premier événement est l'établissement du système de l'économie de marché de modèle socialiste et sa construction préliminaire; le deuxième événement est l'établissement de la gouvernance étatique basée sur le droit et la stratégie fondamentale de la construction de l'État de droit socialiste. Sur le chemin de l'édification du socialisme, la Chine a combiné pour la première fois le principe de l'économie de marché avec le socialisme, le principe de la souveraineté du peuple, la direction du PCC avec le principe de l'État de droit. Ces combinaisons amorcent ainsi une nouvelle voie du développement de la théorie et de la pratique du socialisme selon le modèle chinois.

En 1992, le rapport du XIVe Congrès du Parti communiste chinois a indiqué que : afin de construire et d'améliorer le système de l'économie socialiste de marché, l'objectif de la réforme du système économique chinois est le renforcement du principe fondamental de la propriété publique des moyens de production et de différents secteurs de l'économie se développant côte à côte, et d'un système de distribution, avec la distribution selon le travail comme facteur dominant et la

1 ChEN Peixian : Rapport du Comité permanent de la VIe Assemblée populaire nationale de la RPC (1985).

2 PENG Chong : Rapport du Comité permanent de la VIIIe Assemblée populaire nationale de la RPC (1993).

coexistence de plusieurs modes de distribution. Pour arriver à cette construction, une grande importance doit aussi être accordée au domaine juridique par le renforcement du travail législatif; au-delà de la formulation, et de l'amélioration des lois et des règlements qui peuvent assurer la réforme juridique et l'ouverture sur le monde extérieur, une meilleure gestion économique, tant au niveau macro-social que micro-social doit également être priorisée.

En 1993, avec l'approfondissement de la politique de réforme et d'ouverture sur le monde extérieur de la Chine, la révision de la Constitution est à nouveau devenue une priorité urgente. En mars de cette année, la 1ère session de la VIIIe APN a adopté un amendement à la Constitution en indiquant spécifiquement que l'État doit mettre en œuvre le socialisme à la chinoise, qu'il lui appartient de promouvoir la réforme et l'ouverture sur le monde extérieur et de développer l'économie socialiste de marché à la chinoise. Ceci légitimise en quelque sorte les divers organes de la Chine à perfectionner les lois et les règlements à caractère économique à partir de la norme hiérarchiquement la plus importante qu'est la Constitution. La pratique législative a prouvé que les deux révisions constitutionnelles de 1988 et de 1993 ont joué un rôle très important pour la promotion et le développement de la politique de réforme et d'ouverture sur le monde extérieur ainsi que pour la modernisation de la Chine. Depuis 1988, afin de maintenir l'autorité et la stabilité de la Constitution, la Chine a commencé à adopter le moyen de la délibération et la promulgation de l'amendement de la Constitution attaché au corps principal de la Constitution.

En novembre 1993, la 3e session plénière du XIVe Congrès national du PCC a clairement mis en avant le cadre fondamental de l'économie de marché socialiste, c'est-à-dire « l'établissement d'un système d'entreprises modernes adapté aux besoins de l'économie de marché et caractérisé par des droits de propriété clairs, des pouvoirs et des responsabilités bien définis, la séparation entre les gouvernements et les entreprises, ainsi que par le perfectionnement des systèmes de gestion économique, d'exploitation et d'administration des entreprises », favorisant ainsi la réforme des entreprises d'État de la Chine dans la perspective de favoriser de nouvelles formes de relations avec la propriété. Cette évolution a concrétisé les deux objectifs principaux de la réforme du système économique chinois, à savoir la séparation entre les gouvernements et les entreprises et la transformation du mécanisme commercial de l'entreprise. Ces deux objectifs ne peuvent pas être atteints sans établir un système juridique complet adapté aux entreprises modernes et qui comprend des lois relatives aux sociétés, aux sûretés, au financement des entreprises, à la faillite, etc.

Le gouvernement chinois, on l'a dit, a repris l'exercice de sa souveraineté sur Hong Kong et Macao, respectivement le 1er juillet 1997 et le 20 décembre 1999. Cela a été considéré comme de grandes victoires dans la réalisation du principe d'« Un pays, deux systèmes ». On l'a vu, les lois fondamentales visant ces deux régions administratives spéciales constituent une sorte de loi constitutionnelle originale pour régler la relation de base entre le gouvernement central et celles-ci, ainsi qu'afin de déterminer les principes fondamentaux de leur mode de fonctionnement[1]. Ces lois d'initiative chinoise, sont perçues comme jetant des fondements solides pour la rétrocession de ces deux régions et la coexistence de deux systèmes juridiques, illustrée par l'expression « Un pays, deux systèmes »[2].

En 1996, la 4e session de la VIIIe APN a initié « Neuf plans quinquennaux » sur l économie nationale et le développement social ainsi que sur les objectifs à atteindre pour l'année 2010. Ceux-ci prescrivent, pour la première fois, le contenu du principe « gouverner le pays par la loi et construire un pays socialiste basé sur la primauté du droit » et sont édictés sous forme de lois s'appliquant à l'ensemble de la Chine. En même temps, les spécialistes du droit débattent vivement du sens à donner aux expressions « primauté du droit » et « État de droit ».

En 1997, le XVe Congrès national du PCC a défini l'État de droit comme la stratégie de base du Parti communiste pour que le peuple s'inscrive dans la nouvelle gouvernance de la Chine. En 1999, la 2e session de la IXe Assemblée populaire nationale a adopté le troisième amendement de la Constitution qui comprenait la « théorie de DENG Xiaoping » et qui se situe dans le préambule de celle-ci ; on a également ajouté un alinéa à l'article 5 de la Constitution, soit de s'efforcer de diriger le pays conformément à la loi et en construisant un État de droit socialiste ; l'article 6 de la Constitution a, pour sa part, fixé le régime économique de base, composé de divers systèmes de propriété, avec une prédominance accordée à la propriété publique ; l'article 8, quant à lui, prévoit que l'économie collective rurale adopte le système de fonctionnement à deux niveaux qui combine des opérations centralisées et indépendantes sur la base de l'économie familiale comportant une rémunération liée aux résultats avec un système fondé sur la responsabilité ; ensuite, l'article 11 précise que le secteur économique individuel, le secteur privé et les autres secteurs qui n'appartiennent pas à l'économie publique constituent des composantes importantes de l'économie de marché socialiste et que l'État protège les droits et les intérêts légitimes de ces secteurs, tout en les encourageant, les soutenant et en les orientant dans leur développement ainsi qu'en assurant leur contrôle ; enfin, on modifie légèrement l'article 28 en remplaçant les « activités contre-révolutionnaires » par les « infractions portant atteinte à la sécurité nationale ». La Constitution énonce l'État de droit comme stratégie fondamentale du pays. De la primauté de l'homme à la primauté du droit, il s'agit d'un saut historique.

1 WEN Zhengbang, « Réflexion sur la stratégie du développement du système juridique de la Chine », Sciences juridiques modernes, 1993 (2).

2 WANG Guiguo et LIANG Meifen, « Un pays, deux systèmes : de la théorie à la pratique », Journal sur le droit et la politique du Pacifique, 1998 (2).

En 2002, lors du XVIIIe Congrès national du PCC on a décidé que pour développer la démocratie socialiste, l'important était de s'assurer de la cohésion entre la direction exercée par le Parti, la gouvernance relevant du peuple et l'édification d'un État de droit. On estime alors que la direction exercée par le Parti constitue la garantie fondamentale permettant d'assurer la gouvernance par le peuple et la construction de l'État de droit ; on croit aussi que le statut des citoyens en tant que maître du pouvoir représente la condition essentielle pour l'établissement de la démocratie socialiste ; enfin, on estime également que l'édification de l'État de droit est la stratégie principale du Parti pour diriger le peuple dans le cadre du fonctionnement du système de gouvernance. L'unité organique des trois est la caractéristique essentielle de la civilisation politique socialiste et une orientation politique à laquelle il faut adhérer pour développer une politique démocratique socialiste et construire un pays socialiste sous l'autorité de la loi.

En 2004, la 2e session de la Xe Assemblée populaire nationale a adopté le quatrième amendement de la Constitution. Cet amendement a mis en évidence le concept de la « primauté de l'individu dans la société » et le principe de la défense des droits de l'homme, conduisant à modifier et à améliorer un grand nombre de règles constitutionnelles. En particulier, on a ajouté des dispositions prévoyant que l'État respecte et garantit les droits de l'homme et qu'il protège les droits de l'homme et la propriété privée légale. D'autres éléments importants ont été insérés dans la Constitution, confirmant à nouveau, sous la forme de la loi la plus fondamentale, les résultats considérables apportés en théorie et en pratique par la politique de réforme et d'ouverture sur le monde extérieur.

En 2007, le XVIIe Congrès national du PCC a élaboré des plans stratégiques pour la construction démocratique et juridique du pays. Il a alors présenté les orientations générales pour mettre davantage en œuvre les principes selon lesquels la Chine doit être dirigée conformément à la loi tout en accélérant la construction d'un État de droit socialiste.

Afin d'atteindre ces objectifs, ceci demande que l'on mette en place un processus rigoureux d'élaboration des lois respectant la gouvernance chinoise et que l'on améliore les lois ; que l'on renforce l'application de la Constitution et des lois ainsi que de l'exigence de l'égalité du peuple devant la loi ; ceci demande également que l'on maintienne la justice sociale et l'équité, que l'on sauvegarde l'unité et l'autorité de la légalité socialiste ; cela demande aussi que l'on appelle à la promotion d'une administration fondée sur l'observation de la loi, à l'approfondissement de la réforme du système judiciaire et au renforcement de la qualité du personnel des parquets et de l'administration judiciaire ; cela suppose aussi que l'on procède à une plus grande vulgarisation et une meilleure communication des règles juridiques ainsi que des principes que sous-tendent la primauté du droit ; enfin on doit insister sur le respect et la garantie des droits de l'homme ainsi que sur l'autorité de la Constitution et des lois.

En mars 2011, le Président du Comité permanent de l'APN, M. WU Bangguo a annoncé au monde qu'un système juridique socialiste aux caractéristiques chinoises a été mis en place tel que prévu. À la fin de 2012, la Chine a modifié la Constitution, adopté 243 lois, 721 règlements administratifs, plus de 9200 règlements locaux, plus de 780 règlements spéciaux portant sur l'exercice de l'autonomie dans des régions concernées, etc.

En novembre 2012, le XVIIIe Congrès national du PCC a fait un bilan sur l'édification de l'État de droit au cours des cinq dernières années en indiquant que : « De nouveaux progrès ont été faits dans le développement de la démocratie et du système juridique. Des progrès ont également été accomplis dans la réforme de la structure politique. Les députés urbains et ruraux des congrès populaires sont désormais élus à tous les échelons. La démocratie au niveau communautaire s'est développée régulièrement. Le système socialiste des lois aux caractéristiques chinoises a été établi et des progrès notables ont été réalisés dans la construction d'un État de droit socialiste. Le front uni patriotique s'est consolidé et développé. Le système administratif de l'État et le système judiciaire ont subi des changements et ont connu un nouvel essor ».

4. Plein développement d'un État de droit : les tâches et les objectifs des constructions juridiques depuis le XVIIIe Congrès national du PCC (2012)

On l'a dit, le XVIIIe Congrès national du PCC a fixé les objectifs stratégiques destinés à construire un État de droit en Chine qui a permis d'édifier un système juridique qui entre maintenant dans une nouvelle ère. Après avoir accompli des progrès notables en matière législative et au moyen de la gouvernance par la loi, selon l'esprit du Rêve chinois (les stratégies nationales du grand rajeunissement du peuple chinois) et d'une autre stratégie du développement du pays qui est intitulée « Deux 100 ans », la Chine veut passer à une nouvelle étape dans le futur et renforcer davantage son système juridique ; faire progresser systématiquement le principe de la primauté du droit ; intensifier constamment les réformes juridiques ; et promouvoir le développement du système juridique de manière globale, le tout conformément à l'objectif stratégique « Deux étapes », pour construire une Chine fondée sur la règle de droit. Cela dit, il reste encore beaucoup à faire pour passer de l'étape de la construction du système juridique à celle d'un véritable système qui fonctionne dans la réalité quotidienne et pour transformer la Chine d'un pays qui est soutenu par la loi à celle d'un pays fort gouverné par la loi.

Dans la première étape, on envisage, lorsqu'une société modérément prospère sera devenue réalité en 2020, d'en arriver également à achever la construction d'un État de droit. Le rapport du XVIIIe Congrès national du PCC a indiqué en ce sens, en 2012, qu'en prenant en considération la situation internationale et nationale, la Chine reste encore dans une période stratégiquement importante de son développement. Nous devons donc juger correctement le changement qui s'est déroulé selon les conditions prévalant à cette époque, puis saisir les opportunités, affronter sagement les défis, poursuivre l'initiative, conserver les acquis et se tourner vers l'avenir, afin de s'assurer de la réussite de la construction d'une société modérément prospère d'ici à 2020. On envisage qu'au cours de cette année, la Chine deviendra un pays dans lequel le processus législatif sera bien formalisé, les lois et la justice seront appliquées avec toute la rigueur requise, de façon équitable et égale, les individus seront respectueux d'une société fondée sur la loi, le principe fondamental de la primauté du droit sera pleinement appliqué, le système juridique à caractère socialiste sera plus complet, et qu'un État de droit sera presque établi. De plus, on espère que la crédibilité judiciaire sera constamment renforcée, que les droits de l'homme seront véritablement respectés et garantis, que les travaux nationaux seront effectués conformément à la loi, donc qu'une Chine basée sur la loi sera essentiellement construite.

La deuxième étape se situera lors du 100e anniversaire de la fondation de la République populaire de Chine en 2049, date à laquelle la construction de l'État de droit en Chine devrait être complètement réalisée. À ce moment-là, le système de gouvernance basé sur la loi et son exercice par les divers organes de l'État, qui sont tenus de l'observer, devraient être achevés. La Chine répondra alors parfaitement à tous les critères d'un État de droit, d'un gouvernement de droit, d'une société gouvernée par la loi. Une Chine fondée sur la loi, caractérisée par sa liberté et son égalité, sa démocratie et ses droits de l homme, son équité et sa justice ainsi que par son harmonie et sa civilisation, sera alors complètement construite.

CHAPITRE 2.

SYSTÈME LÉGISLATIF EN CHINE

LI Lin

Section 1 : Évolution historique du système législatif

On l'a dit, la théorie classique de la séparation des pouvoirs distingue 3 fonctions principales au sein des différents régimes politiques. Le pouvoir d'édicter les lois constitue la fonction législative.

Après la fondation de la République populaire de Chine, on a traversé 3 périodes importantes et on a vécu 3 régimes législatifs différents comportant des liens historiques et des aspects forts différents.

I. Première période : un régime législatif décentralisé

De 1949 à 1954, entre l'établissement de la République populaire de Chine et la promulgation de la Constitution, une première période a existé au cours de laquelle la Chine a mis en place un régime législatif que l'on peut qualifier de décentraliser; cette période se traduisant principalement par la décentralisation des pouvoirs aux divers paliers gouvernementaux, en passant du pouvoir central vers les organes locaux. Au niveau central, les principaux organes législatifs sont la session plénière de la Conférence consultative politique du peuple chinois (CCPPC), le Comité du gouvernement populaire central et le Conseil du gouvernement.

Les pouvoirs de ces 3 organes s'établissent comme suit : conformément aux dispositions de la Loi organique de la Conférence consultative politique du peuple chinois, adoptée par la première session plénière de la Conférence consultative politique du peuple chinois, le 27 septembre 1949, et qui fait office de Constitution provisoire (appelée Programme commun) la CCPPC a servi d'assemblée législative jusqu'à l'adoption de la Constitution de 1954, date à laquelle la fonction législative a été transférée à l'Assemblée populaire nationale (APN) dûment élue au suffrage universel. Les pouvoirs législatifs dont disposent la CCPPC visent les textes fondamentaux et sont les suivants : formuler ou modifier la Loi organique de la Conférence consultative politique du peuple chinois, formuler ou réviser le Programme commun de la Conférence consultative politique du peuple chinois et formuler ou modifier la Loi organique du gouvernement populaire central.

Pour sa part, le Comité du gouvernement populaire central exerce les pouvoirs législatifs suivants, conformément au programme commun : formuler et interpréter les lois nationales ; promulguer et superviser l'exécution de ces dernières ; abolir ou amender les résolutions et ordres émis par le Conseil de gouvernement s'ils sont en conflit avec les lois et les décrets nationaux ; approuver, abolir ou amender les traités et les accords entre la République populaire de Chine et des pays étrangers.

Enfin, toujours selon le programme commun, le Conseil du gouvernement a le pouvoir de : édicter des lois et des ordonnances et en contrôler l'application et abroger ou modifier les lois et les autres normes émises par divers comités, ministères, conférences, institutions, organismes et gouvernements à tous les niveaux, si elles entrent en conflit avec celles promulguées par ce Conseil. Le Conseil de gouvernement a, par ailleurs, le droit de soumettre des propositions législatives au gouvernement populaire central.

Au niveau local, les pouvoirs législatifs de nature locale sont principalement exercés par les instances suivantes : le gouvernement populaire des grandes régions administratives, le gouvernement populaire des provinces, le gouvernement populaire des municipalités des grandes régions administratives et des provinces, le gouvernement populaire des districts et les organes du gouvernement des régions autonomes ethniques.

Selon les dispositions du Règlement général pour l'organisation du gouvernement populaire des grandes régions administratives, formulé par le Conseil du gouvernement, le 26 décembre 1949, le gouvernement populaire de celles-ci a le pouvoir de rédiger des règlements provisoires concernant les affaires locales et de les soumettre au gouvernement pour approbation ou enregistrement.

Dans la même veine, conformément aux dispositions des Règles générales pour l'organisation du gouvernement populaire des provinces, des villes et des districts formulées par le Conseil de gouvernement le 6 janvier 1950, le gouvernement populaire provincial est habilité à rédiger des lois, des décrets et des règlements provisoires concernant les affaires de la province et à les soumettre au gouvernement populaire de la grande région administrative concernée pour approbation ou enregistrement par le Conseil du gouvernement. Les gouvernements populaires des municipalités, pour leur part, ont le droit de formuler des règlements temporaires relatifs à celles-ci et de les soumettre pour approbation au gouvernement du niveau supérieur. Le gouvernement populaire du district, enfin, a le droit de rédiger des normes spécifiques au district, qui seront soumises au gouvernement populaire provincial pour approbation ou enregistrement.

Selon les Lignes directrices pour la mise en œuvre de l'autonomie des régions ethniques de la République populaire de Chine, les organes du gouvernement des régions autonomes ethniques peuvent, dans les limites prescrites par le gouvernement populaire central et les lois, les règlements et les décrets des gouvernements populaires supérieurs, établir des lois spécifiques à être appliquées dans leur propre zone. Les organes du gouvernement des régions autonomes ethniques ont l'obligation de soumettre ces normes aux gouvernements des deux niveaux supérieurs pour approbation et ils doivent faire un rapport au Conseil du gouvernement pour l'enregistrement de celles-ci.

Le 19 juin 1954, la 32e session du Comité du gouvernement populaire central a décidé d'abolir la division des grandes régions administratives et le pouvoir législatif à ce niveau fut, par conséquent, annulé.

Les raisons pour lesquelles cette période a donné à de nombreux organes la possibilité d'établir des normes afin de former un ensemble normatif assez décentralisé, sont principalement liées : (1) à la nécessité d'améliorer la situation sociale après la création de la République populaire de Chine : tout était en effet à refaire et la construction et les réformes du pays exigent de l'ordre et d'édicter de nombreuses réglementations ; par ailleurs, en raison de la fin du système pseudo-juridique du Kouo-Min-Tang par lequel le président gouverne sans avoir l'appui de la branche législative, il est alors impossible de charger le gouvernement central de la mission d'adopter une législation complète nécessitant d'élaborer rapidement un grand nombre de lois et de règlements pouvant se conformer et s'adapter aux besoins de la situation et de la mutation prévalant dans toute la Chine ; (2) à la disparité existante entre la situation prévalant dans les anciennes zones et celles nouvellement libérées à ce moment-là ; pour ces dernières, il est nécessaire de leur octroyer un pouvoir législatif, afin qu'elles puissent mettre en œuvre diverses réformes en fonction de leurs propres conditions locales, qu'elles puissent aussi établir adéquatement un système politique démocratique, le tout afin de restaurer et de développer l'économie nationale. Ce modèle législatif a contribué à accélérer considérablement le mouvement de décentralisation de la législation du niveau central vers le niveau local, garantissant ainsi l'efficacité de la législation de l'époque.

Selon les statistiques, entre 1950 et 1953, on note qu'il y a eu 435 lois édictées par l'autorité centrale soit, en moyenne, 109 par an. Bien qu'il n'existe pas de statistiques détaillées sur la législation locale dans toute la Chine, mais on note qu'à partir de celles provenant du Zhejiang, de la Mongolie-Intérieure et de Shanghai, que le résultat est très probant : de 1950 à 1953, pour la seule province du Zhejiang, on a élaboré 653 ordonnances et lois spécifiques soit 163, en moyenne, par an. En Mongolie intérieure, on remarque que 368 règlements et documents normatifs ont été élaborés pendant la même période. À Shanghai, de septembre

1950 à septembre 1954, 799 ordonnances et lois spécifiques ont été adoptées, soit une moyenne de 159 textes législatifs par an.

II. Deuxième période : vers une centralisation de la législation

À partir de la promulgation de la Constitution de 1954 jusqu'à la IIe session de la cinquième Assemblée populaire nationale en 1979, la Chine a mis en place un modèle législatif centralisé. Ainsi, pendant cette période, les pouvoirs législatifs étaient relativement centralisés : à l'exception des zones autonomes, les autres collectivités locales n'étaient plus dotées de tels pouvoirs. Il en va de même pour les organes administratifs de l'État. La Constitution de 1954, première constitution proprement dite, prévoit que l'Assemblée populaire nationale est l'unique organe qui exerce le pouvoir législatif de l'État, tout en ayant la possibilité de modifier la Constitution. Le Comité permanent de l'Assemblée populaire nationale, pour sa part, possède le pouvoir d'interpréter et de promulguer les lois.

En 1955, la Résolution autorisant le Comité permanent à élaborer des Lois et règlements spécifiques, adoptée lors de la deuxième session de la première Assemblée populaire nationale, a élargi l'exercice du pouvoir législatif de l'État en octroyant des pouvoirs au Comité permanent de l'Assemblée populaire nationale. L'interprétation de cette résolution est la suivante : avec les progrès de la construction et de la transformation du socialisme, l'État doit adopter de toute urgence diverses lois pour répondre aux exigences du développement social et du travail étatique. Au cours de la clôture de l'Assemblée populaire nationale, on autorise à cette fin le Comité permanent, dans le respect de l'esprit de la Constitution, à élaborer certains types de lois spécifiques répondant aux besoins réels.

En 1959, 1ère session de la IIe Assemblée populaire nationale autorisa, en outre, son Comité permanent, en fonction de l'évolution de la situation et des besoins, à modifier les articles des lois devenues désuètes.

Pour leur part, les organes des zones nationales d'autonomie ethniques obtiennent le droit de formuler des règlements autonomes et des lois locales qu'ils doivent soumettre au Comité permanent de l'Assemblée populaire nationale pour approbation. En raison du fait que la Constitution et lois organiques n'ont pas autorisé les gouvernements des provinces, des municipalités et des districts à exercer de tels pouvoirs, les pouvoirs de promulger les lois et les règlements locaux de ces derniers ont alors été déclinés.

On voit donc que le pouvoir législatif pendant cette période est surtout de la compétence de l'autorité centrale.

III. Troisième période : la division des pouvoirs législatifs

Depuis la 2[e]session de la Ve Assemblée populaire nationale en 1979, la Chine a exercé une division des pouvoirs législatifs qui prévaut jusqu'à nos jours.

Section 2 : Division des pouvoirs législatifs

Dans le système juridique chinois, les sources du droit, qui justifient la légitimité et sont considérées comme les références de la législation, incluent principalement la Constitution de la République populaire de Chine et la Loi sur la législation de la République populaire de Chine.

I. Constitution de la République populaire de Chine (promulguée en 1982)

La Constitution de 1982 s'applique actuellement en Chine. Jusqu'à présent, bien que quatre révisions aient été effectuées à celle-ci, le contenu de base et le cadre principal du régime législatif n'ont pas véritablement changé. La Constitution prévoit les principes suivants :

Premièrement, les pouvoirs législatifs de l'APN comprennent ceux d'amender la Constitution (en Chine, les amendements à la Constitution doivent être proposés par le Comité permanent de l'APN ou au moins un cinquième des délégués de l'APN, cette dernière proposition doit être adoptée à la majorité des deux-tiers des députés) ; de veiller à son application ; de voter et amender le Code pénal, le Code civil, les lois relatives à la structure de l'État et les autres lois fondamentales ou essentielles ; de modifier ou annuler les décisions inadéquates du Comité permanent de l'APN ; de décider de la création et du système de régions administratives spéciales, etc.

Deuxièmement, les pouvoirs législatifs dont dispose le Comité permanent de l'Assemblée populaire nationale incluent les suivants : interpréter la Constitution et veiller à son application ; voter et amender les lois autres que celles qui doivent être votées par l'APN ; entre les sessions de l'APN compléter et modifier partiellement les lois votées par celle-ci à condition que les principes fondamentaux régissant ces lois ne soient pas violés ; interpréter les lois ; abroger les règlements administratifs, les décisions et les ordonnances du Conseil des affaires d'État qui seraient contraires à la Constitution et aux lois ; abroger les lois et décisions de caractère local émanant des organes du pouvoir des provinces, des régions autonomes et des municipalités relevant directement de l'autorité centrale qui seraient contraires à la Constitution et aux lois ; décider de la ratification ou de la dénonciation des traités et des accords importants conclus avec des pays étrangers.

Troisièmement, les pouvoirs législatifs du Conseil des affaires d'État couvrent les pouvoirs suivants conformément à la Constitution et à la loi, élaborer les lois et les règlements administratifs et émettre des décisions et des ordonnances ; proposer des projets de loi à l'APN à son Comité permanent ; administrer les affaires étrangères et conclure des traités et accords avec les États étrangers ; modifier ou annuler les ordonnances, les instructions et les règlements mal fondés émanant des ministères et des commissions ; modifier ou annuler les décisions et les ordonnances mal fondées émanant des organes administratifs locaux aux différents échelons.

Quatrièmement, les assemblées populaires locales des provinces et des municipalités relevant directement de l'autorité centrale et leur comité permanent peuvent élaborer des règlements à caractère local à condition qu'ils ne soient pas contraires à la Constitution, aux lois et aux règlements administratifs de l'État et ils devront les soumettre au Comité permanent de l'APN, pour enregistrement.

Cinquièmement, les organes d'administration des régions, des départements et des districts autonomes exercent les fonctions et les pouvoirs des organismes locaux de l'État, tels qu'ils sont définis par la Constitution comme les autres organes de niveau identique. En même temps, lorsque cela les vise, ils exercent l'autonomie dans les limites des pouvoirs qui leur sont conférés par la Constitution, par la Loi sur l'autonomie régionale des nationalités et par d'autres lois, et ils appliquent les lois et la politique de l'État en fonction des conditions réelles de leur région ; les Assemblées populaires des zones ethniques autonomes ont le pouvoir d'établir des statuts et des règlements particuliers sur l'exercice de l'autonomie, conformément aux caractéristiques politiques, économiques et culturelles de leur nationalité. Ces derniers n'entreront en vigueur qu'après avoir été approuvés par le Comité permanent de l'APN ; pour leur part, les règlements des départements et des districts autonomes n'entreront en vigueur qu'après avoir été approuvés par le Comité permanent de l'Assemblée populaire de la province ou de la région en cause, tout en étant communiqués au Comité permanent de l'APN pour enregistrement.

Ce système législatif prévu dans la Constitution de 1982 n'en constitueé videmment que la partie principale, fondamentale et structurelle. Il a été continuellement amélioré, enrichi et développé à travers la législation générale et la législation sur l'approbation durant une trentaine d'années.

II. Loi sur la législation de la République populaire de Chine

Le 15 mars 2000, la 3e session de l'IXe Assemblée populaire nationale a adopté la Loi sur la législation de la République populaire de Chine (Loi sur la législation), qui est entrée en vigueur le 1er juillet 2000. Cette loi a clairement défini les lignes directrices et les principes de base sur le pouvoir d'édicter les lois et leur processus d'adoption ainsi que leur interprétation. Elle contient également des dispositions importantes sur la législation dans les domaines suivants :

Premièrement, cette loi clarifie les pouvoirs législatifs des organes législatifs, en particulier ceux qui relèvent exclusivement de l'Assemblée nationale populaire et de son Comité permanent. Ainsi, certaines lois ne peuvent être édictées que par l'APN, notamment en ce qui concerne : les questions de souveraineté nationale ; l'établissement, l'organisation et le pouvoir des Assemblées populaires et des gouvernements à tous les échelons, des tribunaux populaires et des parquets populaires ; le système d'autonomie des régions ethniques, le système d'organisation et de gouvernance des régions administratives spéciales ainsi que celui concernant la gouvernance à l'échelon des collectivités ; les crimes et les peines ; la privation des droits politiques et civils ainsi que les mesures obligatoires et les peines imposées pour restreindre la liberté individuelle ; le régime applicable aux biens appartenant à l'État ; le système civil de base ; le système économique de base et le système de base des affaires financières, de la fiscalité, des douanes, de la finance et du commerce extérieur ; les systèmes de règlement des litiges et d'arbitrage ; ainsi que toute autre question relevant de l'APN et de son Comité permanent.

Deuxièmement, cette loi énonce le principe de la délégation de certains attributs des pouvoirs législatifs appartenant à l'APN et à son Comité permanent au bénéfice d'autres organes, notamment quant à l'élaboration de lois et elle prévoit certains mécanismes : d'une part, l'APN et de son Comité permanent doivent clairement définir le but et la portée de la délégation de pouvoir ; les organes autorisés doivent strictement exercer leurs pouvoirs selon ce qui est prévu par cette délégation ; ces organes ne peuvent sous-déléguer leurs pouvoirs à d'autres organes ; il appartient ultimement à l'APN et à son Comité permanent d'adopter les lois en temps opportun pour annuler une délégation de pouvoirs lorsqu'elles estiment que les conditions nécessaires à l'adoption de celles-ci sont réunies ; une fois que ces lois sont promulguées, l'autorisation de délégation de pouvoirs est alors automatiquement annulée.

Troisièmement, cette loi prévoit de façon précise le processus législatif de l'APN ;

Quatrièmement, celle-ci précise les règles de base concernant l'interprétation des normes juridiques ;

Cinquièmement, cette loi régit les principes d'élaboration des règlements administratifs ;

Sixièmement, elle régit aussi les principes d'élaboration des règlements locaux, des statuts et des règlements des régions autonomes et établit des règles particulières sur les pouvoirs réglementaires ;

Septièmement, cette loi définit les principes généraux et elle règle les questions connexes applicables à la législation :

(1) La hiérarchie suivante s'applique à cette législation à plusieurs niveaux : a) la Constitution est la source première et suprême des normes juridiques applicables dans la République populaire de Chine. Par conséquent, toute loi, tout règlement administratif, tout règlement local ne peut entrer en contradiction avec celle-ci ; b) les lois qui sont promulguées par l'Assemblée populaire nationale et son Comité permanent ; c) les règlements d'exécution qui sont émis par le Conseil des affaires d'État ; d) les réglementations locales qui sont émises par les assemblées populaires locales ; e) les réglementations, les règles ou les autres mesures qui sont émises par une agence de l'exécutif ou par un gouvernement populaire local. Notons enfin que les règles formulées par les gouvernements populaires des provinces et des régions autonomes possèdent une hiérarchie plus

élevée que celles établies par les gouvernements populaires des grandes villes au sein d'une même région administrative.

(2) Applicabilité des règles d'adaptation : les organes d'administration autonome des régions, des départements et des districts autonomes bénéficient du pouvoir d'apporter des dispositions adaptées concernant certaines lois, règlements administratifs et règlements locaux conformément à la loi et aux caractéristiques politiques, économiques et culturelles de leur nationalité. Il en va de même de celles dûment adoptées dans les zones économiques spéciales.

(3) L'efficacité et de la mise en œuvre des règlements : les règlements ministériels, départementaux et locaux exercent le même effet et doivent être mises en œuvre dans leurs juridictions respectives.

(4) Principes d'application entre une loi générale et une loi spéciale ainsi qu'entre une loi nouvelle et une loi plus ancienne : il s'agit d'un principe bien connu que lorsque les dispositions provenant d'une source législative d'un niveau hiérarchique entre en conflit avec celles d'un même niveau, il convient d'appliquer les dispositions spéciales avant celles qui ont un caractère général. Par exemple, on dit que les dispositions d'une loi spéciale visant un sujet particulier ont préséance sur une loi générale qui est généralement de nature supplétive ; dans la même veine, s'il arrive que les dispositions de nouveaux règlements sont incompatibles avec celles de règlements plus anciens, il faut alors appliquer les dispositions des nouveaux règlements.

(5) Le principe de non-rétroactivité des lois : en principe, à moins de dispositions contraires, les lois ne s'appliquent que pour l'avenir. Elles n'ont pas d'effet rétroactif. Dans certaines matières toutefois, le législateur peut donner un effet rétroactif lorsqu'il estime que cela est bénéfique pour mieux protéger les droits et les intérêts légitimes des citoyens, les personnes morales et les autres organismes concernés.

(6) Des principes facilitant la résolution de problèmes portant sur l'incohérence entre des dispositions législatives.

(7) Des dispositions sur le changement ou l'abrogation de la législation.

(8) Des dispositions sur l'enregistrement des dossiers législatifs.

(9) Des dispositions sur les conflits de lois.

III. Principes concernant la délégation législative de l'Assemblée populaire nationale et de son Comité permanent

Depuis 1979, l'APN et son Comité permanent ont maintes fois pris des décisions sur la délégation législative, accordant aux entités concernées certains attributs du pouvoir législatif. Les principales décisions concernant la délégation législative sont les suivantes :

Premièrement, on a vu que l'APN a accordé au Conseil des affaires d'État 3 autorisations législatives provisoires (voir la première section du premier chapitre).

Deuxièmement, on observe une délégation législative particulière à 2 reprises aux Assemblées populaires provinciales et à leur Comité permanent afin d'exercer un pouvoir législatif pour les zones économiques spéciales : la première fois, en novembre 1981, le Comité permanent de la Ve APN a adopté, à sa 21ère session, une résolution autorisant, conformément aux principes des lois, décrets et politiques pertinents, l'Assemblée populaire de la province du Guangdong et celle de la province du Fujian, ainsi que leurs commissions permanentes, à édicter des lois et des règlements à caractère économique particulier pour s'y appliquer. Ces normes doivent être soumises au Comité permanent de l'APN pour enregistrement ; la deuxième fois qu'une telle délégation a été permise, c'est en mars 1988, après la 1ère session de la VIIe APN. On a alors autorisé l'Assemblée populaire de la province de Hainan et son Comité permanent à élaborer des lois et des règlements qui correspondent aux conditions spécifiques et aux besoins particuliers de cette zone économique spéciale et à les appliquer.

Troisièmement, on note qu'il y a eu également 3 délégations législatives particulières pour d'autres zones économiques spéciales, y compris :

La première fois, en juillet 1992, à sa 26e session, la VIIe APN a examiné la demande du Conseil d'État d'autoriser l'Assemblée populaire municipale de Shenzhen, son Comité permanent ainsi que le gouvernement populaire de cette municipalité à formuler des lois et des règlements spécifiques portant sur cette zone économique spéciale. La décision a été prise d'autoriser cette délégation conformément aux dispositions de la Constitution et aux principes fondamentaux des lois et des règlements s'appliquant afin de répondre aux besoins réels de cette zone. Ces normes doivent alors être transmises au Comité permanent de l'APN, au Conseil d'État et au Comité permanent de l'Assemblée populaire de la province du Guangdong pour enregistrement.

La deuxième fois, en mars 1994, à sa 2e session, la VIIIe APN a examiné la demande proposée par YUAN Qitong et les autres 35 délégués lors de la 1ère session de cette même APN, concernant l'autorisation de permettre à l'Assemblée populaire municipale de Xiamen, son Comité permanent ainsi que le gouvernement populaire municipal de Xiamen à formuler respectivement les règlements et les lois spécifiques sur la zone économique spéciale de cette ville. Cette demande fut accordée à condition de respecter les règles de droit applicables.

La troisième fois, en mars 1996, à sa 4e session, la VIIIe APN a pris la décision d'autoriser l'Assemblée populaire municipale de Shantou, son Comité permanent ainsi que le gouvernement populaire municipal de cette ville à édicter et à appliquer aussi de telles normes aux mêmes conditions.

Quatrièmement, on a aussi des décisions concernant la délégation législative à propos de la loi visant l'organe concerné et de la Loi sur la législation de la République populaire de Chine. Ainsi, en décembre 1982, à sa 5e session, la Ve APN a amendé la Loi organique des Assemblées locales et des gouvernements locaux à tous les niveaux, adoptée en 1979. La version amendée de cette dernière a clarifié les éléments suivants : les municipalités où sont situés les gouvernements populaires des provinces et des régions autonomes et les comités permanents des Assemblées populaires des grandes villes approuvés par le Conseil d'État, peuvent rédiger les propositions des lois et des règlements locaux requises par la ville et les présenter aux comités permanents des Assemblées populaires des provinces et des régions autonomes pour leurs rédactions finales et approbations. Les textes législatifs adoptés doivent être rapportés au Comité permanent de l'APN et du Conseil des Affaires d'État pour enregistrement. Elle a également précisé que les gouvernements populaires des provinces, des régions autonomes, des municipalités relevant directement de l'autorité centrale, des villes où sont situés les gouvernements populaires des provinces et des régions autonomes, ainsi que les gouvernements populaires des grandes villes approuvés par le Conseil des Affaires d'État ont le droit de formuler les règlements locaux, conformément aux dispositions des lois et des règlements administratifs approuvés par le Conseil des Affaires d'État. En 1995, le Comité permanent de l'APN a amendé à nouveau cette loi et les modifications apportées sont : conformément aux dispositions des lois, des règlements administratifs et des règlements et lois locales, les gouvernements populaires des provinces, des régions autonomes, des municipalités relevant directement de l'autorité centrale peuvent rédiger et approuver les règlements locaux, les enregistrer au Comité permanent de l'Assemblée populaire au même niveau administratif et au Conseil des Affaires d'État pour enregistrement. Les villes où sont situés les gouvernements populaires des provinces et des régions autonomes, ainsi que les gouvernements populaires des grandes villes approuvés par le Conseil des Affaires d'État, ont le droit de formuler les règlements, conformément aux dispositions des lois, des règlements administratifs et des règlements et lois locales, les enregistrer au gouvernement et au Comité permanent de l'Assemblée populaire local, de la province ou région concernée, ainsi qu'au Conseil des Affaires d'État pour enregistrement..

Cette loi organique indique par ailleurs que les Assemblées populaires des grandes villes et leurs comités permanents peuvent, en respectant la Constitution, les lois et les règlements, formuler les normes à caractère local et les enregistrer auprès du Comité permanent de l'APN. Ces règlements, une fois approuvés par le comité permanent de l'assemblée populaire de la province ou de la région autonome, s'appliquent dans les régions concernées. On entend par l'expression grandes villes ici, les villes où sont situés les gouvernements populaires des provinces et des régions autonomes, les zones économiques spéciales, ainsi que les autres grandes villes approuvées par le Conseil des affaires d'État.

IV. Pouvoir législatif du Conseil des affaires d'État

Conformément aux dispositions prévues par la Constitution, par la Loi sur la législation de la République populaire de Chine, ainsi que par les autres textes législatifs applicables, le Conseil des affaires d'État peut exercer les pouvoirs suivants dans le domaine législatif :

Premièrement, il est chargé de rédiger les règlements administratifs nécessaires pour faire appliquer les dispositions des diverses lois.

Deuxièmement, il exerce les fonctions et les pouvoirs, tels que définis à l'article 89 de la Constitution, y compris : conformément à la Constitution et à la loi, arrêter les mesures administratives, élaborer les lois et règlements administratifs, émettre des décisions et des ordonnances ; proposer des projets de loi à l'APN ou à son Comité permanent ; déterminer les tâches et délimiter les attributions de ses ministères et de ses commissions, exercer une direction unique sur eux et diriger le travail administratif d'intérêt national qui n'est pas de leur ressort ; exercer une direction unifiée sur l'activité des organes administratifs locaux aux différents échelons dans tout le pays, délimiter concrètement les fonctions et les pouvoirs des organes administratifs du gouvernement central et ceux des organes administratifs des provinces, des régions autonomes et des municipalités relevant directement de l'autorité centrale ; préparer et mettre en œuvre les plans pour le développement économique et social national et les budgets de l'État ; diriger et administrer le travail économique et l'édification urbaine et rurale ; diriger et administrer le travail dans les domaines de l'éducation, de la science, de la culture, de la santé publique, du sport et du planning familial ; diriger et administrer le travail dans les domaines des affaires civiles, de la sécurité publique, de l'administration judiciaire, des parquets, etc. ; administrer les affaires étrangères, conclure des traités et des accords avec les États étrangers ; diriger et administrer l'édification de la défense nationale ; diriger et administrer les affaires concernant les nationalités, garantir l'égalité des droits des minorités nationales et le droit à l'autonomie des régions d'autonomie nationale ; protéger les droits et les intérêts légitimes des Chinois d'outre-mer, protéger les droits et les intérêts légitimes des ressortissants chinois résidants à l'étranger, ainsi que les intérêts légitimes des membres de leurs familles résidant en Chine et des ressortissants chinois de retour dans leur pays ; modifier ou annuler les ordonnances, les instructions et les règlements mal fondés émanant des ministères et des commissions ; modifier ou annuler les décisions et les ordonnances mal fondées émanant des organes administratifs locaux à tous les niveaux ; approuver la limitation territoriale des provinces, des régions autonomes et des municipalités relevant directement de l'autorité centrale, et approuver la création et la délimitation territoriale des départements autonomes, des districts, des districts autonomes et des municipalités ; décider, conformément aux dispositions de la loi, d'appliquer l'état d'urgence dans une partie du territoire des provinces, des régions autonomes et des municipalités relevant directement de l'autorité centrale ; déterminer, après examen, les effectifs des organes administratifs et, conformément à la loi, nommer ou révoquer, former, évaluer, récompenser ou sanctionner le personnel administratif ; exercer les autres fonctions conférées par l'APN et par son Comité permanent.

V. Pouvoir législatif de la Commission militaire centrale

Conformément aux dispositions de la Constitution, de la Loi sur la défense nationale, de la Loi sur la législation de la République populaire de Chine et d'autres textes législatifs, la Commission militaire centrale possède la compétence législative afin d'élaborer des règlements militaires, tandis que les départements généraux, les armes et les régions militaires préparent des normes et des statuts militaires.

La Loi sur la défense nationale adoptée à la 5e session du VIIIe APN, en 1997, prévoit que la Commission militaire centrale est à la tête des forces armées nationales et a le pouvoir de réglementer l'armée relativement aux sujets suivants : le commandement unifié des forces armées nationales ; la prise des décisions relatives à la stratégie militaire et aux forces armées ; le pouvoir de diriger et de gérer l'édification de l'Armée populaire de Libération, de formuler des plans, de les administrer et de les mettre en œuvre ; de soumettre des propositions à l'APN ou à son Comité permanent ; de formuler des règlements militaires, de prendre des décisions et d'établir des ordonnances conformément à la Constitution et aux lois ; de déterminer le système de l'Armée de libération du peuple, de définir les tâches et les responsabilités des départements généraux, des armes, des régions et des autres unités militaires ; conformément aux dispositions de la loi et des règlements militaires, nommer ou révoquer, décider de l'entraînement, de la qualification et des sanctions des membres des forces armées ; d'approuver l'armement et le matériel des forces armées, ainsi que leurs plans et projets de développement ; d'assurer la coordination avec le Conseil des affaires d'État pour diriger et gérer la recherche scientifique et le développement dans le domaine de la défense nationale ; de coopérer avec le Conseil des affaires d'État pour gérer le budget et les biens de la défense nationale ; d'exercer les autres fonctions et pouvoirs qui lui seraient impartis par la loi.

Selon la Loi sur la législation, la Commission militaire centrale élabore les règlements militaires conformément à la Constitution et à la loi. Les sièges, les branches et les régions militaires de la Commission militaire centrale peuvent, conformément à la loi et aux règlements, aux décisions et ordonnances militaires approuvées par la Commission militaire centrale, formuler des règlements militaires relevant de leurs juridictions. Ces règlements militaires sont à appliquer au sein des forces armées. La formulation, la révision et la suppression des ordonnances et règlementations militaires doivent être définies par la Commission militaire centrale conformément aux principes énoncés dans Loi sur la législation de la République populaire de Chine.

Plus généralement, en ce qui concerne le système législatif militaire, on comprend donc que la Chine a mis en place un régime à trois niveaux : l'APN et son Comité permanent élaborent les lois militaires; la Commission militaire centrale établit des règlements militaires indépendamment ou en concertation avec le Conseil des affaires d'État, selon les sujets en cause; les départements généraux, des armes ou des régions militaires élaborent des règlements ou des statuts militaires en concertation ou non avec des organes des niveaux plus élevés selon, encore une fois, les sujets en cause. La procédure législative militaire a été également unifiée comme suit : selon les besoins observés concernant l'organisation de l'armée et les dispositions pertinentes de la Constitution et de la loi, la Commission militaire centrale a élaboré les Règlements temporaires sur les procédures législatives de l'Armée populaire de Libération qui énoncent des dispositions concernant la planification législative, la rédaction, la révision, l'adoption et l'application des lois et des règlements. Les principaux départements de l'armée ont également formulé des mesures d'application correspondantes conformément aux règlements de la Commission militaire centrale et ils sont ainsi parvenus à unifier et à institutionnaliser le travail législatif militaire. Tout en adhérant aux conditions nationales et militaires du pays, la législation militaire chinoise attache également une importance aux traités et accords internationaux auxquels la Chine a adhéré dans le domaine militaire international, et ce, afin que le contenu des lois militaires soit conforme aux lois internationales.

VI. Pouvoir législatif des Assemblées populaires et de leurs Comités permanents au niveau provincial et des grandes villes

Conformément aux dispositions de la Constitution, de la Loi organique des Assemblées locales et des gouvernements locaux à tous les niveaux et de la Loi sur la législation de la République populaire de Chine, les assemblées populaires provinciales et leurs comités permanents ainsi que les assemblées populaires des grandes villes et leurs comités permanents détiennent des pouvoirs législatifs afin d'édicter des règlements à caractère local à appliquer dans leur région administrative respective à condition qu'ils ne soient pas contraires à la Constitution. Ces règlements doivent respecter les dispositions des législatives et règlementaires hiérarchiquement supérieures et répondre aux particularités et aux besoins locaux.

Par ailleurs, parmi les questions faisant partie de la juridiction des gouvernements locaux, citons les fonctions et pouvoirs suivants des assemblées populaires locales au niveau du district ou au-dessus, qui comprennent : garantir le respect et l'application de la Constitution, des lois, des règlements administratifs et des résolutions des assemblées populaires de niveau supérieur, de leurs comités permanents ainsi que l'application des normes applicables au budget national; examiner et approuver les plans pour le développement économique et social, les budgets de leurs régions administratives respectives ainsi que les rapports sur leur état d'exécution ; diriger le travail dans les domaines de l'économie, de l'éducation, de la science, de la culture, de la santé publique, des sports, du développement urbain et rural, des finances, des affaires civiles, des affaires des nationalités ; élire les membres du Comité permanent de l'Assemblée populaire régionale ; élire le gouverneur et le vice-gouverneur de la province, le président et le vice-président de la région autonome, le maire et le maire adjoint, le préfet et le préfet adjoint de la région autonome, le chef et le chef adjoint du district ; élire le président du tribunal populaire et le procureur en chef du parquet populaire à l'échelon correspondant. L'élection du procureur d'un parquet populaire est raportée au procureur général du parquet populaire à l'échelon immédiatement supérieur pour approbation par le Comité permanent de l'Assemblée populaire de l'échelon correspondant ; élire les délégués qui siègeront à l'Assemblée populaire de l'échelon supérieur ; contrôler l'activité des comités permanents des assemblées populaires à l'échelon correspondant de l'APN ; examiner le rapport de travail du gouvernement, du parquet populaire et du tribunal du peuple de même niveau ; modifier ou annuler les décisions mal fondées émanant des comités permanents des assemblées populaires de l'échelon correspondant, annuler les décisions et les ordonnances mal fondées émanant des gouvernements populaires à l'échelon correspondant ; protéger les biens publics socialistes et les biens collectifs des travailleurs ainsi que protéger la propriété privée légalement acquise ; sauvegarder l'ordre social afin de garantir les droits individuels des citoyens, les droits démocratiques et de protéger les autres droits ; sauvegarder l'autonomie des organisations économiques collectives rurales ; protéger les droits des minorités nationales ; garantir l'égalité entre les hommes et les femmes en protégeant, en vertu de la Constitution et des lois, les droits et les intérêts des femmes, tels que la rémunération égale pour un travail égal, la liberté de mariage, etc. Pour leur part, les comités permanents des Assemblées populaires locales à l'échelon du district ou au-dessus exercent les fonctions et les pouvoirs suivants dans le cadre de leur région administrative respective : garantir le respect et l'application de la Constitution, des lois, des règlements administratifs et des résolutions des assemblées populaires de l'échelon supérieur et de leurs comités permanents ; présider à l'élection des délégués des assemblées populaires à l'échelon correspondant et convoquer les sessions de cette assemblée ; diriger le travail dans les domaines de l'économie, de l'éducation, de la science, de la culture, de la santé publique, des affaires civiles, des affaires des nationalités ; conformément aux recommandations du gouvernement populaire à l'échelon correspondant, décider de modifier partiellement les plans et budgets de développement économique et social ; contrôler l'activité des gouvernements populaires, des tribunaux populaires et des parquets populaires à l'échelon correspondant ainsi que communiquer avec les députés des assemblées populaires à l'échelon correspondant afin de leur faire part des plaintes émanant du peuple concernant ces organes et les fonctionnaires de l'État ; annuler les décisions et les ordonnances mal fondées émanant des assemblées populaires de l'échelon immédiatement inférieur et de leur comité permanent ; annuler les décisions et ordonnances mal fondées émanant des gouvernements populaires à l'échelon correspondant ; procéder, dans l'intervalle des sessions des assemblées populaires à l'échelon correspondant, à la nomination ou à la révocation des vice-gouverneurs des provinces, des vice-présidents des régions autonomes, des maires adjoints, des préfets adjoints des départements autonomes, des chefs adjoints des districts, et des gouverneurs adjoints des districts ; remplacer temporairement le gouverneur d'une province, le président d'une région autonome, le maire et le préfet d'un département autonome, le chef adjoint d'un district, le gouverneur adjoint d'un district, le président d'un tribunal populaire et le procureur en chef d'un parquet populaire dans le cas où l'un deux ne peut plus exercer ses fonctions ; la nomination temporaire d'un procureur général doit être notifiée au parquet populaire et au Comité permanent d'Assemblée populaire de l'échelon hiérarchique supérieur ; les gouverneurs des provinces, les présidents des régions autonomes, les maires et les préfets des départements autonomes, les chefs de districts, peuvent nommer ou révoquer les secrétaires généraux, les directeurs généraux de l'administration, les directeurs de département, les chefs du bureau, les chefs de section du gouvernement populaire de l'échelon correspondant et ces décisions doivent être signalées au gouvernement populaire de l'échelon hiérarchique supérieur ; nommer ou révoquer, conformément à la Loi organique des tribunaux populaires et à la Loi organique sur les parquets populaires, les vice-présidents du tribunal populaire, les présidents, les vice-présidents de la cour, les membres du comité judiciaire et les juges ainsi que les vice-procureurs généraux du parquet populaire, les membres du comité procuratoire, les procureurs et, enfin, approuver la nomination du procureur général du parquet populaire de l'échelon hiérarchique inférieur.

Le Comité permanent de l'Assemblée populaire d'une province, d'une région autonome ou d'une municipalité relevant directement de l'autorité centrale a les pouvoirs suivants : décider de la nomination et de la révocation des présidents du tribunal populaire intermédiaire au sein de la zone administrative concernée et de la municipalité relevant directement de l'autorité centrale ; décider de la nomination ou de la révocation du procureur général du parquet populaire local ; décider de la nomination ou révoquer, dans l'intervalle des sessions de l'Assemblée populaire, les vice-gouverneurs des provinces, les vice-présidents des régions autonomes, les vice-maires, les vice-préfets des départements autonomes et les vice-chefs des districts ; révoquer les nominations des autres fonctionnaires du gouvernement, du vice-président du tribunal populaire, des présidents et des vice-présidents de chambre, des membres du comité judiciaire et des juges, du vice-procureur général du parquet populaire, des membres du comité procuratoire, des procureurs, des présidents du tribunal populaire intermédiaire et des procureurs généraux des parquets populaires locaux ; remplacer, dans l'intervalle des sessions de l'Assemblée populaire à l'échelon correspondant, les députés de l'assemblée populaire à l'échelon immédiatement supérieur, remplacer certains délégués du peuple; enfin, décider de l'octroi de titres honorifiques locaux.

Conformément aux dispositions de l'article 8 de la Loi sur la législation, les assemblées populaires des provinces, les municipalités relevant directement de l'autorité centrale, les régions autonomes et leurs comités permanents peuvent élaborer des règlements à caractère local répondant à leurs besoins à condition qu'ils ne soient pas contraires à la Constitution, aux lois et aux règlements administratifs de l'État. Ces règlements doivent être soumis au Comité permanent de l'APN qui en prendra acte. Si par la suite, l'État central légifère sur ces questions, les dispositions des règlements locaux qui y sont contraires ne sont alors plus valides et les organes locaux devront les modifier ou les supprimer.

VII. Pouvoir législatif des Assemblées populaires dans les régions d'autonomie nationale

Conformément aux dispositions de la Constitution, de la Loi organique des Assemblées locales et des gouvernements locaux à tous les niveaux, de la Loi sur la législation de la République populaire de Chine et de la Loi sur l'autonomie des régions ethniques de la République populaire de Chine, les Assemblées populaires des régions d'autonomie nationale et leurs comités permanents ainsi que les Assemblées populaires des grandes villes et leurs comités permanents détiennent des pouvoirs législatifs étendus concernant leur territoire; en outre, les Assemblées populaires au-dessus de ceux de district peuvent établir des statuts et des règlements particuliers sur l'exercice de l'autonomie.

Il faut aussi savoir que les organes d'administration autonome des régions, départements et districts autonomes exercent les mêmes fonctions et les mêmes pouvoirs que les autres organismes locaux de l'État pour formuler des règlements à caractère local, tel que nous l'avons vu plus haut.

Par ailleurs, notons que les assemblées populaires des régions d'autonomie nationale et leur comité permanent ont le pouvoir d'établir des statuts et des règlements particuliers sur l'exercice de l'autonomie, conformément aux caractéristiques politiques, économiques et culturelles de la nationalité. Ces normes ne peuvent entrer en vigueur qu'après avoir été soumises pour approbation au Comité permanent de l'Assemblée populaire nationale.

D'autre part, les villes où se situent les assemblées populaires des régions autonomes et les autres grandes villes ainsi quelques assemblées populaires des grandes villes approuvées par le Conseil des affaires d'État peuvent, en vertu de la Constitution et des dispositions des lois, des règlements administratifs et des règlements locaux des régions autonomes, élaborer des règlements à caractère local répondant aux besoins de leur territoire et les envoyer au comité permanent de l'assemblée populaire de la région concernée pour approbation. Le Comité permanent de cette dernière est chargé de les rapporter au Comité permanent de l'APN et au Conseil des affaires d'État pour enregistrement.

Les organes d'administration autonome des régions, des départements et des districts autonomes exercent également les fonctions et les pouvoirs des organismes locaux de l'État. Les Assemblées populaires de ces régions autonomes nationales ont le pouvoir d'établir des statuts et des règlements particuliers sur l'exercice de l'autonomie, conformément aux caractéristiques politiques, économiques et culturelles de la nationalité en cause et qui ne peuvent entrer en vigueur qu'après avoir été soumis pour approbation au Comité permanent de l'Assemblée populaire nationale. Les règlements des départements autonomes et des districts autonomes quant à eux, ne le peuvent qu'après avoir été soumis à l'approbation des comités permanents des assemblées populaires des provinces ou des régions autonomes, et ils sont rapportés au Comité permanent de l'Assemblée populaire nationale pour que celui-ci en prenne acte.

La Loi sur l'autonomie des régions ethniques de la République populaire de Chine a clarifié les questions relatives aux pouvoirs législatifs des Assemblées populaires dans les zones d'autonomie nationale, en indiquant notamment :

Premièrement, on l'a vu, les assemblées populaires des régions d'autonomie nationale ont le pouvoir d'établir des statuts et des règlements particuliers sur l'exercice de l'autonomie selon ce qui nous venons immédiatement de voir ;

Deuxièmement, si les résolutions, les décisions, les ordonnances et les instructions des organes hiérarchiques supérieurs de l'État ne sont pas adaptées à la situation réelle des zones autonomes nationales, les organes de celles-ci peuvent faire rapport aux premiers pour leur demander de procéder à des changements appropriés ou d'en suspendre l'exécution. L'organe qui reçoit le rapport doit y répondre dans les 60 jours ;

Troisièmement, dans l'exercice de leurs fonctions, les organes d'administration autonome des régions d'autonomie nationale emploient, conformément aux règlements autonomes de leurs régions respectives, la ou les langues parlées ou écrites localement ;

Quatrièmement, afin de répondre aux besoins de la construction socialiste, l'État aide les régions d'autonomie nationale à former en grand nombre, parmi la nationalité ou les nationalités de la région en question, des cadres de différents échelons et des personnels spécialisés, ainsi que des ouvriers qualifiés de diverses professions, et ce, tout en se préoccupant de la situation des femmes. Les organes d'administration de ces régions doivent également accorder une attention particulière au bien-être des minorités dans le cadre de leur emploi et elles peuvent prendre des mesures spéciales pour favoriser et encourager les divers professionnels de celles-ci à participer aux travaux de construction dans les zones autonomes ;

Cinquièmement, lorsque les entreprises et les institutions des zones autonomes recrutent du personnel, selon les règlements en vigueur, celui-ci issu des minorités ethniques demeure prioritaire. Il est également conseillé de choisir ces personnes parmi celles qui vivent dans les zones rurales et d'élevage ;

Sixièmement, les organes d'administration autonome des régions d'autonomie nationale peuvent, conformément au système militaire de l'État et aux besoins réels de leurs régions, et avec l'approbation du Conseil des affaires d'État, organiser les forces de sécurité publique pour y maintenir l'ordre social ;

Septièmement, les organes d'administration autonome des régions d'autonomie nationale prennent en toute indépendance les dispositions qui s'imposent pour administrer l'œuvre de construction économique de leur région sous la direction du plan d'État ;

Huitièmement, les organes d'administration des régions d'autonomie nationale, dans le but de développer l'économie de marché socialiste, doivent ajuster de façon pragmatique les relations entre la production et la structure économique conformément aux dispositions de la loi et aux caractéristiques locales de développement. Ces organes ont l'obligation d'adhérer au régime économique fondé sur la propriété publique comme facteur dominant et au fait que différents secteurs de l'économie se développant côte à côte et pour lesquels on encourage le développement de l'économie non publique ;

Neuvièmement, les organes d'administration des régions d'autonomie nationale déterminent, conformément à la loi, les droits de propriété et d'utilisation des pâturages et des forêts locaux. Ils ont aussi pour rôle de protéger et de développer les prairies et les forêts ainsi que de s'occuper et d'encourager la plantation d'arbres et le reboisement. Ils surveillent également l'application de la loi qui interdit à toute organisation ou individu de détruire les prairies et les forêts par quelque moyen que ce soit ou de détruire celles-ci pour les transformer en terres à cultiver ;

Dixièmement, les organes d'administration des régions d'autonomie nationale doivent, conformément à la loi, gérer et protéger les ressources naturelles locales. Ces organes doivent aussi, conformément à la loi et à la planification unifiée de l'État, accorder la priorité à l'exploitation et à l'utilisation rationnelles des ressources naturelles locales pouvant être développées ;

Onzièmement, sous la direction du plan étatique, les organes d'administration des régions d'autonomie nationale doivent s'occuper des projets de construction des infrastructures en fonction des conditions financières, matérielles et spécifiques locales ;

Douzièmement, les organes d'administration des régions d'autonomie nationale administrent de manière indépendante les entreprises locales ;

Treizièmement, conformément aux lois du pays, les régions nationales autonomes peuvent mener des activités économiques et commerciales avec l'étranger et, avec l'approbation du Conseil des affaires d'État, elles ont également la possibilité d'ouvrir des ports de commerce extérieur. Par ailleurs, les régions autonomes limitrophes de pays étrangers, peuvent effectuer du commerce frontalier avec ceux-ci après avoir reçu l'autorisation du Conseil des affaires d'État. Enfin, soulignons que ces régions bénéficient des politiques prioritaires de l'État dans leurs activités économiques et commerciales extérieures;

Quatorzièmement, dans le système financier national unifié, les zones autonomes bénéficient de la priorité financière de l'État et de paiements de transfert importants. Les organes d'administration autonome des régions d'autonomie nationale jouissent de l'autonomie financière dans leurs régions. Toutes les recettes qui, conformément au système financier de l'État, appartiennent aux régions d'autonomie nationale, sont à la disposition des organes d'administration autonome de ces régions. Dans les dépenses budgétaires des régions autonomes, conformément aux normes du gouvernement central, un fonds non dédié peut être mis en place avec un montant supérieur à celui des autres structures. Lors de l'administration du budget, ces organes prennent en toute indépendance les décisions en vue de l'utilisation de leurs recettes excédentaires;

Quinzièmement, les organes d'administration autonome des régions d'autonomie nationale peuvent édicter des normes supplémentaires et des mesures et quotas spécifiques pour les différentes normes de dépenses, conformément aux principes énoncés par l'État en fonction des conditions réelles de leur région. Les normes édictées au niveau de la région autonome doivent être communiquées au Conseil des affaires d'État, tandis que celles des départements autonomes et des districts autonomes doivent être communiquées aux gouvernements populaires des provinces, des régions autonomes et des municipalités relevant directement de l'autorité centrale, selon le cas;

Seizièmement, quant à la mise en œuvre de la loi fiscale nationale, les organes d'administration autonome des régions d'autonomie nationale peuvent, outre les éléments de réduction et d'exonération d'impôt qui doivent être examinés et approuvés de manière uniforme par l'État, promouvoir et mettre en place des réductions d'impôts ou des exonérations fiscales pour certains besoins locaux;

Dix-septièmement, concernant les besoins du développement économique et social local, les régions d'autonomie nationale peuvent établir des banques commerciales et leurs propres organisations coopératives de crédit urbaines et rurales, conformément à la loi;

Dix-huitièmement, les organes d'administration autonome des régions d'autonomie nationale déterminent, conformément à la politique éducative de l'État et aux dispositions de la loi, le plan local d'éducation et de formation, tant en ce qui concerne les différents niveaux des établissements que ceux relatifs aux contenus des cours, aux langues d'enseignement et aux modes d'inscription;

Dix-neuvièmement, ces organes d'administration autonome favorisent, à l'aide du système d'éducation, le développement de l'éducation propre à leur culture. Ils soutiennent l'enseignement obligatoire d'une durée de neuf ans et adoptent diverses formes de développement de l'enseignement secondaire supérieur général ainsi que de l'enseignement secondaire professionnel et technique. Ces organes doivent, par ailleurs, développer l'enseignement supérieur des divers talents professionnels parmi la nationalité ou les nationalités de la région en question en tenant compte de leurs particularités et de leurs besoins. Les organes d'administration autonome doivent également ériger des écoles avec pensionnat pour les résidents qui habitent au sein des régions rurales, d'élevages et des zones montagneuses où les résidences sont dispersées et où les difficultés économiques sont importantes. Les fonds nécessaires à ces établissements et les bourses destinées aux étudiants doivent être fournis par les autorités locales. S'ils ne sont pas suffisants, les organes administratifs de l'échelon supérieur doivent alors octroyer des subventions. Les écoles et les autres établissements d'enseignement qui recrutent principalement des étudiants appartenant à une minorité nationale doivent non seulement utiliser des manuels rédigés dans la langue de celle-ci mais aussi dispenser les cours dans cette même langue. Selon la situation, des cours de chinois doivent être proposés dans les classes des écoles primaires (à partir du début ou à partir des classes de niveau moyen) afin de promouvoir la connaissance des caractères chinois standards et du mandarin. Les gouvernements populaires à tous les échelons doivent soutenir financièrement le développement et la publication des manuels et des œuvres rédigés en langues minoritaires ;

Vingtièmement, les organes d'administration autonome des régions d'autonomie nationale doivent promouvoir en toute indépendance les affaires culturelles de leur minorité ethnique (ou des minorités ethniques s'il y en a plusieurs), telles que la littérature, l'art, le journalisme, l'édition, la radiodiffusion, le cinéma, la télévision, etc., et accroître les investissements dans les entreprises culturelles ainsi que renforcer la construction d'équipements culturels et accélérer la réalisation de divers projets culturels. Ces organes d'administration doivent aussi soutenir les unités et les départements compétents pour rassembler, organiser, traduire et publier des livres sur l'histoire et la culture des minorités nationales ainsi que protéger les sites historiques, les vestiges culturels précieux et d'autres héritages historiques et culturels importants dans le but de mettre en valeur le patrimoine culturel des minorités nationales et de développer et de faire prospérer leur culture ;

Vingt-unièmement, les organes d'administration autonome des régions d'autonomie nationale déterminent de façon indépendante les plans locaux de développement scientifique et technologique ainsi qu'ils vulgarisent les connaissances dans ces secteurs dans leur région ;

Vingt-deuxièmement, ces organes déterminent en toute indépendance le plan de développement médical et sanitaire local, tout en développant la médecine moderne et la médecine traditionnelle. Ils renforcent également la prévention et le contrôle des maladies infectieuses et endémiques, les soins de santé dispensés aux femmes et aux enfants et améliorent les conditions médicales générales ;

Vingt-troisièmement, ils développent de manière indépendante les activités sportives dont celles qui sont propres à chaque minorité ethnique et ils ont aussi pour responsabilité d'améliorer la santé physique des personnes appartenant à tous les groupes ethniques ;

Vingt-quatrièmement, les organes d'administration autonome des régions d'autonomie nationale se chargent des échanges et de la coopération avec les autres régions au sujet de l'éducation, des sciences et des technologies, de la culture et des arts, de la santé et des sports. Conformément à la réglementation étatique en vigueur, les organes administratifs des régions et des départements autonomes peuvent organiser des échanges internationaux dans ces domaines ;

Vingt-cinquièmement, ces organes doivent, conformément à la loi, formuler des mesures pour la gestion de la population qui se déplace entre les régions ;

Vingt-sixièmement, ces organes doivent également s'occuper des soins prénataux et postnataux afin d'améliorer la qualité de la santé de la population de chaque groupe ethnique concerné. Les organes d'administration des zones autonomes doivent aussi, conformément à la loi et aux conditions actuelles locales, élaborer des mesures pour la mise en œuvre de la planification familiale ;

Vingt-septièmement, les organes d'administration autonome protègent et améliorent le milieu dans lequel les gens vivent ainsi que l'environnement écologique et ils mènent la lutte contre la pollution et les autres nuisances. Ils assurent aussi le développement coordonné entre la population, les ressources et l'environnement.

Les organes d'administration des régions autonomes nationales jouissent également du droit d'adopter des politiques spéciales et des mesures particulières pour accélérer la construction économique et le développement culturel au sein des zones d'autonomie ethnique, dans les limites des pouvoirs qui leur sont conférés par la Constitution, par la loi sur l'autonomie régionale des nationalités et par d'autres lois, et ils appliquent les lois et la politique de l'État en fonction des conditions réelles de leur région.

Les assemblées législatives locales des régions autonomes, des départements autonomes et des districts autonomes peuvent, pour leur part, afin de répondre aux particularités et aux besoins locaux, adapter les lois nationales et les règlements locaux en vigueur. Les assemblées populaires des régions d'autonomie nationale, quant à elles, ont le pouvoir, lorsque certaines dispositions législatives ne sont pas susceptibles d'y être pleinement appliquées, de formuler des amendements ou des compléments, conformément aux caractéristiques politiques, économiques et culturelles de la nationalité en cause et d'en informer le Comité permanent de l'APN. Depuis 2011, 75 amendements et compléments de lois ont vu le jour dans les régions d'autonomie nationale concernant le mariage, les successions, la mise en valeur des ressources naturelles, la planification familiale, la protection des mineurs, la sécurité sociale, la protection de l'environnement, la protection des terres et des forêts, la gestion des prairies, etc.

Selon la Constitution, les dispositions pertinentes de la Loi sur la législation de la République populaire de Chine et de la Loi sur l'autonomie des régions des minorités ethniques de la République populaire de Chine, les domaines qui ne peuvent pas être modifiés par les régions d'autonomie nationale sont les suivants : les dispositions de la Constitution, les dispositions de la loi sur l'autonomie des régions des minorités ethniques ; les affaires à légiférer par le pouvoir législatif exclusif central ; les 10 pouvoirs législatifs exclusifs énoncés à l'article 8 de la Loi sur la législation, ainsi que les autres questions concernant les minorités nationales telles que le prévoient certaines lois et certains règlements. En plus de la Constitution et de la Loi sur l'autonomie des régions des minorités ethniques, on dénombre 59 lois chinoises qui contiennent actuellement des dispositions sur les questions des minorités nationales, qui tiennent pleinement compte des caractéristiques et des conditions réelles des régions d'autonomie nationale et qui ne peuvent ainsi plus être modifiées. Ces normes visent des principes de base qui doivent s'appliquer à tous. Par exemple, l'article 50 de la Loi sur le mariage autorise les assemblées populaires des régions d'autonomie nationale à tenir compte des conditions spécifiques du mariage et de la situation familiale des groupes ethniques locaux et à formuler des adaptations. Cependant, ces adaptations ne peuvent aller à l'encontre des principes fondamentaux du droit du mariage, tels que la liberté de mariage, la monogamie et l'égalité entre hommes et femmes qui sont déjà adaptés aux spécificités locales. Autrement dit, les modifications ne doivent pas renverser les lois et règlements, sinon elle enfreindra la ligne de fond de la flexibilité législative : les lois et règlements administratifs nationaux qui sont déjà adaptées aux « spécificités politiques, économiques et culturelles des populations locales » ne peuvent plus être remodifiées.

VIII. Pouvoir législatif des Conseils législatifs des régions administratives spéciales

Les régions administratives spéciales de Hong Kong et de Macao créées en vertu de l'article 31 de la Constitution constituent des organes particuliers au niveau législatif en Chine. Selon la politique « Un pays, deux systèmes », le système capitaliste est maintenu en place dans ces régions administratives spéciales (RAS). Conformément à la Loi fondamentale de la région administrative spéciale de Hong Kong et à la Loi fondamentale de la région administrative spéciale de Macao, ces régions disposent de pouvoirs législatifs plus étendus que les autres organes de même nature situés en Chine continentale. Outre la diplomatie, la défense nationale et d'autres domaines relevant de la gouvernance centrale, les conseils législatifs des régions administratives spéciales de Hong Kong et de Macao sont habilités à adopter, modifier et abolir toute loi relevant de leur juridiction.

Dans le régime législatif chinois, les régions administratives spéciales sont des constituantes où une grande autonomie est mise en œuvre. Le pouvoir législatif de ces régions fait partie intégrante de celui de la Chine et constitue non seulement une manifestation de la sauvegarde et de la garantie de l'unité de la patrie socialiste et de la prospérité de la nation, mais également de la garantie de la continuité du système capitaliste et du degré élevé d'autonomie dans ces régions. Les lois précédemment en vigueur à Hong Kong et à Macao, à savoir, la common law, les règles d'équité, la législation subordonnée et le droit coutumier sont maintenus, à l'exception de ceux qui, annoncés par le Comité permanent de l'APN, contredisent les lois fondamentales de ces régions administratives spéciales et celles qui sont amendées par les organes législatifs de ces régions administratives spéciales. Les lois adoptées par le conseil législatif de ces régions doivent être communiquées au Comité permanent de l'APN pour enregistrement, conformément à la Constitution et aux pouvoirs conférés par les lois fondamentales des régions administratives spéciales. La procédure de l'enregistrement n'affecte pas l'entrée en vigueur de ces lois. Le pouvoir législatif dont dispose les conseils législatifs des régions administratives spéciales, on l'a dit, est plus vaste que celui conféré aux organes législatifs des provinces et des régions d'autonomie nationale. Par exemple, l'exercice du pouvoir législatif dans les régions administratives spéciales permet la « restitution des lois ». Si le Comité permanent de l'APN, après avoir consulté le Comité sur la loi fondamentale de la région concernée, estime que toute loi promulguée par le législateur de celle-ci n'est pas conforme aux dispositions de la loi fondamentale de cette région concernant les affaires qui relèvent des autorités centrales ou concernant les relations entre les autorités centrales et de cette région, le Comité permanent peut renvoyer la loi en question[1].

Section 3 : Procédure législative

En Chine, la définition de la « procédure législative » comporte une distinction entre la législation au sens large et celle au sens étroit. La procédure législative au sens large fait référence à l'ensemble des étapes, des règles et formalités relatives aux activités que doivent suivre les organes législatifs aux échelons central et local (les organes dupouvoir, les administrations, les organes militaires, etc.) afin de formuler, de modifier, de compléter, d'interpréter ou d'abroger des documents normatifs et juridiques. La procédure législative au sens étroit fait, quant à elle, référence aux procédures suivies par les organes législatifs et comporte quatre étapes : l'introduction des projets de loi, leur examen, leur adoption et leur promulgation.

1 Zhang Fusen, Théorie du système juridique socialiste, People's Publishing House, 2002, p. 140.

I. Procédure d'introduction des projets de loi

L'introduction des projets de loi signifie l'initiative par laquelle les acteurs compétents peuvent proposer à l'organe législatif des textes pour formuler, approuver, modifier, compléter, interpréter ou abolir un texte de loi.

1. Organes ayant le droit d'introduire des projets de loi

Selon les dispositions de la Constitution et des lois pertinentes, les acteurs ayant le droit de déposer des projets de loi à l'Assemblée populaire nationale comprennent : le présidium des sessions de l'APN[1], le Comité permanent de l'APN, les commissions spécialisées de l'APN, le Conseil des affaires d'État, la Commission militaire centrale du PCC, la Cour populaire suprême et le Parquet populaire suprême. Une initiative des membres de l'APN est possible pourvu qu'elle soit appuyée par au moins 30 députés.

Les acteurs pouvant faire des propositions de projets de loi au Comité permanent de l'Assemblée populaire nationale sont les suivants : le président et les vice-présidents du Comité permanent lors de leurs réunions, les commissions spécialisées de l'APN, le Conseil des affaires d'État, la Commission militaire centrale du PCC, la Cour populaire suprême, le Parquet populaire suprême. Ici, encore une initiative des membres de l'APN ou de son Comité permanent est valide si au moins 10 membres de l'APN ou de son Comité permanent l'appuie.

Les acteurs ayant le droit de proposer des amendements à la Constitution sont le Comité permanent de l'Assemblée populaire nationale ou au moins un cinquième de ses députés.

Par ailleurs, concernant le travail législatif des assemblées populaires locales et de leur comité permanent, notons que durant les sessions des assemblées populaires, les acteurs ayant le droit de déposer des propositions comprennent : le présidium d'une assemblée populaire, le Comité permanent, les commissions spécialisées, le gouvernement d'un même échelon ainsi que l'initiative provenant d'au moins 10 délégués. Dans l'intervalle des sessions des assemblées populaires, les acteurs principaux ayant le droit de faire des propositions législatives à l'échelon local comprennent : l'initiative conjointe des dirigeants du Comité permanent, un gouvernement populaire du même échelon, les commissions de l'Assemblée populaire ainsi que l'accord d'au moins 5 membres d'un comité permanent.

1 Le Présidium des sessions de l'APN est l'organisateur des sessions de l'APN, composé par une centaine de membres qui représentent différents aspects de la vie chinoise. L'avant-liste de ces membres est souvent proposée par le Comité permanent de l'APN et sa version définitive est décidée par la Session préparatoire de l'APN.

2. Portée et format des projets de loi

En ce qui concerne le champ d'application des propositions de loi, les normes applicables ont défini deux limites : premièrement, les acteurs ne peuvent exercer leurs droits de proposer des modifications législatives que dans le cadre de leurs compétences; deuxièmement, en plus de se limiter à leurs compétences, ces acteurs doivent également ne pas outrepasser les pouvoirs inhérents à leurs fonctions. Loi sur la législation énonce que, lorsqu'une proposition de loi est faite, le texte doit toujours être accompagné par une description des objectifs visés par le texte éventuel, par une explication de la nécessité d'une intervention législative pour atteindre ces objectifs auxquels on joint contenu principal de ce texte. Des références peuvent être fournies si nécessaire.

En termes de technique législative, les projets de loi peuvent être divisés en titre (exceptionnellement), chapitre, section, article, alinéa, et des subdivisions additionnelles peuvent être ajoutées. Les numéros des titres, chapitres, sections et articles sont numérotés en chiffres chinois et les alinéas ne sont pas sérialisés, les subdivisions additionnelles peuvent être numérotées en chiffres arabes de façon systématique.

3. Rédaction d'un projet de loi

Bien que la rédaction d'un projet de loi soit importante, elle ne fait pas partie véritablement de la procédure législative chinoise. En pratique, le texte est essentiellement rédigé par l'organe qui a proposé ce projet de loi.

Les propositions déposées par le Présidium de l'APN, le Comité permanent de l'APN ou par le président et les vice-présidents conjointement lors de leurs réunions ainsi que par les commissions spéciales de l'APN sont généralement rédigées par les commissions spéciales elles-mêmes, le Bureau général du Comité permanent de l'APN et par le Comité des affaires législatives du Comité permanent de l'APN.

Les projets législatifs proposés par le Conseil des affaires d'État, quant à eux, sont généralement rédigés par les administrations, le bureau des affaires juridiques de cet organe net par les autres départements concernés. Les règlements administratifs sont élaborés par le Conseil des affaires d'État. Si un ministère, une commission ou un autre organisme subordonné au Conseil des affaires d'État estime qu'il est nécessaire d'élaborer un règlement administratif, il fait rapport au Conseil des affaires d'État pour autoriser l'élaboration d'un projet. En cours de rédaction, les avis des agences, des organisations et des citoyens concernés devraient être largement recueillis. Une fois le travail de rédaction terminé, l'unité chargée d'effectuer ce travail doit soumettre le projet aux ministères concernés et au bureau des Affaires juridiques du Conseil des affaires d'État, accompagné d'une description, d'une synthèse des différents avis émis par les parties entendues, ainsi que des autres documents pertinents, pour avis.

La Cour populaire suprême est responsable de la rédaction des projets de loi relatifs aux tribunaux tandis que le Parquet populaire suprême rédige ceux concernant le travail des procureurs et des organes chargés des poursuites.

La Commission militaire centrale, pour sa part, prépare les projets de loi sur les affaires militaires. La rédaction de ces derniers est principalement faite par la commission des affaires politiques et juridiques de la Commission militaire centrale.

Certains projets de lois étant appelés à couvrir des champs relativement larges, la rédaction de ceux-ci est souvent dirigée par un ministère principal tout en mettant en cause toutes les autres parties concernées. Lorqu'on est confronté à la nécessité de rédiger un projet législatif très spécifique ou à contenu fortement technique et avec un champ d'application limité, la rédaction d'un tel projet peut également être confiée à des agences spécialisées ou à des experts et des spécialistes.

Une fois que la rédaction du projet de loi est achevée, il est alors nécessaire que les promoteurs ayant fait la proposition soumettent formellement ce projet à l'organe législatif concerné afin de pouvoir l'inscrire à l'ordre du jour de ce dernier.

4. Examen et élimination des propositions et projets de loi

En Chine, il est impossible que toutes les propositions de projets de loi fassent l'objet de délibérations. Un projet de loi doit passer par des procédures d'examen et de décision afin de déterminer s'il peut être inscrit ou non à l'ordre du jour de la législature. Seuls les projets de loi inscrits à l'ordre du jour de la législature peuvent entrer dans le processus de révision en vue de leur adoption. La Loi sur la législation et les autres lois pertinentes définissent de façon précise les procédures d'examen et de décision concernant les projets de loi.

Premièrement, lorsqu'il s'agit du Comité permanent de l'APN, du Conseil des affaires d'État, de la Commission militaire centrale, de la Cour populaire suprême, du Parquet populaire suprême et des commissions spéciales qui soumettent des projets de loi à l'Assemblée populaire nationale, le Présidium des sessions de celle-ci décide de les inscrire à l'ordre du jour. Pour les projets de loi soumis par une délégation ou par au moins 30 députés de l'APN, c'est au Présidium des sessions de l'APN de décider de les inscrire directement à l'ordre du jour de la session ou d'abord de les soumettre à une commission spécialisée compétente afin de les examiner. Ensuite, le Présidium décide s'ils peuvent être inclus à l'ordre du jour de la session. Si le promoteur responsable d'un projet de loi déjà inscrit à l'ordre du jour de l'APN décide de le retirer avant que le vote soit tenu, celui-ci doit en expliquer les raisons et, avec l'accord du présidium, informe l'APN que l'examen du projet concerné est retiré.

Deuxièmement, lorsque le Conseil des affaires d'État, la Commission militaire centrale, la Cour populaire suprême, le Parquet populaire suprême et les commissions spéciales de l'APN soumettent des projets de loi au Comité permanent de l'APN, le présidium décide s'il va les inscrire à l'ordre du jour des sessions du Comité permanent, ou bien s'il demande d'abord à une commission spéciale compétente de les réviser. Cette commission spéciale soumettra un rapport, puis le Présidium décidera de l'inscription ou non de ces projets à l'ordre du jour des sessions du Comité permanent. Si le Présidium estime qu'il existe des problèmes majeurs avec un projet de loi qui nécessite alors une étude en profondeur, il recommande d'abord que le promoteur du projet le révise et l'améliore avant de le soumettre à nouveau au Comité permanent. S'il y a au moins 10 membres du Comité permanent qui soumettent ensemble un projet de loi à cet organe, le Présidium de ce dernier décide s'il va inscrire ce projet à l'ordre du jour d'une session du Comité permanent ou bien il demande d'abord à une commission spéciale de réviser celui-ci. Là encore celle-ci soumettra un rapport, puis le Présidium décidera si ce projet sera inscrit à l'ordre du jour d'une session du Comité permanent.

Sauf en cas de circonstances exceptionnelles, les projets de loi inscrits à l'ordre du jour d'une session du Comité permanent doivent être envoyés aux membres du Comité permanent au moins 7 jours avant le début de celle-ci. Pour les projets qui ne figurent pas à l'ordre du jour d'une session du Comité permanent, un rapport doit être envoyé à ce dernier et au promoteur du projet.

Dans l'intervalle des sessions de l'APN, les projets de loi peuvent être soumis en premier lieu au Comité permanent pour examen selon une procédure définie par la loi. Le Comité permanent peut décider ensuite de soumettre ou non ceux-ci pour examen par l'APN. Les projets à examiner par l'APN et approuvés par le Comité permanent doivent être envoyés aux délégués au moins 1 mois avant le début de la session.

II. Procédure d'examen des projets de loi

Après l'inscription d'un projet de loi à l'ordre du jour, il est soumis à une procédure d'examen. Dans le système législatif chinois, la procédure d'examen inclut un système de révision, une révision par un comité et une audience législative.

1. Système de révision des projets de loi

Le système législatif chinois ne suit pas un rythme de sessions continues et n'adopte pas une procédure de « 3 lectures » de type britannique dans le processus d'examen et d'adoption des projets de loi, mais il met plutôt en œuvre un système de « révision » de ces derniers. À partir de 1983, le Comité permanent de l'Assemblée populaire nationale révise généralement les projets de loi à 2 reprises. D'un point de vue pratique, ce système constitue une amélioration par rapport à la révision unique qui prévalait auparavant. Toutefois pour de nombreux projets de loi importants et complexes, ce système prévoyant deux révisions est, dans certains cas, insuffisant. Ainsi, lors de l'examen de ce type de projet de loi, certains membres du Comité permanent ne peuvent donner un avis détaillé sur des problèmes pointus car le temps consacré à cet exercice n'est pas suffisant. Le Comité permanent, lors de l'IXe Assemblée populaire nationale, en 1999, a ainsi remplacé le système de 2 révisions par un système en prévoyant 3.

La Loi sur la législation prévoit généralement que pour les projets de loi inclus dans le programme d'examen de l'Assemblée populaire nationale, l'assemblée plénière entend d'abord les explications de celui qui a soumis la proposition et cette dernière est débattue. Par la suite, le projet issu de cette première séance est envoyé à diverses composantes de l'APN pour examen selon leur compétence respective : les délégations provinciales, les commissions spécialisées et le Comité des affaires législatives.

Afin d'améliorer les projets de loi à adopter par l'APN et avant d'être soumis à celle-ci pour examen, ils sont d'abord examinés par le Comité permanent de l'APN, au moyen d'un système comportant au moins 2 révisions. Lors de la première session du Comité permanent, le projet est alors présenté. Après un examen préalable, des instructions sont envoyées au Comité des affaires législatives pour révision. Celle-ci soumet ensuite un rapport à la prochaine session du Comité permanent ou à une session suivante. Par la suite, on l'a dit, des révisions sont effectuées à travers les délibérations de diverses composantes du Comité permanent et le projet sera soumis au vote au moment d'une session plénière. Lors des délibérations de ces composantes, les membres du Comité permanent émettent souvent de nombreux avis et après plusieurs discussions et débats, le projet de loi est révisé en conséquence et, enfin, la majorité des membres en arrive à former un consensus avant de soumettre ce projet au vote. Ces délibérations doivent comporter au moins 2 exercices de révision. Pour les projets de loi partiellement modifiés, s'il existe un large consensus, ils peuvent également être soumis au vote après une seule délibération de révision.

La première révision a pour objectif d'examiner les questions essentielles et de discuter la nécessité du projet de loi déposé par son promoteur. Cette révision est principalement effectuée pour décider si on inscrira ce projet de loi à l'ordre du jour; le promoteur ou le personnel responsable du projet doit fournir une description du projet, comprenant ses objectifs, les questions essentielles soulevées, les motifs législatifs ainsi qu'une rédaction préliminaire du texte législatif. Après la délibération de révision, c'est au tour des commissions spécialisées concernées d'examiner les projets de loi à partir des avis soumis par les membres du Comité permanent.

La deuxième révision a pour but d'examiner les points plus techniques et les contradictions existantes dans les projets révisés. Cette révision vise principalement à examiner le rapport de synthèse du Comité permanent et les avis des commissions spéciales concernées afin de procéder à un examen approfondi du contenu, des dispositions y compris celles qui représentent des difficultés de rédaction et des désaccords concernant le projet de loi ; des modifications législatives sont alors proposées ; par la suite, selon le rapport de révision des commissions spéciales compétentes, les avis de délibération et les amendements proposés par les membres du Comité permanent, le Comité des affaires législatives se charge d'examiner le projet et de proposer un texte révisé.

La troisième révision, quant à elle, vise à examiner le bien-fondé du projet révisé soumis par le Comité des affaires législatives. Elle a donc pour objectif d'écouter les explications du Comité des affaires législatives en ce qui concerne les modifications à faire et élaborer une version finale qui sera soumise au vote sur la base des avis de la majorité des membres du Comité permanent. Enfin, les documents juridiques (le projet et le texte révisé) seront soumis au vote.

Si l'examen d'un projet inscrit à l'ordre du jour de l'APN ne peut être achevé au cours d'une seule session, une proposition du Présidium est formulée et une décision de l'Assemblée plénière de l'APN est prise afin, soit d'en confier l'adoption par le Comité permanent ou soit de le reporter à la prochaine session.

Les projets de loi inscrits à l'ordre du jour d'une session du Comité permanent et qui après 3 révisions comportent toujours d'importantes questions à approfondir, peuvent faire l'objet d'une proposition par le Présidium, avec l'accord de l'Assemblée plénière, de suspendre le vote et de confier le mandat au Comité des Affaires législatives et aux autres commissions concernées de les examiner plus en profondeur. Les projets suspendus pendant 2 ans pour des raisons majeures ou concernant la nécessité et la faisabilité législatives ou bien qui n'ont pas été inscrits de nouveau à l'ordre du jour du Comité permanent pendant cette période, peuvent être abandonnés à la suite d'une recommandation du Présidium au Comité permanent.

2. Révision des projets de loi par les commissions spéciales

On l'a dit, les commissions spécialisées de l'APN se chargent d'étudier, de réviser et même, dans certains cas, de rédiger des projets de loi. Conformément à la Loi sur la législation et au Règlement intérieur de l'Assemblée populaire nationale, ces commissions spécialisées examinent les projets de loi inscrits à l'ordre du jour des sessions de l'APN et fournissent leurs avis au Présidium. À partir de ces avis et des commentaires fournis par les délégations provinciales, le Comité des affaires législatives révise les projets de lois et les envoient au Présidium. Il doit également préparer un compte-rendu comportant les différents avis exprimés. Une fois approuvé par le Présidium, ce compte-rendu et la version révisée du projet de loi seront imprimés avant d'être envoyés au Comité permanent de l'APN. Les projets de loi inscrits à l'ordre du jour de cet organe doivent également être examinés par les commissions spéciales compétentes et ces dernières soumettront leurs avis de délibération. Conformément aux avis des membres du Comité permanent et des commissions spéciales compétentes lors des délibérations, ainsi qu'aux avis présentés par les autres parties prenantes, la Commission des affaires législatives procédera à un examen unifié du projet de loi et soumettra un rapport sur les corrections à faire ou un rapport sur les résultats d'examen, ainsi qu'une version révisée de ce projet de loi.

Conformément aux dispositions de la Constitution et des lois pertinentes, les commissions spéciales et le Comité des affaires législatives travaillent en synergie pour examiner les projets de loi. On l'a dit, les projets de loi sont examinés par les commissions spécialisées compétentes qui soumettent leurs avis de délibération. À partir de celles-ci et des avis de délibération des membres du Comité permanent, le Comité des affaires législatives procédera à un examen unifié du projet de loi et soumettra un rapport sur les résultats de cet examen et des corrections effectuées ainsi qu'une version révisée de ce projet de loi. Il devrait également faire un compte-rendu à propos des avis présentés par les diverses parties. Si certains avis jugés importants et issus des délibérations des commissions spécialisées concernées n'ont pas été prises en compte, le Comité des affaires législatives doit en faire part à celles-ci.

Lors de l'examen d'un projet de loi, le Comité des affaires législatives et les autres commissions spécialisées compétentes doivent notamment prendre en compte les objectifs de la promotion de la démocratie, de privilégier l'intérêt collectif et d'entendre l'opinion de toutes les parties concernées qui peut prendre diverses formes, telles que les colloques, les sessions de délibération et les auditions. Pour les projets inscrits à l'ordre du jour d'une session du Comité permanent, le Comité des affaires législatives, les commissions spécialisées concernées et les organes de travail du Comité permanent prennent en compte les avis des diverses parties. Lorsqu'elles délibèrent sur un projet de loi, les commissions spécialisées devraient convoquer des sessions plénières de révision au cours desquelles les organes et organisations compétents devraient être conviés et, le cas échéant, discuter avec eux pour clarifier leurs avis. Lorsqu'un désaccord se présente entre les commissions spécialisées sur des points importants du projet de loi, elles doivent alors faire rapport au Présidium. Les groupes de travail du Comité permanent doivent également recueillir et tenir compte des avis de chacun de ceux-ci, des avis des diverses parties entendues et des autres documents pertinents ainsi que les distribuer respectivement au Comité des affaires législatives et aux commissions spécialisées concernées. Certains projets de loi importants devraient être annoncés au public et faire l'objet d'une consultation auprès du peuple[1].

3. Audition sur la législation

Enfin, notons en résumé que l'article 34 de la Loi sur la législation énonce que : « Pour les projets de loi inscrits à l'ordre du jour des sessions du Comité

1 ZHANG Fusen, Théorie du système juridique socialiste, People's Publishing House, 2002, pp. 144-149.

permanent, le Comité des affaires législatives, les commissions spécialisées concernées et les groupes de travail du Comité permanent doivent entendre les avis de toutes les parties qui peuvent prendre la forme de colloques, de sessions de délibération d'auditions, etc. » Ces diverses formes de consultation sont considérées comme un mécanisme important pour examiner les projets de loi.

III. Procédure de vote sur les projets de loi

1. Mode de vote des projets de loi

Conformément à la Constitution et aux lois applicables, l'APN et son Comité permanent peuvent voter les projets de loi à bulletin secret, à main levée ou par tout autre moyen. Dans le passé, les projets de loi étaient généralement votés à main levée. À partir de la 15e du Comité permanent lors de la VIe APN, en mars 1986, et de la 3e session de la VIIe APN, en mars 1990, le mode de scrutin par vote électronique est devenu celui le plus utilisé pour voter les projets de loi par le Comité permanent et l'APN. Par ailleurs, il est prévu que le vote sur les amendements constitutionnels doit se faire à bulletin secret.

Les législatures chinoises adoptent le système de vote portant sur l'ensemble d'un projet de loi. En l'absence de mode de vote sur une partie d'un projet, il se peut qu'un votant ait des réserves sur un article, un alinéa ou un titre du projet de loi et qu'en conséquence, il vote contre l'ensemble du projet ou qu'il s'abstienne lors du vote.

Conformément aux dispositions des lois pertinentes, un projet de loi doit être examiné par les délégations provinciales et révisé par le Comité des affaires législatives. Selon le résultat des délibérations des délégations, ce dernier propose ensuite une version révisée de ce projet pour le vote. Le projet de loi révisé doit être soumis au vote par le Présidium à l'Assemblée plénière. Parmi les projets soumis, les amendements doivent être mis au vote en premier lieu. Si le projet de loi comprend des points importants nécessitant un complément d'étude, le Présidium peut, avec l'accord de l'Assemblée plénière, autoriser le Comité permanent à l'examiner, et à y proposer des modifications sur la base des opinions des députés. Le projet modifié sera ainsi soumis à la prochaine session de l'Assemblée populaire nationale pour examen et décision.

2. Vote du projet de loi

Selon les dispositions de la Constitution et des lois pertinentes, lorsque le projet de loi est voté par l'Assemblée populaire nationale et son Comité permanent, les votes « pour » qui dépassent la moitié des voix de l'ensemble des députés ou des membres du Comité permanent de l'APN, selon le cas, ont pour effet de l'approuver. Un amendement à la Constitution requiert l'approbation d'au moins les deux tiers du nombre total des députés de l'APN.

IV. Procédure de publication des lois

Conformément à la Constitution et aux lois et aux pratiques législatives, le texte officiel de la loi nouvellement adoptée doit être publié. Si les dispositions d'une loi sont partiellement modifiées ou abolies, un nouveau texte juridique doit également être publié.

La loi chinoise impose des exigences procédurales pour la publication du texte de la loi : le moment où elle doit l'être, son entrée en vigueur et la manière dont elle est publiée.

1. Organes chargés de publier les lois et les autres textes législatifs

La Constitution et ses amendements doivent être publiés par le Présidium de l'Assemblée populaire nationale dans le Journal officiel de cet organe. Les lois adoptées par l'APN et son Comité permanent doivent être promulguées par le Président de la République sous forme d'un décret présidentiel ; ce décret présidentiel s'accompagne de l'ordre de promulgation qui doit indiquer la législature qui a adopté cette loi, la date à laquelle elle a été adoptée et sa date d'entrée en vigueur. Les règlements administratifs, pour leur part, doivent faire l'objet d'un décret du Conseil des affaires d'État signé par le Premier ministre, sur lequel on indique l'autorité de laquelle ils émanent, leur date d'adoption et celle d'entrée en vigueur. Les règlements à caractère local élaborés par les assemblées populaires des provinces, les régions autonomes et les municipalités relevant directement de l'autorité centrale doivent être promulgués par le Présidium de leur assemblée plénière. Les règlements à caractère local adoptés par les comités permanents des assemblées populaires des provinces, des régions autonomes et des municipalités relevant directement de l'autorité centrale doivent être promulgués par le comité permanent en cause. Après l'approbation des règlements à caractère local formulés par les assemblées populaires et leurs comités permanents des grandes villes, il appartient à leur comité permanent de les promulguer. Par ailleurs, après l'approbation des règlements autonomes et des règlements spécifiques, ceux-ci sont promulgués par le comité permanent de l'assemblée populaire des régions autonomes, des départements autonomes et des districts autonomes, selon le cas. Les règlements départementaux, pour leur part, sont promulgués par le responsable du département. Enfin, les règlements des administrations locales doivent être promulgués par le gouverneur de la province, le président de la région autonome ou le maire de la municipalité en cause.

2. Moment de la publication des textes législatifs et date de leur entrée en vigueur

Dans la procédure législative de Chine, il n'y a pas de disposition spécifique qui identifie le moment de publication des textes législatifs après leur adoption. En pratique, une fois que la loi a été adoptée par l'APN ou par le Comité permanent de cette dernière, elle sera généralement publiée le même jour. La mise en vigueur d'une loi correspond à l'un des 3 modes suivants : premièrement, une loi peut prend effet à compter de sa promulgation; deuxièmement, une loi peut entrer en vigueur à partir d'une date qu'elle fixe, généralement postérieure de quelques mois après l'adoption de celle-ci; troisièmement, l'entrée en vigueur d'une loi peut être dépendante de celle d'une ou de plusieurs autres lois. Il existe également des lois qui ne définissent pas de date de leur entrée en vigueur. Cette dernière est alors déterminée par les annonces officielles.

3. Manières dont des lois sont publiées

La Loi sur la législation indique qu'après la promulgation d'une loi, celle-ci sera publiée au Journal officiel du Comité permanent de l'Assemblée populaire nationale et dans des journaux nationaux ou régionaux. Les textes juridiques publiés dans le Journal officiel du Comité permanent de l'Assemblée populaire nationale sont considérés comme une version officielle.

Après l'adoption des règlements administratifs, ceux-ci doivent être publiés au Journal officiel du Conseil des affaires d'État et dans des journaux nationaux et régionaux. Le texte publié dans le Journal officiel du Conseil des affaires d'Étatest considéré comme une version officielle.

Certains règlements à caractère local, visant l'exercice de l'autonomie des régions autonomes nationales ou des sujets particuliers doivent être publiés en temps voulu dans le journal officiel du comité permanent de l'assemblée populaire du niveau administratif concerné et dans des journaux publiés dans cette région. Les textes publiés dans le journal officiel du comité permanent de l'assemblée populaire sont considérés comme des textes officiels.

Les règlements administratifs et les autres normes émanant des différents ministères du Conseil des affaires d'État, doivent être publiés dans le Journal officiel du Conseil des affaires d'État ou dans les journaux officiels des ministères concernés ainsi que dans les journaux à caractère national. Par ailleurs, une fois que les règlements des gouvernements populaires locaux sont promulgués, il faut qu'ils soient publiés dans le journal officiel du gouvernement populaire au même échelon et dans les journaux qui circulent dans la zone administrative concernée. Les textes réglementaires publiés dans le Journal officiel du Conseil des affaires d'État, dans les journaux officiels des ministères et dans le journal officiel du gouvernement populaire local sont considérés comme des textes officiels.

Section 4 : Examen des dossiers législatifs enregistrés, interprétation juridique et méthodes pour résoudre les conflits législatifs

Les lois chinoises prévoient les procédures pour l'examen des dossiers législatifs, les pouvoirs et les procédures d'interprétation juridique et les méthodes pour résoudre les problèmes dans l'application des lois.

I. Examen des dossiers législatifs enregistrés

L'article 89 de la Loi sur la législation indique que les règlements administratifs, les règlements locaux, les règlements autonomes et les règlements particuliers doivent être communiqués aux autorités compétentes pour enregistrement dans les 30 jours suivant leur publication :

Premièrement, les règlements administratifs provenant d'une autorité centrale doivent être rapportés au Comité permanent de l'Assemblée populaire nationale pour enregistrement ;

Deuxièmement, les lois et règlements à caractère local adoptés par les assemblées populaires des provinces, les régions autonomes ainsi que par les municipalités relevant directement de l'autorité centrale doivent être portés à la connaissance du Comité permanent de l'Assemblée populaire nationale et du Conseil des affaires d'État pour enregistrement ;

Troisièmement, les règlements sur l'exercice de l'autonomie formulés par les assemblées populaires des régions d'autonomie nationale et ceux des départements et des districts autonomes doivent être déposés au Comité permanent de l'Assemblée populaire nationale et au Conseil des affaires d'État pour enregistrement par le Comité permanent de l'Assemblée populaire de la province, de la région autonome ou de la municipalité dont relève l'autorité émettrice ;

Quatrièmement, les règlements départementaux et les règlements locaux doivent être signalés au Conseil des affaires d'État pour enregistrement. Les règlements locaux doivent aussi être envoyés au comité permanent de l'assemblée populaire au même échelon pour enregistrement ; les règlements formulés par les gouvernements populaires des grandes villes doivent être signalés aux comités permanents des assemblées populaires des provinces ou des régions autonomes, selon le cas, pour enregistrement ;

Cinquièmement, les règlements adoptés par un organe dont le pouvoir émane d'un autre organe à un échelon supérieur doivent être envoyés à ce dernier.

Les Règlements sur l'enregistrement des dispositions des règlementspour une consultation ultérieure promulgués par le Conseil des affaires d'État en décembre 2001 indique de façon détaillée les procédures d'enregistrement auprès de cet organe.

1. Champ d'application

Les règles définies par ces règlements concernent les règlements à caractère local formulés conformément aux pouvoirs et aux procédures législatives des Assemblées populaires des provinces, des régions autonomes, des municipalités relevant directement de l'autorité centrale et des grandes villes ; elles visent aussi les normes établies par les régions administratives spéciales à caractère économique formulées par les Assemblées populaires, par leurs comités permanents des provinces ou des villes appartenant aux zones économiques spéciales, ainsi qu'aux règlements d'autonomie et spécifiques formulés par les Assemblées populaires des préfectures et des districts autonomes. Les normes visées par ces règlements comprennent les règlements administratifs et les règlements des autorités locales. Les règlements administratifs réfèrent non seulement aux règlements administratifs mais aussi aux mesures administratives, aux décisions et ordonnances élaborées par le Conseil des affaires d'État, par ses ministères et ses commission et visent également celles de la Banque populaire de Chine, de la Cour des comptes et des autres institutions directement affiliées à celui-ci et ayant des fonctions administratives (ci-après désigné les départements du Conseil des affaires d'État). Les règlements des autorités locales font référence aux règlements à caractère local, adoptés par les régions autonomes et les municipalités, conformément aux Règlements sur la procédure de l'élaboration des dispositions des règlements, par les gouvernements populaires des provinces, des régions autonomes, des municipalités et des grandes villes.

2. Délai et objet du dépôt des règlements

Après la promulgation des règlements, ceux-ci doivent être déposés dans les 30 jours à compter de cet événement conformément aux dispositions suivantes : les règlements locaux, les statuts et les règlements particuliers formulés par des organes d'autonomie nationale doivent être signalés au Conseil des affaires d'État pour enregistrement, par le Comité permanent de l'assemblée populaire de la province, de la région d'autonomie nationale ou de la municipalité relevant directement de l'autorité centrale ; les règlements départementaux, pour leur part, doivent être envoyés par le département concerné au Conseil des affaires d'État pour enregistrement tandis que les règlements formulés conjointement par deux ou plusieurs départements sont à signaler par le département répondant à ce même organe ; les règlements des gouvernements populaires des provinces, des régions autonomes et des municipalités quant à eux, sont à signaler directement par ces organes au Conseil des affaires d'État pour enregistrement ; d'autre part, les règlements des grandes villes sont déposés par le gouvernement populaire de la ville en cause au Conseil des affaires d'État pour enregistrement ; enfin, les règlements des zones administratives spéciales sont déposés au Conseil des affaires d'État par le comité permanent de l'assemblée populaire de la province ou de la ville où se situe cette zone.

3. Direction organisationnelle concernant l'enregistrement des dossiers législatifs.

Conformément à la loi, les départements du Conseil des affaires d'État, les gouvernements populaires des provinces, des régions autonomes, des municipalités relevant directement de l'autorité centrale et des grandes villes doivent s'acquitter de leurs fonctions concernant l'enregistrement des dossiers réglementaires et renforcer l'organisation et la direction du travail administratif de cette activité.

Les institutions juridiques départementales du Conseil des affaires d'État et les gouvernements populaires des provinces, des régions autonomes, des municipalités relevant directement de l'autorité centrale sont spécifiquement chargés du dépôt de leurs règlements.

L'organe législatif du Conseil des affaires d'État est responsable du dépôt de ses règlements et exerce les fonctions d'examen et de contrôle de l'enregistrement.

4. Rapport des lois et règlements à enregistrer

Conformément aux Règlements sur l'enregistrement des dispositions des règlements pour une consultation ultérieure, les règlements et les autres normes arrêtées doivent être soumis aux services juridiques du Conseil des affaires d'État, tout en suivant les règlements concernés émanant du Comité permanent de l'APN ; en même temps que ce dépôt, le promoteur doit également fournir un document décrivant les objectifs visés, les comptes-rendus des consultations, etc., de façon reliée en 10 exemplaires selon le format prescrit ; si les conditions sont remplies, on doit également faire enregistrer des versions électroniques de ces normes.

5. Inscription et publication des règlements déposés

Le Conseil des affaires d'État va enregistrer uniquement les normes qui sont conformes aux Règlements sur l'enregistrement des dispositions des règlements pour une consultation ultérieure ; pour celles qui sont généralement conformes mais qui ne respectent pas toutes les modalités prescrites par ces règlements, les services juridiques du Conseil des affaires d'État peuvent en suspendre l'enregistrement jusqu'au moment où celles-ci le seront. Les lois et les règlements enregistrés sont publiés mensuellement par l'organe législatif du Conseil des affaires d'État ; cette compilation mensuelle est publiée de façon organisée avec une table des matières, etc.

6. Recommandations pour la révision des règlements

Les organes étatiques, les organismes sociaux, les entreprises, les institutions, ainsi que les citoyens, s'ils estiment que les règlements à caractère local édictés par un organe compétent vont à l'encontre des lois et des règlements administratifs de l'État, ou s'ils considèrent que les mesures administratives, les règlements administratifs, les décisions et les ordonnances émis par les différents départements du Conseil des affaires d'État vont à l'encontre de normes hiérarchiquement supérieures, peuvent faire des recommandations par écrit à ce Conseil pour que les organes juridiques de ce dernier étudie et propose, le cas échéant, des modifications à ces normes conformément aux procédures prescrites.

7. Informations sur l'examen des règlements à enregistrer

Les organes législatifs du Conseil des affaires d'État examinent les textes règlementaires à enregistrer sur les points suivants : dépassent-ils les pouvoirs de l'autorité en cause ; violent-ils les dispositions de normes hiérarchiquement supérieures ; sont-ils en contradiction ou se différencient-ils de dispositions par ailleurs applicables à une situation donnée. S'il y a des conflits ou des incohérences entre des règlements, doit-on modifier ou abroger l'un d'eux ? Les dispositions du texte législatif sont-elles appropriées ? Les procédures législatives ont-elles été respectées ?

8. Examen des règlements à enregistrer

Les organes législatifs du Conseil des affaires d'État lorsqu'ils examinent les normes, s'ils considèrent qu'il est nécessaire que certains départements de ce Conseil ou des gouvernements populaires fournissent des commentaires, ceux-ci doivent répondre dans le délai prescrit ; par ailleurs, s'ils estiment qu'il faut que les organes qui formulent ces normes clarifient certaines questions, ceux-ci ont aussi l'obligation de la faire dans le délai prescrit. Si les règlements à caractère local vont à l'encontre de normes hiérarchiquement supérieures, le Conseil des affaires d'État pourra demander au Comité permanent de l'APN de résoudre ce conflit. Si les dispositions visant une même affaire relèvent à la fois d'un règlement à caractère local et d'un règlement provenant du Conseil des affaires d'État ou de l'un de ses organes et qu'ils sont contradictoires, les services juridiques du Conseil des affaires d'État pourront soumettre un avis de traitement, conformément aux dispositions du 2e paragraphe du premier alinéa de l'article 86 de la Loi sur la législation. Pour les normes qui dépassent les fonctions de l'autorité émettrice, qui violent les lois ou les règles administratives, ou bien qui sont inappropriées, les organes juridiques du Conseil des affaires d'État peuvent demander aux organes qui les formulent de les corriger ; les organes juridiques de ce Conseil peuvent également fournir leur avis à ce dernier, tout en lui demandant de trouver une solution à la violation et, par la suite, elles devront en informer les organes formulant ces normes jugées inappropriées. Pour les normes qui sont considérées comme étant non valides, selon les critères définis par les dispositions du deuxième alinéa de l'article 2 et du deuxième alinéa de l'article 8 des Règlements sur l'enregistrement des dispositions des règlements pour une consultation ultérieure, les organes juridiques du Conseil des affaires d'État ne les enregistrera pas et en informera les organes qui les ont formulées. Quant à celles qui comportent des problèmes techniques, les organes juridiques du Conseil des affaires d'État vont transférer ses recommandations aux organes qui les ont rédigées, et leur laisser le soin de résoudre ceux-ci. Après avoir reçu les recommandations en provenance du Conseil des affaires d'État selon les articles 14, 15 et 16 des Règlements sur l'enregistrement des dispositions des règlements pour une consultation ultérieure, les organes en cause doivent signaler le suivi effectué aux organes juridiques de ce Conseil dans les 30 jours.

9. Autres réglementations

Conformément à l'article 53 du Code de procédure administrative, lorsque la Cour populaire suprême estime qu'une norme doit faire l'objet d'une interprétation, elle doit en référer au Conseil des affaires d'État, la réponse qui se basera alors sur l'article 15 des Règlements sur l'enregistrement des dispositions des règlements pour une consultation ultérieure pourrait être considérée comme une réponse à la Cour populaire suprême à ce sujet. Les organes qui formulent des normes doivent soumettre une liste de celles émises durant l'année précédente aux organes juridiques du Conseil des affaires d'État. Pour ceux qui ne font pas enregistrer les normes ou qui ne respectent pas le délai prescrit, les organes juridiques de cet organe peuvent les informer de respecter les règles en vigueur. S'ils ne le font pas dans le délai imparti, ils seront alors informés et obligés de corriger leurs actions inappropriées. Les gouvernements populaires des provinces, des régions d'autonomie nationale et des municipalités relevant directement de l'autorité centrale sont chargés de la surveillance des normes édictées par les organes administratifs de l'échelon inférieur. Ces gouvernements doivent mettre en place des systèmes de dépôt et d'examen des dossiers règlementaires, conformément aux dispositions pertinentes des Règlements sur l'enregistrement des dispositions des règlements pour une consultation ultérieure, et ce, afin de maintenir l'unité du système juridique socialiste et assurer la bonne application des lois et règlements.

II. Interprétation juridique

La section 4 de la Loi sur la législation comporte les règles fondamentales concernant l'interprétation juridique.

L'autorité compétente. L'interprétation de la Constitution et des lois relève des pouvoirs du Comité permanent de l'APN. Si les dispositions d'une loi doivent être clarifiées, ou si son application soulève des difficultés dans une espèce, ou encore si une question nouvelle se présente, l'affaire doit être référée à cet organe.

Proposition d'interprétation juridique. Le Conseil des affaires d'État, la Commission militaire centrale, la Cour populaire suprême, le Parquet populaire suprême, les commissions spécialisées de l'APN ainsi que les comités des assemblées populaires des provinces, des régions d'autonomie nationale et des municipalités relevant directement de l'autorité centrale, peuvent soumettre des demandes d'interprétation juridique au Comité permanent de l'Assemblée populaire nationale.

Les procédures d'interprétation juridique. Un comité administratif du Comité permanent de l'APN étudie la demande d'interprétation et rédige un projet d'interprétation et inscrit le sujet à l'agenda d'une réunion du président et des vice-présidents du Comité permanent. Le projet d'interprétation juridique sera par la suite étudié au cours d'une session du Comité permanent et son comité juridique révise le dossier en fonction des avis exprimés par les membres de ce premier organe. Il propose alors une version à voter du projet d'interprétation juridique. Ce projet est adopté s'il obtient plus de la moitié du vote des membres du Comité permanent. La décision interprétative sera alors publiée officiellement.

Effet juridique. Les interprétations de lois adoptées par le Comité permanent de l'APN ont le même effet juridique que les lois. Il s'agit donc d'actes ayant une grande portée.

Concernant l'interprétation des règlements administratifs, la compétence interprétative relève du Conseil des affaires d'État. Des règles particulières s'appliquent à ce processus. Le 10 mai 1999, le Bureau général du Conseil des affaires d'État a publié l'Avis sur l'interprétation des règlements administratifs et les questions liées à cette procédure, dans lequel on a clarifié les normes et les procédures applicables à l'interprétation des règlements administratifs. Les détails sont les suivants :

Toutes les clarifications concernant la portée d'un texte ou les annexes à y rajouter est de la compétence du Conseil des affaires d'État. Conformément aux procédures d'examen prescrit par l'avis mentionné ci-haut, la Commission des affaires législatives soumet son avis au Conseil des affaires d'État, puis une fois qu'il est approuvé, il sera publié officiellement, selon les différentes circonstances, par ce Conseil lui-même ou par un organe administratif autorisé par celui-ci.

Les clarifications concernant l'application des règlements administratifs sont, dans un premier temps, envoyées aux autorités compétentes concernées qui peuvent alors fournir les explications appropriées. Lorsque ces autorités ne sont pas en mesure de fournir de telles explications ou si elles sont en contradictions avec celles émanant d'autres services concernés, il revient alors au bureau des affaires législatives du Conseil des affaires d'État d'effectuer l'interprétation requise. Ce bureau soumet par la suite son avis au Conseil des affaires d'État et une fois qu'il est approuvé, il répond alors aux autorités et aux autres services concernés.

Toute question concernant l'interprétation de documents normatifs est généralement de la responsabilité du bureau des affaires juridiques du Conseil des affaires d'État. Lorsqu'on est en présence de problèmes majeurs d'interprétation, le bureau des affaires juridiques soumet son avis au Conseil des affaires d'État pour l'approbation de ce dernier. Conformément à la pratique actuelle, lors d'une demande d'interprétation on remarque que celle-ci a déjà fait l'objet d'une décision dans une affaire identique ou similaire, il appartient alors au bureau général du Conseil des affaires d'État d'en assurer le suivi.

III. Processus de résolution des conflits législatifs

La Loi sur la législation clarifie les procédures de base pour tenter de résoudre les conflits législatifs.

Si le Conseil des affaires d'État, la Commission militaire centrale, la Cour populaire suprême, le Parquet populaire suprême et les comités permanents des assemblées populaires des provinces, des régions d'autonomie nationale et des municipalités relevant directement de l'autorité centrale considèrent que des règlements administratifs, des règlements à caractère local, des règlements particuliers sur l'exercice de l'autonomie vont à l'encontre de la Constitution ou des lois, ils peuvent faire une demande écrite auprès du Comité permanent de l'APN pour examiner les normes en cause. Le Comité permanent de l'APN confie alors le dossier aux commissions spécialisées appropriées pour examen et commentaires.

Si d'autres organes de l'État, des organisations sociales, des entreprises, des institutions et des citoyens estiment que de telles normes vont à l'encontre de la Constitution ou des lois, ils peuvent aussi faire une demande au Comité permanent de l'APN. Cette demande obéit aux mêmes règles.

Dans l'éventualité où les commissions spécialisées de l'APN pendant leur examen en arrivent à la conclusion que de telles normes vont effectivement à l'encontre de la Constitution ou des lois, elles peuvent envoyer leur avis écrit aux organes qui les ont formulées ; elles peuvent également organiser des sessions d'examen avec le comité juridique de l'APN et demander aux organes concernés de fournir des explications. Elles envoient ensuite leur avis écrit aux organes qui ont formulé ces normes. Dans les deux mois suivants, ces derniers doivent étudier, décider et proposer leurs avis de correction et les communiquer au Comité des affaires juridiques et aux commissions spécialisées concernées de l'APN.

Si les commissions spécialisées et le Comité des affaires juridiques de l'APN estiment que de telles normes vont à l'encontre de la Constitution ou des lois et que les organes concernés refusent d'y apporter des corrections, ces organes de l'APN peuvent soumettre un avis écrit de retrait à une réunion du président et des vice-présidents du Comité permanent, afin de permettre aux membres du Comité permanent de décider si une telle affaire doit être examinée par celui-ci.

Notons qu'en pratique, la notion de « conflit législatif » n'a pas encore fait l'objet de critères opérationnels précis.

IV. Processus de résolution des incohérences législatives

Que doit-on faire en cas d'incohérence entre les dispositions de différentes lois ? La Loi sur la législation fournit un mécanisme pour résoudre celle-ci.

1. Pouvoir discrétionnaire du Comité permanent de l'APN

(1) Quand des dispositions générales de nouvelles lois paraissent incompatibles avec des dispositions spéciales de lois antérieures dans une même affaire et qu'il n'est pas possible de résoudre un tel conflit, c'est au Comité permanent de l'Assemblée populaire nationale qu'il appartient de trancher. (2) Il appartient également à cet organisme d'étudier les conflits entre les normes hiérarchiquement inférieures et les lois.

2. Pouvoir discrétionnaire du Conseil des affaires d'État

(1) Dans le cas des règlements administratifs, des règles similaires sont applicables mais c'est le Conseil des affaires d'État qui exercent les principales fonctions d'examen. Ainsi lorsque des dispositions générales de nouveaux règlements paraissent incompatibles avec des dispositions spéciales de règlements antérieurs, dans une même affaire, et qu'il n'est pas possible de résoudre un tel conflit, c'est au Comité des affaires d'État qu'il appartient de trancher. (2) Dans le cas d'incompatibilité entre des règlements provenant du gouvernement central et ceux à caractère local, c'est également au Conseil des affaires d'État d'examiner la situation et de prendre une décision. (3) Enfin, quand il s'agit d'une incohérence entre un règlement administratif et une règlementation à caractère local, il appartient au Conseil des affaires d'État de soumettre un avis. S'il estime que les règlements locaux doivent avoir préséance, ceux-ci s'appliqueront alors dans le territoire concerné ; s'il considère plutôt que les règlements administratifs doivent être appliqués, cette affaire doit alors être soumise au Comité permanent de l'Assemblée populaire nationale pour décision.

3. Pouvoir discrétionnaire des autorités législatives

Lorsque les dispositions générales de certains règlements locaux paraissent incompatibles avec les dispositions spéciales formulées par la même autorité auparavant, c'est à celle-ci qu'il appartient de décider comment les appliquer.

4. Modifier ou abroger des documents juridiques

Conformémet aux pouvoirs prévus à l'article 88 de la Loi sur la législation, les lois, les règlements administratifs, les règlements à caractère local et les règlements particuliers sur l'exercice de l'autonomie doivent être modifiés ou abrogés par les autorités compétentes dans l'une des circonstances suivantes : lorsqu'ils dépassent les pouvoirs prévus ; lorsque les dispositions de normes inférieures vont à l'encontre de normes hiérarchiquement supérieures ; lorsqu'une décision est rendue dans un conflit de normes par l'autorité compétente ; lorsque les règles sont considérées comme inopportunes ; et lorsque les règles violent les procédures légales en cause.

5. Modifier ou annuler des normes

Les pouvoirs de modifier ou d'abroger des lois, des règlements administratifs, des règlements à caractère local, des statuts et des règlements particuliers sur l'exercice de l'autonomie énoncé par la Loi sur la législation sont les suivants : l'APN a le droit de modifier ou d'annuler les lois inopportunes formulées par son Comité permanent et d'annuler les règlements sur l'exercice de l'autonomie nationale et les lois adoptées par le Comité permanent en violation de l'article 66, alinéa 2 de la Loi sur la législation et de la Constitution ; le Comité permanent de l'APN a le droit d'annuler les règlements administratifs, les décisions et les ordonnances du Conseil des affaires d'État qui sont contraires à la Constitution et aux lois ; il a aussi le droit d'annuler les règlements à caractère local entrant en conflit avec la Constitution, les lois et les autres règlements administratifs ; il a également le droit d'annuler les règlements et les décisions à caractère local émanant des organes du pouvoir des provinces, des régions autonomes et des municipalités relativement directement de l'autorité centrale qui seraient contraires à la Constitution et à l'article 66, alinéa 2 de Loi sur la législation ; le Conseil des affaires d'État, pour sa part, peut modifier ou annuler les ordonnances, les instructions et les règlements mal fondés émanant des ministères et des commissions ainsi que modifier et annuler ceux des organismes administratifs locaux aux différents échelons ; les assemblées populaires des provinces, des régions d'autonomie nationale et municipalités relevant directement de l'autorité centrale ont le pouvoir de modifier ou d'annuler les règlements locaux mal fondés et approuvés par leurs comités permanents ; les comités permanents des assemblées populaires locales ont le droit d'annuler les réglementations mal fondées émanant des gouvernements populaires à l'échelon correspondant ; les gouvernements populaires des provinces et des régions d'autonomie nationale ont le droit de modifier ou d'annuler des règlements mal fondés émanant des gouvernements populaires d'un échelon inférieur ; enfin, les organes qui ont le pouvoir d'autoriser d'autres autorités à édicter des normes peuvent annuler celles qui vont au-delà de leur mandat ou qui sont aux contraires aux fins autorisées. Ils peuvent également révoquer cette autorisation si nécessaire.

CHAPITRE 3.

SYSTÈME JURIDIQUE AUX CARACTÉRISTIQUES CHINOISES

LI Lin

Section 1 : Division des systèmes juridiques mondiaux et du système juridique chinois

I. Définition du concept

L'expression généalogie de la loi constitue une discipline qui permet de regrouper les pays en fonction de leurs histoires du droit, des héritages et systèmes juridiques qu'ils partagent. Les mots employés dans les œuvres juridiques en langue anglaise pour désigner l'expression système juridique sont multiples et on note les principaux : legal family, legal group, legal genealogy et legal system. Certains juristes occidentaux spécialistes du droit comparé, afin d'éviter les difficultés de terminologie, en particulier pour s'abstenir d'utiliser le terme polysémique « legal system » pour désigner « la généalogie de la loi », utilisent plutôt l'expression « tradition juridique ».

Dans le contexte chinois, la notion de généalogie de la loi revêt des caractéristiques qui sont différentes de la notion de système juridique, d'étude du droit et de sources du droit. On sait qu'un système juridique regroupe les structures et les modes de fonctionnement des organes associés à l'application des règles de droit ainsi qu'aux services qui en découlent. L'étude du droit concerne les différentes courants et disciplines de l'étude du droit, qui reste interdépendante du système juridique. L'étude en droit peut être catégorisée scientifiquement. Pour autant, le système juridique concerne une catégorisation selon les traditions, c'est plus pratique. Dans le langage courant en chinois, il existe une autre notion intitulée source du droit, elles constituent un élément important dans un exercice visant à étudier les formations de divers systèmes juridiques. La catégorisation basée sur les sources du droit visent à comprendre les classes sociales et les capitaux sur lesquels se reposent de différentes formes de la loi. La notion de système juridique est une notion géographique mais la notion de sources du droit est un concept chronologique ; la première se concentre sur l'essence et la deuxième fait attention plutôt à la forme juridique.

II. Systèmes juridiques du monde ancien

1. Aperçu général des systèmes juridiques du monde ancien

Dans son livre, intitulé A Panorama of the World's Legal Systems (Washington Law Book Company, 1928), WIGMORE John Henry, universitaire américain spécialisé en droit comparé, divise les anciens systèmes juridiques existants dans le monde en 16 catégories, comprenant le droit égyptien, le droit mésopotamien (babylonien ou cunéiforme), le droit hébraïque, le droit chinois, le droit indien, le droit grec, le droit romain, le droit japonais, le droit islamique, le droit celtique, le droit slave, le droit germanique, le droit maritime (un système quasiment universel), le droit ecclésiastique, le droit continental et droit anglo-américain.

Certaines traditions juridiques disparaissent au fil du temps, parmi lesquelles on note le droit égyptien, le droit mésopotamien, le droit grec, le droit hébraïque, le droit celtique et le système juridique ecclésiastique ; certains ont été unifiés, tels que le droit romain, le droit slave, le droit germanique, le droit maritime et le droit japonais ; certains ont par ailleurs survécu sans être unifiés. C'est le cas des systèmes juridiques chinois, indien et islamique ; d'autres ont subi une intégration, une mise à jour et une reconstruction à grande échelle, comme le droit continental et le droit anglo-américain qui ont vécu en quelque sorte une renaissance.

L'expert français en droit comparé, DAVID René, dans son livre Les grands systèmes de droit contemporains, publié en 1964, mentionne que l'on peut regrouper des droits en « familles », tout comme ce que l'on fait dans les sciences religieuses (christianisme, islam, hindouisme, etc.) ou en linguistique (romaine, slave, sémite, etc.). On reconnaît toujours l'appartenance à une famille juridique malgré les différences qui peuvent exister entre ses diverses constituantes. Selon David, le fait de systématiser les systèmes juridiques en différentes familles facilite l'accès et la compréhension des droits des pays contemporains.

2. Système juridique chinois

YANG Honglie, un célèbre historien du droit de la République de Chine, définissait le système juridique chinois comme une famille du droit qui règne une grande majorité des êtres humains. Ce système était basé sur la moralité et il était relativement indépendant. Il influençait d'autres systèmes juridiques en Asie de l'Est depuis des milliers d'années. Ce système juridique chinois comprenait les anciens droits appliqués en Chine, en Corée, au Japon, dans les îles Ryükyü, au Protectorat français d'Annam, en Thaïlande (xiān luó) ainsi que dans la région du Myanmar.

Si le système juridique chinois peut être défini respectivement par le temps et l'espace, la période allant des dynasties Qin et Han à celle des dynasties Sui et Tang constitue la période de formation de celui-ci. Son impact est important et couvre le continent est-asiatique, la péninsule coréenne, l'archipel japonais, les îles Ryükyü et certaines parties de la péninsule indochinoise. La période allant des dynasties Tang et Song jusqu'à la fin des dynasties Qing a instauré de nombreux changements internes au système juridique chinois qui continuait alors à se former. Sa portée s'étendait toujours aux régions mentionnées ci-dessus. À partir du milieu du XIXe siècle, la culture juridique occidentale s'est étendue en Asie de l'Est avec le soutien des politiques coloniales et des grandes puissances. Le système juridique chinois a alors commencé à se désintégrer. Au début du 20e siècle, le gouvernement des Qing, alors sous pression, a débuté officiellement une réforme légale mais le droit appliqué en Chine dans son ensemble s'est effondré. À ce stade, le système juridique chinois n'est plus une véritable entité juridique, mais est plutôt considéré comme un système juridique du passé mais dont les pratiques traditionnelles et patrimoniales sont culturellement importantes.

Selon les recherches du professeur ZHANG Jinfan, un expert de la Chine continentale bien connu sur l'histoire du droit chinois, ce système juridique présente 10 caractéristiques principales, à savoir qu'il était un système : combinant les rituels et le droit; défini par l'empereur et considérant que le pouvoir de ce dernier est supérieur à la loi; valorisant la famille et l'éthique; visant à l'harmonie entre les gens et la nature, conciliant la raison et les sentiments avec le droit; accordant une importance aux principes du droit pénal et non pas au droit civil; ne distinguant pas la justice et la gouvernance, la justice restant subordonnée à l'administration; qui extorque des aveux par la torture et les condamnations sont fondées sur ceux-ci; priorisant la condamnation par la loi, le jugement étant rendu par analogie; espérant la conciliation plutôt que les litiges et les querelles; régissant les fonctionnaires par la loi, tout en les sensibilisant au droit et à leurs responsabilités.

Le système du droit chinois était depuis longtemps parmi les plus avancés du monde et son influence se propageait dans les pays de l'Asie du Sud-Est et contribuait ainsi à former leur droit. Ce système de droit est considéré comme l'un des systèmes les plus représentatifs du monde ancien, tout en ayant contribué au développement de la civilisation humaine.

III. 3 grands systèmes juridiques du monde d'aujourd'hui

Selon David, c'est en examinant la structure profonde d'un droit qui nous permettra de le distinguer des autres. C'est sous 3 principales familles que l'on peut regrouper les droits nationaux : la famille romano-germanique ou autrement appelée droit continental, la famille de la common law et la famille des droits socialistes. Mais toutes familles, quelles que soient leur importance et l'étendue de leur influence, ne sont pas en mesure de bien refléter la réalité du monde juridique contemporain.

1. Système juridique de droit continental

Le système juridique de droit continental, aussi connu sous le nom de droit civil, est fondé sur l'héritage du droit romain. Ce système, né en Europe continentale, se traduit principalement par la forme d'un droit écrit codifié. Il comprend deux branches principales : le système juridique français et le système juridique allemand. Le premier s'est développé sur la base du Code civil français de 1804, autrement appelé Code Napoléon, qui a pour idée directrice l'importance consacrée aux droits individuels correspondant ainsi aux caractéristiques socio-économiques du capitalisme libéral. Le système juridique allemand, pour sa part, qui tire son origine du Code civil allemand de 1896, met l'accent sur le rôle d'intervention de l'État et les intérêts sociaux. Il constitue un modèle répondant à l'époque du capitalisme monopoliste. Les pays soumis au système de droit civil sont généralement constitués des anciennes colonies ou d'anciens protectorats français, néerlandais, allemands, espagnols ou portugais, comme l'Algérie et l'Éthiopie, ainsi qu'une grande partie de l'Amérique latine. Il est à noter que la Chine sous le règne de Kouo-Min-Tang appartenait aussi à ce système, ce qui est le cas d'aujourd'hui de la région de Taïwan et de la région administrative spéciale de Macao de la République populaire de Chine.

Ce système est caractérisé de la façon suivante : on l'a dit, il s'agit d'un régime juridique codifié qui tire son origine du droit romain ; ses normes juridiques sont habituellement codifiées et rédigées d'une façon abstraite et schématique ; il prône la séparation entre le pouvoir législatif et le pouvoir judiciaire ; seuls les textes législatifs sont considérés comme obligatoires pour tous. La jurisprudence a moins d'importance que la loi, les juges n'excercent généralement pas la fonction législative ; les sciences juridiques jouent généralement un rôle moteur dans le développement de droit.

2. Système juridique de droit anglo-américain

Les pays soumis au droit anglo-américain, appelé aussi common law ou droit anglais, sont surtout les anciennes colonies ou les anciens protectorats britanniques, y compris les États-Unis. Il est principalement basé sur le droit prévalant en Angleterre au Moyen-Âge, et plus particulièrement sur la common law qui s'est traduite par la jurisprudence et dont la création date de l'invasion des Normands en Angleterre au XIe siècle.

En plus du Royaume-Uni (hors Écosse), des États-Unis (hors Louisiane), les pays soumis au système de common law sont principalement : l'Inde, le Pakistan, Singapour, le Myanmar, le Canada (hors la province de Québec), l'Australie, la Nouvelle-Zélande, la Malaisie, etc. La Région administrative spéciale de Hong Kong de la Chine appartient aussi à ce système.

Les caractéristiques d'un système de common law incluent, on l'a dit, le fait qu'il émane surtout de l'Angleterrecentré sur le Royaume-Uni et qu'il se développe à partir de la common law du droit anglais; sa principale forme d'expression est la jurisprudencequi a le souci de s'appliquer à résoudre des cas concrets sans formuler des règles générales; les décisions judiciaires ont force exécutoire, celles des plus hautes instances devant être suivies et ne pouvant être modifiées que par celles-ci ou exceptionnellement par la loi; son évolution est relativement lente due à son caractère conservateur, ainsi qu'à sa façon de réfléchir, dite de Regarder en arrière; les juges ont une place centrale dans son développement par leurs jugements; il comporte une complexité inhérente par laquelle il est difficile de trouver un système bien ordonné; la procédure accusatoire joue un rôle fondamental tant dans les juridictions civiles que criminelles.

3. Système juridique de droit socialiste

Le système de droit socialiste est représenté dans l'ensemble des pays inspirés par les théories marxistes du droit. Ce système, qui a pris sa forme dans l'ancienne URSS, est aussi appelé le droit soviétique. Les juristes occidentaux ont souvent défini le droit appliqué dans certains pays socialistes d'Asie par l'expression le système juridique d'Extrême-Orient. Avant la dislocation de l'URSS et les bouleversements observés en Europe de l'Est, l'Occident appelait également ce dernier système comme le système juridique socialiste de l'URSS ou de l'Europe de l'Est.

Ce système possède 3 caractéristiques : premièrement, il s'agit d'un système socialiste : la lutte des différentes classes sociales est donc prise en compte dans son idéologie; il a le marxisme comme théorie directrice, en prônant le collectivisme et le nationalisme, il diffère ainsi des systèmes juridiques des pays capitalistes qui se basent sur l'individualisme comme c'est le cas du droit continental ou du droit anglo-américain; deuxièmement, il s'agit d'un nouveau système qui s'est développé à partir des traditions de droit continental et de droit anglo-américain, et ce, en moins de 100 ans, tandis que les derniers sont tous les deux connu une longue histoire et constituent des traditions anciennes; troisièmement, l'architecture de sa codification et de son organisation judiciaire présentent plutôt des similitudes avec les traditions de droit continental qu'avec celles de droit anglo-américain. Cela s'explique principalement par le fait que les traditions juridiques dont la plupart des pays socialistes ont hérité, se situent dans la lignée des traditions de l'Union soviétique et de l'Europe de l'Est, ou bien parce que leur système est proche de celui de droit continental, comme c'est le cas en Chine et au Viêt Nam.

4. Dans quel système juridique la Chine contemporaine s'inscrit-elle ?

La Chine contemporaine s'inscrit dans quel système juridique ? Les avis sont partagés chez les juristes. Dans son livre intitulé Études du droit comparé, SHEN Zongling, professeur en droit comparé, classe les systèmes juridiques du monde selon les 4 catégories suivantes : le système de droit civil, la Common Law, le système de droit socialiste soviétique ainsi que le système de droit socialiste de la Chine contemporain, et ce, plutôt que d'employer celui de « système juridique socialiste » pour regrouper les deux derniers.

Au sujet de l'expression « système de droit socialiste », David, expert français du droit comparé, pense que le mot socialiste n'a pas une signification précise. Le système de droit socialiste devrait se concentrer autour du droit de l'ex-URSS et qu'il exerce son influence uniquement sur la Roumanie, la Tchécoslovaquie, la Yougoslavie, l'Albanie, la Bulgarie, la Hongrie, la Pologne et la République démocratique allemande. Le droit chinois devrait faire partie du système juridique de l'Extrême-Orient et le droit cubain ne constitue pas lui non plus un exemple du système de droit socialiste.

Dans son analyse sur le droit de la République populaire de Chine, le juriste allemand du droit comparé ZWEIGERT Konrad a indiqué : « il existe de grandes divergences entre les deux pays : la Chine et l'URSS, en ce qui concerne le système juridique », et ce, malgré le fait que la Chine a été influencée par ce dernier pays au niveau politique, législatif et judiciaire. En conséquence, selon Zweigert, le droit de la Chine contemporaine ne peut faire partie du système de droit socialiste qu'avec une réserve importante, comme le cas de certains pays africains, tels que l'Angola, l'Éthiopie, la Guyane et le Mozambique.

En fait, David, Zweigert et un certain nombre de juristes chinois estiment que le droit de la Chine contemporaine se présente comme « un système de droit mixte ». Au sens large, un système de droit mixte désigne celui constitué par des éléments d'au moins 2 traditions ou systèmes juridiques ; au sens le plus étroit du terme, il concerne spécifiquement un système juridique composé tant par le droit civil que la Common Law. C'est à ce dernier sens que se réfèrent en général les spécialistes occidentaux dans leurs discussions à ce sujet. Zweigert met en relief l'existence de certains systèmes juridiques mixtes n'appartenant à aucun système juridique particulier, tels ceux de la Grèce, de la Louisiane aux États-Unis, de la province du Québec au Canada, de l'Écosse au Royaume-Uni, d'Israël, des Philippines, de Porto Rico, de la République populaire de Chine, etc.

En conclusion, selon l'optique contemporaine de la signification de l'expression système juridique et du droit comparé international, le système juridique appliqué actuellement en Chine continentale, dans les régions administratives spéciales de Hong Kong et de Macao, ainsi qu'à Taïwan, constitue essentiellement un système de droit mixte, ou plutôt un système de droit mixte caractérisé par le principe d'« Un pays, deux systèmes ».

Section 2 : Impact des systèmes juridiques du monde sur le système juridique chinois

I. Origines contemporaines du système juridique chinois

En général, on peut retrouver les origines du système juridique moderne chinois dans 4 sources.

La première source d'influence provient des 2 grands systèmes juridiques occidentaux. Lors des réformes à la fin de la dynastie Qing et durant la période où le Parti nationaliste chinois est au pouvoir, le droit chinois s'est principalement inspiré du système occidental de droit continental, mais on l'a déjà dit ce système s'est effondré. La construction du système juridique chinois, de l'année 1931 où un système est mis en place au sein des zones révolutionnaires, jusqu'aux années 50, lors de l'établissement d'un système juridique national par la Chine nouvelle, celle-ci suit notamment l'expérience de « son frère aîné » : l'URSS. Durant les années 1950, après la dégradation des relations avec l'Union soviétique, en tenant compte de facteurs historiques complexes, on l'a vu, la Chine s'est progressivement engagée, avant la Révolution culturelle, sur la voie de la destruction de son système juridique et de la gouvernance par la loi. Après la politique de réforme et l'ouverture en 1978, en particulier depuis l'effondrement de l'Union soviétique en 1991 et les changements drastiques qui se sont déroulés en Europe de l'Est, la Chine a accordé une attention plus importante à l'expérience des pays occidentaux dans la construction de son système juridique socialiste basé sur le respect de la loi. Ainsi, dans le domaine du droit civil et commercial, de nombreuses normes basées sur les pays de common law et de droit civil ont été adoptées ; dans le domaine du droit pénal, le Code pénal et le Code de procédure pénale chinois s'inspirent et adoptent les principes de base et l'esprit d'un État de droit pénal moderne, tels que le droit d'être jugé en public. De nouveaux délits, tels que ceux du financement d'activités terroristes, le blanchiment d'argent, le délit d'initié, la manipulation du prix des titres boursiers et des opérations à terme ainsi le vol des cartes de crédit sont prévus par le droit pénal.

La deuxième source d'influence du droit chinois provient du système juridique socialiste soviétique. « La Révolution d'Octobre a aidé les hommes de progrès de la Chine comme ceux du monde entier à adopter, en tant qu'instrument pour l'examen des destinées d'un pays, la conception prolétarienne du monde pour considérer leurs propres problèmes. S'engager dans la voie des Russes, telle a été leur conclusion »[1]. Les communistes chinois de cette époque adoptent une théorie et une idéologie politiques pro-soviétique qui les amènent à se conformer au modèle soviétique, incluant l'acceptation avec des modifications du système juridique de l'URSS. En 1931, les communistes chinois créent la République sino-soviétique avec un système juridique qui est basé sur le même modèle. Cette copie presque conforme du modèle soviétique sert à établir une série de textes législatifs comme Les grands principes de la Constitution, La réglementation du mariage, La loi organique du gouvernement, La loi organique centrale, La loi organique locale, La loi électorale, L'arsenal législatif provisoire des juridictions militaires, La procédure provisoire pour les affaires antirévolutionnaires et les structures des juridictions afférentes, Les réglementations en matières législatives et judiciaires à titre provisoire, et leur département d'arbitrage. Cet ensemble constitue la charpente de la création d'un nouveau gouvernement sino-soviétique mettant en place son système juridique. Une grande partie de ces lois sont introduites par LIANG Botai et d'autres personnes qui donnent l'impulsion à ce processus législatif de nature soviétique.

La troisième source du système normatif chinois moderne est liée à son héritage culturel et au système juridique prévalant dans la Chine ancienne. À partir de la dynastie Xia, on connaît l'apparition d'un système juridique étatique afin de résoudre principalement les conflits sociaux. Le système juridique chinois se développe pendant plusieurs milliers d'années et il est relativement élaboré, créant une tradition juridique asiatique rattachée principalement à la pensée confucéenne avec en son sein la notion importante qu'en toute chose, il faut appliquer le « juste milieu ». Le système de lois socialistes aux caractéristiques chinoises aurait dû aboutir à un système comportant des particularismes chinois permettant à la fois de révolutionner le système autoritaire et féodal, tout en étant en mesure de transmettre des éléments positifs de la tradition ancestrale. Pour créer un système contemporain, il fallait d'abord emprunter au passé, et pour qu'il y ait recréation ou modernisation, il fallait sélectionner certains principes du système juridique prévalant chez les anciens. Toutefois, à l'époque des théories révolutionnaires, l'objectif consistait à faire table rase du passé et d'inculquer une nouvelle identité socialiste. Il n'y en avait alors que peu de place pour se baser sur les connaissances approfondies pour assoir un système juridique. Par conséquent, l'influence de cette tradition chinoise au sein du système juridique de droit socialiste aux caractéristiques chinoises a été extrêmement limitée.

La quatrième source de ce système est fondée sur l'expérience du PCC durant la fondation de la République populaire de Chine. À partir de la réalité de la Chine, des responsabilités centrales du PCC, on débuta la construction d'un système juridique de la République populaire de Chine de façon pragmatique,

1 Collection MAO Tse-Dong, Œuvres choisies, Tome 4, People's Publishing House, version 1991, p. 1472.

en s'appuyant sur le modèle soviétique. Cette façon de procéder aboutit à une mutation qui deviendra le socle, en ce qui concerne les principes, les règles et les pratiques, du nouveau système juridique chinois. LIANG Botai a établi un système de tribunaux publics et itinérants, tout en mettant l'accent sur « les règles de preuve », sur « la procédure » et sur « la médiation », le procès doit être ouvert. Notons, par ailleurs, que pendant la guerre de résistance anti-japonaise, la condamnation de MA Xiwu, a permis de réaliser une nouvelle modalité de jugement, tout en intégrant davantage la médiation aux activités judiciaires afin d'assurer une meilleure complémentarité entre ces 2 modes de règlements des différends. Toutes ces expériences ont contribué de façon importante à la construction du système des lois socialistes aux caractéristiques chinoises.

II. Réformes juridique à la fin de la dynastie Qing et relations avec les systèmes juridiques occidentaux

La réforme juridique du mouvement Politiques Nouvelles à la fin de la dynastie des Qings e veut une réforme à grande échelle. Le gouvernement Qing lui accordait une grande importance. Ce gouvernement a créé un bureau spécial de modification des lois et il a nommé SHEN Jiaben et WU Tingfang comme ministres de la révision des lois. Il a aussi envoyé une délégation au Japon afin de se renseigner davantage sur leur système juridique. Cette réforme du système juridique ne s'est pas véritablement faite à partir de la tradition historique chinoise ni à partir d'un système unique. On a créé un nouveau système moderne qui a puisé ses sources à partir des expériences de plusieurs pays et qui a absorbé ces expériences en les adaptant à la réalité chinoise.

Ainsi, lors de la réforme juridique qui s'est déroulée à la fin de la dynastie Qing, de nouvelles lois fondamentales, comme le Code pénal, le droit civil et le droit commercial, le Code de procédure pénale, le Code de procédure civile et le droit administratif, ont été formulées. Même si la plupart d'entre elles ne sont pas entrées en vigueur, le système juridique chinois moderne s'est principalement formé à partir des concepts de la tradition romano-germanique. Par exemple, le projet de Code de procédure pénale est rédigé par Asada Takata, professeur de droit à l'Université impériale de Tokyo, au Japon. Asada Takata était un expert juridique réputé dans ce pays. Ses travaux en droit pénal ont eu une grande influence en Chine.

Ensuite, il y a également eu le projet de Code civil, rédigé principalement par le juge japonais, OKADA Asatarō, juriste de Tokyo. Ce projet a été élaboré à partir du Code civil du Japon, avec une division en 5 parties, dont les chapitres principaux étaient : les règles générales, les obligations, les droits réels qui ont été rédigés par OKADA Asatarō tandis que les chapitres concernant la famille et les successions qui sont plus liés aux traditions nationales de Chine, ont été écrits par ZHANG Zongyuan, ZHU Xianwen, GAO Zhong, et CHEN Lu qui travaillaient au bureau spécial de modification des lois à ce moment.

Mentionnons, un autre exemple, le Projet de loi sur les Affaires commerciales de la Dynastie des Qing, écrit en prenant l'exemple du Droit des affaires japonais, a été rédigé par SHIDA Kotaro, professeur de commerce et de droit à l'Université impériale de Tokyo. Ce projet de loi est divisé en règle générale, celles concernant la conduite des affaires, le droit des sociétés, le droit du transport maritime et le financement des entreprises.

III. Ensemble des 6 Codes de la République de Chine et système de droit civil

L'ensemble des 6 Codes peut être défini de façon étroite ou large. Au sens étroit, il se référait à la Constitution, au Code pénal, au Code civil, au Code de commerce, au Code de procédure pénale et au Code de procédure civile, formulés par le gouvernement du Kouo-Min-Tang. Au sens large, il comprend toutes les lois de ce gouvernement qui étaient basées sur ces 6 codes.

L'ensemble des 6 Codes formulés par le gouvernement du Kouo-Min-Tang et les lois concernées sont élaborées lors de la réforme juridique s'étant déroulée à la fin de la dynastie Qing, et ce, constitue la base du système juridique moderne de la Chine.

Compte tenu de leur importance, une compilation formelle de règles juridiques intitulée L'ensemble des 6 Codes a été publiée consacrant ainsi cette division des grands domaines du droit. Dans cette veine, en 1912, la Société de droit et de politique, située à Shanghai, a officiellement commencé à publier une série de lois et de règlements connue sous le nom L'ensemble des 6 Codes de Chine. Puis, en 1913, la maison d'édition Presse Commerciale a fait de même. Ces publications ont été mises à jour périodiquement jusque vers 1941, lorsqu'une nouvelle version de L'ensemble des 6 Codes contenant un résumé historique législatif, des motifs législatifs, de la jurisprudence, des exemples explicatifs et des références est apparue, marquant ainsi la pleine effectivité d'un système juridique basé sur ceux-ci.

IV. 30 premières années après la fondation de la République Populaire de Chine et l'influence du droit soviétique

Au début de sa fondation, connue sous la forme de « inviter à venir », de « sortir » et de « tenir compte », la République Populaire de Chine étudia de façon approfondie le système judiciaire soviétique. La Constitution chinoise de 1954 se basa essentiellement sur la Constitution soviétique de 1936. Dans son rapport sur le projet de la Constitution chinoise de 1954, LIU Shaoqi indiqua : « La voie que nous avons suivie est celle du modèle soviétique. La Constitution et la réglementation sur l'Assemblée populaire nationale sont élaborées à la fois à partir de l'expérience de la construction du pouvoir dans les bases révolutionnaires chinoises, de l'expérience soviétique ainsi que de celle des pays démocratiques populaires ». Notre Constitution « fait référence aux constitutions successives de l'URSS et de celles des pays démocratiques populaires. De toute évidence, l'expérience des pays socialistes guidés par l'URSS nous a beaucoup aidé dans l'établissement de notre projet de Constitution, qui combine les expériences chinoises et internationales». La théorie et le modèle du système juridique socialiste soviétique ainsi que de son système judiciaire furent donc une source très importante du système judiciaire chinois[1]. On observa que dans la première période de la nouvelle Chine, une voie de développement juridique de style «copie conforme soviétique» fût adoptée dans la législation chinoise dans laquelle on a introduit un grand nombre d'éléments du système juridique soviétique.

Le système juridique soviétique a fortement influencé la législation sur le droit agraire, le droit du mariage et le droit pénal. Également, le concept de droit économique fût accepté. Dans le domaine judiciaire, la mise en place de tribunaux, les relations entre juridictions inférieures et supérieures, les assesseurs populaires, l'organisation des procès, les principes des procès pénaux et les procédures pénales furent tous appris du grand frère soviétique. L'autorité de procureur et le pouvoir de contrôle judiciaire sont aussi copiés du système pénal soviétique.

Cette tendance de l'apprentissage du système soviétique dans les années 1950 et 1960 est présente dans la formulation et la codification du droit civil chinois. La Chine commença à rédiger son Code civil en 1954 et acheva le premier Projet de Code civil de la Nouvelle Chine en décembre 1956. Ce projet de code civil fait référence au Code civil soviétique de 1922, marquant la transmission de l'héritage du droit civil soviétique au système judiciaire chinois. L'année 1959 témoigne d'une dégradation des relations entre le Parti communiste chinois et celui de l'URSS, que ce premier critiqua le revisionnisme de ce dernier, ce qui provoqua la fin du modèle de l'héritage du système soviétique en Chine.

V. Impact du système juridique mondial sur le système juridique chinois depuis la réforme et l'ouverture de la Chine en 1978

Basé sur les conditions nationales prévalant en Chine, on a établi au cours de cette époque une étude approfondie sur l'observation et les leçons à tirer de l'expérience de la législation étrangère, en particulier de celle des pays occidentaux, avec pour objectif d'insuffler une nouvelle impulsion à la législation chinoise. La législation de différents pays est étudiée et comparée en puisant les éléments qui peuvent être utiles pour la Chine. On recherche particulièrement les points communs entre les pays et leur fréquence concernant les réglementations économiques du marché et les relations internationales. Les lois et réglementations adaptées à la situation de la Chine peuvent alors être directement transplantées[2]. Par exemple, dans le domaine du droit civil et commercial, on intègre les principes généraux

1 HE Qinhua, «Repenser et adopter le système judiciaire de l'Union soviétique par la Nouvelle Chine», Revue Droit chinois et étranger, 2002(3).

2 TIAN Jiyun, Rapport des travaux du Comité permanent de la neuvième Assemblée populaire nationale, 1998.

du Code civil, les droits réels et le droit des contrats, en provenance de plusieurs pays de common law et de droit continental. De même, dans le domaine du droit administratif, les principes de proportionnalité, de protection des attentes légitimes, etc., couramment utilisés ont été incorporés. Par ailleurs, dans le domaine du droit pénal, le Code pénal et le Code de procédure pénale s'inspirent de l'esprit et des principes fondamentaux prévalant dans les États appliquant un droit pénal moderne, notamment ceux concernant les infractions et le droit à un procès public. Mentionnons, également, qu'en matière de protection de la propriété intellectuelle et de la protection de l'environnement, de nombreuses expériences législatives étrangères ont également été utilisées[1].

Voir le tableau 3-1 pour les détails concernant l'apprentissage des expériences des pays étrangers au cours de la législation effectuée par l'APN et son Comité permanent.

Tableau 3-1 22 Lois qui ont été édictées en suivant des expériences étrangères

No	Loi chinoise	Date de législation	Pays étrangers de référence	Contenus principaux incorporés
1	Loi sur l'hygiène alimentaire	11. 1982	Le Japon, les États-Unis, l'Allemagne, la Roumanie.	Champ d'application de cette loi, surveillance de l'hygiène alimentaire, aliments interdits à la vente, exigences sanitaires pour les établissements et infrastructures commerciaux, traitement administratif et sanction, sanction pénale.
2	Loi de 1984 sur la prévention et le traitement de la pollution des eaux	05. 1984	Les États-Unis, le Japon, l'Union soviétique, la Roumanie.	Autorités responsables, formulation de diverses normes de qualité de l'eau et normes de rejet de polluants, droit de prendre des décisions sur la rectification et la suspension de la production d'entreprises et d'installations qui dépassent les normes de rejet standard et entraînant des risques de pollution de l'eau, responsabilité juridique des contrevenants.
3	Loi sur l'adminis-tration des médi-caments	06. 1984	L'Union soviétique, le Japon, les États-Unis, la Grande-Bretagne, Singapour.	Autorités chargées de l'administration des médicaments, licences de production et de vente de médicaments, dates d'expiration, gestion des médicaments importés, gestion des nouveaux médicaments, problèmes des drogues illégales.

1 Bureau d'information du Conseil des affaires d'État, Livre blanc sur la construction de l'État de droit en Chine, publié le 28 février 2008.

No	Loi chinoise	Date de législation	Pays étrangers de référence	Contenus principaux incorporés
4	Principes généraux du Code civil	04. 1986	Les États-Unis, la Grande-Bretagne, l'Allemagne, la France, le Japon.	Les lois principales pour s'ajuster à la nature et aux fonctions de l'économie de marché : droit civil, droit commercial, droit économique, droit du travail, droit social.
5	Loi sur la faillite des entreprises (Loi temporaire)	12. 1986	La Grande-Bretagne, la France, l'Italie, les Pays-Bas, la Belgique, l'Allemagne, l'Irlande.	Les conditions de mise en faillite, dépôt de la procédure de mise en faillite, enregistrement des procédures de mise en faillite, compétence en matière de faillite.
6	Loi sur la normalisation	12. 1988	La Pologne, la Hongrie, la Tchécos-lovaquie, le Japon, la France, la Yougoslavie.	Définition et formulation des normes, implémentation des normes, certification de la qualité des produits, supervision et inspection de l'implémentation des normes, responsabilité légale.
7	Loi sur la protection de l'environnement	12. 1989	Les États-Unis, le Japon, l'Union soviétique, la Roumanie, la Corée du Sud, l'Allemagne.	Modèle législatif de protection de l'environnement, définition du concept d'environnement, système de permis de rejet de polluants, redevances pour les eaux usées, limitation des litiges pour l'indemnisation des dommages dus à la pollution de l'environnement, etc.
8	Loi sur les entreprises à capitaux mixtes chinois et étrangers (adoptée en 1979, révisée en 1990)	04. 1990	Les États-Unis, le Japon, l'Allemagne, les Pays-Bas, le Luxembourg, la France, l'Italie, l'Union soviétique, la Roumanie, la Pologne, l'Égypte, le Chili, l'Indonésie, la Corée du Sud, la Thaïlande, Singapour, la Malaisie.	Dispositions sur la durée des sociétés et la durée des coentreprises.
9	Loi sur les droits d'auteur	09. 1990	Les États-Unis, la France, l'Allemagne, le Japon, l'Union soviétique, l'Italie, la Grande-Bretagne, le Brésil, la Roumanie, la Yougoslavie, la Bulgarie.	Œuvres protégées par la loi sur le droit d'auteur, définition d'auteur, contenu du droit d'auteur, propriété du droit d'auteur, droits voisins, restrictions sur le droit d'auteur, contrat de droit d'auteur, responsabilité délictuelle, propriété du droit d'auteur sur l'œuvre, etc.
10	Loi sur la conservation de l'eau et des sols	06. 1991	Les États-Unis, l'Inde, le Japon, l'Union soviétique, l'Australie, la Nouvelle-Zélande.	Conditions concernant l'érosion du sol et de l'eau, expérience sur la conservation du sol et de l'eau, mesures de gestion du sol et de l'eau à des fins de conservation, etc.

No	Loi chinoise	Date de législation	Pays étrangers de référence	Contenus principaux incorporés
11	Loi sur la perception et la gestion des impôts et des taxes	09. 1992	Les États-Unis, le Royaume-Uni, la France, l'Inde, les Pays-Bas, le Canada, le Japon, l'Allemagne.	L'accès aux comptes bancaires des contribuables, gestion des contribuables qui quittent le pays, l'application fiscale aux biens des contribuables et dépôts des contribuables dans les banques, les mesures d'exécution pour les cas suspectés d'évasion fiscale, les mesures d'application, crimes d'évasion fiscale, etc.
12	Loi sur le commerce maritime	11. 1992	OMI et experts juridiques britanniques.	Contrats de fret maritime international, moment de l'établissement du contrat et connaissement, application du droit du transport maritime international et du transport côtier national, efficacité de l'enregistrement de la propriété et de l'hypothèque sur un navire, obligations fondamentales du transporteur maritime sous connaissement, responsabilité pour les dommages subis lors du remorquage en mer, priorité sur les navires, compensation spéciale pour le sauvetage des pétroliers, etc.
13	Loi sur l'exploi-tation minière sécurisée	11. 1992	Les États-Unis, le Japon, l'Inde, Taïwan (Chine).	Les organismes chargés de l'application de la loi sur la sécurité des mines et leurs pouvoirs, les garanties de sécurité pour la construction d'une mine, le signalement et la gestion des accidents miniers, et la responsabilité légale.
14	Loi sur les marques de fabrique et de commerce (révisée)	02. 1993	Les États-Unis, la France, l'Allemagne, le Japon, l'Italie, la Thaïlande	Pénalités pour contrefaçon des marques déposées de tiers, pénalités pour vente de produits contrefaits, pénalités des personnes morales pour contrefaçon de marques, traitement des produits contrefaits.
15	Loi contre la concurrence déloyale	09. 1993	Les États-Unis, l'Allemagne, le Japon, la Corée du Sud, la Hongrie.	Méthode législative : législation distincte, unifiée et décentralisée, autorités compétentes et leurs fonctions, actes de concurrence déloyale, responsabilité civile, administrative et pénale, etc.

No	Loi chinoise	Date de législation	Pays étrangers de référence	Contenus principaux incorporés
16	Loi sur les sociétés	12. 1993	L'Allemagne, le Japon, la Corée, la France, la Grande-Bretagne, la Norvège, la Suède, l'Italie, la Suisse, l'Autriche, les États-Unis, la Belgique, les Pays-Bas, le Danemark, etc.	Principales différences entre une société anonyme, une société à responsabilité limitée et une société à responsabilité illimitée, création de la société, actions et les obligations de la société, transfert de capitaux propres, organisation de la société, assemblée générale, conseil d'administration, conseil des autorités de surveillance, comptabilité de la société, états comptables annuels et audits, fonds de prévoyance, dividendes, sociétés de portefeuille et sociétés de participation, conversion, fusion, dissolution et liquidation de sociétés, sociétés étrangères, pénalités pour les sociétés, etc.
17	Loi sur le budget	03. 1994	L'Union soviétique, la Roumanie, l'Espagne, le Japon, l'Allemagne, la Thaïlande, le Royaume-Uni, la Corée du Sud.	Problèmes de soldes et de déficits budgétaires, approbation du budget, ajustement budgétaire, supervision de l'exécution du budget et des comptes, etc.
18	Loi sur le travail	07. 1994	Les États-Unis, le Canada, la Grande-Bretagne, la France, le Japon, la Roumanie, la Russie, la Bulgarie, la Pologne, la Hongrie, la Mongolie, l'Irak, etc.	Contenu, forme, modification, résiliation du contrat de travail, indemnisation pour résiliation, etc.
19	Loi sur l'arbitrage	08. 1994	Les Pays-Bas, la Suisse, la Suède, le Japon, les Lois types sur les sanctions commerciales internationales.	Retrait de la sentence, non-exécution de la sentence, etc.
20	Loi sur l'audit	08. 1994	Les États-Unis, l'Autriche, l'Espagne, le Canada, la Turquie, l'Allemagne, la France, Singapour, le Japon, l'Inde, la Suède, la Jordanie, l'Arabie Saoudite, etc.	La mise en place d'institutions d'audit, l'étendue de la surveillance de l'audit, les pouvoirs d'enquêtes d'audit, etc.

No	Loi chinoise	Date de législation	Pays étrangers de référence	Contenus principaux incorporés
21	Loi sur les contrats	03. 1999	Les États-Unis, le Canada, l'Australie, l'Allemagne, la Grande-Bretagne, l'Italie, l'Espagne, le Japon, la France, la Corée du Sud et d'autres pays.	Élaboration des lois sur les contrats, principe de liberté contractuelle, effets des contrats, agents commerciaux, changements de circonstances, contrats de donation, contrats de prêt, contrats de location, systèmes de passation des marchés, contrats de transport de marchandises, contrats de voyage et inexécution, contrats de crédit et recouvrement, contrat de concession de vente, contrat de commission,etc.
22	Loi sur la législation	03. 2000	Les États-Unis, l'Allemagne, la Grande Bretagne, la France, le Japon, Italie, la Russie, la Biélorussie.	Division de l'autorité législative, régime législatif, législation locale, procédures législatives, dispositions constitutionnelles sur le régime législatif, régime législatif, principes directeurs, principes de base de la législation, législation autorisée, techniques législatives, etc.

Sources principales des données : GU Anran, Looking Back : The Legislative Work I Experienced, Law Press, Édition 2009 ; Legislative Notes : An Introduction to the Development of Some Laws in China [1982-2004], Law Press, Édition 2006 ; New China Democracy and Legal System Construction, Law Press, Édition 2002 ; ZHANG Chunsheng, Interpretation of the Legislative Law of the People's Republic of China, Law Press, Édition 2000, etc.

La législation chinoise a donc puisé plusieurs de ses sources dans de nombreux pays, auprès de ces derniers, la Chine a non seulement a beaucoup appris sur la législation économique, la législation sur les affaires civiles et commerciales, la législation sur la protection de l'environnement, la législation énergétique, la législation sociale, etc., mais s'est également référé à leurs expériences législatives en ce qui concerne la législation démocratique, administrative et ainsi de suite. On a non seulement appris de l'expérience législative du système juridique continental, mais aussi du système de Common Law et d'autres systèmes juridiques; non seulement appris de l'expérience législative étrangère, mais aussi de l'expérience législative des régions chinoises, telles que celle de Hong Kong, Macao et de Taiwan de Chine.

Section 3 : Théories et pratiques du système juridique à la chinoise

I. Pourquoi la Chine adopte-t-elle le concept du « système juridique » ?

Qu'est-ce qu'un « système juridique » ? Il y a eu un grand débat parmi les chercheurs chinois à ce sujet pendant la première moitié des années 80. Cette discussion a joué un rôle important dans la transformation du système juridique chinois, en particulier dans son travail législatif. Les juristes chinois estiment que la notion de système juridique regroupe les structures et les modes de fonctionnement des organes associés à l'application des règles de droit ainsi qu'aux services qui en découlent. Ce point de vue provient principalement de la théorie traditionnelle du système juridique soviétique. L'émergence et le développement d'une telle théorie en Union soviétique provenaient de conditions et d'antécédents historiques particuliers.

Les pays occidentaux du système de droit continental emploient généralement le concept de régime juridique dans les 2 cas suivants : dans le premier cas, on a tendance à utiliser les expressions régime juridique et système juridique de façon interchangeable. À titre d'exemple, le célèbre expert français en droit comparé, David dans Les grands systèmes de droits contemporains, utilise l'expression système juridique alors que le renommé juriste allemand du droit comparé, Zweigert, dans son œuvre Introduction au droit comparé, emploie l'expression régime juridique, comme synonyme du système juridique. Dans le second cas, il est employé pour indiquer les diverses branches du droit. Ainsi, c'est la méthode de « dichotomie » qui divise le système juridique en droit public et droit privé. C'est une méthode appliquée jusqu'à aujourd'hui depuis que Ulpien, juriste de la Rome antique, a lancé ces deux branches du droit pour définir les systèmes juridiques. D'autres définitions, que ce soit celle de droit économique ou de droit social, ou encore celle de système à cinq droits et celle de système à 6 droits, reposent tous sur les prémisses de la division droit public et droit privé.

Dans le système de common law, les classifications de base sont la common law et l'equity.

Dans ce système de droit, on remarque une absence de classification systématique et stricte car il s'est surtout développé à partir de décisions judicaires depuis l'époque médiévale. Par exemple, le système de common law ne comprend pas les divisions de droit civil et droit commercial. Le contenu de ces derniers est dispersé dans le droit des biens, le droit de la responsabilité extracontractuelle, le droit des contrats, le droit des fiducies, etc.

En ce qui concerne l'origine et la construction du système juridique chinois, elles sont issues de celles de l'Union soviétique dont le fondement théorique reste la propriété publique et l'idéologie de la lutte des classes. Dans une certaine mesure, il a influencé le développement et l'amélioration du système juridique de Chine qui est basé sur le système économique socialiste de marché et la construction d'une société harmonieuse.

Quant à la théorie de la construction juridique, la Chine n'a pas employé la division entre le droit public et le droit privé, couramment utilisée dans les pays occidentaux, elle a généralement adopté les principes du système juridique socialiste soviétique. En Union soviétique, les juristes ont indiqué qu'en se basant sur la logique politique établie par leur mentor révolutionnaire Lénine, en 1922, qu'ils « ne reconnaissent aucun droit privé, tout le domaine économique appartenant au droit public, pas au droit privé...cela a pour effet d'élargir la portée de l'intervention de l'État dans les relations de « droit privé », et d'abolir les contrats « privés »... la conscience juridique révolutionnaire est ainsi appliquée aux « relations juridiques civiles »[1], tout en niant la division occidentale du droit privé et du droit public. En même temps, dans le but de montrer les différences fondamentales entre le système juridique soviétique et le système juridique socialiste et afin que le premier s'adapte à la nature de l'économie socialiste publique idéale, les juristes soviétiques ont adopté une approche particulière, qui s'est traduite par la division du système juridique en départements[2] ». Cette façon de voir les choses a suscité un débat théorique parmi les universitaires soviétiques sur la nature de ce système juridique.

Durant la première phase de cette controverse qui s'est déroulée de 1938 à 1940, les universitaires soviétiques sont arrivés à la conclusion que la base de la division juridique en catégories devait être l'objet visé par la loi. Le système juridique appliqué à l'époque a été divisé en 10 catégories juridiques : droit sur la patrie, droit administratif, droit du travail, droit foncier, droit agricole collectif, droit budgétaire, droit de la famille, droit civil, droit pénal et droit procédural. [3]

Au milieu des années 1950, le débat au sein de l'URSS sur le système juridique s'est développé et on a conclu qu'en plus de le diviser à partir de l'objet visé par la loi, un critère supplémentaire devait être pris en considération : la méthode de l'ajustement juridique qui tient compte d'une classification basée sur la méthode[4].

De toute évidence, cette division systématique mise à jour par l'Union soviétique représente plus une valeur politique qu'une valeur véritablement académique ou pratique. Le but principal de cette théorie nouvellement pratiquée est de résoudre la problématique de l'appartenance du système juridique, peu importe qu'il relève de la «famille» capitaliste ou socialiste. Ensuite, le deuxième but est lié à la construction d'un système juridique étatique conformément aux sciences juridiques et aux traditions juridiques. On estime que ce n'est qu'en utilisant de telles théories et méthodes de division qu'il est possible de remplacer la division traditionnelle de droit public et de droit privé qui reconnaissent la propriété privée comme prémisse juridique de la fondation économique. Un nouveau mode de classification basé principalement sur les objets visés par des normes peut ainsi mieux mettre en évidence la propriété publique du nouveau système juridique

1 Collection ŒUVRES DE LENINE, Tome 36, People's Publishing House, version 1959, p. 587.

2 Lazarev, B., Théorie générale du droit et de l'État, traduit par WANG Zhe et al., Édition du Droit, 1999, p. 161.

3 Ibid.

4 Dans cette discussion datant des années 30, le savant soviétique Platusi a proposé que la méthode concernant l'ajustement soit également un critère de classification, mais cet avis n'a pas été suivi. En discutant pour la deuxième fois de la question du système juridique soviétique en 1956, la plupart des chercheurs ont estimé qu'il ne suffisait pas d'utiliser l'objet de l'ajustement juridique seul comme critère de division, mais qu'il fallait aussi prendre en considération la méthode. (Voir Wu Daying et Ren Yunzheng, Introduction sur les discussions des juristes soviétiques au sujet du système juridique, in Collection Recherches sur les théories en droit de Zhang Youyu, Édition Masse, 1984, p. 287).

socialiste et la nature essentielle du socialisme qui est un système plus avancé que celui lié à la société capitaliste. D'autres méthodes que celle de la division des lois en catégories peuvent sans doute être utilisées pour construire le système juridique d'un pays. Notons que la plupart des pays dans le monde n'ont pas adopté cette méthode qui n'influence donc pas leur système juridique. Par conséquent, la méthode de construction d'un système juridique peut être différente d'un pays à l'autre, et celle de la division départementale n'est que l'une d'entre elles.

Après la désintégration de l'URSS au milieu des années 90, les universitaires russes ont progressivement changé leur point de vue sur le système juridique qui s'est formé pendant la période socialiste soviétique. Ils ont non seulement reconnu la distinction entre le droit public et le droit privé, mais ont également redéfini l'expression système juridique de la façon suivante : « Le système juridique fait référence à toutes les lois et réglementations divisées en catégories juridiques (constitution, droit administratif, droit civil, droit pénal, etc.) et en règle juridiques (système électoral, système de propriété, système de la légitime défense, etc.)[1], définies selon les objets de la loi (la nature et la complexité de la relation à prendre en compte) et les méthodes afin d'en rendre compte (dispositions directes dans une loi, méthodes de délégations autorisées, etc.). À cette époque, la compréhension du système juridique a considérablement évolué et on a écarté le concept centré uniquement sur les objets de la loi et les méthodes d'ajustement ».

Qu'est-ce qu'un système juridique en Chine ? Le 25 avril 2003, lors d'une conférence intitulée « Régime législatif, système juridique et principes législatifs de Chine » organisée par le Comité permanent de la Xe APN, le système juridique est défini comme un système qui fait référence à l'ensemble des normes juridiques d'un pays. Selon certains principes et exigences, selon les objets et les méthodes d'ajustement, ce système peut être divisé en plusieurs catégories juridiques, et celles-ci ainsi que les différences qu'elles incluent forment un tout unifié et qui est organiquement lié. Concernant la classification des lois, le Comité permanent de la dernière APN a organisé une étude spéciale et, conformément au consensus dégagé, on a estimé qu'il était approprié de diviser le système juridique chinois en 7 catégories[2] : le droit constitutionnel, le droit civil et commercial, le droit administratif, le droit économique, le droit social, le droit pénal ainsi que le droit procédural et non procédural.

Si nous comparons le système juridique chinois divisé en 7 catégories d'aujourd'hui, au système juridique soviétique de l'époque divisé en 10 départements juridiques, nous pouvons constater que le système juridique socialiste aux caractéristiques chinoises adhère à la nature socialiste du système juridique plutôt qu'à

1 Lazarev, B., Théorie générale du droit et de l'état, traduit par Zhe Wang et al., Edition du Droit, version 1999, pp. 38-39.

2 Jingyu Yang, Conférence intitulée Régime législatif, système juridique et principes législatifs de Chine organisée par le Comité permanent de la Xe APN.

celle occidentale. D'une part, on n'a pas utilisé les normes juridiques habituelles employées par les pays occidentaux mais on a adopté le principe de division en catégories similaires au système juridique socialiste soviétique ; d'autre part, sur la base des conditions nationales réelles de l'économie de marché socialiste chinoise, de son système de distribution, etc., on a réalisé une division préliminaire et propre au système juridique chinois.

Tableau 3-2 Les catégories du système juridique chinois par rapport à celles du système juridique soviétique

No.	Union Soviétique	Chine
1	Droit sur la patrie	Droit constitutionnel
2	Droit administratif	Droit administratif
3	Droit du travail	Droit social
4	Droit foncier	Droit économique
5	Droits agricole collectif	-
6	Droit budgétaire	-
7	Droit de la famille	-
8	Droit civil	Droit civil et commercial
9	Droit pénal	Droit pénal
10	Droit procédural	Droit procédural et non-procédural

II. Pratiques et développements du système juridique aux caractéristiques chinoises

La 3e session plénière du XIe Comité central du Parti communiste chinois a proposé qu'afin de développer la démocratie socialiste, il était nécessaire d'améliorer le système juridique socialiste en institutionnalisant et en légalisant la démocratie. Depuis lors, les lignes directrices de base pour le développement moderne de la démocratie socialiste et l'amélioration du système juridique socialiste ont été établies. Afin d'améliorer ce système, il a été décidé qu'il était nécessaire d'avoir un système de lois complet, que toutes les personnes devaient respecter strictement les lois, que l'application de celles-ci devait être sévère et que les violations de la loi devaient faire l'objet d'une enquête. La 3e session plénière du XIe comité central du Parti communiste chinois a également clairement indiqué qu'« il est nécessaire de suivre les lois, et qu'à partir de maintenant, le travail législatif doit être inscrit de façon importante à l'agenda de l'APN et de son Comité permanent ». La tâche principale de la construction juridique dans la nouvelle période est qu'il y a de nombreuses lois à mettre en place. DENG Xiaoping a en outre réaffirmé en 1980 : « Nous devons continuer à assurer le développement de la démocratie socialiste et à améliorer le système juridique socialiste. C'est la politique de base du gouvernement central depuis la 3e session plénière, et nous ne permettrons jamais d'y déroger à l'avenir. Notre système démocratique est encore incomplet. Une série de lois, de décrets et de règlements doivent être formulés pour institutionnaliser et légaliser la démocratie».

La construction d'un système juridique socialiste comportant suffisamment de lois constitue une tâche à long terme dans l'établissement d'un État de droit et un objectif à atteindre lors de cette nouvelle période de législation.

En 1982, le rapport de travail de la 5e session du Comité permanent du Ve APN a indiqué clairement pour la première fois que «la législation, conformément aux principes du système juridique socialiste, devrait partir de la situation actuelle prévalant en Chine afin d'établir progressivement un système juridique indépendant aux caractéristiques chinoises».

En 1987, le rapport du XIIIe Congrès national du PCC a mentionné que : «Les constructions de la démocratie et du système juridique aux caractéristiques socialistes se sont progressivement développées et un système juridique socialiste préliminaire fondé sur la Constitution a vu le jour».

En mars 1988, la 1ère session de la VIIe APN a souligné : «Les progrès importants réalisés dans le travail législatif au cours des cinq dernières années ont permis à la Chine d'avoir suffisamment de lois applicables dans les aspects fondamentaux de la vie politique, économique et sociale du pays. Un système juridique socialiste fondé sur la Constitution a pris forme».

En 1993, afin d'approfondir la réforme du système économique et d'établir un système économique de marché socialiste, le Parti communiste chinois, dans ses Décisions sur l'établissement d'un système économique de marché socialiste a déclaré que «l'objectif de la construction du système juridique est d'accélérer la législation économique et d'améliorer le droit civil, le droit commercial, le droit pénal et les lois concernant l'administration de l'État et la gestion administrative, afin qu'un système juridique adapté à l'économie socialiste de marché puisse être initialement mis en place à la fin de ce siècle».

En 1994, la 2e session du Comité permanent de la VIIIe APN a proposé que : «Conformément aux exigences de la Constitution, le Comité permanent adoptera la législation économique comme première tâche et s'efforcera de former un cadre juridique de l'économie socialiste de marché pendant ce mandat».

En 1995, le Comité permanent de l'APN «a continué d'accorder la priorité absolue aux travaux législatifs afin d'accélérer la législation économique et de franchir des étapes importantes dans la formation du cadre juridique de l'économie de marché socialiste».

En 1996, lors de la 4e session du Comité permanent de la VIIIe APN, on a indiqué que les travaux législatifs de la Commission permanente au cours de l'année écoulée «ont franchi des étapes importantes dans la formation du système juridique d'une économie socialiste de marché et ont fourni des garanties juridiques pour le bon déroulement des réformes, de l'ouverture et de la modernisation».

En 1997, le 5e rapport de travail fait par le Comité permanent de la IXe APN a conclu que le Comité permanent «a priorisé la législation et a pris des mesures importantes pour établir le système juridique de l'économie socialiste de marché... le cadre du système juridique de l'économie de marché socialiste a pris forme». En 1997, le XVe Congrès national du Parti communiste chinois a défini le principe de la construction d'un État de droit, et en même temps a formulé clairement l'objectif de «former un système juridique socialiste aux caractéristiques chinoises d'ici 2010».

En 1998, dans le rapport de la 1ère session de travail du Comité permanent de la IXe APN, on a conclu le travail législatif, en mentionnant qu'au cours des 5 dernières années, «la législation s'est améliorée non seulement en quantité mais également en qualité, ce qui a jeté les bases de la formation d'un système juridique socialiste aux caractéristiques chinoises». Le but et la tâche des futurs travaux législatifs sont de «continuer à renforcer le travail législatif et à placer la législation économique dans une position importante, à améliorer la qualité de la législation et à s'efforcer de construire un système juridique socialiste aux caractéristiques chinoises».

De l'année 1997 à l'année 2010, cela a pris 13 ans à réaliser l'objectif de former un système juridique socialiste aux caractéristiques chinoises, qui se divisent en 3 périodes :

La période de formation préliminaire du système juridique socialiste aux caractéristiques chinoises : durant le mandat de la IXe APN (1998-2003). On parle alors de la «formation préliminaire», c'est-à-dire qu'un système juridique basé sur la Constitution avec des lois fondamentales en matière civile, pénale, économique, administrative et contentieuse comme éléments de base, et avec différents types de lois, de règlements administratifs et de règlements locaux comme contenu additionnel, a été préliminairement mis en place. Le 10 mars 2003, le président du Comité permanent de l'APN, Li Peng, a rendu compte de la façon suivante, dans son rapport résumant le travail du Comité permanent de l'Assemblée populaire nationale au cours des 5 dernières années : «sur la base des travaux antérieurs et grâce à des efforts inlassables, les différents secteurs juridiques qui constituent le système juridique socialiste aux caractéristiques chinoises ont été achevés. Les principales lois de chaque secteur juridique ont été essentiellement formulées ainsi que les règlements administratifs et les règlements locaux formulés par le Conseil des affaires d'État et les autorités compétentes. Les lois et règlements locaux promulgués par l'APN ont initialement formé un système juridique socialiste aux caractéristiques chinoises centré sur la Constitution».

La période où le système juridique socialiste aux caractéristiques chinoises est presque formé : durant le mandat de la Xe APN (2003-2008). La période dite «presque formée» est basée sur la «formation préliminaire» du système juridique chinois. Durant cette période, on complète et modifie les lois qui sont fondamentales ou qui nécessitent d'être adoptées ou modifiées de toute urgence dans chaque secteur juridique. En mars 2008, le Président du Comité permanent WU Bangguo a souligné lors d'une session de la XIe APN que : « Le système juridique socialiste aux caractéristiques chinoises est centré sur la Constitution et les lois fondamentales. Il est composé de la Constitution et des lois relatives à la Constitution, au droit civil et au droit commercial, au droit administratif, au droit économique, au droit social, au droit pénal et au droit procédural et non procédural qui constituent les 7 catégories juridiques divisées en 3 niveaux : les lois, les règlements administratifs et les règlements locaux. Sur la base des travaux législatifs des anciennes APN et de leurs comités permanents et grâce aux efforts inlassables de la Xe APN et de son Comité permanent, il y a alors 229 lois en vigueur en Chine et plus de 600 règlements administratifs ainsi que plus de 7 000 règlements locaux. Les diverses catégories de normes juridiques constituent un système juridique socialiste aux caractéristiques chinoises sont quasiment achevées. Les lois principales et les règlements d'appui dans chaque catégorie juridique ont été formulés. Le système juridique socialiste aux caractéristiques chinoises a été presque formé. Tous les aspects de la vie économique, politique, culturelle et sociale du pays ont quasiment tous des lois et règlements à respecter[1] ».

La période où le système juridique socialiste aux caractéristiques chinoises est formé : durant le mandat de la XIe APN (2008-2013). On estime que le système juridique socialiste aux caractéristiques chinoises a été formé en 2010. Quand nous disons qu'il est formé, cela veut dire que les diverses catégories juridiques couvrent tous les aspects des relations sociales : les lois fondamentales et les lois principales de chaque catégorie juridique ont été formulées, les règlements administratifs et les règlements locaux correspondants sont relativement complets et un système juridique scientifiquement harmonieux et unifié existe. Le 10 mars 2011, le président du Comité permanent WU Bangguo a annoncé à la 4e session de la XIe APN, dans le rapport de travail du Comité permanent, qu'à la fin de 2010, la Chine avait formulé 236 lois, plus de 690 règlements administratifs et plus de 8600 règlements locaux. Le travail concernant les modifications à effectuer aux lois, aux règlements administratifs et aux règlements locaux en vigueur a été entièrement achevé. Basé sur les conditions et les réalités nationales de la Chine, un système juridique socialiste aux caractéristiques chinoises, s'adaptant aux besoins de réforme et d'ouverture et à la modernisation socialiste, incarnant la volonté du parti et du peuple, a été formé. Au sein de ce dernier, la Constitution est en position hiérarchique la plus importante tandis que les lois constitutionnelles, celles relatives au droit civil et commercial ainsi que celles des

1 Bureau d'information du Conseil des affaires d'État, Livre blanc sur la construction de l'État de droit en Chine, publié le 28 février 2008.

autres catégories principales des normes juridiques constituent le pilier normatif. Les autres lois, les règlements administratifs et les règlements locaux, pour leur part, complètent ce système, le système juridique socialiste aux caractéristiques chinoises est ainsi formé.

Comme on le voit ci-dessus, avec l'approfondissement de la réforme économique et sociale et avec le développement de la démocratie socialiste en Chine, la connaissance des divers paliers législatifs chinois sur le système juridique s'améliore constamment. De « l'établissement d'un système juridique indépendant aux caractéristiques chinoises », à « la formation préliminaire d'un système juridique socialiste », de « la formation du cadre juridique de l'économie socialiste de marché », à « l'établissement d'un système juridique d'économie de marché socialiste », et de la « construction d'un système juridique », à « la formation d'un système juridique socialiste aux caractéristiques chinoises », de la « formation préliminaire », au « système presque formé », jusqu'au « système formé », tous ces changements démontrent une amélioration continue de la Chine quant à sa compréhension du travail législatif à effectuer dans la construction de son système juridique.

III. Contenus principaux du système juridique socialiste aux caractéristiques chinoises

On l'a dit, le système juridique socialiste aux caractéristiques chinoises est basé sur la Constitution en tant que guide général, la loi en tant que pilier et les règlements administratifs et les règlements locaux en tant qu'éléments importants. Il s'agit d'un ensemble organique composé par le droit constitutionnel, le droit civil et commercial, le droit administratif, le droit économique, le droit social, le droit pénal ainsi que le droit procédural et non procédural. Le système juridique socialiste aux caractéristiques chinoises est actuellement composé de trois niveaux hiérarchiques normatifs et de sept catégories.

Indiquons de nouveau que la Constitution reste la loi fondamentale du pays et occupe une position dominante dans le système juridique socialiste aux caractéristiques chinoises. La Constitution a l'autorité et l'effet juridique les plus élevés dans le système juridique socialiste aux caractéristiques chinoises. Toutes les lois, règlements administratifs et règlements locaux doivent être formulées sur la base de la Constitution, suivre les principes fondamentaux de la Constitution et ils ne peuvent pas entrer en contradiction avec la Constitution.

1. Trois niveaux du système juridique socialiste aux caractéristiques chinoises

Parlant de sa composition, le système juridique socialiste aux caractéristiques chinoises peut être divisé en 3 niveaux :

A. Les lois fondamentales relatives la structure de l'État et les autres lois essentielles, formulées et interprétées par l'APN et par son Comité permanent.

B. Les règlements administratifs qui sont formulés à partir de la Constitution et des lois par le Conseil des affaires d'État.

C. Les règlements locaux : on sait que les Assemblées populaires et leurs comités permanents des provinces, des régions d'autonomie nationale et des municipalités relevant directement de l'autorité centrale peuvent formuler des règlements locaux. Par ailleurs, on a vu quelques Assemblées populaires des grandes villes et leurs comités permanents peuvent formuler des règlements locaux et les appliquer après l'approbation des assemblées populaires des provinces et des régions d'autonomie nationale. Les assemblées populaires des régions d'autonomie nationale ont le pouvoir de formuler des statuts et des règlements particuliers sur l'exercice de l'autonomie; ces dernières peuvent également apporter des modifications, adaptées leurs besoins, aux lois et aux règlements administratifs pourvu qu'elles ne violent pas les principes fondamentaux de ces normes, de la Constitution, de la Loi sur l'autonomie ethnique régionale, etc. Enfin, les assemblées populaires et leurs comités permanents des provinces et des municipalités o sont situées des zones économiques spéciales, conformément aux décisions concernant la délégation législative de l'APN et de son Comit permanent, en suivant les dispositions fondamentales de la Constitution et les principes fondamentaux des lois et des règlements administratifs, peuvent formuler des normes s'appliquant au sein des zones économiques spéciales.

2. Sept catégories du système juridique socialiste aux caractéristiques chinoises

Tel que nous l'avons vu, le système juridique socialiste aux caractéristiques chinoises actuel peut être divisé selon les 7 catégories suivantes :

A. Droit constitutionnel

Les lois relatives à la Constitution désignent l'ensemble des normes juridiques qui garantissent directement sa mise en œuvre et le fonctionnement des pouvoirs de l'État. Elles peuvent être divisées en 4 sous-catégories : premièrement, il s'agit des lois sur la formation, l'organisation, les pouvoirs et les systèmes de base du travail des institutions publiques, telles que la Loi électorale, les Lois organiques des assemblées locales et des gouvernements locaux à tous les niveaux, la Loi organique de l'Assemblée populaire nationale, la Loi organique sur le Conseil des affaires d'État, la Loi organique sur les tribunaux populaires, la Loi organique sur les parquets populaires, etc. ; deuxièmement, il s'agit des lois concernant les régimes de l'autonomie des zones habitées par des groupes ethniques nationaux, les régimes des zones spéciales étatiques, les régimes concernant des instances locales, etc., telles que la Loi sur l'autonomie des régions ethniques, la Loi fondamentale de la région administrative spéciale de Hong Kong, la Loi fondamentale de la région administrative spéciale de Macao, la Loi organique des comités de résidents, la Loi organique sur le comité des villageois, etc. ; troisièmement, il s'agit des lois qui concernent la souveraineté de l'État, l'intégrité territoriale et la sécurité nationale, comme la Loi sur la procédure de conclusion des traités, la Loi sur la mer territoriale et la zone contiguë, la Loi de la République populaire de Chine sur la zone économique exclusive et le plateau continental, la Loi anti-sécession, la Loi sur l'emblème national et le drapeau national, etc. ; quatrièmement, ce sont les lois sur les droits fondamentaux des citoyens, telles que la Loi de la République populaire de Chine sur les assemblées, les processions et les démonstrations, la Loi sur l'indemnisation nationale, etc. À la fin du mois d'août 2011, la Chine avait formulé 38 lois de nature constitutionnelle et un certain nombre de règlements administratifs et de règlements locaux.

B. Droit civil et commercial

Le droit civil concerne les normes juridiques qui régissent les relations entre les citoyens et leurs concitoyens ainsi qu'entre les citoyens et les personnes morales. Il suit les principes de base de l'égalité des personnes, de l'autonomie de la volonté, de l'équité et de la bonne foi. Le droit commercial regroupe l'ensemble des règles relatives aux opérations de commerce en suivant les principes de base du droit civil, en adhérant à des principes tels que ceux de la protection de la liberté des échanges, la protection de l'équivalent, de la rémunération ainsi que de sécurité des transactions. La pratique varie d'un pays à l'autre quant à la question de savoir si le droit commercial est séparé ou non du droit civil. La Chine, quant à elle, adopte un modèle législatif d'intégration du droit civil et du droit commercial. Depuis 1978, la Chine a promulgué la Loi sur les contrats, la Loi sur les droits réels, la Loi sur l'exploitation forfaitaire des terres rurales, la Loi sur la responsabilité délictuelle, la Loi sur le mariage, la Loi sur l'adoption, la Loi sur les successions, la Loi relative au droit applicable dans le cadre des relations civiles en lien avec l'étranger, la Loi sur les sociétés, la Loi sur les coentreprises, la Loi sur les entreprises individuelles, la Loi sur les banques commerciales, la Loi sur les fonds communs de placement boursier, la Loi sur les coopératives d'exploitation agricole, la Loi sur les valeurs mobilières, la Loi sur le commerce maritime, la Loi sur les instruments négociables, la Loi sur les assurances, la Loi sur les brevets, la Loi sur les marques de fabrique et de commerce, la Loi sur les droits d'auteur, la Loi sur les entreprises à capitaux mixtes chinois et étrangers, la Loi sur les entreprises à capitaux étrangers, la Loi sur les entreprises de coopération sino-étrangère, etc. À la fin du mois d'août 2011, la Chine avait promulgué 33 lois civiles et commerciales et un grand nombre de règlements administratifs et locaux régissant les activités commerciales.

C. Droit administratif

Le droit administratif désigne l'ensemble des normes juridiques concernant l'octroi de pouvoirs à des organes administratifs, l'exercice de ce pouvoir et sa surveillance. Le droit administratif s'occupe principalement de l'organisation des services de l'État et des rapports de ceux-ci avec les citoyens. Il suit des principes tels que l'équité, la transparence et la surveillance efficace. Il vise à garantir non seulement que les organes administratifs exercent leurs fonctions et pouvoirs conformément à la loi, mais aussi à assurer la protection des droits des citoyens, des personnes morales et des autres organisations. Depuis 1978, la Chine a promulgué la Loi sur les sanctions administratives, la Loi sur le réexamen administratif, la Loi sur l'approbation administrative, la Loi sur la coercition administrative, la Loi sur la protection de l'environnement, la Loi sur l'évaluation de l'impact sur l'environnement, la Loi sur la prévention et le traitement de la pollution des eaux, la Loi sur la protection de l'environnement maritime, la Loi sur la prévention et le traitement de la pollution atmosphérique, la Loi sur la prévention et le traitement de la pollution sonore, la Loi sur la prévention et le traitement de la pollution environnementale par les déchets solides, la Loi sur la prévention et le traitement de la pollution radioactive, la Loi sur l'éducation, la Loi sur l'enseignement obligatoire, la Loi sur l'enseignement supérieur, la Loi sur l'enseignement professionnel, la Loi sur les enseignants, la Loi sur la gestion des produits médicaux, la Loi sur la protection de la santé maternelle et infantile, la Loi sur le don de sang, la Loi sur la prévention et le traitement des maladies contagieuses, la Loi sur le sport, la Loi sur la quarantaine aux frontières, la Loi sur les cartes d'identité des résidents, la Loi sur le contrôle des entrées et sorties du territoire des citoyens, la Loi sur le contrôle des armes, la Loi sur la sécurité incendie, la Loi anti-drogue, la Loi sur le maintien de l'ordre public et les sanctions relatives, la Loi sur la gestion des incidents, la Loi sur les fonctionnaires, la Loi sur les agents de police populaire, la Loi sur les agents diplomatiques accrédités à l'étranger, la Loi sur la mobilisation pour la défense nationale, la Loi sur la protection des installations militaires, la Loi sur la défense antiaérienne populaire, la Loi sur le service militaire, la Loi sur la sensibilisation à la défense nationale, la Loi sur le progrès des sciences et techniques, la Loi sur la généralisation des connaissances scientifiques et technologiques, la Loi sur la protection des monuments et des objets historiques, la Loi sur le patrimoine culturel immatériel, etc. À la fin du mois d'août 2011, la Chine avait formulé 79 lois sur le droit administratif et un grand nombre de règlements administratifs et de règlements locaux réglementant le pouvoir administratif.

D. Droit économique

Le droit économique est constitué par l'ensemble des normes juridiques régissant les interventions, la gestion ou le contrôle de l'État sur les activités économiques en se basant sur les intérêts généraux de la société. Le droit économique fournit des moyens juridiques et un cadre institutionnel permettant à l'État d'intervenir par des ajustements et des contrôles macro-économiques. Depuis 1978, la Chine a promulgué la Loi sur le budget, la Loi sur les prix, la Loi sur la Banque populaire de Chine, la Loi sur l'imposition des revenus des entreprises, la Loi sur l'imposition des revenus personnels, la Loi sur la taxe des véhicules et des bateaux, la Loi sur la perception et la gestion des impôts et taxes, la Loi sur le contrôle et la gestion des banques, la Loi anti-blanchiment, la Loi sur l'agriculture, la Loi sur les semences, la Loi sur la qualité des produits agricoles, la Loi sur les chemins de fer, la Loi sur les routes, la Loi sur l'aviation civile, la Loi sur l'électricité, la Loi sur la gestion des terres, la Loi sur les forêts, la Loi sur l'eau, la Loi sur les ressources minières, la Loi sur l'économie des énergies, la Loi sur les énergies renouvelables, la Loi sur l'économie circulaire, la Loi pour la production propre, la Loi contre la concurrence déloyale, la Loi anti-monopole, etc. À la fin du mois d'août 2011, la Chine avait formulé 60 lois sur le droit économique et un grand nombre de règlements administratifs et locaux.

E. Droit social

Le droit social comprend les normes régissant les relations de travail, la sécurité sociale, la protection sociale et la protection des droits et intérêts des groupes spéciaux. Il suit les principes d'égalité et d'harmonie afin d'assurer les conditions nécessaires aux travailleurs, aux chômeurs, aux personnes incapables de travailler et aux autres groupes ayant besoin d'assistance spéciale. Depuis 1978, la Chine a promulgué la Loi sur le travail, la Loi sur l'exploitation minière sécurisée, la Loi sur la prévention et le traitement des maladies professionnelles, la Loi sur la production sécuritaire, la Loi sur le contrat de travail, la Loi pour l'emploi, la Loi sur la médiation et l'arbitrage des litiges du travail, la Loi sur la Croix-Rouge, la Loi sur les donations aux œuvres d'intérêt public, la Loi sur les syndicats, la Loi sur les assurances sociales, la Loi sur la protection des personnes handicapées, la Loi sur la protection des mineurs, la Loi sur la protection des droits et intérêts des femmes, la Loi sur la protection des droits et intérêts des personnes âgées, la Loi sur la prévention de la délinquance des mineurs, etc. À la fin août 2011, la Chine avait formulé 18 lois sur le droit social et un grand nombre de règlements administratifs et locaux régissant les relations de travail et la sécurité sociale.

F. Droit pénal

Le droit pénal détermine les actes constitutifs d'infractions et détermine la peine à laquelle s'expose celui qui les commet. Par la réglementation du pouvoir de répression de l'État, il punit la criminalité, protège la population, sauvegarde l'ordre social et la sécurité publique, et garantit la sécurité de l'État. À la fin du mois d'août 2011, la Chine avait promulgué une Loi pénale unifiée, accompagnée de 8 amendements, une Décision sur la sanction des escroqueries, des évasions et des transactions illégales de devises, et 9 explicitations juridiques concernant des articles du Code pénal.

G. Droit procédural et non procédural

Ce droit est constitué par les normes qui s'appliquent aux activités contentieuses et non contentieuses destinées à régler les différends sociaux.

Le système légal de procédure contentieuse vise à réglementer les activités judiciaires de l'État dans le règlement de ces différends. Le système de procédure non contentieuse a, quant à lui, pour objectif d'encadrer les organismes d'arbitrage, les organisations de médiation populaire dans l'exercice de leurs fonctions. À la fin d'août 2011, la Chine a établi 10 lois relatives aux procédures contentieuses et non contentieuses, notamment la Loi de procédure pénale, la Loi de procédure civile de la République Populaire de Chine, la Loi des procédures administratives, la Loi sur l'arbitrage, la Loi sur la médiation populaire, la Loi sur l'extradition, la Loi sur la procédure spéciale relative aux procès maritimes, la Loi sur la médiation et l'arbitrage des conflits de travail, la Loi sur la médiation et l'arbitrage des litiges relatifs à l'exploitation forfaitaire des terres rurales, etc.

Section 4 : Amélioration du système juridique à la chinoise

La formation d'un système juridique socialiste aux caractéristiques chinoises a essentiellement eu pour objectif de construite un État de droit fondé sur les lois auxquelles tous doivent obéir. Si on prend en compte l'objectif de la réalisation d'une société relativement aisée en 2020, d'une société dans laquelle la démocratie et l'État de droit socialiste à la chinoise soient les plus complets possibles, le tout en ayant mis en place pleinement un système de gouvernance basée sur la loi d'ici 2050, il reste encore un long chemin à parcourir.

I. Cinq changements réalisés par les travaux législatifs

Après avoir résolu le problème du manque de lois pour répondre aux divers besoins de la société et après avoir établi un système juridique socialiste à la chinoise, les objectifs suivants restent à atteindre dans les travaux législatifs à venir :

Premièrement, la construction législative, dont le principal élément est la législation, doit se concentrer de plus en plus sur l'application efficace de la Constitution et des lois, sur le respect de l'État de droit, sur la mise en place de la Constition et des lois, ainsi que sur le développement du système juridique d'une manière coordinée et intégrale ;

Deuxièmement, les travaux législatifs doivent passer de la phase d'« avoir des lois à respecter », c'est-à-dire de combler la lacune quantitative des lois, afin de résoudre le problème du manque des lois à respecter en Chine à l'époque, à celle de s'orienter de plus en plus vers « une législation rationnelle et systématique » qui vise à rendre les lois adoptées de meilleure qualité et plus performantes ;

Troisièmement, puisqu'on doit axer les travaux législatifs plus sur la qualité plutôt que la quantité des lois adoptées, il faut non seulement évaluer celles-ci en termes quantitatifs mais également qualitatifs, ce qui est indispensable pour la construction d'un État de droit ;

Quatrièmement, le travail législatif dans le futur devrait passer de la formulation de lois et à la phase plus axée sur la codification des lois, leur l'interprétation, leur modification, leur éclaircissement et leur renouvellement. L'objectif est de rendre la clarification, la complémentation et le renouvellement du système juridique plus institutionnalisés, systématiques et normalisés. De cette manière, le système juridique serait rendu plus scientifique, stable, formel et dynamique ;

Cinquièmement, le travail législatif doit passer du modèle de « traverser le fleuve en sentant les pierres », ce qui signifie « formuler les lois les unes après les autres », à un modèle de planification scientifique qui suit un rythme plus régulier, qui est mieux planifié et qui développe d'une manière coordonnée. On pourra ainsi faire face aux difficultés et les surmonter, de sorte que la législation devienne optimale afin de distribuer les avantages sociaux, et d'ajuster les inégalités sociales.

II. Ajustement des relations sociales de base dans le cadre juridique

De nos jours, il y a encore de nombreuses relations sociales en Chine qui ne sont pas encore réglementées par la loi. Il faut donc que l'on s'active afin de rédiger les lois suivantes : la Loi anti-corruption, la Loi sur les nouvelles de presse, la Loi sur les partis politiques, la Loi sur les associations, la Loi sur la liberté de croyance religieuse, la Loi fondamentale sur les océans, la Loi sur l'autonomie communautaire, la Loi sur l'indemnisation par l'État, la Loi sur la déclaration des avoirs des agents publics, la Loi sur l'établissement institutionnel, la Loi sur l'enregistrement des ménages, la Loi sur le traitement des accidents, la Loi sur la correction des actes illégaux, la Loi sur la procédure administrative, les Principes généraux du droit commercial, la Loi d'enregistrement des biens immobiliers, la Loi sur le commerce électronique, la Loi sur le macro-contrôle de l'économie, la Loi sur la planification du développement, la Loi nationale sur la sécurité économique, la Loi sur la mobilisation de l'économie nationale, la Loi sur la surveillance financière, la Loi sur les télécommunications, la Loi sur l'alimentation, la Loi sur les assurances sociales, la Loi de base sur la médecine et les soins de santé, la Loi sur la protection des droits des agriculteurs, la Loi sur la sécurité du logement, la Loi sur l'aide juridique, la Loi sur l'aide sociale, la Loi sur les dons d'organes et les restes humains, la Loi sur la philanthropie, la Loi sur les associations industrielles et commerciales, la Loi sur le service volontaire, la Loi sur les crédits sociaux, la Loi sur la protection des informations personnelles, la Loi sur la protection des îles, la Loi sur les réserves naturelles, la Loi sur les frontières terrestres, la Loi sur l'éducation préscolaire, la Loi sur la promotion de l'industrie cinématographique, la Loi sur les bibliothèques, la Loi sous la garantie de la transmission radio et télévisuelle, etc.

En même temps que l'on insiste sur la législation, on doit admettre également qu'il existe des limites au pouvoir législatif. Il faut donc que l'on évite de penser que la législation est toute puissante et qu'elle doit tout régir. Les ajustements législatifs des relations sociales doivent être « complets et flexibles » mais également, afin d'assurer d'en arriver à une pleine efficacité, respecter un certain équilibre entre les divers secteurs du droit : législation civile, législation pénale, législation administrative, législation économique et législation sociale.

III. Assurer la cohérence du système juridique

Pour améliorer le système juridique du socialisme aux caractéristiques chinoises, il ne devrait pas y avoir de défauts législatifs majeurs, tels que des lacunes législatives, des lois désuètes, des lois inutiles, etc.

Pour améliorer ce système juridique et assurer sa cohérence, il est nécessaire de veiller à l'uniformité de l'ensemble des lois, qu'elles soient codifiées ou non, révisées ou nouvelles, de nature interprétative ou originale, inférieure ou supérieure, qu'elles soient nouvellement adoptées ou pas, procédurales ou substantives, locales ou centrales, spéciales ou générales, de nature domestique ou internationale, etc.

IV. Améliorer la théorie et la division du système juridique

L'essence culturelle traditionnelle du système juridique chinois et l'expérience bénéfique de la culture juridique mondiale devraient être utilisées comme base culturelle pour améliorer le système juridique actuel, et « un pays, deux systèmes, trois systèmes juridiques et quatre niveaux de juridiction » devraient être utilisés dans leur ensemble pour étudier le système juridique actuel. L'objectif est d'utiliser une pensée innovante, ouverte, ordonnée et inclusive pour améliorer ce système non seulement d'une façon générale mais aussi quant aux diverses catégories du droit, telles que le droit public, le droit privé, le droit social, le droit international, etc., permettant ainsi une meilleure planification de la construction de ce système avec des caractéristiques chinoises, pour que ce dernier soit le socle juridique de l'unité, de la prospérité et du grand renouveau de la nation chinoise.

V. Formuler une stratégie de développement législatif et un plan de mise en œuvre méthodique

La réalisation des objectifs du « Rêve chinois » et du « Rêve chinois dans le cadre de l'État de droit » devrait être obtenue par divers moyens : premièrement, selon le plan de déploiement stratégique du pays pour réaliser le grand rajeunissement de la nation chinoise d'ici 2050, il est nécessaire de planifier et de concevoir une stratégie de développement législatif de la Chine pour les 40 prochaines années ainsi que de formuler des « objectifs », des « calendriers des travaux » et des « feuilles de route » afin d'améliorer continuellement le système juridique avec les caractéristiques chinoises ; deuxièmement, on doit combiner la mise en œuvre globale de la stratégie de base pour gouverner le pays conformément à la loi et la tâche progressive de construire une société de niveau de vie relativement aisé, à travers l'étude et la formulation d'un plan législatif 2010-2020 et de plans d'action annuelle, et ce, afin que la synergie entre le développement législatif et le développement économique et social soit pleinement réalisée ; troisièmement, il faut attacher une grande importance au caractère démocratique, méthodique, autoritaire et attentif de la planification législative afin d'en permettre non seulement sa qualité mais aussi son accomplissement dans les délais envisagés.

VI. Quelques relations importantes à traiter dans la législation

Afin d'obtenir un système juridique complet, il faut que l'on réussisse à traiter de certaines questions importantes dans la législation, telles que : la relation entre la législation visant la structure démocratique et la législation de nature scientifique, la relation entre la démocratie législative et l'efficacité législative, la relation entre la quantité et la qualité de la législation adoptée, la relation entre la divulgation législative et la participation législative, la relation entre la législation centrale et la législation locale, la relation entre l'élaboration et les modifications dans la législation, la relation entre la législation départementale et la législation centrale, la relation entre la législation ordinaire et la législation codifiée, la relation entre la forme législative et le contenu juridique, la relation entre la législation économique et la législation sociale, la relation entre le développement législatif et les mutations économiques et sociales, ainsi que la relation entre la formulation et l'application de la loi.

VII. Améliorer en permanence le niveau technique de la législation

L'établissement d'un régime juridique de qualité est lié à son amélioration permanente. À cet égard, on doit, premièrement, permettre une synergie entre l'ensemble des éléments de l'activité législative : la formulation et l'interprétation des lois, les modifications législatives, l'abrogation des lois, etc. Deuxièmement, il faut assurer l'harmonie dynamique du système juridique à travers le renforcement de l'efficacité du régime d'examen des dossiers législatifs : leur opportunité d'adoption, de modification ou d'abrogation, ainsi que la surveillance de leur constitutionnalité et de leur légalité. Troisièmement, il faut s'assurer de l'édition d'un manuel national sur les normes techniques visant l'élaboration des lois et règlements, concevoir des logiciels permettant la rédaction des normes et des formations quant à l'utilisation de ceux-ci et, enfin, utiliser des méthodes technologiques modernes pour garantir l'amélioration continuelle des textes juridiques en termes de structure, de logique, de langue, de grammaire, de ponctuation, etc.

VIII. Institutionnaliser et normaliser la rationalisaton juridique

Les modifications aux normes constituent un moyen législatif qui permet au système juridique de mieux s'adapter au développement économique et social. Elles devraient se concentrer sur les normes hiérarchiquement supérieures, car celles-ci peuvent avoir des effets juridiques importants et conduire à des améliorations des normes inférieures. En ce qui concerne les contenus et les catégories du droit, il y a 3 aspects à prendre en compte en ordre de priorité : (1) les lois et les règlements concernant le fonctionnement des institutions publiques et de la puissance publique ; (2) les procédures et les normes juridiques portant sur le respect et la protection des droits de l'homme ; (3) les lois et règlements visant la synergie entre le développement économique et le développement social. En un mot, pour réformer et améliorer le système juridique, nous devons nous fier à un modèle scientifique, qui permettra une amélioration complète et durable.

IX. Avancer la codification au sein de la législation

La codification est une exigence inévitable pour la Chine afin de permettre une législation démocratique, cohérente et de haute qualité. Il s'agit également de l'un des indices importants pour constater l'amélioration du système juridique socialiste aux caractéristiques chinoises. Actuellement, le degré de codification en Chine reste encore peu satisfaisant. On remarque toujours l'absence de codes de base tels que le Code civil, le Code de commerce, le Code administratif, le Code de procédure administrative, le Code social, le Code économique, le Code sur la propriété intellectuelle, le Code sur l'environnement, le Code sur les droits de l'homme, le Code militaire, etc. Sans aucun doute, les modifications aux lois existantes ont créé une bonne condition afin de permettre une codification prochaine. Cependant, celles-ci ne mènent pas nécessairement directement à la codification, nous avons encore besoin des recherches en profondeur à ce sujet.

Cela nécessite également des études de base et préliminaires à celle-ci. En premier, il faut savoir si les relations économiques et sociales que l'on veut régir par un code sont stables. Si les réformes à grande échelle en Chine ne sont pas complètement achevées et qu'elles changent constamment, la stabilité et l'autorité de la codification seront affectées. Par conséquent, une condition préalable à la mise en œuvre d'un code est la stabilité de la matière visée. Deuxièmement, il faut que la législation fondamentale soit achevée dans les domaines visés par la codification car elle sert de pilier. Lorsqu'il existe des lacunes importantes dans la législation fondamentale, l'avancement de la codification peut rencontrer de grandes difficultés. Troisièmement, les théories juridiques, les concepts et les techniques législatives nécessaires à la codification doivent être fondamentalement matures et en place avant d'entamer un tel processus. Quatrièmement, la codification devrait pouvoir également bénéficier d'une expérience adéquate au sujet de la technique législative. En tout cas, le processus de modifications législatives devrait avoir un effet fondamental et préalable important sur la codification en Chine, pourtant le nettoyage juridique ne mène pas nécessairement à la codification, la dernière est plus exigeante et difficile que le nettoyage légal.

CHAPITRE 4.

SYSTÈME CONSTITUTIONNEL DE LA CHINE

MO Jihong

La Constitution constitue la loi suprême de la Chine. Elle est à la base de la construction de tout système juridique et gouverne ses activités organiques, sociales et économiques. Elle fournit un appui juridique à ces activités et elle se trouve au centre du système juridique chinois.

Section 1 : Évolution historique de la Constitution en Chine nouvelle

Les constitutions au sens contemporain et moderne ne sont pas le fruit de la culture de ce pays, mais sont plutôt un produit importé de l'Occident. Dès la première moitié du XIXe siècle, les missionnaires étrangers venus en Chine ont commencé à traduire et à présenter les systèmes constitutionnels de l'Europe et de l'Amérique. Par exemple, Elijah Coleman BRIDGMAN, le premier missionnaire protestant américain envoyé en Chine, a écrit la Brève Histoire des États-Unis où il a décrit l'histoire de l'indépendance des États-Unis dans un chapitre intitulé Population délivrée du joug britannique et en traduisant le texte intégral de la Déclaration d'indépendance des États-Unis. Dans le chapitre Construction de l'État et de la gouvernance, il a même fait connaître 7 articles de la Constitution américaine au peuple chinois. À la fin de la dynastie des Qing, dans le but de reproduire le modèle constitutionnel des pays occidentaux, le gouvernement chinois a envoyé des ministres à l'étranger pour mener des recherches sur le constitutionnalisme et a promulgué le Plan constitutionnel du gouvernement impérial (1908) et 19 principes de la Constitution (1911). Après la victoire de la Révolution de 1911, la Constitution provisoire de la République de Chine, adoptée le 8 mars 1912, sous la direction de M. SUN Yat-sen, fut le premier texte constitutionnel à caractère démocratique de la classe bourgeoise avant la fondation de la nouvelle Chine. De 1927 à 1949 (l'année de la création de la nouvelle

Chine), plusieurs textes ont vu le jour sous le régime de Kuo-Min-Tang, comme le projet de Constitution de la République de Chine (adopté le 5 mai 1936) et la Constitution de la République de Chine (adoptée le 15 novembre 1946).

Depuis son entrée sur la scène de l'histoire, le Parti communiste chinois s'est attelé à obtenir les avis du peuple et ceux de ses membres pour rédiger la constitution. Le 7 novembre 1931, le premier Congrès de la République soviétique chinoise, tenu à Ruijin, Zhejiang, a adopté le Plan constitutionnel de la République soviétique chinoise. Pendant la guerre de résistance anti-japonaise, la IIe Assemblée populaire de la région frontalière Shaanxi-Gansu-Ningxia a formulé et adopté le Programme de la gouvernance de la région frontalière Shaanxi-Gansu-Ningxia ; le 23 avril 1946, à la 1e session de la IIIe Assemblée populaire de la région frontalière, on a adopté Les Principes de la Constitution de la région frontalière, un document d'importance qui arrête les principes des élections au scrutin libre, direct, égal et secret, de manière à garantir l'égalité ethnique, l'égalité des genres et les droits politiques, économiques et culturels du peuple des zones libérées. Ces documents constitutionnels ont joué un rôle important en jetant les bases de l'établissement d'une nouvelle constitution après la fondation de la Nouvelle Chine.

La nouvelle Constitution chinoise est apparue avec la naissance de la République populaire. À la veille de la fondation de la République populaire, le Parti communiste chinois a tenu la première session plénière de la Conférence consultative politique du peuple chinois, et les délégués des partis démocratiques, les partisans et les élites de la société chinoise y ont été présents. Durant cette session plénière, Le programme commun de la Conférence consultative politique du peuple chinois a été adopté le 29 septembre 1949 (ci-après désigné Programme Commun). Ce fut le premier document constitutionnel relativement complet du néo-démocratisme dans l'histoire de la constitution chinoise, également connue sous le nom de Constitution provisoire. Son adoption représente une garantie juridique pour établir les grands principes politiques au début de la fondation de la République populaire de Chine, ainsi que pour consolider le tout nouveau jeune pouvoir d'un état démocratique populaire.

Le Programme Commun comporte 7 chapitres : le Préambule et des Principes généraux, le Régime du pouvoir politique, le Système militaire, les Politiques économiques, les Politiques d'éducation et de culture, les Politiques ethniques et les Politiques étrangères, avec un total de 60 articles. Ce programme indique que la République populaire de Chine, un État néo-démocratique populaire dirigé par la classe ouvrière et fondé sur l'alliance entre ouvriers et paysans, et le pouvoir politique représentent un front uni démocratique populaire composé par la classe ouvrière, la classe paysanne, la petite bourgeoisie, la bourgeoisie nationale et d'autres démocrates patriotiques ; la Chine a pour objectif de s'opposer à l'impérialisme, au féodalisme et au capitalisme bureaucratique, et de travailler au service de l'indépendance, de la démocratie, de la paix, de l'unité et de la prospérité nationale. Le Programme Commun a établi les principes généraux des institutions politiques, des systèmes militaires, des politiques économiques, des politiques culturelles et éducatives, des politiques ethniques et des politiques étrangères. Il définit les vastes droits démocratiques dont jouit le peuple et les devoirs qui en découlent, ce qui constitue un plan global pour la construction de la République populaire de Chine.

Durant la période de 1949 à 1953, conformément au Programme Commun, la Chine a achevé l'unification de la partie continentale, les réformes agraires, réprimé les mouvements contre-révolutionnaires et entrepris diverses réformes démocratiques, ce qui a permis la reprise de l'économie nationale. À partir de 1953, la Chine est entrée dans une nouvelle phase de construction et de transformation socialistes planifiées. Avec les succès politique et économique, il est nécessaire que la Nouvelle Chine se dote d'une constitution relativement complète sur la base du Programme commun. Le 13 janvier 1953, Le Comité du gouvernement populaire central a créé le Comité de rédaction de la Constitution de la République populaire de Chine qui travaille sous la direction de MAO Zedong. La première version du projet de constitution a été soumise par le PCC pour la délibération organisée par ce Comité de rédaction en mars 1954. Ensuite, ce Comité a organisé des délibérations à Beijing et dans les grandes villes du pays et auxquelles plus de 8000 délégués venant des partis démocratiques, d'organisations populaires et de tous les secteurs de la société ont participé. À l'issue de 2 mois de délibérations, le 14 juin 1954, le Comité du gouvernement populaire central a publié ce projet révisé pour examen par le peuple chinois. Plus de 150 millions de personnes motivées manifestant leur soutien enthousiaste, n'ont pas hésité, durant les 2 mois suivants, à formuler des propositions et commentaires. À partir de ceux-ci, le Comité de rédaction a apporté de nouvelles modifications au projet de Constitution. Pour donner suite aux discussions et à l'approbation qui se sont déroulées lors de la 34e session du Comité du gouvernement populaire central le 9 septembre 1954, le projet a été soumis à la première session de la I^e^ APN pour examen, tenue le 15 septembre 1954, à Beijing. À l'issue de cette dernière, la Constitution de la République populaire de Chine de 1954 a été adoptée à l'unanimité et au scrutin secret, et elle a été promulguée le 20 septembre 1954. Ainsi est née la 1e Constitution de la République populaire de Chine qui comporte 4 chapitres et 106 articles : à part le Préambule, les chapitres concernent les Principes généraux ; la Structure de l'État ; les Droits et devoirs fondamentaux des citoyens ; le Drapeau national, l'emblème national et la capitale. En tant que constitution socialiste, elle a établi le système politique fondamental de la Nouvelle Chine et a énoncé pour la première fois que « tout le pouvoir de la République populaire de Chine appartient au peuple ». Signe de l'entrée dans une nouvelle étape de la construction démocratique et juridique de la Chine, la promulgation et l'entrée en vigueur de cette Constitution ont fait avancer la cause de la construction socialiste à pas de géant.

La « Révolution culturelle » a commencé en 1966 et a plongé la vie politique et sociale de la Chine dans un chaos total. Les théories fondées sur la « lutte des classes » et la « théorie de la révolution continue sous la dictature du prolétariat » poursuivies par la « Révolution culturelle », ont dicté le programme de gouvernance du PCC ainsi que la ligne politique du pays, et c'est dans ce contexte que le pays a vu la naissance de la Constitution de 1975. Bien qu'elle ait affirmé les principes constitutionnels de base établis par la Constitution de 1954, la Constitution de 1975 est une constitution qui comprend de nombreuses lacunes. Par exemple, par rapport à celle de 1954, la Constitution de 1975 ne compte que 4 chapitres et 30 articles. En ce qui concerne la construction de l'État de droit, au lieu de progresser, elle a beaucoup reculé.

Le 5 mars 1978, la Ve APN a adopté la troisième Constitution chinoise à sa première session. Malgré de nombreux amendements faits à la Constitution de 1975, cette nouvelle Constitution reste toujours imparfaite. Elle conserve encore la « théorie de la révolution continue sous la dictature du prolétariat ». Aussi retient-elle des dispositions sur le droit des citoyens de « parler librement, de diffuser pleinement des opinions, de tenir de grands débats et de rédiger des affiches en gros caractères » (appelé quatre grandes libertés). La Constitution de 1978 comprend 4 chapitres et 60 articles. La 2e session de la Ve APN en juillet 1979 et la 3e session de la Ve APN en septembre 1980 ont partiellement révisé ces deux Constitutions sous la forme de « résolutions ». On a aboli les « quatre grandes libertés » et on a rétabli les règlementations et les régimes nationaux de base définis par la Constitution de 1954.

Jusqu'à présent, la Nouvelle Chine a promulgué 3 versions de la Constitution et 4 amendements à celle-ci.

En décembre 1978, après la 3e session plénière du XIe Comité central du Parti communiste chinois, la Chine a radicalement corrigé les erreurs de la « révolution culturelle », résumé son expérience historique depuis la fondation de la Nouvelle Chine et elle a restauré et formulé une série de directives et politiques conformément à la nouvelle situation. Avec ces dernières mesures, de grands changements ont eu lieu dans la vie politique, économique et culturelle de la Chine. La Constitution de 1978 est, à bien des égards, incompatible avec la réalité et les besoins de la vie nationale et il est nécessaire d'y apporter une modification substantielle. La Résolution sur quelques questions de l'histoire de notre Parti depuis la fondation de la République populaire de Chine adoptée lors de la 6e session plénière du XIe comité central du Parti communiste chinois et les autres documents adoptés par la XIIe APN, ont fourni une base importante pour la modification de la Constitution.

Lors de la 3e session de la Ve APN qui a eu lieu le 10 septembre 1980, il a été décidé de créer un Comité sur la révision de la Constitution pour assurer la modification de celle-ci. Après que ce comité et son secrétariat aient été établis, les avis en provenance de différents acteurs d'un peu partout en Chine ont été recueillis et un projet pour fins de discussion intitulé Amendement à la Constitution de la République populaire de Chine a été proposé en février 1982. Ensuite, la 2e session du Comité sur la révision de la Constitution a passé 9 jours à en discuter puis a rédigé des propositions de modification. Les membres du Comité permanent de l'Assemblée populaire nationale, les membres du Comité permanent de la Conférence consultative politique du peuple chinois, les dirigeants de divers partis démocratiques et des organisations populaires, les dirigeants de divers départements du Comité central du Parti communiste chinois et de divers départements du Conseil des affaires d'État, les principales organisations de l'Armée populaire de libération et les chefs de provinces, des régions autonomes et des municipalités ont tous formulé leurs avis sur les amendements à apporter à la Constitution. En avril de cette année, la 3e session du Comité sur la révision de la Constitution a de nouveau passé 9 jours pour discuter et approuver le Projet d'amendement de la Constitution et ce dernier a été adopté et publiquement annoncé par le Comité permanent de l'Assemblée populaire nationale pour être soumis au peuple composé de tous les groupes ethniques pour discussion.

L'ampleur, le nombre de participants et le large impact de ces discussions nationales ont fait de ces dernières les plus importantes dans l'histoire des amendements constitutionnels. Le grand enthousiasme politique des travailleurs, des paysans, des intellectuels et d'autres personnes de tous les groupes impliqués dans la gestion des affaires étatiques a été démontré. Grâce aux discussions du peuple, la démocratie a été promue et l'amendement à la Constitution a constitué une démonstration de la sagesse des masses. Ces discussions étaient également un apprentissage du droit à l'échelle nationale et ont permis le renforcement de la conscience des cadres et des masses pour se conformer à la Constitution et pour en assurer la primauté. Selon celles-ci, ce Projet d'amendement de la Constitution, qui résume systématiquement l'expérience historique du développement socialiste de la Chine et reflète la volonté commune et les intérêts fondamentaux du peuple composé de tous les groupes ethniques, a été salué par le public. De nouveaux avis de différents groupes ont également été recueillis à partir de ces discussions et partant de ceux-ci, ce Projet d'amendement de la Constitution a été révisé une fois de plus par le Comité sur la révision de la Constitution. De nombreux avis jugés importants et judicieux ont été adoptés par ce Comité. Le contenu initial de la Constitution n'a pas été véritablement changé, mais près d'une centaine de modifications ont été intégrées, et ce, sans compter les modifications purement textuelles. On note également des opinions qui, bien qu'elles aient été jugées bonnes, n'étaient pas prêtes ou suffisamment mûres pour être intégrées dans la constitution. On a plutôt choisi d'insérer certaines d'entre elles dans les lois ou dans d'autres textes normatifs. Après 5 jours de discussion, ce projet a été discuté article par article lors de la 4e session du Comité sur la révision de la Constitution et de nouvelles corrections y ont été apportées. Le 23 novembre, lors de la 5e session de ce Comité, le projet a été enfin adopté pour examen durant la 5e session de la Ve APN. Le 4 décembre 1982, lors de cette session, la Constitution de la République populaire de Chine a été adoptée par un scrutin secret et a été officiellement annoncée par le Présidium de l'Assemblée générale le même jour. La quatrième Constitution constitue la meilleure que la Chine nouvelle n'a jamais eu depuis sa fondation. Ses caractéristiques fondamentales sont qu'elle énonce le système et les caractéristiques fondamentales de la Chine, les principes de base ainsi que ceux visant sa réforme et son ouverture sur le monde extérieur. Elle indique par ailleurs que les diverses nationalités du pays, les organismes d'État et les forces armées, les groupements sociaux, les entreprises et les services publics doivent prendre la Constitution comme critère fondamental de leurs activités et qu'aucun de ceux-ci n'est au-dessus de ce texte fondamental et des lois.

En 1988 et en 1993, la Chine a révisé sa Constitution à 2 reprises. Le 31 mars 1988, la 1e session de la VIIe APN a examiné et approuvé des amendements à celle-ci. Le contenu de ces amendements se traduit notamment par l'ajout d'un nouvel alinéa qui fut inclus à l'Article 11 et qui se lit ainsi : L'État permet au secteur privé de l'économie d'exister et de se développer dans les limites prescrites par la loi. Une modification a été également adoptée à l'alinéa 4 de l'article 10 de la Constitution en indiquant que le droit d'utilisation des terres peut être cédé conformément à la loi. Ces 2 amendements ont créé 2 précédents : l'un a été la première reconnaissance juridique de l'économie privée et l'autre, celle de la commercialisation du droit d'utilisation des terres. Pour donner suite à ce dernier amendement, les Règlements provisoires relatifs à la cession et au transfert du droit d'utilisation de terrains appartenant à l'État dans les zones urbaines ont été promulgués et mis en œuvre par l'Ordonnance n° 55 du Conseil des affaires d'État qui précisent les règles spécifiques quant à l'inscription et l'échange des droits d'utilisation des terres.

Le 14 février 1993, le Comité central du Parti communiste chinois a de nouveau proposé un projet d'amendement constitutionnel ; le 20 mars, la 1e session de la VIIIe APN a adopté cet amendement, impliquant 9 révisions, dont voici les principales : on a fait inscrire dans la Constitution les principes concernant le « stade primaire du socialisme », le « socialisme aux caractéristiques chinoises » et « la réforme et l'ouverture du pays » ; on remplace par ailleurs le terme de « commune populaire » par celui de « système de responsabilité à l'égard de la production sous contrat forfaitaire » et celui de l'« économie planifiée » par « l'économie de marché ».

Ces 2 amendements constitutionnels de 1988 et 1993 ont joué un rôle important dans la promotion et la sauvegarde de la réforme, de l'ouverture ainsi que de la modernisation de la Chine. Afin de maintenir l'autorité et la stabilité de la Constitution, depuis l'amendement de 1988, la Chine a adopté une méthode de révision et de promulgation des amendements à celle-ci, tout en l'inscrivant en annexe dans son corps principal.

Le 15 mars 1999, la 2e session de l'IXe APN a adopté les articles 12 à 17 de l'amendement à la Constitution concernant les modifications au préambule de la Constitution et aux articles 5, 6, 8 (1), 11 et 28. La profondeur, l'ampleur et l'importance des questions liées à cet amendement constitutionnel ont tous dépassé les 2 précédents amendements. Les contenus de cet amendement se traduisent notamment par : l'intégration de « la théorie de Deng Xiaoping » au préambule ; à l'article 5, un alinéa a été ajouté en indiquant « que la Chine s'efforce de diriger le pays conformément à la loi et en construisant un État de droit socialiste » ; à l'article 6, on a énoncé que l'État applique un système économique fondé sur la propriété publique comme facteur dominant et la coexistence de plusieurs modes de distribution ; à l'article 8, on a mentionné que les organisations collectives rurales adoptent un mode de fonctionnement à 2 niveaux qui combine les opérations centralisées et indépendantes sur la base de l'économie familiale comportant une rémunération liée aux résultats avec un système fondé sur la responsabilité ; à l'article 11, on précise que l'État protège les droits et les intérêts légitimes des secteurs économiques individuels et privés et il les oriente, les contrôle et les administre ; à l'article 28, on remplace l'expression « activités contre-révolutionnaires » par celle d'« activités criminelles qui compromettent la sécurité de l'État ».

Ensuite, le 14 mars 2004, la 2e session de la Xe APN a adopté l'Amendement à la Constitution de la République populaire de Chine. Cet amendement constitutionnel est la 9e révision de la Constitution chinoise et la 4e révision de celle qui existe actuellement. Il met en évidence le concept de l'État « centré sur le peuple » et du principe du respect et de la garantie des droits de l'homme. On a également révisé et amélioré de nombreux systèmes importants énoncés dans la Constitution. Les modifications principales apportées à celle-ci sont les suivantes : 1. Établissement de l'important principe des « Trois Représentations » dans la vie politique et sociale du pays. 2. Ajout dans le contenu l'idée de l'appui au développement coordonné de la civilisation matérielle et du progrès politique et culturel. 3. Ajout de l'expression les « bâtisseurs du socialisme » à l'expression de « front uni ». 4. Amélioration du système d'acquisition des terres. 5. Clarification de la politique de l'État sur le développement de l'économie par les secteurs qui n'appartiennent pas à l'économie publique. 6. Amélioration de la protection de la propriété individuelle et privée. 7. Ajout de l'établissement et de l'amélioration d'un système de sécurité sociale correspondant au niveau de développement économique. 8. Accroissement des règles de respect et de garantie des droits de l'homme. 9. Achèvement des dispositions sur la composition de l'Assemblée populaire nationale. 10. Ajout des dispositions sur l'État d'urgence. 11. Ajout de dispositions relatives aux fonctions et pouvoirs du président de l'État. 12. Modification concernant la durée du mandat des gouvernements à l'échelon des bourgs et des cantons. 13. Ajout d'une disposition concernant l'hymne national.

L'amendement à la constitution de 2004 a permis de mieux exprimer l'idéologie directrice constitutionnelle en la rendant plus systématique, tout en complétant les systèmes établis par ce texte. En particulier, en inscrivant que « L'État respecte et protège les droits de l'homme » dans la Constitution, celle-ci a été bien adaptée aux exigences constitutionnelles que requièrent la vaste majorité des pays du monde à ce sujet. Cette inclusion dans ce texte fondamental de l'État prouve que la Constitution reste fontamentale quant à la protection par la voie juridique des droits de l'homme et que la Constitution chinoise est en progrès constant. Depuis lors, les valeurs de la démocratie, de l'État de droit et des droits de l'homme, qui symbolisent un État moderne civilisé, ont toutes été affirmées dans la Constitution chinoise, et sont devenues une motivation institutionnelle et une source d'énergie pour le développement continu et ordonné de la société chinoise.

Section 2 : Formes juridiques de la Constitution et systèmes constitutionnels principaux

I. Formes juridiques de la Constitution

En Chine, on l'a vu, le texte fondamental constitutionnel du système juridique repose sur la Constitution de 1982 et ses 4 amendements.

La Constitution de 1982, intitulée Constitution de la République populaire de Chine, comprend un préambule, 4 chapitres et 138 articles.

Parmi ces divisions, le préambule, en mentionnant les événements importants de la révolution démocratique et de la construction socialiste de la Chine, affirme que la Constitution est le fruit de la lutte de toutes les nationalités chinoises ; il énonce que pendant la période de la construction socialiste de la Chine, on doit suivre la voie des Quatre principes fondamentaux, du marxisme-léninisme, de la pensée de Mao Zedong, de la théorie de Deng Xiaoping et des Trois Représentativités ; on doit suivre la voie socialiste, la démocratie populaire et la direction du Parti communiste chinois ; c'est également dans le préambule que l'on définit les principales stratégies internes et externes ainsi que les principes et les politiques nationales de base et que l'on confirme, à la toute fin, la position centrale de la Constitution en tant que la loi fondamentale du pays, qui a force de norme suprême.

Le premier chapitre de la Constitution est intitulé « Des Principes généraux » et il est composé de 32 articles qui précisent de manière complète et systématique la nature et la structure de l'État chinois, la forme organisationnelle des pouvoirs de l'État, les grands principes qui sous-tendent les systèmes juridique, politique, économique et culturel socialiste ainsi que certaines politiques nationales parmi les plus importantes qui jettent les bases pour la construction du socialisme aux caractéristiques chinoises.

Le deuxième chapitre nommé « Des droits et des devoirs fondamentaux des citoyens » comprend 24 articles, parmi lesquels (article 33 à l'article 50) on précise en détail les droits fondamentaux dont jouissent les citoyens, y compris : le droit à l'égalité devant la loi, le droit d'élire et d'être élu, la liberté de parole, de la presse, de réunion, d'association, de défiler et de manifester, la liberté de religion, la liberté individuelle des citoyens, l'inviolabilité de la dignité personnelle, l'inviolabilité du domicile, la liberté et le secret de correspondance, le droit de formuler des critiques et de faire des suggestions, de présenter des requêtes, de porter plainte ou de procéder à des dénonciations, le droit au travail et le devoir de travailler, le droit au repos, le droit à la retraite, le droit de recevoir une assistance matérielle, le droit à l'instruction et le devoir de s'instruire, la liberté de se consacrer à la recherche scientifique, à la création littéraire et artistique et aux autres activités culturelles, l'égalité de droits entre les hommes et les femmes, la protection du mariage, de la famille, de la mère et de l'enfant, les droits et intérêts légitimes des ressortissants chinois à l'étranger, des rapatriés et des personnes à leur charge, etc. Parmi ceux-ci, l'article 33 indique dans son 4e alinéa que « l'État respecte et protège les droits de l'homme ». Cette disposition montre l'accent accordé par la Constitution aux droits de l'homme. L'article 51, quant à lui, prévoit que lorsque les citoyens exercent leurs droits et libertés, ils ne doivent pas porter atteinte aux intérêts de l'État, de la société, aux intérêts publics et aux libertés et droits légitimes des autres citoyens. Les articles 52 à 56 de ce même chapitre concernent les devoirs fondamentaux des citoyens, y compris celui de préserver l'unité du pays et l'union des diverses nationalités ; ils mentionnent également le devoir de défendre la sécurité, l'honneur et les intérêts de la patrie ; ils indiquent que aussi le devoir de respecter la Constitution et les lois, de ne pas dévoiler les secrets d'État, de prendre soin des biens publics, d'observer la discipline du travail, de respecter l'ordre public et les règles de la morale sociale ainsi que le devoir d'accomplir le service militaire et d'adhérer aux organisations de la milice populaire et le devoir de payer les impôts prévus par la loi.

Le troisième chapitre est intitulé « De la structure de l'État » et comprend 79 articles divisés en 7 sections. On y mentionne de manière générale et systématique la forme organisationnelle du pouvoir de l'État chinois, y compris les organes étatiques, le système organisationnel, les fonctions et pouvoirs, les mandats, les procédures relatives aux activités, les relations mutuelles, etc., le tout établissant juridiquement le mécanisme garantissant le fonctionnement du pouvoir de l'État. Plus précisément, la première section définit la forme organisationnelle de « l'Assemblée populaire nationale », la deuxième décrit la forme organisationnelle du « Président de la République populaire de Chine », la troisième concerne celle du « Conseil des affaires d'État », la quatrième s'applique à la « Commission militaire centrale », la cinquième vise les « Assemblées locales populaires et les gouvernements populaires locaux aux différents échelons », la sixième se rapporte aux « Organes d'administration autonome des régions autonomes ethniques nationales » et, enfin, la septième partie définit la forme organisationnelle des « tribunaux populaires et des parquets populaires ».

Au moyen de 3 articles, le quatrième chapitre intitulé « Drapeau national, hymne national, emblème national et capitale » spécifie le système des symboles de la Chine.

Depuis l'entrée en vigueur de la Constitution 1982, on l'a dit, il y a eu 4 amendements constitutionnels comprenant 31 modifications. Parmi celles-ci, deux modifications ont été réalisées dans l'amendement de 1988, 9 modifications dans l'amendement de 1993, 6 modifications dans l'amendement de 1999 et, finalement, 14 modifications dans l'amendement de 2004. Ces amendements sont des compléments ou des modifications directs aux articles de la Constitution de 1982. De ce fait, les textes des amendements ne peuvent pas être cités indépendamment de la Constitution, les citations de ces amendements doivent être accompagnées des contenus modifiés. Par exemple, le contenu de l'article 24 de l'amendement à la Constitution, il a écrit : on ajoute un alinéa 3 à l'article 33 de la Constitution : « L'État respecte et protège les droits de l'homme ». L'ancien alinéa 3 a été modifié en alinéa 4. L'article 24 de l'amendement à la Constitution doit ainsi être cité avec l'article 33 de la Constitution pour exercer un effet juridique. Le texte constitutionnel de 1982, tel que modifié par les 31 articles de l'amendement constitutionnel, a un effet juridique formel et constitue la dernière version de la Constitution à être entrée en vigueur. Lors de l'application des dispositions constitutionnelles, on doit citer les dispositions constitutionnelles modifiées par les amendements constitutionnels, et on ne peut pas citer les dispositions constitutionnelles modifiées et non modifiées en même temps. Il s'agit là de la plus grande caractéristique concernant l'application du texte de la Constitution chinoise qui fait en sorte de différencier la Chine des autres pays. En outre, il existe des cas où le même article constitutionnel a été modifié à plusieurs reprises. Par exemple, les articles 3, 12 et 18 de l'Amendement constitutionnel ont tous modifié le septième paragraphe du préambule de la Constitution. En citant ceci, c'est l'article 18 de l'amendement constitutionnel qui prévaut.

En résumé, en Chine présentement, il y a la Constitution et ses amendements qui sont considérés comme la forme juridique constitutionnel qui prévaut.

En pratique, la Chine a également utilisé certaines pratiques qui visent à compléter les dispositions de la Constitution. Par exemple, il y a eu 4 amendements à celle-ci et qui ont été promus par le Parti communiste en tant que parti au pouvoir, ce dernier soumettant la demande d'amendement au Comité permanent de l'APN pour son examen officiel et par la suite son approbation par l'APN. Cette procédure reflète bien les caractéristiques constitutionnelles du système de l'APN : le système politique de base est défini par la Constitution et s'y « intègre organiquement la direction du Parti communiste, le peuple en tant que maître du pays participant ainsi que la construction de l'État de droit ». Ce sont les principes de base garantissant la légitimité du système constitutionnel chinois au cours de la nouvelle période. Ces caractéristiques confirment également la position dirigeant du parti communiste dans la vie étatique et politique de Chine ainsi que sa manière de diriger l'État de droit en transformant les politiques du parti dans la Constitution et dans les lois nationales.

Plus de 60 ans après la fondation de la Nouvelle Chine, en particulier, 30 ans après la réforme et l'ouverture de la Chine au monde extérieur, le peuple chinois, dirigé par le Parti communiste chinois, a réussi à adopter une Constitution moderne et de nombreuses lois. Après les efforts inlassables de tous, à la fin de l'année 2010, un système juridique aux caractéristiques socialistes chinoises, basé sur les conditions et les activités de la Chine, a été établi. Il s'agit d'un système qui est adapté à la réforme, à l'ouverture sur le monde et au socialisme et qui reflète de manière centralisée la volonté du Parti communiste chinois et du peuple chinois. Avec la Constitution comme ligne directive et les lois des divers domaines juridiques, y compris les lois relatives à la Constitution, les lois civiles et commerciales, comme piliers, ce système juridique socialiste aux caractéristiques chinoises est aussi composé d'autres lois, de règlements administratifs, de règlements locaux et d'autres niveaux de normes juridiques. Il sert de base à laquelle on peut se référer concernant tous les aspects de la construction économique, politique, culturelle, sociale et écologique de la Chine.

Conformément à la Constitution, on l'a vu, 7 catégories juridiques couvrent tous les aspects des relations sociales : les lois relatives à la Constitution, les lois civiles et commerciales, les lois administratives, les lois économiques, les lois sociales, les lois pénales et les lois relatives aux procédures contentieuses et non contentieuses. Ces lois constituent les assises permettant de diriger le pays conformément à la loi, tout en construisant un État de droit socialiste. La loi est devenue un moyen important pour les citoyens chinois, les personnes morales et les autres organisations chinoises afin de résoudre leurs conflits et leurs différends. Elle a également fourni une base importante aux tribunaux populaires à tous les niveaux en Chine pour protéger les droits et intérêts légitimes de toutes les constituantes de la société.

II. Systèmes et régimes établis par la Constitution

Les régimes et les systèmes établis par la Constitution se traduisent présentement comme suit :

1. Système juridique unifié avec la Constitution comme la loi fondamentale

La Constitution établit son statut de charte fondamentale du pays de plusieurs façons.

A. La Constitution à titre de norme suprême

Le préambule de la Constitution indique clairement que ce texte confirme juridiquement les fruits de la lutte réalisée par les diverses nationalités composant le peuple chinois. Elle prévoit le fonctionnement des organes étatiques et les tâches principales à accomplir. Il s'agit de la loi fondamentale de l'État et elle a donc la force de norme suprême. Les diverses nationalités du pays, les organismes d'État, les forces armées, les partis politiques, les organisations sociales, les entreprises et les services publics doivent prendre la Constitution comme étant le critère fondamental de leurs activités et assumer la responsabilité de préserver son inviolabilité et d'assurer son application.

B. La Constitution est la garantie juridique du maintien de l'unité du système juridique socialiste

L'article 5 de la Constitution énonce que la République populaire de Chine s'efforce de diriger le pays conformément à la loi et en construisant un État de droit socialiste.

Il indique également que l'État assure l'unité et le respect du système juridique socialiste et que toutes les lois, les règlements administratifs et les règlements locaux ne doivent pas contrevenir à la Constitution. De plus, il précise, on l'a vu, que tous les organismes d'État, les forces armées, les partis politiques, les organisations sociales, les entreprises et les institutions doivent respecter la Constitution et les lois, tout en ajoutant que tout acte contrevenant à la Constitution et aux lois est passible de poursuite. Enfin cet article mentionne qu'aucune organisation ou individu n'a le pouvoir d'outrepasser la Constitution ou les lois.

C. Les amendements la Constitution doivent obéir des procédures juridiques strictes

Le premier alinéa du 64e article de la Constitution indique que les amendements à la Constitution doivent être proposés par le Comité permanent de l'APN ou par au moins un cinquième des délégués de celle-ci et qu'ils doivent également être adoptés par deux tiers ou plus de l'ensemble des députés de cet organe. Cependant, le deuxième alinéa énonce que les lois et les autres normes juridiques sont adoptés à la majorité simple des députés de l'APN. De toute évidence, le processus de proposition et d'adoption d'un amendement constitutionnel obéit à un processus plus strict que celui des lois ordinaires, l'autorité de la Constitution est ainsi garantie.

D. La Constitution est la base juridique de tous les documents normatifs tels que les lois, les ordonnances et les règlements

En tant que loi fondamentale du pays, la Constitution a donc force de norme suprême. On l'a dit, toutes les autres lois, les règlements administratifs et les règlements locaux doivent être formulés conformément à celle-ci.

Par exemple, dans la Loi sur la législation, l'article 3 prévoit que la législation doit suivre les principes fondamentaux de la Constitutionet se concentrer sur la modernisation socialiste en suivant la voie du socialisme de style chinois, être guidée par ladictaturede démocratie populaire et par la direction du Parti communiste chinois, adhérer au Marxiste-Léninisme et à la pensée de Mao Zedong ainsi qu'à la théorie Deng Xiaoping et, enfin, qu'elle doit suivre la politique de réforme et d'ouverture. Par ailleurs, dans le premier alinéa de l'article 89 de la Constitution, on indique que le Conseil des affaires d'État arrête les mesures administratives, élabore les lois et règlements administratifs et émet des décisions et ordonnances conformément à la Constitution. Dans la même veine, on prévoit à l'article 100 de la Constitution que les assemblées locales populaires des provinces et municipalités relevant directement de l'autorité centrale peuvent élaborer des règlements à caractère local à condition qu'ils ne soient pas contraires à la Constitutionaux lois et aux règlements administratifs de l'État et qu'elles devront les soumettre au Comité permanent de l'Assemblée populaire nationale pour enregistrement. Enfin, à l'article 115 de la Constitution, on énonce que les organes administratifs des régions, des départements et des districts autonomes exercent les fonctions et les pouvoirs des organismes locaux de l'État, tel qu'ils sont définis dans la 5e section du chapitre III de la Constitution et, en même temps, qu'ils exercent l'autonomie dans les limites des pouvoirs qui leur sont conférés par celle-ci, par la loi sur l'autonomie régionale des nationalités et par d'autres lois et qu'ils appliquent les lois et les politiques de l'État en fonction des conditions réelles de leur région.

E. La Constitution est la base juridique afin que les citoyens exercent leurs droits fondamentaux

L'article 33, alinéa 4, de la Constitution mentionne que tout citoyen bénéficie des droits prévus par la Constitution et la loi et qu'il doit, en même temps s'acquitter des devoirs prévus par celles-ci. L'article 53, pour sa part, indique que les citoyens de la République populaire de Chine doivent respecter la Constitution et la législation.

F. La Constitution constitue la norme suprême

En tant que loi fondamentale du pays, la Constitution, tel qu'il est prévu dans son préambule, bénéficie de l'effet juridique le plus élevé et constitue l'élément fondamental gouvernant les activités des organes de l'État, des organisations sociales, des entreprises, des services publics et des citoyens qui doivent tous en garantir l'inviolabilité et l'application. L'article 78 de la Loi sur la législation souligne également que la Constitution a force de norme suprême et que toutes les lois, tous les règlements administratifs, tous les règlements locaux, toutes les réglementations autonomes et toutes les règles distinctes ne doivent pas entrer en conflit avec celle-ci.

2. Dictature de démocratie populaire fondée sur l'alliance des ouvriers et des paysans

L'article premier de la Constitution indique que la République populaire de Chine est un État socialiste de dictaturede démocratie populaire, dirigéparla classeouvrière etfondéesurl' alliancedes ouvriersetdes paysans. Cet article clarifie la nature étatique de la Chine, c'est-à-dire que la Chine est un pays socialiste, dont la classe ouvrière est la classe dirigeante et l'alliance ouvriers-paysans est le fondement politique de la dictaturede démocratie populaire.

3. Régime économique socialiste basé sur la propriété publique

La Constitution établit un régime basé sur la propriété publique. Ainsi à l'article 6 de celle-ci, il est indiqué que le système économique socialiste de la République populaire de Chine est fondé sur la propriété publique socialiste des moyens de production, c'est-à-dire la propriété du peuple tout entier et la propriété collective des masses laborieuses. Il met fin au système de l'exploitation de l'homme par l'homme et met en œuvre le principe « de chacun selon ses capacités à chacun selon son travail ». Il est toutefois prévu qu'il peut y avoir une coexistence des systèmes économique. Durant la première étape de la construction socialiste en Chine, l'État applique un régime économique fondé sur la propriété publique comme facteur dominant et différents secteurs se développant côte à côte et un système de distribution, avec la distribution selon le travail comme facteur fondamental et la coexistence de plusieurs modes de distribution. À l'article 7 de la Constitution, il est par ailleurs prévu que l'économie d'État, c'est-à-dire l'économie avec un système de propriété publique socialiste constitue la force directrice de l'économie nationale. L'État assure son renforcement et son développement. À l'article 12, on ajoute que les biens publics socialistes sont sacrés et inviolables et que l'État a le devoir de les protéger. On mentionne également qu'il est interdit à toute organisation, à tout individu d'user d'un moyen quelconque pour s'approprier ou endommager les biens de l'État et les biens collectifs.

4. Marxisme comme idéologie directrice des systèmes sociaux et culturels

Le préambule de la Constitution prévoit que les diverses nationalités du pays, dirigé par le Parti communiste chinois, maintiendront la dictaturede démocratie populaire, poursuivront dans la voie socialiste, dans la politique de réforme et d'ouverture sur le monde extérieur, continueront sans cesse à améliorer les institutions socialistes, à développer l'économie socialiste de marché, à avancer vers la démocratie socialiste, à raffermir le système juridique socialiste, à s'appuyer sur l'autosuffisance, à travailler durement pour réaliser progressivement la modernisation de l'industrie, de l'agriculture, de la défense nationale et des sciences et techniques, ainsi que pour appuyer le développement coordonné de la civilisation matérielle et du progrès politique et culturel, afin de transformer la Chine en un pays socialiste puissant et prospère, hautement civilisé et hautement démocratique, tout en suivant la direction du marxisme-léninisme, la pensée de Mao Zedong, la théorie de Deng Xiaoping et l'important principe des « trois représentations ». L'article 24 de la Constitution, pour sa part, prévoit aussi que l'État renforce l'édification de la civilisation spirituelle socialiste, en étendant l'éducation à tous pour que chacun ait un idéal et une haute moralité, et qu'il soit cultivé, discipliné et respectueux des lois, et en recourant à des règles de conduite, conventions et engagements de tout genre élaborés par les masses de tout milieu, en ville comme à la campagne. L'État prône les vertus que sont l'amour de la patrie, l'amour du peuple, l'amour du travail, l'amour de la science et de l'amour du socialisme, éduque le peuple dans l'esprit du patriotisme, du collectivisme, de l'internationalisme et du communisme, lui inculque le matérialisme dialectique et le matérialisme historique et lutte contre les idéologies capitalistes, féodales et les autres idées décadentes. Selon ces derniers, le Marxisme est l'idéologie directrice des systèmes sociaux et culturels de la Chine contemporaine.

5. Structure étatique unitaire et multiethnique unifiée

La Chine met en œuvre une structure étatique multinationale unitaire, créé en commun par les diverses nationalités du pays. Selon la Constitution chinoise, l'autonomie des régions des groupes ethniques nationaux et celle des zones administratives spéciales constituent des éléments importants, tout en étant des parties intégrantes de la Chine.

Selon le préambule de la Constitution, toutes les nationalités sont égales en droit. « Des rapports socialistes fondés selon les principes de l'égalité, de la solidarité et de l'entraide sont d'ores et déjà été établis et continueront à se renforcer. Dans la lutte pour maintenir l'unité nationale, il faut combattre le chauvinisme de grande nationalité-surtout le chauvinisme grand Han-, et aussi le nationalisme local. L'État fera tout son possible pour contribuer à la prospérité commune des diverses groupes éthniques ». L'article 4, alinéa 3, de la Constitution, prévoit que l'autonomie régionale est appliquée là où les minorités nationales se rassemblent et qu'à cet effet sont établis des organes d'administration autonome qui exercent l'autonomie. On ajoute que toutes les régions d'autonomie nationale font partie intégrante de la République populaire de Chine. Il y existe actuellement 56 groupes ethniques, dont le principal sont les Han. Les minorités ethniques comprennent principalement les Mongols, les Huis, les Mandchous, les Ouïgours, les Zhuangs et les Tibétains. Conformément à la Constitution et à la loi sur les régions d'autonomie nationale, la Chine a établi un total de 155 zones ethniques autonomes, dont 5 régions autonomes, 30 départements autonomes et 120 districts autonomes.

L'article 31 de la Constitution prévoit que l'État peut créer des régions administratives spéciales lorsque cela est nécessaire. Le système mis en place dans ces régions administratives spéciales est déterminé, selon la situation concrète, par une loi adoptée par l'APN.

6. Système de l'Assemblée populaire

Conformément à l'article 57 de la Constitution chinoise, l'Assemblée populaire nationale est l'organe suprême du pouvoir d'État. Différant du système de « l'équilibre des pouvoirs » établi par les pays occidentaux sur la base de la théorie de la « séparation des pouvoirs », les caractéristiques les plus importantes du système chinois se trouvent dans le principe que « tout le pouvoir appartient au peuple ». Le régime de fonctionnement du pouvoir fait en sorte que des assemblées populaires de toutes les échelles surveillent les gouvernements, les tribunaux populaires et les parquets populaires de niveau correspondant, qu'il faut favoriser au maximum l'initiative et le dynamisme des régions sous la direction unifiée du gouvernement central ainsi que l'autonomie des masses de la base, etc.

A. La base institutionnelle du système de l'Assemblée populaire est le principe selon lequel le peuple est le maître du pays

La base institutionnelle du système de l'Assemblée populaire, nous l'avons dit, est le principe édicté par l'article 2 de la Constitution selon lequel tout le pouvoir appartient au peuple. Ce principe a un contenu substantiel, comprenant non seulement les organes par lesquels le peuple exerce le pouvoir, mais aussi une idée selon laquelle, conformément aux dispositions prévues par la loi, le peuple participe, par diverses voies et sous diverses formes, à la gestion de l'État et à celles des affaires économiques, culturelles et sociales.

D'après l'alinéa 2 de l'article 2 les organes par lesquels le peuple exerce le pouvoir d'État sont l'Assemblée populaire nationale et les assemblées locales aux différents échelons. L'alinéa 2 de l'article 3 de la Constitution, pour sa part, indique que l'Assemblée populaire nationale et les Assemblées populaires locales à tous les niveaux sont élues démocratiquement, qu'elles sont responsables devant le peuple et qu'elles se soumettent à son contrôle.

La Constitution énonce également que les Assemblées populaires à tous niveaux, en tant qu'organe du pouvoir étatique, doivent établir des comités permanents à l'échelon de district et au-dessus, pour que ces derniers exercent, en synergie avec ces premiers organes, une partie de leurs pouvoirs et fonctions.

B. Les Assemblées populaires tous les niveaux supervisent le mécanisme de fonctionnement des gouvernements, des tribunaux populaires et des parquets populaires

À la différence du mécanisme de « séparation des pouvoirs » (les pouvoirs législatifs, exécutif et judiciaire) mis en place dans les pays occidentaux, dans le cadre du système de l'Assemblée populaire nationale, les organes de l'État dans lesquels le peuple exerce le pouvoir étatique sont d'abord les assemblées populaires de tous les échelons (provinces, municipalités relevant directement du pouvoir central, districts, municipalités, arrondissements urbains, cantons, cantons des nationalités et bourg) composées par les délégués élus du peuple. Elles se concentrent sur l'exercice de divers pouvoirs étatiques, notamment le pouvoir législatif, le pouvoir de décision sur les grandes questions du pays, le pouvoir de nomination et de révocation du personnel administratif et le pouvoir de surveillance. Ensuite, d'autres organes de l'État sont désignés par les assemblées populaires en tant qu'institutions du pouvoir étatique qui assurent alors leur supervision. Ces organes dûment désignés doivent alors rendre compte de leurs activités aux assemblées populaires. Ainsi, selon l'alinéa 3 de l'article 3 de la Constitution, les organes administratifs, les organes judiciaires et les parquets qui émanent des assemblées populaires sont responsables devant ces dernières et se soumettent à leur contrôle. Afin de renforcer la surveillance des organes administratifs, des organes judiciaires et des parquets à tous les niveaux, le 27 août 2006, la 23e session du Xe Comité permanent de l'APN a adopté la Loi sur la supervision par les comités permanents des assemblées populaires à tous les niveaux. Selon l'article 5 de cette loi, les comités permanents des assemblées populaires à tous les niveaux contrôlent l'activité des organes créés à leur échelon afin des'assurer qu'ils agissent conformément à la loi et qu'ils procèdent de façon indépendante et sans aucune ingérence dans l'exercice de leur administration. Les formes de supervision par les comités permanents des assemblées populaires à différents échelons comprennent : l'examen des rapports de travail des gouvernements populaires, des tribunaux populaires et des parquets populaires; l'approbation ou non des comptes et l'examen des plans, des rapports sur l'utilisation des budgets concernant le développement économique et culturel ainsi que l'examen des rapports d'audit; l'examen sur l'application des lois ainsi que des registres des documents réglementaires; les interrogations et les interpellations afin d'obtenir des précisions lors d'enquêtes sur des questions spécifiques; l'examen et la décision sur les cas de licenciement, etc. Le mécanisme de surveillance et de fonctionnement du pouvoir effectué par les Assemblées populaires prévu dans la Constitution chinoise reflète pleinement les caractéristiques du système de l'Assemblée populaire de la Chine, à savoir que le pouvoir du peuple est toujours exercé de manière concentrée par les organes des assemblées populaires, et que toutes les autres formes d'organes de l'État doivent être créés par celles-ci et sont responsables devant elles et doivent leur rendre compte de leur activité. La relation juridique fondamentale entre les assemblées populaires et les gouvernements populaires, les tribunaux populaires et les parquets populaires est plutôt sous la forme de supervision et d'acceptation de la supervision que la relation d'« équilibre des pouvoirs » dans le cadre du système de « séparation des pouvoirs ».

C. Suivre le principe qu'il faut favoriser au maximum l'initiative et le dynamisme des régions sous la direction unifiée du gouvernement central

L'article 3, alinéa 4 de la Constitution précise la répartition des attributions entre les organismes du gouvernement central et ceux des gouvernements locaux. Les institutions qui exercent le pouvoir de l'État sont divisées entre les organismes d'État de l'autorité centrale et ceux des autorités locales. Ces deux types d'organes doivent remplir leurs fonctions et responsabilités respectives conformément aux dispositions de la Constitution et des lois.

Premièrement, les organismes d'État de l'autorité centrale. Les organismes d'État de l'autorité centrale comprennent : (1) L'Assemblée populaire nationale de Chine et le Comité permanent de l'APN. On l'a dit, l'article 57 de la Constitution énonce que l'Assemblée populaire nationale de la République populaire de Chine est l'organe suprême du pouvoir d'État. Son organe permanent est le Comité permanent de l'Assemblée populaire nationale. L'article 58 de la Constitution prévoit que l'Assemblée populaire nationale et son Comité permanent exercent le pouvoir législatif de l'État. Les autres organes de celui-ci ne peuvent élaborer des lois et des règlements administratifs qu'avec les autorisations de l'APN et de son Comité permanent. Les fonctions et les responsabilités de l'APN sont détaillées à l'article 62 de la Constitution tandis que ceux de son Comité permanent de l'APN sont précisés à l'article 67. (2) Le Président de la République populaire de Chine. L'article 80 de la Constitution indique que le président de la République populaire de Chine, en vertu des décisions de l'Assemblée populaire nationale et de son Comité permanent, promulgue les lois; nomme ou décharge de leurs fonctions le Premier ministre, les vice-premiers ministres, les ministres d'État, les présidents des commissions, le président de la Commission des comptes et son secrétaire général; décerne les ordres, les décorations et les autres distinctions honorifiques de l'État; accorde l'amnistie; applique l'état d'urgence et déclare la guerre; et décrète la mobilisation. L'article 81, pour sa part, prévoit que le président de la République populaire de Chine, au nom de ceci, conduit les activités diplomatiques, reçoit les représentants diplomatiques étrangers accrédités et, en vertu des décisions du Comité permanent de l'Assemblée populaire nationale, nomme et rappelle les représentants plénipotentiaires à l'étranger, ratifie et dénonce les traités et les accords importants conclus avec les États étrangers. (3) Le Conseil des Affaires d'État. L'article 85 de la Constitution mentionne que le Conseil des affaires d'État, c'est-à-dire, le Gouvernement populaire central est l'exécutif de l'organe suprême du pouvoir d'État. Ses fonctions et ses pouvoirs sont définis en détail à l'article 89 de la Constitution. (4) La Commission militaire centrale. L'article 93 de la Constitution dispose que la Commission militaire centrale de la République populaire de Chine dirige les forces armées du pays. (5) La Cour populaire suprême, et (6) Le Parquet populaire suprême. La Cour populaire suprême est, comme son nom l'indique, l'organe judiciaire suprême. Elle contrôle l'activité des tribunaux populaires locaux et des tribunaux populaires spéciaux. Il en va de même pour le Parquet populaire suprême.

Les fonctions et les responsabilités des organes étatiques centraux sont par ailleurs prévus concrètement par les lois fondamentales sur les organes de l'État.

Deuxièmement, les institutions étatiques locales. Les formes que prennent les autorités étatiques locales chinoises sont adaptées à des divisions administratives. L'article 30 de la Constitution prévoit que les divisions administratives de la République populaire de Chine sont les suivantes : le pays est divisé en provinces, régions autonomes et municipalités relevant directement de l'autorité centrale ; les provinces et les régions autonomes sont divisées en départements autonomes, districts, districts autonomes et municipalités ; les districts et les districts autonomes sont divisés en cantons, cantons de nationalité et communes ou aussi appelées bourgs.

À l'heure actuelle, en Chine, les autorités étatiques locales s'établissent comme suit : des assemblées populaires et des gouvernements populaires sont établis dans l'ensemble des divisions administratives ainsi que des tribunaux populaires et des parquets populaires. Selon l'article 30 de l'Amendement constitutionnel (2004), le mandat des autorités étatiques centrales et locales est de 5 ans. En tant qu'institution étatique locale, les fonctions et les responsabilités des assemblées populaires locales et des gouvernements populaires locaux à différents niveaux sont spécifiées dans la loi organique.

L'article 30, alinéa 3, de la Constitution énonce que les régions autonomes, les départements autonomes et les districts autonomes sont des territoires d'autonomie nationale. L'article 112 de la Constitution indique, pour sa part, que les organes d'administration autonome des régions d'autonomie nationale sont les assemblées populaires et les gouvernements populaires des régions autonomes, des départements autonomes et des districts autonomes.

La forme organique du pouvoir politique des régions administratives spéciales est déterminée par la Loi fondamentale des régions administratives spéciales. Les statuts constitutionnel et juridique des régions administratives spéciales sont différents du « système fédéral » des pays occidentaux et ils sont différents des organes de l'État unitaire au sens traditionnel. Il s'agit d'une « innovation » de la structure et de la forme étatique chinoises. Par ailleurs, notons que, l'article 111 de la Constitution mentionne que les comités de citadins et les comités de villageois établis dans les villes et à la campagne sont des organisations de base des masses. Les présidents, les vice-présidents et les autres membres de ces comités sont élus par les habitants. Les rapports entre ces comités et les organes du pouvoir d'État à l'échelon de base sont définis par la loi.

Troisièmement, la relation entre les organes supérieurs et inférieurs de l'État. La relation juridique fondamentale entre les assemblées populaires aux niveaux inférieurs et supérieurs en Chine obéit à un principe de supervision des activités et de direction de ces dernières sur les premières. Dans le système des assemblées populaires, les gouvernements populaires de tous les niveaux sont dirigés non seulement par l'assemblée populaire située du même niveau mais aussi par les gouvernements des niveaux supérieurs. Il existe ainsi une caractéristique institutionnelle que l'on appelle le système de la « double direction » ; le même principe s'applique aux tribunaux : les tribunaux populaires des échelons supérieurs supervisent l'activité des tribunaux populaires des échelons inférieurs et la Cour suprême guide l'activité de tous les tribunaux locaux aux différents échelons. Mentionnons également que les décisions de justice supérieures ne sont pas contraignantes pour les juridictions inférieures ; la relation des organes des parquets obéit aux mêmes règles. Notons finalement que les comités de villageois dans les zones rurales et les comités de résidents dans les villes ne relèvent pas des autorités étatique de pouvoir politique du niveau de base, mais reviennent aux organisations autonomes de masse de base.

7. Droits et devoirs fondamentaux des citoyens

La Constitution comporte un chapitre spécial détaillant les droits et devoirs fondamentaux des citoyens, dont nous avons décrit les principales caractéristiques ci-dessus.

8. Symboles nationaux

Un chapitre spécial de la Constitution énonce le système des symboles nationaux. L'article 136 de la Constitution prévoit que le drapeau national de la République populaire de Chine est un drapeau rouge à cinq étoiles. L'hymne national de celle-ci est la Marche des volontaires. L'article 137 prévoit que l'emblème national de la Chine porte au centre la porte Tian'anmen surmontée de cinq étoiles, encadrée d'épis de céréales, avec une roue dentée à la base. L'article 138, quant à lui, indique que la capitale de la République populaire de Chine est Beijing.

9. Système de supervision établi par la Constitution

La Constitution chinoise prévoit les principes de supervision, d'interprétation constitutionnelle et de contrôle de la constitutionnalité comme suit : (1) L'alinéa 3 de l'article 5 mentionne, on l'a dit, que « Toute loi, tout règlement administratif, tout règlement local ne peut entrer en contradiction avec la Constitution » ; (2) L'article 62 indique que l'Assemblée populaire nationale supervise l'application de la Constitution et a le pouvoir de l'amender ; (3) L'alinéa 1 de l'article 67, quant à lui, déclare que le Comité permanent de l'APN interprète la Constitution et veille à son application ;(4) Les alinéas 7 et 8 de l'article 67, pour leur part, établissent que le Comité permanent de l'APN peut annuler les règlements administratifs, les décisions et les ordonnances du Conseil des affaires d'État qui seraient contraires à la Constitution et aux lois ainsi qu'annuler les règlements et les décisions à caractère local émanant des organes du pouvoir des provinces, des régions autonomes et des municipalités relevant directement de l'autorité centrale qui seraient contraires à la Constitution et aux lois. Sur la base des dispositions ci-dessus, les systèmes de supervision de la mise en œuvre de la Constitution, d'interprétation constitutionnelle et du contrôle de constitutionnalité dont le noyau est le contrôle de constitutionnalité effectué par le Comité permanent de l'APN doivent être établis.

L'article 90 de la Loi sur la législation indique que : « Si le Conseil des affaires d'État, la Commission militaire centrale, la Cour populaire suprême, le Parquet populaire suprême et les comités permanents de l'assemblée populaire des provinces, des régions autonomes et des municipalités relevant directement de l'autorité centrale considèrent que des règlements administratifs, des règlements locaux, des règlements autonomes et des ordonnances vont à l'encontre de la Constitution ou les lois, ils peuvent faire une demande par écrit auprès du Comité permanent de l'APN pour examen. Ce dernier distribue les dossiers aux différentes commissions spéciales selon les sujets visés pour examen et commentaires. Si d'autres organes de l'État, des organisations sociales, des entreprises, des institutions et des citoyens considèrent que des règlements administratifs, des règlements locaux, des règlements autonomes et des ordonnances vont à l'encontre de la Constitution ou les lois, ils peuvent faire le même type de demande par écrit auprès du Comité permanent de l'APN qui statue de la même façon. L'article 91 de cette loi indique également que si les comités spéciaux de l'APN, pendants leurs examens en arrivent à la conclusion qu'une de ces normes va à l'encontre de la Constitution ou des lois, ils peuvent alors envoyer leurs avis écrits à l'organe qui l'a formulée ; ils peuvent également organiser des sessions d'examen avec le comité des affaires juridiques demandant aux organes concernés de discuter de la situation et leur envoyer par la suite leurs avis écrits. Si les comités spéciaux et le comité des affaires juridiques de l'APN trouvent que ces normes vont à l'encontre de la Constitution ou des lois et que les organes concernés refusent d'y apporter les corrections nécessaires, les comités spéciaux et le comité des affaires juridiques peuvent alors soumettre un avis écrit de retrait à la réunion du président et des vice-présidents du Comité permanent, laissant cette dernière décider si une telle affaire doit être examinée par le Comité permanent de l'APN.

Les 2 dispositions ci-dessus de la Loi sur la législation ont perfectionné la procédure du contrôle de constitutionnalité énoncé par la Constitution et ont fait de ce contrôle, une activité institutionnalisée permettant de mieux superviser sa mise en œuvre.

Section 3 : Application de la Constitution

Résumant l'application de la Constitution au cours des 31 années écoulées depuis sa promulgation, plusieurs aspects méritent d'être notés.

Premièrement, au cours de cette période, « l'événement constitutionnel » le plus notable est certainement les 4 opérations d'amendement à la Constitution de 1988, de 1993, de 1999 et de 2004 ainsi que les 31 amendements qui en ont résulté. À strictement parler, toutes ces 4 opérations d'amendement constitutionnel sont fondées sur le « pouvoir d'amender la Constitution » de l'Assemblée populaire nationale, tel que mentionné au premier alinéa de l'article 62 de la Constitution et voté, comme nous l'avons vu, selon les modalités prévues au premier alinéa de l'article 64, que les amendements à la Constitution doivent être proposés par le Comité permanent de l'APN ou par au moins un cinquième des délégués de celle-ci et qu'ils doivent également être adoptés par la majorité des deux tiers de l'ensemble des députés de cet organe.

Deuxièmement, depuis l'adoption de la Constitution à la 5e session de la Ve Assemblée populaire nationale de 1982, 7 Assemblées populaires nationales se sont tenues et, chaque fois, les activités telles que l'élection des députés de l'APN, la convocation de celle-ci, la formation de son Comité permanent et les élections ou les nominations du Président de la République populaire de Chine de même que celles au Conseil des affaires d'État, à la Commission militaire centrale, à la Cour populaire suprême, au Parquet populaire suprême et à d'autres institutions étatiques et leurs dirigeants ont été effectuées par celle-ci et son Comité permanent ont été fondées sur le principe du respect de la Constitution. Il en a été de même pour les activités visant la composition des institutions étatiques locales. L'élection des membres, l'exercice des pouvoirs et l'exécution des fonctions par des organes étatiques à tous les niveaux, conformément à la Constitution constituent des « moments constitutionnels » forts et exercent une influence profonde sur la vie politique et sociale de la Chine.

Troisièmement, il faut noter qu'il existe des preuves moins évidentes des activités menées par les organes de l'État autres que l'APN et son comité permanent dans l'exercice de leurs fonctions de l'application de la Constitution. Ces deux dernières instances appliquent une grande attention à la Constitution lors de l'élaboration des lois fondamentales et des autres lois et produisent un grand nombre de rapports concernant l'« application de la Constitution » qui sont examinés à plusieurs reprises. Il en résulte que seul le travail législatif de l'APN et de Comité permanent peut constituer une évaluation empirique efficace de l'État quant à l'application de la Constitution.

Quatrièmement, on l'a dit, la Constitution comprend 4 chapitres et 138 articles. D'un point de vue structurel, son état d'application ne peut pas être équilibré entre toutes ces dispositions. Par ailleurs, la mise en œuvre du préambule et des grandes idées directrices de la Constitution est difficilement évaluable d'un point de vue scientifique. On peut toutefois dire que la structure de l'État est relativement en place tandis que le drapeau national, l'emblème national, l'hymne national et la capitale sont pleinement mis en œuvre alors que l'état de l'application des droits et des devoirs fondamentaux des citoyens du Chapitre II reste à parfaire. Le mécanisme prévoyant des recours juridiques efficaces n'a été mis en place concernant ces droits. Les citoyens, se référant aux dispositions relatives aux droits fondamentaux énoncées dans la Constitution, ne peuvent pas revendiquer une protection juridique de leurs droits constitutionnels directement auprès des tribunaux ou d'autres instances de nature constitutionnelle.

On peut donc dire que la Constitution est bien appliquée dans le domaine législatif alors que dans d'autres domaines, il reste encore du travail à accomplir ; la Constitution a été bien mise en place en termes de structure étatique et d'activités des institutions étatiques, mais son applicabilité reste toujours insuffisante pour protéger les droits fondamentaux des citoyens ; par ailleurs, les mécanismes de supervision de l'application constitutionnelle et du contrôle de constitutionnalité n'ont pas été suffisamment mis en place, ce qui a pour conséquence que leurs effets demeurent restreints et exercent peu d'influence auprès du public et des gouvernements.

Afin d'assurer la mise en œuvre de la Constitution, le Comité permanent de l'Assemblée populaire nationale devrait remplir plus efficacement la fonction d'« interpréter la Constitution et de veiller à son application » qui lui est conférée. À part l'interprétation de la Constitution, à partir de la 2e session de XIIe Assemblée populaire nationale de 2014, le rapport d'activités de son Comité permanent devrait ajouter les affaires du « renforcement de la mise en application de la Constitution et de la supervision à cet égard » afin d'attirer une plus grande attention des députés de l'APN sur le travail de ces deux organes et d'établir davantage l'autorité des organes suprêmes du pouvoir étatique, permettant ainsi de jouer pleinement le rôle qui leur revient en termes de garantie de l'application de la Constitution.

CHAPITRE 5.

SYSTÈME JURIDIQUE ADMINISTRATIF DE LA CHINE

LI Honglei

Section 1 : Aspect général et principes primordiaux du système juridique administratif de la Chine

I. Aspect général du système juridique administratif de la Chine

Le droit administratif est une branche de droit qui régit le pouvoir exécutif et concerne l'organisation des services de l'État ainsi que les rapports de ceux qui rendent ces services avec les citoyens. Elle constitue un système de base dans la construction d'un État de droit et une partie importante du système juridique socialiste aux caractéristiques chinoises.

Depuis la politique de réforme et d'ouverture sur le monde extérieur des années 1970, le système de droit administratif continue de se perfectionner, et ce, surtout depuis que la Constitution prévoit, à partir de 1999, le principe de la construction d'un État de droit. Ainsi, les gouvernements de différents niveaux ont fait beaucoup de progrès dans la gouvernance concernant les pratiques administratives. En novembre 1999, le Conseil des affaires d'État a publié la Décision pour promouvoir pleinement l'administration respectueuse du droit et a clarifié les missions et les exigences des organes étatiques, marquant une nouvelle période de l'administration publique et de la construction d'un État de droit. En mars 2004, le Conseil des affaires d'État a aussi publié les Lignes directrices pour promouvoir pleinement l'administration respectueuse du droit dans lesquelles on a établi les objectifs et on a clarifié le concept, le principe, les exigences, la mission et les mesures de garantie visant cette promotion. Il s'agit là de textes pour guider les gouvernements des différents niveaux à appliquer une administration respectueuse du droit et permettant de mieux construire un État de droit. En juin 2008, le Conseil des affaires d'État a également publié la Décision pour renforcer l'administration respectueuse du droit en ville et dans les zones rurales, adoptant un plan complet pour améliorer le niveau de l'administration dans le respect du droit. Pour réaliser ce but, le Conseil des affaires d'État a aussi adopté, en octobre 2010, les Conseils pour renforcer l'administration respectueuse du droit.

Pour le moment, le système juridique de droit administratif est plutôt complet. Des lois ont été élaborées concernant les organes administratifs, les fonctionnaires, les actes administratifs, les procédures administratives et les contrôles et les recours. Les lois suivantes ont été adoptées. Premièrement, les lois concernant les organes administratifs et les fonctionnaires : la Loi organique du Conseil des affaires d'État (en décembre 1982), la Loi organique des assemblées locales et des gouvernements locaux à tous les niveaux (en juillet 1979) et la Loi sur les fonctionnaires (en avril 2005). Deuxièmement, les lois concernant les actes administratifs et les processus administratifs : la Loi sur la législation (en mars 2000), la Loi sur la sanction administrative (en mars 1996), la Loi sur l'autorisation administrative (en août 2003), la Loi sur la coercition administrative (en juin 2011), les Règlements sur la procédure de l'élaboration des lois et des règlements administratifs (en novembre 2001), les Règlements sur la procédure de l'élaboration des règlements départementaux (en novembre 2001), les Règlements sur l'enregistrement des dispositions départementales (en décembre 2001), les Règlements sur l'ouverture des informations gouvernementales (en avril 2007), etc. En plus, la Loi sur la coercition administrative et la Loi sur le processus administratif ont été aussi ajoutées dans la planification du Comité permanent de l'APN. Troisièmement, en matière de contrôle et de recours : la Loi sur le réexamen administratif (en avril 1999), le Code de procédures administratives (en avril 1989), la Loi sur l'indemnisation nationale (en mai 1994), la Loi sur la surveillance administrative (en mai 1997), la Loi sur la supervision des comités permanents des assemblées populaires à tous les niveaux (en août 2006), les Règlements sur les plaintes par écrit ou en personne (en janvier 2005), les Règlements d'application de Loi sur la surveillance administrative (en septembre 2004), les Règlements d'application de la Loi sur le réexamen administratif (en mai 2007), les Explications faites par la Cour Suprême concernant des problèmes dans l'application du Code de procédures administratives de la RPC (en mars 2000), etc. En plus des normes administratives appliquées dans l'ensemble du pays, les règlements locaux, les dispositions locales élaborées par les régions locales et les gouvernements locaux, et les règlements spécifiques constituent aussi une partie importante de l'ensemble des règlements administratifs chinois. Dans ce chapitre nous vous présentons seulement les normes administratives générales qui s'appliquent dans tout le pays.

II. Principes primordiaux du système administratif juridique

1. Principe de l'administration respectueuse du droit

Ce principe comprend la priorité des lois et la réserve des lois. La priorité des lois exige qu'un acte administratif respecte les lois et ne doit pas être contradictoire avec celles-ci. La réserve des lois suppose qu'un acte administratif soit autorisé par une loi. Ce principe s'exprime ainsi : « S'il n'y a pas de lois, il n'y a pas d'actes administratifs ». Le Conseil des affaires d'État indique dans les Lignes directrices pour promouvoir pleinement l'administration respectueuse du droit que l'administration doit respecter les lois, les règlements et les arrêtés. S'il en manque, il faut du moins ne pas nuire aux droits et aux intérêts légaux des citoyens et des personnes morales.

2. Principe de l'égalité

Selon l'article 33 de la Constitution, les citoyens de la RPC sont égaux devant la loi. Ce principe de l'égalité peut être désigné par l'expression même cas, même traitement, cas différents, traitements différents. Ce principe doit être respecté lors de la rédaction des lois. C'est seulement lorsqu'il apparaît des motifs raisonnables que des cas peuvent être traités différemment. Enfin, toute décision des organes administratifs doit être basée sur des considérations pertinentes et ne doit pas être arbitraire et discriminatoire.

3. Principe de confiance légitime

Ce principe signifie que les justiciables comptent sur l'action des organes de l'État pour exercer leurs activités dans le cadre d'une relation basée sur la confiance légitime. L'État doit préserver cette relation de confiance pour renforcer sa crédibilité. Dans la Loi sur les autorisations administratives de Chine, nous pouvons reconnaître ce principe dans les cas d'annulation et de retrait des décisions administratives. Selon cette loi, si une autorisation faite par un organe administratif a été illégalement octroyée, cet organe ou l'organe supérieur a le droit de la retirer sur demande de l'intéressé ou d'office. Le retrait de l'autorisation pour cause d'illégalité sera toutefois impossible s'il porte une grave atteinte à l'intérêt public. Par ailleurs, si l'illégalité de l'autorisation n'est pas imputable au justiciable et que le retrait pour illégalité porte atteinte à ses droits, l'organe administratif devra réparer son préjudice au moyen d'une indemnité. Si une autorisation est obtenue par des moyens illégaux, il faut alors l'annuler et les intérêts des bénéficiaires ne sont évidemment pas protégés. Si les lois, les règlements et les dispositions selon lesquels une autorisation administrative est délivrée changent ou sont abolis ou que les circonstances ont changé, l'organe administratif peut alors changer ou retirer cette autorisation. S'il en résulte un préjudice, on doit alors le réparer au moyen d'une indemnité.

4. Principe de la proportionnalité

Ce principe requiert que les organes prennent en compte à la fois la réalisation d'un but administratif et la protection des droits des bénéficiaires. La relation entre l'individu et l'État doit viser un équilibre à atteindre entre les droits du premier et l'intérêt général. Le principe de proportionnalité comprend 3 sous-principes : (1) le principe de la convenance. Ce principe demande d'abord que le pouvoir exécutif soit favorable afin de réaliser l'objectif de l'acte administratif. (2) le principe de la nécessité et de moindres atteintes. Ce principe demande que l'impact sur les droits des bénéficiaires ne doive pas dépasser ce qu'exige la réalisation de l'objectif légitime visé. Il faut choisir une façon d'exercer le pouvoir administratif qui mitige le plus possible les atteintes au bénéficiaire. (3) le principe de l'appréciation et de la proportionnalité restrictive. Ce principe prévoit que si les atteintes, même si elles sont déjà diminuées à leur plus bas niveau, dépassent quand même les résultats recherchés par l'objectif administratif, il faut alors l'abandonner.

Certaines dispositions de la Loi sur la coercition administrative contiennent aussi ce principe de la proportionnalité. Selon l'article 5, la mise en place et l'exécution d'une coercition de nature administrative doivent être convenables. S'il est possible de prendre d'autres types de mesures, il faut éviter d'exercer la coercition. Notons aussi que certains tribunaux populaires commencent à appliquer ce principe dans les recours administratifs. Mentionnons également que selon l'article 54 du Code de procédure administrative, l'acte résultant d'un abus de pouvoir peut être annulé par les tribunaux populaires. La violation du principe de la proportionnalité est donc considérée comme un exemple d'abus de pouvoir.

5. Principe de la légitimité procédurale

Dans la construction d'un État de droit, on insiste souvent plus sur la formulation de règles de nature substantielle que celle de nature procédurale. Il faut toutefois accorder une importance à ces deux types de règles. En Chine, nous n'avons pas porté suffisamment d'attention aux règles procédurales. Récemment, influencé par le concept de légitimité de la procédure légale d'Angleterre, des États-Unis et de la France, ce phénomène a subi des changements importants. En 2004, le Conseil des affaires d'État a publié le Programme sur la promotion et la mise en œuvre du principe de la légalité administrative et a mis en place des exigences claires sur la procédure. Ces exigences sont les suivantes : les organes administratifs doivent agir de façon transparente sauf s'il s'agit de questions de secrets nationaux, commerciaux et personnels ; il faut prendre en compte les suggestions transmises par les citoyens, les personnes morales et les autres organisations ; il faut respecter rigoureusement les règles de procédure et assurer le droit à l'information des bénéficiaires quant à leur dossier et à la possibilité d'exercer des recours ; l'officier qui a un conflit d'intérêts dans une affaire doit se récuser. Les règlements concernant la procédure de l'administration dans la Loi sur l'autorisation administrative, la Loi sur la sanction administrative et les Règlements sur l'accessibilité des informations gouvernementales reflètent aussi ce principe de la légitimité de la procédure légale. Selon l'article 54 du Code de procédure administrative, l'acte administratif posé dans des conditions qui ne respectent pas la procédure administrative peut être annulé par les tribunaux populaires. Certains tribunaux régionaux permettent une application large du terme «loi» en décidant qu'il vise non seulement les normes formellement adoptées par l'autorité compétente, mais aussi celles non prévues, du type que l'on rencontre dans les systèmes de common law et qui ont pour objectif de permettre aux personnes touchées par des mesures administratives d'être traitées équitablement. Par exemple, ces tribunaux appliquent le principe de justice naturelle qui vise notamment à s'assurer que les personnes dont l'intérêt est en jeu puissent prendre part au processus avant qu'une décision soit rendue.

Section 2 : Organes administratifs et système juridique des fonctionnaires

I. Système juridique d'organes administratifs

Depuis la politique de réforme et d'ouverture sur le monde extérieur, la Chine a déclenché successivement 7 réformes importantes concernant les organes du gouvernement (1982, 1988, 1993, 1998, 2003, 2008 et 2013). Les fonctions et les pouvoirs du gouvernement n'ont pas cessé de changer, les organes administratifs ont continué d'améliorer leur fonctionnement et les fonctions gouvernementales et celles des entreprises d'État ont été séparées. Il en va de même de la séparation entre les organes administratifs et les établissements d'intérêt public qui commencent à se réaliser. Les départements industriels de l'État qui répondaient au système de l'économie planifiée ont été supprimés alors que ceux visant la supervision du marché ont été développés. Le système de l'administration de l'État a donc été continuellement ajusté. En répondant à la réforme des organes gouvernementaux, les règlements administratifs se sont grandement développés. En plus des règlements limités aux organes du gouvernement central prévus dans la Constitution, les règlements applicables aux divers organes administratifs sont composés de 3 éléments suivants : le premier est constitué des lois, y compris de la Loi organique du Conseil des affaires d'État, de la Loi organique des assemblées populaires locales et des gouvernements populaires locaux à tous les niveaux, de la Loi sur les fonctionnaires, de la Loi sur la Banque populaire de la Chine, de la Loi sur la surveillance administrative, etc. Le deuxième concerne les règlements issus des lois spécifiques sur l'attribution des pouvoirs et l'établissement des institutions. Le troisième est composé des règlements administratifs sur les organes nationaux.

Par exemple, on note les Règlements sur la mise en place des organes administratifs et la gestion des effectifs du Conseil des affaires d'État, les Règlements sur la mise en place des organes des gouvernements populaires locaux à tous les niveaux et la gestion de leurs effectifs.

Les règles applicables aux organes administratifs constituent le maillon faible dans la construction du système administratif juridique de la Chine. Formellement, de nombreuses lois et de nombreux règlements importants sur les organes administratifs n'ont pas encore été adoptés. Les normes qui existent actuellement sont plutôt rudimentaires et leur champ d'application est souvent trop étroit. Par exemple, la Loi organique du Conseil des affaires d'État comprend 11 articles seulement. La Loi organique sur les organes locaux qui définit les normes applicables aux assemblées populaires locales et aux gouvernements populaires à tous les niveaux, y compris aux organes administratifs des gouvernements, possède uniquement 69 articles. En ce qui concerne les contenus, ces normes sont souvent rédigées en termes trop généraux, ne sont pas d'application concrète, et sont également souvent contradictoires. La structure des organes administratifs n'obéit pas nécessairement à des principes rationnels et elle s'avère peu efficace. On note aussi que le pouvoir des organes administratifs est maintenu principalement entre les mains des gouvernements tandis que les assemblées populaires jouent un rôle mineur. La création et les ajustements des organes administratifs dépendent surtout des politiques du parti et des gouvernements plutôt que des lois. Avec le développement de la construction juridique démocratique, il faut bien connaître le rôle des Lois organiques, perfectionner et améliorer le système juridique applicable aux organes administratifs afin de leur attribuer des fonctions et des pouvoirs, normaliser les modes de leur création et contrôler leurs pouvoirs.

II. Système juridique de la fonction publique

Après l'adoption de la politique de réforme et d'ouverture sur le monde extérieur, avec le développement de la réforme du système économique et le déploiement de différentes autres réformes, les défauts du système applicable aux divers personnels de la fonction publique commencent à apparaître. L'entrée en vigueur d'un nouveau système a vu au jour. Le Conseil des affaires d'État a publié les Règlements provisoires sur les fonctionnaires nationaux en août 1993 qui ont été mis en vigueur à partir du premier octobre 1993. Ils ont alors été appliqués dans tous les organes administratifs nationaux. Cela marque la mise en place initiale du système de la fonction publique en Chine.

Le 27 avril 2005, le Comité permanent de l'APN a passé la Loi sur les agents de l'État. En tant que loi de base sur la gestion des fonctionnaires, elle définit, dans ses principes généraux, son champ d'application et les principes fondamentaux de gestion. Dans ses divers chapitres, cette loi précise en détail la gestion des ressources humaines, tels que l'embauche, la fonction et le niveau de poste, l'évaluation, la désignation et la révocation, la promotion et la rétrogradation, la compensation, les sanctions, la formation, la transparence et la récusation, le salaire, le bien-être, l'assurance, la démission et le renvoi, la retraite, les plaintes, etc. Comparé aux systèmes de la fonction publique des pays occidentaux, celui de la Chine présente les caractéristiques suivantes : premièrement, il insiste sur la gestion unifiée et il met en relief la valeur de l'ensemble des fonctionnaires. Il n'y a pas de différences entre les personnels travaillant au sein des gouvernements et ceux chargés de l'administration. La même loi s'applique à tous les fonctionnaires aux niveaux central et provincial. Selon la Loi sur la fonction publique, les fonctionnaires doivent accomplir leurs fonctions selon les lois. Ils sont compris dans les effectifs administratifs nationaux et leur salaire est pris en charge par l'État. Les catégories de fonctionnaires comportent ceux des organes du Parti communiste chinois, des organes des assemblées populaires, des organes administratifs, des organes des conférences consultatives politiques du peuple chinois, des organes judiciaires, des organes des parquets et des organes des partis démocratiques. Selon la Loi sur la fonction publique, les personnels dans les institutions de gestion autorisées par les lois et les règlements doivent être gérés en fonction de celles-ci sauf celles qui ont un statut d'ouvrier. Deuxièmement, il faut insister sur les lignes directrices du Parti communiste chinois qui mettent l'accent sur la formation des cadres par le parti plutôt qu'étant basé sur le principe de la neutralité politique. Troisièmement, bien que voulant assurer la nomination de cadres par le recours à des moyens de transparence, de concurrence et de choix selon le mérite, on met l'accent sur ceux qui sont reconnus comme ayant exécuté les lignes directrices du parti.

Après l'adoption de la Loi sur la fonction publique, les départements responsables des fonctionnaires (le Département de l'Organisation centrale du Parti communiste chinois et le Ministère de ressources humaines et de la sécurité sociale de la République Populaire de Chine) ont déjà publié les textes normatifs suivants : les Règlements sur la sanction des fonctionnaires des organes administratifs, la Réglementation sur la compensation des fonctionnaires (préliminaire), la Réglementation sur la formation des fonctionnaires (préliminaire), la Réglementation sur l'évaluation des fonctionnaires (préliminaire), la Réglementation sur la détermination du classement des fonctionnaires nouvellement embauchés, la Réglementation sur la mutation des fonctionnaires (préliminaire), la Réglementation sur la désignation et la révocation, la promotion et la rétrogradation des fonctionnaires (provisoire), la Réglementation sur la démission des fonctionnaires (préliminaire), la Réglementation sur le licenciement des fonctionnaires (essai) et la Réglementation sur les moyens de sélection publique des fonctionnaires. La gestion des fonctionnaires a besoin d'être améliorée davantage dans le but de respecter la Loi sur les fonctionnaires. En même temps, il faut aussi explorer une réforme du système juridique régissant les fonctionnaires, y compris la séparation des mécanismes de fonctionnement de la gestion des fonctionnaires selon qu'ils œuvrent au sein du gouvernement ou de l'appareil administratif et, enfin, favoriser la retraite au même âge pour les fonctionnaires masculins et féminins.

Section 3 : Législation et dispositions administratives

I. Système de législation administrative

En Chine, les règlements et les dispositions administratives (y compris les dispositions du Conseil des affaires d'État et des gouvernements locaux) s'appellent aussi la législation administrative. Depuis 30 années de réforme et d'ouverture, la législation administrative s'est rapidement développée. De nombreuses lois dans le domaine administratif sont utilisées pour accélérer le développement dans différents domaines sociaux, y compris la défense nationale, les affaires étrangères, la sécurité publique, la douane, les services judiciaires et administratifs, la finance, l'impôt, l'audit, le travail, les ressources humaines, l'assurance, le commerce international, la poste et les télécommunications, l'éducation, le développement des villes et des villages, les sciences, la culture, la santé, les affaires civiles, la protection de l'environnement, l'inspection administrative, les affaires sur les minorités nationales et la régulation des naissances. La législation administrative est devenue une partie primordiale dans le système juridique en Chine. La Loi sur la législation, élaborée en 2000, a adopté des dispositions concernant certains systèmes fondamentaux et a aussi précisé la division des compétences ainsi qu'elle a perfectionné les dispositions et le système de contrôle. Puis, le Conseil des affaires d'État a adopté en 2001 les Règlements sur la procédure d'élaboration des lois et règlements administratifs et les Règlements sur la procédure d'élaboration des dispositions et a rédigé des dispositions sur la procédure de la législation administrative.

Selon le système de législation en Chine, le Conseil des affaires d'État a le droit d'élaborer des règlements concernant les domaines suivants : (1) des règlements administratifs dans le but d'appliquer les lois ; (2) les pouvoirs énumérés à l'article 89 de la Constitution (mesures administratives, lois et règlements administratifs, décisions et ordonnances). En plus, cet organe, avec l'autorisation de l'APN et de son Comité permanent, peut élaborer de façon temporaire des règlements administratifs à l'exception de ceux concernant les crimes et les peines, le dépouillement des droits politiques des citoyens, les mesures obligatoires qui restreignent la liberté individuelle et le système judiciaire. Plus tard, il peut proposer un projet de loi à l'APN et à son Comité permanent après en avoir vérifié les résultats sur le terrain.

Les ministères et les commissions peuvent émettre, conformément à la loi, ainsi qu'aux règlements administratifs, aux décisions et aux ordonnances du Conseil des affaires d'État, des instructions et des règlements qui sont du ressort de leurs départements respectifs.

Pour les grandes villes, y compris celles où se situent les gouvernements populaires des provinces, des régions autonomes, des municipalités relevant directement de l'autorité centrale et celles où se situent les régions économiques spéciales approuvées par le Conseil des affaires d'État, leur gouvernement populaire peut émettre des décisions et des ordonnances sur les lois, les dispositions administratives et les dispositions de leur province, de leur région autonome et de leur municipalité relevant directement de l'autorité centrale, et ce, afin de mieux préciser l'application des normes qui leur sont hiérarchiquement supérieures ou encore pour exercer les pouvoirs relevant de leur région respective.

La Loi sur la législation fixe les procédures suivantes pour élaborer les règlements administratifs : (1) la mise en place et l'élaboration d'un projet de loi. Selon l'article 57 de la Loi sur la législation, l'élaboration des règlements administratifs est organisée par le Conseil des affaires d'État. Si un ministère relevant de cet organe croit qu'il est nécessaire d'élaborer un règlement administratif, il doit proposer de rédiger un projet de loi. (2) établir des consultations. Afin d'appliquer le principe de la législation démocratique, l'article 58 de la Loi sur la législation indique que dans l'élaboration des règlements administratifs, il faut prendre les conseils et avis des organes, des institutions et des citoyens. Donc, des entretiens, des réunions et des auditions publiques pourront être organisés. (3) la vérification. Selon l'article 59 de la Loi sur la législation, après l'élaboration du projet de règlement administratif, le ministère responsable de sa promotion doit soumettre ce projet, les explications concernant la nécessité de l'adopter, les avis obtenus et tout autre document nécessaire au Conseil des affaires d'État pour vérification. Celle-ci doit présenter un rapport sur le projet accompagné des modifications proposées au texte, le cas échéant. (4) la décision. Selon l'article 60 de la Loi sur la législation, il faut prendre une décision selon la procédure définie dans la Loi organique du Conseil des affaires d'État de la République Populaire de Chine. (5) la promulgation. Selon l'article 61 de la Loi sur la législation, les règlements doivent être publiés par une ordonnance signée par le Premier ministre. (6) la publication. Selon l'alinéa 1 de l'article 62, après leur promulgation signée par le Premier ministre, il faut les publier dans le journal officiel du Conseil des affaires d'État et les journaux diffusés dans l'ensemble du territoire.

Selon l'article 74 de la Loi sur la législation, en ce qui concerne la procédure de rédaction des dispositions administratives, c'est le Conseil des affaires d'État qui en fixe les règles plus détaillées, car la Loi sur la législation se contente, tel que nous l'avons vu, d'indiquer les grands principes. Selon l'article 77 de la Loi sur la législation, après l'annonce de la signature des règlements ministériels, il faut publier le plus rapidement possible dans le Journal officiel du Conseil des affaires d'État ou dans le Journal officiel départemental, selon le cas, et dans les journaux diffusés dans l'ensemble du territoire. Après la signature des règlements provinciaux, il faut les publier rapidement dans le Journal officiel du gouvernement populaire et les journaux diffusés dans l'ensemble de la région administrative visée. La Réglementation sur la procédure de l'élaboration des dispositions a précisé des détails plus complets sur les dispositions ci-dessus.

Dans l'article 17 du Programme sur la promotion et la mise en œuvre du principe de la légalité administrative publié par le Conseil des affaires d'État en 2004, il est indiqué clairement qu'il faut prendre en compte une analyse du coût-bénéfice des projets gouvernementaux et plus spécialement de ceux de nature économique. Pour la législation gouvernementale, il faut non seulement prendre en considération le coût du processus, mais aussi le coût d'application et les coûts sociaux. Pour le moment, nous n'avons pas encore de dispositions précises dans ce domaine, et ce, d'autant plus qu'il n'existe pas d'organe affecté à ce travail.

II. Système de dispositions administratives

Les dispositions administratives, appelées aussi règles ou autres textes normatifs constituent des dispositions générales et de nature abstraite définies par l'autorité supérieure à leurs départements inférieurs ou par un responsable supérieur à son officier subordonné. Les catégories des dispositions administratives sont les suivantes : (1) le critère discrétionnaire. Dans la pratique de l'administration chinoise, nous rencontrons souvent le problème des repères quant au sens du mot discrétionnaire concernant l'exercice de l'autorité administrative et la possibilité de sanctionner le personnel. Récemment, de nombreux gouvernements ont tenté d'en clarifier les contours. (2) le critère d'explications. Pour faciliter la compréhension des lois par les autorités inférieures, afin de garantir l'uniformité de l'application des lois et, en même temps, pour en faciliter la compréhension par le public, les autorités administratives établissent normalement un critère visant à fournir des explications aux intéressés. (3) les normes techniques. La Loi sur la normalisation de la RPC définit les normes techniques qu'il faut appliquer dans la rédaction législative. (4) les lignes directrices. Dans l'exercice des actes administratifs, les autorités de différents niveaux ont publié de nombreux textes pour guider et promouvoir les bonnes pratiques administratives. Par exemple, on peut nommer le Programme sur la promotion et la mise en œuvre du principe de la légalité administrative et les Avis sur les conseils visant à approfondir la réforme du système éducatif supérieur, etc. (5) les principes organisationnels. Ces principes concernent les règlements généraux sur la mise en place des organes intérieurs des autorités gouvernementales, la distribution des fonctions et la gestion du personnel, etc.

Section 4 : Système juridique de sanction et d'autorisation administrative

I. Système juridique de sanction administrative

La sanction administrative vise à signifier à une personne ou à une organisation qu'elle doit se conformer aux normes de nature administrative ; elle a pour objectif de sanctionner un acte ou un comportement que l'autorité compétente estime contraire à la loi ou aux usages. Les catégories de sanctions administratives comprennent l'avertissement, l'amende, la confiscation des revenus et des biens illégaux, l'arrêt de production, la rétention provisoire ou la révocation de licence ou de permis, la détention administrative et d'autres sanctions fixées par les lois et les règlements administratifs. Par exemple, on peut citer, en matière d'immigration, l'expulsion du territoire, l'interdiction d'entrer ou de sortir du territoire et le départ de ce dernier dans un délai défini dans la Loi sur le contrôle des entrées et des sorties des étrangers.

La Loi sur la sanction administrative est une loi générale qui définit les normes concernant les sanctions à adopter en cas d'infractions ainsi que son régime d'application. Elle vise à garantir que les autorités chargées de celles-ci exercent efficacement leurs pouvoirs, à protéger l'intérêt public, l'ordre public et les intérêts légaux des citoyens, des personnes morales ou des autres organisations. La Loi sur la sanction administrative a réalisé de nombreuses innovations concernant l'établissement du système de sanction, la procédure et son application, y compris les restrictions au pourvoir d'exercer des sanctions administratives, l'obligation d'informer et d'entendre la personne visée avant de prendre une décision et le droit de se défendre, la façon dont doit se dérouler l'audition, la centralisation du pouvoir et le principe de la gestion des recettes et des dépenses. Ces mesures jouent un rôle innovateur dans le développement du système de droit administratif. Ce modèle a été utilisé dans le futur par la Loi sur l'autorisation administrative et à la Loi sur la coercition administrative. En plus, la Loi sur le maintien de l'ordre public et les sanctions afférentes a fixé, en 2005, les normes générales concernant la sanction administrative relative au contrôle de l'ordre public. Elle est appelée le petit Code pénal, car elle présente une grande ressemblance et une grande corrélation entre ses objectifs et ses normes et ceux du Code pénal.

1. Établissement des sanctions administratives

En plus de différentes catégories des sanctions administratives instituées par les lois, les règlements administratifs et les règlements locaux peuvent aussi prévoir des sanctions administratives. Mais, leur portée est clairement délimitée. (1) Il est possible d'instituer des sanctions administratives selon les règlements administratifs sauf celles qui limitent la liberté individuelle. Si une sanction est déjà prévue dans une loi, les règlements administratifs peuvent seulement en préciser les modalités d'application. (2) Il est aussi permis de mettre en place des sanctions administratives par les règlements provinciaux sauf s'ils concernent une limitation à la liberté individuelle ou une révocation de permis. Si une sanction administrative est déjà définie par les lois et les règlements administratifs, les règlements provinciaux ne peuvent qu'en préciser que les modalités administratives. (3) Les règlements adoptés par les ministères subordonnés au Conseil des affaires d'État peuvent préciser les détails sur les actes, les catégories et le champ d'application tels que fixés par les lois et les règlements administratifs. S'il n'existe pas encore de lois et de règlements administratifs à ce sujet, ces ministères voient leurs pouvoirs limités à édicter des sanctions telles que l'avertissement ou l'amende. (4) Les gouvernements populaires provinciaux, les gouvernements des chefs-lieux des provinces et les gouvernements populaires de grandes villes peuvent émettre des décisions ou les ordonnances dans leur région administrative respective dans les limites des pouvoirs qui leur sont conférés par la loi.

La Loi sur la sanction administrative indique que la sanction des actes illégaux doit faire l'objet d'une publication.

2. Mise en œuvre des sanctions administratives

A. Exécutants des sanctions administratives

La Loi sur la sanction administrative a permis des innovations et des améliorations institutionnelles concernant les exécutants des sanctions administratives. Par exemple, pour réduire les mises en œuvre multiples et répétitives, cette loi définit un système de centralisation de l'exercice du pouvoir de sanction administrative. Le Conseil des affaires d'État ou les gouvernements des provinces, des régions autonomes, des municipalités relevant directement de l'autorité centrale autorisée par ce dernier peuvent donner à une institution le pouvoir de mettre en œuvre les sanctions administratives.

B. Procédure de la mise en œuvre des sanctions administratives

La procédure de la mise en œuvre des sanctions administratives est composée de 3 catégories : la procédure simplifiée, la procédure ordinaire et la procédure d'audition.

Premièrement, la procédure simplifiée. Elle porte aussi le nom de la procédure sur place, c'est-à-dire que l'exécutant prend sa décision sur-le-champ en constatant l'infraction. Les conditions d'application d'une procédure simplifiée sont les suivantes : (1) les faits illégaux sont clairs ; (2) la sanction doit avoir une base légale ; (3) la sanction consiste à une amende de faible valeur pécuniaire ou à un avertissement. Une faible valeur pécuniaire est celle dont le montant est moins de 50 yuans à l'égard des individus et de moins de 1000 yuans quant aux personnes morales et autres organisations. Dans ce cas, l'exécutant doit présenter son titre exécutoire et fournir une décision signée ou tamponnée par lui.

Deuxièmement, la procédure ordinaire. Elle est aussi appelée la procédure normale. Elle s'applique lorsque la procédure simplifiée et la procédure d'audition ne conviennent pas. Elle suit les démarches suivantes : (1) établir un dossier ; (2) faire des investigations. Lorsque l'exécutant fait des investigations et des enquêtes, il faut au moins 2 agents présents et qu'ils présentent à la personne visée leurs titres exécutoires. Ils doivent aussi prendre des notes pendant l'investigation et l'enquête. L'exécutant doit se récuser s'il a un lien ou un conflit d'intérêts avec la personne visée. (3) Ils doivent également aviser la personne visée des motifs et des éléments de preuve dont ils disposent et ils doivent entendre ses explications et ses moyens de défense. (4) Ils doivent prendre une décision par écrit et en remettre copie à la personne visée.

Troisièmement, la procédure d'audition. La procédure d'audition est une procédure plus stricte que la procédure ordinaire. Ses caractéristiques sont les suivantes : (1) elle prévoit la confrontation des témoins ; (2) elle invite un enquêteur qui n'a pas participé à l'affaire en cause à présider la séance de l'audition ; (3) elle nécessite la prise de notes pendant l'audition. Cette procédure d'audition s'applique dans le cas où les organes administratifs ont octroyé une sanction plutôt grave, tels que l'arrêt de production, la révocation de licence, le cas d'une amende importante ou encore sur demande de la personne concernée. Les organes administratifs doivent informer la personne visée qu'elle a le droit de bénéficier de cette procédure d'audition.

C. Mise en œuvre des décisions des sanctions administratives

Pour éviter que les fonctionnaires des organes administratifs exploitent le système des sanctions administratives à leurs propres profits, la Loi sur la sanction administrative a prévu des innovations dans la mise en œuvre des décisions. Premièrement, la séparation entre l'organe qui fait la décision et celui qui reçoit le paiement des amendes. La Loi sur la sanction administrative indique que l'organe qui a pris la décision et celui qui reçoit le paiement des amendes doit être différent, sauf lorsqu'on est en présence de cas spéciaux définis par les lois. Les sommes d'argent provenant des amendes, de la confiscation de biens ou de revenus illégaux de ventes aux enchères doivent être remises au trésor de l'État. Aucun organe, aucun individu ne peut les garder ou les partager avec d'autres personnes. Deuxièmement, le système de séparation entre les recettes et les dépenses. La loi sur la sanction administrative prévoit que les départements des finances ne peuvent, en aucun cas et sous aucune forme, remettre les sommes d'argent provenant des amendes ou de la confiscation des biens ou des revenus illégaux des ventes aux enchères, aux organes administratifs qui ont pris la décision pour une sanction administrative.

3. Réforme et perfectionnement du système juridique de sanction administrative

La Loi sur la sanction administrative joue un rôle important pour assurer la légalité, la mise en œuvre équitable des sanctions administratives et pour défendre les intérêts légaux des citoyens, des personnes morales ou d'autres organisations. Mais, elle présente aussi des défauts dans son application. Par exemple, l'article 7 indique que si un comportement viole une ou des lois, une poursuite pénale doit être engagée et la responsabilité pénale ne peut pas être remplacée par une sanction administrative. En pratique, la relation entre une sanction administrative et une peine pénale rencontre plusieurs difficultés. En ce sens, la Loi sur la sanction administrative indique qu'il faut mettre en application la séparation entre le paiement des amendes de celle entre les recettes et les dépenses. Mais, dans les faits, beaucoup d'institutions financières ayant perçu des amendes ont versé celles-ci aux unités des exécutants. De plus, la procédure d'audition présente aussi des problèmes. Par exemple, son champ d'application est trop étroit et on remarque un manque d'efficacité dans celle-ci. Pour le développement du système de sanctions administratives, il faudrait, d'une part, modifier et perfectionner davantage les règlements concernés et, d'autre part, on devrait essayer de perfectionner son système de paiement et renforcer l'application des règlements.

II. Système juridique d'autorisations administratives

L'autorisation administrative implique que les citoyens, les personnes morales ou d'autres organisations doivent recevoir une autorisation pour effectuer une activité particulière en fonction de leur demande et après examen de cette dernière. L'autorisation administrative porte aussi le nom d'approbation. Le système d'autorisation traditionnelle de la Chine présente les défauts suivants : premièrement, dominé par le concept de la gestion de toutes les activités, on remarque un trop grand nombre de celle-ci qui ont besoin d'autorisations et qu'il il y a trop de limitations non nécessaires à la liberté individuelle, ce qui a pour effet de porter atteinte à l'efficacité et au développement de l'économie et de la société. Deuxièmement, on s'aperçoit qu'il y a un certain manque de normes, d'impartialité et de transparence quant à l'application des autorisations administratives. La procédure est aussi très complexe. Enfin, on observe qu'il y a un manque de contrôle efficace dans le système des autorisations administratives qui peut facilement être la source de conflits d'intérêts et de corruption.

Pour résoudre ces problèmes et pour satisfaire aux exigences de la nouvelle situation économique après avoir adhéré à l'OMC (l'Organisation mondiale du commerce), le Comité permanent de l'APN a édicté la Loi sur les autorisations administratives en 2003. Elle a pour objectif principal de limiter les cas pour lesquels il est nécessaire d'obtenir une autorisation administrative, d'en normaliser la mise en place et l'application ainsi que de renforcer les mécanismes de contrôle et de restreindre le nombre d'organes qui les mettent en œuvre.

1. Établissement des autorisations administratives

La Loi sur l'autorisation administrative reproduit parfaitement l'exigence d'une intervention limitée du gouvernement.

A. Restriction du champ des textes normatifs nécessitant une autorisation administrative

Pour restreindre le champ des activités nécessitant une autorisation administrative et pour éviter les abus, la Loi sur les autorisations administratives a classé les textes normatifs de la façon suivante : premièrement, il est possible d'instituer une forme d'autorisation administrative à partir de la loi et en fonction des besoins. Deuxièmement, s'il n'y a pas de lois, les autorisations administratives peuvent être mises en place à partir des règlements administratifs ou selon les décisions du Conseil des affaires d'État. Troisièmement, s'il n'existe pas de lois ni de règlements administratifs, les autorisations administratives peuvent être émises par des règlements locaux. Quatrièmement, s'il n'existe ni de lois, ni de règlements administratifs, ni de règlements locaux et qu'il nécessaire d'instaurer rapidement une autorisation administrative, le gouvernement du niveau provincial peut le faire. Pour conserver une unification du système d'autorisations administratives et selon les règlements adoptés sous la Loi sur les sanctions administratives, il faut éviter d'instaurer une autorisation administrative concernant la qualification des citoyens, des personnes morales ou d'autres organisations dans les règlements locaux et dans les dispositions émanant des gouvernements populaires provinciaux, car il s'agit d'un pouvoir réservé à l'État. Il est ainsi interdit de mettre en place des autorisations administratives sur l'inscription. De même, la préautorisation administrative[1] est aussi interdite. Enfin, on ne doit pas limiter le droit des individus ou des entreprises d'une région de s'établir dans une autre région pour assurer la production de biens et pour fournir des services et ni interdire les marchandises d'autres régions d'entrer dans le marché local.

Les normes adoptées doivent respecter le principe de la hiérarchisation de celles-ci. Ainsi, les normes inférieures peuvent préciser les modalités d'application de normes supérieures, mais elles ne peuvent entrer en contradiction avec ces normes.

B. Fixer le champ des autorisations administratives

Les organes responsables de l'instauration des autorisations administratives peuvent seulement exercer ce pouvoir dans un champ limité.

1 La préautorisation administrative implique que pour obtenir une autorisation administrative, il est nécessaire de présenter une autre autorisation administrative provenant d'une autre unité.

La Loi sur l'autorisation administrative définit les principes de base pour mettre en place une autorisation administrative : l'instauration d'une autorisation administrative doit correspondre à une nécessité sociale et économique et doit susciter l'adhésion des justiciables. Selon l'article 12 de la Loi sur les autorisations administratives, les domaines qui nécessitent une autorisation administrative sont les suivants : les activités concernant directement la sécurité nationale, la sécurité publique, le contrôle macro-économique, la protection de l'environnement et certaines activités particulières directement liées à la santé, à la sécurité de la vie et des biens et les autres activités autorisées par les lois ; l'exploitation et l'utilisation des ressources naturelles limitées, la répartition des ressources publiques et l'accès à des professions particulières liées directement à l'intérêt public et les affaires qui ont besoin d'être dotées de pouvoirs spécifiques ; les professions qui fournissent des services publics et qui sont liées directement à l'intérêt public, les affaires qui ont besoin de pouvoirs spéciaux, de conditions particulières ou de techniques spécifiques ; les équipements, les appareils, les produits liés directement à la sécurité publique, à la santé individuelle et à la sécurité de la vie et les biens qui doivent être examinés, essayés et mis en quarantaine ; les professions qui ont besoin de définir la qualification des praticiens ; les autres affaires dont l'autorisation administrative peut être mise en place selon les règlements administratifs. Selon l'article 13 de la Loi sur les autorisations administratives, si les affaires énumérées ci-dessus peuvent être normalisées de la façon suivante, la mise en place d'une autorisation administrative n'est pas nécessaire : les citoyens, les personnes morales ou les autres organisations ont le pouvoir de décider eux-mêmes ; le mécanisme de la compétition de marché peut les régler efficacement ; les organisations professionnelles ou les agents peuvent les gérer eux-mêmes ; les organes administratifs peuvent les régler par le contrôle ou par d'autres moyens.

C. Procédure d'adoption et d'évaluation régulière des autorisations administratives

Selon l'article 19 de la Loi sur l'autorisation administrative, si une entité veut instituer une autorisation administrative dans un projet de loi, dans un projet de règlements administratifs et dans un projet de dispositions des gouvernements provinciaux, l'unité qui est responsable de rédiger le projet doit organiser des audiences publiques pour entendre des suggestions ou des commentaires et en expliquer la nécessité à l'organe concerné. C'est la première fois dans l'histoire de la Chine d'analyser partiellement le bénéfice dans la législation.

En pratique, il arrive que bien des autorisations ne soient plus utiles, elles continuent d'exister pour longtemps. Selon l'article 20 de la Loi sur l'autorisation administrative, l'organe administratif responsable d'adopter les autorisations administratives doit en faire une vérification régulière. En ce qui concerne les autorisations administratives existantes, s'il s'avère qu'elles sont devenues inutiles, on doit les annuler. On peut évidemment les modifier afin de les rendre plus efficaces ou mieux correspondre à la réalité du terrain. Les autorités chargées d'exécuter les autorisations administratives peuvent également faire une évaluation sur leur application et leur nécessité et faire un rapport à l'organe qui les a adoptées. Ce règlement montre pour la première fois et partiellement en Chine l'esprit de Clause d'extinction dans la législation étrangère.

2. Mise en œuvre des autorisations administratives

A. Exécutants des autorisations administratives

Selon le principe de la simplicité, de l'unité et de l'efficacité, déterminé par le Conseil des affaires d'État, les provinces, les régions autonomes et les municipalités relevant directement de l'autorité centrale peuvent accorder le pouvoir d'approuver des autorisations administratives à certains organes administratifs. Une autorisation doit normalement être vérifiée et approuvée par un organe supérieur pour être mise en application par l'organe inférieur qui doit lui soumettre, dans un certain délai, les avis préliminaires et tous les documents nécessaires à la demande. L'organe supérieur ne doit pas demander au requérant de soumettre de nouveau ces documents d'application. Si une autorisation administrative vise plusieurs organes pour son exécution, il faut alors désigner un seul de ces organes pour recevoir la demande et la soumettre à celui-ci ou organiser les départements pour les traiter ensemble.

B. Procédure de la mise en œuvre des autorisations administratives

La procédure de la mise en œuvre des autorisations administratives est composée de la procédure ordinaire et de la procédure d'audition.

Premièrement, la procédure ordinaire. Si une autorisation est nécessaire pour accomplir certaines activités spécifiques, il faut soumettre une demande d'application à l'organe administratif concerné qui est tenue de l'examiner. S'il faut en vérifier le contenu, cet organe administratif doit désigner au moins deux agents pour faire la vérification. Si la demande satisfait aux conditions et aux critères, cet organe administratif doit rendre sa décision par écrit. Dans le cas où cet organe refuse de délivrer l'autorisation, il doit alors indiquer les raisons et informer le requérant par écrit. Celui-ci a le droit de demander un réexamen administratif ou de demander un appel au tribunal administratif.

Deuxièmement, la procédure d'audition. Cette procédure est une procédure officielle qui obéit à des règles plus strictes que la procédure ordinaire. Elle s'applique lorsque les autorisations administratives sont reliées à l'intérêt public ou à des intérêts individuels importants. La procédure est la suivante : (1) on doit entendre le requérant ; (2) l'audition doit être présidée par une personne autre que celles qui sont chargées d'examiner la demande ; (3) on doit prendre des notes pendant l'audition qui serviront à la prise de décision.

C. Tarif concernant les autorisations administratives

Selon la Loi sur l'autorisation administrative, sauf dispositions contraires dans les lois et les dispositions administratives, on ne doit pas charger de frais pour des demandes d'autorisation administrative. L'organe administratif chargé de les autoriser doit fournir gratuitement les formulaires nécessaires à formuler la demande écrite. Les sources financières dont l'organe administratif a besoin pour accomplir son mandat doivent figurer dans ses budgets. Si la perception de frais est permise par les lois et les règlements administratifs, les recettes et les dépenses doivent être séparées des autres composantes de l'organe administratif en cause et doivent strictement respecter les modalités prévues aux normes. Les frais perçus doivent, par la suite, être remis au Trésor de l'État. Il est interdit à tout organe ou à tout individu de les retenir, les distraire ou de les partager secrètement. Les départements des finances ne peuvent également, sous aucune forme, les retourner à l'organe administratif concerné.

3. Perspective d'application de la Loi sur l'autorisation administrative

Depuis la mise en place de la Loi sur l'autorisation administrative en 2004, de nombreuses normes ont été supprimées ou modifiées. La fonction des gouvernements a changé et la procédure d'application pour obtenir des autorisations administratives est depuis ce temps beaucoup plus normalisée. Le concept du gouvernement qui doit diriger conformément au droit et dont les pouvoirs doivent être strictement respectés et qui est au service de la société, tel que présenté dans la Loi sur l'autorisation administrative, reçoit de plus en plus l'adhésion des citoyens. En revanche, son application a rencontré de nombreux défis. Par exemple, pour éviter l'application de cette loi, certains ministères ont mal interprété le concept d'autorisation administrative et des termes « approuver ou vérifier » pour en cacher la véritable nature. On remarque qu'il manque également de mécanismes de protection pour s'assurer du caractère scientifique et de la cohérence du système d'autorisation administrative. Par ailleurs, certains règlements adoptés à partir de la nouvelle loi sont purement de nature formelle. On note qu'il manque également de mécanismes suffisants de garanties et que les infractions à la Loi sur l'autorisation administrative existent dans certains domaines, mais devraient être complétées. Afin d'améliorer le système d'autorisation administrative, on devrait se concentrer sur les sujets suivants : (1) mettre en place des organes unifiés pour appliquer les lois, mieux expliquer celles-ci et en combler les lacunes dans le but d'assurer la pleine application de la Loi sur l'autorisation administrative et l'homogénéité des réformes ; (2) instaurer un régime auprès de l'autorité centrale afin de permettre des auditions sur l'évaluation de cette loi ; (3) mettre en place un système de contrôle pour en assurer le caractère scientifique et l'efficacité ; (4) établir les techniques ou les règlements nécessaires à une application efficace de la loi. Par exemple, établir une procédure concrète concernant l'audition des demandes ; les différentes catégories d'autorisations, leurs mécanismes, leurs méthodes, leurs procédures et leurs systèmes de contrôle doivent être précisés ; un mécanisme précis concernant le changement ou le retrait des demandes ; la procédure et les critères de mener à une compensation ; la nature et les moyens d'exercice des recours administratifs ; le système de supervision des autorisations spéciales ; la centralisation et l'unification du pouvoir d'autorisations administratives ; la réception et le traitement des demandes de manière unifiée, centralisée et conjointe ; le système de surveillance et de contrôle des organes responsables des autorisations administratives ; la gestion et la responsabilité hiérarchique (c'est-à-dire que l'institution administrative subordonnée doit soumettre le résultat à son institution supérieure après l'examen du dossier) ; l'évaluation régulière des activités par les institutions responsables de l'exécution des autorisations administratives et l'établissement d'audiences ou d'un système permettant d'obtenir les commentaires du public ; l'examen et l'annulation lors d'une mise en œuvre illégale des autorisations administratives; (5) perfectionner les garanties institutionnelles des systèmes. Par exemple, il faudrait perfectionner le système de contrôle qui reflète la supervision légale, indépendante et professionnelle ; améliorer la liberté, la représentativité et la démocratie des organisations professionnelles à travers les réformes des systèmes de communautés ; éviter de mélanger les sommes perçues par les organes administratifs et les sources obtenues des départements financiers.

Section 5 : Système de coercition administrative et meilleur accès aux informations gouvernementales

I. Système de coercition administrative

La coercition administrative désigne l'action de contraindre quelqu'un afin qu'il obéisse aux règles administratives. La coercition administrative comprend des mesures et leur mise en œuvre. Pour normaliser les règlements et leur application, contrôler la responsabilité des organes administratifs, assurer l'intérêt public et l'ordre public et défendre les intérêts légaux des citoyens, des personnes morales et des autres organisations, le Comité permanent de la 11e APN a adopté en juin 2011 la Loi sur la coercition administrative.

Selon cette loi, la mise en place et la mise en œuvre de la coercition doivent respecter les compétences, le champ d'application, les conditions, la procédure et la nécessité. S'il est possible d'atteindre les objectifs sans utiliser la coercition, il ne faut donc pas la mettre en œuvre. Toujours selon cette loi, pour utiliser la coercition, il faut organiser une audition pour écouter les arguments de la partie visée et ainsi éviter les abus. En même temps, il est nécessaire aussi d'expliquer à la société la nécessité d'établir la coercition administrative et ses effets ainsi que d'organiser des audiences auprès du public pour entendre leurs commentaires et suggestions. L'organe qui est responsable de l'application de la coercition administrative doit l'évaluer régulièrement et arrêter ou corriger les moyens de coercition administrative inappropriés.

1. Mesures de coercition administrative

A. Catégories de mesures de coercition administrative

Selon la Loi sur la coercition administrative, celle-ci signifie que l'organe administratif restreigne provisoirement la liberté des citoyens ou contrôle provisoirement les biens des citoyens, des personnes morales ou d'autres organisations afin d'arrêter des actions ou des comportements qui violent les lois, d'empêcher de détruire les preuves, etc. Les catégories de mesures de coercitions administratives sont les suivantes : (1) restreindre la liberté des citoyens ; (2) sceller des lieux d'activités ou des biens ; (3) détenir des biens ; (4) bloquer des dépôts, des mandats-poste, etc. ; (5) d'autres mesures nécessaires.

B. Pouvoir de la mise en place des mesures de coercition administrative

Selon la Loi sur la coercition administrative, nous pouvons instituer une coercition administrative que si celle-ci est prévue par les lois et les règlements. Les textes normatifs autres que les lois et les règlements ne permettent pas d'exercer cette compétence. Toutes les catégories de mesures de coercition administrative peuvent être instaurées par les lois. S'il n'y a pas de lois à cet effet, et si cela relève de la compétence du Conseil des affaires d'État, il est possible de les instituer au moyen des règlements administratifs pourvu qu'elles ne mettent pas en cause la liberté des citoyens ou qu'elles relèvent de la juridiction exclusive des lois. S'il n'existe pas de lois ni de règlements administratifs et qu'elles se rapportent à des activités de nature provinciale, il est alors possible de les mettre en place selon les règlements locaux. Par exemple, ces mesures peuvent viser la mise de celle sur des lieux d'activités ou des biens et la détention des biens.

Si les lois ont défini les objets, les conditions et les catégories de mesures de coercition, les règlements administratifs locaux ne peuvent évidemment pas étendre ces mesures. Si les lois n'ont pas adopté de telles mesures, les règlements administratifs et les règlements locaux ne peuvent pas le faire. Mais, pour certaines affaires spéciales, les règlements administratifs peuvent être utilisés sauf s'ils concernent la liberté des citoyens ou lorsque les situations relèvent exclusivement des lois.

C. Mise en œuvre des mesures de coercition administrative

Les mesures de coercition administrative doivent être mises en œuvre par une entité qualifiée. Selon la Loi sur la coercition administrative, seul l'organe administratif doté du pouvoir centralisé de coercition administrative peut les mettre en œuvre. Si les actes illégaux sont de nature mineure ou qu'ils ne portent pas atteinte à la société, la coercition administrative n'est alors pas nécessaire.

La mise en œuvre de la coercition administrative doit respecter les règles suivantes : (1) il faut rendre compte à un supérieur et obtenir la permission avant de mettre en œuvre ces mesures; (2) il faut au moins 2 agents pour exercer ce pouvoir ;(3) il faut montrer son titre exécutoire; (4) il faut informer les parties pour qu'elles puissent se présenter sur les lieux de l'organe administratif; (5) il faut expliquer aux parties concernées les raisons et les motifs de ces mesures, leurs droits et les moyens d'exercer un recours administratif; (6) il faut entendre les parties et leur permettre d'exposer leurs moyens de défense; (7) il faut prendre des notes lors des auditions; (8) les notes doivent être signées ou tamponnées par toutes les parties. Si celles-ci refusent de les signer, il faut l'indiquer à l'endroit où elles devaient le faire; (9) si les parties ne sont pas présentes lors de l'audition, on peut entendre les témoins. Les notes doivent alors être signées ou tamponnées par les témoins et les agents; (10) il est possible d'utiliser, si c'est nécessaire, d'autres procédures prévues dans les lois et les règlements.

2. Mesures administratives obligatoires

Les mesures administratives obligatoires désignent celles que l'organe administratif ou à la demande de celui-ci force les citoyens, les personnes morales ou d'autres organisations qui ne s'acquittent pas de ses obligations à le faire obligatoirement. Ces mesures sont les suivantes : payer une amende ou une amende en retard; transférer un dépôt ou de l'argent ; vendre aux enchères ou sceller des lieux, détenir des lieux, des appareils ou des biens ; enlever une entrave quelconque, retourner à l'état original, ou d'autres mesures obligatoires. etc.

A. Pouvoir de mise en place de la coercition administrative

La coercition administrative doit être instituée par les lois. S'il n'y a pas de normes prévues dans les lois, l'organe administratif en cause doit demander à un tribunal populaire compétent de les mettre en œuvre.

B. Mise en œuvre de la coercition administrative faite par les organes administratifs

Après la prise d'une décision d'effectuer une coercition administrative, si les parties ne s'acquittent pas de ses obligations dans le délai imparti par l'organe administratif, celui-ci peut les forcer à s'acquitter de celles-ci.

Avant d'exercer la coercition administrative, l'organe administratif doit informer les parties pour qu'elles puissent s'acquitter de leurs obligations. Il faut les informer par un écrit contenant les informations suivantes : le délai pour s'acquitter de leurs obligations et les moyens ; s'il s'agit du paiement, il faut préciser le montant et les moyens de paiement ; informer les parties qu'elles ont le droit de fournir des explications et de faire valoir des moyens de défense.

Les parties qui estiment ne pas avoir commis d'infractions ou avoir respecté la loi, après avoir reçu une sommation, ont le droit d'obtenir une audition afin de faire valoir leurs explications et présenter leurs moyens de défense. L'organe administratif doit entendre toutes les parties concernées et examiner la preuve. Il doit prendre des notes et faire les vérifications nécessaires. L'organe administratif doit évidemment fonder sa décision sur la preuve.

Si les parties ne s'acquittent pas de leurs obligations après la sommation et qu'il n'y a pas de raisons jugées valides, l'organe administratif rendra la décision d'appliquer les mesures obligatoires. Cette décision doit être faite par écrit. La sommation et cette décision doivent être signifiées directement aux parties. Si les parties refusent de les recevoir ou qu'il n'est pas possible de les signifier, il faut alors respecter les normes prévues par le Code de procédure civile de la République Populaire de Chine.

Pendant la procédure d'application des mesures obligatoires, l'organe administratif peut conclure un accord avec les parties qui bénéficie aux intérêts de tous. La mise en œuvre de ce type d'accord peut se réaliser par exemple lorsque la partie en faute a pris des mesures correctives. L'amende peut alors être réduite ou annulée. Si cette partie refuse de respecter l'accord intervenu, l'organe administratif doit alors la forcer afin qu'elle s'acquitte de ses obligations.

Les mesures obligatoires ne sont pas exécutées durant la nuit ou lors des jours fériés, sauf en cas d'urgence. L'organe administratif ne peut obtenir une exécution qui a pour effet d'arrêter de fournir de l'eau, de l'électricité, du gaz, etc.

C. Mise en œuvre des mesures obligatoires faites par les tribunaux

Si les parties n'ont pas demandé de réexamen administratif ou intenté une action administrative en justice et ne sont pas acquittées de leurs obligations et que l'organe administratif n'a pas le pouvoir d'appliquer les mesures obligatoires, il peut alors demander à un tribunal populaire de les appliquer dans les 3 mois du dernier délai applicable.

II. Système juridique permettant un meilleur accès aux informations gouvernementales

Les informations gouvernementales désignent celles qui ont été notées et sauvegardées sous certaines formes et qui ont été produites ou obtenues durant l'accomplissement des fonctions d'un organe administratif. Le gouvernement central a accordé récemment une importance à un meilleur accès aux informations gouvernementales et il a pris différents moyens pour favoriser celui-ci. En mars 2004, au cours la 2e session de la 10e APN, le ministre du Conseil des affaires d'État a déclaré que pour faciliter une meilleure connaissance des informations gouvernementales et afin de superviser le travail des gouvernements, il fallait mettre en place un système d'accès aux informations gouvernementales et rendre le travail du gouvernement plus transparent. Ainsi, le Conseil des affaires d'État a publié un document intitulé Programme sur la promotion et la mise en œuvre du principe de la légalité administrative, il a demandé aux divers gouvernements de donner un meilleur accès aux informations. Le Bureau de l'information du Conseil des affaires d'État, créé en 2002, et le Groupe national visant un meilleur accès aux informations administratives, créé en 2003, ont également fait des efforts pour mettre en place un système d'accès aux informations administratives. Les provinces du Guangdong et de Shanghai ont aussi adopté des règlements sur l'accès à ces informations. Afin d'uniformiser l'accès aux informations gouvernementales, de renforcer les responsabilités des organes administratifs, de clarifier le domaine visé par ces informations, de franchir les obstacles et de perfectionner les mécanismes de contrôle et de garantie, le Conseil des affaires d'État a élaboré en mai 2008 les Règlements sur l'accès aux informations gouvernementales. Ces règlements ont une importance primordiale quant au développement de gouvernements transparents, crédibles et responsables. Ils sont aussi importants pour assurer le droit d'être informé, le droit de contrôler l'activité gouvernementale et le droit des citoyens de participer à une démocratie participative.

1. Champ d'application de l'accès aux informations gouvernementales

A. Initiative d'accès

Les organes administratifs doivent prendre l'initiative afin de permettre l'accès aux informations gouvernementales qui satisfont à l'un des critères suivants : (1) les informations concernent les intérêts des citoyens, des personnes morales, d'autres types d'organisation, etc. ; (2) il s'agit d'information que le public a le droit de savoir ou favorisant la participation des citoyens ; (3) les informations concernent la mise en place des organes, de leurs fonctions et des procédures applicables ; (4) les informations doivent être accessibles selon d'autres lois et règlements.

B. Accès sur demande

Hormis les informations mentionnées ci-dessus, les citoyens, les personnes morales ou d'autres organisations peuvent demander aux départements du Conseil des affaires d'État, aux gouvernements locaux, aux gouvernements populaires supérieurs et aux gouvernements supérieurs au niveau de district d'obtenir d'autres types d'information selon leurs besoins.

C. Accès interdit

Les organes administratifs ne peuvent pas publier ou fournir des informations concernant les secrets nationaux, les secrets commerciaux et les informations à caractère privé sauf lorsque, selon le cas, la personne concernée ou l'organisme qui les détiennent en autorise l'accès.

2. Procédure visant un meilleur accès aux informations gouvernementales

A. Initiative d'accès

Les informations gouvernementales doivent être publiées par des moyens amplement connus par le public, tels que le journal officiel, les sites web, les conférences de presse, la radio, la télévision, etc. Les informations gouvernementales doivent être publiées par le ministère qui a produit cette information ; les informations provenant des citoyens, des personnes morales ou d'autres organisations doivent être publiées par les ministères qui ont obtenu ces informations. Les informations doivent être publiées dans un délai de 20 jours après leur survenance.

B. Accès sur demande

L'accès à des informations gouvernementales sur demande doit contenir : (1) le nom ou le titre de la personne et la façon de la contacter ; (2) la description des informations qui sont demandées ; (3) le fait qu'elle respecte les conditions prévues par les normes applicables. Si l'organe administratif croit que ces informations portent sur des secrets commerciaux, des informations privées ou qu'elles peuvent nuire aux intérêts légaux d'une tierce partie, il faut demander par écrit l'avis de la personne visée. Si cette dernière n'est pas d'accord, on ne peut alors divulguer les informations demandées. Mais, si l'organe administratif estime que le fait de garder ces informations secrètes porte atteinte aux intérêts publics, il faut les divulguer et informer par écrit la personne visée des motifs de cette décision. Si après la réception de la demande d'accès aux informations gouvernementales l'organe administratif peut répondre immédiatement, il doit alors le faire. Si tel n'est pas le cas, une réponse doit être fournie dans les 15 jours à partir du jour de la réception de la demande.

3. Perfectionnement du système d'accès aux informations gouvernementales

L'application des Règlements sur l'accès aux informations gouvernementales joue un rôle important pour instaurer un gouvernement transparent, crédible et responsable. Mais il surgit aussi des problèmes. Par exemple, comme les Règlements sur l'accès aux informations gouvernementales sont considérés comme des règlements du Conseil des affaires d'État qui sont des normes hiérarchiquement inférieures à la Loi sur les secrets officiels et à la Loi sur les archives, le concept d'accès se situe donc dans une position inférieure au concept de secret représenté par les deux lois mentionnées ci-dessus. Un autre exemple, selon ces mêmes normes, les informations autres que celles concernant les secrets nationaux, les secrets commerciaux et les informations de nature privée peuvent être toutes divulguées. Elles s'indiquent en même temps que l'accès aux informations gouvernementales ne doit pas nuire à la sécurité nationale, à la sécurité publique, à la sécurité économique et à la stabilité de la société. Comme il s'agit de concepts flous, il peut en résulter en pratique que des gouvernements locaux limitent l'accès à des informations sous prétexte de nuire à la stabilité sociale. En outre, certains gouvernements locaux contournent les questions cruciales dans la publication des informations. Les informations publiées ne concernant pas nécessairement les sujets auxquels le public s'intéresse le plus, le développement futur du système d'un meilleur accès à l'information nécessite de pallier ces difficultés et d'élaborer une loi sur l'accès public aux informations en perfectionnant les règlements concernés, le système de contrôle, y compris le système de contentieux administratif, le contrôle par la presse et la surveillance par des inspections disciplinaires, etc. De plus, il faut également améliorer le sentiment des personnes travaillant dans les organes administratifs sur la nécessité de donner accès aux informations. Il faut donc mettre le développement de l'accès aux informations gouvernementales au centre de la mise en place de gouvernements ouverts et coopératifs afin de promouvoir la participation et la confiance du public dans les affaires gouvernementales.

Section 6 : Système juridique du contentieux et de réexamen administratif

I. Système juridique du contentieux administratif

Le contentieux administratif se situe dans le cadre d'un recours qui s'adresse directement à l'encontre de l'administration. Il régit l'organisation et la procédure devant les juridictions compétentes. Il permet aux citoyens, aux personnes morales ou aux autres organisations de demander à ces dernières de réexaminer une décision dont ils estiment qu'elle porte atteinte à leurs intérêts légaux. La nature du contentieux administratif consiste en un examen judiciaire de la légalité d'un acte posé par l'administration. En avril 1989, la VIIe APN a adopté le Code de procédure administrative qui a déterminé les principes de base applicables au contentieux administratif en Chine, y compris la construction des tribunaux administratifs qui s'occupent d'entendre les litiges administratifs ; l'évaluation de la légitimité des actes administratifs ; le système collégial, le système de récusation, l'audition publique, le régime du double degré de juridiction et l'égalité des parties ; le droit à une défense pleine et entière ; le droit de surveiller le contentieux administratif des parquets populaires, etc. Le Code de procédure administrative définit aussi le domaine visé, la compétence, les participants au litige, le système de preuve, la saisine, le jugement, l'exécution, l'indemnisation et le système des litiges administratifs concernant les affaires étrangères.

L'élaboration et l'application du Code de procédure administrative marquent une nouvelle période dans la construction du système juridique socialiste de la Chine. Ces événements sont très importants pour appliquer pleinement la Constitution et pour défendre les intérêts légitimes des citoyens, des personnes morales et des autres organisations. En outre, la Cour suprême populaire a publié, en 2000, une interprétation relative à l'application du Code de procédure administrative de la RPC et en 2002 une interprétation sur la Réglementation concernant les problèmes de preuve dans le contentieux administratifs.

1. Champ de compétence en matière de contentieux administratif

Le champ de compétence en matière de contentieux administratif désigne l'étendue des affaires que les tribunaux populaires ont le droit de juger. Le tribunal peut entendre une affaire si : (1) les parties refusent de subir les punitions suivantes : la détention, l'amende, le retrait de permis ou de licence, l'arrêt de production et de service, la confiscation de biens et de marchandises, la restriction à la liberté individuelle ou la saisie et la détention et le gel de biens ; la question en cause est que l'organe administratif porte atteinte à leur autonomie commerciale ; les parties sont d'avis qu'elles satisfont aux exigences pour obtenir le permis ou la licence, mais que l'organe administratif refuse de le faire ou ne donne pas de réponse ; la demande à l'organe administratif concerne les droits extrapatrimoniaux et patrimoniaux, mais que cet organe refuse d'y accéder en raison de l'illégalité ; (2) sauf les cas mentionnés ci-dessus, les citoyens, les personnes morales ou les autres organisations estiment que d'autres actes administratifs portent atteinte à leurs droits extrapatrimoniaux et patrimoniaux ; (3) il s'agit d'une affaire qui satisfait aux exigences pour saisir un tribunal administratif selon les lois et les règlements applicables. Les interprétations relatives à l'application du Code de procédure administrative faites par la Cour suprême déterminent que si les citoyens, les personnes morales ou les autres organisations visent les questions suivantes, un contentieux administratif n'est pas recevable : (1) la défense nationale et la relation avec les pays étrangers ; (2) les lois et les règlements administratifs, les arrêtés et les ordonnances édictés et publiés par les organes administratifs et qui sont universellement contraignants ; (3) les décisions sur la compensation, la sanction, la désignation et la révocation des personnels ; (4) les actes administratifs dont les décisions finales doivent être faites par les organes administratifs selon les lois. Le terme en italique ici désigne les textes normatifs adoptés par l'APN. Pour le moment, les lois qui prévoient des décisions finales sont les suivantes : la Loi sur le contrôle de l'entrée et de la sortie des étrangers, la Loi sur le contrôle de l'entrée et de la sortie des citoyens, la Loi sur le réexamen administratif, etc. ; (5) les actes autorisés par la police et la sécurité nationale selon le Code de procédure pénale ; (6) la médiation et l'arbitrage ; (7) les actions directrices qui n'ont pas de force obligatoire ; (8) le rejet des appels répétitifs ; (9) l'action qui n'affecte pas les droits des citoyens, des personnes morales et d'autres organisations.

2. Objet de l'examen des recours administratifs

L'objet de l'examen des recours administratifs désigne l'étendue des affaires pendant l'examen des actes concrets faits par un tribunal populaire. Selon l'article 5 du Code de procédure administrative, le tribunal populaire s'occupe de juger et d'examiner la légitimité des actes administratifs de façon concrète. Le contenu détaillé de l'examen de cette légitimité est déterminé à l'article 54 de ce code. Selon cet article, si on est en présence de l'un des cas suivants, on doit annuler totalement ou partiellement la décision prise : (1) les principaux éléments de preuve sont insuffisants; (2) le fondement juridique de la décision est erroné; (3) la procédure suivie ne respecte pas la loi; (4) la décision outrepasse le pouvoir de l'organisme qui l'a émise; (5) l'organisme administratif a abusé de son pouvoir. Cet article indique aussi que si cet organisme ne s'acquitte pas de sa responsabilité ou s'il retarde de le faire, le tribunal peut décider qu'il doit s'en acquitter dans un délai déterminé. En outre, si la sanction n'est pas raisonnable, la décision doit être modifiée.

3. Catégories de décisions en matière de contentieux administratif

Selon le Code de procédure administrative et les interprétations faites par la Cour suprême, les catégories de décisions en matière de contentieux administratif sont les suivantes : (1) l'annulation de la décision ; (2) la confirmation de la décision. On peut demander à un tribunal populaire de confirmer une décision ou d'en invalider une ; (3) l'obligation de statuer. Si on estime que l'organe administratif refuse de statuer et que cela porte atteinte à nos intérêts légaux, on peut demander au tribunal populaire de forcer un organe administratif à s'acquitter de ses devoirs.

4. Développement futur du système de contentieux administratif en Chine

Le système de contentieux administratif de la Chine présente encore des défauts et il est nécessaire de l'améliorer dans les domaines de l'indépendance judiciaire, de l'équité, du champ d'application et du déroulement de l'instance. Des amendements au Code de procédure administrative ont déjà été adoptés par le Comité permanent de l'APN. Les questions à améliorer sont les suivantes : (1) comment assurer davantage l'indépendance judiciaire et renforcer les mécanismes d'équité ? Certains chercheurs croient qu'il faut établir des tribunaux administratifs qui sont relativement indépendants des autres organes de l'État, tout en étant financés par celui-ci. Leur personnel et leurs biens devraient être contrôlés directement par la Cour suprême et ils ne devraient pas avoir des comptes à rendre aux assemblées populaires locales. D'autres croient qu'il faut améliorer la vérification des jugements. Par exemple, il faudrait annuler les juridictions administratives des tribunaux populaires de base et les concentrer dans les tribunaux populaires intermédiaires ; (2) élargir le champ de l'examen judiciaire. Beaucoup de chercheurs croient qu'il faut élargir le champ de compétence du contentieux administratif afin d'en augmenter son accessibilité aux citoyens, aux personnes morales et aux autres types d'organisation ; par exemple, il faut mettre une partie des actes administratifs abstraits et des contrats administratifs dans le domaine des contentieux administratifs et en même temps mettre le droit de recourir à un contentieux administratif dans les droits légaux des citoyens, des personnes morales ou d'autres organisations. Il ne faut pas se limiter aux droits extrapatrimoniaux et patrimoniaux. (3) établir des critères plus sévères dans l'examen judiciaire. Beaucoup de chercheurs sont d'avis qu'il faut renforcer l'examen de la discrétion des autorités administratives et des motifs de leurs décisions.

II. Système de réexamen administratif

Quand un bénéficiaire estime qu'un acte administratif est posé en violation de la loi ou qu'il porte atteinte à ses droits, il a le droit de demander à l'organisme qui l'a rendu de le réexaminer et de prendre une décision finale qui respecte les normes légales. Ce système est non seulement un système de surveillance qui autocorrige les fautes administratives, mais aussi un système de recours afin de défendre les intérêts légaux des citoyens, des personnes morales et des autres organisations. Le 24 décembre 1990, le Conseil des affaires d'État a publié les Règlements sur le réexamen de la décision administrative dans le but de résoudre les problèmes provenant de la décentralisation et de la discordance provenant des normes applicables. Ce système devient alors plus uniforme, plus complet et plus développé. En avril 1999, le Comité permanent de la 9e APN a passé la Loi sur le réexamen administratif qui perfectionne davantage ce système. Pour appliquer cette loi, le Conseil des affaires d'État a élaboré en juin 2007 les Règlements d'application du réexamen administratif, lesquels ont fourni des critères détaillés de réexamen. Ces règlements ont rendu cette loi plus opérationnelle, ont amélioré la procédure et ont renforcé les responsabilités des organes administratifs.

Le système de réexamen administratif présente les caractéristiques suivantes : (1) la décision rendue à la suite d'un réexamen administratif est finale et sans appel. Ainsi, si le bénéficiaire conteste la décision faite lors d'un réexamen administratif, il est généralement interdit de faire une autre demande auprès d'un organe administratif supérieur. Dans ce cas-là, le bénéficiaire ne peut qu'utiliser le système du contentieux administratif auprès d'un tribunal populaire, sauf exception ; (2) dans un réexamen d'une décision administrative, l'organe compétent doit non seulement vérifier la légitimité de l'acte administratif, mais aussi son adéquation ; (3) le réexamen doit être effectué au moyen de documents écrits. Mais si le requérant l'exige ou que l'organe compétent estime que c'est nécessaire, ils peuvent alors effectuer des enquêtes, entendre le requérant ou des tiers, etc.

1. Cas visés par le réexamen administratif

En principe, si des citoyens, des personnes morales ou d'autres organisations croient qu'un acte administratif concret porte atteinte à leurs droits, ils peuvent demander un réexamen. Ils peuvent également demander d'examiner les règlements administratifs qu'ils estiment contraires à des normes hiérarchiquement supérieures auprès de l'autorité compétente.

2. Organe compétent lors d'un réexamen administratif

Les principes applicables à l'organe compétent lors d'un réexamen administratif sont les suivants : si la décision administrative est faite par un gouvernement local à un niveau supérieur à celui de district, le requérant a le choix d'effectuer un réexamen administratif auprès du même organe ou plutôt auprès d'un département compétent du niveau supérieur; si la décision est prise par un organe des douanes, des finances, des taxes nationales, de gestion des devises étrangères ou un organe de sécurité nationale, il faut alors demander un réexamen à l'organe compétent de niveau supérieur ; si, enfin, la décision est faite par un gouvernement local de différents niveaux, on doit demander le réexamen auprès d'un gouvernement populaire de niveau supérieur.

3. Demandeur et défenseur

Le demandeur d'un réexamen administratif est évidemment un citoyen, une personne morale ou une autre organisation qui croit que l'acte administratif porte atteinte à ses droits. Le demandeur peut recourir à un représentant, y compris à un avocat, afin de l'assister dans le processus de réexamen. Le défenseur est en principe l'organe administratif qui a pris la décision contestée ou l'organisation qui est prévue par les lois et les règlements.

4. Décision prise lors d'un réexamen administratif

Les catégories des décisions prises lors d'un réexamen administratif sont les suivantes : (1) maintenir la décision originale. Si l'organe compétent croit que la décision prise lors l'acte administratif repose sur des faits clairs que les preuves sont précises, que son fondement légal est correct, que la procédure a été suivie et qu'elle est appropriée, on doit alors maintenir la décision originale. ; (2) ordonner à l'organe administratif visé d'exercer ses pouvoirs. Si l'organe compétent croit que le défendeur ne s'est pas acquitté de ses responsabilités selon ce qui est prévu par la loi, on peut le forcer à agir dans un délai particulier; (3) Annuler ou modifier la décision ou confirmer que l'acte est illégal. Lorsque les faits principaux ne sont pas clairs, que les preuves ne sont pas suffisantes, que le fondement de la décision est erroné, que l'organe administratif ne respecte pas la procédure, qu'il outrepasse ou abuse de ses pouvoirs ou que la décision est clairement inappropriée, le défendeur est alors condamné à reprendre sa décision.

Section 7 : Système judiciaire d'indemnisation et de compensation administrative

I. Système judiciaire d'indemnisation administrative

Il a été jugé nécessaire de mettre en place un système d'indemnisation dans le but de défendre les droits des citoyens, des personnes morales et des autres organisations ainsi que de promouvoir la conformité des décisions administratives. Pour les actes faits par le personnel des organes administratifs qui portent atteinte aux droits des bénéficiaires, l'État est chargé d'octroyer une indemnité. L'article 9 du Code de procédure administrative de 1989 a mis en place le système d'indemnisation. En mai 1994, l'APN a adopté la Loi sur l'indemnisation nationale et a mis en place le système judiciaire d'indemnisation nationale. Selon cette loi, si l'organe et son personnel, y compris l'organe de l'État et l'organe administratif exerçant le pourvoir de l'enquête, de l'examen, du juge, de la gestion des prisons porte atteinte aux droits patrimoniaux et extrapatrimoniaux, les victimes ont le droit d'être indemnisées. Cette loi définit le champ, les critères et la procédure concrète d'indemnisation. Le Comité permanent de l'APN a fait des modifications à cette loi en avril 2004 et en octobre 2012.

Si les droits du bénéficiaire ont été violés à cause de l'exercice illégal du pouvoir attaché à la fonction d'un organe administratif et de son personnel, l'État va octroyer une indemnisation sauf dans les cas suivants : (1) il s'agit de l'action individuelle du personnel dans un organe administratif ; (2) les atteintes sont causées par les actions du bénéficiaire ; (3) les situations prévues par les lois.

La façon la plus fréquente d'octroyer une indemnisation est de payer une indemnité monétaire. S'il est possible de restituer les biens ou de les restaurer selon leur état initial, il faut alors le faire. La Loi sur l'indemnisation nationale prévoit des normes précises sur l'indemnisation concernant les violations du droit à la liberté, à la santé, à la sécurité et aux biens. Cette loi ne reconnaissait pas l'indemnisation psychologique au début, mais en 2010, des modifications ont été faites en sorte d'indemniser ce préjudice, résultant de violations aux droits de la personne. En général, comparativement aux indemnisations de la responsabilité civile délictuelle, l'indemnisation prévue dans cette loi est très basse et s'avère nettement insuffisante. Par exemple, dans le cas où l'on porte atteinte au droit à la liberté, l'indemnité par jour est calculée selon le salaire moyen de l'année précédente et son montant est minime ; dans le cas où l'on porte atteinte à la santé, il faut mentionner qu'il existe un plafond que l'on ne peut dépasser ; enfin dans les cas où l'on porte atteinte à des biens et dans les autres situations, l'indemnité est calculée selon les pertes réelles. Pour les pertes indirectes, il n'y a pas d'indemnisation. Ces règlements méritent certainement de les améliorer dans le futur.

II. Système de compensation administrative

Lorsqu'un organe administratif exerce légalement ses pouvoirs dans l'intérêt public, mais porte atteinte aux droits des citoyens, des personnes morales ou des autres organisations, l'État va leur octroyer une compensation. Pour le moment, il n'y a pas de lois unifiées sur les compensations administratives, les normes concernées apparaissant dans des lois spécifiques comme, par exemple : la Loi sur la gestion foncière, la Loi sur la protection des propriétés immobilières urbaines, la Loi sur la défense nationale, la Loi sur la protection des animaux sauvages, la Loi sur la prévention des inondations, la Loi sur les forêts, la Loi sur l'agriculture, la Loi sur les prairies, la Loi sur la prévention de la pollution des eaux, la Loi sur l'autorisation administrative et les Règlements sur la réquisition des immeubles sur les terres publiques et la compensation. Depuis la politique de réforme et d'ouverture sur le monde extérieur, le système de compensation administrative s'est beaucoup développé. De nombreuses lois, règlements et arrêtés ont fixé des règles sur les compensations administratives, mais nous sommes encore loin d'un système parfait. Par exemple, on note, premièrement, que bien que la couverture des compensations soit très large, il y a encore des lacunes et que les indemnisations ne sont pas uniformes entre les différentes régions. On remarque aussi qu'il n'y a pas de système concernant la compensation due pour la perte d'utilisation des biens appartenant à des personnes, comme les terres ou les bâtiments dans le cadre de l'urbanisation ou dans le but de protéger des objets anciens ainsi que la compensation à cause de travaux publics, de nuisances sonores dans la circulation, etc. De plus, les mécanismes d'indemnisation ne sont pas uniformes selon les objets qu'ils visent. Par ailleurs, il arrive qu'il y ait des règlements visant la compensation dans un domaine, mais qu'il n'y en a pas dans un autre, et ce, même si les faits sont les mêmes ou similaires. Deuxièmement, il faut mentionner que les principes de compensation et les critères utilisés ne sont pas précis sauf dans une minorité de domaines. Troisièmement, on remarque que les cas visés sont trop limités ainsi que les montants octroyés ne sont pas suffisants pour compenser les pertes, ce qui a pour effet d'augmenter le ressentiment à l'encontre des gouvernements. Quatrièmement, on observe qu'il manque de normes sur la procédure pour assurer un déroulement efficace des compensations administratives, notamment, pour entendre les avis des personnes intéressées. Cinquièmement, on note un manque de précision concernant les sources financières permettant les compensations administratives, ce qui a pour effet de faire en sorte que les organes administratifs ne sont pas tentés d'octroyer des compensations. Donc, il faut améliorer les lacunes de ce système.

En somme, depuis plus 30 ans après l'instauration de la politique de réforme et d'ouverture sur le monde extérieur, le principe de l'administration respectueuse du droit a fait d'importants progrès. La relation entre l'administration et les départements législatifs et judiciaires s'est rationalisée, l'efficience de l'administration s'est améliorée et le principe de la gouvernance par les lois a été réalisé. La défense des intérêts des citoyens et le pouvoir de surveillance des organes administratifs et de ses actions ont été renforcés. Mais, il faut dire que la gouvernance par les lois dans le domaine administratif présente aussi plusieurs difficultés et qu'il faut la perfectionner davantage. Les principales difficultés sont les suivantes : (1) l'appartenance des organes administratifs au système légal est encore faible. Ainsi, la plupart des fonctions, des effectifs et du personnel administratif n'ont pas de fondement légal ; le système de l'administration n'est pas encore complété. Dans cette veine, les relations entre les gouvernements, les entreprises, le système économique et la société ne sont pas encore parachevées. Il existe encore des difficultés dans le fonctionnement de la fonction publique pour laquelle on remarque des usurpations de postes, de mauvais positionnements et un manque de postes correspondant à des fonctions nécessaires ; la répartition des compétences n'est par ailleurs pas claire et la répartition des budgets n'est pas nécessairement rationnelle. Il existe aussi trop de niveaux hiérarchiques dans certains domaines de l'administration ; (2) l'accès aux informations gouvernementales a rencontré beaucoup de résistances et la consultation et la participation publique sont encore insuffisantes ; (3) le contrôle du pouvoir administratif reste faible, le système des recours n'est pas complet et l'exercice des droits des citoyens et des autres entités n'est pas suffisamment assuré.

On doit donc renforcer davantage la construction de l'État de droit socialiste par lequel il faut notamment diriger le pays conformément à la loi. Le développement futur dans ce domaine devrait mettre l'accent sur les aspects suivants : (1) perfectionner les lois organiques administratives, déterminer rationnellement les fonctions des gouvernements, améliorer différentes formes d'organisations publiques ; diviser rationnellement les compétences entre l'autorité centrale et les autorités locales et réajuster les divers niveaux des gouvernements locaux et la division des régions administratives ; perfectionner le système de la fonction publique et normaliser la gestion ; (2) améliorer la gestion et les procédures administratives, normaliser le fonctionnement des décisions administratives et améliorer le système des sanctions des fonctionnaires ainsi que les règles de procédure et, enfin, assurer un meilleur accès aux informations gouvernementales et une meilleure participation des citoyens ; (3) faire des réformes sur les droits et le système de recours à l'encontre de l'administration publique, par exemple celles concernant le contentieux administratif, le réexamen administratif et l'indemnisation administrative. Enfin, renforcer l'équité dans le fonctionnement du système judiciaire et des réexamens administratifs ainsi que dans la surveillance des pouvoirs administratifs et mieux protéger les droits des citoyens.

CHAPITRE 6.

SYSTÈME JURIDIQUE CIVIL ET COMMERCIAL DE LA CHINE

XIE Hongfei

Les lois civiles et commerciales de la Chine (à l'exception de la Loi sur le mariage et de la Loi sur les successions) sont apparues dans les années 1980 et se sont développées après la création du système d'économie de marché en 1992. Ces lois sont fidèles à la politique de réforme et d'ouverture sur le monde extérieur. En fait, les réformes de la Chine peuvent être synthétisées grossièrement comme une bataille entre l'État et le marché. La tendance générale est que le pouvoir de l'État doit se retirer progressivement du marché, mais qu'il reste encore un long chemin à parcourir pour parvenir à un équilibre entre le contrôle de l'État et l'autonomie du marché. Actuellement, la Chine compte 33 lois civiles et commerciales, et on peut dire qu'un système juridique civil et commercial a déjà pris forme. Les Principes généraux du droit civil publiés en 1986 datent déjà. Ils ont éveillé, pour la première fois, dans un grand pays comme la Chine, des idées juridiques modernes, comme celle de l'égalité, de liberté et du respect de la propriété qui ont pris racine dans l'esprit des gens.

Le droit civil et commercial est constitué de l'ensemble des règles de droit qui régissent les relations entre les personnes civiles ou morales. Les relations patrimoniales égales se réfèrent principalement à divers relations et intérêts dans l'économie de marché ; les relations personnelles égales sont principalement les droits de la personnalité et les relations familiales d'une personne physique. Ces règles visent de multiples sujets comme l'état et la capacité des personnes, l'organisation de la famille, les contrats, la responsabilité civile, la possession et la transmission des biens, les opérations de commerce dans le cadre de l'économie de marché, etc. De toute évidence, les lois civiles et commerciales sont au cœur de l'activité économique et sociale et se situent parmi les lois les plus fondamentales.

Les lois civiles et commerciales dans leur ensemble s'occupent non seulement des intérêts patrimoniaux majeurs, tels que la propriété immobilière, mais sont aussi étroitement liées à des relations mineures et même à des bagatelles de la vie quotidienne, comme par exemple, la conclusion d'un contrat pour l'achat d'un journal. Elles confirment et protègent les droits des citoyens, des personnes morales et des autres institutions et les aident à faire leurs droits. Cela contribue à faire de la primauté du droit un véritable mode de vie dans la société et peut servir à freiner, en outre, efficacement l'abus du pouvoir public. L'expérience montre que le droit civil et commercial a joué un rôle central dans le maintien du fonctionnement stable de l'économie de marché et dans la construction de relations familiales harmonieuses et basées sur le principe d'égalité. Prenons les procès civils à titre d'exemple : les procès civils et commerciaux sont toujours les premiers en nombre et augmentent chaque année. À titre d'illustration, soulignons qu'en 2012, les tribunaux de différents niveaux en Chine ont jugé en première instance 14. 749 millions d'affaires civiles, 278 000 affaires en matière de droit de propriété intellectuelle, 16. 307 millions d'affaires commerciales, 106 000 affaires commerciales et maritimes concernant les étrangers, et 65 000 affaires relatives à Hong Kong, Macao et Taïwan[1]. En Chine, où l'État, la société, l'économie et la culture peuvent se transformer rapidement et même violemment, l'histoire le démontre, le droit civil et commercial constituent des matières fort importantes pour l'avenir de ce pays. Sa transformation repose sur la construction d'une véritable économie de marché fondée sur la division du travail et celle-ci conduit inévitablement à la différenciation des intérêts et des idéaux parmi les citoyens, ce qui rend nécessairement les mécanismes traditionnels de règlement des différends, qui sont non guidés nécessairement par la loi, beaucoup plus difficilement applicables. Par conséquent, les lois civiles et commerciales joueront certainement un rôle plus important dans le futur.

Section 1 : Système et caractéristiques de droit civil et commercial

I. Système de droit civil et commercial

Le droit civil et commercial chinois est un système basé sur les Principes généraux du droit civil et comprend les lois civiles et commerciales spécifiques à certains sujets ainsi que les interprétations judiciaires.

En ce qui concerne la relation entre le droit civil et le droit commercial, les pays de droit continental, selon les cas, combinent ces 2 branches de droit ou en font deux branches distinctes. La Chine combine traditionnellement le droit civil et le droit commercial, en intégrant le droit commercial dans le droit civil plutôt que d'adopter un Code du commerce, comme c'est le cas dans plusieurs pays. Le droit commercial, on le sait, constitue généralement une branche spéciale

1 Rapport de travail de la Cour populaire suprême de 2013.

du droit civil et est considéré comme plus souple et plus facilement adaptable aux réalités modernes des transactions commerciales qui requièrent des normes pratiques qui peuvent être changées rapidement. Selon ce mode, la principale différence entre le droit civil et le droit commercial est la suivante : le droit civil règlemente les rapports généraux des particuliers dans la société, tels que les transactions courantes et le domaine de la famille, tandis que le droit commercial règle des opérations commerciales particulières, tels que les marchés financiers et la faillite. La combinaison du droit civil et du droit commercial a pour effet de maintenir l'unité du droit privé et d'éviter la répétition entre les législations. En outre, il faut mentionner que ces deux secteurs juridiques sont influents en Chine. Notons également que le droit commercial n'est pas exclusif aux individus qui ont le statut de commerçant, mais s'applique également aux particuliers, et que le droit civil est profondément influencé par des concepts tels que la sécurité des transactions et la poursuite de l'efficacité du droit commercial qui imprègnent alors la conception des règles du droit civil.

Le contenu du droit civil et commercial implique deux domaines importants de la société qui sont l'économie de marché et la famille et dont les règles ont principalement été incorporées dans des lois spécifiques. Ces lois couvrent 3 éléments fondamentaux de l'économie de marché, à savoir les acteurs, les éléments et les règles applicables aux transactions. Les lois civiles et commerciales qui régissent les acteurs comprennent la Loi sur les sociétés, la Loi sur les sociétés en participation, la Loi sur les sociétés d'investissement individuel, la Loi sur les sociétés d'investissement étranger, la Loi sur la faillite, etc. Les lois civiles et commerciales qui impliquent des éléments de transaction incluent principalement la Loi sur les droits réels, la Loi sur les brevets, la Loi sur les marques et la Loi sur le droit d'auteur. Les lois civiles et commerciales qui visent les transactions comprennent surtout la Loi sur les garanties, la Loi sur les contrats, la Loi sur les adjudications, la Loi sur les ventes aux enchères, la Loi sur les valeurs mobilières, la Loi sur les fonds d'investissement en valeurs mobilières, la Loi sur les assurances, la Loi sur les effets de commerce, la Loi maritime, la Loi sur la responsabilité délictuelle, etc. Les lois civiles et commerciales relatives à la famille englobent principalement la Loi sur le mariage, la Loi sur les successions, la Loi sur l'adoption, etc.

II. Caractéristiques du système juridique civil et commercial

1. Prendre le droit continental comme modèle et tenir compte des caractéristiques locales.

Depuis la réforme pour le développement à la fin de la dynastie des Qing, la Chine s'est toujours inspirée des codes des pays de droit continental (principalement celui de l'Allemagne) comme schéma directeur de ses lois civiles et commerciales. Parallèlement, la Chine insiste sur l'adoption cumulative des systèmes juridiques de droit continental, de droit anglo-saxon et des conventions internationales pour s'aligner sur les meilleures pratiques, et accorde une attention particulière à l'applicabilité générale des règles juridiques concernant le marché (Loi sur les contrats, Loi maritime, etc.). Par exemple, la Loi sur les contrats adopte le mécanisme de l'exception pour risque d'inexécution du droit continental et le mécanisme d'anticipatory breach du droit anglo-saxon tandis que la Loi sur les sociétés incorpore le régime de directoire du droit continental et le principe d'administrateur indépendant du droit anglo-saxon. Dans l'ensemble, la Chine épouse l'attitude de « l'exploitation chinoise du système occidental » en matière civile et commerciale, sans nécessairement insister délibérément sur ses conditions nationales. Ces dernières se reflètent toutefois, plus particulièrement, dans : (1) la propriété publique socialiste, tels que la différenciation des propriétés selon leurs formes d'exploitation et la propriété publique des terres prévue par la Loi sur les droits réels ; (2) les concepts culturels hérités de l'histoire et les attitudes traditionnelles envers le droit dans la Loi sur le mariage et la Loi sur les successions.

2. Combiner l'autonomie et la réglementation et combiner le droit public et le droit privé.

Le droit civil et commercial de la Chine a développé des voies entièrement différentes de celles du droit civil et du droit commercial occidental. Ces derniers puisent leur origine dans les opérations commerciales et traduisent les usages. En ce sens, la réglementation n'est apparue que plus tard. Ils ont également connu, en résumé, le processus de liberté, de réglementation, de déréglementation et de re-réglementation. En revanche, le droit civil et commercial de la Chine s'est plutôt développé entre les failles de la réglementation étatique. Au tout début, l'État a imposé une réglementation excessive du marché, et l'autonomie privée reste jusqu'à nos jours insuffisante et restreinte, comme en témoigne la rédaction du droit civil et commercial réalisée jusqu'à présent par les organes administratifs. Même si la Chine adopte le principe de l'économie de marché, il ne faut pas oublier qu'elle est désignée « l'économie socialiste de marché ». Plus précisément, cela signifie que la Chine s'est très orientée vers le monde international en termes de lois à caractères civils, alors que la réglementation étatique est plus présente dans les lois commerciales. Par exemple, la Loi sur les valeurs mobilières, la Loi sur les assurances et la Loi sur les banques commerciales, contiennent toutes 2 parties : les règles concernant les transactions et les règles visant la réglementation administrative. La raison fondamentale de ce système est que pendant la transformation de la Chine, l'économie nationale peut facilement être en désordre et que le système de crédit est très faible, de sorte qu'il peut être difficile de résister aux risques du marché et aux troubles sociaux régionaux (tels que le fait d'amasser illégalement des fonds) provoqués par les transactions commerciales massives. La Chine a donc préféré sacrifier l'autonomie privée pour la stabilité sociale et la sécurité. Naturellement, la législation guidée par cette philosophie a pour effet de combiner le droit public et le droit privé. Le droit civil et commercial, bien qu'appartenant au droit privé, contient un certain nombre de lois à caractère public ou contentant des dispositions de cette nature.

3. Attacher une importance égale à la raison et à l'expérience et permettre la coexistence de la prospective et de la conservation.

La législation civile et commerciale de la Chine est basée depuis toujours sur 2 idées directrices : la première consiste à élaborer une loi qu'après que la situation visée soit parvenue à maturité. De nombreux domaines de l'économie de marché, tels que les valeurs mobilières et la fiducie ne sont pas familiers aux citoyens chinois, de sorte que le législateur a plutôt tendance à être conservateur, plutôt que d'être prévoyant, afin d'éviter des erreurs. Par conséquent, la Chine possède de nombreuses lois civiles et commerciales fondées sur l'expérience (en particulier les lois commerciales)[1]. L'autre idée consiste à « préférer le général aux détails ». Depuis la politique de réforme et d'ouverture sur le monde extérieur, la Chine est en constant changement, se développe graduellement et insiste que ses décisions législatives soient basées sur l'empirisme, ce qui a pour conséquence que la réforme doit être graduelle, et que selon une expression populaire, il faut « traverser une rivière en tâtant les pierres ». En même temps, le législateur laisse généralement suffisamment de place pour des réformes futures en permettant au Conseil des affaires d'État d'adopter des lois rapidement comme celles portant sur l'opportunité de permettre des opérations mixtes dans le secteur bancaire ou, encore, d'autoriser ou non la négociation sur marge de titres boursiers.

De telles idées amènent 2 problèmes en pratique : l'un est l'absence de normes précises qui auraient pour effet de faciliter le travail des juges. Puisque le législateur a délibérément laissé trop de normes abstraites dans les lois, les tribunaux sont toujours dans l'impossibilité de bien respecter les lois, et la Cour suprême est obligée d'émettre de nombreuses interprétations judiciaires, qui ne sont souvent pas de véritables interprétations de lois, mais consistent plutôt en des lois créées par la justice. L'autre problème est la révision fréquente des lois et même, dans certains cas, des modifications complètes de celles-ci. Par exemple, la Loi sur les sociétés promulguée en 1993 a été révisée 3 fois et la révision de 2005 a quasiment supplanté la loi qui prévalait alors. Il en va de même pour la Loi sur les sociétés en participation et la Loi sur les valeurs mobilières. Ces dernières années, au fur et à mesure que mûrissent l'expérience, les théories et le système juridique de l'économie de marché, des changements radicaux ont été apportés lors des initiatives législatives civiles et commerciales et le législateur accorde maintenant plus d'attention à la construction logique de systèmes normatifs abstraits afin de

1 Il y a quelques exceptions. Par exemple, lorsque la Loi sur les assurances a été promulguée en 1995, la Chine n'avait pas d'institutions régulatrices d'assurance indépendantes.

permettre réellement aux parties concernées de prévoir les conséquences de leurs actes, conformément à la loi, et d'agir de façon prévisible. Les différents tribunaux peuvent alors mieux appliquer les lois aux situations qu'ils rencontrent. Cela est particulièrement vrai dans le domaine du droit civil.

Section 2 : Systéme juridique pour les sujets de droit civil

I. Système pour les personnes physiques

Les Principes généraux du droit civil sont la première loi adoptée, en 1986, à la suite de l'adoption de la Constitution de 1982 qui régit globalement la vie sociale et accorde le statut de personnes aux citoyens, tout en leur octroyant des droits et leur imposant des obligations. Restreint par le niveau de développement des sciences juridiques et de l'idéologie de l'époque, ces normes ne distinguaient pas strictement les notions de « citoyen » en droit public et de « personne physique » en droit privé. Ce n'est qu'à partir de 1999, avec l'adoption de la Loi sur les contrats qu'on a établi une distinction entre ces notions. Les Principes généraux du droit civil de 1986 énoncent malgré tout que toutes les personnes physiques sont égales quant à leur capacité de jouir des droits civils, qu'ils bénéficient de la naissance jusqu'à la mort. Se référant au principe général selon lequel la jouissance de droits emporte celle d'assumer des obligations, le principe de « la capacité de jouissance des droits civils » est un concept avant-gardiste des lois civiles du système de droit continental et signifie l'égalité entre les personnes et la jouissance, sans contrainte, des attributs de la personnalité. En droit chinois, on ne peut généralement restreindre la capacité de jouissance des droits civils ou encore en priver un individu. Pour leur part, les Principes généraux du droit civil « se soucient vraiment des gens et les aident à pleinement se réaliser » et considèrent que le développement global de tous constitue l'objectif de la législation. Par conséquent, en droit chinois, la « personne physique » n'est pas simplement une personne au sens biologique du terme, mais aussi une personne au sens éthique, en particulier dans le sens de l'éthique du philosophe Emmanuel Kant.

En termes de capacité d'exercice des droits civils (capacité d'exercer ses droits civils et commerciaux de manière indépendante), les personnes physiques peuvent être divisées en 3 types selon leur âge :

(1) Une personne pleinement capable. Une personne physique âgée de 18 ans ou plus sera considérée comme un adulte doté de la pleine capacité civile. Une personne physique ayant atteint l'âge de 16 ans, mais non celle de 18 ans, et dont le propre travail constitue la principale source de revenus, sera réputée être une personne pleinement capable civilement.

(2) Une personne partiellement capable. Un mineur âgé de 10 ans ou plus sera considéré comme une personne ayant une capacité civile limitée et pouvant exercer certaines activités en rapport avec son âge et ses facultés intellectuelles.

(3) Une personne incapable civilement. Un mineur de moins de 10 ans sera considéré comme une personne sans capacité civile et devra être représenté dans ses activités par un mandataire. En outre, les personnes atteintes de maladies mentales peuvent être divisées, selon leur état de mentalité, en personne partiellement capable ou en personne incapable civilement.

Le droit civil et commercial moderne prend l'individualisme comme prémisse de base et met l'accent sur le jugement de soi, l'indépendance d'esprit et les responsabilités individuelles. Par conséquent, la famille n'est plus fondamentalement un sujet de droit civil. En Chine, toutefois, la famille (appelée « ménage ») peut agir comme un sujet de droit civil dans certaines circonstances : l'une est relative aux auto-entrepreneurs, qui sont des personnes physiques se livrant à des activités industrielles ou commerciales dans les limites autorisées par la loi et ayant obtenu l'approbation et l'enregistrement conformément à la loi. Les « entrepreneurs » peuvent être une personne ou encore une famille entière. Si la propriété familiale est investie dans l'opération, toute la famille doit profiter des profits et prendre des risques. L'autre cas est représenté par « des ménages assurant une exploitation rurale contractuelle », ce qui signifie que les agriculteurs contractent alors pour le ménage dans l'exploitation des terres collectives rurales et acquièrent de ce fait les droits de l'exploitation forfaitaire de celles-ci. Dans la situation où les agriculteurs obtiennent de faibles revenus et que les canaux d'emploi sont limités et la sécurité sociale absente, le fait que les ménages soient considérés comme des sujets de droit civil peut permettre à ceux-ci de remplir pleinement leurs fonctions à titre de communauté économique et de renforcer leur capacité à résister aux risques.

II. Système d'organisation commerciale

La Chine applique le principe de la légalisation des formes d'entreprises qui ne peuvent prendre que les formes d'organisation prévues par la loi. Une personne morale ou non ne peut ainsi se livrer à des activités commerciales avant l'enregistrement de son établissement et son activité ne cesse d'exister tant qu'il n'y a pas eu radiation de son inscription.

Les organisations commerciales sont classées en personne morale et en organisations non dotées de la personnalité morale. La principale différence entre les deux est que le promoteur d'une personne morale possède une responsabilité limitée au montant de ses apports en capital, alors que le promoteur d'une organisation non dotée de la personnalité morale a une responsabilité illimitée qui s'étend à l'ensemble de son patrimoine. Les premières comprennent les sociétés ou aussi appelées compagnies et les secondes comportent les sociétés en participation et les sociétés individuelles.

1. Société

La société est l'organisation commerciale la plus connue. Jusqu'en 1993, la Chine n'avait alors promulgué que la Loi sur les sociétés, qui a été modifiée 3 fois (en 1999, 2004 et 2005, respectivement). Auparavant, il existait la Loi sur les entreprises industrielles détenues par l'ensemble de la population (publiée en 1988 et mise de côté par des réformes pour l'établissement du régime des sociétés dans le cadre des entreprises d'État).

Les sociétés comprennent les sociétés à responsabilité limitée et les sociétés par actions, et celles-ci sont classées en sociétés par actions cotées et sociétés par actions non cotées. Les conditions d'établissement d'une société à responsabilité limitée sont assouplies, avec l'apport d'au plus 50 actionnaires et un capital social minimum de 30 000 yuans; une société par actions est fondée par plus de 2 actionnaires, mais moins de 200 actionnaires, avec un capital social minimum de 5 millions de yuans. Une société par actions peut être créée au moyen d'une souscription ou d'une offre publique. Le premier mode signifie que le fondateur souscrit à toutes les actions qui seront émises par la société, tandis que le deuxième implique que le fondateur souscrit à certaines actions qui seront émises par la société et que les actions restantes sont émises au profit d'autres personnes.

Les idées directrices du législateur en édictant la Loi sur les sociétés sont les suivantes :

A. Encourager l'esprit d'entreprise

La Loi sur les sociétés pose des exigences souples sur le capital social et la forme des apports d'une société. Les premiers apports en capital des actionnaires ou des fondateurs ne doivent pas être inférieurs à 20 % du capital social, ni au montant minimum prévu. La différence doit être payée par les associés dans les 2 ans suivant la date de création de la société, et les sociétés d'investissement peuvent rembourser le capital investi dans les 5 ans. Les associés ont la possibilité d'apporter des apports en numéraire, en nature ou en propriété intellectuelle, en droits d'utilisation des sols, en droits de créanciers, en droits d'actions ou autres biens, et les apports en espèces ne doivent pas être inférieurs à 30 % du capital social d'une société à responsabilité limitée. Cela assouplit les apports en capital au bénéfice des droits de propriété intellectuelle et contribue à encourager la création d'entreprises de haute technologie. La Loi sur les sociétés prévoit également des sociétés unipersonnelles qui sont des sociétés à responsabilité limitée dont le seul actionnaire est une personne physique ou morale. Afin d'éviter les risques de crédit, certaines exigences relatives à la création d'une société unipersonnelle de la Loi sur les sociétés sont plus exigeantes que celles relatives à la création de sociétés à responsabilité limitée ordinaires. Par exemple, le montant minimum du capital social d'une société unipersonnelle est de 100 000 yuans RMB et l'actionnaire doit payer intégralement les apports en capital indiqués dans les statuts de la société.

B. Renforcer les responsabilités sociales des sociétés

La Loi sur les sociétés énonce explicitement que les sociétés doivent « assumer des responsabilités sociales ». Indiquer que les entreprises ayant des responsabilités sociales sous forme d'une loi constitue une caractéristique du droit chinois des sociétés. Les « responsabilités sociales » exigent qu'une société prenne en compte les intérêts sociaux et ceux des personnes qui lui sont liées, tout en visant la maximisation des intérêts de ses actionnaires. La Loi sur les sociétés accorde une attention particulière à la protection des intérêts des créanciers de l'entreprise. Par exemple, afin d'empêcher les actionnaires de se soustraire à leurs dettes en vertu de la responsabilité limitée, elle confirme officiellement le système de déni de la personnalité des personnes morales. Selon ce système, lorsqu'un actionnaire profite de son statut indépendant de personne morale et de sa responsabilité limitée pour se soustraire aux dettes sociales et porter gravement atteinte aux intérêts des créanciers de l'entreprise, il doit alors engager sa responsabilité de manière solidaire pour les dettes de la société.

C. Respecter le droit d'autonomie des entreprises

La Loi sur les sociétés préconise que les entreprises soient personnalisées autant que possible et décident des questions d'exploitation et de gouvernance en cohésion avec leur situation réelle, la loi n'intervenant généralement pas dans leurs affaires internes. Cette loi contient de nombreuses normes d'autorisation, dont certaines sont supplétives. Par exemple, des sujets importants tels que l'objet, les représentants légaux et les règles de procédure des organes d'une compagnie sont autorisés à être indiqués dans les statuts de la société.

D. Inspirer l'initiative des actionnaires minoritaires dans la gestion de l'entreprise et protéger leurs droits

La Loi sur les sociétés accorde aux actionnaires minoritaires de nombreux droits pour les inciter à participer à la gestion de l'entreprise afin de promouvoir un développement sain de celle-ci et afin de les protéger, notamment le droit à l'information (par exemple consulter des livres comptables et d'autres documents), le droit de cession d'actions, le droit de renonciation aux actions, le droit de dissoudre une société et d'autres droits substantiels. Cette loi leur confère également des droits procéduraux tels que le droit de convoquer une assemblée générale extraordinaire des actionnaires, le droit de faire des propositions, le droit de demander une enquête, le droit d'intenter une action en justice afin de confirmer la nullité ou l'annulation des décisions d'une assemblée générale et du conseil d'administration, et le droit de déposer des poursuites à titre de représentants des actionnaires.

E. Établir une structure de gestion d'entreprise efficace et normative

La Loi sur les sociétés met l'accent sur la séparation et l'équilibre des pouvoirs de l'entreprise ainsi que sur l'exercice de ces derniers par différents organes (par des particuliers dans le cas d'une petite entreprise). L'assemblée générale (ou assemblée des actionnaires) est l'organe du pouvoir d'une société, le conseil d'administration constitue l'organe d'exécution de celle-ci et le conseil de surveillance est l'organe chargé, comme son nom l'indique, de sa surveillance. Les sociétés cotées en bourse doivent compter des administrateurs indépendants. La Commission chinoise de réglementation des valeurs mobilières, la Bourse de Shanghai et la Bourse de Shenzhen imposent des exigences plus élevées en ce qui concerne la structure de gestion des sociétés cotées en bourse.

F. Renforcer la mise en place du système de contrôle interne de l'entreprise et réprimer les actes répréhensibles de ceux qui contrôlent l'entreprise

Deux conflits d'intérêts fondamentaux peuvent exister au sein d'une entreprise. L'un se situe entre les actionnaires majoritaires, c'est-à-dire ceux qui contrôlent celle-ci, et les actionnaires minoritaires. La Loi sur les sociétés prévoit explicitement que les actionnaires majoritaires et ceux qui exercent le contrôle effectif doivent assumer la responsabilité des dommages-intérêts lorsqu'ils profitent de leur pouvoir pour nuire aux intérêts de la société ; elle indique aussi qu'une résolution doit être prise par le conseil des actionnaires ou l'assemblée des actionnaires, lorsqu'une société offre des garanties à ceux-ci ou aux personnes la contrôlant effectivement. L'autre conflit se retrouve entre les actionnaires et les dirigeants réels de la société. La Loi sur les sociétés définit les obligations de loyauté et de diligence des administrateurs, des superviseurs et des cadres supérieurs d'une entreprise. S'ils violent ces obligations, ils sont tenus responsables des dommages. Les actionnaires minoritaires d'une société peuvent intenter des poursuites contre ces personnes lorsqu'elles vont à l'encontre des intérêts de la société.

2. Entreprises sociétaires

Les entreprises sociétaires comprennent les «société en nom collectif» et les «sociétés en commandite» ou mieux connue en anglais sous l'expression limited partnership (ci-après désignées LP). Une société en nom collectif est formée par des associés commandités qui sont assujettis à une responsabilité illimitée et solidaire concernant les dettes de l'entreprise. Une « LP » doit être constituée d'associés commandités et d'associés commanditaires. Les associés commandités répondent de façon illimitée et solidaire des dettes de la société, tandis que les associés commanditaires supportent le passif de la société à hauteur de leur propre apport en capital dans celle-ci. Alors que la Loi sur les entreprises sociétaires, promulguée en 1997, ne prévoyait que des sociétés en nom collectif, sa révision, en 2006, a ajouté les « LP ».

Les associés peuvent être des personnes physiques, des personnes morales ou d'autres organisations. Cependant, les sociétés entièrement financées par l'État, les entreprises d'État, les sociétés cotées en bourse, les établissements publics et les associations ne peuvent devenir qu'associés commanditaires. Leur permettre de devenir associés favorise la coopération entre les grandes entreprises et les petites et moyennes entreprises innovantes dans le développement de nouveaux produits et de nouvelles technologies[1].

Les modes de fonctionnement d'une société en nom collectif sont flexibles et diversifiés. Les sociétés en nom collectif peuvent être exploitées conjointement par tous les associés ou par un ou plusieurs associés. Dans les « LP », les associés commandités sont généralement d'excellents techniciens ou gérants qui possèdent des technologies, mais manquent de fonds. Par conséquent, ils peuvent s'acquitter de leurs obligations et maximiser les intérêts de l'entreprise en leur permettant d'être responsables du fonctionnement et de la gestion de celle-ci, tout en supportant les dettes de façon illimitée et solidaire. Les associés commanditaires possèdent habituellement des fonds, mais n'ont généralement pas les capacités d'exploiter une société en commandite. Ainsi, ils jouent plutôt un rôle passif dans l'entreprise et ils voient leur responsabilité limitée à leurs contributions en capital, ce qui contribue à stimuler leur motivation d'investissement. Évidemment, une « LP » peut combiner efficacement le capital et l'intelligence. Ceci est largement adoptée dans le domaine de la haute technologie, des fonds de capital-risque et des fonds de capital-investissement.

La Loi sur les entreprises sociétaires contient également des dispositions sur les sociétés en nom collectif particulières qui sont applicables aux organisations de services professionnels fournissant des services rémunérés au moyen de connaissances et de compétences professionnelles, telles que les cabinets d'avocats et les cabinets d'expertise comptable. La « particularité » de celles-ci se traduit de la façon suivante : un ou plusieurs associés sont sujets à une responsabilité illimitée et solidaire concernant les dettes de l'entreprise, alors que d'autres associés ne doivent la supporter que dans la mesure de leurs parts sociales. Cela a pour but d'atténuer les risques des associés et d'éviter les pertes subies par tous en raison d'actes illicites ou de fautes graves d'un ou de plusieurs associés. Afin de répartir les risques de responsabilité, la loi impose à une société en nom collectif particulière de préparer un fonds de risque pour l'exercice d'une profession et de souscrire une assurance responsabilité professionnelle.

Les entreprises sociétaires ont certains avantages que n'ont pas les autres types de sociétés. Prenons l'exemple de l'impôt sur le revenu. Cet impôt est payé par les associés sous la forme d'un taux imposition unique, alors qu'une société est assujettie à une double imposition sur le revenu, tant au niveau de l'entreprise que

1 ZHU Shaoping, « De la révision de la Loi sur les sociétés en participation », http://www. npc. gov. cn.

celui de ses actionnaires. Évidemment, l'impôt total payable par l'une ou l'autre de ces organisations variera en fonction des taux d'impositions effectifs fixés par les gouvernements. En ce qui concerne la forme de la contribution au capital, celle-ci peut être constituée en services au moyen du travail effectué, tandis que dans le cas d'une société, les actionnaires ne peuvent pas le faire. En termes de structure de gestion, les exigences légales sur la gestion d'une entreprise sociétaire-sont beaucoup plus restreintes que dans le cadre d'une société. Par exemple, les associés peuvent convenir de permettre à un ou plusieurs de ceux-ci de représenter l'entreprise sociétaire dans l'exercice de ses affaires.

3. Entreprise à capitaux étrangers

Au début de la politique de réforme et d'ouverture sur le monde extérieur, la Chine a publié de multiples lois, de règlements administratifs et d'arrêtés départementaux visant à s'ouvrir aux investissements étrangers. Jusqu'à présent, a été mis en place pour les entreprises à capitaux étrangers un système juridique ayant comme noyau la Loi sur les coentreprises à capitaux chinois et étrangers (1979), la Loi sur les entreprises à capitaux étrangers (1986) et la Loi sur les coentreprises contractuelles sino-étrangères (1988).

Afin de réglementer l'accès des investissements étrangers à différentes industries, la Chine classifie les projets financés par les étrangers en 4 catégories, à savoir les catégories encouragées, autorisées, restreintes et interdites (Dispositions sur l'orientation de l'investissement étranger du Conseil des affaires d'État, de 2002). Le ministère du Commerce a également publié et modifié le Catalogue des orientations sectorielles financées par l'étranger (le dernier en date étant la version de 2011), de manière à orienter l'accès aux investissements étrangers.

L'investissement étranger peut adopter la forme d'un nouvel investissement par le biais d'une filiale (Greenfield Investment) ou encore au moyen de la fusion et l'acquisition des actifs ou des actions d'entreprises nationales chinoises. Au début de la politique de réforme et de l'ouverture de la Chine sur le monde extérieur, l'investissement étranger au moyen d'une filiale était majoritaire. À l'heure actuelle, les fusions et acquisitions internationales sont très appréciées par les investisseurs en raison de leurs avantages dans le raccourcissement du délai d'établissement d'une entreprise et donc de sa présence plus rapide sur le marché chinois. Cependant, on a estimé que ce type d'investissement a causé de graves problèmes à la sécurité économique et au contrôle macro économique de la Chine. Par conséquent, le ministère du Commerce a publié de nombreuses règles pour mieux les réglementer.

Une coentreprise à capitaux chinois et étrangers doit prendre la forme d'une société à responsabilité limitée. La proportion de l'investissement apporté par les investisseurs étrangers ne doit généralement pas être inférieure à 25 %. Les coentreprises jouissent du droit d'autonomie en matière de production et de gestion. Ce type d'entreprise doit établir un conseil d'administration, dont le nombre d'administrateurs et la constitution seront négociés par ses parties ainsi que la nomination du président et du vice-président. Ces dernières personnes peuvent également être déterminées par des élections au sein du conseil d'administration. Toutefois, notons que si une personne appartient à l'une partie de la coentreprise et occupe le poste de président du conseil d'administration, l'autre partie déterminera alors qui agit en qualité de vice-président.

Une coentreprise contractuelle sino-étrangère peut prendre la forme d'une personne morale (société à responsabilité limitée) ou d'autres formes (organisations économiques contractuelles). Si une coentreprise contractuelle est une personne morale, un conseil d'administration doit alors être constitué ; si elle n'est pas une personne morale, un organe de gestion commune est créé pour décider des questions majeures de la coentreprise conformément aux contrats ou aux statuts de la coentreprise. Si l'une des parties à une coentreprise contractuelle sino-étrangère exerce les fonctions de président du conseil d'administration ou de directeur de l'organe de gestion commune, l'autre partie agit en qualité de vice-président ou de directeur adjoint. Une telle entreprise financée par des capitaux étrangers et établie de manière flexible aide les parties chinoises et étrangères à faire valoir leurs avantages respectifs et permet de mener une coopération optimale.

Les entreprises à capitaux étrangers sont des entreprises établies en Chine par des investisseurs étrangers exclusivement au moyen de leurs propres capitaux, à l'exclusion des succursales créées en Chine par des entreprises étrangères. Une entreprise à capitaux étrangers peut prendre la forme d'une société à responsabilité limitée ou d'une société par actions. La Chine ne procède pas, en principe, à la nationalisation où à l'expropriation d'une entreprise à capitaux étrangers. Dans des circonstances particulières et dans un but d'utilité publique, les entreprises à capitaux étrangers peuvent être expropriées conformément aux procédures légales et une compensation appropriée doit être accordée.

La Loi sur les sociétés énonce qu'elle est applicable aux cas d'investissement étranger qu'elle régit, sauf dispositions contraires de lois particulières s'appliquant à cette catégorie d'investissement. En outre, selon les Mesures d'administration pour la création d'entreprises en participation en Chine par des entreprises ou des particuliers étrangers (2009), du Conseil des affaires d'État, les personnes d'affaires étrangères peuvent créer en Chine des entreprises en participation.

Le grand succès de la Chine dans l'attraction des investissements étrangers est dû en grande partie aux lois qui les concernent. Au cours des années où la Chine manquait de technologies, de capitaux, de marchés et d'expérience de gestion, elle accordait des avantages aux entreprises comportant des investissements étrangers en matière foncière, fiscale et de devises de sorte que celles-ci ont bénéficié de traitements particuliers pour développer l'économie nationale, les technologies et les mécanismes de gestion. Ces dernières années, les entreprises à capitaux étrangers ont de plus en plus un statut juridique équivalent à celui des entreprises nationales et un environnement de concurrence équitable s'est progressivement formé.

4. Entreprise individuelle

Une entreprise individuelle désigne une entité commerciale dont l'investissement provient d'une personne physique et dont les biens sont la propriété personnelle de cette personne qui assumera une responsabilité illimitée pour les dettes de l'entreprise, incluant ses propres biens. Les exigences légales pour la création d'une entreprise individuelle ne sont pas sévères, ne nécessitant pas, tel que son nom l'indique, un minimum de personnes. L'investisseur d'une entreprise individuelle, s'il indique lors de l'enregistrement de l'entreprise créée que la propriété commune de sa famille constitue sa contribution en capital, les biens communs de cette dernière participent alors à la totalité des dettes de l'entreprise.

5. Système légal de la faillite des entreprises

En 2006, la Chine a adopté la nouvelle Loi sur la faillite des entreprises, considérée comme un événement marquant pendant la période de sa transformation[1]. La loi s'applique à toutes les personnes morales, y compris les entreprises d'État, les entreprises privées, les 3 types d'entreprises qui bénéficient d'investissements par les étrangers et, enfin, les institutions financières.

Deux causes de faillite sont évoquées dans cette loi : premièrement, « l'impossibilité d'acquitter des dettes échues et l'insuffisance d'actifs pour rembourser l'ensemble des dettes » ; deuxièmement, « l'incapacité de rembourser les dettes échues et l'insolvabilité apparente ». Lorsqu'une entreprise personne morale est dans l'une de ces circonstances, elle peut mettre en œuvre une liquidation, une réconciliation ou un redressement de faillite sans l'approbation du gouvernement.

La Loi sur la faillite des entreprises introduit le système international courant de syndic de faillite. La fonction de syndic de faillite peut être assumée par des services d'intermédiaires, tels qu'un cabinet d'avocats, un cabinet d'expertise comptable et un cabinet de liquidation de faillite qui obéissent à un système conforme aux règles du marché. Un tribunal populaire peut désigner les personnes spécialisées en la matière et dûment qualifiées pour exercer le rôle de syndic. Puisque ce dernier doit assumer une responsabilité d'expert, un individu qui agit en tant que syndic de faillite doit souscrire une assurance en responsabilité civile.

La Loi sur la faillite des entreprises indique les règles complètes de redressement des entreprises. Quand un débiteur ne parvient pas à s'acquitter des dettes échues, le créancier peut alors demander un redressement du débiteur auprès du tribunal. Le plan de redressement reflète la volonté d'exercer un contrôle global

1 LI Shuguang, « Neuf grandes innovations institutionnelles et percées de la nouvelle loi sur la faillite », Legal Daily, 5 sept. 2006.

consistant à combiner une concession des créanciers avec celle de la relance de l'entreprise[1], ce qui signifie que la Loi sur la faillite des entreprises est également une loi de relance et de sauvetage des entreprises. Les parties qui peuvent demander un redressement en cas de faillite comprennent les créanciers, les débiteurs eux-mêmes et les promoteurs dont les apports en capital représentent un dixième ou plus du capital social de l'entreprise visée par le redressement. Le débiteur et les créanciers concluent un accord sous la direction du tribunal et élaborent un plan de redressement stipulant que le premier doit rembourser les dettes en totalité ou en partie dans un certain délai et peut, avec l'approbation du tribunal, gérer ses biens et ses affaires commerciales sous la supervision du syndic. Les créanciers jouissent pleinement du droit de participer, de superviser et de prendre des décisions dans le processus de redressement.

La Loi sur la faillite des entreprises prescrit des règles relativement complètes relatives au droit d'annuler ou de réviser des transactions pour contenir efficacement le phénomène autrefois largement utilisé de « l'échappatoire aux dettes sous la forme d'une banqueroute frauduleuse ». Si, dans l'année précédant l'acceptation de la demande de faillite, les débiteurs transfèrent gratuitement des biens, effectuent des transactions avec des prix manifestement déraisonnables, fournissent des cautions financières pour les dettes sans garantie matérielle, remboursent les dettes de façon indue ou renoncent au crédit, le syndic a le pouvoir de demander au tribunal d'annuler ces actes. Certains actes qui impliquent les biens de débiteurs sont invalides, tels que de les dissimuler ou de les transférer pour échapper à ses créanciers, de créer des dettes inexistantes et d'indiquer des dettes de façon mensongère.

Protéger pleinement les droits et les intérêts légitimes des employés d'une entreprise en faillite est l'un des objectifs importants de la Loi sur la faillite des entreprises. Autrefois, les réclamations en salaires des employés bénéficiaient d'un rang supérieur à celles garanties afin de protéger les intérêts des travailleurs et de maintenir la stabilité sociale. La nouvelle loi sur la faillite prévoit que les réclamations des créanciers garantis précèdent celles résultant de travail concernant une faillite survenue après le 1er juin 2007 (date d'entrée en vigueur de la Loi sur la faillite des entreprises). Les actifs de l'entreprise insolvable, après remboursement des coûts de la procédure de faillite et du passif communautaire et des créanciers garantis, sont liquidés selon l'ordre suivant : (1) les salaires et les avantages sociaux des salariés ; (2) les primes d'assurance sociale et les taxes dues par les faillis ; (3) les créanciers ordinaires. Lorsque les actifs ne sont pas suffisants pour rembourser les biens conformément aux exigences de cette séquence, ils doivent être répartis proportionnellement.

---

1 WANG Weiguo, « Nouvelle loi sur la faillite : une législation qui évolue avec le temps », Congrès du peuple chinois, 2006, p. 17.

La Loi sur la faillite des entreprises prescrit également que les procédures de faillite ont force obligatoire sur les actifs du débiteur concerné au-delà du territoire de la Chine. Dans la mesure où il existe des dispositions de conventions internationales auxquelles la Chine a adhéré, ou des traités d'assistance judiciaire signés entre la Chine et un pays étranger, les tribunaux chinois confirmeront et exécuteront également les jugements de faillite rendus par un tribunal étranger.

III. Système pour les organisations non gouvernementales à but non lucratif

Dans le processus d'élaboration de l'État qui a commencé après 1949, la Chine a progressivement interdit diverses organisations non gouvernementales (ONG) et les a intégrées au système du pouvoir d'État. Après la politique de réforme et d'ouverture sur le monde extérieur, la force sociale en Chine est progressivement devenue importante. Afin de protéger la liberté d'association de citoyens, la Constitution de 1982 a inscrit ce droit parmi les droits fondamentaux des citoyens et les Principes généraux du droit civil ont alors prévu que les associations étaient des personnes morales.

Selon les Principes généraux du droit civil, les associations sont classées en celles sujettes aux procédures d'enregistrement des personnes morales et en celles qui en sont soustraites. Les premières comprennent les syndicats, la Ligue de la Jeunesse communiste, la Fédération des femmes, l'Association chinoise pour la science et la technologie, la Fédération panchinoise des jeunes, la Fédération panchinoise des Chinois d'outre-mer, la Fédération panchinoise des compatriotes de Taïwan, la Chambre de commerce et d'industrie, etc. Les deuxièmes comprennent diverses associations « semi-officielles et semi-non gouvernementales » et des ONG purement non officielles. Selon les Mesures provisoires pour l'interdiction des organisations non gouvernementales illégales (2004), une organisation non autorisée ni enregistrée, mais exerçant illégalement des activités au nom d'une ONG sera interdite et ses biens seront confisqués.

Les ONG chinoises sont divisées en deux types : premièrement, les associations et les fondations, qui sont enregistrées auprès du ministère des Affaires civiles conformément au Règlement sur l'administration de l'enregistrement des organisations sociales (1998) et au Règlement sur la gestion des fondations (1988) pour obtenir la qualification d'association avec statut de personne morale; deuxièmement, les unités privées qui ne sont pas des entreprises et qui sont enregistrées auprès du ministère des Affaires civiles conformément au Règlement provisoire sur la gestion des inscriptions des unités privées qui ne sont pas des entreprises (1998) et qui obtiennent, selon le cas, la qualification de personne morale, d'associé ou d'individu.

Malgré le rôle important joué par les ONG chinoises dans divers milieux sociaux, les lois actuelles fixent encore des limites au seuil d'enregistrement de celles-ci. Par exemple, une ONG est soumise à « un double contrôle, une double responsabilité et une double surveillance» assurés par les organes gestionnaires de l'enregistrement du ministère des Affaires civiles et les unités de supervision. Les ONG doivent obtenir l'approbation des unités de supervision en fonction des domaines de leurs activités avant de demander l'enregistrement auprès des autorités des affaires civiles. Par exemple, l'Alumni de Jilin University doit obtenir préalablement l'approbation du ministère de l'Éducation, unité de supervision de ses activités, pour obtenir l'enregistrement auprès du ministère des Affaires civiles. En pratique, étant donné que les unités de supervision en charge d'une ONG sont responsables des activités de celle-ci, mais ne peuvent pas en bénéficier, la plupart d'entre elles hésitent à donner leur approbation. Dans ce cas, la plupart des organisations qui obtiennent l'approbation sont essentiellement «dirigées par le gouvernement et exploitées par la société». Par exemple, la Société chinoise pour les sciences de l'environnement, fondée en mai 1978, est la première ONG environnementale créée par des organes gouvernementaux. L'enregistrement des ONG est très difficile. C'est déjà devenu le plus grand obstacle au développement des ONG à but non lucratif en Chine.

Section 3 : Système pour les droits civils

Le droit civil accorde divers droits aux personnes qu'il régit. Le droit civil traditionnel dans le système du droit continental est centré sur le droit de propriété, tandis que le droit civil chinois attache une importance égale au droit de propriété et aux droits de la personnalité et qu'il fournit une protection plus élevée à ces derniers.

I. Système pour les droits de la personnalité

Après la politique de réforme et d'ouverture sur le monde extérieur, la loi chinoise a beaucoup fait pour affirmer et protéger les droits liés à la personnalité. La Constitution de 1982 a inscrit la dignité personnelle et la liberté individuelle parmi les droits fondamentaux des citoyens, fournissant ainsi une base constitutionnelle à la promulgation des droits de la personnalité dans la législation civile. Les Principes généraux du droit civil sont considérés comme le «revendicateur des droits» en grande partie parce qu'ils comportent des chapitres spécialement consacrés aux droits civils, en particulier aux droits de la personnalité.

Le droit civil régit particulièrement les droits patrimoniaux et les droits de la personnalité. Les derniers sont possédés par tout être-humain, en raison de l'existence de son corps. Le droit civil chinois admet 2 types de droits de la personnalité : les droits de la personnalité généraux et les droits de la personnalité spécifiques.

Terme utilisé dans le système de droit continental, les «droits de la personnalité généraux» constituent ceux qui sous-tendent les droits de la personnalité d'une personne physique. Il s'agit plutôt d'un concept reflétant les pensées de l'humanisme et de l'anthropocentrisme que d'un système de droit bien défini. En Chine, ce droit est généralement divisé en 3 parties : l'indépendance de la personnalité, la liberté individuelle et la dignité personnelle. L'indépendance de la personnalité signifie que les sujets de droit civil jouissent de droits égaux ; la liberté de la personnalité signifie que le corps et l'esprit individuels ne doivent pas être illégalement contraints ou contrôlés ; la dignité personnelle est le principe selon lequel une personne mérite le respect le plus fondamentalquel que soit son âge, son sexe, sa santé, son groupe ethnique, etc. Du point de vue des techniques législatives, les droits de la personnalité généraux constituent une source et une base pour confirmer des droits de la personnalité spécifiques. Ainsi, si la loi ne contient aucune disposition explicite relativement à un droit reconnu de la personnalité, les tribunaux peuvent recourir aux droits de la personnalité généraux pour le définir après avoir pesé soigneusement les intérêts en cause.

Les droits de personnalité spécifiques peuvent être classés en droits de la personnalité matériels et en droits de la personnalité spirituels. Les droits de la personnalité matériels comprennent le droit à la vie, le droit à la santé, le droit à l'intégrité physique (le droit de préserver l'intégrité des organes du corps) et le droit à l'image ; les droits de la personnalité spirituels comprennent le droit au nom, le droit à la réputation, le droit à l'honneur, le droit à la vie privée, etc. La loi chinoise maintient le principe du légalisme en matière de droit de la personnalité. Si aucune loi n'accorde explicitement à une caractéristique de la personnalité la qualification de droit de la personnalité, les tribunaux ne doivent pas créer un droit. Dans ce cas, si la victime mérite d'être protégée, les tribunaux ne sont pas sans ressources et peuvent adopter 2 méthodes : si l'intérêt de la personnalité concerne la dignité personnelle, les tribunaux ont la possibilité de recourir à des droits de la personnalité généraux pour appuyer la victime ; les tribunaux peuvent également l'incorporer dans les droits de personnalité existants en étendant autant que possible l'interprétation de ceux-ci. Par exemple, la vie privée n'était pas considérée par la loi chinoise comme un droit de la personnalité indépendant, elle a toutefois été incorporée dans les pratiques judiciaires dans le droit à la réputation à des fins de protection des personnes. Actuellement, des intérêts de la personnalité comme la chasteté ou le crédit ne sont pas mentionnés comme des droits de la personnalité spécifiques dans les lois chinoises. Les informations personnelles sont considérées comme la vie privée, cela n'a pourtant aucun impact sur les recours juridiques qu'il est possible d'utiliser.

En droit chinois, une personne morale jouit également des droits de la personnalité, qui sont néanmoins limités au droit au nom et au droit à la réputation. Une personne morale ne jouit d'aucun droit lié à la personnalité générale et n'a donc pas le droit de demander des dommages-intérêts en cas de préjudice moral. Cela résulte du fait que selon les théories dominantes et les pratiques judiciaires en Chine, on estime qu'une personne morale n'a pas de chair ni de sang et ne peuvent, par conséquent, ressentir de douleurs et de souffrances d'ordre psychique. Accorder des droits à une personne morale vise uniquement à protéger ses intérêts économiques, ce qui n'a rien à voir avec l'éthique ou la valeur.

Il convient de noter que les Principes généraux du droit civil ne mentionnent pas explicitement si l'atteinte aux droits de la personnalité mène à l'indemnisation en cas de préjudice moral. Une déclaration vague intitulée « peut également demander une indemnisation » est simplement utilisée dans le texte de ceux-ci. Cependant, avec l'appui des chercheurs, les juges octroient toujours des dommages-intérêts pour le préjudice moral. En 2001, la Cour populaire suprême a émis une Interprétation sur les problèmes concernant la détermination de la responsabilité en matière d'indemnisation pour le préjudice moral dans les délits civils afin de guider la pratique judiciaire dans l'application de ce genre d'indemnisation. L'article 22 de la Loi sur la responsabilité délictuelle de 2009 a indiqué pour la première fois l'indemnisation des dommages moraux, c'est-à-dire que « lorsqu'une atteinte à un droit ou à un intérêt personnel d'autrui cause un préjudice moral important à la victime d'un délit, celle-ci peut en exiger une indemnisation ». Cette disposition renforce ainsi le niveau de protection des droits de la personnalité.

La question la plus controversée actuellement quant aux droits de la personnalité est celle de savoir s'il est nécessaire de promulguer une loi particulière les concernant[1]. On indique que l'idée de la haute protection légale des droits de la personnalité et de la promotion des droits individuels a pris racine dans le cœur des Chinois et que le problème réside dans la manière de mieux protéger ces droits.

II. Système de droits réels

La Loi sur les droits réels, publiée en 2007, peut être considérée comme un jalon important de l'histoire de la construction du système juridique chinois. Elle a une influence profonde sur la société chinoise : premièrement, elle admet de manière législative le droit à la propriété privée et l'existence des autres droits similaires pour la première fois depuis 1949, offrant ainsi une protection juridique efficace aux transactions réalisées sous le principe de l'économie de marché ; deuxièmement, la protection des droits réels souligne l'importance qu'il faut accorder au droit privé, qui devient en quelque sorte sacré et signifie nécessairement que le pouvoir de l'État doit être utilisé avec parcimonie ; enfin, la loi respecte l'esprit d'entrepreneuriat et la richesse privée, ce qui a certainement pour effet d'inspirer l'initiative individuelle et l'enthousiasme de la société.

Le concept de « droit réel » découle du droit romain et du droit allemand. Ce concept comprend les biens immobiliers et les biens mobiliers. Le « droit réel » désigne le droit exclusif de contrôle direct dont jouit le titulaire sur une chose (jus

1 WANG Liming, « Sur le statut du système des droits de la personnalité dans le futur Code civil chinois », Chinese Journal of Law, 2003, p. 2.

in re) conformément à la loi. Le mot “contrôle” signifie que le détenteur du droit peut disposer de la chose à son gré, tels que son utilisation ou son transfert à des tiers ; pour sa part, le terme “exclusif” fait référence à “l'exclusion de l'intervention d'autrui” et ce dernier mot vise à la fois les sujets de droit civil et les organes de l'État.

La Loi sur les droits réels régit 2 relations juridiques : la propriété et l'utilisation des biens. En termes de propriété, la fonction principale de la Loi sur les droits réels est de « régler les différends », c'est-à-dire de vaincre la tragédie des biens communs en identifiant clairement les propriétaires des biens, permettant ainsi d'éviter l'utilisation massive et abusive des biens communs, ce qui peut avoir pour effet de rendre leur propriété sans aucune valeur. En ce qui concerne l'utilisation des biens, le principe de la Loi sur les droits réels est de « faire le meilleur usage possible des biens » afin de surmonter la tragédie des anti communs. Cela signifie que lorsqu'il y a trop de détenteurs de droits, l'utilisation des biens sera refrénée par d'autres personnes et que ceux-ci ne seront finalement utilisés par personne. La possession des biens est principalement reflétée dans le droit de propriété et l'utilisation de ces derniers s'exprime particulièrement dans le droit d'usufruit et par le fait qu'ils sont souvent grevés par des sûretés réelles.

En termes de techniques juridiques, 2 principes importants de la Loi sur les droits réels méritent d'être mentionnés. L'un est le principe du numerus clausus, c'est-à-dire que l'existence et le contenu d'un droit réel doivent être prescrits par la loi. En pratique, cette dernière comprend les lois promulguées par l'Assemblée populaire nationale et son Comité permanent ainsi que les règlements administratifs formulés par le Conseil des affaires d'État. La rationalité du numerus clausus réside dans le fait que le droit réel possède une nature particulièrement forte qu'il faut protéger d'interférence. Il obéit donc la plupart du temps à des règles impératives et non pas supplétives. Accorder, par exemple, la création arbitraire d'un droit réel pourrait permettre aux parties à une transaction de violer les droits réels d'autrui, portant ainsi atteinte à la liberté d'action des autres et à la sécurité des transactions. L'autre principe concerne le caractère public que doit revêtir un droit réel, lors de sa création, de sa modification, son transfert et sa cessation afin de le faire connaître à tous. Ainsi, toute création et modification d'un droit réel immobilier nécessitent une inscription dans un registre alors que ceux d'un droit réel mobilier se traduisent généralement par un transfert de possession.

La Chine a instauré 3 types de droits réels qui sont les suivants :

1. Droit de propriété

Contrairement aux pays du droit continental, la Loi sur les droits réels distingue les droits de propriété par leur système. Elle prévoit 3 types de propriétés : la propriété étatique, la propriété collective et la propriété privée. Elle définit clairement, et pour la première fois, le principe de la protection égale de la propriété privée et des autres formes qu'elle peut prendre en n'utilisant plus, par exemple, le libellé selon lequel « la propriété étatique est sacrée et inviolable ». Cela implique que la propriété privée et la propriété étatique sont considérées égales dans cette loi et répondent toutes les deux à l'exigence selon laquelle elles contribuent à l'économie socialiste de marché.

La propriété étatique appartient à l'ensemble du peuple et doit être exercée par le Conseil des affaires d'État au nom de celui-ci. Ses objets sont extrêmement étendus et comprennent les gisements minéraux, les eaux, les zones maritimes, les terres urbaines, les télécommunications et des fréquences radio, etc. La propriété collective s'exerce par les organisations économiques collectives dans les zones rurales et les villes. Elle comprend des terres, des forêts, des montagnes, des prairies, des terres non cultivées et des bancs de sable et de vase appartenant tous à la collectivité ; elle inclut aussi des bâtiments, des installations de production, des terres agricoles et des systèmes hydrauliques pour l'agriculture collective ; enfin, elle comporte aussi des installations éducatives, scientifiques, culturelles, sanitaires, sportives, etc. Les objets de la propriété privée sont également très étendus et comprennent notamment le revenu légitime, le logement, les articles ménagers, les instruments de production, les matières premières et les autres biens meubles et immeubles.

Afin de résoudre les problèmes pratiques en matière d'expropriation et de réquisition des biens en Chine, 6 articles (article 42, article 43, article 44, article 121, article 132 et article 148) de la Loi sur les droits réels définissent le système d'expropriation et de réquisition. Ils prévoient que, pour répondre aux besoins de l'intérêt public, les terres collectives, les locaux détenus par des entités et des particuliers ou d'autres biens peuvent être expropriés conformément aux normes et aux procédures prescrites par les lois. L'État doit verser une indemnité à la personne qui subit une expropriation ou une réquisition de ses biens. Pour réglementer la démolition des édifices en ville par l'État, le Conseil des affaires d'État a également adopté le Règlement sur l'expropriation et l'indemnisation des maisons sur les terrains urbains appartenant à l'État (2011), qui définit le principe d'indemnisation équitable. En outre, en vertu des lois chinoises actuelles, les terres rurales ne peuvent pas directement faire l'objet de transactions sur le marché foncier primaire avant d'être expropriées obligatoirement par l'État et transformées en terres appartenant à celui-ci, de telle sorte que les agriculteurs n'obtiennent pas les bénéfices de la plus-value foncière. L'État acquiert des terres rurales à des prix très bas, mais les prix de cession du droit de les utiliser sont très élevés, ce qui a provoqué en pratique de nombreux problèmes sociaux pressants. À l'heure actuelle, le Conseil des affaires d'État envisage de promulguer un Règlement sur l'expropriation et l'indemnisation des terres collectives rurales.

2. Droit d'usufruit

L'usufruit est un démembrement du droit de propriété et constitue un droit réel. Il constitue un droit d'utiliser et de jouir, pendant un certain temps, d'un bien dont une autre personne possède la propriété, comme celle-ci, mais à charge d'en conserver la substance. Dans la société chinoise moderne, la fonction essentielle du droit d'usufruit est de faire un usage aussi efficace que possible de la terre. Le droit d'usufruit se compose principalement des types suivants :

A. Droit d'utilisation des terrains urbains constructibles appartenant à l'État

Il s'agit du droit de posséder, d'utiliser et de bénéficier du produit de la terre de l'État et le détenteur de ce droit a le loisir d'utiliser le terrain pour la construction de bâtiments, de structures et d'installations auxiliaires. Les droits d'utilisation des terrains constructibles obtenus par le biais du marché peuvent être librement transférés. En Chine, notons que les particuliers ne peuvent pas acquérir la propriété foncière. Ainsi, les citadins ont la possibilité seulement de jouir du droit d'utiliser les terrains où sont situées leurs maisons d'habitation pendant 70 ans. La durée du droit d'utiliser les terrains à bâtir pour les maisons d'habitation est par ailleurs automatiquement renouvelée.

B. Droit d'exploitation forfaitaire des terres rurales

Ce droit consiste à posséder, utiliser et exploiter les terres cultivables, les forêts et les prairies sous exploitation forfaitaire. Le détenteur du droit peut pratiquer la plantation, la sylviculture, l'élevage et d'autres activités de production agricole. La Loi sur les droits réels le considère comme étant un droit réel, renforçant ainsi sa protection et son attrait.

C. Droit d'utiliser les sites pour la construction de maisons

Il s'agit ici du droit pour les agriculteurs de construire des maisons d'habitation et des installations auxiliaires sur des terres collectives. Ce droit est accordé pour la jouissance exclusive des agriculteurs et il est acquis gratuitement.

Actuellement, les droits d'exploitation forfaitaire des terres rurales et d'utilisation de celles-ci pour construire des maisons ne peuvent pas être transférés librement. De plus, seuls les agriculteurs des organisations collectives où la terre est située peuvent acquérir ces droits. En effet, la Chine a une population rurale nombreuse, une économie moins développée et un manque de système de sécurité sociale. La terre située en région rurale a joué en quelque sorte le rôle de sécurité sociale. Au cours des dernières années, cependant, à mesure que la structure économique de la Chine évolue, la fonction des terres rurales en tant que système de sécurité sociale a été affaiblie et certains endroits (comme Chengdu et Chongqing) ont commencé à effectuer des transferts libres de propriété foncière rurale dès leur approbation par le Conseil des affaires d'État.

3. Sûretés réelles

Une sûreté réelle est une garantie offrant à un créancier un droit sur un bien meuble ou immeuble qui lui permet d'obtenir paiement de sa créance, sur le produit de la vente de ce bien, en cas de défaut du débiteur. Les sûretés réelles sont originaires de la séparation de la valeur d'échange d'un objet de son droit de propriété. Afin de promouvoir l'utilisation des biens et des mécanismes de sûreté efficaces pour le financement, la Loi sur les droits réels élargit la gamme des biens qui peuvent être donnés en garantie et simplifie les procédures pour la réalisation des sûretés réelles.

L'hypothèque a longtemps été considérée comme la « reine des sûretés ». Dans le système hypothécaire, un débiteur n'a pas besoin de transférer l'objet hypothéqué au créancier. Il continue d'utiliser celui-ci, mais en cas de défaillance de sa part, le créancier est payé en priorité sur la vente de ce bien jusqu'au montant de sa créance. Par conséquent, la Loi sur les droits réels accorde une grande attention à l'application du système hypothécaire. Les objets hypothécables sont extrêmement étendus et comprennent les droits (tels que le droit d'utiliser les terrains constructibles), les biens mobiliers ou immobiliers. Afin d'alléger les difficultés de financement des petites et moyennes entreprises, celles-ci de même que les producteurs agricoles peuvent hypothéquer les installations de fabrication, les matières premières, les produits semi-finis et les produits finis présents et à venir.

Le droit de gage, ou simplement gage, constitue un droit réel qui assujetti une chose à la garantie d'une créance. Le gage peut s'effectuer sur des biens meubles et des droits incorporels. Pour le gage de biens meubles, le bien est transféré au créancier pour possession, et comprend par exemple, les meubles anciens, les calligraphies, les tableaux et les bijoux de valeur. Quant aux droits incorporels, ils incluent les lettres de change, les chèques, les billets à ordre, les titres, les reçus de dépôt, les récépissés d'entrepôt, les connaissements, les parts de fonds mobiliers transférables, les droits des actionnaires et les droits de propriété intellectuelle qui peuvent donc être mis en gage, mais selon les dispositions explicites de la loi. Étant donné que les petites et moyennes entreprises ne possèdent pas généralement suffisamment de biens à donner en garantie, mais disposent d'une grande quantité de créances, la Loi sur les droits réels prévoit expressément que les créances peuvent être utilisées pour le gage des droits. En outre, les péages d'autoroute et les bénéfices futurs générés par les tarifs d'électricité des sociétés d'électricité sont également susceptibles de faire l'objet du gage des droits, ce qui facilite grandement le financement des infrastructures.

III. Système de propriété intellectuelle

La Chine ancienne avait des mesures pour protéger les brevets, les marques de commerce et les droits d'auteur. Par exemple, les noms commerciaux en tissus sont apparus en Chine il y a plus de 2000 ans, mais celle-ci manquait de concepts et de systèmes complets de protection par la propriété intellectuelle. Ceci constitue un facteur pour expliquer ce que l'on appelle communément le "problème Needham" : la Chine possède une liste impressionnante de découvertes et d'innovations, dont de nombreuses ont précédé celles de l'Occident, mais comment expliquer la croissance anémique des sciences et technologies chinoises dans les temps modernes ? Cela est principalement dû à la déficience des systèmes de propriété intellectuelle. Des auteurs estiment également que la révolution industrielle n'a pas eu lieu en Chine, malgré des siècles d'avancement technologiques par l'absence de culture scientifique compétitive qui permet de transformer les innovations en croissance économique. De 1949 à 1978, il n'y avait pas de véritable droit de la propriété intellectuelle en Chine, essentiellement à cause de l'idéologie « le système doit reposer sur la propriété publique des moyens de production, c'est-à-dire la propriété du peuple tout entier et la propriété collective des masses laborieuses » et de l'intolérance de la propriété publique vis-à-vis de la propriété intellectuelle en tant que droits et intérêts légitimes appartenant au droit privé. À partir de 1978, le droit de la propriété intellectuelle a été progressivement établi et perfectionné, et a été mis en place par un système de droit centré sur la Loi sur les brevets, la Loi sur les marques et la Loi sur la propriété intellectuelle. Dans ces dernières années, ce droit s'est développé rapidement. L'idée selon laquelle la propriété intellectuelle constitue un droit de nature privée jouit d'une large adhésion parmi la population chinoise, et le gouvernement a commencé à attacher une grande importance aux stratégies liées à la propriété intellectuelle. Par exemple, en 2012, le nombre de demandes de brevets acceptées en Chine a augmenté rapidement, avec 2051 000 de demandes pour l'année, y compris 653 000 demandes de brevet d'invention, 740 000 demandes de brevet de modèle d'utilité, 658 000 demandes de dessins et modèles ; 1 648 000 demandes d'enregistrement de marques ont été acceptées ; 687 651 droits d'auteur ont été par ailleurs été enregistrés ; les services nationaux chargés de l'application de la loi administrative ont, de plus, traité 325 271 cas de violation des droits de propriété intellectuelle, de fabrication et de vente de produits contrefaits et de mauvaise qualité, dont le montant impliqué a représenté 8, 89 milliards de yuans. On note également 203 107 affaires réglées et 6 999 affaires transférées aux organes judiciaires[1]. Les tribunaux des divers niveaux ont aussi reçu 87 419 affaires civiles de première instance portant sur des droits de propriété intellectuelle[2].

Les droits de propriété intellectuelle de la Chine comprennent principalement le droit des brevets, le droit des marques et le droit de propriété intellectuelle.

1 « Statut de la protection de la propriété intellectuelle en Chine en 2012 », publié par l'Office national de la propriété intellectuelle.

2 « Statut de la protection judiciaire des droits de propriété intellectuelle par les tribunaux en Chine (2012) », publié par la Cour populaire suprême.

1. Droit des brevets

En Chine, outre les brevets d'invention, on retrouve les brevets de modèles d'utilité et des brevets de dessins et modèles. Les inventions réfèrent à de nouvelles solutions techniques relatives à un produit, à un procédé ou à leur amélioration. Les modèles d'utilité, parfois appelés « petites inventions », correspondent à de nouvelles solutions techniques d'utilité relatives à la forme ou à la structure d'un objet ou à leur combinaison. Les brevets de dessins et de modèles sont de nouvelles conceptions esthétiques pour des applications industrielles concernant la forme ou la couleur unique ou encore leur combinaison.

Les personnes physiques et morales ont toutes le droit de se voir délivrer un brevet. Une invention ou un modèle d'utilité pour lequel un brevet est délivré doit posséder un caractère de nouveauté, un caractère inventif et un caractère d'applicabilité pratique. Les exigences pour rencontrer le caractère inventif sont très élevés, c'est-à-dire que comparativement aux technologies existantes, elles doivent présenter des « éléments importants quant à la substance et constituer un progrès notable ». Pour leur part, les modèles d'utilité doivent seulement posséder des « caractéristiques importantes et représenter des progrès ». Les exigences pour l'octroi d'un brevet concernant un dessin ou un modèle sont les moins élevées. À l'exclusion des conceptions existantes, tout dessin ou modèle peut être breveté.

Sont exclus de la brevetabilité : (1) les découvertes scientifiques, (2) les principes et les méthodes destinés aux activités intellectuelles, (3) les méthodes de diagnostic ou de traitement des maladies, (4) les variétés végétales et les races animales (sauf les méthodes de production), (5) les substances obtenues par la transformation nucléaire (6) les designs utilisés principalement pour l'identification du motif, de la couleur ou de leur combinaison sur un plan.

Le brevet est délivré après l'examen de l'Administration nationale chinoise de la propriété intellectuelle (CNIPA). La délivrance d'un brevet suit le principe de la priorité accordée à la première demande, c'est-à-dire que le droit de brevet est accordé au premier déposant. Une invention ne peut être brevetée qu'après un examen quant au fond, tandis qu'un modèle d'utilité ou un dessin ou modèle peut être breveté après un simple examen formel. La durée du droit découlant du brevet est, pour les inventions, de 20 ans et, pour les modèles d'utilité et les dessins modèles, de 10 ans, à compter de la date de dépôt. Le titulaire du brevet doit payer une redevance annuelle à compter de l'année où le brevet est délivré.

2. Droit d'auteur

Les œuvres produites par les citoyens chinois, les personnes morales ou d'autres organisations, qu'elles soient publiées ou non, bénéficient du statut d'œuvres protégées par le droit d'auteur. Les œuvres se réfèrent à des réalisations intellectuelles originales et reproduisibles par des moyens matériels faites sous des formes littéraires, artistiques, scientifiques et techniques exprimées par des œuvres écrites, orales, musicales, dramatiques, lyriques, populaires, chorégraphiques ; elles comprennent également les œuvres des beaux-arts et photographies, les œuvres cinématographiques, télévisuelles et vidéographiques ; elles visent aussi les dessins industriels y compris le design produit, les cartes géographiques, et les plans et autres œuvres graphiques, ainsi que les modèles, les logiciels, etc. En revanche, les documents normatifs comme les lois et leurs traductions officielles, les nouvelles, les calendriers, les tableaux généraux de mathématiques, les autres types de tableaux généraux, etc., ne sont pas protégés par le droit d'auteur.

Les droits d'auteur incluent les droits extrapatrimoniaux et patrimoniaux. Les droits extrapatrimoniaux comprennent le droit de publier l'œuvre, le droit au nom ou droit à la paternité de l'œuvre, le droit de modifier celle-ci, et le droit d'en faire respecter l'intégrité. Les droits patrimoniaux incluent le droit à exploiter l'œuvre par la reproduction, la distribution, la location, l'exposition, la représentation, la projection, la radiodiffusion, la diffusion par des réseaux informatiques, la réalisation, l'adaptation, la traduction, la compilation, etc.

La durée de la protection des droits au nom de l'œuvre, de modification et d'en faire respecter l'intégrité d'un auteur est illimitée. La durée de la protection du droit de publier l'œuvre et des droits patrimoniaux quant à elle, est celle de la vie de l'auteur et de 50 années après sa mort. Pour les personnes morales et les autres organisations, la durée de la protection du droit de publier l'œuvre et des droits patrimoniaux est généralement fixée à 50 ans, y compris pour les œuvres remplies dans le cadre de l'emploi et dont le droit d'auteur (sauf le droit de signature) appartient à une personne morale ou à toute autre organisation.

Étant donné que l'exercice du droit d'auteur est étroitement lié aux intérêts publics, la Loi sur le droit d'auteur comporte un chapitre spécial sur les restrictions au droit d'auteur. Par exemple, la traduction ou la reproduction en petite quantité d'œuvres liées aux besoins de l'enseignement ou de la recherche scientifique, peut être utilisée sans autorisation ni rémunération du titulaire du droit d'auteur, à condition que le nom de ce dernier et le titre de l'œuvre soient indiqués.

La Loi sur le droit d'auteur prévoit également des droits voisins pour les éditeurs, interprètes, producteurs d'enregistrements sonores et vidéos et pour les stations de radio et de télévision. Par exemple, un producteur d'enregistrements sonores ou de vidéos possède le droit d'autoriser d'autres personnes à reproduire, distribuer, louer ceux-ci et à les diffuser à travers un réseau informatique et a le droit de recevoir une rémunération en contrepartie. La durée de protection de ces droits est de 50 ans, expirant le 31 décembre de la 50e année après la première publication des enregistrements.

Comme à l'étranger, un problème majeur auquel la Chine est confrontée en droit d'auteur est la protection de ce droit sur Internet. Les violations du droit d'auteur sur les sites de partage de ressources et les sites de commerce électronique sont en particulier très fréquentes. La loi en vigueur prescrit un montant trop faible de dommages-intérêts en cas de violation d'un droit d'auteur, de sorte qu'il est difficile de lutter efficacement contre les actes de contrefaçon. La Loi sur le droit d'auteur fait l'objet actuellement d'une nouvelle série de réformes.

3. Droit des marques

Les marques déposées en Chine comprennent les marques de produits, les marques de service, les marques collectives et les marques de certification. Toute personne physique, morale ou tout autre organisme peut demander le droit d'utiliser exclusivement une marque sur les produits ou services de ceux-ci. L'enregistrement des marques est en principe volontaire, mais les produits tels que le tabac doivent être enregistrés de façon obligatoire, sinon ils ne peuvent pas être commercialisés.

La marque doit être distinctive pour en faciliter l'identification. Elle comprend des mots, graphiques, lettres, chiffres, symboles en 3 dimensions et combinaison de couleurs, ainsi que la combinaison de ces éléments. Le déposant d'une demande d'enregistrement de marque doit faire une demande et, d'après les catégories de produits prescrites, indiquer dans la demande les types et les noms des produits pour lesquels la marque doit être utilisée. Au cas où une marque déposée serait utilisée sur tout autre produit de la même catégorie, une demande distincte d'enregistrement doit être déposée.

Le droit d'utiliser exclusivement une marque enregistrée est limité à la marque officiellement approuvée et aux produits en relation avec lesquels la marque doit être utilisée. La durée de validité d'une marque est de 10 ans à compter de la date d'approbation de l'enregistrement. Lorsqu'un titulaire d'un enregistrement de marque a l'intention de continuer à l'utiliser à l'expiration de la période de validité de l'enregistrement, celui-ci doit demander un renouvellement avant la date d'expiration, conformément aux dispositions pertinentes. Une marque déposée peut donc être renouvelée à chaque fois pour une période de 10 ans.

IV. Système de protection des droits civils

Les droits et les intérêts civils sont principalement protégés par la Loi sur la responsabilité civile délictuelle. Cette loi prévoit principalement les recours lorsqu'on porte atteinte à ceux-ci. Les « droits et intérêts » couverts par la responsabilité délictuelle de cette loi comprennent les droits liés à la personnalité, à l'autonomie matrimoniale, à la tutelle, aux droits réels, à la propriété intellectuelle, au droit de la découverte, aux actions, aux droits de succession, aux droits de propriété intellectuelle, etc. Les « droits et intérêts », en principe, ne visent que ceux qui sont clairement énoncés dans la loi. Pour ceux qui ne le sont pas, les tribunaux ont la possibilité de décider s'il convient de les protéger malgré tout en appliquant la Loi sur la responsabilité civile délictuelle conformément aux circonstances précises de l'affaire en cause. L'initiative et la créativité des juges en cas de violation de droits et d'intérêts civils sont beaucoup plus importantes que dans les autres secteurs du droit civil. Beaucoup de nouveaux droits civils sont créés par les organes judiciaires plutôt que par les organes législatifs, tels que le droit à la vie privée et le droit commercial. Il est clair que la Loi sur la responsabilité civile délictuelle protège un large éventail de droits et qu'elle constitue un des secteurs juridiques les plus dynamiques et avancés.

La Loi sur la responsabilité civile délictuelle résout 2 problèmes fondamentaux : l'un est de connaître les règles selon lesquelles une responsabilité délictuelle peut être engagée et l'autre est la façon dont la victime doit être compensée[1].

La question centrale de la constitution des délits civils réside dans la manière d'assumer la conciliation entre la protection des droits et la liberté d'action qui est nécessaire non seulement à l'épanouissement personnel, mais aussi au développement de la société. Afin de concilier les deux autant que possible, une pratique courante de nombreux pays consiste à établir le principe de faute, c'est-à-dire qu'une faute est nécessaire à la constitution d'un délit, et que s'il n'existe pas de faute, il n'y a, par conséquent, pas de délit. La loi vise non seulement à protéger les droits et les intérêts légitimes des personnes dans les relations de droit civil, mais aussi à préciser les règles de la responsabilité civile délictuelle, à prévenir et à punir les comportements délictueux et à promouvoir l'harmonie et la stabilité sociale.

Le principe de la faute est également applicable aux dommages résultant des actes médicaux au motif qu'il peut équilibrer les intérêts des hôpitaux, des patients et du public; des exigences trop strictes sur les responsabilités hospitalières auraient certainement pour effet d'affecter le développement de la science médicale; les médecins pourraient également administrer un traitement conservateur afin d'éviter d'engager leur responsabilité et, par conséquent, les intérêts des patients et de la société pourraient être touchés.

Lorsque la responsabilité pour faute est invoquée, le demandeur a le fardeau de preuve d'établir que le défendeur a commis une faute, sinon il ne pourra pas être indemnisé. Si le fardeau de preuve de la responsabilité pour faute est appliqué de manière rigide, une injustice pourrait inévitablement être infligée aux victimes. Pour offrir un recours efficace aux victimes, la Loi sur la responsabilité civile délictuelle prescrit que dans certaines circonstances particulières, il y a un reversement du fardeau de preuve, le défendeur devant prouver qu'il n'a pas commis de faute, par exemple, lorsqu'une personne sans capacité civile subie un préjudice personnel au cours d'une période d'étude ou de séjour dans un jardin d'enfants, d'une école ou d'un autre établissement d'enseignement, ou en cas de dommages causés par un animal dans un zoo, ou encore, si des dommages sont causés à autrui par

1 WANG Shengming, « Système de la responsabilité délictuelle en Chine », dixième conférence du Comité permanent du XIe Congrès national du peuple, le 27 juin 2009.

l'effondrement, la chute de bâtiments, de structures, d'autres installations ou des objets placés ou affichés sur ceux-ci.

La Loi sur la responsabilité délictuelle civile souligne également que les gens respectent les droits de chacun dans la vie sociale, surtout quand ils ont des contacts et des échanges étroits. La Loi sur la responsabilité civile souligne également que le responsable d'un lieu public tel qu'un hôtel, un centre commercial, une banque, une station de divertissement, ou l'organisateur d'une activité de masse, assume la responsabilité délictuelle de tout dommage causé à une autre personne du fait de son incapacité à remplir le devoir de protection de la sécurité.

Après la révolution industrielle, l'utilisation généralisée des nouvelles technologies et des inventions a provoqué une vague de désastres industriels, d'accidents de la route et d'accidents de pollution environnementale, de sorte que le XIXe siècle est appelé « l'ère des machines et des accidents ». Les risques causés par les nouvelles technologies et les inventions sont minimisés, car ils ne peuvent pas être complètement éliminés, de sorte que la société actuelle est appelée « société des risques ». En outre, des substances et des activités hautement dangereuses sont devenues indispensables à la vie humaine et on ne peut en interdire l'utilisation. Si le principe de la responsabilité pour faute est appliqué, les victimes doivent subir elles-mêmes des dommages sans nécessairement être indemnisées. À l'égard de ces dommages, la Loi sur la responsabilité civile délictuelle en Chine ainsi que celles d'autres pays appliquent la responsabilité sans faute. La base de ce type de responsabilité est que les risques doivent être compensés par les avantages obtenus. Par conséquent, ceux dont les activités posent un risque et qui en retirent un bénéfice doivent compenser les victimes pour les dommages qu'ils ont causés.

Distincte de la responsabilité pour faute, la responsabilité sans faute ne vise pas à condamner un comportement délictueux, mais à partager les conséquences d'un malheur. Elle applique le mode de diffusion des dommages, c'est-à-dire que les dommages sont d'abord à la charge de l'entreprise qui génère des activités dangereuses, puis s'étendent au prix des marchandises ou des services ou à l'assurance responsabilité, puis au grand public qui doit en payer le prix. Par contre, la responsabilité pour faute applique le mode de transfert des dommages, c'est-à-dire que le préjudice est transféré à l'auteur de l'acte, n'impliquant que l'auteur et la victime et n'ayant rien à voir avec le grand public.

La responsabilité sans faute édictée par la Loi sur la responsabilité civile délictuelle comprend principalement : la responsabilité délictuelle environnementale, l'accident nucléaire dans les installations nucléaires civiles, les dommages causés par les aéronefs civils, les dommages causés par des substances très dangereuses notamment inflammables, explosives, hautement toxiques et radioactives, les dommages causés par un travail de haute charpente ou de haute pression, des creusages souterrains ou l'utilisation de moyens de transport ferroviaire à grande vitesse, les dommages causés par un animal domestique, etc. La responsabilité sans faute n'est pas absolue et comporte des causes d'exonération et d'atténuation.

Par exemple, si l'opérateur du travail impliquant une haute altitude ou une forte pression ou un creusage souterrain ou l'exploitant de moyens de transport ferroviaire à grande vitesse prouve que la victime a causé le dommage intentionnellement ou que les dommages sont dus à la force majeure, aucune responsabilité délictuelle ne sera alors assumée.

Une caractéristique importante de la Loi sur la responsabilité civile délictuelle est qu'elle prévoit une responsabilité dite équitable, c'est-à-dire que lorsque ni la victime et ni l'acteur n'est en faute dans la survenance du dommage, les 2 peuvent partager les dommages en fonction des situations réelles. Cette loi a une valeur morale marquée, son objectif principal n'est pas nécessairement de déterminer les droits et obligations des parties, mais plutôt de maintenir l'harmonie et la stabilité sociale. Dans les pratiques judiciaires, les tribunaux abusent souvent de la responsabilité dite équitable pour « adoucir les choses » et partager les pertes entre les 2 parties. À la recherche d'une justice substantielle, la Loi sur la responsabilité civile délictuelle prévoit même que « tout dommage causé à autrui par le fait de projeter un objet hors d'un bâtiment ou de le faire tomber à partir de celui-ci, au cas où il serait difficile de déterminer concrètement les auteurs, tous les utilisateurs du bâtiment susceptibles d'avoir causé le dommage doivent dédommager la victime, à moins de pouvoir prouver qu'ils n'en sont pas l'auteur ». Ce cas de figure qui semble exclusif à la Chine est le fruit de la poursuite excessive par le législateur de l'idéal d'équilibre des intérêts de toutes les parties.

En ce qui concerne les dommages-intérêts, la Loi sur la responsabilité civile délictuelle, on l'a dit, vise notamment à « prévenir et punir les comportements délictueux et à promouvoir l'harmonie sociale et la stabilité sociale ». Le but de la responsabilité délictuelle est de permettre aux victimes d'être compensées pour la perte subie par l'acte délictuel. Les méthodes de base pour compenser cette perte sont la restauration à l'état d'origine, lorsque cela est possible ou la réparation par des dommages-intérêts. Le problème le plus important auquel sont confrontés les victimes compensées au moyen de dommages-intérêts en responsabilité délictuelle en Chine est de savoir quelle norme doit être suivie dans le calcul de ceux-ci lorsque la victime devient handicapée ou décède à la suite de l'acte délictuel. La Cour populaire suprême a émis une interprétation judiciaire qui prescrit une compensation différenciée selon la résidence et l'identité de la victime (ménage agricole et non agricole), qui est transposée par le public comme voulant dire que « deux vies humaines n'ont pas la même valeur », ce qui a provoqué de grands remous. La Loi sur la responsabilité civile délictuelle déplace ce problème en indiquant que lorsque le même délit entraîne la mort de plusieurs personnes, un montant uniforme de compensation peut être déterminé.

Section 4 : Règles juridiques concernant les transactions du marché

I. Règles légales pour les transactions générales du marché

La mise en œuvre de l'économie à grande échelle et des marchés unifiés repose en grande partie sur des contrats. En effet, un contrat peut non seulement surmonter les contraintes des relations humaines sur les transactions à grande échelle et les marchés unifiés, mais aussi fournir un mécanisme de crédit efficace afin que les parties puissent planifier rationnellement les opérations futures. La politique de réforme et d'ouverture sur le monde extérieur de la Chine, qui vise notamment à développer l'économie socialiste de marché, repose aussi sur la légalisation de contrats variés s'appliquant aux divers domaines économiques. Le droit des contrats consistant à normaliser les transactions commerciales a été accepté par le législateur, il y a déjà quelque temps. La Chine a promulgué successivement la Loi sur les contrats économiques, la Loi sur les contrats économiques impliquant des intérêts étrangers et la Loi sur les contrats de technologie en 1981, 1985 et 1987. Après que le système de l'économie de marché eut été mis en place en Chine en 1992, le principe des règles unifiées pour les transactions du marché devenait de plus en plus fort. Après 6 ans de préparation, de révision et de perfectionnement, la Chine a, en 1999, adopté la Loi sur les contrats, qui met fin à la situation où 3 lois coexistaient et parvient ainsi à l'unification des règles concernant les transactions. Cette loi constitue un modèle pour le droit civil et commercial de la Chine en termes de technique et de contenu législatifs.

La Loi sur les contrats est divisée en dispositions générales et en dispositions particulières. Les dispositions générales, dont le contenu rassemble les règles communes à tous les contrats, prévoient les règles de la formation des contrats, de leur validité, de leur exécution, et de la responsabilité en cas de leur violation. Les dispositions particulières s'appliquent à 15 types de contrats, y compris la vente, la donation, le prêt d'argent, le bail, le crédit-bail, les commissions, etc. Cette structure qui débute par des dispositions générales pour passer par la suite aux dispositions particulières est logique, cohérente et simplifiée en termes de législation.

Conformément à l'article 2 de la Loi sur les contrats, un contrat est « un accord entre des personnes physiques, des personnes morales ou d'autres organisations en tant que sujets égaux pour l'établissement, la modification ou l'exécution de relations impliquant des droits et des obligations de nature civile ». Notons que cette loi ne vise pas les questions liées à l'état et la capacité des personnes, à l'organisation de la famille, à l'adoption, à la tutelle, etc.

La fonction de base du droit des contrats de la Chine est de fournir les règles des transactions les plus élémentaires de l'économie de marché. En Chine, le droit des contrats prend également en charge une mission spéciale, qui vise à briser les confinements de longue date établis par l'économie planifiée sous la responsabilité de l'État afin que les acteurs de ce système (surtout les entreprises d'État) puissent se débarrasser de la pensée politique de l'époque (habituée à la résolution des problèmes économiques par des moyens politiques) et utiliser véritablement la philosophie économique du marché pour assurer leur développement. À cette fin, cette loi établit d'abord un principe fondamental : la liberté contractuelle. La théorie de base de la Loi sur les contrats repose sur le fait que la liberté de la volonté et la loi du marché ont un rôle beaucoup plus important que celui de l'intervention de l'État : la liberté contractuelle finira par favoriser l'atteinte du but visant à maximiser le développement économique et social alors que l'intervention étatique impropre se traduira par un gaspillage de ressources et une faible efficacité. Pour la mise en œuvre du principe de la liberté contractuelle, la Loi sur les contrats établit tout d'abord des dispositions générales selon lesquelles les parties contractantes possèdent un statut juridique égal et ont le droit de conclure un contrat volontairement. En second lieu, en ce qui concerne l'établissement de règles spécifiques, cette loi limite le pouvoir d'intervention des organes d'État dans les contrats et élimine certaines restrictions imposées par les lois antérieures à la liberté contractuelle. Par exemple, les services de l'administration industrielle et commerciale et les autres services administratifs compétents ne peuvent que surveiller et assurer le traitement des actes illicites, qui par la conclusion du contrat nuisent aux intérêts de l'État ou aux intérêts publics. Les droits des créanciers provenant des contrats peuvent, par ailleurs, être librement transférés. Enfin, soulignons que la Loi sur les contrats est largement de nature supplétive. Elle est plus proche d'une « recommandation par des experts », qui après avoir pris en considération les intérêts des parties, recommandent à celles-ci de se mettre d'accord sur des règles au moment de la conclusion du contrat afin d'économiser les coûts de négociation et réduire ou d'éviter les conflits. Les parties peuvent modifier ou exclure l'application de ces règles en fonction de leur situation particulière.

Pour l'État et la société, la maximisation des transactions par les contrats est bénéfique. En effet, elle permet à l'État d'augmenter ses recettes fiscales, et aux personnes d'augmenter leurs revenus. Grâce aux contrats, les marchandises peuvent être entièrement distribuées et les ressources utilisées au maximum. La Loi sur les contrats soutient cet objectif et elle en est fortement imprégnée. C'est à dire, encourager les parties à conclure autant de contrats que possible et à mettre les contrats en vigueur et à leur mise en œuvre complète. Par exemple, même si un contrat viole les lois, il ne sera pas nécessairement jugé invalide. Les tribunaux doivent également déterminer les fins de violation de la loi par le contrat. D'autre part, le droit à la rétractation pour des causes d'annulation du contrat est bien encadré. La règle générale de l'encouragement des transactions est également maintenue par les tribunaux. Par exemple, lorsqu'un contrat peut être interprété comme étant valide ou invalide, on doit favoriser sa validité autant que possible.

Le problème le plus important des lois sur les contrats de différents pays est de savoir comment concilier la liberté contractuelle et la justice contractuelle. La Loi sur les contrats de Chine fait ressortir l'équilibre entre ces deux concepts et valorise la protection juridique des consommateurs et des travailleurs. Citons l'exemple de quelques régimes importants : les moyens de contrôle sur les contrats d'adhésion (article 39-41), l'invalidité des clauses d'exonération qui impliquent l'exclusion de responsabilité d'une partie pour les dommages corporels causés à l'autre partie ou pour la perte des biens causée à l'autre partie par sa faute intentionnelle ou sa négligence grave (article 53) et le principe que le contrat de location n'est pas affecté par un changement de propriétaire (article 229). En outre, les sociétés d'utilité publique qui fournissent de l'eau courante, de l'électricité, du gaz, des transports publics et d'autres biens ou services de nature similaire s'engagent à contracter si les conditions prévues par la loi sont remplies et ne doivent donc pas refuser de conclure des contrats avec les consommateurs.

La Loi sur les contrats contient des règles juridiques universelles. L'idée de base du droit des contrats de la Chine est de s'inspirer des systèmes avancés de divers pays et des conventions internationales et de viser à édicter des normes largement suivies un peu partout sur la planète. Les concepts de base des principes et des règles de la Loi sur les contrats proviennent essentiellement des codes civils des pays soumis au système de droit continental, notamment du Code civil allemand. Cette loi se base également sur certains principes de droit anglo-américain, comme le système de rupture de contrat anticipée (articles 94 et 108), le système de représentation indirecte en matière de mandat (articles 402 et 403). En ce qui concerne les conventions internationales, la Loi sur les contrats s'est aussi grandement inspirée de la Convention des Nations Unies sur les contrats de vente internationale de marchandises et se réfère également aux Principes des contrats commerciaux internationaux d'UNIDROIT et aux Principes du droit européen des contrats. Mais plutôt que de copier aveuglement ces lois, la Loi sur les contrats fait plutôt des identifications, des comparaisons, des choix et des innovations en s'adaptant à la situation prévalant en Chine. Par exemple, les divers types de responsabilités prévus à l'article 107 et la responsabilité stricte relative à des immeubles causant des dommages pendant une période d'utilisation raisonnable prévue à l'article 282 reflètent un esprit d'initiative. Cette loi promeut également des principes émanant de la jurisprudence et de la doctrine. À l'époque moderne, la tendance du développement des lois contractuelles de divers pays est la diversification des sources d'obligations, à savoir que les obligations contractuelles ne se limitent plus aux obligations prévues dans le contrat lui-même, mais s'étendent également à des principes généraux, comme celui de la bonne foi, qui proviennent des usages. La Loi sur les contrats suit cette tendance en prescrivant un ensemble d'obligations contractuelles légales : lors de la négociation d'un contrat, les parties supporteront des obligations précontractuelles (article 42) ; dans le processus d'exécution du contrat, les parties doivent assumer des obligations accessoires telles que l'assistance, la notification, la confidentialité, etc. (paragraphe 2 de l'article 60) ; après l'exécution du contrat, les parties doivent s'acquitter d'obligations post exécution, à savoir le respect du principe de bonne foi et l'accomplissement des obligations de notification, d'assistance et de confidentialité selon les usages prévalant dans le type de transaction en cause (article 92).

La Loi sur les contrats répond également aux caractéristiques de la période transitoire de la Chine et aux problèmes particuliers de la vie sociale : par exemple, pour résoudre le problème des projets de construction de mauvaise qualité, la loi prévoit que l'appel d'offres pour un projet de construction doit être mené de manière ouverte, équitable et impartiale conformément aux lois applicables (article 271) ; lorsque le projet de construction est soumis à une supervision, le promoteur doit conclure un contrat d'agence pour la supervision du projet avec un maître d'ouvrage par écrit. Les droits, obligations et responsabilités juridiques des parties sont prescrits conformément aux dispositions de la présente loi (article 276) ; la loi interdit expressément que le promoteur divise un projet de construction qui doit être complété par un entrepreneur en plusieurs parties pour conclure des contrats avec plusieurs entrepreneurs (article 272, paragraphe 1), la loi prévoit que la structure principale du projet de construction doit être construite par l'entrepreneur lui-même (article 272, paragraphe 3) ; et la loi prescrit que si le projet de construction a causé des dommages corporels et matériels pendant sa période d'utilisation raisonnable pour toute raison imputable à l'entrepreneur contractant, ce dernier sera responsable de ces dommages (article 282), etc. [1].

Afin d'assurer une allocation optimale des ressources publiques, la Chine a également promulgué des lois spéciales pour la passation de marchés concurrentiels, telles que la Loi sur les appels d'offres et la Loi sur le marché public. En Chine, les projets de construction suivants y compris leur planification, conception, construction et supervision, ainsi que l'acquisition d'équipements et de matériaux importants relatifs à ceux-ci, doivent obligatoirement passer par un appel d'offres : (1) les grands projets d'infrastructure ou d'utilité publique qui ont une incidence sur les intérêts publics sociaux et la sécurité du grand public ; (2) les projets entièrement ou partiellement construits par des fonds publics ou financés par l'État ; (3) les projets utilisant des prêts d'organisations internationales et des gouvernements étrangers ou des fonds d'aide. La Commission nationale du développement et

1 LIANG Huixing, « Loi uniforme sur les contrats : réussites et lacunes », China Legal Science, 1999, p. 3.

de la réforme de la Chine prévoit, par ailleurs, expressément des normes pour les projets de construction pour lesquels un appel d'offres doit être lancé : pour un contrat de construction unique estimé à plus de 2 millions de yuans RMB, un tel appel doit être effectué pour l'achat des installations, du matériel et d'autres biens importants ; lorsqu'un contrat de construction unique coûte plus de 1 million de yuans RMB, des appels d'offres doivent être faits pour l'achat de services de planification, de conception, de supervision et d'autres services ; si un contrat de construction unique est estimé à plus de 500000 yuans RMB, un appel d'offres devra obligatoirement être lancé. Pour les projets dont le montant est supérieur à 30 millions de yuans RMB, peu importe le montant de chacun des contrats individuels, un appel d'offres est obligatoire. La Loi sur les appels d'offres s'applique également aux marchés publics. En revanche, pour les contrats dont la conclusion est basée sur la Loi sur les appels d'offres, les procédures générales prévues par la Loi sur les contrats ne sont pas applicables.

II. Règles de transaction pour les marchés spéciaux

En Chine, les marchés spéciaux sont principalement gouvernés par diverses lois commerciales spéciales qui sont principalement associées aux activités financières, telles que celles des banques commerciales, des marchés de valeurs mobilières, des assurances et des fiducies ; il en va de même pour les lois liées au commerce international, comme le droit maritime.

1. Loi sur les banques commerciales

Le système bancaire chinois, dirigé par la Banque populaire de Chine, vise à la fois les banques commerciales et les banques à vocation publique. La création, les activités et les opérations des banques commerciales chinoises sont soumis à un contrôle rigoureux. La Loi sur les banques commerciales est une loi spéciale qui réglemente uniquement, comme son nom l'indique, les banques commerciales.

La création d'une banque commerciale est soumise à l'examen et à l'approbation de la Commission de supervision bancaire de Chine. Le montant minimum du capital social pour l'établissement d'une banque commerciale nationale, d'une banque commerciale urbaine et d'une banque commerciale rurale est respectivement de 1 milliard de yuans, de 100 millions de yuans et de 50 millions de yuans. Le capital social équivaut au capital souscrit. Les banques commerciales chinoises comprennent 5 grandes banques commerciales publiques, à savoir la Banque industrielle et commerciale de Chine (Industrial and Commercial Bank of China, ICBC), la Banque agricole de Chine (Agricultural Bank of China, ABC), la Banque de Chine (Bank of China, BOC), la Banque de Construction de Chine (China Construction Bank, CCB) et la Banque des Communications (Bank of communications, BCM). Elles comportent également 13 banques par actions, un grand nombre de petites et moyennes banques commerciales (telles que les banques commerciales des villes, les banques commerciales rurales et les banques coopératives rurales, etc.) et des banques étrangères.

Le champ d'activité d'une banque commerciale inclut les dépôts et les prêts, les règlements bancaires nationaux et étrangers, l'acceptation et l'escompte des effets de commerce, l'émission d'obligations financières, l'achat et la vente d'obligations gouvernementales, les emprunts interbancaires, l'achat et la vente de devises ou l'achat et la vente par procuration de celles-ci, les affaires liées aux cartes bancaires, les services de lettres de crédit et la fourniture de garanties, de cautions, etc. Le champ d'activité d'une banque commerciale doit être déterminée par ses statuts et rapporté à Commission de supervision bancaire de Chine pour approbation. Une banque commerciale peut procéder au règlement de changes des devises et à la vente des devises qu'après avoir reçu l'approbation de la Banque populaire de Chine. Les entreprises autres que les banques ne peuvent pas participer à des activités de prêt et d'emprunt qui seraient jugées invalides en cas de contravention. En pratique, les activités bancaires sont monopolisées par les banques, mais, d'un autre côté, les entreprises ont des besoins importants de financement auxquels il n'est pas nécessairement possible de répondre. C'est plus particulièrement le cas des entreprises privées, ce qui entraîne des accumulations de fonds illégales, des financements souterrains incontrôlables et de nombreux autres problèmes.

La Loi sur les sociétés est par ailleurs applicable à la forme organisationnelle et à la structure de fonctionnement des banques commerciales. La Commission de supervision bancaire de Chine a édicté également les Lignes directrices sur le contrôle interne des banques commerciales, les Lignes directrices sur la gestion d'entreprise des banques commerciales et d'autres normes pour améliorer la gestion des banques commerciales. À l'heure actuelle, une structure d'actions diversifiée a été généralement mise en place dans les banques commerciales chinoises et une structure de gestion de « trois conseils et un niveau » (assemblée générale[1] des actionnaires, conseil d'administration, conseil de surveillance et un niveau de cadres supérieurs) a été instaurée.

Les activités des banques commerciales font également l'objet d'une surveillance stricte : par exemple, pour les prêts bancaires commerciaux, le ratio de fonds propres de l'emprunteur ne doit pas être inférieur à 8 % ; le rapport entre le solde des prêts et le solde des dépôts ne doit pas dépasser 75 % ; le rapport entre le solde de l'actif circulant et le solde du passif circulant ne doit pas être inférieurs à 25 % ; enfin, le rapport entre le solde du prêt d'un seul emprunteur et le solde du capital de la banque commerciale ne doit pas dépasser 10 %.

Conformément à la Loi sur les banques commerciales, la Commission de supervision bancaire de Chine peut être chargée d'administrer une banque commerciale, si une crise de crédit affecterait sérieusement les intérêts des déposants,

1 En chinois, l'assemblée générale et le conseil ont la même abréviation.

de manière à protéger leurs intérêts et de rétablir le fonctionnement normal de celle-ci. La durée de la prise en charge ne doit pas dépasser 2 ans.

À l'heure actuelle, les réformes économiques ont été régulièrement mises en place dans le secteur bancaire de la Chine, telles que celles visant les changements au marché des taux d'intérêt, l'encouragement des capitaux privés à investir et à participer à la restructuration des institutions financières, la permission au capital privé de parrainer et d'établir des banques privées, des sociétés de crédit-bail, des sociétés de crédit à la consommation et d'autres institutions financières privées[1].

2. Loi sur les valeurs mobilières

Les lois régissant les marchés des valeurs mobilières de la Chine constituent un vaste groupe de normes qui se retrouvent principalement dans la Loi sur les valeurs mobilières et la Loi sur les fonds d'investissement, mais sont aussi composées de nombreuses règles administratives et ministérielles. Élaborée en 1998, en phase initiale du développement du marché des valeurs mobilières et conjuguée à l'éclatement de la crise économique en Asie du Sud-Est, la Loi sur les valeurs mobilières a été instaurée dans le but de protéger pleinement les droits et intérêts des investisseurs, de renforcer les normes favorisant le développement du marché des valeurs mobilières et de mettre en place un système centralisé et unifié de surveillance de ce marché[2]. La modification de la Loi sur les valeurs mobilières en 2005 a mis davantage l'accent sur la promotion du développement stable du marché des capitaux (par exemple, l'établissement d'un système de marché des capitaux multiniveaux, l'amélioration de la structure de ce marché, l'enrichissement des produits couverts), de manière à réserver un espace juridique suffisant pour les futures réformes financières.

Les « valeurs mobilières » au sens de la loi comprennent les actions, les obligations d'entreprises, les obligations d'État, les parts des fonds de placement en valeurs mobilières, les produits dérivés et les autres titres reconnus par le Conseil des affaires d'État. L'inclusion des produits dérivés dans le périmètre des titres assujettis à la loi permettra de soutenir les opérations financières mixtes dans le futur (actuellement, gérées séparément par les banques, les compagnies d'assurance et les sociétés de fiducies) et laissera aux banques la possibilité d'entrer indirectement sur les marchés financiers. Les principaux principes de la Loi sur les valeurs mobilières chinoise comprennent :

1 Discours du Président CBRC SHANG Fulin au Forum Lujiazui de 2013, disponible à : http :// www. cbrcgov. cn/EngdocView. do? docID=5E8DC35CD2BE472293BC99388F2D69FC

2 CHEN Su et CHEN Jie, « Efficacité d'analyse et de reconstruction de la loi sur les valeurs mobilières », Global Law Review, 2012, p. 5.

A. Émission de titres

Une émission publique de titres doit satisfaire aux exigences des lois et règlements administratifs et doit être communiquée aux services habilités par la Commission de contrôle boursier de Chine ou le Conseil des affaires d'État pour examen et approbation. L'émission publique comprend : (1) l'émission publique de titres destinés à des personnes non déterminées ; (2) l'émission publique de titres destinés à plus de 200 personnes déterminées ; (3) d'autres émissions prescrites par les lois ou les règlements administratifs. Quant à l'émission publique d'actions, la Chine a adopté, avant mars 2000, le système d'examen et d'approbation consistant dans « l'allocation d'index et la recommandation administrative ». Dans ce système, les gouvernements provinciaux, les ministères et les commissions compétentes du Conseil des affaires d'État procèdent à une approbation préliminaire et recommandent aux entreprises de faire des émissions publiques qui sont en nombre limité. La Commission de contrôle boursier de Chine procède à une révision de cette approbation. Plus tard, la Chine a mis en œuvre le système basé sur l'approbation dans lequel les sociétés de valeurs mobilières recommandent les entreprises à être cotées, et on a alors annulé les limites du nombre d'émission permise. Les émetteurs doivent remplir les obligations de divulgation obligatoire d'informations à fournir et en garantir l'authenticité, l'exactitude et l'intégrité. Les intermédiaires doivent faire preuve de diligence raisonnable pour enquêter sur les émetteurs. En 2004, la Chine a commencé à mettre en œuvre le système de parrainage, dans lequel les sociétés de valeurs mobilières en charge de la recommandation doivent assumer la responsabilité du parrainage. Par la suite, le Comité d'évaluation des émissions, composé par des professionnels du marché, examine les documents d'application présentés par les émetteurs et les intermédiaires et la Commission de Contrôle boursier de Chine approuve ces documents[1].

B. Négociation de titres

En Chine, les valeurs mobilières doivent être cotées dans une bourse de valeurs légalement établie ou être transférées dans un autre endroit approuvé par le Conseil des affaires d'État pour la négociation de titres. En pratique, tous les types d'opérations sur les marchés hors cote sont étroitement contrôlées, ce qui dénote une caractéristique distinctive de la gestion planifiée. Lorsqu'une société veut inscrire des titres en bourse, elle doit déposer une demande auprès d'une bourse pour examen qui sera approuvée par celle-ci conformément à la loi et un accord de cotation doit être signé par les deux parties. La suspension de la négociation et la radiation des actions des sociétés cotées sont également déterminées par cette bourse. La méthode des offres de prix ouvertes et centralisées

1 SHANG Fulin, « Système de droit des valeurs mobilières en Chine », Chinese People's Congress, 2005, p. 5.

est utilisée pour la négociation des titres en bourse et le principe de la priorité du prix et du temps est également appliqué. Les opérations sur titres sont effectuées sous la forme de produits au comptant ainsi que sous toute autre forme (telle que le trading sur marge et la vente à découvert), conformément aux prescriptions du Conseil des affaires d'État.

C. Système de divulgation d'informations

La loi chinoise impose aux sociétés cotées d'assumer des obligations strictes en matière de publication de l'information. Depuis la publication des Règles pour la mise en œuvre de la divulgation d'informations par les sociétés afin d'entreprendre une émission publique d'actions, en 1993, par la Commission de contrôle boursier de Chine, un système de normes à 4 niveaux de divulgation de l'information a été créé, qui comprend : les lois, les règlements administratifs, les règles départementales et les règles d'autorégulation des bourses. En fonction de ces normes, l'obligation la plus fondamentale d'une société cotée en bourse consiste à divulguer aux investisseurs son mode de fonctionnement et sa situation financière. Les émetteurs et les sociétés cotées doivent observer une obligation continue de divulgation de l'information. Les informations divulguées conformément à la loi doivent être véridiques, exactes et complètes. Ces informations sont divisées en divulgation initiale et divulgation continue selon la situation en cause. Les informations initiales font référence au prospectus et à l'annonce de la cotation tandis que les informations continues comprennent principalement des rapports périodiques et des rapports intermédiaires. Les rapports périodiques incluent des rapports annuels, des rapports semestriels et des rapports trimestriels, tandis que les rapports intermédiaires contiennent des rapports sur des événements importants et des rapports réguliers, tels que les résolutions de l'assemblée des actionnaires.

D. Système de protection des droits et intérêts des investisseurs

La Loi sur les valeurs mobilières indique que l'auteur de fausses déclarations, de délits d'initiés, de manipulation de marché et de fraude qui ont causé des pertes aux investisseurs assume la responsabilité de les indemniser ; l'émetteur ou la société cotée ayant causé des pertes aux investisseurs pendant la négociation de titres en raison de dossiers contenant de fausses informations, de déclarations trompeuses ou d'omissions importantes doit assumer la responsabilité de les indemniser ; l'administrateur, le superviseur, le directeur principal de l'émetteur et de la société cotée ou tout autre responsable direct, le parrain et la société consignataire possède une responsabilité solidaire avec l'émetteur ou la société cotée concerné ; que l'acquéreur d'une société cotée portant atteinte aux droits et aux intérêts légitimes de l'entreprise acquise et de leurs actionnaires lors d'une acquisition devront les indemniser conformément à la loi. Une société de valeurs mobilières qui achète et vend des titres et gère des opérations de négociation et qui cause un dommage par sa faute à un client doit aussi l'indemniser selon ce qui est prévu par la loi. Selon la Loi sur les valeurs mobilières, l'État doit instaurer un fonds de protection des détenteurs de titres qui se compose du capital versé par les sociétés de valeurs mobilières et d'autres fonds prescrits. En août 2005, le Conseil des affaires d'État a fondé la Société de fonds chinois de protection des investisseurs et, en 2011, la Commission de contrôle boursier de Chine a créé le Bureau de protection des investisseurs.

E. Système de surveillance des valeurs mobilières

Le système chinois de réglementation des valeurs mobilières a évolué d'un système de réglementation locale à celui d'une réglementation centrale et de la surveillance décentralisée vers une surveillance centralisée. À l'heure actuelle, le système de supervision et de réglementation sur le marché des valeurs mobilières repose principalement sur la Commission de contrôle boursier de Chine et comme élément supplémentaire sur l'autorégulation par des organisations financières. La Commission de contrôle boursier de Chine a mis en place 36 bureaux de régulation des titres dans les principales villes de tout le pays ainsi que des bureaux chargés de la réglementation des titres à Shanghai et à Shenzhen et qui servent d'organismes représentatifs de cette organisation pour exercer des fonctions réglementaires. Cette commission dispose d'un large pouvoir administratif et « quasi judiciaire » : par exemple, après approbation par son directeur on peut geler ou saisir la société cotée qui a transféré, caché ou qui peut transférer ou dissimuler des fonds illicites, des titres ou d'autres biens similaires ou qui a dissimulé, forgé, ou détruit d'importantes preuves.

3. Droit des assurances

Ces dernières années, l'assurance a eu une influence croissante sur l'économie de marché et la vie sociale des Chinois. Ce phénomène est, d'une part, lié au fait que la Chine entre de plus en plus dans une « société de risques » et que ses habitants subissent des dommages fréquents et, d'autre part, est dû au fait que la fonction de financement et d'investissement des compagnies d'assurance est devenue de plus en plus importante. Dans la phase initiale de l'économie de marché (1995), la Chine a promulgué la Loi sur les assurances pour réglementer les activités d'assurance et protéger les droits et les intérêts légitimes des parties aux activités d'assurance. En 2009, compte tenu du développement rapide de l'industrie de l'assurance en Chine et des grands changements dans la structure interne et l'environnement extérieur de cette industrie, la Loi sur les assurances a été considérablement modifiée.

Les activités d'assurance en Chine ne peuvent être exercées que par les compagnies d'assurance légalement établies selon la Loi sur les assurances et d'autres organisations d'assurance établies selon les modalités prévues par les lois et règlements administratifs les concernant et aucune autre entité ou individu ne peut exercer des activités d'assurance. La création d'une compagnie d'assurance doit être approuvée par la Commission de contrôle des assurances de Chine (CBIRC). Le montant minimum du capital social d'une compagnie d'assurance est de 200 millions de yuans et doit être entièrement souscrit sous une forme monétaire.

Le champ d'activité d'une compagnie d'assurance est divisé en 3 types : (1) l'assurance de personnes, y compris l'assurance vie, l'assurance maladie et l'assurance accident, etc. ; (2) l'assurance de biens, y compris l'assurance pour dommages à la propriété, l'assurance responsabilité civile, l'assurance-crédit, l'assurance garantie, etc. ; (3) d'autres activités liées à l'assurance agréées par le Département de la supervision et de la gestion des assurances du Conseil des affaires d'État. Un assureur ne peut pas s'engager simultanément dans les affaires d'assurance de personnes et de biens. Toutefois, après approbation par la Commission de contrôle des assurances de Chine, une compagnie d'assurance qui exerce ses activités dans le domaine de l'assurance de biens peut faire des opérations d'assurance-maladie à court terme et d'assurance contre les accidents.

La Loi sur les assurances exige que le preneur d'assurance vie doit avoir un intérêt assurable à l'égard de l'assuré en concluant un contrat d'assurance. L'assurance de biens, quant à elle, exige que l'assuré possède un intérêt assurable dans un bien lorsque la perte de celui-ci lui cause un préjudice. L'intérêt d'assurance doit exister au moment du sinistre.

La Loi sur les assurances accorde une attention à la protection des intérêts de l'assuré et restreint les droits des compagnies d'assurance. Par exemple, elle prévoit le principe internationalement reconnu d'interprétation selon lequel, en cas de doute, le contrat s'interprète en faveur de l'assuré et du bénéficiaire. La loi définit les procédures et les délais en cas de dommages pour inciter les assureurs à accomplir la réparation le plus tôt possible : après avoir reçu une demande de l'assuré ou du bénéficiaire de payer une indemnité ou un montant d'assurance, l'assureur doit régler la demande rapidement ou dans les 30 jours, en cas de circonstances complexes. Si un dommage survient pendant la suspension de la validité d'un contrat d'assurance personnelle, l'assureur doit rembourser la prime d'assurance.

La Loi sur les assurances exige que les compagnies d'assurance mettent en place un système complet de gestion des dossiers et de conservations des informations, de façon à en permettre une divulgation précise, exacte et complète dans divers documents, tels que des rapports de comptabilité financière, de gestion des risques, d'exploitation des produits d'assurance et d'autres questions importantes.

L'industrie de l'assurance est soumise à la surveillance de la Commission de contrôle des assurances de Chine qui surveille ce secteur, maintient les opérations en conformité avec la loi et protège les droits et les intérêts légitimes des preneurs, des assurés et des bénéficiaires. Les moyens que possède la Commission de contrôle des assurances de Chine pour appliquer la loi comprennent les pouvoirs d'inspection sur place et de pénétrer dans des lieux où des violations présumées du droit se seraient déroulées aux fins d'enquête et de collecte de preuves ; l'interrogatoire des parties, des entités ou des personnes liées à une affaire pour fournir des explications ; de consulter, de copier et de mettre sous scellés des documents ; d'enquêter à partir de comptes bancaires ; de demander aux tribunaux populaires de geler et de saisir des biens, etc. Outre les opérations d'assurance, la Commission de contrôle des assurances de Chine guide aussi les compagnies d'assurance à mettre en place des mécanismes efficaces de gestion d'entreprise, et a aussi pour rôle d'établir et d'améliorer le système de supervision de la solvabilité des compagnies d'assurance. Quand une entreprise est gravement insolvable ou quand elle nuit aux intérêts publics sociaux au point de les menacer sérieusement ou qu'elle a déjà mis en danger la solvabilité de l'entreprise, la Commission peut prendre en charge la société. Le délai maximal de cette prise en charge ne doit pas dépasser 2 ans. La Commission de contrôle des assurances de Chine peut demander à un tribunal le redressement ou la liquidation de la compagnie d'assurance en cause.

La Loi sur les assurances modifiée autorise les compagnies d'assurance à utiliser des fonds de diverses manières, telles que les dépôts bancaires, l'achat et la vente d'obligations, d'actions, de parts de fonds de placement et d'autres titres négociables, l'investissement sur l'immobilier, etc., facilitant ainsi l'augmentation de valeur.

4. Loi sur la fiducie

La fiducie fait référence à l'acte par lequel une personne, le constituant, transfère de son patrimoine à un autre patrimoine qu'il constitue, des biens qu'il affecte à une fin particulière et qu'un fiduciaire s'oblige par le fait de son acceptation, à détenir et à administrer pour le bénéfice des bénéficiaires ou dans un but déterminé. En 2001, la Chine a élaboré la Loi sur la fiducie, qui prévoit les éléments suivants : le champ d'application de la fiducie, les exigences relatives à sa création, le caractère autonome et distinct des biens mis en fiducie, les droits et obligations des parties à celle-ci, les modifications et la fin de la fiducie.

Les types de fiducies incluent la fiducie civile, la fiducie commerciale et la fiducie caritative. La fiducie commerciale est réglementée par la Loi sur la fiducie, les Mesures relatives à l'administration des sociétés de fiducie et les Mesures d'administration des plans collectifs des trustset des sociétés de fiducie. Au cours des dernières années, l'industrie de la fiducie commerciale a connu un développement rapide en Chine. En 2008, 2009, 2010 et 2011, les fonds fiduciaires dans tout le pays ont totalisé respectivement 1. 22 trillions de yuans, 2. 01 trillion de yuans, 3. 04 trillions de yuans, 4. 81 trillions de yuans et à la fin de juin 2012, 5,

54 trillions de yuans[1]. On note toutefois des limites imposées par les lois actuelles de la Chine, par exemple, l'interdiction aux banques de procéder à l'investissement en actions et aux sociétés de valeurs d'accorder des prêts, mais accorde ces pouvoirs aux sociétés fiduciaires. En pratique, les banques et les sociétés de fiducie mènent des activités de coopération dans divers domaines. En tant qu'institutions financières non bancaires, les sociétés de fiducie sont également régies par la Commission de supervision bancaire de Chine.

La fiducie est établie sous forme écrite par contrat, par testament ou dans certains cas au moyen de documents écrits prévus par les lois et les règlements administratifs. Les fiducies suivantes sont invalides : les fiducies ayant des fins illégales ou portant atteinte aux intérêts publics sociaux, les fiducies établies spécialement en vue d'un litige ou du recouvrement d'une dette ou d'un prêt, les fiducies dont le bénéficiaire ou l'étendue des bénéficiaires ne peuvent pas être identifiés, etc.

La Loi sur la fiducie établit le principe de l'indépendance des biens mis en fiducie. Tout d'abord, les biens transférés en fiducie constitue un patrimoine d'affectation autonome et distinct de celui du constituant. La fiducie prend fin et les biens mis en fiducie sont considérés comme le patrimoine du constituant ou des biens de liquidation si le constituant, seul bénéficiaire, meurt, dissous conformément à la loi (personne morale), ou est annulée ou déclarée en faillite conformément à la loi; la fiducie subsiste et les biens mis en fiducie ne sont pas considérés comme l'héritage du constituant ou des biens de liquidation si le constituant n'est pas le seul bénéficiaire. Deuxièmement, les biens mis en fiducie constituent aussi un patrimoine d'affectation autonome et distinct du fiduciaire sur lequel il n'a aucun droit réel. Les biens transférés en fiducie ne feront, par conséquent, pas partie des biens patrimoniaux ou des biens du fiduciaire mis en faillite, dont ceux-ci sont liquidés, etc.

La personne physique pleinement capable de l'exercice de ses droits peut agir comme fiduciaire, de même que la personne morale autorisée par la loi. Le fiduciaire doit, dans l'exercice de ses fonctions, se conformer à l'acte constitutif de la fiducie. Il doit agir avec prudence et diligence ainsi qu'avec honnêteté et loyauté, dans le meilleur intérêt du bénéficiaire ou de la fin poursuivie par la fiducie. Le fiduciaire ne peut exercer ses pouvoirs dans son propre intérêt ou dans celui d'un tiers. Il ne peut, par ailleurs, rechercher des profits pour son propre compte à l'exception de la rémunération prévue selon les dispositions de la Loi sur la fiducie. Si le fiduciaire viole les dispositions précédentes pour tirer profit des biens mis en fiducie, les bénéfices qu'il obtient devront être restitués à la fiducie.

1 ZHANG Yuan, « Le système financier complet et les lois indispensables comptent dans le jeu des grandes puissances; le député Wu Xiaoling a suggéré une modification urgente des quatre lois financières », Legal Daily, le 15 mars 2013.

Section 5 : Système juridique de la famille et des successions

I. Système juridique de la famille

La famille est l'un des fondements les plus importants de la société civile et, depuis 1949, la Chine attache une importance considérable à la construction de la famille moderne. Dès 1950, la Chine a publié la première Loi sur le mariage, qui a consacré les principes de la liberté du mariage, de la monogamie, de l'égalité des sexes, de l'égalité des enfants légitimes et des enfants naturels, de la liberté de divorcer, etc. Jusqu'à présent, la Chine a légiféré 3 fois dans le domaine du mariage et de la famille et elle a adopté 2 lois sur le mariage.

Le droit de la famille est dans tous les pays un élément important de la culture traditionnelle. Dans celle de la Chine, la « famille » est au cœur de la société, un intermédiaire entre l'État (« le monde ») et les individus, le point de départ du développement personnel (soi-disant, « auto-culture, l'harmonie familiale, l'administration de l'État et de la paix mondiale »), et son point final de fond (soi-disant « la monarchie gouvernée par la famille »). Après le mouvement du 4 mai, en 1919, les changements successifs de la culture chinoise ont été centrés sur la révolution de la famille, avec comme objectif principal la pleine jouissance des droits liés à la personnalité et l'égalité de tous les membres d'une famille. On peut considérer que les changements apportés au droit de la famille au fil du temps constituent la révolution la plus réussie en Chine, et que le droit de la famille issue de celle-ci repose dans la mesure du possible sur les principes de la liberté et de l'égalité. La Loi sur le mariage constitue l'une des lois les plus réussies de la Chine et peut-être celle qui a été le mieux mise en œuvre. En revanche, même si des révolutions portant sur les privilèges tels que la puissance royale et le pouvoir religieux se sont déroulées en Occident, il n'y en a jamais eu véritablement en matière familiale. Les philosophes politiques libéraux, tels que John LOCKE, Jean-Jacques ROUSSEAU et John Rawls BORDLEY n'ont pas basé leurs réflexions sur la justice en matière familiale ni poursuivi celles-ci sur la construction d'une société sans discrimination fondée sur le sexe.

Deux lois chinoises sur le mariage, nées après le succès de la réforme familiale ont grandement contribué à mettre en œuvre celle-ci : la Loi sur le mariage actuelle (promulguée en 1980 et modifiée en 2001) établit le système du mariage fondé sur le principe de la liberté du mariage (y compris la liberté de se marier, la liberté de divorcer et la liberté de ne pas se marier), la monogamie et l'égalité des sexes. Elle énonce clairement la protection des droits et intérêts légitimes des femmes, des enfants et des personnes âgées ainsi que la pratique du contrôle des naissances au sein de la famille.

Les conditions nécessaires au mariage comprennent 2 aspects : l'un concerne les conditions de fond, ce qui signifie que : (1) le mariage doit être fondé sur la totale volonté de l'homme et de la femme et que la loi sur le mariage ne reconnaît pas le mariage de personnes de même sexe ; (2) pour se marier, l'homme doit être âgé d'au moins 22 ans et la femme d'au moins 20 ans ; (3) les futurs époux ne doivent pas être, l'un par rapport à l'autre un parent direct par le sang ou un parent collatéral par le sang jusqu'au troisième degré de parenté. Ils ne doivent pas, par ailleurs, souffrir d'une maladie qui rend un futur époux inapte au mariage. L'autre constitue une condition de forme. La Loi sur le mariage ne reconnaît aucune cérémonie de mariage et exige que les futurs époux se présentent en personne au service des affaires civiles pour enregistrer leur mariage.

La Loi sur le mariage vise à créer des relations matrimoniales et familiales égales, harmonieuses et civilisées qui garantissent dans la mesure du possible que les époux se doivent mutuellement respect et fidélité, que les membres de la famille respectent les personnes âgées, qu'ils s'occupent bien des enfants mineurs et qu'ils s'entraident. Le mari et la femme sont égaux en matière familiale. Ils ont le droit de porter leur propre nom et ont la liberté de s'adonner à la production et au travail, aux études et aux activités sociales ; le mari et la femme sont obligés de se soutenir mutuellement ; s'ils sont parents, ils sont tenus d'élever et d'éduquer leurs enfants, et les enfants ont également l'obligation de subvenir aux besoins de leurs parents. La Loi sur le mariage interdit explicitement les violences familiales, et insiste sur les mesures d'assistance aux victimes ainsi qu'elle définit la responsabilité légale des auteurs de violence (qui supportent éventuellement des responsabilités administratives ou même pénales).

Depuis la politique de réforme et d'ouverture sur le monde extérieur, les biens matrimoniaux ont augmenté progressivement et ont pris des formes de plus en plus complexes. La Loi sur le mariage définit le régime du patrimoine conjugal selon lequel chaque époux peut convenir par écrit du sort réservé aux biens acquis pendant l'existence du mariage ou avant celui-ci et que le régime légal du patrimoine conjugal ou familial est applicable en cas d'absence ou d'obscurité d'un tel accord : (1) le patrimoine commun des époux comprend les salaires, les primes, les bénéfices de la production, de l'exploitation et de la propriété intellectuelle, etc., et chaque époux a des droits égaux dans les biens communs ; (2) sont exclus du patrimoine familial et constituent des biens propres à chaque époux : les biens acquis par l'un des époux avant le mariage ; des prestations obtenues résultant de dommages corporels subis par l'un des époux ou émanant d'autres lois qui en font mention ; les biens échus à l'un des époux par succession ou donation ; les articles d'usage courant spécialement utilisés par l'un des époux, etc. Une interprétation judiciaire de la Cour populaire suprême énonce que peuvent être considérés comme des biens communs des époux les biens prénuptiaux appartenant à l'un des époux et conjointement utilisés, exploités ou gérés par les époux après le mariage, les maisons et les autres moyens de production importants après 8 ans de mariage et les moyens de subsistance importants après 4 ans. L'actuelle Loi sur le mariage dispose que la nature des biens prénuptiaux ne change pas avec certaines périodes d'existence du mariage et conserve toujours leur caractère prénuptial (sauf accord contraire des époux). Notons aussi que si, au moment du divorce, l'un des époux a des difficultés, l'autre époux est tenu de lui venir en aide.

Au cours des dernières années, la tendance en matière d'identification des biens matrimoniaux dans la pratique judiciaire en Chine est que le régime des biens propres à chacun des époux remplace progressivement le régime de biens communs, comme le démontre bien l'Interprétation de la Cour suprême relativement à plusieurs questions relatives à l'application de la Loi sur le mariage de la République populaire de Chine (III), publiée en 2011. Elle prévoit que le bien immobilier acheté par les parents pour leur enfant après le mariage et dont le droit de propriété est enregistré au nom de celui-ci, ce bien est alors reconnu comme un bien propre de cet époux. Cette décision est basée sur le contexte dans lequel le prix de l'immobilier reste élevé en Chine et que les litiges au moment du divorce portent principalement sur la division des immeubles, ce qui donne au mariage une importance contractuelle plus apparente et a un impact considérable sur « le régime des biens communs » traditionnels chinois et sur la stabilité de la famille[1].

La Loi sur le mariage prévoit la liberté de divorce qui comprend le divorce volontaire et le divorce judiciaire. Pour le divorce volontaire, les époux doivent déposer une demande d'enregistrement du divorce auprès du service des affaires civiles. Le divorce judiciaire s'apprécie au regard de la cause légale selon laquelle « l'affection mutuelle n'existe plus ». Cette cause peut être identifiée dans l'une des circonstances légales suivantes : la bigamie ou la cohabitation de l'un des époux mariés avec une autre personne que son conjoint ; la violence conjugale, la maltraitance ou l'abandon d'un membre de famille ; la passion du jeu, l'abus de drogues ou d'autres habitudes semblables réitérées à maintes reprises et incorrigibles ; la séparation de plus de 2 ans des époux en raison du manque d'affection mutuelle. Au moment du divorce judiciaire, si l'un des époux est bigame, cohabite avec une autre personne que son conjoint, ou commet des actes de violence domestique, l'autre époux qui en est victime peut demander une indemnisation pour le préjudice subi. La Loi sur le mariage reconnaît par ailleurs la valeur du travail domestique. En cas de divorce, un époux peut demander une indemnisation pour le travail domestique qu'il a fourni.

II. Système juridique des successions

La Chine a promulgué la Loi sur les successions en 1985 et ne l'a pas modifiée jusqu'à présent, et ce, afin de « protéger le droit des citoyens d'hériter de la propriété privée ».

Les biens qui peuvent faire l'objet d'une succession par la Loi sur les successions sont limités aux « biens légitimes d'un citoyen qui lui appartiennent

1 LI Lin, éd., « Introduction et controverse sur l'interprétation judiciaire III du droit du mariage », Rapport annuel sur l'État de droit en Chine (2012), China Social Sciences Academic Press, 2012.

personnellement au moment de son décès». Les biens énumérés par la loi sont notamment : les revenus ; les maisons, les économies et les articles d'usage courant ; les terres légalement exploitées, le bétail et les volailles ; les objets culturels, les livres et les documents personnels ; les moyens de production légalement détenus par un citoyen ; les droits d'auteur, les droits relatifs à la propriété industrielle. La Loi sur les successions protège un éventail plus restreint de biens relatifs à la propriété privée que la Loi sur les droits réels, la première étant marquée par une forte empreinte de l'économie planifiée.

La Loi sur les successions autorise les personnes physiques à disposer de leurs biens personnels par testament et désigner un ou plusieurs héritiers légaux pour hériter de ceux-ci ou par legs à l'État, à une organisation collective ou à des personnes autres que les successeurs légaux. En outre, cette loi permet aux personnes une grande liberté, par exemple : il faut réserver une partie des biens faisant l'objet de la succession par testament à un successeur qui ne peut pas travailler et qui n'a pas d'autres sources de revenus. Une fois cette condition remplie, tous les biens personnels peuvent être légués librement. En outre, un testament qui respecte la loi s'appliquera de façon préférentielle aux règles supplétives prévues par la loi.

En ce qui concerne la dévolution légale des successions à défaut de dispositions testamentaires, la Loi sur les successions énonce clairement que les hommes et les femmes sont égaux. Il n'existe que deux ordres d'héritiers : le premier ordre comporte les conjoints, les enfants et les parents. Les enfants comprennent les enfants légitimes, les enfants naturels, les enfants adoptés, ainsi que les beaux-enfants soutenus par le défunt ; les parents comprennent les parents naturels, les parents adoptifs, ainsi que les beaux-parents soutenus par le défunt. Le deuxième ordre se compose des frères et des sœurs du défunt ainsi que ses grands-parents paternels et maternels. Les frères et sœurs comprennent les frères et sœurs germains, les frères et sœurs utérins ou consanguins, les frères et sœurs adoptés ainsi que les demi-frères et demi-sœurs soutenus par le défunt. Les autres parents sont exclus des héritiers légaux. Lors de l'ouverture de la succession, celle-ci est d'abord dévolue aux héritiers du premier ordre. Ce n'est qu'à défaut d'héritiers du premier ordre que les biens du défunt reviennent aux héritiers du deuxième ordre. À défaut d'héritiers, une succession échoit à l'État ou à une organisation collective si le défunt en était membre avant son décès.

Pour veiller à ce que «les personnes âgées soient prises en charge», la Loi sur les successions encourage la belle-fille veuve ou le beau-fils veuf à soutenir sa ou ses beaux-parents. La belle-fille ou le beau-fils peuvent devenir successeurs du premier ordre d'un défunt à condition d'avoir rempli l'obligation de prise en charge de cette personne.

Lors de la dévolution d'une succession, les ayants droit du même ordre héritent normalement en parts égales. Lors de cette dévolution, les héritiers qui ne peuvent pas travailler et qui rencontrent des difficultés financières particulières sont dûment pris en compte. À ce moment, les successeurs qui ont contribué de manière prédominante aux besoins du défunt ou qui ont vécu avec lui peuvent se voir attribuer une part plus importante ; au contraire, les successeurs qui avaient la capacité et étaient en mesure de prendre soin de la personne décédée, mais qui ont manqué à leurs devoirs ne recevront rien ou encore une part réduite de la succession.

La Loi sur les successions adopte la doctrine de la succession absolument limitée. Les héritiers d'une succession sont tenus des obligations du défunt conformément à la loi, y compris des impôts jusqu'à la valeur des biens qu'ils recueillent. Tout successible a le droit d'accepter la succession ou d'y renoncer. Le successible qui renonce à la succession n'assume aucune responsabilité pour le paiement des impôts et des dettes du défunt, ce qui évite d'accroître le fardeau des successibles et évite le phénomène selon lequel un enfant paie les dettes de son père ou de sa mère décédée.

Depuis la mise en œuvre de la Loi sur les successions, les domaines politique, économique, culturel et social de la Chine ont subi de profonds changements. Il est donc nécessaire de modifier la loi pour l'adapter aux changements : la population de plus de 60 ans a atteint 197 millions d'habitants en 2012, ce qui représentait 14,3 % de la population totale de la Chine continentale[1]. Dans ce cas, l'objectif principal de la Loi sur les successions ne se limite plus à la sauvegarde du droit de succession, mais aussi à « la prise en charge des personnes âgées et des jeunes dans le besoin ainsi que d'assurer les soins aux malades et aux handicapés ».

Section 6 : Réforme et amélioration du système de droit civil et commercial

Le système de droit civil et commercial a été entièrement mis en place en Chine. « Les principales tâches à effectuer dorénavant consistent à modifier les lois pertinentes en fonction des besoins et, le moment venu, de mettre en place un code civil uniforme »[2]. Avoir un code civil est un rêve de plusieurs générations de juristes chinois. En 2003, la Commission des lois de l'Assemblée populaire nationale de Chine a élaboré un Projet de loi civile de la République populaire de Chine et l'a soumis au Comité permanent de l'APN pour délibération en décembre de la même année, mais en vain. À l'heure actuelle, les milieux juridiques et les assemblées législatives de la Chine souhaitent vivement relancer les travaux de rédaction du Code civil. En prenant pour acquis que les lois civiles spécifiques existantes en Chine fournissent des éléments à intégrer au futur Code civil, des efforts doivent être faits pour qu'ils forment un système cohérent. À

1 « Entretien avec MA Jiantang par Xinhua Net : Empruntez résolument le chemin de la nouvelle croissance », http : // www. Stats. gov. cn/.

2 QIAO Xiaoyang, « De la composition, des caractéristiques et du contenu d-u système juridique socialiste aux caractéristiques chinoises », http://www. npc. gov. cn.

part sa signification majeure, le code peut également éliminer les conflits qui existent entre les lois appartenant à différentes branches du droit. Bien plus, des normes rigoureusement systématiques du Code civil rendront le droit plus prévisible et réduiront de manière efficace le pouvoir discrétionnaire des juges.

Ayant la qualité de « neutralité institutionnelle », les règles du Code civil sont applicables, quelles que soient les conditions sociales, politiques, économiques et culturelles, ce qui explique la survivance du droit romain jusqu'à nos jours. Cependant, dans la société moderne où les couches sociales, les intérêts économiques et les valeurs sont fortement différenciés, il est impossible que le Code civil soit absolument neutre d'un point de vue idéologique. Les plus grandes difficultés auxquelles est confrontée la Chine se situent à deux niveaux : premièrement, comment gérer les relations entre le Code civil, le droit de la consommation et le droit du travail dans le contexte des nouvelles conditions sociales ? ; deuxièmement, comment trouver un équilibre entre les caractéristiques de la société chinoise et le fait que ce code doit contenir des règles générales ?

Il serait difficile et injustifié, selon nous, de changer le système de droit chinois qui combine les lois civiles et commerciales. Notons, par ailleurs, que les défis auxquels est confronté le droit commercial moderne sont les suivants : de nouvelles transactions apparaissent les unes après les autres, en particulier, les transactions financières qui évoluent constamment et qui pour la plupart sont liées à des intérêts publics. Il est ainsi devenu difficile de protéger les intérêts des parties sous la forme de recours contentieux a posteriori. Les pays modernes réglementent ces transactions au moyen de mesures préventives. Distincte des autres pays, la Chine ne s'éloigne pas encore de l'état d'esprit correspondant à la période de l'économie planifiée et régit les relations beaucoup plus par la réglementation qu'au moyen des principes liés à l'autonomie des marchés. Le fond du problème réside dans la coordination des relations entre l'État et la société. Avec l'économie de marché et la société qui sont plus avancées, il semble possible que le droit commercial chinois établisse un équilibre entre la réglementation et les principes de l'autonomie.

CHAPITRE 7.

SYSTÈME JURIDIQUE ÉCONOMIQUE DE LA CHINE

XI Yuemin

Le droit économique de la Chine reflète généralement les exigences liées à une production intensive au sein d'une économie de marché. Ce droit vise à préserver les intérêts généraux de la société et est axé sur la responsabilité sociale. Il s'agit d'une branche du droit qui s'exerce par l'État et qui a un rôle important dans l'encadrement des activités économiques. Il consiste à définir un cadre organisationnel qui permet de réguler, d'orienter et de contrôler les activités économiques nationales.

Le droit économique chinois est basé sur le principe de standard social, celui d'équilibre et de coordination, ainsi que celui de l'unité de la responsabilité, du pouvoir, du droit et de l'intérêt. Le principe de standard social reflète l'idée selon laquelle le droit économique a pour rôle de protéger les intérêts sociaux publics ; le principe d'équilibre et de coordination correspond à la valeur recherchée par le droit économique pour réaliser l'équité sociale et une justice pleine et entière ; le principe de l'unité de la responsabilité, du pouvoir, du droit et de l'intérêt incarne la valeur d'ordre et d'efficacité recherchée par le droit économique et constitue le point de convergence de la propriété publique et de l'économie de marché. Ces 3 principes contribuent à l'instauration de l'équité sociale et de la justice pleine et entière du droit économique, à la protection des intérêts publics sociaux et à l'unité des principes de liberté et d'efficacité du marché. Le système de droit économique est divisé en deux parties : la régulation du marché et les contrôles macro-économiques.

Plus de 30 ans après la politique de réforme et d'ouverture sur le monde extérieur, la Chine a adopté et amélioré un grand nombre de lois et de règlements économiques. Ainsi, un système juridique économique propice au développement scientifique et à la construction d'une société harmonieuse a pris forme. Par exemple, en 2013, la Chine a adopté 60 lois économiques et un grand nombre de règlements et de règles administratifs connexes.

Section 1 : Système juridique de la régulation du marché

I. Droit de la régulation du marché et système juridique économique

En tant qu'élément essentiel du système juridique économique, le droit de la régulation du marché est un système juridique qui régit les comportements des acteurs du marché, en prévient les défaillances et en maintient la concurrence. Réglementer, restreindre, superviser, guider et protéger les comportements des acteurs du marché et des consommateurs par le biais du droit de la régulation du marché peut efficacement assurer une cohésion entre les intérêts individuels et leurs devoirs envers la patrie ainsi qu'entre les intérêts individuels et les intérêts généraux de la société ; cela peut aussi prévenir et régler les conflits entre les mécanismes de marché et la fonction de macro-contrôle. Le droit de la régulation du marché a pour objectif de construire un système juridique dans lequel l'État ajuste les relations micro-économiques en réglementant des comportements économiques spécifiques des acteurs du marché dans le but de favoriser la liberté et l'efficacité du marché, tout en établissant une société plus juste qui améliore graduellement les conditions de vie du peuple.

Plus précisément, le droit de la réglementation des marchés ajuste 3 types de relations économiques : celles concernant les activités de production, d'exploitation, etc. ; celles qui visent à assurer une saine relation de concurrence au sein du marché ; enfin, les relations concernant la surveillance du marché. Les lois relatives à ces relations remplissent des fonctions primordiales et constituent un système de réglementation juridique complet préservant l'ordre du marché.

La Chine attache une grande importance à une concurrence libre, juste et ordonnée entre les acteurs du marché par le biais de la loi, à la protection légale des droits et intérêts légitimes des commerçants et des consommateurs, et a obtenu des résultats législatifs remarquables dans le processus de progression rapide de l'économie. Depuis l'introduction du système d'économie socialiste de marché, la Chine a promulgué la Loi sur la qualité des produits (promulguée en 1993 et modifiée en 2000), la Loi contre la concurrence déloyale (promulguée en 1993), la Loi anti-monopole (promulguée en 2007), la Loi sur la protection des droits et des intérêts des consommateurs (promulguée en 1993), etc. Au cours des 20 dernières années, elle a promulgué d'autres lois sur la réglementation du marché qui ont enrichi davantage le corpus de cette législation, notamment la Loi sur la qualité et la sécurité des produits agricoles (promulguée en 2006), la Loi sur la sécurité alimentaire (promulguée en 2009), la Loi sur l'administration des produits pharmaceutiques (promulguée en 1984 et révisée en 2001), la Loi sur les prix (promulguée en 1997), la Loi sur la publicité (promulguée en 1994), la Loi sur la métrologie (promulguée en 1985), la Loi sur la normalisation (promulguée en 1985), la Loi sur les actifs des entreprises d'État (promulguée en 2008), la Loi sur le contrôle bancaire (promulguée en 2003 et modifiée en 2006), la Loi sur les enchères (promulguée en 1996 et modifiée en 2004), la Loi sur les appels d'offres (promulguée en 1999), la Loi sur la comptabilité (promulguée en 1985, modifiée en 1993 et révisée en 1999) et la Loi sur l'Audit (promulguée en 1994 et modifiée en 2006). Ces lois ont mis en place, d'une part, des principes visant le respect de l'offre et de la demande, la saine concurrence et la diminution de l'intervention gouvernementale et, d'autre part, des principes de réglementation unifiée, de surveillance normalisée et de maintien de la concurrence équitable.

II. Législation réglementant la production et l'exploitation

1. Loi sur la qualité des produits et le système juridique concerné

La Loi sur la qualité des produits régule en grande partie le processus de supervision étatique de la qualité des produits et la protection des droits et des intérêts des consommateurs. Cette loi comprend principalement des dispositions sur le contrôle de la qualité, la responsabilité, les dommages-intérêts et le règlement des litiges. Elle a été adoptée en 1993 et modifiée en 2000 et constitue la principale législation chinoise sur la qualité des produits. Elle contient 6 chapitres et 74 articles. Cette loi, ainsi que d'autres lois sur la qualité des produits, établissent le système de base des normes juridiques chinoises applicables è ceux-ci. Ce système comprend principalement la Loi sur la sécurité qualitative des produits agricoles (2006), la Loi sur la sécurité alimentaire (2009), la Loi sur l'administration des produits pharmaceutiques (publiée en 1984 et révisée en 2001), etc.

La Loi sur la qualité des produits est une loi de contrôle et de responsabilité pour la qualité des produits. Elle a été adoptée dans le but de renforcer la surveillance et le contrôle de la qualité des produits, d'améliorer leur qualité, de clarifier les responsabilités, de protéger les droits et intérêts légitimes des consommateurs et de maintenir l'ordre social et économique. La loi définit le terme « produit » comme un produit transformé et fabriqué aux fins de commercialisation. Bien que la loi indique explicitement qu'elle est non applicable aux produits de construction, certains éléments de cette marchandise sont régis par cette loi. Ainsi, les matériaux de construction et les équipements, par exemple, sont assujettis à la loi. Celle-ci ne s'applique pas non plus aux produits militaires. En outre, pour compenser les pertes causées par des centrales ou des produits nucléaires, la loi énonce qu'« en cas de dispositions contraires dans les lois ou les règlements administratifs, de telles dispositions doivent être appliquées ». Ces éléments sont donc régulés par des textes spéciaux.

Les systèmes de contrôle de la qualité des produits en Chine comprennent les suivants : le contrôle de la qualité au sein des entreprises, la supervision de la qualité des produits, l'inspection de la qualité des produits, les licences pour la production de produits industriels, la gestion normalisée, l'Organisation internationale de normalisation (ISO), la certification de la qualité des produits, le contrôle de la qualité des produits, la certification obligatoire, l'échantillonnage de produits, le rappel de produits défectueux, la responsabilité du fait de la qualité du produit, etc.

Afin d'améliorer davantage la sécurité des produits agricoles, de garantir la santé et la sécurité du grand public, d'améliorer leur compétitivité, de promouvoir le commerce international de ces produits, d'accroître les revenus des agriculteurs et de parvenir au développement durable de l'agriculture, la Chine a promulgué la Loi sur la sécurité des produits agricoles. Cette loi, élaborée en avril 2006 et publiée en novembre 2006, contient 8 chapitres et 56 articles. Les produits agricoles réglementés par la loi désignent les produits primaires provenant de l'agriculture, à savoir les plantes, les animaux, les microbes et leurs produits, obtenus à partir d'activités agricoles. L'expression « sécurité de la qualité des produits agricoles » signifie que la qualité d'un produit agricole doit répondre aux exigences de garantie de santé et de sécurité des personnes. La loi fixe des normes de sécurité qualitative des produits agricoles et prévoit les lieux d'origine, la production, le conditionnement et l'étiquetage de ces produits, ainsi que la surveillance, le contrôle et la responsabilité légale. Elle joue ainsi un rôle important dans l'établissement du système de sécurité de la qualité des produits agricoles, dans le renforcement du contrôle de leur lieu d'origine, dans la normalisation du processus de production agricole et dans l'amélioration du système de contrôle et de surveillance de la sécurité de leur qualité.

En ce qui concerne la sécurité alimentaire, la Chine a promulgué une nouvelle Loi sur la sécurité alimentaire en 2009. Cette loi, qui contient 10 chapitres et 104 articles, prévoit spécifiquement les systèmes de contrôle de la sécurité alimentaire, la détection et l'évaluation des risques, les normes de sécurité, la production alimentaire, l'inspection des aliments, l'importation et l'exportation des aliments, la gestion des accidents liés à la sécurité alimentaire, la supervision et la gestion, ainsi que la responsabilité légale. La nouvelle Loi sur la sécurité alimentaire établit une série de normes juridiques importantes en matière de sécurité alimentaire, telles que l'évaluation des risques, les normes de sécurité, l'inspection des aliments, l'étiquetage des aliments, la réclamation des certificats et des factures, le rappel des aliments insalubres, l'importation et l'exportation des aliments et la diffusion des informations sur la sécurité alimentaire.

Afin de résoudre des problèmes épineux en matière de supervision et de contrôle de la sécurité alimentaire, la Chine a mis en place un système de supervision segmentée dans ce secteur. Selon ce système, le secteur agricole est chargé de superviser et de gérer la phase de production des produits agricoles primaires ;

le secteur de l'inspection, la phase de production et de transformation alimentaire; le secteur de l'administration industrielle et commerciale, la phase de circulation des aliments; le secteur sanitaire, la phase de consommation, le secteur de restauration et les cantines, par exemple; le secteur de la surveillance des aliments et des médicaments, s'occupe de la supervision intégrale de la sécurité alimentaire, de l'organisation, de la coordination et des enquêtes sur les accidents majeurs, conformément à la loi. Ce système aide les différents départements à bien remplir leurs fonctions et contribue à l'amélioration de la sécurité alimentaire. Cependant, cela crée de nouveaux problèmes en pratique. En particulier, concernant les problèmes qui n'appartiennent à aucune des phases énumérées ci-dessus, telles que l'évaluation des risques pour la sécurité alimentaire, la formulation des normes de sécurité et la publication des informations sur celles-ci. Ce système ne définissant pas explicitement quel secteur doit en assumer la responsabilité, ce qui conduit à un chevauchement des fonctions et à une confusion de responsabilités. Par conséquent, afin d'améliorer l'efficacité de la gestion et de la supervision, l'ajustement du système actuel de supervision de la sécurité alimentaire est devenu une nécessité. En février 2010, afin de mettre en œuvre la Loi sur la sécurité alimentaire et de renforcer son leadership en matière de sécurité alimentaire, la Chine a créé une commission de la sécurité dans ce secteur relevant directement du Conseil des affaires d'État. Cette commission est chargée de planifier et de coordonner les activités relatives à la sécurité alimentaire. Il s'agit d'une étape importante dans la réforme du système de surveillance de ce secteur d'activité.

Afin de renforcer la surveillance et le contrôle des produits pharmaceutiques, d'assurer leur qualité, de garantir la sécurité des médicaments et de protéger la santé ainsi que les droits et intérêts légitimes de la population en matière d'usage de médicaments, la Chine a promulgué la Loi sur l'administration des produits pharmaceutiques en 1984 et l'a révisée en 2001. Selon cette loi, les produits pharmaceutiques sont définis comme suit : substance utilisée pour prévenir, traiter et diagnostiquer les maladies humaines, réguler les fonctions physiologiques, et qui prescrit des indications ou fonctions, des usages et des dosages. Ces produits incluent les plantes médicinales traditionnelles chinoises, les comprimés à base de plantes médicinales utilisés en décoction, les médicaments prêts à être utilisés de la médecine traditionnelle chinoise, les médicaments à base d'ingrédients chimiques et leurs préparations, les antibiotiques, les médicaments biochimiques, les médicaments radioactifs, les sérums, les vaccins, les produits sanguins et les médicaments de diagnostic. La Loi sur l'administration des produits pharmaceutiques révisée prévoit principalement les principes applicables aux entreprises productrices de médicaments, aux entreprises exploitantes de produits pharmaceutiques, aux organisations médicales de produits pharmaceutiques, aux produits pharmaceutiques eux-mêmes, à leur emballage, à leur prix et à leur publicité, ainsi qu'à leur surveillance. Cela reflète les nouvelles réformes gouvernementales, simplifie les procédures d'agrément des entreprises productrices et exploitantes de produits pharmaceutiques ainsi que les procédures d'approbation pharmaceutique. La loi normalise la supervision et la gestion de la production et de l'exploitation de produits pharmaceutiques en précisant que les entreprises productrices et exploitantes de produits pharmaceutiques doivent appliquer les Normes sur l'administration de la qualité de la production des produits pharmaceutiques et les Normes sur l'administration de la qualité de l'exploitation des produits pharmaceutiques. Elle harmonise aussi l'approbation pharmaceutique, annule les normes pharmaceutiques locales et elle place progressivement les herbes traditionnelles chinoises et les comprimés à base de plante médicale utilisés en décoction sur la voie d'une gestion standardisée et normalisée. En même temps, la loi établit un système de gestion classifiée des médicaments d'ordonnance et des médicaments en vente libre ; elle définit les sources de financement et les principes de contrôle de l'inspection des médicaments ; elle intensifie l'application de la loi dans la gestion de la surveillance des médicaments ; elle renforce les mesures de contrôle d'urgence prises par les secteurs de contrôle et de surveillance des médicaments concernant la production et le commerce de médicaments présumés illicites et de mauvaise qualité ; elle renforce la supervision interne des acteurs chargés de l'application des lois dans la surveillance des médicaments ; elle renforce la responsabilité des agences d'inspection des médicaments ; elle augmente les peines encourues pour la production, la vente et la préparation de médicaments contrefaits ; enfin, elle élargit le champ d'application des peines pour les violations de la loi et elle ajoute de nouveaux éléments, tels que la peine restrictive ou privative de droits.

2. Système juridique des prix

Afin de consolider et de préserver les résultats des réformes concernant les prix, la Loi sur les prix a été promulguée en décembre 1997, marquant un jalon important depuis la politique de réforme et d'ouverture sur le monde extérieur de la Chine. La loi, qui comprend 7 chapitres et 48 articles, est entrée en vigueur en mai 1998. Elle contient des dispositions sur des questions essentielles, telles que les mécanismes de fixation, les formes de gestion, la réglementation et la supervision par le gouvernement, la fixation des prix par les exploitants commerciaux et par le gouvernement, la réglementation du niveau général des prix, la protection de la concurrence et la limitation des opérations anormales concernant les prix dans le contexte du marché socialiste chinois. Cette loi offre ainsi une garantie légale importante afin que les prix puissent jouer efficacement leur rôle dans l'allocation rationnelle des ressources, ainsi que pour renforcer la capacité de macro-gestion du gouvernement, stabiliser le niveau général des prix du marché, normaliser les opérations de prix du marché et, enfin, protéger les droits et intérêts légitimes des consommateurs et des exploitants commerciaux. Le terme « prix » utilisé dans la Loi sur les prix comprend le prix des marchandises et celui des services qui désignent respectivement le prix de tous types d'actifs corporels et non corporels pour les premiers, et les frais perçus à titre de services rendus pour les deuxièmes.

Conformément à la loi, la Chine introduira et améliorera progressivement le mécanisme de régulation des prix principalement par le biais de marchés soumis au contrôle macroéconomique. En vertu de ce mécanisme, les prix sont établis conformément à leur valeur. La plupart des produits et services adoptent le système des prix réglementés par les « lois du marché », et seulement un petit nombre d'entre eux adoptent un système de prix qui sont guidés ou fixés par le gouvernement. Les prix fixés par les « lois du marché » réfèrent à ceux fixés indépendamment par les exploitants commerciaux par le biais de la concurrence existant sur le marché. Les exploitants commerciaux fixent leurs prix en fonction du coût de production et d'exploitation, ainsi que de la demande et de l'offre prévalant sur le marché. Les prix guidés par le gouvernement réfèrent aux prix fixés par les exploitants commerciaux en fonction des prix de référence et de la fourchette de prix permis, tels qu'ils sont définis par le département gouvernemental responsable de cette fonction. Les prix fixés par le gouvernement indiquent ceux fixés unilatéralement par l'organisme gouvernemental responsable de ce secteur. Les trois formes principales de prix, à savoir les prix fixés par les « lois du marché », les prix guidés par le gouvernement et les prix fixés par le gouvernement, sont déterminés en fonction de décideurs de prix et des canaux de formation des prix.

Le prix est considéré comme le système nerveux du marché et grâce aux signaux de celui-ci il est possible de parvenir à un équilibre entre l'offre et la demande et à une allocation efficace des ressources. On l'a dit, la Chine insiste particulièrement sur le mécanisme de régulation des prix par les lois du marché, mais accorde toutefois une attention particulière à la normalisation de certains de ceux-ci au moyen de l'intervention gouvernementale. Les droits des exploitants commerciaux en matière de prix comprennent principalement la fixation des prix soumis à la réglementation du marché, la fixation des prix dans la fourchette des prix guidés par le gouvernement, la fixation des prix des nouveaux produits destinés aux ventes à l'essai et soumis à des prix fixés par le gouvernement ou guidés par le gouvernement, à l'exception des produits spéciaux, la dénonciation ou le recours contre des actions qui ont porté atteinte à leurs droits de tarification indépendants. D'autre part, la loi indique que les prix guidés et fixés par le gouvernement ne s'appliquent qu'à un très petit nombre de marchandises et de services dont les prix sont jugés impropres à une libre concurrence sur le marché. Les prix guidés par le gouvernement et fixés par celui-ci sont définis dans le cadre et la portée des pouvoirs législatifs de tarification, et sont publiés dans des catalogues par les gouvernements central et locaux. Les prix guidés par le gouvernement et fixés par celui-ci doivent être fixés en fonction du coût social moyen pour les marchandises ou services concernés, de l'offre et de la demande du marché, du développement économique et social et de la capacité de les supporter par la société, le tout en suivant le principe de tarification par qualité et en permettant un écart de prix rationnel entre achat et vente, vente en gros et vente au détail et entre les différentes régions selon les saisons de l'année. Lors de la fixation des prix guidés par le gouvernement et fixés par celui-ci, les points de vue des consommateurs et des parties concernées doivent être sollicités. L'étendue et le niveau des prix fixés et guidés par le gouvernement doivent être correctement ajustés à la lumière du fonctionnement de l'économie nationale et conformément aux attributions et procédures prescrites.

En ce qui concerne la réglementation du niveau général des prix, la loi prévoit principalement que l'État doit procéder à la réglementation nécessaire des prix en appliquant des moyens économiques, complétée par des moyens administratifs et en maintenant le niveau général des prix globalement stable.

Après l'adhésion de la Chine à l'Organisation mondiale du commerce (OMC), son économie a convergé vers la vague de la mondialisation économique et elle a vigoureusement promu l'ouverture de son marché au monde intérieur et extérieur. Au cours de ce processus, la Chine a accéléré la commercialisation des produits et a cherché à mettre en place un mécanisme de formation des prix reflétant l'offre et la demande prévalent sur le marché, tout en prenant en compte la rareté des ressources et les coûts liés à la pollution. À ce stade, conformément aux exigences du concept de développement scientifique et à la nécessité de participer à la mondialisation, la Chine a amélioré d'une manière plus poussée le système de fixation des prix, ainsi que le système de gestion et de réglementation gouvernementale des prix, a continué d'ajuster les prix d'une poignée de marchandises et de services importants, et a continué à mettre de l'ordre dans le système de prix. Après 2008, les prix des produits primaires, tels que le pétrole brut et les produits alimentaires ont constamment augmenté sur le marché international et, au niveau national, la pression exercée sur ceux-ci a donc été forte, de sorte que le gouvernement chinois a immédiatement priorisé un contrôle macroéconomique afin « d'éviter la transformation de la hausse structurelle des prix en inflation évidente » et « d'éviter que la croissance économique rapide ne dégénère en surchauffe ». Pourtant, à ce moment-là, peu d'entreprises se sont entendues pour faire monter les prix, stocker des marchandises pour spéculer à la hausse, ou même diffuser de l'information sur l'augmentation éventuelles des prix. Afin de prévenir ces phénomènes, le Conseil des affaires d'État a modifié les Dispositions relatives à la sanction administrative des violations liées aux prix en janvier 2008, augmentant ainsi les sanctions en cas de violation de prix, ajoutant des sanctions en cas de violation de prix par des associations professionnelles, précisant les formes de violation des prix menant à l'enchérissement et définissant explicitement l'enchérissement comme émanant de l'augmentation de prix par le biais d'actions malveillantes et d'autres moyens similaires. Cette modification met l'accent sur le contrôle et la réglementation des prix des marchandises essentielles de la vie et prévoit que les mesures d'intervention provisoires sur les prix doivent être prises conformément à la Loi sur les prix, que les entreprises d'une certaine envergure productrices de produits nécessaires aux besoins essentiels au peuple doivent faire une déclaration concernant l'augmentation des prix, et que les grossistes et les détaillants d'une certaine envergure de produits de première nécessité doivent déclarer les ajustements de prix. Après la réforme du système des prix, la flexibilité du mécanisme des prix en Chine s'est nettement améliorée et les prix de la grande majorité des produits ou services peuvent donc refléter de manière flexible les variations de l'offre et de la demande sur les marchés nationaux et internationaux, et ce, à l'exception des prix d'un petit nombre directement liés aux besoins essentiels des résidents urbains et ruraux. Le mécanisme des prix est ainsi devenu un mécanisme de base pour l'allocation des ressources.

3. Système juridique visant à protéger les droits et les intérêts des consommateurs

Dans les transactions, les commerçants et les consommateurs doivent adhérer aux principes du libre arbitre, de l'égalité, de l'équité et de la bonne foi. En Chine, l'État protège les droits et intérêts légitimes des consommateurs et milite pour que ceux-ci relèvent de la responsabilité de la société tout entière, ce qui est principalement reflété dans la Loi sur la protection des droits et des intérêts des consommateurs. La loi, promulguée en octobre 1993 et entrée en vigueur en janvier 1994, contient 8 chapitres et 55 articles. Elle régit les droits et obligations entre les consommateurs qui, pour leur consommation, achètent et utilisent des produits ou reçoivent des services et les commerçants qui les fournissent. Bien que l'utilisation de biens liée à la production de produits affecte éventuellement les consommateurs, elle n'est pas généralement réglementée par la loi. L'achat et l'utilisation de moyens de production utilisés directement à des fins agricoles par les agriculteurs appartiennent à cette catégorie de produits. Mais étant donné que le système de responsabilité contractuelle est généralement susceptible d'être mis en œuvre dans les zones rurales chinoises et que la productivité agricole et la capacité économique des agriculteurs sont faibles, et que les faux pesticides, les faux engrais, les fausses semences et d'autres moyens de production agricole peuvent berner les agriculteurs, et que ceux-ci n'ont pas d'autres moyens appropriés de demander une protection, cette loi prévoit donc que les moyens de production achetés et utilisés par les agriculteurs et directement utilisée à des fins agricoles sont assujettis à la présente loi.

La Loi sur la protection des droits et des intérêts des consommateurs prévoit 9 droits : le droit à la sécurité, le droit d'obtenir des informations véridiques, le droit de choisir librement, le droit de transiger équitablement, le droit de demander réparation conformément à la loi, le droit d'enquête, le droit d'association des consommateurs conformément à la loi, le droit d'être respecté et le droit de surveillance. La loi donne une description aussi précise que possible de ceux-ci et impose 16 obligations aux commerçants visant à protéger les consommateurs.

L'État assume une responsabilité importante dans la protection des droits et intérêts légitimes des consommateurs. L'État s'appuie sur les organes législatifs, administratifs et judiciaires et prend diverses mesures pour créer les conditions nécessaires visant à garantir l'exercice des droits des consommateurs. Bien sûr, il est impossible de protéger les droits et intérêts légitimes des consommateurs sans le soutien des organisations sociales de consommateurs. À l'heure actuelle, ces organisations comprennent principalement l'Association chinoise des consommateurs et des associations de consommateurs locales à divers niveaux. La Loi sur la protection des droits et des intérêts des consommateurs énonce clairement que les associations de consommateurs et les autres organisations de consommateurs sont des organisations sociales qui doivent être établies conformément à la loi et sont chargées de la surveillance sociale des produits et des services afin de protéger les droits et les intérêts légitimes des consommateurs.

Il convient de mentionner que l'article 49 de cette loi prévoit un système d'indemnisation punitive, c'est-à-dire que tout commerçant qui fournit frauduleusement des produits ou des services doit, à la demande du consommateur, augmenter l'indemnisation pour les pertes subies par ce dernier. Le montant de l'augmentation de l'indemnité correspond au double du prix payé pour la marchandise achetée ou pour le service reçu par le consommateur. Bien qu'il ne s'agisse que d'une compensation limitée au double du prix, cela témoignait d'un progrès notable à l'époque. La Loi sur la sécurité alimentaire promulguée en 2009 développe aussi un système d'indemnisation punitif et établit le principe d'une indemnisation décuplée. En vertu de l'article 96 de cette loi, le consommateur peut demander la réparation du préjudice causé par la production ou la vente d'aliments ne respectant pas les normes de sécurité alimentaire et exiger du producteur ou du commerçant qu'il verse une indemnité équivalente à 10 fois le prix du produit.

4. Système juridique applicable aux actifs des entreprises appartenant à l'État

En Chine, la loi protège les actifs collectifs appartenant à l'État. Il est interdit à toute organisation, à tout individu d'utiliser un moyen quelconque pour se les approprier ou les endommager. Dans le processus de réforme visant à établir et à perfectionner le système d'économie socialiste de marché, la réforme du système de gestion des actifs publics et du mécanisme opérationnel des entreprises d'État ont donné des résultats significatifs, et la puissance globale de l'économie détenue par l'État a été accrue et a continué à jouer un rôle de premier plan dans l'économie nationale. En pratique, toutefois, au cours du processus de restructuration, certaines entreprises d'État ont converti des actifs nationaux en actions à bon marché, les ont vendu à bas prix ou les ont même distribué gratuitement à des particuliers, ou ont enfreint le caractère sacré et inviolable de ces biens de diverses manières et par divers moyens, entraînant une perte sévère à l'État et suscitant une inquiétude généralisée dans la société. À cette fin, la Chine a adopté la Loi sur les actifs des entreprises d'État, qui est significative dans la protection des droits et des intérêts des actifs de l'État, dans la garantie de la sécurité de ces actifs et dans la promotion de la consolidation et du développement de l'économie nationale. Cette loi prévoit « les relations entre la gestion et la réglementation des actifs nationaux » qui désignent les relations qui sont créées lorsque l'État gère les actifs qui sont situés dans différents types d'entreprises (y compris les entreprises publiques et à participation d'État, les entreprises par actions détenues par l'État, les coentreprises à capitaux mixtes chinois et étrangers, les entreprises coopératives sino-étrangères, etc.) afin de maintenir et d'augmenter leur valeur.

Les actifs appartenant à l'État peuvent généralement être divisés en actifs opérationnels découlant d'investissements de celui-ci dans des entreprises, en actifs utilisés et gérés par des organisations administratives d'État, telles que des organes d'État et des institutions publiques appartenant à l'État, et en actifs concernant des ressources comme les terres, les réserves, les forêts et les eaux. Ces 3 types d'actifs diffèrent grandement par leurs fonctions et leurs moyens de réglementation et il est difficile de les régir par une seule loi que l'on pourrait qualifier de « large et globale ». La Loi sur les actifs des entreprises appartenant à l'État est en réalité une loi spécifique qui ne régit que les actifs opérationnels de l'État. Cette loi, promulguée en octobre 2008 et entrée en vigueur en mai 2009, contient 9 chapitres et 77 articles. L'expression « actifs des entreprises appartenant à l'État », telle qu'elle est mentionnée dans celle-ci, désigne les droits et intérêts formés par le biais de diverses formes d'investissement par l'État dans les entreprises. En Chine, les biens nationaux doivent appartenir à l'État, c'est-à-dire à l'ensemble du peuple. Le Conseil des affaires d'État exerce, au nom de l'État, le droit de propriété des biens appartenant à ce dernier. La Chine a mis en place un système de propriété unifiée et de représentation hiérarchisée des avoirs appartenant à l'État, c'est-à-dire que le Conseil des affaires d'État et les gouvernements populaires locaux à différents échelons doivent, conformément aux lois et règlements administratifs, assumer respectivement les fonctions de contributeur de capitaux dans les entreprises à capitaux publics et de protéger leurs droits et leurs intérêts au nom de l'État. Le Conseil des affaires d'État assume, au nom de l'État, les fonctions de contributeur de capitaux dans les grandes entreprises à participation étatique qu'il a identifiées comme étant étroitement liées aux secteurs-clés de l'économie nationale et à la sécurité de l'État, et dans les entreprises à investissements publics dans des domaines tels que les infrastructures et les ressources naturelles importantes. Les gouvernements populaires locaux assument, au nom de l'État, les fonctions de contributeur de capitaux pour les autres entreprises. Conformément à la loi, le Conseil des affaires d'État et les gouvernements populaires locaux remplissent les fonctions de contributeur de capitaux, sur la base des principes suivants : la séparation des organes du gouvernement de celles des entreprises, la séparation des fonctions d'administrateur des affaires publiques de celles de contributeur aux actifs nationaux et, enfin de non-intervention dans les activités commerciales légitimes et indépendantes des entreprises. La Loi sur les actifs des entreprises appartenant à l'État contient aussi des dispositions sur les points suivants : les institutions remplissant les fonctions de contributeur de capitaux, les entreprises à participation de l'État, la sélection et l'évaluation des administrateurs des entreprises à participation de l'État, les affaires majeures liées aux droits et intérêts des contributeurs des actifs appartenant à l'État (y compris la restructuration d'entreprises, les transactions avec des parties liées, l'évaluation des actifs appartenant à l'État et leur transfert), le budget de fonctionnement du capital appartenant à l'État et la supervision des actifs, les éléments qui constituent une étape importante dans le maintien de la propriété publique socialiste, la consolidation et le développement de l'économie nationale, le renforcement de la protection des avoirs publics, la promotion du rôle de premier plan de l'économie publique dans l'économie nationale et le développement de l'économie de marché socialiste. En Chine, l'investissement de l'État dans les entreprises financières et les droits et intérêts en résultant appartiennent également à des actifs opérationnels de celui-ci. Par conséquent, ces actifs sont également inclus dans la réglementation unifiée et bénéficient des mécanismes de protection de ladite loi. En même temps, étant donné qu'il existe des problèmes particuliers liés à la surveillance des actifs financiers et que l'on doit aussi appliquer des lois et des règlements administratifs financiers, la loi prévoit également que « si une loi ou un règlement administratif en dispose autrement pour l'administration et la surveillance des actifs nationaux des entreprises financières, ces dispositions prévalent ».

III. Systéme juridique de la concurrence sur le marché

La concurrence est le mécanisme de fonctionnement le plus fondamental de l'économie de marché. Des comportements non souhaitables de concurrence déloyale et des restrictions à une saine concurrence peuvent survenir au cours des opérations du marché et affecter le bon développement de l'économie qui repose sur la libre concurrence et l'égalité de tous. Le droit de la concurrence constitue un système de normes juridiques qui règlementent les relations de concurrence sur le marché entre les commerçants et qui suppriment les abus visant à exclure ou à restreindre celles-ci. En Chine, le droit de la concurrence est principalement composé de la Loi anti-concurrence déloyale et de la Loi anti-monopole. La première loi régit les exploitants commerciaux qui, dans le but d'obtenir des intérêts illégaux, violent le principe de bonne foi et la déontologie commerciale reconnue dans les transactions commerciales et obtiennent un avantage concurrentiel relatif par des moyens de concurrence déloyale. La Loi anti-monopole, pour sa part, protège la concurrence sur le marché en visant à limiter le comportement d'abus de position dominante de sorte qu'il y ait suffisamment de concurrents sur le marché, afin que les parties aux transactions et les consommateurs aient assez d'opportunités pour sélectionner des produits et des services sur le marché.

1. Loi anti-concurrence déloyale

La Loi anti-concurrence déloyale est une loi importante adoptée pendant la période de transition de la Chine d'une économie planifiée à une économie de marché. Dans une perspective globale, tous les pays qui mettent en œuvre l'économie de marché, quels que soient leurs systèmes politiques et sociaux, considèrent la loi anti-concurrence déloyale comme l'une des lois fondamentales régissant les relations économiques. La Loi chinoise sur la concurrence déloyale, promulguée en septembre 1993 et entrée en vigueur en décembre 1993, contient 5 chapitres et 33 articles. S'appuyant sur l'expérience internationale, la loi condamne les comportements de concurrence déloyale, tels que la contrefaçon, la corruption commerciale, les fausses informations, la violation de secrets commerciaux, la vente déloyale de marchandises avec attribution de loteries ainsi que le dénigrement commercial. La loi vise à préserver les droits et les intérêts des exploitants commerciaux en matière de concurrence sur le marché. Conformément aux dispositions de la loi, les exploitants commerciaux doivent respecter les principes du libre arbitre, de l'égalité, de l'équité et de bonne foi, ainsi que l'éthique commerciale généralement acceptée dans les transactions commerciales.

La loi énumère des formes précises de concurrence déloyale. Il est ainsi interdit aux exploitants commerciaux d'adopter n'importe quel des moyens déloyaux suivants pour effectuer des transactions sur le marché et qui pourraient causer des dommages à leurs concurrents : (1) contrefaire les marques déposées par un tiers ; (2) utiliser, sans autorisation, les noms, les emballages ou les signes distinctifs de produits connus ou utiliser les noms, emballages ou logos similaires à ceux des produits connus afin de confondre leurs produits avec ceux-ci et dans le but d'amener les acheteurs à prendre à tort leurs produits pour ceux des autres qui sont connus ; (3) utiliser, sans autorisation, les noms d'entreprise ou les noms personnels d'autrui sur leurs propres biens, amenant ainsi les acheteurs à les confondre avec les biens d'autrui ; (4) falsifier ou utiliser faussement sur leurs produits des symboles de qualité, tels que des symboles d'authentification et des symboles de produits célèbres et de qualité ainsi que falsifier l'origine de leurs produits et faire des représentations fausses ou trompeuses quant à la qualité de ceux-ci. Un exploitant commercial ne doit pas pratiquer la corruption en utilisant de l'argent, des objets de valeur ou d'autres moyens pour vendre ou acheter des marchandises. Ainsi, un exploitant commercial, lorsqu'il verse secrètement et hors comptabilité un pot-de-vin à une autre partie, qu'il s'agisse d'une personne physique ou morale, sera puni pour avoir posé un tel acte. Il en sera de même pour l'autre partie. Toutefois, lors de la vente ou de l'achat de biens, tout exploitant commercial peut exprimer clairement son intention d'offrir un rabais à une autre partie ou de verser une commission aux intermédiaires. Lorsqu'un exploitant commercial procède ainsi, l'autre partie ou les intermédiaires doivent saisir ces éléments dans les livres comptables de manière fidèle. Enfin, notons que la loi prescrit d'autres comportements de concurrence déloyale, tels que la violation de secrets commerciaux.

Après l'adhésion de la Chine à l'Organisation mondiale du commerce, en plus de remplir ses obligations et de bénéficier d'un plus grand marché, la Chine a pris conscience que ce privilège avait un prix. Bien qu'elle prescrive des comportements restreignant la concurrence sur le marché, tels que des ventes liées, des soumissions faites en collusion, des entreprises de services publics ou d'autres exploitants commerciaux bénéficiant légalement du statut de monopole et restreignant la concurrence, et des abus du pouvoir administratif par les gouvernements et leurs départements affiliés pour restreindre la concurrence, on a vu que la Loi sur la concurrence déloyale n'était pas en mesure de couvrir adéquatement les nouveaux comportements monopolistiques apparus dans la pratique après l'entrée de la Chine à l'OMC. Pour pallier cette situation, la Loi anti-monopole, promulguée en 2007, constitue un complément important.

2. Loi anti-monopole

La Loi anti-monopole constitue un modèle juridique important qui protège la concurrence sur le marché, maintient l'ordre de celui-ci et lui permet de jouer pleinement son rôle fondamental dans l'allocation des ressources. Elle est généralement connue sous le nom de « constitution économique ». Dans le contexte de la mondialisation économique, les pays du monde entier recourent de plus en plus aux lois anti-monopoles pour prévenir et réprimer les comportements monopolistiques chez eux et à l'étranger, protéger les droits et les intérêts légitimes des exploitants commerciaux et des consommateurs, promouvoir l'innovation technologique et les progrès technologiques et, enfin améliorer la compétitivité des entreprises et assurer un développement sain, durable et coordonné de l'économie nationale.

La Loi anti-monopole a été officiellement promulguée en août 2007 et est entrée en vigueur en août 2008. La loi, qui contient 8 chapitres et 57 articles, traite principalement des questions suivantes : les accords de monopole, les abus de position dominante sur le marché, les concentrations d'entreprises, les abus de pouvoir administratif pour éliminer ou restreindre la concurrence et les enquêtes sur les comportements présumés monopolistiques. Pour ce qui est de la régulation économique par l'État, celui-ci assume les fonctions d'un instrument politique important touchant à la limitation des monopoles, l'encouragement de la concurrence, l'amélioration de la qualité des investissements étrangers, la facilitation de la restructuration économique et le maintien du fonctionnement sain et ordonné de l'économie nationale. Sa promulgation a permis de combler les lacunes de la Loi sur la concurrence déloyale, de prévenir et de limiter les comportements monopolistiques, de protéger une concurrence libre et loyale sur le marché, d'améliorer l'efficacité des opérations économiques, de protéger les intérêts des consommateurs et les intérêts publics sociaux et, enfin, de promouvoir le développement sain de l'économie socialiste de marché.

En vertu de la loi, les exploitants commerciaux peuvent, par le biais d'une concurrence loyale et d'une association volontaire, se concentrer, à élargir l'ampleur de leurs activités commerciales et à renforcer leur compétitivité sur le marché. À l'égard des secteurs économiques dominés par l'économie nationale et liés aux secteurs clés de celle-ci, de même qu'à la sécurité nationale ou des industries bénéficiant légalement d'un monopole, l'État protège les opérations commerciales licites menées par leurs exploitants, surveille et contrôle leurs opérations commerciales ainsi que les prix de leurs produits et services, de manière à protéger les intérêts des consommateurs et à faciliter les progrès technologiques. Les exploitants de ces secteurs doivent agir conformément à la loi et avec honnêteté. Ils doivent également accepter la surveillance publique et ne pas nuire aux intérêts des consommateurs en tirant parti de leur position dominante ou monopolistique.

Le fait que les exploitants d'entreprises concluent des accords de monopole est l'un des comportements monopolistiques typiques les plus courants dans la vie économique. Cela entraîne souvent de lourdes conséquences, comme l'élimination ou la limitation de la concurrence qui sont néfastes et interdites par les lois anti-monopoles de divers pays qui veulent empêcher des comportements comme la fixation des prix, la séparation du marché de vente et l'empêchement à d'autres exploitants de pénétrer celui-ci. La Loi anti-monopole interdit aux exploitants concurrents de conclure entre eux les accords de monopole suivants : (1) la fixation ou la modification du prix des marchandises ; (2) les restrictions à la production ou à la vente des marchandises ; (3) la séparation du marché de vente ou du marché d'approvisionnement en matières premières ; (4) la restriction d'achat de nouvelles technologies ou de l'accès au développement de celles-ci ou de l'achat de nouveaux produits ; (5) le boycottage conjoint de transactions ; (6) tout autre accord de monopole, tel que défini par les organes du Conseil des affaires d'État chargés de l'exécution de la loi anti-monopole. La loi interdit également aux exploitants commerciaux de conclure l'un des accords de monopole suivants avec des partenaires commerciaux : la fixation du prix des produits destinés à la revente à un tiers ; la limitation du prix minimal des produits destinés à la revente à une tierce partie ; les autres accords de monopole, tels que déterminés par les organes répressifs anti-monopoles du Conseil des affaires d'État.

Une position dominante sur le marché désigne une position détenue par un ou plusieurs exploitants commerciaux réunis qui ont la capacité de contrôler le prix ou la quantité de produits ou d'autres conditions commerciales sur le marché en cause ou de bloquer ou d'affecter l'entrée d'autres exploitants sur ce marché. En règle générale, les exploitants qui dominent le marché sont de grandes et puissantes entreprises, ainsi que des entreprises détenant des parts de marché importantes. Bien que les lois anti-monopole des pays du monde entier n'interdisent pas généralement aux exploitants de conquérir par la concurrence une position dominante sur le marché, elles leur interdisent toutefois d'éliminer ou de limiter la concurrence par l'abus de leurs positions dominantes. La Loi anti-monopole chinoise interdit aux exploitants ayant une position dominante sur le marché de commettre l'un des actes suivants considérés comme un abus d'une position dominante sur le marché : (1) la vente de produits à un prix injustement élevé ou l'achat de produits à un prix injustement bas ; (2) la vente de produits à un prix inférieur au coût de production, sans raison suffisante ; (3) le refus de commercer avec une partie commerciale sans raison suffisante ; (4) le fait de restreindre leurs relations commerciales afin qu'ils puissent effectuer des transactions exclusivement avec eux-mêmes ou avec des exploitants commerciaux désignés sans raison justifiée ; (5) le fait de contribuer à des ventes liées ou d'imposer d'autres conditions déraisonnables au moment qu'ils transigent ; (6) le fait d'appliquer à leurs partenaires commerciaux des traitements discriminatoires sur les prix ou d'autres conditions contractuelles, sans raison suffisante ; (7) tout autre forme d'abus de position dominante sur le marché, telle que déterminée par les organes chargés de l'application de la loi anti-monopole au sein du Conseil des affaires d'État.

Phénomène courant dans les activités économiques, la concentration des exploitants a 2 conséquences : elle permet, d'un côté, de réaliser des économies d'échelle importantes et d'améliorer la compétitivité de ceux-ci ; d'autre part, elle aide à générer ou à renforcer une position dominante sur le marché, produisant ainsi des conséquences néfastes sur la concurrence. De plus, indiquons que les lois anti-monopoles de divers pays contrôlent la concentration des exploitants commerciaux de manière à empêcher une concentration excessive du pouvoir économique qui est susceptible d'affecter la concurrence sur le marché. Le moyen de contrôle généralement utilisé consiste à instaurer un mécanisme de déclaration à priori et a posteriori de la concentration des exploitants commerciaux qui est examiné par les organes répressifs anti-monopole afin de décider s'il convient ou non de permettre à ceux-ci de se concentrer. La Loi anti-monopole chinoise prévoit qu'un exploitant, lorsqu'il acquiert le contrôle d'autres exploitants par fusion, par acquisition des actions ou des actifs ou par contrat ou tout autre moyen, ou qu'il est en mesure d'exercer une influence déterminante sur d'autres exploitants, doit signaler à l'avance ses projets aux organes répressifs anti-monopole du Conseil des affaires d'État afin de voir si ceux-ci auront pour effet d'atteindre le seuil non autorisé. Notons qu'il est interdit aux exploitants de réaliser leurs projets s'ils n'ont pas fait de déclaration. En outre, la loi prévoit également qu'aucun organe ou organisation administrative habilité par une loi ou un règlement administratif à gérer des affaires publiques ne doit abuser de son pouvoir pour éliminer ou restreindre la concurrence.

Les services répressifs anti-monopole de la Chine continuent de maintenir les arrangements institutionnels prévalant antérieurement et les enquêtes sur les comportements monopolistiques sont menées séparément par le ministère du Commerce, la Commission nationale pour le développement et la réforme, l'administration d'État de l'industrie et du commerce. Les services répressifs anti-monopole peuvent, en fonction des besoins, autoriser les organes respectifs des provinces, des régions autonomes et des municipalités relevant directement du gouvernement central à assumer la responsabilité du maintien de l'ordre anti-monopole prévu par la loi. Dans le but de garantir l'efficacité de la mise en œuvre de cette loi, le Conseil des affaires d'État a créé le Comité anti-monopole chargé d'organiser, de coordonner et de guider le travail anti-monopole et de s'acquitter des tâches suivantes : étudier et préparer des politiques en matière de concurrence, organiser des enquêtes, évaluer l'état d'avancement de la concurrence sur le marché et établir des rapports d'évaluation ; publier des directives anti-monopole, coordonner les activités répressives anti-monopole et assumer les autres obligations définies par le Conseil des affaires d'État.

Il convient de noter que la Loi anti-monopole prescrit qu'elle s'appliquera également aux comportements commis hors du territoire chinois, ce qui est particulièrement important pour la sauvegarde de la sécurité économique nationale de la Chine pendant son développement et son ouverture sur le monde extérieur.

IV. Systéme juridique de surveillance du marché

Le droit sur la surveillance du marché est un système de normes juridiques qui régissent les relations de supervision et de gestion économique lorsque les gouvernements à différents niveaux surveillent, encouragent, guident et gèrent les marchés financiers, les relations commerciales, ainsi que les secteurs des télécommunications, de l'électricité, fonciers, etc. Le système juridique de surveillance du marché comprend la Loi sur la surveillance bancaire, la Loi sur la surveillance des valeurs mobilières, la Loi sur la surveillance des assurances, la Loi sur la surveillance du commerce et des affaires, la Loi sur la surveillance des télécommunications, la Loi sur la surveillance de l'énergie électrique, etc. Le texte qui suit sera consacré à la présentation de la surveillance bancaire et de celle de l'énergie électrique.

1. Système juridique applicable au contrôle bancaire

Depuis la politique de réforme et d'ouverture sur le monde extérieur, la Chine a mis en place un système visant à mieux contrôler les entreprises par une supervision distincte selon les secteurs d'activité. Ce système a pour objectif de renforcer le contrôle financier, de garantir un fonctionnement sûr, régulier et efficace des établissements financiers et de renforcer la prévention et d'éviter les risques financiers. Afin de consolider les acquis de la réforme de la supervision financière, la Chine a élaboré des lois spéciales afin d'améliorer le système de supervision financière, de renforcer les moyens et la rigueur de la supervision et d'améliorer sa qualité. La Loi sur la supervision bancaire en constitue une excellente illustration.

En avril 2003, le Conseil des affaires d'État a créé la Commission de régulation bancaire de Chine (China Banking Regulatory Commission, CBRC), qui est chargée de la supervision et de la gestion des institutions financières bancaires ainsi que des sociétés de gestion d'actifs financiers, des sociétés de fiducie, des sociétés de gestion des finances, des sociétés de crédit-bail et des autres institutions financières créées avec son approbation. La création de la CBRC met en évidence la fonction de régulation financière exercée par la Banque populaire de Chine et renforce et consolide le système chinois de supervision financière. En décembre 2003, la Loi sur la Banque populaire de Chine et la Loi sur les banques commerciales ont été modifiées et la Loi sur la supervision bancaire a été adoptée, permettant ainsi de nouvelles avancées en Chine dans le domaine de la législation sur la supervision financière. La législation spéciale témoigne d'un progrès et d'une maturité des techniques législatives. La Loi sur la supervision bancaire fournit une base juridique importante pour renforcer, comme son nom l'indique, la supervision bancaire et garantir un fonctionnement légal, sûr et stable des institutions bancaires.

La Loi sur la supervision bancaire a été adoptée en décembre 2003 et est entrée en vigueur en février 2004. Elle a été modifiée en octobre 2006. La loi modifiée, qui comprend 6 chapitres et 52 articles, est entrée en vigueur en janvier 2007. En vue de réglementer la surveillance bancaire, la loi énonce des dispositions spécifiques sur les institutions, les objets, les objectifs, les principes, les devoirs et les mesures de surveillance bancaire et elle définit les tâches de supervision de la CBRC. En fonction de la pratique bancaire et surtout des défis auxquels est confronté le secteur bancaire après l'adhésion de la Chine à l'OMC, et sur la base de la synthèse de l'expérience pratique des réformes de la surveillance financière, la loi s'appuie sur les Principes fondamentaux pour un contrôle bancaire efficace formulés par le Comité de Bâle sur le contrôle bancaire. Elle transforme la surveillance unique antérieure de la conformité des établissements financiers bancaires en une combinaison de surveillance de la conformité et de surveillance des risques. L'accent a été mis sur l'amélioration du système de supervision et le renforcement de ses moyens et la loi prévoit explicitement la mise en place d'un système de détection, de notification et d'élimination des risques soudains dans le secteur bancaire. La Loi sur la supervision bancaire est la première loi spécialisée relativement à la supervision financière en Chine. La loi reprend en grande partie les concepts avancés de supervision bancaire internationale et les normes juridiques du secteur bancaire d'autres pays ou régions. Elle définit les objectifs et les principes de la supervision bancaire en Chine, détermine le statut légal et les devoirs des institutions de supervision bancaire, renforce et perfectionne les moyens de supervision, réglemente les procédures de supervision, rapproche la supervision bancaire de la Chine des meilleures pratiques internationales, réalise la transformation de la surveillance de la conformité en un système permettant aussi la surveillance des risques, réglemente et limite le fonctionnement du pouvoir de surveillance et favorise le développement durable et à long terme du secteur bancaire chinois.

Il est important de noter que la mise en place d'un système d'opération ou de surveillance distincte selon les secteurs est étroitement liée à la Loi sur la Banque populaire de Chine, à la Loi sur les valeurs mobilières et à la Loi sur les assurances. Ces lois déterminent le statut légal et les devoirs de surveillance de la Banque populaire de Chine, de la Commission de réglementation bancaire de Chine, de la Commission chinoise de réglementation des valeurs mobilières et de la Commission de contrôle des assurances de Chine, et indiquent les règles de base en matière de surveillance des valeurs mobilières et des assurances et garantissent le développement sain et stable du secteur financier chinois.

2. Système juridique applicable à l'énergie électrique

L'électricité constitue la base matérielle de la modernisation de l'économie nationale et de l'amélioration du niveau de vie de la population. Depuis la politique de réforme et d'ouverture sur le monde extérieur, l'industrie de l'électricité a connu un développement rapide, mais reste toujours l'une des industries à « goulot d'étranglement » qui restreint le développement économique national. L'énergie électrique constitue un bien particulier dont les activités de production, de fourniture et de commercialisation s'exercent de façon simultanée. Tous ces aspects sont interdépendants et s'influencent mutuellement. L'alimentation électrique s'adresse à toute la société, dessert tous les domaines de l'activité humaine et d'innombrables foyers, et revêt la nature de service public. Dans le but de maintenir l'ordre normal de production, d'alimentation et d'utilisation de l'électricité, de protéger les droits et intérêts légitimes des entreprises électriques et de leurs usagers ainsi que de protéger les intérêts publics sociaux, la Chine a promulgué, en décembre 1995, la Loi sur l'énergie électrique qui est entrée en vigueur en avril 1996. Cette loi, composée de 10 chapitres et de 75 articles, prévoit, chapitre par chapitre, les activités de construction, de production, d'administration des réseaux électriques, la fourniture et l'utilisation de cette énergie, les tarifs et redevances de l'électricité, le développement de l'électricité dans les zones rurales et l'utilisation de celle-ci dans l'agriculture, la protection des installations de production d'électricité, leur surveillance et leur contrôle ainsi que la responsabilité juridique. En ce qui concerne le champ d'application, la loi s'applique aux activités de construction, de production, de fourniture et de consommation d'énergie électrique sur l'ensemble du territoire chinois. La loi insiste sur le principe que « celui qui investit bénéficie des avantages » qui s'applique aux investissements dans ce secteur. Compte tenu de leur grande utilité, les installations électriques doivent être placées sous la protection de l'État. Il est interdit à toute organisation et à tout individu de mettre en danger la sécurité des installations électriques ou de les occuper illégalement ou, enfin, à utiliser illégalement l'énergie électrique. La loi est d'une grande importance pour garantir et promouvoir le développement de l'industrie de l'énergie électrique, pour protéger les droits et intérêts légitimes des investisseurs, des exploitants et des utilisateurs de l'énergie électrique, ainsi que pour garantir la sécurité de son exploitation.

Section 2. Système juridique de macro-contrôle

I. Droit sur le macro-contrôle

L'économie de marché exige un macro-contrôle qui, s'il est bien effectué, permettra de favoriser le développement d'un État de droit. Le macro-contrôle, également appelé contrôle macro-économique, désigne la réglementation et le contrôle du fonctionnement de l'économie qui sont exercés par le gouvernement à partir de moyens économiques, juridiques et administratifs afin de trouver un équilibre entre le développement social et l'objectif d'assurer une croissance soutenue, stable et coordonnée de l'économie nationale. Le contrôle macro-économique, qui analyse dans une perspective globale le fonctionnement du système économique, se reflète principalement dans le domaine de l'analyse macro-économique qui vise à comprendre les déterminants de la performance du système économique d'un pays à partir d'indicateurs tels que le produit national brut (PNB), l'emploi, l'inflation, et la balance des paiements internationaux. Le droit sur le macro-contrôle régit le fonctionnement des activités de l'État qui doit coordonner la planification, la règlementation et le contrôle de l'économie nationale avec le développement social, tout en défendant les intérêts fondamentaux et à long terme de l'État.

L'équilibre de base de l'agrégat économique et l'optimisation de la structure économique constituent deux objectifs fondamentaux du macro-contrôle. L'équilibre de base de l'agrégat économique est l'équilibre entre la demande totale et l'offre totale de l'activité économique. L'agrégat économique est une formule mesurant le résultat de l'activité économique. Le plus connu de ces agrégats est certainement le produit intérieur brut (PIB). La structure économique couvre de nombreux sujets, notamment la structure industrielle, d'investissement, du marché, de la consommation, de la main-d'œuvre, etc. L'équilibre de base de l'agrégat économique jette les bases de la réalisation de la structure économique dont l'optimisation est l'objectif essentiel du macro-contrôle. Une loi de macro-contrôle doit pouvoir mobiliser tous les moyens d'ajustement, faire valoir toutes les fonctions du droit économique et promouvoir l'équilibre fondamental de l'agrégat économique et l'optimisation de la structure économique. Selon ses principes fondamentaux, une loi de macro-contrôle doit refléter les politiques de macro-contrôle de l'État, incarner les caractéristiques essentielles et l'esprit fondamental de la loi de contrôle macro-économique et distinguer le droit de macro-contrôle du droit de la régulation du marché. Une loi de contrôle macro-économique repose principalement sur 2 principes de base : le principe de la légalité du contrôle et le principe de son application de façon modérée. Exercé principalement par le gouvernement, ce contrôle est en réalité une arme à double tranchant, qui peut favoriser ou entraver le développement économique. Afin de garantir la vitalité du mécanisme de marché, de maximiser le rôle fondamental du marché dans l'allocation des ressources, de sauvegarder les intérêts des entreprises et du public, le contrôle macro-gouvernemental doit être maintenu dans les limites autorisées par la loi et incorporé dans le système juridique. Les exigences de base du principe du contrôle légal sont les suivantes : la qualification d'un gouvernement ainsi que de ses organes de contrôle en tant que sujets de contrôle doit être définie par la loi afin de déterminer leur statut juridique ; le pouvoir de contrôle dont disposent les différents organes de contrôle doit être défini par la loi ; les organes de contrôle doivent exercer leurs activités dans les limites des pouvoirs conférés par la loi et ne doivent pas porter atteinte aux droits et intérêts fondamentaux des personnes faisant l'objet du contrôle, de manière à garantir le bon fonctionnement macroéconomique et l'ordre de l'économie de marché. Les moyens et les procédures de contrôle qui sont régis par la loi constituent une condition fondamentale pour garantir l'application efficiente de cette dernière. Le principe de l'application du contrôle de façon modérée prescrit par la Loi de macro-contrôle révèle la valeur intrinsèque de l'intervention de la part de l'État dans l'économie de marché. En d'autres termes, le contrôle exercé de façon modérée est un contrôle limité dont la connotation particulière est mise en œuvre sous 3 aspects : le contrôle gouvernemental doit promouvoir et protéger l'économie, plutôt que de lui imposer des obstacles ou l'affaiblir ; le contrôle gouvernemental doit respecter des principes économiques objectifs et procéder à une intervention lorsque nécessaire conformément à la loi ; enfin, les gouvernements ne doivent pas intervenir directement dans les activités de production et d'exploitation des organisations économiques.

La définition et l'attribution du pouvoir de macro-contrôle sont au cœur du droit de macro-contrôle. L'allocation verticale et horizontale de ce pouvoir est un enjeu qui permet de déterminer les acteurs qui exercent un tel pouvoir. L'allocation verticale consiste à répartir le pouvoir de macro-contrôle entre les autorités centrales et locales, tandis que l'allocation horizontale vise à répartir ce pouvoir entre les différents départements du gouvernement central chargés de l'exercer. En Chine, le Conseil des affaires d'État, à savoir le gouvernement populaire central, dispose réellement du pouvoir de macro-contrôle. Mais parallèlement, la Commission nationale du développement et des réformes, le ministère des Finances, la Banque populaire de Chine, le ministère du Commerce et d'autres ministères gouvernementaux exercent de façon importante un pouvoir de macro-contrôle et mettent en œuvre des mesures appropriées. Les méthodes de macro-contrôle comprennent, lorsqu'elles sont basées sur-le-champ d'application des politiques macro-économiques, le contrôle des politiques financières et fiscales, le contrôle de la politique monétaire, le contrôle de la politique industrielle, le contrôle de la politique des prix, le contrôle de la politique commerciale étrangère, etc. Lorsqu'elles sont basées sur la force et les moyens d'influence sur les comportements économiques, les méthodes de macro-contrôle incluent celle induite par l'intérêt, les directives de planification et le contrôle forcé. Selon la répartition des pouvoirs de macro-contrôle et des méthodes de contrôle, la Chine a essentiellement mis en place un système juridique, qui comprend le droit de la planification, le droit financier et fiscal, le droit de l'industrie et le droit du commerce extérieur.

II. Droit sur la planification

La planification est un moyen important de macro-contrôle de l'État et fait référence aux mesures politiques élaborées, coordonnées et mises en œuvre par certaines organisations en vue de la prévision du développement économique. Les stratégies de planification, élaborées et mises en œuvre par l'État concernant l'avenir des projets nationaux de développement économique, scientifique, technologique et social, sont appelées planification nationale et dont le nom complet est désigné par l'expression « planification pour le développement économique et social national ».

La planification nationale a 3 fonctions principales : la fonction de prévision et de conseil, ce qui signifie que la planification nationale prévoit les orientations du développement économique futur et guide les acteurs du marché pour qu'ils s'y conforment et agissent en conséquence ; la fonction de coordination des politiques, ce qui veut dire que la planification nationale doit coordonner les diverses politiques visant à atteindre les objectifs de la planification ; la fonction de macro-contrôle, c'est-à-dire s'appuyer sur les fonctions de prévision, d'orientation et de coordination des politiques pour parvenir à un macro-contrôle efficace des principaux aspects du développement économique et social.

La Chine met actuellement en œuvre le Douzième plan quinquennal pour le développement économique et social national, qui a été adopté après délibération par la 4e session de la XIe Assemblée populaire nationale. Ce plan clarifie principalement les objectifs stratégiques nationaux et définit les priorités du gouvernement ainsi qu'il oriente les actions des acteurs du marché. Il s'agit d'un plan directeur pour le développement économique et social de la Chine pour les années 2011-2015, d'un programme d'action commun réunissant des citoyens de toutes les nationalités chinoises et d'une base importante pour que les gouvernements puissent s'acquitter des tâches de réglementation économique, de contrôle des marchés, d'administration sociale et de services publics. Le plan se compose de 16 parties et de 62 chapitres et indique les objectifs suivants : réformer les moyens actuels pour améliorer le développement scientifique, renforcer l'agriculture pour le bénéfice des agriculteurs et accélérer le développement de nouvelles zones de développement rural socialistes, améliorer la compétitivité industrielle de base par la transformation et la modernisation, créer un environnement propice afin de promouvoir le développement de l'industrie des services, optimiser les plans afin de promouvoir un développement coordonné entre les différentes régions et un développement sain de l'urbanisation, poursuivre le développement vert et la construction d'une société respectueuse de l'environnement et des ressources, assurer un développement axé sur l'innovation et une mise en œuvre de la stratégie de revitalisation par la science, la technologie et l'éducation ainsi qu'une mise en œuvre de la stratégie de renforcement de la Chine par le développement professionnel des ressources humaines, améliorer les conditions de vie des citoyens et perfectionner le système des services publics de base, traiter l'ensemble des causes des problèmes de la société et renforcer la gestion sociale, faire valoir l'héritage culturel ainsi qu'encourager et soutenir les activités culturelles, mettre en œuvre des réformes dans les zones de difficultés économiques et améliorer le système de l'économie socialiste de marché, réaliser des bénéfices mutuels pour toutes les composantes de la société et améliorer le taux d'ouverture de l'économie, développer la démocratie et faire avancer la construction du régime socialiste, approfondir la coopération et construire une unification de la nation chinoise, promouvoir l'intégration militaire et civile et renforcer la construction de la défense nationale et la modernisation des forces armées et renforcer la mise en œuvre et la réalisation des grands plans de développement.

À la différence du « plan » de l'économie planifiée, la planification dans le cadre de l'économie de marché est plus prévisible et sert de guide au contrôle macro-économique national. Elle se concentre sur les grandes questions stratégiques concernant l'économie nationale et le développement social. La planification comprend les orientations, les actions, les structures, les mesures stratégiques et les grandes politiques en matière économique et sociale. Elle vise à changer le comportement des gouvernements en évitant de tout contrôler dans les moindres détails. Elle fixe des objectifs moins ambitieux et plus réalistes que les gouvernements peuvent atteindre plus facilement par les divers outils juridiques et économiques à leur disposition et qui permettent la participation des citoyens sous forme de consultation, d'études de faisabilité, de publication, d'enregistrement, d'évaluation, etc. Pour leur part, les plans dans l'économie planifiée sont obligatoires ou directeurs. Les plans obligatoires sont très détallés, même pour les contenus concernant le marché et les entreprises. Les moyens administratifs directs sont massivement déployés pour atteindre les objectifs fixés par les plans. En outre, mentionnons que la procédure d'élaboration des plans est monopolisée par des services gouvernementaux qui ne font pas vraiment appel aux avis des citoyens.

Le droit relatif à la planification constitue un système de normes juridiques qui vise le statut des organes de l'État, des organisations sociales et des autres entités économiques dans le système de planification et de gestion et qui règlementent les relations entre ces organes lors de l'élaboration et de la réalisation des plans de développement économique et social à l'échelle nationale. Ce droit se traduit par divers aspects couvrant la préparation, l'approbation, la publication, la mise en œuvre, l'ajustement, l'inspection et la supervision des plans de planification. La Chine, bien qu'elle n'ait pas élaboré une loi formelle sur la planification, a établi un ensemble d'usages régissant la préparation, l'approbation et la mise en œuvre de la planification et plus particulièrement de la planification quinquennale nationale qui joue un rôle important dans le macro-contrôle économique.

III. Droit financier et fiscal

Avant la politique de réforme et d'ouverture sur le monde extérieur, la Chine avait adopté un système financier hautement centralisé, selon lequel les gouvernements locaux ne disposaient d'aucun budget financier indépendant. Les recettes et les dépenses des entreprises d'État étaient sous le contrôle du gouvernement central et les entreprises et les gouvernements locaux adoptaient les mêmes règles comptables que celles fixées par celui-ci. Cela a fortement limité l'enthousiasme des gouvernements locaux et des entreprises. Après la politique de réforme et d'ouverture sur le monde extérieur, le succès du système des contrats d'exploitation forfaitaire des ménages ruraux a permis de nouvelles perspectives pour le processus de mise à jour des théories financières en Chine. La réforme du système financier a commencé par les relations de distribution des pouvoirs entre l'État et les entreprises et entre les gouvernements centraux et locaux et a établi un système de finance forfaitaire et de répartition des recettes et des dépenses. À partir du 1er janvier 1994, la Chine a également réformé son système de finance locale en établissant un système de partage des revenus s'appliquant dans les différentes provinces, les régions d'autonomie nationales, les municipalités relevant directement du gouvernement central et les autres municipalités dotées d'un statut indépendant qui répartit les catégories de taxe en taxe centrale, taxe locale et taxe partagées par les gouvernements centraux et locaux. Avec le développement économique et l'augmentation des recettes et des dépenses financières et afin de renforcer le contrôle de ces dernières, la Chine a commencé, en 1998, la construction d'un véritable système de finances publiques qui a permis des avancées majeures dans les principes financiers traditionnels : la transparence, l'équité et l'équilibre des finances ont été accentués. Il en va de même des fonctions des finances publiques qui visent à stabiliser l'économie en allouant les ressources et en distribuant les revenus, tout en assurant leur supervision et leur gestion. En Chine, le système de droit financier régit les relations financières notamment par les lois suivantes : la Loi budgétaire, la Loi fiscale, la Loi sur les marchés publics, etc. Par ailleurs, d'autres lois telles que la Loi sur la dette nationale et la Loi sur les paiements de transfert financiers sont toujours en cours d'élaboration.

1. Système de droit budgétaire

Le budget est l'un des principaux moyens dont dispose un État pour gérer les questions d'économie et de mettre en œuvre le contrôle macroéconomique. Il occupe une place très importante dans la vie politique et économique de l'État. L'année 1994 est une année charnière pour la normalisation du système de budget structuré et à double palier en Chine. Depuis la mise en place du système de partage des taxes financières, la Loi sur le budget a été promulguée en mars 1994 et est entrée en vigueur le 1er janvier 1995. La loi, qui comprend 11 chapitres et 79 articles, joue un rôle important dans le renforcement de la force juridique contraignante du budget, la garantie de la cohérence des paiements budgétaires, la normalisation des procédures de gestion budgétaire, la définition des fonctions et des pouvoirs de gestion budgétaire, le fait de surmonter les difficultés liées aux pouvoirs et aux responsabilités ambigus et chevauchants et l'inefficacité de la gestion et du contrôle. La loi fournit une base légale aux fonctions et pouvoirs pour la gestion du budget, la portée des paiements budgétaires, la préparation du budget, sa révision et son exécution, l'ajustement du budget, ainsi que la comptabilisation et la supervision de celui-ci. La Loi sur le budget adhère aux principes de transparence, d'exactitude, d'intégrité, d'unité et d'annualité qui sont l'essence même de la budgétisation nationale et qui répondent aux exigences inhérentes de régulation des activités budgétaire des finances publiques dans l'économie de marché. Le fait de régir les recettes et les dépenses de l'État par la loi et d'obliger le gouvernement à agir conformément aux budgets établis sont devenus des exigences fondamentales de la gestion budgétaire en Chine.

Cette dernière a établi un budget à chaque échelon territorial et il existe donc 5 niveaux budgétaires : le gouvernement central ; les gouvernements des provinces, des régions d'autonomie nationale et des municipalités relevant directement du gouvernement central ; des villes divisées en districts et des préfectures autonomes ; des comtés, des comtés autonomes, des villes non divisées en districts et des districts d'une ville ; enfin, des cantons, des cantons autonomes et des bourgs. L'année budgétaire commence le 1er janvier et se termine le 31 décembre du calendrier grégorien. Le budget du gouvernement central comprend ceux de tous les ministères du gouvernement central (y compris les entités directement sous leur responsabilité). Le budget local, pour sa part, inclut les budgets généraux de toutes les provinces, régions d'autonomies nationales et des municipalités relevant directement de l'administration centrale. Le budget local de tous les échelons, quant à lui, comporte le budget des organes du même échelon local et la somme des budgets généraux des organes à l'échelon immédiatement inférieur. Si l'on est en présence uniquement de budgets à l'échelon local immédiatement inférieur, la somme de ces budgets constitue le budget total. Enfin, s'il n'y a pas de budget à l'échelon immédiatement inférieur, le budget général correspond au budget du même échelon local. Le budget d'un gouvernement local, quel que soit son niveau, comprend les budgets des divers départements au niveau local (y compris des entités directement dépendantes de ceux-ci). En ce qui concerne la composition des budgets, les budgets du gouvernement central incluent les recettes reversées par les gouvernements locaux à celui-ci et les revenus remboursés ou les subventions accordées par le gouvernement central aux gouvernements locaux, tandis que les budgets des gouvernements locaux à différents échelons comprennent les revenus remis par les gouvernements aux niveaux inférieurs à ceux de niveaux supérieurs et les revenus remboursés ou les subventions accordées par les gouvernements supérieurs aux gouvernements inférieurs. Le principe de l'équilibre budgétaire est applicable aux budgets de tous les échelons. La Loi sur le budget définit de manière globale les fonctions et les pouvoirs en matière de gestion budgétaire de l'Assemblée nationale populaire et de son Comité permanent, des assemblées nationales populaires locales et de leurs comités permanents, du Conseil des affaires d'État et de ses départements financiers, des administrations locales à tous les échelons et de leurs départements financiers, de divers départements et d'entités. Cette loi prévoit aussi des éléments importants tels que la révision et l'approbation du budget, son application, son ajustement, ses comptes définitifs et sa supervision. Tous les budgets sont composés des recettes et des dépenses budgétaires. Les recettes budgétaires comprennent : les recettes fiscales; le produit des avoirs appartenant à l'État qui doit être remis conformément aux normes applicables; les revenus spéciaux et d'autres revenus. Les dépenses budgétaires incluent : les dépenses de développement économique; les dépenses pour le développement d'entreprises dans les domaines de l'éducation, de la science, de la culture, de la santé publique et des sports; les dépenses pour l'administration de l'État; les dépenses de la défense nationale; les dépenses pour diverses subventions et les autres dépenses.

En vertu de la Loi sur le budget, le budget central et les budgets des administrations locales à différents échelons sont préparés selon le système de double budget et sont divisés en budget ordinaire et en budget d'immobilisation. Une proportion et une structure raisonnables doivent être utilisées pour ces 2 types de budgets. Le budget ordinaire ne doit pas contenir de déficit. Les dépenses budgets des gouvernements aux différents échelons sont préparées selon les principes suivants : atteindre un équilibre budgétaire, garantir les priorités, planifier de manière exhaustive toutes les composantes budgétaires et conserver des montants en réserve pour les imprévus. Les dépenses d'immobilisation sont prévues lorsque les besoins raisonnables des dépenses régulières sont assurés.

2. Système de droit fiscal

La Chine possède 19 types d'impôts, qui sont divisés en 5 catégories : l'impôt sur les transactions, l'impôt sur le revenu, l'impôt sur la propriété, les taxes comportementales et l'impôt sur les ressources. Après son adhésion à l'OMC, la Chine a de toute évidence accéléré sa réforme du système fiscal. En 2006, la taxe agricole a été annulée, mettant ainsi fin à une longue tradition historique. Cela a pour effet d'augmenter les revenus des agriculteurs et de réduire les coûts de production et d'exploitation agricole. Il s'agit d'un geste clair du gouvernement pour répondre aux préoccupations des agriculteurs et établir la prospérité rurale et le développement agricole et qui démontre sa volonté de réduire la fiscalité structurelle. La structure du système fiscal de la Chine a été continuellement ajustée et optimisée pour s'adapter aux changements drastiques du développement économique et social après son adhésion à l'OMC. Maintenant, en Chine, les lois fiscales comprennent principalement la Loi de l'impôt sur le revenu des particuliers et la Loi de l'impôt sur le revenu des entreprises alors que d'autres catégories fiscales sont prévues dans les règlements administratifs.

A. Loi de l'impôt sur le revenu des particuliers

La Loi de l'impôt sur le revenu des particuliers, contenant 15 articles, a été promulguée en septembre 1980. Afin de permettre à l'impôt sur le revenu de jouer efficacement son rôle dans la réglementation de la répartition du revenu, la Chine a modifié 6 fois cette loi respectivement en 1993, 1999, 2005, 2007, 2011 et 2 fois en 2007 en augmentant sans cesse les seuils fiscaux. L'amendement de 2011, en particulier, a suscité de nombreuses préoccupations de divers milieux de la société. En recueillant l'opinion publique, l'Assemblée populaire nationale a reçu plus de 230 000 avis dans un délai d'un mois. Cet amendement a relevé le seuil d'imposition des revenus des particuliers de 2 000 yuans par mois à 3 500 yuans, a réduit la structure des taux d'imposition des salaires de 9 à 7 paliers, annulant ainsi les taux d'imposition de 15 % et 40 % et a diminué le taux minimum d'imposition de 5 % à 3 %. Il a également ajusté les tranches d'imposition sur les revenus des entreprises individuelles provenant de la production et des opérations commerciales et résultant d'opérations contractuelles ou de crédit-bail, et a élargi la période fiscale de 7 à 15 jours pour faciliter le paiement des dettes fiscales des contribuables. La modification de la Loi de l'impôt sur le revenu des particuliers est une mesure majeure prise par le gouvernement chinois pour ajuster la répartition des revenus et témoigne de ses efforts incessants pour assurer le bien-être de ses citoyens et améliorer leur niveau de vie.

En se fondant sur la pratique internationale, la Chine divise les contribuables de l'impôt sur le revenu des particuliers en résidents et non-résidents. Selon les dispositions de la Loi de l'impôt sur le revenu des particuliers, une personne physique qui a son domicile sur le territoire chinois ou qui n'a pas de domicile, mais a résidé sur le territoire chinois pendant au moins un an est considéré comme ayant des obligations fiscales sur ses revenus de source chinoise et étrangère. Un particulier qui n'a pas de domicile en Chine et qui ne réside pas sur le territoire chinois ou qui n'y est pas domicilié, mais y séjourne depuis moins d'un an est un contribuable non-résident et assume des obligations fiscales limitées, à savoir qu'il est redevable de l'impôt sur le revenu des particuliers, conformément à la loi, uniquement sur ses revenus gagnés sur le territoire chinois. Les revenus des particuliers soumis au paiement de l'impôt incluent : (1) les revenus provenant de l'emploi ; (2) les revenus des entreprises individuelles provenant de leur production et de leurs activités commerciales ; (3) les revenus provenant des entreprises et des institutions en sous-traitance ou de crédit-bail ; (4) les revenus provenant de la rémunération de services de main-d'œuvre ; (5) les revenus provenant des droits d'auteurs ; (6) les revenus provenant de redevances ; (7) les revenus d'intérêt, de dividendes d'actions et des bonus ; (8) les revenus provenant de la location de biens ; (9) les revenus provenant de la cession de biens ; (10) les revenus occasionnels ; (11) d'autres revenus spécifiés comme taxables par le département financier du Conseil des affaires d'État.

Les taux de l'impôt sur le revenu des particuliers adoptent 2 formes : les taux d'imposition progressifs et les taux d'imposition proportionnels. Les revenus provenant des salaires et traitements sont soumis à des taux d'imposition progressifs compris entre 3 % et 45 %. Les revenus émanant de la production et des activités commerciales des commerçants individuels et les revenus d'opérations contractuelles ou de crédit-bail des entreprises et des institutions sont assujettis à des taux d'imposition progressifs compris entre 5 % et 35 %. Les revenus provenant des droits d'auteurs sont soumis à un taux d'imposition proportionnel de 20 % et bénéficie d'une réduction d'impôt de 30 %. Les revenus provenant de la rémunération des services de main-d'œuvre sont soumis à un taux d'imposition proportionnel de 20 %. Si un paiement unique de ce type de rémunération est très élevé, une partie supplémentaire de l'impôt peut être prélevée à la source. Les redevances, les intérêts, les dividendes provenant d'actions, les primes, les revenus de la location de biens, les revenus de la cession de biens, les revenus accessoires et d'autres types de revenus sont soumis à un taux d'imposition proportionnel de 20 %.

La méthode de retenue à la source est largement utilisée dans la fiscalité des revenus des particuliers en Chine, avec le bénéficiaire du revenu en tant que contribuable et l'entité de paiement en tant qu'agent de retenue à la source. Lorsque le revenu individuel dépasse le montant prévu par le Conseil des affaires d'État, que le contribuable obtient du salaire et d'autres revenus provenant de 2 sources ou plus ou en l'absence d'agent de retenue, ou dans d'autres circonstances prescrites par cet organe, le contribuable doit produire une déclaration de revenus et payer l'impôt prévu, et l'agent de retenue a l'obligation de fournir une déclaration de retenue à la source pour tous les contribuables, tel que prescrit par l'État. Les revenus provenant des salaires et traitements sont imposés mensuellement. L'impôt sur les revenus des entreprises individuelles provenant de leur production et de leurs activités commerciales est calculé annuellement et payé d'avance mensuellement. L'impôt sur les revenus résultant de la sous-traitance ou du crédit-bail des entreprises et des institutions est annualisé, les autres revenus étant imposés sur le montant reçu à chaque versement. L'impôt retenu chaque mois par un agent de retenue et les taxes devant être payée chaque mois par un contribuable doivent être déclarés et payés dans les 15 jours du mois suivant. Ceci constitue une règle générale et correspond au moment à payer des impôts déclarés mensuellement, tels que l'impôt sur le revenu des entreprises, la TVA (taxe sur la valeur ajoutée), l'impôt sur les chiffres d'affaires, etc. En résumé, on peut dire que l'impôt sur le revenu des particuliers en Chine repose sur le principe selon lequel les hauts revenus paient plus d'impôts, les revenus moyens paient moins d'impôts et les bas revenus ne paient aucun impôt, ce qui joue un rôle important dans la répartition des richesses et l'organisation des recettes fiscales.

B. Loi de l'impôt sur le revenu des entreprises

Après la mise en œuvre de la politique de réforme et d'ouverture sur le monde extérieur à la fin des années 1970, afin d'attirer les investissements étrangers et de développer son économie, la Chine a adopté à l'égard des entreprises étrangères une politique fiscale différente de celle appliquée aux entreprises nationales. La législation fiscale a donc prévu une imposition des revenus selon qu'on est en présence d'entreprises nationales ou étrangères. En mars 2007, la Chine a adopté une nouvelle Loi de l'impôt sur le revenu des entreprises, mettant fin à l'inégalité qui a perduré de longues années de la charge fiscale résultant de l'application de 2 régimes selon qu'il s'agissait d'une entreprise nationale ou étrangère. Cette nouvelle loi a créé un environnement fiscal équitable, raisonnable, mieux normé et plus transparent pour les entreprises de tous types en concurrence sur le marché. La nouvelle Loi de l'impôt sur le revenu des entreprises, qui comprend 8 chapitres et 60 articles, est entrée en vigueur le 1er janvier 2008. Elle met pleinement en œuvre les principes de fiscalité que nous venons tout juste de mentionner et permet de réaliser l'uniformité des taux d'imposition, des déductions et des avantages fiscaux, de la perception et de l'administration des impôts. Comme elle adopte des mesures préférentielles transitoires pour les entreprises existantes, elle n'a pas eu d'impact important sur la production et le fonctionnement de celles-ci.

La Loi de l'impôt sur le revenu des entreprises énonce que, sur le territoire chinois, les entreprises et les autres organisations qui perçoivent un revenu sont redevables de l'impôt sur le revenu des entreprises et doivent payer leur impôt conformément à la loi. Afin d'éviter la double imposition, cette loi ne s'applique pas aux entreprises individuelles et celles en participation. Au sujet des contribuables, cette loi introduit une nouvelle norme entre les entreprises résidentes et les entreprises non-résidentes pour bien les identifier et les différencier. Une entreprise résidente doit verser un impôt sur ses revenus de sources chinoise et étrangère. Pour une entreprise non-résidente ayant un bureau ou un établissement en Chine, celle-ci doit payer l'impôt sur ses revenus provenant de la Chine ainsi que sur ceux qu'elle gagne à l'extérieur de la Chine, mais qui ont un lien réel avec ce bureau ou cet établissement. Pour une entreprise non-résidente n'ayant pas de bureau ni d'établissement en Chine ou pour une entreprise non résidente ayant un siège ou des établissements en Chine mais dont les revenus n'ont aucun lien réel avec ce siège ou ces établissements, elle doit payer un impôt uniquement sur ses revenus tirés de la Chine.

En ce qui concerne les taux d'imposition, la Loi de l'impôt sur le revenu des entreprises réduit considérablement le taux de base et prévoit des politiques fiscales préférentielles plus adaptées à la réalité. Le taux de base de l'impôt sur le revenu des entreprises est de 25 %. Pour une entreprise non-résidente ayant un bureau ou un établissement en Chine mais dont les revenus n'ont aucun lien réel avec ce bureau ou ces établissements, ou pour celle qui n'en a pas, mais qui y puise des revenus, le taux d'imposition de 20 % est applicable. La loi indique également que l'impôt sur le revenu d'une petite entreprise à faible profit remplissant les conditions prescrites est calculé à un taux réduit de 20 %. Par ailleurs, l'impôt sur le revenu des entreprises de haute technologie, bénéficiant du soutien principal de l'État, est calculé à un taux réduit de 15 %.

En ce qui concerne les déductions fiscales avant impôt, les éléments permis par la nouvelle loi sont plus raisonnables, plus précis et mieux unifiés. En vertu de la loi, les décaissements raisonnables réellement engagés et ayant un lien direct avec les activités commerciales d'une entreprise, y compris les coûts, les dépenses, les taxes, les pertes, etc., peuvent être déduits du calcul du montant imposable des revenus. Dans ce calcul, une entreprise peut également déduire les dépenses engagées par des dons pour le bien-être public, à condition que le total de ceux-ci ne représente pas plus de 12 % du montant total de ses bénéfices annuels.

Divers moyens sont utilisés pour assurer la mise en œuvre uniforme de la nouvelle politique consistant à accorder des incitatifs fiscaux basés sur certaines industries comme élément principal et sur des régions particulières comme élément complémentaire. Selon les dispositions de la loi, une entreprise est exonérée d'impôt : (1) sur les revenus d'intérêts provenant des obligations gouvernementales ; (2) sur le revenu provenant des capitaux propres, tels que les dividendes et les primes entre des entreprises résidentes qualifiées ; (3) sur le revenu provenant des capitaux propres, tels que les dividendes et les primes qui sont reçus d'une entreprise résidente par une entreprise non-résidente qui a un bureau ou un établissement en Chine et qui concerne effectivement des activités liées à l'une de ces modes d'installation ; (4) enfin, sur le revenu des organisations à but non lucratif qualifiées. Les revenus suivants peuvent être exonérés ou réduits de l'impôt sur le revenu des entreprises : (1) les revenus provenant de projets d'agriculture, de sylviculture, d'élevage et de pêche ; (2) les revenus générés par les activités commerciales des projets d'investissement dans les infrastructures publiques soutenus par l'État ; (3) les revenus générés par les projets de protection de l'environnement ainsi que d'économie d'énergie et d'eau qui répondent aux exigences applicables ; (4) enfin, les revenus générés par le transfert de technologies qui répondent aux exigences applicables. Les organes d'administration autonome des régions d'autonomie nationale peuvent décider de réduire ou d'exonérer d'impôt la partie gagnée localement pour les entreprises situées dans celles-ci. Ce type de décisions prises par une préfecture autonome ou un district autonome doivent être soumises pour approbation du gouvernement populaire de la province, de la région autonome ou de la municipalité relevant directement du gouvernement central, selon la situation en cause.

Une déduction raisonnable peut être effectuée pour les dépenses suivantes lors du calcul du montant du revenu imposable d'une entreprise : les dépenses de recherche et de développement engagées pour le développement de nouvelles technologies, produits ou techniques; les salaires versés pour l'engagement des handicapés et des autres personnes dont le placement est encouragé par l'État; dans le cas d'une entreprise d'investissement qui investit dans des entreprises innovatrices pour lesquelles l'État juge nécessaire de fournir un soutien et des encouragements importants, celle-ci peut déduire de son revenu imposable une certaine proportion du montant de son investissement. Par ailleurs, lorsque l'amortissement accéléré des immobilisations d'une entreprise est réellement nécessaire pour des raisons de progrès technologiques ou pour d'autres raisons, le nombre d'années d'amortissement peut être réduit ou un amortissement accéléré peut être effectué. Notons aussi que le revenu qu'une entreprise tire de la fabrication grâce à une utilisation extensive de ressources ou de produits conformes aux politiques industrielles de l'État, peut être déduit du montant de son revenu imposable. De plus, le montant d'argent qu'une entreprise investit dans l'achat d'équipements spéciaux pour la protection de l'environnement, l'économie de l'énergie et de l'eau ainsi que pour la sécurité de la production peut être déduit, dans une certaine proportion, du montant d'impôt dû. En cas de développement économique et social d'intérêt national ou en cas d'incidents imprévus, ou d'autres événements qui ont un impact majeur sur les activités d'une entreprise, le Conseil des affaires d'État peut adopter des politiques préférentielles spéciales en matière d'impôt sur le revenu des entreprises et les soumettre au Comité permanent du Conseil des affaires d'État pour enregistrement.

En ce qui concerne la collecte et l'administration des impôts, la Loi de l'impôt sur le revenu des entreprises unifie les systèmes relatifs aux mesures anti-évasion prises par différents organes de taxation, au paiement consolidé des taxes par les entreprises ayant des succursales et à la production des déclarations d'impôt des entreprises. Calculé sur la base d'une année d'imposition et payée à l'avance mensuellement ou trimestriellement, l'entreprise doit, dans les 15 jours suivant la fin du mois ou du trimestre, transmettre à l'organe de l'impôt une déclaration de revenus d'entreprise aux fins de paiement anticipé et dans les 5 mois suivant la fin de chaque année, lui transmettre une déclaration d'impôt annuelle et régler le montant s'il y des impôts exigibles ou bien obtenir un remboursement. Afin de prévenir divers comportements d'évasion fiscale et s'inspirant de la pratique internationale, la loi prévoit explicitement des règles de précaution contre les prix de transfert des filiales et ajoute des provisions visant l'anti-évasion fiscale générale, la capitalisation restreinte, l'évasion fiscale dans les paradis fiscaux, les procédures d'évaluation et d'imposition des intérêts supplémentaires sur les arriérés d'impôts.

C. Réformes du système fiscal concernant les catégories d'impôts après l'adhésion de la Chine à l'OMC

En 2006, la Chine a procédé à une réforme systématique de la fiscalité de la consommation afin d'orienter et de réglementer le comportement des citoyens en matière de consommation, de réduire les inégalités sociales, de promouvoir la restructuration industrielle et de protéger l'environnement. En ce qui concerne le contenu de la réforme, on a d'abord ajouté des éléments taxables. Par exemple, les éléments taxables comme l'essence et le diésel sont devenus 2 sous-produits de l'huile raffinée et 5 autres sous-produits ont été ajoutés, à savoir le naphta, l'huile de dissolvant, l'huile de lubrification, le mazout et le kérosène servant à l'aviation. On a également ajouté de nouveaux articles taxables, tels que les bâtons et les articles servant au golf, les montres de luxe, les yachts, les baguettes jetables en bois et les planchers en bois massif, dont le taux de taxes varie de 5 % à 20 %. La réforme a aussi supprimé des biens taxables, les articles de soins de la peau et des cheveux et elle a incorporé les produits cosmétiques haut de gamme, imposés auparavant dans la catégorie sur les produits de soins de la peau et des cheveux, dans la catégorie des cosmétiques. De plus, la réforme a ajusté les taux d'imposition de certains articles taxables, y compris les automobiles, les motos, l'alcool et les pneumatiques. La pratique montre que la réforme de la fiscalité de la consommation a atteint les objectifs souhaités et qu'elle fonctionne bien pour régir le développement de l'économie de la consommation.

En 2008, le Conseil des affaires d'État a annoncé que le Règlement provisoire régissant la taxe foncière urbaine, publié le 8 août 1951, par l'ancien Conseil de direction du gouvernement central populaire, serait abrogé à compter du 1er janvier 2009. Depuis cette date, les entreprises à capitaux étrangers, les entreprises et les organisations étrangères, ainsi que les ressortissants étrangers, paient leur taxe foncière conformément au Règlement provisoire sur l'impôt foncier et bénéficient d'un traitement fiscal égal à celui des entreprises nationales et des résidents nationaux. Après le déclenchement de la crise financière américaine, le gouvernement chinois a commencé à renforcer la réglementation sur le marché immobilier et a ajusté de manière constante ses politiques fiscales. En 2011, le Conseil des affaires d'État a autorisé Shanghai et Chongqing à mener des réformes pilotes sur la fiscalité immobilière, visant à instaurer un contrôle macro-économique du marché immobilier de ces 2 villes par la taxe foncière.

Début 2009, la Chine a pleinement mis en œuvre la réforme de la TVA et a transformé celle qui était axée sur la production en une TVA axée sur la consommation. Ceci a constitué une politique majeure en matière de réduction de l'impôt. S'agissant de catégorie la plus importante du système fiscal chinois, la TVA est imposée aux entreprises et aux particuliers chargés de la vente et de l'importation de biens et de la fourniture de services dans de nombreux secteurs à toutes les étapes de l'activité économique. Après la réforme, le taux de TVA existant a été maintenu et tous les contribuables généraux du pays ont été autorisés à déduire la taxe en amont sur leurs achats d'équipements neufs. En même temps, en tant que mesures de soutien à une réforme axée sur la transformation, on a annulé les politiques d'exonération de la TVA sur les équipements importés et celles de remboursement de cette taxe sur les équipements nationaux achetés par des entreprises à financement étranger. La réforme a réduit le taux d'imposition pour les petits contribuables à 3 % et a rétabli le taux de TVA sur les minéraux à 17 %. En 2011, afin de répondre aux exigences de développement des petites et des microentreprises, le gouvernement chinois a poursuivi la mise en œuvre de politiques visant la réduction des taxes, par un relèvement considérable du seuil minimum d'imposition de la TVA pour la vente de biens et de services de main-d'œuvre taxables, ainsi que par un relèvement du seuil minimal imposable de la taxe sur les affaires. En 2012, la Chine a lancé un projet pilote consistant à remplacer la taxe sur les affaires par la TVA dans le secteur des transports et dans certaines industries de services modernes à Shanghai. Actuellement, le projet pilote est en cours d'élargissement.

La réforme de la taxe sur les ressources en Chine est entrée dans une phase importante en 2011. Le 30 septembre 2011, le Conseil des affaires d'État a publié une révision du Règlement provisoire sur la taxe sur les ressources qui est entré en vigueur le 1er novembre 2011. Il a fait en sorte que l'on a commencé à prélever une taxe sur les ressources portant sur le pétrole brut et le gaz naturel à un taux ad valorem, c'est-à-dire un pourcentage de la valeur du produit et on a classé le charbon à coke et le minerai de terres rares comme 2 postes indépendants dans les ressources de charbon et de minerai brut de métaux non ferreux, et a relevé le taux de taxes sur ces 2 ressources rares. Afin de faciliter la mise en œuvre de la réforme sur la taxe sur les ressources, le Conseil des affaires d'État a révisé le Règlement sur la coopération sino-étrangère en matière d'exploitation de ressources pétrolières offshore et le Règlement sur la coopération sino-étrangère en matière d'exploitation de ressources pétrolières continentales, en prévoyant que les entreprises engagées dans la coopération sino-étrangère dans l'exploitation de ressources pétrolières offshore et continentales devraient dorénavant s'acquitter de la taxe sur les ressources plutôt que de payer des redevances minières. Le lancement de la réforme de la taxe sur les ressources contribue à redresser les relations entre les prix et la taxation des ressources connexes, à promouvoir la conservation de l'énergie et la réduction des émissions par les entreprises, à protéger l'environnement et à lutter contre la surexploitation et le gaspillage des ressources.

3. Système juridique applicable aux marchés publics

Afin de promouvoir la réforme du système du budget de l'État et de renforcer l'administration sur les dépenses financières, la Chine a promulgué la Loi sur les marchés publics en juin 2002. Cette loi indique les parties visées par les marchés publics, les modes de passation des marchés, les procédures de passation des marchés, les contrats avec les pouvoirs publics, les demandes de renseignements et les réclamations ainsi que la supervision et l'inspection, établissant ainsi un système hautement efficace et avancé, en conformité avec la loi sur le développement de l'économie de marché, en traitant de l'affectation, de l'utilisation et de la gestion des fonds budgétaires. La loi contient 9 chapitres et 88 articles et est entrée en vigueur en janvier 2003.

La loi définit les marchés publics comme les activités menées avec des fonds financiers par des ministères, des institutions et des organismes publics à tous les niveaux, lorsque les biens, la construction et les services concernés se trouvent dans le catalogue centralisé des marchés publics conformément à la loi ou que la valeur des biens, de la construction ou des services dépasse les seuils d'approvisionnement prescrits respectifs. Aux fins de la loi, l'expression « passation de marché » désigne les activités menées au moyen d'un contrat et selon lesquelles des biens, des travaux de génie ou des services sont acquis à titre onéreux, y compris, mais sans s'y limiter, l'achat, la location, le mandat et l'emploi. On entend par le mot « biens » les objets et les substances de toutes sortes et de toutes formes, y compris, mais sans s'y limiter, les matières premières et traitées, le carburant, l'équipement et les produits. Le terme « projet » désigne les projets de construction, y compris les travaux de construction, de reconstruction, d'agrandissement, de finition, de démolition et de réparation des bâtiments et des structures. Par « service », on entend tout objet de marché public autre que des biens ou des projets. Les marchés publics doivent respecter les principes d'ouverture, de transparence, de concurrence loyale, de justice et de bonne foi, et sont fondés strictement sur les budgets approuvés. En Chine, la méthode de passation des marchés centralisée et décentralisée peut être utilisée dans les marchés publics. La portée des achats centralisés doit être limitée aux catalogues des achats centralisés publiés par le gouvernement populaire à un échelon provincial ou supérieur.

Les marchés publics comprennent les appels d'offres publics, les appels d'offres sur invitation, les négociations concurrentielles, les achats auprès d'une source unique, les demandes de prix et les autres modes de passation de marchés reconnus par les services du Conseil des affaires d'État chargés de la supervision et de l'administration de ces marchés. Les appels d'offres publics constituent le moyen principal de passation de tels marchés. Les dispositions de cette loi sont applicables aux procédures et aux contrats relatifs aux marchés publics, aux demandes de renseignements et aux réclamations, ainsi qu'à la supervision et à l'inspection.

En pratique, après sa mise en œuvre, le système des marchés publics a joué un rôle important dans la normalisation des procédures d'achat des administrations publiques, le renforcement de la gestion des dépenses financières, l'amélioration de l'utilisation efficace des fonds destinés aux marchés publics, la protection des droits et intérêts légitimes des parties concernées par les marchés publics, la préservation des intérêts nationaux et des intérêts publics sociaux et la promotion de la mise en place d'un gouvernement plus transparent voulant éliminer la corruption.

IV. Système juridique financier

Après son entrée dans l'OMC, la Chine a pris des mesures graduelles pour ouvrir son secteur financier (banques, valeurs mobilières et assurance). Elle s'est engagée à ouvrir les activités bancaires au monde extérieur après une période de transition de 5 ans et les activités des valeurs mobilières et d'assurance après 3 ans. Depuis la politique de réforme et d'ouverture sur le monde extérieur, le secteur financier chinois a poursuivi son développement en se fondant sur l'économie de marché et la règle de droit. Avec la modification de la Loi sur la Banque populaire de Chine et de la Loi sur les Banques commerciales, la publication de la Loi sur le contrôle bancaire et la promulgation de la Loi sur les fonds de placement en valeurs mobilières en 2003, la modification de la Loi sur les valeurs mobilières en 2005, la promulgation de la Loi sur la lutte contre le blanchiment d'argent en 2006 et la révision systématique de la Loi sur les assurances en 2009, le système juridique financier chinois s'est amélioré et sa gouvernance législative est entrée dans une nouvelle phase historique. Dans le système juridique chinois, les lois sur les banques commerciales, les valeurs mobilières et les assurances sont des éléments importants du droit commercial. Par conséquent, les paragraphes suivants seront donc consacrés à présenter le système juridique applicable à la banque centrale et la législation gouvernant les établissements financiers étrangers.

1. Loi sur la Banque populaire de Chine

La formulation et la mise en œuvre des politiques monétaires constituent une fonction propre à une banque centrale. La Banque populaire de Chine est responsable du contrôle et de la surveillance financiers et de ceux des marchés financiers, tels que le marché de changes et le marché de l'or. La Loi sur la Banque populaire de Chine, en tant que loi sur la banque centrale de Chine, est une loi importante pour la stabilisation de la valeur de la monnaie, l'intensification de la surveillance financière, l'amélioration et le renforcement du contrôle macro-économique de l'État et la garantie de la stabilité financière. Élaborée en mars 1995 et modifiée en décembre 2003, cette loi définit la nature et les pouvoirs de la Banque populaire de Chine et définit son statut juridique dans l'exercice de ses fonctions de banque centrale. La structure de la loi est divisée en 8 chapitres et comprend 53 articles. Les chapitres sont intitulés de la manière suivante :

dispositions générales, structure organisationnelle, RMB (monnaie), affaires, supervision et gestion financières, finances et comptabilité, responsabilité juridique et dispositions complémentaires.

Conformément à la loi, la Banque populaire de Chine, à titre de banque centrale chinoise, élabore et met en œuvre les politiques monétaires, prévient et élimine les risques financiers et maintient la stabilité financière sous la direction du Conseil des affaires d'État. La Banque populaire de Chine s'acquitte des 13 fonctions et responsabilités suivantes : promulguer et mettre en œuvre des ordonnances et des règlements liés avec ses obligations ; formuler et mettre en œuvre des politiques monétaires conformément à la loi ; émettre et contrôler la circulation du RMB ; superviser le marché des emprunts et des prêts interbancaires ainsi que les marchés des obligations interbancaires ; contrôler les opérations de change et superviser les marchés de change interbancaires ; surveiller le marché de l'or ; détenir, contrôler et gérer les réserves de change et les réserves d'or de l'État ; gérer le trésor de l'État ; maintenir le fonctionnement normal des systèmes de paiement et de règlement des comptes ; diriger et dispenser le travail de lutte contre le blanchiment d'argent du secteur financier ; contrôler l'utilisation des fonds destinés à la lutte contre le blanchiment d'argent ; prendre en charge les statistiques, les enquêtes, les analyses et les prévisions du secteur financier ; participer aux opérations financières internationales pertinentes en sa qualité de banque centrale de l'État ; exercer toute autre fonction et responsabilité prescrite par le Conseil des affaires d'État.

Afin de mettre en œuvre les politiques monétaires, la Banque populaire de Chine peut effectuer des opérations financières conformément à la loi. En Chine, l'objectif des politiques monétaires est de maintenir la stabilité de la valeur de la monnaie, ce qui favorise la croissance économique. Pour y parvenir, la Banque populaire de Chine est susceptible d'appliquer les instruments de politique monétaire suivants : imposer aux institutions financières du secteur bancaire de constituer une réserve pour dépôts selon un ratio prédéterminé ; fixer le taux d'intérêt de référence de la banque centrale ; gérer le réescompte des institutions financières du secteur bancaire disposant de comptes à la Banque populaire de Chine ; octroyer des prêts aux banques commerciales ; négocier des obligations d'État, des obligations de gouvernements, des obligations financières et de devises sur le marché libre ; tout autre instrument de politique monétaire défini par le Conseil des affaires d'État.

La Banque populaire de Chine met en place un système dans lequel le président assume toute la responsabilité et crée un comité de politique monétaire, qui n'est pas un organe de pouvoir, mais joue un rôle important de conseil et de discussion dans l'élaboration de la politique du macro-contrôle de l'État et dans l'élaboration et l'ajustement de la politique monétaire. En outre, la Loi sur la Banque populaire de Chine prévoit que celle-ci exerce un contrôle indépendant sur son budget financier. Le budget de la Banque populaire de Chine doit être inclus dans le budget central après son examen et sa vérification par le service financier du Conseil des affaires d'État. L'exécution de ce budget doit également être supervisé par le service financier de cet organe.

La monnaie légale de la Chine est le renminbi (RMB) qui sert à rembourser toutes les dettes publiques ou privées en fonction de sa valeur nominale sur le territoire de la Chine et aucune entité ou individu ne peut refuser de l'accepter. Le yuan est l'unité de compte du renminbi et les unités de fraction du RMB sont le jiao et le fen. Pour protéger le RMB, la Loi sur la Banque populaire de Chine indique qu'il est interdit de contrefaire ou de falsifier le RMB ; de vendre ou d'acheter des RMB contrefaits ou falsifiés ; de transporter, de posséder ou d'utiliser des RMB contrefaits ou falsifiés ; d'endommager délibérément des RMB ; d'utiliser illégalement le dessin des RMB dans du matériel de propagande, des publications ou d'autres marchandises. Notons aussi qu'aucune entité ni aucun individu ne peut imprimer ou émettre des billets à ordre en tant que substituts du RMB pour qu'ils circulent sur le marché.

En ce qui concerne le système de taux de change du RMB, la Chine a mis en place un régime de taux de change flottant et géré sur la base de l'offre et de la demande du marché, en référence à un panier de monnaies. Elle a également assoupli les restrictions à la possession et à l'utilisation de devises détenues par les personnes en 2005. Le 4 janvier 2007, le taux interbancaire offert à Shanghai (SHIBOR) est entré officiellement en vigueur et la Chine a franchi une étape décisive dans la libéralisation des taux d'intérêt. Avec l'approbation du Conseil des affaires d'État, la Banque populaire de Chine a décidé de lever complètement le contrôle sur les taux d'intérêt des prêts offerts par les institutions financières à partir du 20 juillet 2013.

2. Législation des institutions financières étrangères

L'histoire de l'ouverture du secteur bancaire chinois est en réalité une fenêtre pour l'ouverture complète de l'ensemble du secteur financier. Avant d'adhérer à l'OMC, la Chine avait annulé les restrictions régionales à la création de banques à capitaux étrangers en Chine afin qu'elles puissent établir des succursales dans toutes les grandes villes chinoises. En 2001, la Chine a modifié sa Réglementation sur l'administration des institutions financières à capitaux étrangers. En décembre 2003, elle a autorisé les institutions financières à capitaux étrangers à fournir des services en RMB aux entreprises chinoises dans les régions où les activités dans cette monnaie ont été ouvertes. Le 11 décembre 2006, à la fin de la période de transition suivant son entrée à l'OMC, le gouvernement chinois a publié dans les délais impartis un Règlement sur l'administration des banques à financement étranger, annulant le Règlement sur l'administration des institutions financières à capitaux étrangers et annulant totalement les restrictions sur les banques à capitaux étrangers dans les régions d'opérations, les champs d'activités, les clients cibles et les autres aspects, offrant ainsi le traitement national à celles-ci.

Dans le cadre de la stratégie d'établissement des banques à capitaux étrangers, la Chine adopte une politique d'ouverture progressive : au début, elle a réussi à attirer l'entrée de capitaux étrangers en permettant l'établissement des banques étrangères ; par la suite, par cet établissement, on a favorisé la concurrence dans le secteur bancaire et amélioré les services financiers, ce qui a aidé la réforme du système financier chinois et l'établissement d'autres institutions financières chinoises. De la permission de la création d'institutions représentatives à la permission de la création d'institutions commerciales, de l'ouverture des opérations de change à l'ouverture des activités en RMB, en passant par l'ouverture à des clients d'entreprises à capitaux étrangers à l'ouverture à des clients nationaux, tout au long de ce processus, la Chine contrôle non seulement de manière efficace les risques opérationnels liés aux investissements des banques étrangères, mais introduit également des concepts avancés de services financiers et d'expérience en gestion. Cette stratégie s'adapte aux besoins de développement réels de la réforme du système financier et a permis de réaliser un développement stable et ordonné de l'ouverture de ce secteur.

Dans le cadre de l'ouverture du secteur financier chinois, l'investissement et les activités commerciales des institutions financières étrangères ont largement visés les secteurs des banques, des valeurs mobilières et des assurances. La législation en matière de supervision destinée aux institutions financières étrangères s'articule autour de réglementations et de règles administratives. Parmi ces réglementations et règles adoptées depuis l'adhésion de la Chine à l'OMC, figurent : les Dispositions provisoires sur l'utilisation de capitaux étrangers dans la restructuration et la cession d'actifs par les sociétés de gestion d'actifs financiers (2001), le Règlement sur la gestion des sociétés d'assurances à capitaux étrangers (2001), les Règles de formation des sociétés de valeurs mobilières avec actionnaires étrangers (publiées en 2002 et révisées en 2007), les Mesures provisoires sur la gestion des placements en valeurs mobilières nationales par des investisseurs institutionnels étrangers qualifiés (publiées en 2002 et abolies en 2006), les Règles sur la création de sociétés de gestion de fonds à participation étrangère (émises en 2002 et expirées en 2004), les Mesures relatives à l'administration des Bureaux de représentation en Chine des institutions financières à capitaux étrangers (2002), les Mesures pour l'administration des états financiers consolidés lors de la surveillance des banques à financement étranger (2004), les Mesures pour la gestion des dettes extérieures des banques à capitaux étrangers en Chine (2004), les Mesures pour l'Administration des bureaux de représentation en Chine des institutions d'assurance étrangères (2004), les Mesures pour la gestion des investissements stratégiques dans des sociétés cotées par des investisseurs étrangers (2005), les Mesures pour la mise en œuvre d'éléments de licences administratives concernant des institutions financières à capitaux étrangers (2006), le Règlement sur l'administration des banques à capitaux étrangers (2006), les Dispositions concernant la fusion ou l'acquisition des entreprises nationales par des investisseurs étrangers (2006) et les Mesures pour l'administration de placements en titres sur le territoire chinois par des investisseurs institutionnels étrangers qualifiés (2006). Il n'est pas difficile de voir qu'il existe des problèmes dans la législation actuelle sur la gestion des institutions financières étrangères, tels que l'existence d'une législation de faible niveau et peu stable, une législation séparée par secteurs avec des contenus qui se chevauchent, une coordination insuffisante, un gaspillage des ressources législatives ainsi que des problèmes de normalisation, d'exactitude, de concordance, de transparence et de cohérence. Il faut parvenir progressivement à une supervision globale et efficace et à une législation unifiée à la lumière des besoins en matière de réforme du système financier et de développement financier de nature mixte.

V. Système juridique de l'industrie

Le droit de l'industrie, appelé aussi droit de la politique industrielle, est évidemment axé sur les politiques. Il revêt des caractéristiques transversales, complètes et souples et vise directement à servir d'instrument pour la mise en œuvre des stratégies nationales de développement économique, à protéger les industries de base, les infrastructures et les industries importantes et à assurer un développement industriel rationnel, ordonné et efficace. La Chine a promulgué la Loi sur l'agriculture (publiée en 1993 et modifiée en 2002 et 2012), la Loi sur les semences (promulguée en 2000 et modifiée en 2004) et la Loi sur la qualité et la sécurité des produits agricoles (publiée en 2006) afin de garantir le développement agricole et la sécurité alimentaire nationale. La Chine a aussi formulé la Loi sur les chemins de fer (publiée en 1990), la Loi sur les routes (publiée en 1997 et modifiée en 1999 et 2004), la Loi sur l'aviation civile (promulguée en 1995), la Loi sur l'énergie électrique (promulguée en 1995) et la Loi relative au charbon (promulguée en 1996 et modifiée en 2011) afin de mettre en œuvre la supervision et la promotion des industries importantes. D'autres lois ont été promulguées, telles que la Loi sur l'administration des terres (adoptée en 1986, modifiée en 1988 et 2004 et révisée en 1998), la Loi forestière (mise à l'essai en 1979, promulguée officiellement en 1984 et modifiée en 1998), la Loi sur l'eau (promulguée en 1988 et révisée en 2002), la Loi sur la pêche (adoptée en 1986 et modifiée en 2000 et 2004) et la Loi sur les ressources minérales (adoptée en 1986 et modifiée en 1996) afin de normaliser l'exploration et l'utilisation raisonnables des ressources naturelles importantes. La Chine a également promulgué la Loi sur la conservation de l'énergie (publiée en 1997 et révisée en 2007), la Loi sur les énergies renouvelables (adoptée en 2005 et modifiée en 2009), la Loi sur la promotion de l'économie circulaire (publiée en 2008) et la Loi sur la promotion de la production propre (adoptée en 2002 et modifiée en 2012) afin de promouvoir l'utilisation efficace de l'énergie et l'exploration des énergies renouvelables. Par ailleurs, la Chine a édicté la Loi sur la promotion des petites et moyennes entreprises (PME) (publiée en 2002) et la Loi sur la promotion de l'emploi (publiée en 2007) afin de soutenir le développement des PME, de la main-d'œuvre et du travail. En raison de la longueur limitée du présent livre, les paragraphes suivants ne font qu'une introduction à la Loi sur la promotion des petites et moyennes entreprises.

Les PME jouent un rôle important dans la promotion de la concurrence sur le marché, l'accroissement des possibilités d'emploi, la facilitation de la vie des gens, l'avancement des innovations technologiques, la stimulation du développement économique national et le maintien de la stabilité sociale. Par rapport aux grandes entreprises, les PME sont confrontées à plus de difficultés en ce qui concerne l'obtention des capitaux, des technologies, des talents et des informations, et sont donc en position de faiblesse dans la concurrence sur le marché. Afin d'améliorer l'environnement commercial des PME, de promouvoir leur développement sain, d'accroître l'emploi urbain et rural et de faire jouer leur rôle important dans le développement économique et social national, la Chine a promulgué la Loi sur la promotion des petites et moyennes entreprises en juin 2002, qui est entrée en vigueur en janvier 2003. Cette loi, qui contient 7 chapitres et 45 articles, prévoit des règles générales, de soutien financier, de soutien à la création d'entreprises, d'innovations technologiques, de développement du marché, de services sociaux et elle comporte, enfin, des dispositions complémentaires.

La loi définit les PME comme les différentes formes d'entreprises sous des propriétés variées qui sont établies sur le territoire de la Chine et qui aident à répondre aux besoins sociaux et à créer plus de possibilités d'emploi conformes aux politiques industrielles de l'État et qui correspondent au statut de petites et moyennes entreprises et qui œuvrent dans des activités de production et de services. La loi énonce explicitement les politiques et les lignes directrices de base de l'État en ce qui concerne les PME et applique les principes de soutien actif, d'orientation forte, de service de qualité, de normalisation légale et de garantie des droits et intérêts, et ce, afin de créer un environnement favorable à leur création et à leur développement. Le Conseil des affaires d'État est chargé de la formulation des politiques sur les PME et des plans d'ensemble pour leur développement dans tout le pays. Les PME doivent respecter les lois et règlements de l'État sur la sécurité du travail, la santé au travail, la sécurité sociale, la protection des ressources et de l'environnement, la qualité, la fiscalité et les finances et elles doivent fonctionner et être gérées conformément à la loi, et ne pas porter atteinte aux droits et intérêts légitimes des employés ni aux intérêts publics sociaux. En même temps, les PME doivent observer les règles d'éthique professionnelle, le principe de bonne foi et s'efforcer d'améliorer leur niveau de fonctionnement et leur capacité d'auto-développement.

L'appui au développement des PME est une responsabilité importante des gouvernements à différents échelons. À cette fin, la loi prévoit que le budget de l'État, notamment celui du gouvernement central doit comporter une rubrique pour les PME qui permet d'obtenir des fonds normalisés et soutenus pour soutenir leur développement et d'orienter des fonds sociaux de toutes sources pour l'appui de telles entreprises. La loi indique également la création dans le budget du gouvernement central de rubriques pour les PME et l'attribution des fonds spéciaux pour leur développement ainsi que l'établissement des fonds qui seront utilisés pour soutenir les domaines d'activité suivants : la formation et les services pour la création de telles entreprises, l'établissement d'un système de garantie de crédit, la formation du personnel et les services de conseil, le soutien aux innovations technologiques et l'aide à la création d'un marché international, etc.

La difficulté d'obtenir un prêt pour les PME est un problème mondial qui a beaucoup à voir avec leur nature. Un bon nombre de PME ne disposent pas suffisamment de capitaux propres et de systèmes comptables bien établis et mettent en œuvre une gestion interne non standard, donc ne remplissent pas les conditions usuelles de prêts ; de nombreuses PME ne possèdent pas une compréhension correcte sur la nature du crédit et éludent ou suspendent leurs dettes bancaires délibérément et ont un taux élevé de prêts non performants pour les institutions financières ; les structures organisationnelles des PME sont généralement trop dispersées, le mécanisme hypothécaire ou de garantie n'est pas nécessairement approprié à leur réalité et le système des services sociaux est imparfait. Pour résoudre ces problèmes, la loi prévoit que les institutions financières doivent fournir un soutien financier aux PME, faire des efforts pour améliorer les services financiers, changer le style de leur service, améliorer le sens du service et améliorer sa qualité. L'État doit prendre des mesures visant à élargir les canaux de financement direct pour les PME, les guider activement et leur permettre de créer les conditions pour attirer le financement direct par les diverses formes autorisées par les lois et les règlements. L'État encourage divers types d'institutions de capital-risque établis conformément à la loi, par le biais des politiques fiscales, afin d'investir davantage dans les PME. Il favorise aussi la construction du système de crédit des PME, établit un système de collecte d'information et d'évaluation du crédit afin de permettre des enquêtes, des échanges et le partage d'information sur le crédit des PME. L'État doit aussi encourager les divers types d'institutions de garantie pour fournir davantage de garanties de crédit aux PME. L'État doit enfin permettre aux PME d'offrir différents types de garanties de financement mutuel.

Les PME sont souvent en position de faiblesse sur le marché, confrontées à de nombreuses difficultés pour obtenir des informations, des talents et des technologies appropriées, pour la recherche et le développement de produits et la formation du personnel, ainsi que pour l'exercice des activités d'import-export. Pour résoudre ces problèmes, la loi prévoit que les services concernés du gouvernement, lorsqu'ils élaborent des plans visant leur implantation ou leur développement en zones urbaine et rurale, doivent créer activement des conditions, offrir des renseignements et des services d'information spécifiques, prendre des dispositions rationnelles en ce qui concerne les locaux et les installations nécessaires pour répondre aux besoins de développement des PME, aider à la création des PME, ainsi que soutenir et encourager la création et le développement des PME par le biais de politiques fiscales appropriées. À l'égard des PME créées par des personnes sans emploi ou employant des travailleurs licenciés dans l'année de leur création au nombre au moins égal au pourcentage fixé par l'État, des PME qui utilisent de nouvelles technologies conformes aux politiques de l'État pour soutenir et encourager le développement de telles entreprises, des PME implantées dans les zones de minorités nationales et les zones frappées par la pauvreté et des PME qui fournissent des emplois aux personnes handicapées au nombre au moins égal au pourcentage fixé par l'État, ce dernier réduit le taux d'imposition ou les exempte de l'impôt sur le revenu pendant un certain temps et il adopte des politiques fiscales préférentielles. Par ailleurs, le gouvernement local doit fournir, conformément aux besoins, aux créateurs d'entreprises des services d'information concernant l'administration industrielle et commerciale, les finances publiques, la fiscalité, le financement, le travail, l'emploi, la sécurité sociale, etc. Les organes gouvernementaux responsables de l'enregistrement des entreprises doivent, conformément aux prescriptions et procédures légales, gérer les formalités d'enregistrements des PME de façon à renforcer leur efficacité de travail et à faciliter les démarches des déclarants. Ils ne peuvent pas imposer de conditions préalables à l'enregistrement de telles entreprises qui vont au-delà des dispositions législatives et réglementaires et ni collecter des redevances autres que celles prévues par la loi et les règlements administratifs. Il incombe également aux services concernés du gouvernement d'offrir du soutien dans le domaine des sciences et des technologies. Ces services couvriront la planification, l'utilisation des sols et le financement et verront à favoriser la création de différents types d'institutions de services techniques et à établir des centres de promotion des forces productives ainsi que des bases d'incubateurs d'entreprises axées sur la science et la technologie, afin de fournir aux PME des services en matière d'information, de conseils et de transferts technologiques pour permettre le développement de produits et de technologies, contribuer à promouvoir la transformation des réalisations scientifiques et technologiques et mettre à jour la technologie et les produits des entreprises. L'État encourage et soutient les grandes entreprises à créer, sur la base de l'allocation de ressources par le marché, des relations de coopération avec les PME en ce qui concerne la fourniture de matières premières, la production, la commercialisation, le développement et la transformation technologique, le tout afin de contribuer à promouvoir le développement de ces dernières.

Il convient de souligner que la loi ne prévoit pas de responsabilité juridique, principalement parce qu'elle se concentre sur les mesures visant à promouvoir le développement des PME et qu'elle est mise en œuvre par les gouvernements à différents échelons qui n'ont pas de pouvoirs coercitifs. Cette loi a jeté une base juridique quant à l'élaboration des politiques pour les PME en Chine et a une importance déterminante et à long terme pour la promotion du développement durable des PME.

VI. Système juridique du commerce extérieur

En mai 1994, la Chine a promulgué la Loi sur le commerce extérieur qui est entrée en vigueur en juillet 1994. Cette loi gère les entités qui sont considérées comme des exploitants du commerce extérieur, l'importation et l'exportation de biens et de technologies, le commerce international des services et la gouvernance ainsi que la promotion du commerce extérieur. Elle s'adresse également aux questions de mise en place d'un système uniforme de commerce extérieur, à la conformité de son caractère juste et équitable, tout en favorisant son développement en mettant en valeur les initiatives locales et en garantissant l'autonomie des exploitants en matière de gestion. Dès son adhésion à l'OMC, la Chine a cherché à s'intégrer de manière globale au système économique mondial, à supprimer la discrimination commerciale qui a existé depuis plus de 100 ans et qui a freiné le développement économique de la Chine, et ce, dans le but de créer un environnement du commerce international plus harmonieux et mutuellement bénéfique.

En juin 2004, la Chine a entièrement révisé sa Loi sur le commerce extérieur afin de s'adapter aux nouvelles réalités de la mondialisation économique et à son adhésion à l'OMC. Elle désirait aussi participer plus largement, à un niveau plus étendu à la coopération économique et technologique internationale ainsi qu'à la concurrence du marché. Afin de respecter les engagements qu'elle a pris vis-à-vis de l'OMC, la Chine s'est strictement conformée aux règles de celle-ci visant à promouvoir le développement sain du commerce extérieur, le développement des échanges de biens et de services et la mise en œuvre de la stratégie de diversification du marché. Elle a révisé les règles concernant l'étendue du commerce extérieur, l'autonomie des activités commerciales avec l'étranger dans le commerce des biens et des technologies, le commerce dirigé par l'État, les licences pour l'importation et l'exportation, les restrictions et les interdictions à l'importation et à l'exportation, la protection de la propriété intellectuelle relative au commerce extérieur, le maintien de l'ordre dans le commerce extérieur, ainsi que les pouvoirs d'enquête et les recours. En vertu de la loi, la Chine encourage et développe le commerce extérieur avec d'autres pays et régions, conclut des accords économiques et commerciaux régionaux ou adhèrent à ceux-ci, tels que des accords d'union douanière et des accords de zone de libre-échange. Elle peut aussi adhérer à des organisations économiques régionales selon le principe d'égalité et de réciprocité. En matière de commerce extérieur, la Chine accorde, conformément aux traités et accords internationaux qu'elle a conclus ou auxquels elle a adhéré, le traitement de la nation la plus favorisée ou le traitement national aux autres parties contractantes conformément au principe de bénéfice mutuel et d'égalité. Pour les pays ou les régions qui appliquent une interdiction, une restriction ou des mesures discriminatoires à l'égard de la Chine, celle-ci peut, en fonction des conditions prévalant, adopter des mesures correspondantes à leur encontre. Selon la loi révisée, les « exploitants du commerce extérieur » désignent une personne morale, une autre organisation ou un particulier engagé dans le commerce extérieur conformément à la Loi sur le commerce extérieur ou à d'autres lois et règlements administratifs, ayant accompli les formalités commerciales ou les autres formalités prévues par les lois qui leur sont applicables. Cette définition affirme ainsi la légitimité d'une personne physique comme pouvant exercer des activités de commerce extérieur et promeut davantage son développement.

Par rapport à l'ancienne loi, la nouvelle loi clarifie davantage les rôles et les responsabilités du gouvernement dans la gestion du commerce extérieur, reflète les fonctions d'une gestion publique plus modérée et rend la gestion du gouvernement plus ouverte et transparente. La loi affine les droits et les obligations des exploitants du commerce extérieur et réalise une meilleure harmonisation entre ces normes. Selon les engagements pris à l'article 5. 1 du Protocole d'accession de la République populaire de Chine et au paragraphe 84 a) du Rapport du groupe de travail sur l'adhésion de la Chine, la nouvelle loi annule l'examen et l'approbation des droits d'importation et d'exportation de biens et de technologies et oblige uniquement les exploitants du commerce extérieur à s'enregistrer pour des fins de classement. La nouvelle loi ajoute également des règles sur l'administration du commerce gérée par l'État quant à l'importation et à l'exportation de certaines marchandises et à la soumission de certaines marchandises importées et exportées librement sous le régime de licences automatiques.

La nouvelle loi contient 11 chapitres et 70 articles, soit 3 chapitres et 26 articles de plus que la précédente. Elle ajoute de nouveaux chapitres comme celui de la « Protection de la propriété intellectuelle en matière de commerce extérieur » et d'autres mettant en œuvre des mesures commerciales visant à empêcher l'importation et l'exportation de biens portant atteinte à la propriété intellectuelle, à prévenir les abus de pouvoir des détenteurs de droits de propriété intellectuelle et à promouvoir la protection de la propriété intellectuelle étrangère en Chine. Elle insère également des règles sur le maintien des commandes commerciales d'importation et d'exportation, le soutien et la promotion des PME dans leurs activités de commerce extérieur, l'établissement d'un système de service d'information publique, l'enquête et les recours dans le commerce extérieur, etc. La Chine exerce une méthode de gestion basée sur les quotas et les permis sur les marchandises dont l'importation et l'exportation sont restreintes ou encore sur les technologies qui font l'objet des mêmes mesures. Selon cette loi, la Chine peut, pour des raisons juridiques, restreindre ou interdire l'importation et l'exportation de biens et de technologies aux fins suivantes : le maintien de la sécurité de l'État, de l'intérêt public ou de l'ordre public ; la protection de la santé ou de la sécurité du peuple ; la protection de la vie ou de la santé des animaux, des plantes et de l'environnement ; la mise en œuvre des mesures relatives à l'importation ou à l'exportation d'or ou d'argent ; la protection des ressources naturelles épuisables qui font l'objet d'une pénurie ou dont on veut assurer une protection efficace. En outre, la Chine peut restreindre ou interdire le commerce extérieur de services pour les mêmes raisons.

CHAPITRE 8.

SYSTÈME JURIDIQUE SOCIAL

XIE Zengyi

Les lois sociales qui ont notamment pour objectif de régir les relations de travail établissent des normes concernant la sécurité sociale, le bien-être social et la protection des droits des populations spécifiques. Jusqu'à la fin août 2001, la Chine a élaboré 18 lois de nature sociale, y compris des règlements administratifs et locaux dans ce domaine, et a plus particulièrement défini des normes concernant les relations de travail et la sécurité sociale.

Section 1 : Système juridique du travail

I. Aspects généraux du système juridique du travail

1. Élaboration du Code du travail et contenus principaux

Depuis les années 1990, le développement de l'économie socialiste de marché devient de plus en plus rapide et les entreprises bénéficiant d'investissements étrangers ainsi que les entreprises privées se sont beaucoup développées. Les relations de travail sont également devenues plus diversifiées et plus complexes. On remarque également que les droits des travailleurs sont plus souvent violés. C'est donc la raison pour laquelle on a estimé qu'il fallait élaborer un code du travail. Le 5 juillet 1994, le projet de Code du travail a mentionné que puisque nous manquons d'une loi complète et systématique qui protège les droits des travailleurs. Nous remarquons souvent dans les pratiques du travail des actions tels que le prolongement du temps de travail, la rétention du salaire, le refus de fournir des protections nécessaires et, même, l'utilisation de l'humiliation et du châtiment corporel dans certaines entreprises locales, surtout dans le cas d'entreprises non publiques. Certaines entreprises étrangères utilisent également le prétexte de l'absence d'un Code du travail pour dégrader les relations de travail et nuire à la stabilité sociale. Beaucoup de délégués de l'APN et de membres de la Conférence consultative politique du peuple chinois ont demandé d'élaborer un Code du travail le plus rapidement possible[1].

En juillet 1994, la Chine a promulgué le Code du travail dont les principaux éléments couvrent les aspects suivants : (1) définir les responsabilités du gouvernement pour favoriser l'emploi. Les gouvernements locaux sont requis de prendre des mesures pour mettre en place différents types d'agences de placement et de fournir des services pour favoriser l'emploi. Il est également interdit de faire de la discrimination au travail. En ce sens, ce code indique que les travailleurs ne doivent pas subir les discriminations à cause de leur ethnie, de leur race, de leur sexe et de leurs croyances religieuses. Il définit également les responsabilités du gouvernement en matière de formation professionnelle. (2) Quelques chapitres spécifiques dans ce code précisent les règles applicables au contrat individuel de travail et au contrat collectif et prévoient qu'il est nécessaire de conclure un contrat par écrit. Ce code fournit également des précisions concernant la durée du contrat, les périodes d'essai, la fin du contrat de travail et les modalités applicables, les conditions et la procédure pour réduire le nombre d'employés et l'indemnité reçue par les travailleurs lors de la fin d'un contrat. (3) Il détermine le système du temps de travail par lequel les heures de travail normales d'une journée sont de huit heures. Les heures hebdomadaires sont moins de 44 heures en moyenne[2]. Il précise aussi la limite des heures de travail, la procédure à suivre et la rémunération lors du prolongement de celles-ci. (4) Le code fixe le principe fondamental de la rémunération qui est fixée selon la prestation de travail et selon le principe à travail égal, salaire égal. Il détermine également le système de garantie du salaire minimum et les critères pour le définir. (5) Il définit les exigences en matière de santé et sécurité au travail. Il demande aux employeurs de mettre en place et de perfectionner le système de sécurité au travail, de fournir aux travailleurs les équipements de protection nécessaires et les conditions indispensables pour assurer leur sécurité et leur santé. Il instaure un système de traitement des accidents de travail qui ont causé des blessures, des morts et des maladies professionnelles. (6) Il détermine le système de protection spéciale pour les employeurs féminins et les mineurs. (7) Il définit les assurances sociales dont les travailleurs bénéficient lorsqu'ils prennent leurs retraites, souffrent des maladies, sont blessés ou deviennent handicapés au travail ou qui souffrent d'une maladie professionnelle, ou qui deviennent

1 SHI Tanjing, L'étude sur les lois sociales, Maison d'édition de la sécurité sociale chinoise et des ressources humaines, 2007, p. 91.

2 En 1995, le Conseil des affaires d'État a publié La correction des règlements concernant les heures de travail et a défini qu'elles sont réduites à 40 heures par semaine (art. 3).

chômeurs ou qui donnent naissance à un enfant. (8) Il prévoit le système de médiation et d'arbitrage ainsi que les règles relatives aux sentences arbitrales et établit un système de deux degrés de juridiction pour traiter les conflits de travail. Ce système indique que lorsqu'il existe des conflits de travail, les parties ont le droit de faire une demande d'arbitrage auprès des organismes spécialisés. Si elles ne sont pas d'accord avec la sentence arbitrale, elles peuvent intenter une action en justice à une cour populaire et s'ils sont en désaccord avec la décision de la celle-ci, ils peuvent alors en appeler de cette sentence à une cour populaire supérieure. (9) Il clarifie les responsabilités et la procédure d'inspection du gouvernement. Les départements administratifs ont le droit et la responsabilité de procéder à diverses inspections auprès des employeurs.

Le Conseil des affaires d'État a publié les Règlements sur la protection et l'inspection du travail en 2004 en mettant en place un système d'inspection du travail. Il identifie les organismes d'inspection, les cas pouvant en faire l'objet, l'étendue des pouvoirs et les méthodes d'inspection, les mesures à appliquer et les sanctions. Mentionnons qu'il est aussi important de promouvoir l'application du Code du travail afin de défendre les droits des travailleurs.

2. Publication de la Loi sur le contrat de travail et des systèmes principaux

Depuis le 21e siècle, avec le développement rapide de l'industrialisation, de l'urbanisation et de l'ajustement structurel de l'économie, la réforme du système des entreprises se développe continuellement. Les formes d'entreprises et la nature des relations de travail deviennent de plus en plus diversifiées. En même temps, il apparaît aussi de nouvelles façons de faire les choses et donc de nouveaux problèmes. Quelquefois, les droits des travailleurs ne sont pas suffisamment bien protégés. Les problèmes principaux sont les suivants. : (1) Beaucoup de travailleurs ne signent pas de contrats. Donc, leurs droits ne peuvent pas être efficacement protégés lorsqu'il y a des conflits. En 2005, le Comité permanent de l'APN a découvert que moins de 20 % des travailleurs dans les entreprises non publiques et dans les petites et moyennes entreprises (PME) ont signé un contrat. Ce pourcentage est encore moins élevé dans les entreprises privées. (2) La durée des contrats de travail est généralement trop courte, ce qui a pour effet de ne pas valoriser la stabilité des relations de travail. Selon le résultat d'un organisme d'inspection du Comité permanent de l'APN, la durée du contrat de travail est courte dans plus de 60 % des cas. Souvent la durée est d'un an ou moins. La principale raison qui explique ce phénomène est que les employeurs voudraient choisir les employés le plus librement possible et ainsi diminuer les indemnités compensatrices au moyen de la réduction de la période des contrats. (3) Les employeurs portent atteinte aux droits légaux des employés en profitant de leurs situations favorables dans le cadre de la relation de travail. On note qu'il y a des entreprises qui abusent de la période d'essai, qui traînent avant de payer les salaires ou en encore qui soustraient des sommes non autorisées des salaires en violant les lois et les règlements. D'autres ne paient pas les assurances sociales selon les règlements et certains employeurs prolongent à leur guise les heures de travail et ne paient pas les heures supplémentaires, etc. [1].

Le 29 juin 2007, le Comité permanent de la 10e APN a passé la Loi sur le contrat de travail de la RPC qui, en assurant les intérêts des employeurs et des salariés, prend en considération le déséquilibre du statut et des pouvoirs dans les relations entre ceux-ci. Cette loi a réalisé le principe de l'orientation de ses actions vers les salariés et a précisé une série de règles pour protéger les travailleurs. La Loi sur le contrat de travail contient les éléments suivants : (1) Elle indique qu'il faut signer un contrat écrit pour établir une relation de travail et en précise les modalités. (2) Elle encourage et élargit l'application du contrat de travail à durée indéterminée. (3) Elle encourage la règle sur le dédit et indique clairement qu'elle s'applique seulement à 2 circonstances. (4) Elle indique les normes pour l'application des règles de non-concurrence. (5) Elle élargit l'application des indemnités compensatoires. Si le contrat se termine, les employeurs ont l'obligation de payer des indemnités. (6) Elle normalise strictement l'emploi par intérim et fait remarquer qu'il ne s'agit pas d'une catégorie principale d'emploi. (7) Elle définit les règles, les normes et le système applicables au contrat collectif de travail ; elle prévoit qu'il faut discuter avec les représentants des salariés ou avec l'ensemble de ceux-ci lorsqu'il s'agit de modifier les règles applicables à leurs conditions de travail ou qui concernent leurs intérêts ou des affaires importantes. Les dispositions importantes et de grands évènements doivent être publiés et mettre les travailleurs au courant de ces derniers. Cette loi prévoit aussi des dispositions spéciales concernant le contrat collectif. Elle demande aux syndicats et aux employeurs de mettre en place un système de discussions collectives et définit pour la première fois des normes applicables aux contrats collectifs régionaux et professionnels.

3. Système juridique pour promouvoir l'emploi

Le Code du travail de 1994 mentionne clairement que le pays doit s'occuper de créer les conditions favorables pour élargir les possibilités d'emploi en promouvant le développement économique et social. L'organe législatif a publié en 2007 la Loi pour promouvoir l'emploi qui fixe les politiques suivants : les travailleurs ont la liberté de choisir leurs emplois ; il faut mettre l'accent sur l'importance de l'emploi et le gouvernement doit encourager le recrutement, mettre en place un système qui promeut l'emploi ; on doit définir des politiques qui favorisent les industries, les investissements ainsi que les politiques financières et de taxation qui mettent l'accent sur la coordination entre les villes et les régions rurales ; on doit établir un système d'alerte du chômage et perfectionner le système de services des emplois

1 Interprétation de la loi sur le contrat de travail par YANG Jingyu, membre directeur du Comité des lois de l'Assemblée Populaire Nationale (http://news. xinhua-net. com/legal/2007-07/23/ contenu_6418697. htm).

publics, celui de la formation professionnelle et ceux des systèmes d'aide. Ces mesures ont favorisé le développement économique et de l'emploi.

L'État garantit des droits égaux dans l'emploi et le libre choix. Depuis 1988, la Chine a publié plusieurs lois et règlements à ce sujet, telle que la Loi sur la protection des personnes handicapées, la Loi sur la protection des droits et intérêts des femmes, la Loi sur la protection des mineurs et la Réglementation sur la protection du travail des salariées (remplacée en 2012 par la Réglementation spéciale sur la protection du travail des salariées) et les Règlements sur l'emploi des personnes handicapées. Dans la Loi pour promouvoir l'emploi, il y a un chapitre concernant l'égalité dans l'emploi. Cette loi indique qu'il est interdit de faire une discrimination basée sur l'ethnie, la race, le sexe, les croyances religieuses et mentionne que les travailleurs des zones rurales jouissent des mêmes droits que ceux des villes.

De plus, l'État a favorisé l'éducation et la formation professionnelle en édictant des lois. Depuis 1995, on a promulgué la Loi sur l'éducation, la Loi sur l'éducation professionnelle, la Loi pour promouvoir l'éducation privée, etc., et on a mis en place un système d'éducation professionnelle et de formation qui se caractérisent par les formations orientées vers les nécessités du marché. Ce système a permis de créer de nouvelles professions et de nombreuses formations à tous les niveaux et de bien les intégrer au système éducatif existant.

4. Système de traitement des conflits

Pour résoudre efficacement et rapidement les conflits, il est nécessaire de perfectionner le système chargé d'en assurer le traitement. En décembre 2007, on a adopté la Loi sur la médiation et l'arbitrage des conflits de travail qui réitère la règle selon laquelle il faut d'abord faire appel au système d'arbitrage avant de pouvoir intenter une action en justice[1] selon le Code du travail. On a également renforcé le programme de médiation et de l'arbitrage. La loi couvre les principaux éléments suivants : (1) Dans certains litiges, on applique le principe selon lequel une sentence arbitrale est définitive et exécutoire[2] pour éviter l'abus de procédure, le prolongement excessif du temps et l'augmentation des coûts. (2) On a prolongé l'efficacité de l'arbitrage à un an. (3) On a accourci la période de l'arbitrage pour augmenter son efficacité. La période de l'arbitrage a été raccourcie à 45 jours à partir de la réception de la demande. (4) On a réparti les responsabilités du fardeau de la preuve. La loi indique que les parties ont la responsabilité de fournir les preuves nécessaires à l'examen du litige. Par exemple, si les preuves concernant un conflit se trouvent chez un employeur, il est tenu de les fournir, sinon il doit en subir les conséquences. (5) on renforce la résolution des conflits de travail par

1 Cela signifie que pour résoudre les conflits, si les parties ne sont pas d'accord avec la sentence du tribunal arbitral, elles peuvent intenter une action en justice auprès d'un tribunal populaire.

2 Ce principe veut dire que la sentence du tribunal arbitral est le jugement terminal qui a une force de loi. Si les parties intentent une action en justice portant sur ces mêmes différends, on va refuser de l'entendre.

la médiation. La procédure de médiation est incluse dans les chapitres spéciaux de la loi. Les parties ont le droit de faire une demande de médiation aux commissions de médiation, à un organisme de médiation de base ou à une organisation ayant une compétence en matière de médiation. (6) On perfectionne la procédure et les règles de l'arbitrage. La loi définit les éléments suivants : la demande et l'acceptation de l'arbitrage ; la composition des tribunaux arbitraux ; le retrait d'un arbitre ; la procédure de l'arbitrage, le déroulement de l'instance arbitrale, etc. (7) On réduit le coût économique pour résoudre les conflits. Cette loi prévoit que l'arbitrage des conflits de travail est gratuit. Donc, cette loi a perfectionné la procédure de la médiation et de l'arbitrage en assurant que les parties peuvent obtenir les aides juridiques lors qu'ils subissent des atteintes de leurs droits.

II. Réalisation du système juridique du travail

1. Mettre en place une politique favorisant l'emploi et essayer d'élargir les possibilités du recrutement

La Chine fait face depuis longtemps à un conflit entre la surabondance de l'offre de mains-d'œuvre et l'insuffisance de la demande. C'est une mission primordiale d'élargir la possibilité du recrutement et de stabiliser la main d'œuvre. Le gouvernement chinois ne cesse pas de profiter de toutes les occasions et de fixer des politiques pour favoriser l'emploi. Le renforcement des responsabilités du gouvernement dans la promotion de l'emploi, la continuité à fournir un financement pour élargir les possibilités de recrutement et l'aide aux familles sans emplois en leur fournissant de l'argent et des formations professionnelles et techniques constituent des exemples d'efforts faits pour pallier les difficultés. Des ressources sont aussi investies pour fournir des services aux travailleurs en ville et dans les régions rurales. Plus de 30 millions de personnes ont pu retrouver du travail grâce aux aides du gouvernement et à l'orientation du marché.

Après la crise économique en 2008, pour faire face à cette onde de choc, le gouvernement chinois a mis en œuvre une politique d'emploi plus agressive. Le gouvernement a permis aux entreprises en difficultés de remettre à plus tard le paiement de leurs frais d'assurance ou il en a réduit le taux ou, encore, il a octroyé une réduction ou une exemption de taxes dans certaines circonstances. Il a aussi mis en place des plans spéciaux de formations professionnelles, a organisé une série d'activités de recrutement et il a également créé des emplois de différentes façons. Il a aussi encouragé les diplômés, de manière particulière, à travailler dans les organisations de base en ville et dans les zones rurales et dans les petites ou moyennes entreprises (PME) ou dans les entreprises non publiques. En 2009, il y a 11 millions de personnes qui ont trouvé du travail et 87, 4 % des diplômés qui ont accédé à un emploi. On note qu'il y a également 5 millions de personnes qui ont retrouvé du travail.

2. Assurer l'égalité dans l'emploi

Le gouvernement chinois renforce la construction du marché de l'emploi et la gestion des ressources humaines. Il essaie de résoudre le problème de la différence économique qui existe entre les villes et les régions rurales ainsi que de la difficulté des femmes à se trouver du travail. Le gouvernement a ainsi mis en place un système d'égalité dans l'emploi pour les travailleurs habitant en ville et ceux des régions rurales. Les autorités responsables protègent les droits des divers acteurs du marché par le perfectionnement du système et un meilleur déploiement des activités de contrôle qui peut mener à des punitions pour actes illégaux.

La Chine attache une grande importance à l'égalité des femmes et des hommes en droit du travail. Il essaie d'utiliser toutes les ressources sociales disponibles pour élargir les chances de travail pour les femmes. Il définit des politiques pour aider les femmes à fonder leurs propres entreprises. Les associations de femmes assument des responsabilités dans les affaires suivantes : soumettre les demandes des femmes aux autorités compétentes, promouvoir l'emploi équitable, défendre le principe du travail égal, salaire égal, fournir des services de défense des droits, etc. On note qu'en 2008, les femmes occupaient 45, 4 % des emplois au pays[1].

Le gouvernement chinois renforce la planification générale de l'emploi des personnes handicapées pour assurer leur droit au travail. Dans ce but, il met en œuvre des politiques pour promouvoir l'emploi des handicapés. Il a défini que le pourcentage des embauches des personnes handicapées ne doit pas être inférieur à 1, 5 %. En plus, le gouvernement octroie des avantages fiscaux pour les entreprises dont le pourcentage des embauches des personnes handicapées atteint 25 %. Il guide et aide les organisations de personnes handicapées à fonder des entreprises et il les encourage et les soutient pour trouver des emplois variés. Les associations des personnes handicapées à différents échelons ont aussi pour rôle de défendre leurs intérêts et de les aider à participer à la vie sociale. Le gouvernement a mis en place 3043 organismes de service dans les provinces, les villes et les régions rurales afin d'offrir des services d'emplois aux handicapés. Jusqu'à la fin de 2009, les travailleurs handicapés ont atteint 4 430 000 en ville et 17 570 000 dans les régions rurales[2].

3. Mettre en place un mécanisme de coordination et assurer la stabilité et l'harmonisation dans les relations de travail

Mettre en œuvre le principe de coordination entre les gouvernements, les employeurs et les salariés. En 2009, les villes de niveau supérieur à celui de district et les 26 districts ont tous mis en place un mécanisme de coordination du travail

1 Bureau d'information du Conseil des affaires d'État : La situation des ressources humaines en Chine, sept. 2010.

2 Ibid.

qui est composé de représentants des gouvernements, des syndicats et des entreprises. On dénombre plus de 14 000 organismes de coordination au total. Ces organismes jouent un rôle crucial pour résoudre les problèmes importants, pour assurer une communication positive entre les différents acteurs, pour renforcer la coordination, pour apaiser les divergences et pour améliorer les relations de travail.

L'application du système de contrat de travail. À la fin 2012, on remarque qu'il y a 88, 4 % de travailleurs qui ont signé un contrat et dont leur contenu est conforme aux normes et leur exécution est généralement bonne. Le gouvernement a promu le système de la négociation collective et du contrat collectif, encouragé la compréhension et la confiance mutuelles entre les employés et les employeurs et favorisé les avantages mutuels et les accords gagnant-gagnant par lesquels chaque partenaire se préoccupe aussi de l'intérêt de l'autre, d'une façon identique à son propre intérêt. On note également qu'il y a 1 311 000 contrats qui ont été vérifiés et enregistrés par les services de ressources humaines et les départements d'assurance sociale couvrant 145 millions d'employés[1].

Assurer la présence des syndicats. Les syndicats constituent les représentants des employés et sont chargés d'assurer la protection de leurs intérêts. Ils jouent un rôle important et indispensable dans la création d'une relation équilibrée au travail. En 2009, le nombre d'organisations syndicales a atteint 1 845 000 couvrant 3 950 000 entreprises et le nombre de membres des syndicats a atteint 226 300 000. Les syndicats ont les principales responsabilités suivantes : aider et guider les travailleurs à signer leur contrat de façon conforme à la loi. Ils représentent les employés au cours de la négociation des conventions collectives avec les employeurs. Ils permettent aux salariés de participer aux décisions de façon démocratique. Ils participent à l'arbitrage pour résoudre les conflits entre l'employeur et les employés. Ils fournissent des services juridiques aux salariés et pressent les employeurs de respecter les lois et les règlements du travail[2].

La Chine attache une grande importance aux droits des paysans travaillant en ville. Ces derniers constituent un groupe spécial depuis la politique de réforme et d'ouverture sur le monde extérieur et depuis l'industrialisation et l'urbanisation. Ils apportent une grande contribution pour le développement économique et social chinois. En 2006, le Conseil des affaires d'État a mis en place un système de réunions visant les paysans travaillant en ville pour assurer une meilleure planification et les guider dans leur emploi. Il a supprimé les règlements déraisonnables, renforcé les formations sur la santé et la sécurité au travail, élargi la couverture des assurances sociales et mis en place le système de succession et de développement de l'assurance vieillesse. À la fin de 2009, il y a 80 148 200 paysans

1 Ministère des Ressources humaines et de la sécurité sociale : Bulletin du développement des ressources humaines et de la sécurité sociale de l'année 2012.

2 Bureau d'information du Conseil des affaires d'État : La situation des ressources humaines en Chine, sept. 2010.

travaillant en ville qui sont devenus membres de syndicats et dont 80 % de leurs enfants ont reçu gratuitement l'éducation aux niveaux primaire et secondaire[1].

4. Régler les conflits de manière juste et en temps utile

Le traitement des conflits de travail au moyen de l'arbitrage constitue une sorte de recours fortement influencé par des caractéristiques historiques chinoises et est un système de protection pour l'ensemble des parties concernées. La commission d'arbitrage est composée de représentants des départements administratifs gouvernementaux, de ceux des syndicats et des employeurs pour garantir la transparence et l'égalité des parties.

L'arbitrage des conflits de travail va suivre le principe de l'équité. On favorise la négociation, la médiation, le traitement en temps utile et la garantie des droits légaux. En 2009, les organismes d'arbitrage de différents échelons ont traité 875 000 conflits et 684 000 litiges, ce qui constituait une baisse de 1, 3 % par rapport à l'année précédente. Ces arbitrages couvraient 1 017 000 personnes, ce qui constituait aussi une baisse de 16,3 % comparativement à l'année précédente. Selon les lois applicables, les parties peuvent intenter une action en justice auprès de tribunaux populaires si elles ne sont pas d'accord avec la sentence arbitrale. En 2009, les cours populaires intermédiaires ont réglé 317 000 litiges assurant efficacement l'exercice des droits légaux des travailleurs[2].

5. Renforcement de l'inspection

Le renforcement de l'inspection est une façon importante de garantir les droits légaux des travailleurs. Les organismes d'inspection ont pour responsabilité principale de bien faire connaître les lois et les règlements, de recevoir et de traiter les plaintes et de procéder à des inspections chez les employeurs. À la fin de 2012, on comptait 3291 organismes d'inspection. Les ressources humaines et les départements d'assurance sociale gouvernementaux ont fourni le travail de plus de 25 000 inspecteurs[3].

Les organismes d'inspection sont notamment chargés de faire des inspections spécifiques et de régler les problèmes de manière collective. Grâce à ces organismes, on a réussi à garantir les droits des travailleurs quant à la signature des contrats, la durée du travail, le paiement du salaire, les assurances sociales et la protection dans le cadre des travaux spéciaux.

---

1 Ibid.

2 Bureau d'information du Conseil des affaires d'État : La situation des ressources humaines de la Chine, sept. 2010.

3 Ministère des Ressources humaines et de la sécurité sociale : Bulletin du développement des ressources humaines et de la sécurité sociale de l'année 2012

III. Défis auxquels doit faire face le système de travail

Le Code du travail est une composante importante du système juridique social. Il joue un rôle de premier plan visant l'harmonisation des relations de travail, la construction d'un système stable et harmonieux, la protection des droits des travailleurs, la promotion du système socialiste de marché, la promotion de la médiation et le développement durable de l'économie et de la société. La Chine doit toutefois résoudre les problèmes suivants dans le futur.

1. Harmoniser les relations entre le développement économique et la protection des travailleurs

Pendant une longue période, la Chine a mis l'accent sur le développement économique. Il en a résulté que la Chine a protégé abondamment les employeurs et qu'il a ainsi négligé son rôle envers les employés. Certains gouvernements locaux insistent sur l'investissement pour augmenter le PIB (Produit intérieur brut) et négligent l'application du Code du travail. Les organismes d'inspection et d'arbitrage manquent de personnel et de financement. En pratique, ils insistent sur les contrôles spécifiques et le traitement des plaintes sans effectuer un contrôle régulier chez les employeurs. Une meilleure protection des employés va avoir pour effet d'augmenter les coûts des employeurs, mais le perfectionnement des normes et l'amélioration des conditions de travail vont aider à accroître l'enthousiasme des travailleurs, leur compétitivité, la qualité de leur travail et, ultimement, leur niveau de consommation. Donc, le gouvernement et les employeurs doivent porter une attention particulière à assurer un équilibre entre le développement économique et la protection des travailleurs et ainsi assurer une relation stable et harmonieuse.

2. Permettre aux syndicats et d'autres organismes de jouer pleinement leurs rôles

Le Code du travail et la Loi sur le contrat de travail accordent aux syndicats le pouvoir de définir des règlements d'emplois, de signer ou dissoudre un contrat, de réduire le personnel pour raison économique et d'accorder un contrat collectif, etc. Bien que la Chine ait mis l'accent sur la construction du système juridique du travail en édictant, en 1992, la Loi sur les syndicats (corrigée en 2001), en réalité, le rôle du syndicat demeure très limité et l'application de la loi a été négligée. Certains syndicats ont été construits avec l'aide des entreprises, il est donc difficile pour eux de fonctionner indépendamment. C'est la raison pour laquelle il faut veiller à raviver l'enthousiasme des travailleurs sur le rôle fondamental des syndicats, notamment dans la négociation collective. L'apport des syndicats et celui des syndicats professionnels ainsi que des groupes d'employeurs restent faibles. La plupart des syndicats professionnels et des associations collectives de type professionnel et régional ne remplissent pas adéquatement leurs responsabilités. En un mot, il faut que les syndicats remplissent leur fonction de négociation collective afin de perfectionner les normes du travail.

3. Renforcer le déploiement des organismes pour régler les conflits

La Chine insiste sur la médiation et l'arbitrage lors du traitement des conflits en suivant, on l'a dit, le principe d'une sentence arbitrale, deux degrés de juridiction. Maintenant, on remarque que les organismes de médiation et leur personnel ne répondent pas aux critères de professionnalisme. De plus, les organismes et les personnels chargés de l'arbitrage sont insuffisants. Il est donc difficile pour les tribunaux arbitraux de pleinement réaliser le principe de la coopération entre les gouvernements, les employeurs et les employés. Donc, il est urgent d'augmenter la qualité des arbitres, d'améliorer la structure des tribunaux arbitraux, de perfectionner la procédure arbitrale et de renforcer le développement des organismes d'arbitrage.

Section 2 : Système juridique de sécurité sociale

La Chine attache une grande importance aux êtres humains et la Constitution prévoit que l'État établit et améliore un système de sécurité sociale correspondant à son niveau de développement économique. Le gouvernement chinois considère ainsi le développement économique comme une condition préalable de l'amélioration du niveau de vie du peuple et de la réalisation de la sécurité sociale.

Avant la politique de réforme et d'ouverture sur le monde extérieur, on a mis sur pied, en 1978, un système de sécurité sociale compatible avec le système économique planifié en fournissant le plus possible de différents types de prestations. Mais la couverture était étroite, les responsabilités financières étaient assumées par le pays ou les entreprises étatiques et il n'était pas possible d'établir un système moderne de sécurité sociale. Depuis les années 1980, avec la création et le développement du système de l'économie socialiste de marché, l'État a fait une série de réformes concernant le système de sécurité afin de le rendre compatible avec celui-ci.

Le système de sécurité sociale comprend les assurances sociales, le bien-être social, les aides sociales, les soutiens particuliers et le placement. Les assurances sociales sont une partie clé du système de sécurité sociale qui comprend l'assurance vieillesse, l'assurance chômage, l'assurance maladie, l'assurance des accidents du travail et l'assurance maternité. En 2010, la Chine a passé la Loi sur les assurances sociales et a mis en place un cadre général visant celles-ci.

I. Système juridique des assurances sociales

Selon la Loi sur les assurances sociales, le pays doit mettre en place un système visant toutes ses composantes. Pour que les citoyens puissent recevoir des aides nécessaires lorsqu'ils sont âgés, malades ou lorsqu'ils subissent un accident du travail, qu'ils sont au chômage ou qu'ils ont accouché, il est essentiel d'établir un système d'assurance sociale ayant une couverture large et durable. Le niveau des assurances sociales, on l'a mentionné, doit être compatible avec celui du développement économique. L'État doit assurer le financement de ce système de différentes manières. Les gouvernements de l'échelon supérieur aux districts doivent fournir les ressources financières pour payer les assurances sociales. Le pays soutient les assurances sociales par la réalisation d'une politique sur les taxes. Le Conseil des affaires d'État prend en charge les affaires concernant les assurances sociales. Les différents départements de cet organe s'en occupent en fonction de leurs responsabilités respectives. Des responsabilités sont également dévolues aux départements administratifs provinciaux en fonction de leur échelon.

1. Système d'assurance vieillesse

La Chine est désormais considérée comme une société vieillissante. La population vieillissante ne cesse d'augmenter. À la fin de l'année 2012, la population de la Chine continentale a atteint 1 354 040 000 personnes parmi lesquelles les plus 60 ans ont atteint 193 900 000, ce qui représentait 14,3 % de la population totale chinoise à l'époque et qui avait augmenté de 0, 59 %[1] par rapport à l'année précédente. On estime que la population vieillissante va atteindre un sommet autour des années 2030. Pour assurer une qualité de vie minimale à la population vieillissante et promouvoir leurs intérêts légaux, le gouvernement continue à perfectionner le système d'assurance vieillesse, notamment en constituant divers niveaux de rentes et en adoptant des règles afin d'en assurer la pérennité dans le temps, tout en faisant des réformes sur ses modes de financement.

A. Assurance vieillesse de base des salariés en ville

Selon la Loi sur les assurances sociales, tous les salariés sont tenus de disposer de l'assurance vieillesse. Les cotisations de cette assurance sont assumées par les employeurs et les employés. Les commerçants individuels, les salariés à temps partiel et d'autres types de travailleurs peuvent disposer de l'assurance vieillesse de base en cotisant eux-mêmes. Les travailleurs de l'État ainsi que les travailleurs d'organes similaires bénéficient de cette assurance selon les règlements adoptés par le Conseil des affaires d'État.

L'assurance vieillesse de base est un système de répartition, composé d'un fonds public à prestations définies ainsi que des comptes individuels des salariés. La cotisation de base se compose d'une partie payée par les employeurs, d'une partie payée par l'individu et d'une allocation versée par les gouvernements. Selon les règlements applicables, la cotisation payée par les employeurs est

1 Bureau national de la statistique : Bulletin du développement économique nationale et sociale de la RPC en 2012, 22 févr. 2013.

calculée sur la proportion de la rémunération totale de l'entreprise et enregistrée dans un compte public national. La cotisation payée par l'individu est calculée sur la proportion de sa rémunération individuelle et elle est enregistrée dans un compte individuel. Donc, la pension de retraite de base est composée d'une partie du compte public national et d'une partie du compte individuel. Elle est calculée selon les années cumulatives des cotisations, le salaire individuel cotisé, le salaire moyen dans la région administrative en cause, la somme cumulée dans le compte individuel, l'espérance moyenne de la durée de vie en ville ou dans les régions rurales, selon le cas. Les individus qui atteignent l'âge de retraite et qui cotisent depuis au moins 15 ans consécutifs vont recevoir une pension de retraite mensuelle. Ceux qui cotisent depuis moins de 15 ans peuvent continuer à cotiser jusqu'à atteindre cette période et recevront mensuellement leur pension de retraite. Le pays met en place un mécanisme d'ajustement et augmente le montant de la pension de retraite selon l'augmentation des salaires, l'âge moyen des salariés et l'augmentation du coût de la vie.

B. Assurance vieillesse des habitants vivant en zones rurales

En plus de l'assurance vieillesse des salariés résidant en ville, la Chine a mis ultérieurement en place un système d'assurance vieillesse pour les habitants vivant en zones rurales. La Loi sur les assurances sociales indique que selon ce nouveau modèle, la cotisation est composée de 3 parties : une partie individuelle, une allocation versée par la collectivité locale et celle versée par l'État. Ce nouveau modèle d'assurance vieillesse est composé de la pension de retraite de base et de celle provenant du compte individuel. Les paysans qui disposent de ce nouveau modèle de système d'assurance vieillesse et qui satisfont aux exigences reçoivent mensuellement leur pension de retraite. Ce nouveau modèle d'assurance et les responsabilités assumées par le gouvernement ont été définis dans les lois. Selon la Loi sur les assurances sociales, il faut établir et perfectionner le système d'assurance vieillesse des habitants en ville et en zones rurales. Les gouvernements de différents échelons peuvent, selon leurs propres besoins, combiner l'assurance vieillesse pour les habitants en ville et celle dans les zones rurales.

2. Système de base d'assurance maladie

Selon la Loi sur les assurances sociales, tous les salariés sont tenus de disposer de l'assurance maladie de base. Les employeurs et les salariés paient conjointement la cotisation. Les commerçants individuels, les travailleurs à temps partiel non couverts par leurs employeurs et d'autres types travailleurs peuvent aussi souscrire à une telle assurance et leur prime est établie selon les règlements applicables. En ce qui concerne les habitants sans emplois, l'État a mis en place et perfectionne un nouveau modèle de base du système d'assurance maladie en coopération avec les régions rurales. La cotisation est composée d'une partie payée par l'individu et une allocation du gouvernement. La partie payée par l'assurance maladie de base des assurés sera réglée directement par les organismes d'assurance maladie, les unités médicales et les distributeurs de médicaments.

3. Système d'assurance accident du travail

Selon la Loi sur les assurances sociales, tous les salariés sont tenus de disposer d'une assurance couvrant les accidents du travail et dont la cotisation est payée en totalité par les employeurs. Si un salarié subit un accident au travail ou souffre d'une maladie professionnelle, il sera indemnisé par l'assurance accident du travail après vérification. S'il est démontré qu'il a perdu une certaine capacité de travail, il bénéficiera d'une indemnité en fonction de celle-ci. La plupart des frais engendrés à cause de l'accident seront remboursés par le fonds de l'assurance accident du travail et les frais non couverts le seront par l'employeur. Si un employeur a omis de payer les cotisations de l'assurance accident du travail, il devient alors responsable du paiement de la totalité des frais engendrés par un tel accident. Si un employeur refuse de les payer, le salarié est payé à partir des fonds de l'assurance accident du travail et, par la suite, ces frais devront être remboursés par cet employeur. Si l'accident est causé par une tierce partie et si celle-ci refuse de payer les frais ou s'il n'est pas possible d'identifier la personne qui a causé l'accident, le salarié est alors indemnisé par le fonds de l'assurance accident du travail. Après le paiement, ce fonds peut évidemment les récupérer auprès de la tierce partie. En 2003, le Conseil des affaires d'État a formulé les Règlements sur l'assurance accident du travail qui ont été modifiés en 2010.

4. Système d'assurance chômage

En promouvant la réforme du système de l'emploi et la mise en place du mécanisme de l'orientation de l'économie vers le marché, l'État a instauré, puis amélioré, un système d'assurance chômage pour garantir une certaine sécurité financière aux chômeurs et pour les aider à retrouver du travail. Le gouvernement chinois a adopté, en 1999, les Règlements sur l'assurance chômage et a adopté, en 2010, la Loi sur les assurances sociales qui ont permis d'améliorer le système d'assurance chômage.

Selon la Loi sur les assurances sociales, tous les salariés sont tenus de disposer de l'assurance chômage. Les cotisations sont payées conjointement par les employeurs et les salariés. Les chômeurs qui satisfont aux conditions suivantes recevront une indemnité : (1) L'employeur et les salariés ont payé les cotisations de l'assurance chômage pendant un minimum d'un an. (2) Le chômage n'est pas causé par l'individu. (3) Le chômeur s'est inscrit auprès de l'organisme compétent et a demandé de retrouver du travail. Selon la durée des années du paiement, les chômeurs peuvent recevoir une indemnité pendant 24 mois au maximum. Le montant de l'indemnité est défini par les gouvernements locaux des régions autonomes et des municipalités relevant directement de l'autorité centrale. Il ne doit pas être inférieur au montant nécessaire pour garantir un niveau de vie minimum des citadins.

5. Système d'assurance maternité

Selon la Loi sur les assurances sociales, tous les salariés sont tenus de disposer d'une assurance maternité. Les cotisations sont payées en totalité par les employeurs. Notons que l'épouse en chômage d'un salarié, selon les règlements, bénéficiera d'une subvention médicale et ces frais sont payés par le fonds de l'assurance maternité.

L'assurance maternité comprend les frais médicaux de l'accouchement et des subventions. Les frais médicaux visent les frais du fait d'être enceinte, pour la planification familiale et les autres frais définis par les lois et règlements. Si les salariés sont dans les circonstances suivantes, ils bénéficieront d'allocations : congés de maternité ; congés nécessaires au planning familial ; et autres circonstances définies par les lois et règlements. Les allocations seront payées selon le salaire mensuel moyen des salariés.

6. Perfectionnement du système juridique d'assurance sociale

A. La Loi sur les assurances sociales a besoin d'être précisée

L'expression définie par l'État apparaît 19 fois dans la Loi sur les assurances sociales et dans beaucoup de cas, il est difficile d'en préciser le sens. Par ailleurs, on remarque que l'expression selon les règlements du Conseil des affaires d'État ou accordé par le Conseil des affaires d'État est présente 10 fois et que cela présente la même difficulté. Ces expressions doivent donc être précisées en détail.

B. La combinaison de systèmes d'assurances sociales en ville et dans les zones rurales doit être appliquée à fond

La Loi sur les assurances sociales concerne les assurances des salariés et des habitants en ville et dans les régions rurales. En revanche, la combinaison des systèmes prévalant en ville et dans les zones rurales n'a pas été appliquée à fond. La Loi sur les assurances sociales permet de combiner l'assurance vieillesse des salariés en ville et celle dans les régions rurales compte tenu du fait que le système des assurances sociales pour les habitants des zones rurales a été adopté postérieurement à celui des habitants des villes. Elle indique que l'assurance vieillesse des salariés en ville peut être transférée dans le système d'assurance vieillesse des régions rurales (Article 16). Les provinces, les régions autonomes et les municipalités relevant directement de l'autorité centrale peuvent donc combiner l'assurance vieillesse des citadins et le nouveau modèle de l'assurance vieillesse rurale selon la situation concrète des individus (Article 22). En ce qui concerne l'assurance maladie, ce n'est cependant pas le cas. Parce que les organes qui s'en occupent sont différents, le contenu et la gestion des assurances ne sont pas nécessairement les mêmes entre les différentes villes et entre celles-ci et les zones rurales ou encore entre ces différentes zones. Il en résulte certaines inégalités et cela a pour effet également d'augmenter les coûts de gestion et de créer un grand gaspillage de ressources. De plus, la Loi sur les assurances sociales prévoit des modalités d'indemnisation des héritiers lors du décès de prestataires d'assurance vieillesse, d'assurance maladie ou d'assurance chômage qui sont perfectibles notamment d'un point de vue administratif. Par contre, il faut prendre les mesures pratiques pour trouver des façons du transfert et de la succession et spécialement pour traiter la relation de différents côtés.

C. Encaissement des cotisations des assurances sociales : le fonctionnement et le contrôle doivent être perfectionnés

La Loi sur les assurances sociales prévoit que l'État encaisse l'ensemble des cotisations des assurances sociales. Cela favorise l'augmentation de l'efficacité et la réduction des coûts. Mais cette loi n'a pas clairement défini quel organe en est responsable. En pratique, on a le choix entre les organes chargés de la perception des taxes ou les organes administratifs d'assurance sociale. De plus, toutes les régions ne fonctionnent pas de la même façon. Donc, il faudrait s'assurer que toutes les cotisations pour les 5 types d'assurances sociales soient encaissées par un même organe de perception ou par un même organisme administratif dans une même région ou mieux encore, dans tout le pays.

En ce qui concerne l'exploitation des montants du fonds des assurances sociales, on prévoit seulement que le fonds pour les assurances sociales doit être mis dans un compte spécial. Sous condition d'assurer la gestion des fonds de façon sécuritaire et efficace. Cependant, quant aux méthodes d'exploiter ce fonds pour garder et accroître sa valeur, le Conseil des affaires d'État ne définit pas les méthodes pour y parvenir. Donc, c'est important de gérer et d'exploiter ces fonds efficacement.

En plus, en ce qui concerne la gestion du compte individuel, la Loi sur les assurances sociales indique qu'il est interdit de décaisser des sommes avant terme et que le taux d'intérêt du compte ne doit pas être inférieur à celui d'un dépôt à terme et qu'il n'est pas sujet à imposition. Notons que des règlements devraient être adoptés sur les façons d'accroître la valeur des comptes et comment faire en sorte de prendre en cause les intérêts des assurés.

D. Élargir davantage la couverture des assurances sociales et augmenter la proportion des assurés

La Loi sur les assurances sociales a réalisé une couverture complète des diverses composantes du système d'assurance sociale. Mais il y a une condition préalable au succès d'un tel système, c'est que les employés ou les habitants paient des cotisations aux assurances sociales. On remarque que le pourcentage des assurés est très bas. Par exemple, jusqu'à la fin 2012, la population active a atteint 767 040 000 personnes dont 371 020 000 vivaient dans les régions rurales.

En 2012, les paysans travaillant en ville ont atteint 262 610 000 personnes[1]. Mais jusqu'à la fin 2012, on notait seulement 304 270 000 personnes qui ont payé leurs cotisations à l'assurance vieillesse de base en ville et dans les régions rurales ; par ailleurs, il y avait 264 860 000 personnes qui ont payé les cotisations de l'assurance maladie de base pour les employés en ville et dans les régions rurales ; de plus, il y avait 152 250 000 personnes qui ont payé les cotisations de l'assurance chômage ; on dénombrait 190 100 000 personnes qui ont payé les cotisations de l'assurance accident du travail et il y avait 154 290 000 personnes[2] qui ont payé les cotisations à l'assurance maternité. Cela signifie que la proportion des assurés est encore très bas. Donc, il faut élargir la couverture des assurances sociales et en renforcer l'encaissement. Il s'agit là de la mission la plus importante de l'État, car bien que des droits soient définis dans les lois encore faut-il qu'ils s'appliquent très largement.

II. Système juridique d'aide sociale

1. Circonstances économique et sociale de la mise en place du système juridique d'aide sociale

Il y a 3 raisons principales pour mettre en place en Chine un système pour assurer un niveau de vie minimum. Premièrement, l'instauration du système d'économie du marché a augmenté grandement le nombre des chômeurs et la population pauvre en ville a aussi rapidement augmenté. En 1986, il y avait 2 640 000 personnes inscrites sur la liste des chômeurs. Ce nombre atteignait 3 830 000 en 1990, 5 530 000 en 1996, et 6 800 000 en 2001. Deuxièmement, la différence du revenu entre les personnes s'est agrandie. Le problème de la pauvreté est devenu de plus en plus grave. Selon les données statistiques du Livre bleu en 1996, le revenu des citadins dans l'est du pays est plus élevé de 40 % que celui du centre et de l'ouest. En 1997, le ratio entre les 10 % des habitants en ville qui ont le plus de revenus et les 5 % des habitants qui sont les plus pauvres est de 4, 71 : 1. Le Coefficient de Gini est monté de 0, 180 en 1978 à 0, 467 en 2000. Le problème de la pauvreté est devenu plus grave avec cette différence de revenus. Cela affecte la qualité de vie des familles avec un faible revenu. Troisièmement, les méthodes d'aide traditionnelle sociale ne satisfont pas aux besoins. Les personnes qui peuvent recevoir des aides sociales sont très limitées et les investissements sont nettement insuffisants, ce qui ne satisfait pas aux besoins de la réforme du système économique et du développement social. Cela ne satisfait pas non plus aux besoins des habitants pour maintenir leur niveau de vie. Donc, le système de

1 Ministère des Ressources humaines et de la sécurité sociale : Bulletin du développement des ressources humaines et de la sécurité sociale de l'année 2012

2 Ibid.

garantie d'un niveau de vie minimum des citadins est né dans ces circonstances en ville et puis s'est développé, par la suite, dans les régions rurales[1].

L'instauration et le perfectionnement du système d'aide sociale ont bénéficié de la croissance rapide de l'économie et de celle des finances publiques. Il résulte aussi du fait que le gouvernement chinois insiste sur le perfectionnement des politiques sociales et sur la réalisation de la justice sociale durant le développement économique.

2. Contenus principaux du système juridique d'aide sociale

A. Système de garantie d'un niveau de vie minimum des citadins

Le système de garantie d'un niveau de vie minimum est celui qui couvre le plus la population chinoise. Il est aussi le système clé de tous les systèmes d'aide sociale. Ce système a débuté en 1993 à Shanghai et marque le commencement de la réforme du système d'aide sociale. En septembre 1999, le Conseil des affaires d'État a publié officiellement les Règlements sur la garantie d'un niveau de vie minimum des citadins consacrant légalement l'établissement d'un niveau de vie minimum[2]. C'est un système qui fournit des aides directes. Les citadins dont le salaire familial moyen est inférieur aux critères établis sont admissibles aux prestations et à d'autres formes d'aide matérielle fournies par les gouvernements locaux.

Le système de garantie d'un niveau de vie minimum en ville. Ce système vise à aider les citadins pauvres qui ont un statut de résidents permanents non rural. Le montant est défini selon les dépenses moyennes pour les besoins de base de la vie. Par exemple, les frais pour payer les vêtements, l'alimentation et le logement, etc. Il faut aussi compter les frais liés à l'utilisation de l'eau, de l'électricité, du gaz et ceux encourus lors de l'éducation gratuite des mineurs[3]. Les citadins pauvres soumettent leurs demandes, le comité du quartier (le Conseil du village) les traite en premier, la commune et le bourg (l'office administratif du quartier) les vérifient et, enfin, les départements administratifs du niveau de districts les approuvent[4].

Depuis la publication des Règlements sur la garantie d'un niveau de vie minimum des citadins, ceux qui reçoivent des aides sont de plus en plus nombreux. Le montant d'aide augmente constamment en fonction des ressources financières de l'État. Le programme d'aide devient aussi de plus en plus normalisé. On estime que les besoins de base pour vivre des citoyens ont été assurés. Jusqu'à la fin 2012, il y avait 11 149 000 familles, soit 21 435 000 personnes qui ont reçu des prestations

1 LIU Xitang, « Le développement et l'évolution du système d'aide sociale depuis 60 ans à partir de l'établissement de notre pays », Journal universitaire de l'Université Normale du Centre de la Chine (Lettres humaines et Sciences sociales), n° 4, 2010.

2 Ibid.

3 Règlements sur la garantie d'un niveau minimum de la vie (1999), art. 6.

4 LIU Xitang, « Le développement et l'évolution du système d'aides sociales depuis 60 ans à partir de l'établissement de notre pays », Journal universitaire de l'Université Normale du Centre de la Chine (Lettres humaines et Sciences sociales), n° 4, 2010.

et l'État a versé 67 430 000 000 yuans au total. En 2012, l'allocation moyenne a atteint 239, 1 yuans par mois en ville[1].

Le système de garantie d'un niveau de vie minimum dans les régions rurales. En même temps que l'instauration du système de garantie d'un niveau de vie minimum en ville, celui des régions rurales a aussi commencé à certains endroits. En juillet 2007, le Conseil des affaires d'État a publié l'Avis sur la mise en place du système de garantie d'un niveau de vie minimum dans les régions rurales qui définit le montant d'aide, les critères à respecter, les modalités de gestion, les mécanismes de financement, etc. Cet avis prévoit de mettre en place un système de garantie d'un niveau de vie minimum dans les régions rurales et que les allocations soient versées à toutes les familles. Le montant est défini selon les frais pour payer les vêtements, l'alimentation, l'eau, l'électricité, etc., et ce, pour garantir un niveau vie de base dans ces régions[2]. Jusqu'à maintenant, le système de garantie d'un niveau de vie minimum est entré dans une nouvelle période. Depuis l'application de ce système, les paysans qui en bénéficient sont de plus en plus nombreux et le montant octroyé progresse régulièrement. Jusqu'à la fin de 2012, il y avait 28 149 000 familles, soit 53 445 000 personnes qui ont reçu des allocations. Le gouvernement a versé 71 800 000 000 yuans, en augmentation de 7, 5 % par rapport à l'année précédente. En 2012, l'allocation moyenne a atteint 104 yuans par mois dans les régions rurales du pays[3].

Le système de garantie d'un niveau de vie minimum en ville et dans les régions rurales améliore les difficultés de la vie quotidienne, par exemple, en matière d'alimentation et de vêtements. Mais cela ne satisfait pas encore aux besoins médicaux, éducationnels et de logements. Donc, le Ministère des Affaires civiles a proposé un nouveau système d'aide sociale. En plus du système de garantie d'un niveau de vie minimum en ville et dans les régions rurales, il a promu le développement du système d'aide médicale, d'aides temporaires et celui des 5 types de garanties[4], etc. Il essaie également de mettre en place un site internet de la sécurité sociale afin d'aider à faire face aux besoins de base des personnes pauvres.

B. D'autres systèmes d'aide sociale

Le nouveau système de 5 types de garanties dans les régions rurales. Pour s'adapter à la nouvelle situation des taxes dans les régions rurales et pour garantir les intérêts légaux de ceux qui sont bénéficiaires des 5 types de garanties sociales,

1 Ministère des Affaires civiles : Bulletin du développement des services sociaux en 2012, juin 2013

2 Avis du Conseil des affaires d'État sur la mise en place du système de la garantie d'un niveau minimum de la vie dans les régions rurales, 2007.

3 Ministère des Affaires civiles : Bulletin sur le développement des services sociaux en 2012, juin 2013.

4 Garantir l'alimentation, les vêtements, les traitements médicaux, le logement et l'enterrement pour les personnes âgées et l'éducation pour les mineurs.

l'État a édicté, en mars 2006, les Règlements sur l'offre des 5 types de garanties dans les régions rurales. Ces nouveaux règlements visent à permettre de mettre les fonds nécessaires des 5 types de garanties dans les budgets financiers et ils indiquent que le montant des garanties sociales ne peut pas être inférieur au niveau moyen de vie des habitants dans les régions locales. D'ailleurs, les services des 5 types de garanties ont été intégrés dans le plan de développement économique de celles-ci. Jusqu'à la fin de 2012, le nombre de familles qui ont reçu les prestations des cinq garanties sociales a atteint 5 292 000 soit 5 456 000 personnes dans tout le pays et l'État a versé 14 500 000 000 yuans au total pour ce programme[1].

Le système d'aide médicale en ville et dans les régions rurales. En novembre 2003, le Ministère des Affaires civiles, le Ministère de la Santé et le Ministère des Finances ont publié conjointement les Conseils sur l'application de l'aide médicale dans les régions rurales permettant la mise en place du système d'aide médicale. En mars 2005, le Conseil des affaires d'État a transmis au Ministère des Affaires civiles et au Ministère des Finances les Conseils pour procéder à des essais dans le but d'établir le système d'aide médicale qui ont planifié de faire un essai de 2 ans et d'instaurer un système d'aide médicale dans tout le pays, en 2 à 3 ans. Le système octroie des subventions aux personnes pauvres pour qu'elles puissent disposer de l'assurance maladie. Si ces personnes ont encore de la difficulté à payer le surplus des frais médicaux, une subvention additionnelle est alors fournie.

En 2012, il y a 20 770 000 personnes en ville qui ont reçu de l'aide médicale et l'État a versé 7 090 000 000 yuans au total. En 2012, ce nombre a atteint 59 742 000 et l'État a payé 13 290 000 000 yuans[2].

Le système d'aide temporaire. Ce système a pour objectif d'aider les familles à faible revenu à surmonter les difficultés temporaires et imprévues. En juin 2007, le Ministère des Affaires civiles a publié l'Avis sur la mise en place et le perfectionnement du système d'aides temporaires qui définit la couverture, le montant et la procédure à suivre pour recevoir une indemnisation. Jusqu'à maintenant, ce système a été mis en place à Beijing, à Tianjin, à Chongqing, et dans les provinces de Neimenggu, de Heilongjiang, de Zhejiang, de Jiangsu, de Jiangxi, de Hunan, de Hubei, de Shanxi, etc. Ce système est déjà devenu un élément important du nouveau système socialiste d'aide sociale[3]. En 2012, l'État a fourni 6 398 000 prestations d'aide temporaire au total[4].

1 Ministère des Affaires civiles : Bulletin sur le développement des services sociaux en 2012, juin 2013.

2 Ibid.

3 LIU Xitang, « Le développement et l'évolution du système d'aide sociale depuis 60 ans à partir de l'établissement de notre pays », Journal universitaire de l'Université Normale du Centre de la Chine (Lettres humaines et Sciences sociales), n° 4, 2010.

4 Ministère des Affaires civiles : Bulletin sur le développement des services sociaux en 2012, juin 2013.

3. Caractéristiques du système juridique d'aide sociale

En parallèle avec le développement économique et social, la Chine a mis en place progressivement un système juridique d'aide sociale correspondant à son niveau de développement économique. Le système d'aide sociale présente les caractéristiques suivantes.

A. Mise en forme du système juridique d'aide sociale

Ayant un statut important et ayant été largement acceptée, l'offre variée des aides sociales est devenue une responsabilité importante des gouvernements. Il s'agit d'un droit fondamental des citoyens qui a été consacré par la loi. Selon l'article 45 de la Constitution, les citoyens de la RPC ont droit à l'assistance matérielle de l'État lors de la vieillesse, en cas de maladie ou de perte de leur capacité de travail. Pour garantir aux citoyens la jouissance de ce droit, l'État doit développer les assurances sociales, l'assistance sociale et les services médicaux et sanitaires. La Chine a fait des progrès dans la mise en place du système d'aide sociale. Toutefois, le système de l'aide sociale traditionnelle manquait de continuité et de stabilité. Après la mise en place de ce nouveau modèle d'aide sociale, les programmes traditionnels qui étaient dispersés ont été regroupés en 3 catégories, soit les prestations pour garantir un revenu convenable couvrant les besoins essentiels, les prestations spéciales et les prestations temporaires. En ce qui concerne les prestations pour garantir un revenu convenable couvrant les besoins de base, on en a déjà discuté. Pour les prestations spéciales, on note l'aide médicale, l'aide au logement, l'aide à l'éducation, etc. Les prestations temporaires, on l'a vu, soutiennent principalement les personnes pauvres qui rencontrent des difficultés imprévisibles et temporaires. La systématisation du système des prestations et une meilleure intégration des programmes ont évidemment permis d'améliorer les choses[1].

B. Le système d'aide sociale dépend principalement des politiques de l'autorité centrale et des réalisations progressives. L'autorité centrale et les gouvernements locaux assument conjointement les dépenses.

Nous avons vu que le système d'aide sociale dépend principalement des politiques de l'autorité centrale. Au début, il n'y avait évidemment pas de modèles législatifs permettant de refléter le système de prestations que l'on voulait mettre en place. Ce système a donc été édifié par l'approche d'essais. Le début du système d'aide sociale a varié selon les régions et on remarque une grande différence au niveau des politiques, de la couverture et du montant des prestations d'une région à l'autre. Ce système montre clairement qu'il s'est adapté selon

1 LIU Xitang, « Le développement et l'évolution du système d'aide sociale depuis 60 ans à partir de l'établissement de notre pays », Journal universitaire de l'Université Normal du Centre de la Chine (Lettres humaines et Sciences sociales), n° 4, 2010.

les caractéristiques et le niveau du développement économique des différentes régions de la Chine.

En ce qui concerne les responsabilités financières, le financement de l'aide sociale est assuré par les gouvernements locaux et il a été défini dans les règlements particuliers. Par exemple, selon les Règlements de la garantie d'un niveau de vie minimum des citadins, le financement est assuré par les budgets des gouvernements locaux et figure dans la catégorie des dépenses spéciales. Dans la même veine, selon les Règlements sur l'offre des 5 types de garanties dans les régions rurales, le financement est également assuré par les budgets des gouvernements locaux. L'autorité centrale octroie également des subventions importantes même si les gouvernements locaux assument les responsabilités principales dans le financement du système d'aide sociale. Enfin, notons que pour les programmes visant à garantir un niveau de vie minimum, les investissements de l'autorité centrale représentent 60 % des frais totaux, ce qui dépasse les investissements des gouvernements locaux[1].

C. Il y a une grande différence entre les villes et les régions rurales au niveau de la mise en place du système d'aide sociale

Le système de garantie d'un niveau de vie minimum visait au début à résoudre le problème de pauvreté des chômeurs. Ce système a été mis en place en ville en 1997 après que le Conseil des affaires d'État eut publié des textes officiels. Traditionnellement, on croyait que les agriculteurs possédaient des terres et donc qu'ils avaient des ressources appropriées. Comme ce n'était pas nécessairement le cas, ce système a été mis en place plus tard dans les régions rurales. Le Conseil des affaires d'État a publié des textes officiels en 2007 pour appliquer ce système dans celles-ci, soit 10 ans plus tard que dans les villes. De plus, à cause des différences au niveau du développement économique, du niveau de vie et de la structure administrative, ce système présente des différences quant au niveau du montant des prestations et de la procédure à suivre pour les obtenir. Cependant, l'aide médicale constitue un cas différent. Au début, le système d'aide médicale est utilisé principalement dans les régions rurales pour résoudre les problèmes de pauvreté et de santé qui sont plus élevés qu'en ville[2]. En 2003, le Ministère des Affaires civiles avait déjà publié des textes officiels s'appliquant dans les régions rurales. En ville, il faut attendre l'année 2005 pour procéder à des essais portant sur l'aide médicale.

1 Ministère des Affaires civiles, Bulletin sur le développement des services sociaux en 2012, juin 2013.

2 LIN Lihong et KONG Fanhua, Étude concernant la loi sur les aides sociales, la Maison d'édition juridique, 2008, p. 269.

4. Problèmes et perfectionnement du système juridique d'aide sociale

A. Problèmes dans le cadre juridique du système d'aide sociale

Premièrement, on note que pendant une longue période de temps le concept d'aide sociale n'évolue pas véritablement. Bien que la Constitution prévoie spécifiquement les droits des citoyens d'obtenir de l'assistance matérielle de l'État et de la société, cela a été longtemps considéré comme un acte de charité plutôt que comme un droit des citoyens[1]. Même si le système d'aide sociale est promu par les politiques de l'État, les devoirs et les responsabilités de l'organe central et des gouvernements à divers échelons ne sont pas encore très clairs. Deuxièmement, on remarque un manque de normes et de précisions. Les responsabilités qui incombent aux individus et aux gouvernements ne sont pas assez claires. D'après les expériences étrangères, il y a évidemment de nombreux pays qui ont élaboré des lois concernant l'aide sociale. Ceux-ci définissent les principes généraux des prestations envisagées et le système administratif qui y correspond, puis élabore des lois pour les mettre en application. Le système d'aide sociale est relativement complexe. Il ne comprend pas uniquement les contenus concrets, tels que la charge de la responsabilité financière, le montant des prestations et les définitions d'admissibilité, mais aussi les questions procédurales comme la façon d'effectuer une demande, les enquêtes, la prise de décision, etc. Pour le moment, nous avons besoin d'une loi unifiée couvrant l'ensemble du système d'aide sociale et qui assure une coordination efficace entre tous les acteurs concernés. Troisièmement, nous l'avons dit, le système est divisé en 2 catégories : les villes et les régions rurales. Cela a pour conséquence que les citoyens ne bénéficient pas des mêmes droits. En plus, cette division entre les villes et les régions rurales crée des différences concernant la gestion du système et les départements qui en assument la responsabilité et augmente les coûts de fonctionnement. Par ailleurs, il existe une grande différence au niveau des politiques et des prestations entre les différentes régions du pays. En même temps, nous avons aussi besoin d'un mécanisme efficace pour encadrer de façon conjointe les prestations des différents programmes d'aide sociale. Il faut mettre en place une liaison entre l'assurance vieillesse et l'aide sociale, entre l'assurance médicale et celle-ci, et entre différents types d'aides sociales, y compris le système de garantie d'un niveau de vie minimum, l'aide médicale et les prestations temporaires. Les problèmes mentionnés ci-dessus ont besoin d'être résolus dans les lois. Quatrièmement, il faut mentionner que le montant des prestations est bas. Prenons la garantie d'un niveau de vie minimum à titre d'exemple. En comparaison du niveau de vie moyen des citoyens, on voit que pour les familles qui reçoivent des

1 YANG Sibin, Rappel et perspective de la construction du système d'aide sociale depuis 60 ans à partir de l'établissement de notre pays, qui cite l'article « Le rappel et la perspective du système d'aide sociale de la Chine », Maison d'édition du peuple, 2012, p. 156.

prestations leurs revenus représentent à peine 15 % des premiers[1]. Sauf l'insuffisance des ressources financières, le manque des critères rationnels et des ajustements dynamiques se constitue une raison assez importante.

B. Perfectionnement du système d'aide sociale

Premièrement, nous estimons qu'il faut modifier le plus vite possible la Loi sur l'aide sociale en perfectionnant le système d'aide sociale. Pour le moment, ce système n'est évidemment pas parfait. Les types de prestations dépendent principalement des politiques adoptées par l'État. On remarque un manque de la stabilité et d'anticipation. Selon l'expérience chinoise et celle des pays étrangers, il faut réviser rapidement la loi afin d'ajuster et perfectionner le système existant, clarifier les responsabilités des gouvernements de différents échelons, diviser raisonnablement les charges financières entre l'autorité centrale et les gouvernements locaux, préciser les citoyens admissibles ainsi que les contenus, les méthodes, le montant des prestations et la procédure d'ajustement, la façon d'effectuer une demande, la vérification et le contrôle et[2], enfin, clarifier les droits et les obligations des prestataires, afin de mettre en place un système juridique d'aide sociale plus complet.

Deuxièmement, il faut que l'État continue à établir et à améliorer le système de sécurité sociale selon son niveau de développement économique. D'une part, il faut bien définir les critères d'admissibilité, les programmes offerts et le montant des prestations. Les programmes concernant l'aide médicale, l'aide à l'éducation, l'aide logement et l'aide dans le cadre des catastrophes naturelles doivent être particulièrement améliorés pour toutes les clientèles, comprenant les personnes âgées, les femmes, les enfants et les personnes handicapées. On doit également perfectionner les politiques de l'État en se basant sur les critères de rationalité et de raisonnabilité. Quant au montant des prestations, il faut mettre en place un mécanisme d'ajustement cohérent, on l'a dit, en fonction du niveau continuel de développement économique. D'autre part, les groupes sociaux, les volontaires, les communautés et les individus doivent participer collectivement au développement du système de sécurité sociale. Il faut d'ailleurs améliorer le niveau de la professionnalisation des aides sociales et renforcer la construction des groupes des travailleurs sociaux. Troisièmement, il faut partager rationnellement les responsabilités entre l'autorité centrale et les gouvernements locaux. D'après l'expérience des pays étrangers, les politiques d'aide sociale sont déterminées principalement par l'autorité centrale tandis que les mesures concrètes sont définies par les

1 TANG Jun, « Rappel et perspective du développement d'aide sociale depuis le Xe plan quinquennal », Sciences sociales, n° 6, 2012.

2 LIN Jia et CHEN Wentao, « Sur la valeur de la loi sur les aides sociales et l'établissement de ce système », Sciences sociales de Jiangxi, n° 2, 2013.

gouvernements locaux. Le montant des prestations doit être défini selon la situation concrète prévalant dans les régions. La Chine doit aussi être guidée par ces principes. Mais, en suivant ceux-ci, il ne faudrait pas qu'il y ait un écart trop grand entre les mesures appliquées dans les différentes régions. En ce qui concerne les responsabilités financières, il faut s'assurer que les prestations du système de sécurité sociale fassent partie intégrante des budgets et qu'on les augmente convenablement. Le gouvernement central et les gouvernements locaux devraient aussi s'entendre afin de diviser raisonnablement le pourcentage des investissements nécessaires au système de sécurité sociale et de mettre en place un mécanisme stable de transferts de fonds du central vers les régions. Il faut également mettre en place un mécanisme de répartition des frais entre les gouvernements locaux[1].

Quatrièmement, il faut aussi s'assurer d'une meilleure cohésion entre divers programmes d'aide sociale (y compris le système de garantie d'un niveau de vie minimum, l'aide médicale et les prestations temporaires) et entre ces derniers et les autres mesures de nature sociale. Spécialement entre l'assurance vieillesse et l'aide sociale, entre l'assurance médicale et l'aide sociale.

III. Système juridique du bien-être social

Le gouvernement chinois a développé le bien-être social. Il s'agit d'assurer un financement adéquat pour octroyer les prestations du bien-être social aux personnes âgées, aux orphelins et aux personnes handicapées.

1. Bien-être social pour les personnes âgées

La Loi sur la protection des droits et intérêts des personnes âgées indique que la Chine doit protéger les droits légaux des personnes âgées. Ces dernières ont droit à l'assistance matérielle du pays et de la société. Ils ont non seulement le droit de bénéficier de services sociaux et de privilèges, mais aussi de participer au développement social et de partager les fruits du développement. On doit donc instaurer des mesures visant le perfectionnement des divers systèmes pour protéger les droits et intérêts des personnes âgées, pour améliorer continuellement leur niveau de vie, leur santé, leur sécurité et leur participation au développement social. Il faut aussi s'assurer qu'elles reçoivent les soins et les services médicaux requis par leur état de santé et qu'on leur donne le moyen de développer leur épanouissement personnel. Il faut donc mettre en place un système cohérent de protection des personnes âgées qui reposent non seulement sur leur famille, mais aussi sur les membres de leur communauté et sur les organismes sociaux. Nous proposons donc que toute la société traite correctement les personnes âgées.

1 Ibid.

2. Bien-être social pour les enfants

Selon la Loi sur la protection des mineurs et la Loi sur l'éducation, l'État offre des programmes concernant l'éducation et la vaccination planifiée ainsi que de l'aide et des services aux enfants handicapés, aux orphelins, aux bébés abandonnés et aux enfants vivant dans la pauvreté afin d'assurer leur subsistance, leur santé et leur éducation.

3. Bien-être social pour les personnes handicapées

La Chine a publié la Loi sur la protection des personnes handicapées qui offre une protection légale pour la santé, l'éducation, l'emploi, la vie culturelle, etc., des personnes handicapées. Les gouvernements aident notamment les personnes handicapées à trouver du travail au sein des entreprises et offrent aussi des services spéciaux concernant des aides temporaires et des prestations.

Généralement parlant, la Chine a mis en place le système du bien-être social pour protéger les enfants, les vieillards et les handicapés. Mais il faut perfectionner sur la couverture, le niveau et le système de gestion.

IV. Système de soutien particulier et de placement

Le système de soutien particulier et de placement est un système pour fournir de l'aide psychologique et matérielle aux militaires et à leur famille.

Le gouvernement a édicté successivement les Règlements pour couronner les martyrs révolutionnaires, les Règlements de soutien particulier pour les militaires et la Loi sur l'assurance des militaires dans le but d'assurer les droits des militaires. L'État accorde régulièrement de l'aide matérielle et alimentaire aux familles des martyrs révolutionnaires, à celles des militaires qui ont sacrifié leur vie ou qui sont décédés, ainsi qu'aux familles des militaires handicapés. L'État définit les différents niveaux ainsi que les critères d'admissibilité afin d'obtenir des prestations. On accorde des aides alimentaires fixes aux militaires retraités ainsi que certaines indemnités aux familles des militaires volontaires. Les militaires handicapés peuvent avoir une priorité dans le domaine médical, du logement, du transport, de l'éducation, du travail, etc.

La Loi sur les services militaires et les Règlements sur le placement des militaires retraités ont créé des normes pour aider les militaires retraités. Le gouvernement favorise le travail des militaires retraités en créant des emplois qui leur sont dédiés. Pour les militaires qui cherchent du travail eux-mêmes, le gouvernement leur accorde des subventions et des avantages particuliers. Ils bénéficient également d'un traitement privilégié par rapport au reste de la population pour les soins médicaux, lorsqu'ils rencontrent des difficultés, par exemple dans l'obtention de ceux-ci. Les organismes, les groupes sociaux, les entreprises publiques ou privées octroient un privilège aux militaires retraités quand ils embauchent des travailleurs.

Le gouvernement chinois accorde une priorité sociale aux services rendus par les militaires en leur donnant des prestations et des services particuliers qui doivent évidemment être améliorés, mais qui sont reconnus pleinement dans les lois.

Ce système de soutien particulier et de placement est une partie importante du système de sécurité sociale en Chine. Mais c'est aussi un problème de voir comment l'intégrer de façon cohérente avec la Loi sur les assurances sociales et avec la Loi sur le bien-être social.

À partir de nombreuses années d'expérience et de recherches, le cadre juridique du système d'assurance sociale aux caractéristiques chinoises a été mis en place, mais la situation demeure malgré tout difficile. Le vieillissement de la population va inévitablement faire augmenter les dépenses des pensions de retraite et des soins médicaux. L'accroissement du niveau d'urbanisation demande de mettre en place un système d'assurance sociale unifié entre les villes et les régions rurales et on remarque que la diversité des emplois a eu pour effet d'augmenter le nombre de travailleurs qui sont couverts par ce système. Il s'agit là de nouveaux défis que doit affronter le système de sécurité sociale afin d'assurer sa stabilité et de permettre de réaliser un développement social durable.

Section 3 : Système juridique de protection des catégories spécifiques de la population

La Chine attache une importance à la protection des droits des catégories spécifiques de la population. Elle a publié la Loi sur la protection des personnes handicapées, la Loi sur la protection des mineurs, la Loi sur la protection des droits et intérêts des femmes, la Loi sur la protection des droits et intérêts des personnes âgées, la Loi sur la prévention de la délinquance des mineurs, etc. Donc, nous avons un système juridique plutôt complet pour la protection des droits légaux de ces catégories de personnes.

En ce qui concerne le contenu du système de protection des catégories spécifiques de la population, en plus des bénéfices accordés aux handicapés, aux mineurs, aux femmes et aux personnes âgées dans les domaines de la santé, de l'éducation, du travail et de la sécurité sociale, on a aussi défini le principe d l'égalité. Les normes ne peuvent donc pas être discriminatoires envers ces groupes de personnes. La Loi sur la protection des catégories spécifiques de population consacre une partie particulière à ce sujet. Par ailleurs, la Loi sur la protection des droits et intérêts des personnes âgées prévoit qu'il est interdit de traiter ces personnes de façon discriminatoire, de les humilier, de les maltraiter ou de les abandonner. La Loi sur la protection des droits et intérêts des femmes, pour sa part, indique que les femmes bénéficient des mêmes droits que les hommes dans tous les domaines de la vie politique, économique, culturelle, sociale et familiale. L'égalité entre les hommes et les femmes constitue un principe fondamental en Chine. L'État prend des mesures nécessaires pour améliorer continuellement le système pour défendre les droits des femmes et éliminer toute forme de discrimination envers celles-ci. La Loi sur la protection des personnes handicapées prévoit elle aussi que ces personnes possèdent les mêmes droits que les autres citoyens dans tous les domaines de la vie. Il est interdit de les traiter de façon discriminatoire, de les humilier ou de porter atteinte à leurs droits comme, par exemple, de les dévaluer en utilisant les médias ou d'autres modes de communication.

La Loi sur la protection des catégories spécifiques de population protège, d'une part, les droits des populations spécifiques et, d'autre part, elle leur accorde des avantages spéciaux. Il est nécessaire de bien assurer l'équilibre entre ces deux aspects qui sont tous deux importants.

En un mot, depuis la politique de réforme et d'ouverture sur le monde extérieur qui coïncide avec le développement économique, la Chine a aussi mis l'accent sur l'avancement de la construction sociale. Elle a perfectionné davantage les politiques sociales pour assurer une meilleure égalité sociale. Ainsi les règles du droit du travail, de la sécurité sociale et de protection des populations spécifiques ont été mises en place ; le système de sécurité sociale couvrant les villes et les régions rurales a été instauré. Comme la pleine réalisation des droits sociaux est une procédure qui se déroule sur une longue période de temps, on peut dire que le niveau du système de sécurité sociale est relativement bas en ce moment. On rencontre de nombreux défis dans l'application de ce système. La mission future est de perfectionner le système existant, d'harmoniser la relation entre le développement économique et la protection du travail, de bien assurer la flexibilité du travail et sa protection, de construire des relations de travail stables et harmonieuses, d'augmenter la prise en conscience de l'égalité, de mettre en place un mécanisme favorisant l'anti-discrimination et d'augmenter continuellement le niveau de gestion et de services. Il faut donc insister en même temps sur l'efficacité et l'égalité afin de construire et de perfectionner un système complet de sécurité sociale.

CHAPITRE 9.

SYSTÈME PÉNAL CHINOIS

DENG Zibin

Après la fondation de la République populaire de Chine en 1949, le travail législatif concernant le pénal a commencé et a pris forme. Le 23 juillet 1950, le Conseil de direction du gouvernement populaire central et la Cour populaire suprême ont publié la Directive sur la répression des activités contre-révolutionnaires qui définissait l'étendue de la répression, unifiait les méthodes visant à supprimer ces activités et fournissait des exemples précis permettant leur répression. Le Règlement sur la punition des réactionnaires promulgué en février 1951 constitue un système de normes spéciales visant spécifiquement les forces hostiles nationales et étrangères et leur sabotage après la fondation de la République populaire de Chine. L'Ordonnance provisoire sur la violation de la monnaie nationale, promulguée en avril 1951, et l'Ordonnance sur la punition de la corruption, publiée en avril 1952, constituaient des tentatives pour sanctionner les crimes de droit commun.

En septembre 1954, la 1e session de l'Assemblée populaire nationale a adopté la première Constitution chinoise, la Loi organique sur les tribunaux populaires et la Loi organique sur les parquets suprêmes populaires, jetant ainsi les fondements du système pour concevoir et adopter un code pénal. La Commission des lois du comité permanent de l'Assemblée populaire nationale s'est occupée du lancement des travaux de rédaction du Code pénal et a préparé sa 22e version, jusqu'au 28 juin 1957, qui était divisée en 2 titres : les dispositions générales et les dispositions particulières et contenait 215 articles.

Le 9 octobre 1963, le 33e projet de Code pénal a été préparé, et était divisée en 2 titres : les dispositions générales et les dispositions particulières et contenait 13 chapitres et 206 articles. Cependant, de 1963 à 1966, la campagne d'éducation socialiste conduite en milieu urbain et rural du pays, communément appelée

« Campagne des quatre révisions » relative à la refonte des problèmes idéologiques, politiques, organisationnels et économiques est devenue le contenu principal de la vie politique nationale de l'époque, et le Code pénal devait être mis de côté encore une fois. Cette campagne a été suivie par les 10 ans de « Révolution culturelle », et le projet de Code pénal a été complètement oublié.

En 1979, des opinions ont été sollicitées à plusieurs reprises sur le projet de Code pénal auprès des ministères concernés. Après délibération de la session plénière de la Commission des affaires législatives et de la 8e session du Comité permanent de la Ve Assemblée populaire nationale, le projet a été soumis à la 2e session de la Ve Assemblée populaire nationale. Il a été adopté à l'unanimité le 1er juillet, officiellement publié le 6 juillet et mis en œuvre à partir du 1er janvier 1980.

Le Code pénal de 1979 est divisé en 2 titres et contient 13 chapitres et 192 articles. Le premier titre intitulé « Dispositions générales » contient les lignes directrices, les tâches et la portée d'application du droit pénal ainsi que les infractions et l'application des peines, totalisant 5 chapitres et 89 articles ; le deuxième titre prévoit les infractions telles que la contre-révolution, la mise en danger de la sécurité publique, l'atteinte à l'ordre économique socialiste, l'atteinte aux droits extrapatrimoniaux et aux droits démocratiques, l'atteinte aux biens, l'entrave à l'ordre de l'administration publique, l'entrave au mariage et à la famille, le manquement aux devoirs, pour un total de 8 chapitres et 103 articles. Le Code a largement emprunté ses sources du droit pénal soviétique compte tenu du contexte historique qui prévalait à cette époque. Ce Code contient, dans une certaine mesure, la spécification et la codification des politiques criminelles. Cela signifie essentiellement que la loi doit être adoptée en fonction des politiques de l'État et que sa mise en œuvre doit être également être guidée par ces dernières. En résumé, la Chine applique 3 politiques criminelles principales, à savoir la combinaison de la punition et de l'indulgence, la répression sévère des infractions pénales et le respect de l'ordre public dans son ensemble. La combinaison de la punition et de l'indulgence constitue la politique criminelle fondamentale reconnue par le droit pénal, c'est-à-dire que les infractions doivent être traitées différemment en fonction de l'expérience pratique et des circonstances particulières, tempérant ainsi la justice avec la clémence. Par exemple, la peine de mort sera appliquée en dernier recours et seulement en cas de stricte nécessité. Ainsi, la peine de mort ne sera appliquée qu'aux criminels qui ont commis les crimes les plus odieux et toutes les condamnations à cette peine, à l'exception de celles qui, conformément à la loi, devraient être prononcées par la Cour populaire suprême, sont soumises à l'approbation de celle-ci. Le Code pénal de 1979 a réduit le nombre d'articles consacrés à la peine de mort à 7 articles : le crime contre-révolutionnaire (1 article) et les crimes pénaux majeurs (6 articles) consacrant ainsi dans la loi son caractère politique limitatif. Le Code prévoit les peines plus lourdes pour les crimes graves tels que le meurtre, le vol qualifié et le viol. On l'a dit, les personnes qui ont commis des crimes d'une extrême gravité dans des circonstances particulièrement ignobles sont passibles de la peine de mort. Si les infractions concernent de petits larcins, des crimes mineurs fait par des voyous et de la négligence, la peine prévue par la loi sera légère. On pourra alors envisager une condamnation par sursis et l'exemption de peine de manière à limiter le caractère punitif et à élargir la portée de l'éducation dans un but de réadaptation.

Dans l'ensemble, les objectifs et les principes de base énoncés par le Code pénal de 1979 sont conformes aux conditions prévalant en Chine. La plupart des dispositions spécifiques du Code sont réalistes et celui-ci a joué un rôle important dans la lutte contre la criminalité, la protection du peuple, la préservation de l'unité et de la sécurité du pays, le maintien de l'ordre social, la sauvegarde du pouvoir politique de la dictaturede démocratie populaire et du système socialiste ainsi que de la garantie du bon déroulement de la cause de la construction de l'État de droit socialiste. Cependant, on remarque que les dispositions relatives à certains comportements criminels ne sont pas assez détaillées et sont mal adaptées à la réalité au point d'être appliquées plus ou moins arbitrairement. De nombreux actes flous dont on ne sait pas s'ils sont compris par les infractions criminelles sont réprimés comme « crimes de poche », tels que la voyouterie. Après 1979, avec le développement rapide de la politique de réforme et d'ouverture sur le monde extérieur ainsi que les changements fréquents et spectaculaires des modèles d'intérêts sociaux, de nombreux nouveaux problèmes sont survenus dans la criminalité, de telle sorte que le Code pénal a dû s'adapter à cette évolution. Avant la modification complète du Code pénal, le Comité permanent de l'APN a formulé 22 dispositions et décisions de révision supplémentaires et a prescrit plus de 100 articles créant une responsabilité pénale en recourant à des expressions comme « suivant » ou « en comparaison avec » en lien avec des dispositions du Code pénal ainsi que dans certaines lois civiles, économiques et administratives, le tout sans véritable effort de systématisation.

Trois ou quatre ans après la promulgation du Code pénal 1979, les appels en faveur de sa révision complète et systématique ont pris de l'ampleur. Le 1er juillet 1988, le Comité permanent de la VIIe APN a inclus la révision du Code pénal dans la planification législative. Pendant la période de sollicitation des opinions, des sujets tels que l'établissement du principe de légalité des délits et des peines, l'abolition du système d'incrimination par analogie, la transformation des infractions contre-révolutionnaires en atteinte à la sécurité nationale et l'incorporation des infractions contraires aux devoirs des militaires dans les dispositions spéciales du Code pénal sont devenus des sujets clés et ont été soumis à la délibération et à l'approbation des autorités centrales. Un projet de révision du droit pénal réfléchi et plus complet était donc prêt à être élaboré. Le 14 mars 1997, la 5e session de la VIIIe APN a adopté le Code pénal de la République populaire de Chine révisée, qui est entrée en vigueur le 1er octobre 1997. Cette révision a intégré toutes les lois pénales spéciales et les lois pénales affiliées promulguées au cours des 17 années qui ont suivi l'application du Code pénal de 1979 et elle a incorporé l'Ordonnance relative à la punition des crimes contraires aux devoirs des militaires soumise par la Commission militaire centrale pour délibération, soit 15 chapitres, 452 articles et 412 infractions, dont 164 nouvelles.

Afin de répondre aux besoins du développement social, le Comité permanent de l'APN a jusqu'à présent apporté 12 modifications législatives au Code pénal de 1997, comprenant 8 amendements, 4 lois pénales spéciales[1] et 9 interprétations législatives et a établi un modèle de modification consistant à utiliser principalement les amendements au Code pénal et, de façon accessoire, les interprétations législatives. L'amendement VIII de 2011 a modifié et complété les dispositions générales du Code pénal pour la première fois. Il a prolongé certaines peines d'emprisonnement et a atténué les contradictions existantes entre les peines d'emprisonnement à vie jugées trop légères dans certains cas et la peine de mort considérée comme trop lourde et d'application exceptionnelle.

Section 1 : Structure et mode du droit pénal

La Code pénal de 1979 se compose de 2 parties : les dispositions générales et les dispositions spéciales : les dispositions générales sont des dispositions communes qui précisent le cadre et les principes généraux du droit pénal et qui sont applicables aux dispositions spéciales. Les dispositions générales comprennent les « rôles, les principes de base et le champ d'application du droit pénal », « les infractions », « les peines, et l'application précise de celles-ci » et les « autres dispositions ». Les dispositions spéciales contiennent 10 chapitres prévoyant 10 types d'infractions : atteinte à la sécurité nationale, atteinte à la sécurité publique, atteinte à l'ordre économique socialiste, atteinte aux droits individuels et aux droits démocratiques des citoyens, atteinte à la propriété, entrave à l'administration de l'ordre public, atteinte à l'intérêt public de la défense nationale, détournement de fonds et corruption, manquement aux devoirs et crimes qui vont à l'encontre des devoirs des soldats. Les chapitres 2, 3, 4 et 6 des dispositions générales et les chapitres 3 et 6 des dispositions spéciales sont divisés en sections, les sections et les chapitres non divisés en sections comprennent des articles. Cela constitue les regroupements de base du droit pénal et dont les articles comportent des numéros de série unifiés et non influencés par la division. Les amendements

1 Décision concernant la répression des infractions pénales impliquant l'achat frauduleux, l'évasion et le commerce illicites de devises étrangères, 29 déc. 1998 ; Décision sur l'interdiction des organisations du culte hérétique, la protection et la punition des activités du culte hérétique, 30 oct. 1999 ; Décision sur la préservation de la sécurité des réseaux informatiques, 28 déc. 2000 ; Décision sur les questions pertinentes concernant le renforcement des activités de lutte contre le terrorisme, 29 oct. 2011. Aucun nouveau crime spécifique n'a été ajouté parles 3 dernières décisions.

au Code pénal sont regroupés dans les articles xA et xB. Les articles, pour leur part, sont divisés en paragraphes non numérotés et séparés au début d'un autre paragraphe. Si un article contient plusieurs paragraphes, les paragraphes sont indiqués sous la forme de l'article x, paragraphe x. Les paragraphes ou les articles contenant un seul paragraphe sont divisés en points, marqués par un nouveau paragraphe, numérotés entre crochets et écrits sous la forme de l'article x, paragraphe x, (x). Le terme « toutefois » aussi appelé « réserve » est inséré afin d'assurer un lien avec un paragraphe précédent ou un paragraphe qui suit pour indiquer une signification différente. Le dernier article du Code pénal, l'article 452, est indépendant en tant qu'article annexe et indique la date d'entrée en vigueur du code et l'abolition ou la conservation des lois connexes.

Depuis l'entrée en vigueur du Code pénal actuel, le 1er octobre 1997, 8 amendements et 4 lois pénales spéciales ont été promulgués et le Comité permanent de l'APN a émis 9 interprétations législatives tandis que la Commission des lois de l'APN a donné 4 avis d'interprétation. En outre, en juin 2013, les organes judiciaires suprêmes, le ministère de la Sécurité publique, le ministère de la Justice et le tribunal militaire de l'Armée populaire de libération de Chine (APL) avaient publié 270 interprétations judiciaires, qui ont force de loi et font partie intégrante du droit pénal. Depuis 2010, la Cour populaire suprême et le Parquet populaire suprême ont rendu publique un bon nombre de décisions impératives. Par exemple, dans l'affaire n° 3 relative à la corruption par PAN Yumei et par CHEN Ning, rendue publique le 20 décembre 2011, après son adoption par le collège judiciaire de la Cour populaire suprême, a réglé une controverse en indiquant que : « Les fonctionnaires de l'État, lorsqu'ils tirent parti de leurs fonctions pour obtenir des avantages pour les mandataires, réalisent des bénéfices au nom de sociétés qu'ils exploitent conjointement avec ces derniers sans détenir de capital réel et sans participer à leur gestion seront punis pour corruption ». Citons un autre exemple des principaux éléments de la décision n° 14 relative à l'affaire du vol qualifié par DONG et SONG, rendue publique le 31 janvier 2013, qui indique que dans le cas des mineurs ayant commis des infractions liées à leur navigation sur internet, on peut utiliser l'injonction qui leur interdit d'entrer dans un cybercafé ou dans d'autres lieux spécifiques pendant une période déterminée. Ces décisions qui s'appuient notamment sur l'expérience étrangère des pays qui adoptent le principe du précédent, enrichissent ainsi la pratique du système pénal et judiciaire de la Chine.

Section 2 : Dispositions générales du Code pénal

L'adoption d'un Code pénal unifié et relativement complet est une étape majeure dans l'amélioration du système juridique et judiciaire pénal chinois. Elle revêt également une grande importance pour la construction d'un État de droit socialiste. L'actuel Code pénal de 1997 est conçu pour punir les personnes qui ont commis des infractions et pour protéger le peuple. Il a été promulgué avec pour objectif spécifique que l'État lutte contre la criminalité en fonction des conditions nationales prévalant en Chine, tout en inspirant des lois pénales étrangères. Il a été rédigé sur la base de la Constitution et reflète l'esprit de celle-ci qui sert à l'interpréter. Les dispositions générales d'un tel Code pénal, émanant d'un pays socialiste, indiquent clairement que les fonctions de la loi consistent à utiliser des sanctions pénales pour lutter contre toutes les infractions afin de défendre la sécurité nationale, le pouvoir politique de la dictaturede démocratie populaire et le système socialiste, de protéger les biens appartenant à l'État et les biens appartenant collectivement aux travailleurs, de protéger les biens privés des citoyens, de protéger les droits extrapatrimoniaux, les droits démocratiques et les autres droits des citoyens, de maintenir l'ordre public et économique ainsi que de sauvegarder le bon déroulement de la cause de la construction d'un État socialiste.

Le plus grand progrès historique du Code pénal de 1997 est qu'il établit le principe de légalité des délits et des peines, qui prévoir que « c'est le texte de loi qui prohibe un comportement déterminé et qui le sanctionne pénalement ; il n'y a donc pas de crime et de peine à moins qu'une loi ne les prévoie spécifiquement ». Cette disposition est différente des formules du même principe qui s'applique dans la plupart des pays du monde en ce qu'elle ne dit pas simplement « qu'il n'y a pas de crime et de peine sans une loi qui les prévoie spécifiquement », mais ajoute que « c'est le texte de loi qui prohibe un comportement déterminé et qui le sanctionne pénalement ». Il faut préciser que la partie ajoutée en Chine ne constitue pas le principe de légalité en soi, mais souligne plutôt l'importance d'agir conformément à la loi, évitant ainsi l'arbitraire judiciaire. L'établissement du principe de légalité criminelle et l'abolition de l'incrimination par analogie indiqués dans le Code pénal de 1979, constitue sans aucun doute un symbole important que le système de justice pénale de la Chine se dirige vers la démocratie et le respect des droits de l'homme. Le principe de la légalité des délits et des peines exige un légalisme selon lequel seule une loi écrite peut prévoir des délits et des peines et signifie donc que les juges ne peuvent incriminer et condamner une personne qu'en fonction du droit écrit. Ce principe exige également que l'on applique l'interdiction de la rétroactivité, selon laquelle une loi ne peut s'appliquer qu'à des actes postérieurs à son adoption. Ce code prévoit aussi l'interdiction d'utiliser l'interprétation analogique et celle de fixer une peine à durée indéterminée. Ces exigences signifient que les articles prévoyant les infractions et les peines doivent être clairs et que, par conséquent, les articles ambigus doivent être invalidés et que les peines cruelles sont interdites.

En termes d'application dans l'espace, le Code pénal de 1979 prévoit, comme principe général, la compétence territoriale, c'est-à-dire que cette loi est applicable à quiconque commet un crime sur le territoire chinois ou à bord d'un navire ou d'un aéronef qui navigue sur celui-ci. Il étend toutefois sa compétence en matière personnelle et s'applique aux fonctionnaires de l'État et aux militaires qui commettent des infractions en dehors du territoire chinois. La loi indique également qu'elle s'applique à toute personne qui commet un crime en dehors du territoire chinois, contre l'État chinois ou ses citoyens, pourvu qu'une peine minimale d'au moins 3 ans d'emprisonnement soit prévue[1]. Le nouveau code ajoute une compétence universelle et s'applique aux infractions définies dans les traités internationaux conclus par la Chine ou auxquels elle a adhéré et sur lesquelles elle a une compétence pénale prévue par ces traités. Dans la même veine, afin de promouvoir l'entraide judiciaire étrangère, le Code pénal de 1997 reconnaît le principe de la validité des jugements étrangers. Il énonce toutefois qu'une personne ayant commis un crime en dehors du territoire chinois et ayant fait l'objet d'une sanction pénale, peut être exemptée de cette sanction ou voir sa peine atténuée. En vertu de l'application dans le temps, le Code pénal de 1997 continue de respecter le principe selon lequel l'ancienne loi s'applique à un crime commis antérieurement à son adoption, à l'exception du cas où une peine moins lourde est prévue dans la nouvelle loi. Ainsi, à l'égard d'un acte commis avant l'entrée en vigueur de ce code, s'il n'était pas qualifié d'infraction par la loi de l'époque, cette loi s'applique ; s'il était qualifié d'infraction par la loi de l'époque, la responsabilité pénale doit être engagée conformément à cette loi. Toutefois, si le nouveau code ne le considère pas comme un crime ou prévoit une peine plus légère, celui-ci s'applique. Enfin, notons que les jugements rendus conformément aux lois de l'époque avant l'entrée en vigueur du nouveau code conservent leur effet.

Héritant des traditions du droit pénal soviétique, le Code pénal de 1997 donne une définition substantielle concernant la notion d'infraction dans ses dispositions générales. Cette définition ne vise pas à créer des infractions, mais à définir les principales catégories d'infractions entraînant une responsabilité criminelle : « l'infraction s'entend de tout acte qui met en danger la souveraineté, l'intégrité territoriale ou la sécurité de l'État, vise à démembrer l'État, ou à renverser le pouvoir politique de la dictaturede démocratie populaire à porter atteinte au système socialiste ; à perturber l'ordre social ou l'ordre économique, à s'approprier ou endommager des biens appartenant à l'État ou des biens collectifs, à s'approprier ou endommager la propriété privée des citoyens ou à empiéter

1 Le 5 oct. 2011, un cartel de la drogue dirigé par le Birman Naw KHAM a déclenché la terrible « tragédie du Mékong ». Dans cette tragédie, son groupe a capturé deux navires chinois, le Hua Ping et le Yu Xing 8 et a tué 13 marins chinois qui se trouvaient à bord. Le Laos a capturé les auteurs de ces crimes et les a transférés en Chine, le 10 mai 2012. Le 6 nov. 2012, Naw Kham a été condamné en première instance par la Cour intermédiaire de Kunming à une exécution immédiate par la peine de mort à la suite de peines pour les crimes d'homicide volontaire, de transport de drogue, d'enlèvement et de détournement de navires. Celui-ci a déclaré qu'il ferait appel de cette sentence. Le 26 févr. 2013, le tribunal populaire supérieur du Yunnan a rejeté, en dernière instance, son appel et a confirmé le jugement initial. Après avoir obtenu l'approbation de la Cour populaire suprême, le 1er mars 2013, la Cour populaire intermédiaire de Kunming a exécuté la peine de mort à Naw KHAM par injection.

sur leurs droits extrapatrimoniaux, démocratiques ou autres, ainsi que tout autre acte mettant en danger la société, est passible d'une peine selon la loi. Toutefois, un acte qui est clairement d'importance mineure et peu dangereux n'est pas considéré comme une infraction». En fonction des théories criminelles héritées de l'Union soviétique, le terme «toutefois» dans la définition est très important, car la loi pénale ne définit pas bien les objectifs de la décriminalisation. Elle constitue une «clé maîtresse» qui est nécessaire pour résoudre des crimes ou non, afin d'exclure les actes qui pourraient répondre formellement aux dispositions de la loi pénale, mais qui ne constituent pas substantiellement des infractions, à savoir, comme nous l'avons indiqué, qu'«un acte qui est clairement d'importance mineure et peu dangereux ne doit pas être considéré comme une infraction».

Reprenant les théories et les pratiques antérieures, le Code pénal de 1997 prévoit deux formes de responsabilité, à savoir les infractions intentionnelles et celles non intentionnelles. Une infraction intentionnelle fait référence à une infraction commise par une personne qui a conscience que son acte aura des conséquences socialement dangereuses, mais qui souhaite ou permet que de telles conséquences se produisent. Par infraction non intentionnelle, on entend un crime commis par imprudence par une personne. Il peut s'agir d'une personne qui aurait dû prévoir que son acte aurait des conséquences socialement dangereuses, mais qui le pose malgré tout ou, bien qui, ayant pu prévoir les conséquences, croit qu'il est possible de les éviter, de telle sorte qu'elles se produisent. Le Code pénal souligne, à cet égard, que «la responsabilité pénale ne sera engagée pour des infractions non intentionnelles que lorsque la loi le prévoit». Une infraction dont la nature n'est pas précisée constitue une infraction intentionnelle. Afin de respecter le principe d'incrimination au moyen de la responsabilité, le droit pénal a prévu des articles spéciaux concernant la force majeure et les accidents de manière à indiquer qu'ils ne constituent pas des infractions pénales. Ainsi, si un acte entraîne effectivement des conséquences préjudiciables pour des raisons inévitables ou imprévisibles, la force majeure fait en sorte qu'il ne peut pas s'agir d'une infraction.

En Chine, toute personne qui a atteint l'âge de 16 ans et qui commet un crime est pleinement responsable pénalement. Toute personne qui a atteint l'âge de 14 ans, mais qui a moins de 16 ans et qui commet un homicide, une atteinte intentionnelle à l'intégrité physique et ayant entraîné de graves blessures corporelles ou la mort, un viol, un vol, une vente de stupéfiants, un incendie criminel, une explosion ou un empoisonnement, voit sa responsabilité pénale engagée mais bénéficiera d'une peine plus légère ou atténuée. Un problème s'est incidemment posé : de nombreux actes aussi flagrants que les 8 infractions mentionnées ci-dessus, mais qui n'y sont pas mentionnés, tels que le kidnapping et le détournement d'avions, doivent être considérés comme n'entraînant pas de responsabilité criminelle en fonction du principe de légalité des délits et des peines. En outre, le droit pénal prévoit les règles de capacité des personnes atteintes de maladies mentales. Selon la loi pénale, une personne atteinte d'une telle maladie ne sera pas jugée responsable d'un acte qui provoque des conséquences préjudiciables de nature pénale à un moment où elle est incapable de reconnaître ou de contrôler ses actes, mais elle devra subir un traitement médical approprié sous l'autorité du gouvernement. Afin de continuer à respecter le principe de l'humanitarisme, la loi pénale prévoit que toute personne sourde-muette ou aveugle qui commet une infraction peut se voir octroyer une peine plus légère ou atténuée ou encore être exemptée de sanction, selon les circonstances. L'amendement VIII de 2011 indique qu'une personne ayant atteint l'âge de 75 ans ayant commis intentionnellement une infraction peut recevoir une peine plus légère ou atténuée, ou doit se voir une peine plus légère ou atténuée si elle commet une infraction par négligence.

La loi pénale applique le principe de l'incrimination par la responsabilité. La constitution d'une infraction exige la présence de 2 éléments : il faut non seulement que l'on retrouve l'intention ou la négligence, mais aussi la présence de l'un de ces éléments avec celui de l'acte prohibé, ou autrement dit la présence des éléments subjectifs et objectifs. Il existe une exception à ce principe, à savoir la théorie de l'actio libera in causa en droit pénal, qui prévoit qu'une personne ne peut invoquer son irresponsabilité lorsqu'elle l'a créée dans le dessein de commettre une infraction. Cette théorie a été conçue pour traiter des crimes commis par des personnes en état d'ébriété ou qui se trouvent dans un état d'intoxication après avoir consommé de la drogue. Toutefois, le Code pénal de 1997 indique que quiconque qui, se trouvant en état d'ivresse, commet un crime doit engager sa responsabilité pénale, et ce, sans toutefois spécifier ce qu'il advient des infractions commises par des personnes qui sont dans un état d'intoxication après avoir consommé de la drogue. Le débat sur cette question se poursuit dans les cercles théoriques et pratiques jusqu'à ce que le droit pénal soit modifié et complété.

La législation pénale de nombreux pays comporte plusieurs éléments communs comme ceux qui s'appliquent dans les cas de préparation d'un crime, de tentative de commettre un tel acte ou du fait d'y mettre fin. Le droit pénal chinois impose des sanctions au contrevenant qui se prépare à commettre une infraction, ce qui diffère de l'attitude générale d'impunité de la plupart des pays. En revanche, il adopte une attitude modérée vis-à-vis de la cessation de l'infraction, de manière à « construire un pont d'or en retrait » pour les coupables. Le Code pénal prévoit dans ses dispositions générales que « le contrevenant qui met fin à une infraction sans causer de préjudice est exempté de la peine », ce qui peut provoquer le sentiment que l'on absout facilement les auteurs d'un crime. Par exemple, une personne sans emploi s'amuse tard dans la nuit, arrête soudainement une travailleuse de son quart de nuit et n'effectue aucune violence physique ni menace verbale. La travailleuse lui demande ce qu'il veut faire, et il dit qu'elle doit lui donner sa montre. Elle propose de se coucher avec lui au lieu de lui donner la montre. Après, la travailleuse rend compte du crime, découvrant que sa montre vaut seulement un peu plus de 10 yuans. En pareil cas, le vol est arrêté, aucun préjudice causé et l'homme sera exempté de la peine ; étant donné que les rapports sexuels sont une offre de la femme, il est inapproprié de condamner l'homme pour viol, mais aucune condamnation ne provoque le sentiment de « pardonner les méchants ». Il semble qu'il ne soit pas facile d'énoncer le principe de légalité criminelle, et qu'il soit encore plus difficile de le respecter.

Il convient de noter que les dispositions du Code pénal de 1997 relatives aux crimes conjugaux classent les participants à l'infraction en auteurs principaux, complices, complices forcés et instigateurs, ce qui diffère des classifications retenues dans les systèmes pénaux de droit continental représentés par l'Allemagne et le Japon. Ces derniers classifient les participants à l'infraction en auteurs et complices et divisent ensuite les complices en instigateurs et autres complices. On constate que l'action collective dans un crime est classée dans le droit pénal chinois en fonction du rôle des participants, tandis que dans les lois pénales allemandes et japonaises l'est selon la division du travail dans l'accomplissement des actes. En droit pénal chinois, un auteur principal désigne toute personne qui organise et dirige un groupe criminel dans l'exercice d'activités criminelles ou qui joue un rôle principal dans l'accomplissement d'un acte collectif. Un complice, pour sa part, désigne toute personne qui joue un rôle secondaire ou auxiliaire dans un tel acte. Relativement parlant, les conceptions allemande et japonaise favorisent une condamnation plus exacte, tandis que celle de la Chine facilite la punition. Les deux conceptions ont chacune des avantages et des inconvénients. Néanmoins, la conception chinoise aide à résoudre certaines difficultés dans le cadre de la pratique judiciaire. Prenons l'exemple suivant où plusieurs individus frappent une personne et qu'ils lui causent des blessures graves aboutissant à la mort, mais que les conclusions du médecin légiste montrent que seul un coup de pied a causé la mort. Le fait que le chef de la bande reste de côté au lieu de participer au passage à tabac ne pose aucun problème pour le droit pénal chinois, car il est un auteur principal et qu'il sera puni pour tous les crimes qu'il organise ou ordonne. Par ailleurs, nous estimons que les sanctions imposées aux complices forcés (ceux qui sont forcés de commettre une infraction) dans le Code pénal de 1997 sont quelque peu inappropriées et peuvent parfois aller à l'encontre du droit d'une personne de poser un acte afin de prendre des mesures nécessaires pour échapper à un péril, notamment en obéissant à certaines instructions des auteurs d'un acte illégal. Par exemple, un caissier d'une banque qui jette des sacs d'argent sous la menace de l'arme du voleur ne doit pas être identifié comme un complice forcé et il est plus approprié de considérer son acte comme un état de nécessité.

La légitime défense, acte qui exclut expressément le préjudice social tel que prévu par le Code pénal de 1997, est en fait bénéfique pour la société, bien qu'elle s'accorde formellement avec les éléments constitutifs d'une infraction. La légitime défense est un acte d'une personne visant à mettre un terme à une infraction illicite afin d'éviter une atteinte immédiate et illégale aux intérêts de l'État ou aux intérêts publics ou à ses droits extrapatrimoniaux et patrimoniaux ou à d'autres droits, ainsi qu'à ceux de tiers. Par conséquent, si la légitime défense ne dépasse pas les limites de la nécessité et ne cause pas de préjudice grave, la responsabilité pénale ne sera pas engagée. Le fait pour une personne de se défendre ou d'essayer d'empêcher un crime violent flagrant, tel que l'agression physique, l'homicide, le vol qualifié, le viol, l'enlèvement et d'autres crimes mettant gravement en péril la sécurité d'une personne et qui a pour conséquence de causer des lésions corporelles ou la mort à l'agresseur ne constitue pas en soi une défense disproportionnée, la responsabilité pénale ne saurait généralement être engagée pour un tel acte. Il est dommage que le droit pénal chinois contienne trop peu de motifs légaux de dépénalisation lorsque cela est justifié. Par exemple, certains comportements ordonnés par la loi doivent être incorporés dans le droit pénal en tant que faits justificatifs, au même titre que la légitime défense et l'état de nécessité.

Les dispositions générales du droit pénal comportent en réalité 2 parties : les infractions et les peines. La partie sur les infractions a fait l'objet de remarques ci-dessus. Les peines prévues dans le Code pénal de 1997 sont divisées en peines principales et en peines supplémentaires. Les peines principales incluent la mise sous surveillance, la détention pénale d'au moins un mois, mais ne dépassant pas 6 mois, l'emprisonnement pendant une durée déterminée de 6 mois à 15 ans, l'emprisonnement à perpétuité et la peine de mort. La durée de la mise sous surveillance constitue une peine dont la durée est supérieure à 3 mois, mais inférieure à 2 ans. Selon les circonstances, un criminel condamné à une mise sous surveillance peut se voir interdire des activités spécifiques, de se déplacer dans des régions et des lieux spécifiques, et de contacter des personnes particulières ou encore d'exercer les droits suivants : la possibilité de jouir de la liberté d'expression, de presse, de réunion, d'association, ainsi que celle de défiler et de manifester sans l'approbation de l'organe exécutif. En outre, la personne condamnée doit signaler et obtenir l'autorisation de l'organe chargé de sa mise sous surveillance de son intention de quitter le comté ou la ville où il habite ou encore de changer de résidence. La durée de la détention pénale, on l'a dit, doit être supérieure à un mois, mais ne doit pas dépasser 6 mois. Lorsqu'un individu est condamné à une peine de détention pénale, sa peine est surveillée par l'organe de sécurité publique de son voisinage et il peut généralement rentrer chez lui 1 à 2 jours par mois. Une peine d'emprisonnement à durée déterminée, à l'exception de la réduction de la peine capitale avec sursis et du cumul des peines, doit être supérieure à 6 mois et inférieure à 15 ans. Une personne condamnée à une peine d'emprisonnement ou à une peine de réclusion à perpétuité purge sa peine en prison ou dans un autre lieu d'exécution de celle-ci. Toute personne condamnée dont la santé le permet doit participer au travail qu'on lui confie et accepter de fréquenter les activités liées à l'éducation et à la rééducation.

Le Code pénal 1997 prévoit que la peine de mort ne doit être appliquée qu'aux personnes qui ont commis les crimes les plus odieux. Si l'exécution immédiate de cette peine n'est pas jugée nécessaire, un sursis de 2 ans peut y être associé.

Toutes les condamnations à mort, à l'exception de celles qui, conformément à la loi, doivent être prononcées par la Cour populaire suprême, doivent lui être soumises pour approbation. Les peines de mort avec sursis, quant à elles, peuvent être prononcées ou approuvées par les tribunaux populaires supérieurs. La peine de mort ne doit pas être infligée à une personne de moins de 18 ans au moment de l'infraction ou aux femmes enceintes au moment du procès. La peine de mort ne doit pas être infligée à une personne qui avait atteint l'âge de 75 ans au moment du procès, sauf si elle a causé la mort d'une autre personne par des moyens particulièrement cruels. On entend par cette expression le fait que, dans le cadre d'un meurtre, un criminel torture délibérément la victime et lui cause des souffrances physiques et mentales avant son décès[1].

Le système de la peine de mort en Chine est unique en ce qui concerne la peine capitale avec sursis. Si une personne condamnée à mort avec sursis ne commet pas de crime additionnel intentionnel pendant la période du sursis, sa peine est commuée en peine de réclusion à perpétuité à l'expiration de cette période qui est d'une durée de 2 ans. Par ailleurs, si la personne condamnée a accompli un grand service méritoire, sa peine sera commuée en emprisonnement à durée déterminée de 25 ans à l'expiration de cette période de 2 ans. Si la commission d'un crime intentionnel est prouvée, la peine de mort sera exécutée sur approbation de la Cour populaire suprême. Pour un récidiviste ou un criminel condamné à mort avec sursis pour meurtre, viol, vol qualifié, enlèvement, incendie volontaire, explosion, utilisation de substances dangereuses ou violence organisée, le tribunal populaire peut, à la lumière des circonstances du crime commis, décider d'imposer des restrictions à la commutation de sa peine. La durée du sursis associé à la peine de mort est calculée à partir de la date à laquelle le jugement devient définitif. La durée d'une peine d'emprisonnement à durée déterminée, quant à elle, résultant d'une commutation d'une peine de mort avec sursis est calculée à partir de la date d'expiration du sursis.

Les peines supplémentaires comprennent les amendes, la privation des droits politiques et la confiscation des biens. Les peines supplémentaires peuvent être appliquées indépendamment des autres peines. Le montant de toute amende infligée sera déterminé en fonction des circonstances de l'infraction. Une amende peut être payée en une somme forfaitaire ou en plusieurs versements dans le délai prévu par la décision judiciaire. Si une amende n'est pas payée à l'expiration de ce délai, le paiement devient alors contraignant. Si le condamné est incapable de payer l'intégralité de l'amende, le tribunal populaire doit requérir le paiement à tout moment dès qu'il constate que cette personne possède d'autres biens.

1 CHEN Xingliang, « La cruauté de la méthode dans le crime d'homicide volontaire et la discrétion relative à peine de mort-Recherche sur des cas d'orientation pénale », Revue chinoise de droit, 2013 (4).

La privation des droits politiques désigne la privation des droits suivants : le droit de voter et de se présenter aux élections; de jouir de la liberté d'expression, de presse, de réunion, d'association, de défiler et de manifester; le droit d'occuper un poste dans un organe de l'État; le droit d'occuper une position dominante dans toute entreprise nationale, institution ou organisation appartenant à l'État. Une peine de privation des droits politiques doit être supérieure à 1 an et inférieure à 5 ans, sauf à l'égard des condamnés à mort ou à la prison à vie. Les personnes qui commettent des infractions mettant en danger la sécurité nationale doivent être condamnées à la privation des droits politiques à titre de peine supplémentaire; les criminels qui commettent des crimes d'homicide volontaire, de viol, d'incendie criminel, d'explosion, de propagation de poisons, de vol qualifié et d'autres crimes qui portent gravement atteinte à l'ordre public peuvent également être condamnés à la privation de leurs droits politiques à titre de peine supplémentaire. La durée d'une peine supplémentaire de privation des droits politiques est calculée à partir de la date à laquelle prend fin l'emprisonnement ou la détention pénale ou à compter du début de la libération conditionnelle. La privation des droits politiques doit bien entendu coexister avec la peine principale lors de sa période d'exécution.

La confiscation de biens fait référence à la confiscation de tout ou d'une partie des biens appartenant personnellement à un criminel. Lorsque tous les biens d'un criminel sont confisqués, les biens nécessaires à sa subsistance ainsi qu'à celle des membres de sa famille à sa charge sont exemptés. Le Code pénal souligne que, lorsqu'une condamnation à la confiscation d'un bien est prononcée, les biens possédés par les membres de la famille de cette personne ne doivent pas faire l'objet d'une telle confiscation. S'il est nécessaire d'utiliser un bien confisqué pour rembourser des dettes légitimes que le criminel a contractées avant cette procédure, un créancier peut alors faire une demande afin de le soustraire et d'être payé sur le produit de sa vente. Tous les biens obtenus illégalement par un criminel doivent être recouvrés ou, si ce n'est pas possible, une indemnité doit alors être ordonnée. Les biens légaux de la victime doivent lui être restitués immédiatement. Les biens provenant de la contrebande et les biens du criminel qui sont utilisés pour commettre un crime doivent être confisqués[1].

L'expulsion peut être imposée de manière indépendante ou complémentaire à un étranger qui commet une infraction. Si une victime a subi des pertes financières du fait d'une infraction, la personne qui a commis l'infraction doit être condamnée, en plus de la sanction pénale prévue par la loi, à réparer ces pertes compte tenu des circonstances. Si l'infraction commise est mineure et ne nécessite pas de sanction, celui qui a commis l'infraction est susceptible d'être exempté de sanctions pénales, mais peut, selon les circonstances, être réprimandé

1 Cf., le chapitre 3 du titre 5 intitulé « Procédures spéciales » du Code de procédure pénale « Les procédures de confiscation des revenus illégaux ».

ou condamné à faire une déclaration de repentance, à présenter des excuses, à indemniser les personnes qui ont subi un préjudice, ou à subir des sanctions administratives émanant du service compétent.

En ce qui concerne l'application spécifique des peines, il convient de mentionner l'existence du système d'aggravation des peines à un récidiviste et celui d'atténuation ou de réduction des peines à un criminel qui se rend volontairement ou qui rend des services méritoires. Un récidiviste est une personne déjà condamnée dans le passé qui commet un autre crime passible d'une peine d'emprisonnement à durée déterminée ou plus lourde dans un délai de moins de 5 ans après avoir purgé sa peine ou bénéficié d'une grâce. Un récidiviste se verra infliger une peine plus lourde. Toutefois, cela ne s'applique pas aux infractions non intentionnelles et à celles commises par toute personne n'ayant pas atteint l'âge de 18 ans au moment du crime. Pour les criminels qui sont mis en liberté conditionnelle, la période de 5 ans est calculée à compter de la date d'expiration de celle-ci. Toutefois, un criminel qui a commis un crime mettant en danger la sécurité nationale, un crime d'activités terroristes ou un crime relié à un gang organisé à tout moment après avoir purgé sa peine ou bénéficié d'une grâce, doit, s'il commet un tel crime, être traité comme un récidiviste dit spécial, ce qui entraîne des conséquences plus importantes. La reddition volontaire fait référence au cas où une personne se soumet volontairement à un organe judiciaire après avoir commis un crime et l'avoue sincèrement. Un criminel qui se rend volontairement peut se voir infliger une peine plus légère ou atténuée. Ceux dont les infractions commises sont relativement mineures peuvent être exemptés de peine. Un suspect, un accusé ou un condamné qui révèle d'autres infractions qu'il a commises et inconnues par les organes judiciaires est considéré comme ayant fait une reddition volontaire. Celui qui dénonce des infractions commises par une autre personne et qui se révèlent fondées ou qui fournit des indices clés permettant de résoudre un autre crime peut recevoir une peine plus légère ou plus modérée, ou celui qui rend de grands services méritoires peut se voir imposer une peine atténuée ou être exempté de la peine.

Le Code pénal de 1997 a été modifié concernant le cumul des peines par l'amendement à la loi pénale (VIII). On classe le cumul des peines en plusieurs catégories : celui pour les infractions commises avant le prononcé du jugement, ou pour les infractions découvertes après celui-ci et, enfin, pour les infractions nouvellement commises après ce dernier. La durée de la peine cumulée pour les infractions commises avant que le jugement ne soit prononcé est décidée de manière à ne pas dépasser le total des peines pour toutes ces infractions et doit nécessairement être plus longue que la peine maximale pour l'une quelconque des infractions, le tout selon les circonstances. Cependant, on doit noter que la durée de la mise sous surveillance ne doit pas dépasser 3 ans et que la durée de la détention pénale ne doit pas dépasser 1 an. Lorsque la durée totale des peines d'emprisonnement pour les crimes commis est supérieure à 35 ans, la peine cumulée ne peut dépasser 25 ans. Par ailleurs, quand la durée totale des peines d'emprisonnement pour des crimes est supérieure à 35 ans, la peine cumulée ne peut dépasser 25 ans. Dans le cadre de la peine cumulée pour les infractions découvertes après le prononcé du jugement, un jugement additionnel sera rendu pour les infractions nouvellement découvertes et la peine à exécuter sera déterminée sur la base du total des peines infligées dans tous les jugements. Toute partie de la peine déjà purgée comptera toutefois dans la durée de la peine imposée par le nouveau jugement. La peine cumulée pour les infractions nouvellement commises après le prononcé du jugement signifie que, si après le prononcé du jugement, mais avant l'exécution complète de la peine, le criminel condamné commet à nouveau une infraction, un autre jugement sera rendu pour l'infraction nouvellement commise. La peine totale à exécuter sera décidée sur la base de la peine qui reste à exécuter pour la première infraction et de la peine infligée pour la nouvelle infraction.

Le Code pénal de 1997 énonce des règles relativement achevées en matière de sursis, de réduction des peines et de libération conditionnelle. Un sursis peut être accordé à un criminel condamné à une détention pénale ou à un emprisonnement d'une durée maximale de 3 ans si les circonstances de l'infraction sont mineures, que le prévenu a fait preuve de repentir et qu'il n'est pas susceptible de commettre à nouveau une infraction et, enfin, que le sursis n'aura pas d'impact négatif majeur sur la communauté dans laquelle il vit. Un sursis doit aussi être prononcé si une personne condamnée a moins de 18 ans, est enceinte ou a atteint l'âge de 75 ans. La période de sursis pour la détention pénale ne doit pas être inférieure à la durée initialement fixée ni supérieure à un an. Elle ne peut être non plus inférieure à 2 mois. De plus, notons que la période de sursis pour l'emprisonnement à durée déterminée ne doit pas être inférieure à la durée initialement fixée ni supérieure à 5 ans, mais ne peut être inférieure à 1 an. Enfin le sursis ne s'applique pas aux récidivistes ni aux chefs de gangs criminels.

Un criminel condamné à une mise sous surveillance, à une détention pénale, à un emprisonnement à durée déterminée ou à un emprisonnement à perpétuité peut voir sa peine réduite s'il respecte consciencieusement les règles de la prison où il est incarcéré, s'il accepte de s'éduquer et de se réformer, s'il fait preuve de véritable repentance ou qu'il effectue un service méritoire tout en purgeant sa peine. Après la réduction de peine, celle effectivement effectuée ne sera pas : moins de la moitié de la peine pénale initiale, si une mise sous surveillance, une détention pénale ou une peine d'emprisonnement à durée déterminée est prononcée; moins de 13 ans, si un emprisonnement à vie est imposé; moins de 25 ans si la peine de mort avec sursis imposée à un criminel a été légalement commuée en emprisonnement à vie à l'expiration du délai de sursis; ou moins de 20 ans si elle est commuée en un emprisonnement de 25 ans à l'expiration du délai de sursis. La réduction de peine pour un criminel doit être présentée sous la forme d'une proposition relative à la réduction de peine par l'organe d'exécution de celle-ci vers un tribunal populaire intermédiaire ou un tribunal populaire supérieur. Les tribunaux populaires formeront un comité collégial pour organiser une audience et décider de la réduction de peine pour les personnes qui montrent un repentir sincère ou qui ont accompli un service méritoire. Aucune réduction ne sera décidée sauf par cette procédure légale. Une peine d'emprisonnement à vie commuée en une peine d'emprisonnement à durée déterminée est calculée à partir de la date à laquelle l'ordre de commutation est émis.

Lorsqu'un criminel condamné à une peine d'emprisonnement à durée déterminée a purgé au moins la moitié de la peine qu'on avait prononcée à l'origine ou au moins 13 ans d'emprisonnement s'il a été condamné à une peine d'emprisonnement à perpétuité, il peut être mis en liberté conditionnelle s'il respecte consciencieusement les règles de la prison où il est incarcéré, s'il accepte de s'éduquer et de se réformer, s'il fait preuve de véritable repentance ou qu'il n'a aucun risque de récidive. Dans des circonstances spéciales, avec l'approbation de la Cour populaire suprême, une libération conditionnelle peut être accordée sans tenir compte des restrictions susmentionnées relativement à la peine purgée. Aucune libération conditionnelle n'est accordée à un récidiviste ou à un criminel condamné à une peine d'emprisonnement d'au moins 10 ans ou à perpétuité pour meurtre, viol, vol qualifié, enlèvement, incendie criminel, explosion, dissémination de substances dangereuses ou crime organisé violent. Le délai d'épreuve de la libération conditionnelle dans le cas d'une peine d'emprisonnement à durée déterminée est égal à la durée de la peine restant à accomplir tandis que celui dans le cas d'une peine d'emprisonnement à vie est de 10 ans et comptée à partir de la date à laquelle le criminel est libéré.

En ce qui concerne la prescription de l'action publique, le Code pénal de 1997 prévoit que les infractions ne sont pas généralement susceptibles de poursuite si les délais suivants se sont écoulés : 5 ans, lorsque la peine maximale prévue est moins de 5 ans ; 10 ans, lorsque la peine maximale prévue est plus de 5 ans, mais moins de 10 ans ; 15 ans, lorsque la peine maximale prévue est plus de 10 ans ; 20 ans, lorsque la peine maximale prévue est l'emprisonnement à vie ou de mort. Si, après 20 ans, on considère qu'un crime doit être poursuivi, le dossier doit être soumis au Parquet populaire suprême pour approbation. Les criminels qui échappent à une enquête ou à un procès après que le parquet, l'organe de la sécurité publique ou celui de la sécurité de l'État ont classé l'affaire et mené une enquête ou qu'un tribunal a été saisi de l'affaire, ne sont soumis à aucune restriction de la prescription. Aucune limitation de la période de prescription des poursuites ne peut être imposée si les criminels échappent à une enquête ou à un procès après que le parquet, l'organe de la sécurité publique ou celui de la sécurité de l'État ont classé l'affaire et mené une enquête ou qu'un tribunal a été saisi de l'affaire et qu'une victime dépose une plainte lorsque celle-ci n'est pas écoulée, mais qu'un tribunal, un parquet ou un organe de sécurité publique aurait dû enregistrer la plainte, mais ne l'a pas fait. Le délai de prescription des poursuites est calculé à partir de la date de la commission de l'infraction; si l'acte criminel revêt un caractère successif ou continu, il est calculé à partir de la date à laquelle l'acte criminel a été accompli. Si une nouvelle infraction est commise pendant la durée d'un délai de prescription, le délai de prescription de la première infraction est calculé à partir de la date à laquelle la dernière infraction a été commise.

Section 3 : Dispositions particulières du Code pénal (I)

Les dispositions spéciales du Code pénal de 1997 font l'objet de 10 chapitres qui décrivent 10 types d'infractions, à savoir l'atteinte à la sécurité nationale, l'atteinte à la sécurité publique, l'atteinte à l'ordre économique socialiste du marché, l'atteinte aux droits individuels et démocratiques des citoyens, l'atteinte à la propriété, l'entrave à l'administration de l'ordre public, l'atteinte à la défense nationale, le détournement de fonds et la corruption, l'abandon des devoirs et les infractions contraires aux devoirs des militaires. Le chapitre 3 concernant les infractions d'atteinte à l'ordre économique socialiste du marché comprend huit sections et prévoit les infractions suivantes : la production et la vente de produits contrefaits ou non conformes aux normes, la contrebande, l'entrave à la gestion des entreprises et des sociétés, l'atteinte à l'administration de banques, la fraude financière, l'atteinte à la perception et à la gestion des impôts, la violation des droits de propriété intellectuelle et la perturbation de l'ordre du marché. Le chapitre 6 concernant les infractions d'entrave à l'administration de l'ordre public comprend neuf sections et prévoit les infractions suivantes : l'atteinte à l'ordre public, l'atteinte au système judiciaire, l'atteinte à la réglementation nationale des frontières, l'altération des vestiges culturels, la mise en danger de la santé publique, l'atteinte à la protection des ressources de l'environnement, la contrebande, le trafic, la fabrication et la possession de stupéfiants, l'organisation, l'incitation, le fait de de forcer quelqu'un à se livrer à la prostitution et, enfin, la fabrication, le trafic et la diffusion d'objets pornographiques.

I. Contenu principal du chapitre 1 du Code pénal

Les infractions d'atteinte à la sécurité nationale énumérées au chapitre 1 des dispositions spéciales du Code pénal peuvent être divisées en 4 catégories : la trahison, la subversion, le financement des activités de l'ennemi et l'incitation au crime. Plus précisément, ces infractions comprennent le fait de passer à l'ennemi et se transformer en traître, d'inciter des membres des forces armées, de la police, etc., de devenir des traîtres; de vouloir démembrer l'État, de renverser le pouvoir politique de l'État et de mener une rébellion armée ou une émeute armée; de financer des activités criminelles mettant en danger la sécurité nationale; de commettre des actes d'espionnage, de voler, espionner, acheter ou fournir illégalement des secrets d'État ou des renseignements à une agence, une organisation ou des personnes en dehors de la Chine, inciter au démembrement de l'État et à la subversion du pouvoir politique de l'État. Parmi ces infractions, 2 méritent notre attention : celle concernant le vouloir de renverser le système socialiste par le biais de la rumeur, de la diffamation ou par tout autre moyen, et le fait pour un fonctionnaire de l'État, lors de l'exercice de son devoir, de quitter son poste et de se transformer en traître, à l'intérieur ou à l'extérieur de la Chine. Depuis la fin des 10 années de la « révolution culturelle », la Chine a maintenu la position de « l'innocence de la pensée », c'est-à-dire que l'on ne peut pas condamner une personne pour ses pensées à moins qu'elle passe à l'acte. Ainsi, l'incitation par la parole est considérée comme un acte, et le fait de vouloir renverser le système socialiste par le biais de la rumeur, de la diffamation ou par d'autres moyens est érigé en infraction. La dernière difficulté en matière d'infractions de défection est de savoir comment interpréter l'expression « à l'extérieur du territoire chinois » et si les ambassades et les consulats étrangers en Chine se trouvent à l'extérieur du territoire chinois. L'incident survenu à Chongqing, selon lequel WANG Lijun est entré au consulat général des États-Unis, en 2012, à Chengdu, a réellement soulevé ce problème.

II. Contenu principal du chapitre 2 du Code pénal

Parmi les infractions d'atteinte à la sécurité publique énumérées au chapitre 2 des dispositions spéciales du Code pénal, l'incendie criminel, le fait de créer une explosion, et de porter atteinte à la sécurité publique par des moyens dangereux constituent des crimes majeurs fréquents et ont des conséquences graves. Elles se réalisent donc en cas de négligence. Après les attentats du 11 septembre perpétrés aux États-Unis, les lois pénales de divers pays ont ajouté des dispositions relatives aux crimes terroristes et le droit pénal chinois n'a pas fait exception. Le Code pénal de 1997 énonce des infractions telles que le fait de former, de diriger et de participer activement à une organisation terroriste ou de contribuer financièrement à une activité terroriste. Ces infractions, si elles sont commises simultanément avec un homicide, une explosion, un enlèvement ou d'autres infractions similaires, seront punies selon les dispositions relatives au cumul des peines. Le détournement d'aéronef obéit à des règles particulières. Ainsi quiconque détourne un aéronef en utilisant la violence, la coercition ou de toute autre manière et qui provoque des lésions corporelles graves ou la mort d'une autre personne, ou des dommages graves à l'aéronef, doit être condamné à mort sans exception. La Chine interdit la possession d'armes à feu par des personnes non autorisées par la loi. On ne peut donc illégalement fabriquer, vendre, échanger, entreposer ou posséder des armes à feu. Cependant, l'infraction de possession est très particulière. Du point de vue des preuves, il suffit que l'accusation prouve qu'il s'agit d'un état de fait plutôt que prouver l'origine et la destination d'une arme à feu, ce qui allège le fardeau de la preuve. De plus, le délit de possession est susceptible de se retrouver souvent lorsqu'on enrôle d'autres personnes pour commettre des crimes. Par conséquent, le droit pénal chinois minimise le délit de possession en ne criminalisant que quelques délits importants, comme la possession d'armes à feu, de drogue, de monnaie contrefaite, de fausses factures, de documents ultra-secrets de l'État et de documents confidentiels de l'État. Les autres infractions prévues dans ce chapitre sont très détaillées et visent par exemple des incidents graves comme, les accidents aériens, les accidents ferroviaires, les accidents liés à la sécurité du travail, les accidents liés à la construction de bâtiments, les accidents se déroulant dans les écoles, les accidents en matière de lutte contre les incendies, les accidents de la circulation et les accidents des matières explosives.

III. Contenu principal du chapitre 3 du Code pénal

Le chapitre 3 des dispositions spéciales du Code pénal, qui concerne les infractions d'atteinte à l'ordre de l'économie socialiste de marché, comprend 8 sections.

La section 1 intitulée « De la production et de la vente des produits contrefaits ou non conformes aux normes » comprend des infractions spécifiques relatives à la production et à la vente de médicaments, de nourriture, d'appareils sanitaires, d'appareils électriques, de récipients à pression, de pesticides, de produits pharmaceutiques pour les animaux, d'engrais chimiques, de semences et de produits cosmétiques contrefaits ou non conformes. La peine de mort constitue la peine la plus lourde et peut être appliquée en cas de décès ou de préjudice grave pour les crimes de production et de vente de faux médicaments. Lorsqu'il y a un cumul de qualifications possibles pour un crime, la qualification et la peine la plus lourde sont appliquées. Lorsqu'une unité est en cause, et commet une infraction mentionnée dans cette section, elle sera condamnée à une amende et les responsables qui sont directement en charge et les autres personnes directement responsables du crime seront punis selon les dispositions pertinentes.

La section 2 intitulée « De la contrebande » vise des objets spécifiques tels que les armes, les munitions, le matériel nucléaire, la monnaie contrefaite, les reliques culturelles, les métaux précieux, les espèces précieuses et rares de la faune ainsi que leurs produits, les biens et les articles interdits d'importation et d'exportation par l'État, les objets pornographiques et les déchets. Le Code pénal de 1997 prévoit 2 types de contrebande. Par contrebande, on entend le fait de vendre à profit sur le territoire chinois, sans autorisation des douanes et sans avoir acquitté les droits, des marchandises sous douane importées, telles que des matériaux fournis par des clients étrangers pour la transformation, des pièces fournies par des clients étrangers pour le montage, des matières premières, des pièces, des produits finis ou des équipements pour le commerce de compensation, ou des produits et objets spécifiques importés avec une réduction ou une exonération de droits. La contrebande indirecte signifie acheter directement et illégalement à des passeurs des articles interdits d'être importés par l'État ou acheter illégalement aux passeurs d'autres biens et des articles importés de contrebande, impliquant des quantités ou des valeurs relativement importantes, ou transporter, acheter ou vendre dans les mers intérieures ou dans les eaux territoriales des articles interdits d'importation ou d'exportation par l'État ou des biens et articles soumis à des restrictions d'importation et d'exportation définies par l'État et portant sur des quantités et des valeurs relativement importantes et sans certification légale. Quiconque conspire avec des criminels en leur offrant des prêts, des fonds, des numéros de compte, des factures ou des certificats, ou en leur fournissant des facilités telles que le transport, le stockage ou l'envoi, est réputé être le complice du crime de contrebande et puni en tant que tel.

La section 3 nommée « De l'entrave à l'administration des sociétés et des entreprises » énonce principalement les infractions de fausse déclaration de capital social, de faux investissement, de fuite de capital, d'émission frauduleuse d'actions ou d'obligations, de divulgation illégale ou de non-divulgation d'informations importantes, de dépréciation lors de la liquidation de biens, etc. Les éléments constitutifs de certaines infractions ont été clairement décrits, constituant ainsi une amélioration significative de la législation pénale. Par exemple, un employé d'une entreprise commet une infraction en achetant des biens pour celle-ci de ses parents ou ami à un prix clairement supérieur à celui du marché.

La section 4 désignée « De l'atteinte à l'ordre de l'administration financière » comprend des infractions de contrefaçon de la monnaie, d'évasion du contrôle des changes, de faux permis d'exploitation et d'agrément des institutions financières, de fraude financière, de délit d'initié, de manipulation de titres et d'opérations à terme. Le délit d'accepter illégalement des dépôts publics se retrouve fréquemment invoqué devant les tribunaux. On estime que ce délit résulte principalement du monopole dans la banque chinoise. Ce type de délit n'existe pratiquement pas dans le cadre d'un marché financier ouvert. Le blanchiment d'argent est également une infraction qui se retrouve au cœur de cette section. L'infraction de blanchiment d'argent fait référence à quiconque, tout en sachant clairement que des fonds sont des produits obtenus illégalement de crimes liés à la drogue, à la violation de l'ordre de gestion financière, à la fraude financière ou de crimes commis par le crime organisé ou des passeurs et des gains qui en découlent, commet l'un des actes suivants afin de cacher ou dissimuler la source ou la nature des fonds : n'importe quel acte visant à fournir des comptes pour des fonds, aider à échanger des biens contre des espèces ou des instruments financiers négociables, aider au transfert de capitaux par le transfert de comptes ou par tout autre forme de règlement, aider à transférer des fonds vers tout autre pays, et cacher ou dissimuler par tout autre moyen la nature ou la source des biens obtenus illégalement et les gains qui en découlent.

La section 5 intitulée « De la fraude financière » comprend les infractions de fraude dans la collecte de fonds, les emprunts, les billets promissoires, les lettres de change, les chèques, les valeurs négociables, les assurances, les documents financiers, les lettres de crédit et les cartes de crédit. Différents crimes sont liés à l'utilisation de cartes de crédit : l'utilisation des cartes de crédit falsifiées ou non valides, l'utilisation de cartes de crédit obtenues avec une fausse identité, l'utilisation frauduleuse de cartes de crédit d'autrui ou le dépassement du crédit par malveillance. Le terme « dépassement de crédit par malveillance » signifie qu'un titulaire d'une carte de crédit l'utilise de façon illégale en effectuant un découvert au-delà de la somme fixée ou au-delà du délai imparti et refuse de rembourser le montant du découvert après que la banque émettrice de la carte lui demande de le faire.

La section 6 nommée « De l'atteinte à la perception et à l'administration des impôts » prévoit les infractions suivantes : la fraude fiscale, le refus de payer des impôts, l'obtention frauduleuse de dégrèvements fiscaux, l'évasion fiscale et l'établissement de fausses factures relativement à la taxe sur la valeur ajoutée. Notons, plus particulièrement, que le fait de faire de fausses factures quant à la taxe sur la valeur ajoutée ou toute autre facture pour obtenir un remboursement ou une déduction fiscale constitue une fraude.

La section 7 dont le titre est, « De l'atteinte aux droits de propriété intellectuelle » concerne principalement les infractions liées aux marques déposées, aux brevets d'invention et aux droits d'auteur. Mentionnons aussi que, les secrets commerciaux, qui renvoient à des informations technologiques ou à des informations commerciales qui sont inconnues du public et qui peuvent générer des bénéfices économiques pour leur bénéficiaire légitime et pour lesquelles celui-ci a pris des mesures de conservation du secret, sont également des éléments compris par la qualification d'infraction à la propriété intellectuelle.

La section 8 désignée « De la perturbation de l'ordre du marché » concerne principalement les infractions d'atteinte à la réputation commerciale ou de produits, de publicité mensongère, de collusion dans les enchères, de fraude contractuelle, d'opération commerciale illégale, de transactions forcées par la violence ou l'intimidation, d'organisation ou de conduite d'activités de vente pyramidale, etc. La vente pyramidale désigne l'acte d'escroquer par lequel le bénéfice ne provient pas d'une vente de biens, telle qu'annoncée, mais surtout du recrutement de nouveaux membres. Le terme pyramidal est employé pour signifier que seuls les initiateurs du système, qui sont au sommet de la pyramide, profite de celui-ci en dépouillant les autres membres. Lors du processus d'admission des participants, certains organisateurs et responsables d'activités de vente pyramidale adoptent la même méthode que celle d'organisations quasi religieuses et contrôlent la volonté des participants, causant ainsi un préjudice grave à la société. Par conséquent, l'amendement à la loi pénale (VII), publié en 2009, a ajouté les infractions d'organisation et de conduite d'activités de vente pyramidale à cette section du Code pénal.

IV. Contenu principal du chapitre 4 du Code pénal

Le chapitre 4 du Code pénal concerne les infractions de violation des droits corporels et démocratiques des citoyens. Les infractions de ce chapitre sont si importantes que de nombreux pays les placent au premier chapitre des dispositions spéciales, non seulement parce que le concept de protection de l'individu prime sur celui de protection de l'État, mais aussi parce que des crimes importants, considérés traditionnellement comme des crimes communs, sont essentiellement décrits dans ce chapitre, comme le meurtre, le viol, le vol avec violence, etc. Ces crimes ont des bases théoriques profondes, impliquant des dispositions juridiques complexes et constituent une priorité absolue dans les programmes d'enseignement des facultés de droit. Selon les dispositions du Code pénal de 1997, les homicides et les blessures sont causés, soit intentionnellement, soit par négligence. Notons que le fait de prélever l'organe d'une personne de moins de 18 ans sans son consentement ou de contraindre ou de tromper autrui pour la donation d'organes sera considéré comme étant de nature intentionnelle. Comparativement, au droit pénal de nombreux pays, la peine pour avoir commis un viol est plus sévère en Chine. La personne sera condamnée pour un tel crime à une peine d'emprisonnement de durée déterminée d'au moins 3 ans, mais d'au plus 10 ans. Quiconque ayant des relations sexuelles avec une fillette de moins de 14 ans, peu importe si celle-ci accepte ou non, doit être considéré comme ayant commis un viol et se voir infliger une peine plus sévère. Sont passibles d'une peine d'emprisonnement à durée déterminée d'au moins 10 ans, d'une peine d'emprisonnement à vie ou de la peine de mort ceux qui violent une femme ou qui ont des relations sexuelles avec une fillette de moins de 14 ans dans l'une des circonstances suivantes : le viol de plusieurs femmes ou fillettes de moins de 14 ans ou avec des circonstances aggranvantes ; le viol d'une femme devant un public qui se tient dans un lieu public ; violer une femme de façon successive, qu'il s'agisse d'une ou plusieurs personnes ; causer des dommages corporels graves, la mort ou d'autres conséquences graves à la victime.

Le kidnapping est le crime le plus odieux aux yeux de nombreuses personnes, car il utilise et blesse les émotions fondamentales de l'homme. À des fins répressives et dissuasives, le droit pénal impose la peine de mort aux individus dont les actes entraînent la mort des personnes kidnappées ou qui les tuent. La pratique a montré que des peines trop sévères peuvent donner aux kidnappeurs le sentiment qu'ils n'ont aucun moyen de s'en sortir. Par conséquent, tuer les kidnappés qui pourraient devenir potentiellement des témoins est peut-être le choix le plus sûr pour un criminel. Donner au kidnappeur une chance de vivre avant qu'il tue les personnes kidnappées peut faciliter la réalisation de l'objectif ultime qui consiste à sauver la vie des otages. Par conséquent, le Code pénal de 1997 prévoit que quiconque enlève une autre personne dans le but de lui extorquer de l'argent ou un bien ou qui enlève une personne et la détient comme otage, sera condamné à une peine d'emprisonnement d'une durée minimale de 5 ans et maximale de dix ans qui sera accompagnée d'une amende.

Sauver les femmes et les enfants enlevés et victimes de la traite constitue une responsabilité importante des gouvernements de divers pays, et le gouvernement chinois et les autorités judiciaires ont déployé des efforts importants avec succès dans la lutte contre ce crime. Les crimes d'enlèvement et de traite de femmes et d'enfants ont été ajoutés au cours des dernières décennies. La peine de mort assortie de la confiscation de biens s'applique dans les cas suivants si les circonstances sont particulièrement graves alors que dans les autres cas le criminel sera condamné à une peine d'emprisonnement d'une durée minimale de 10 ans ou d'une réclusion à perpétuité : être le chef d'un gang engagé dans l'enlèvement et la traite de femmes et d'enfants ; l'enlèvement et la traite d'au moins 3 femmes et/ou enfants ; violer la femme enlevée ; inciter ou contraindre la femme enlevée à se livrer à la prostitution, ou la vendre à autrui pour la contraindre à la prostitution ; enlever une femme ou un enfant par la violence, la menace ou l'anesthésie dans le but de le vendre ; voler un nourrisson ou un bébé, dans le but de le vendre ; causer des lésions corporelles graves, la mort ou d'autres conséquences graves à la femme, à l'enfant enlevés et faisant l'objet d'une traite ou à leurs proches ; enfin, vendre une femme ou un enfant à l'extérieur du territoire chinois.

Les atteintes à la protection des droits démocratiques des citoyens incluent les dénonciations calomnieuses, la publication d'articles dont le but est de discriminer ou d'humilier des minorités nationales, la violation des communications de nature privée, les représailles exercées contre un plaignant par un fonctionnaire et la perturbation des élections. Dans certains endroits, des personnes peuvent inciter à la haine et saper l'unité nationale. Le Code pénal de 1997 a donc ajouté une disposition relative au crime d'incitation à la haine ou à la discrimination en faisant référence aux dispositions des conventions internationales pertinentes. Le fait d'inciter à la sécession de l'État et de porter atteinte à l'unité nationale constitue un crime qui doit être puni conformément à des dispositions particulières.

V. Contenu principal du chapitre 5 du Code pénal

Les infractions portant atteinte à la propriété sont prévues au chapitre 5 des dispositions particulières du Code pénal et sont relativement fréquentes en pratique : le vol qualifié, le vol, la fraude, la saisie forcée d'argent ou de biens, le détournement de fonds, l'extorsion au moyen de chantage et la destruction délibérée de biens publics ou privés. Le vol occupe la première place dans le taux d'incidence. Le vol de biens publics et privés d'un montant important, le vol répété ou le vol d'une somme d'argent importante, l'intrusion dans un domicile dans un but de voler, le vol à main armée, le vol à la tire sont listés parmi les catégories de vol. L'interprétation judiciaire définit le vol à la tire comme le vol d'objets portés par une personne dans des lieux publics ou dans des véhicules de transport en commun. Le crime de vol n'est plus limité selon le montant de celui-ci comme dans le passé. Ainsi, le vol à la tire, le vol répété, l'intrusion dans un domicile dans le but de commettre un vol et le vol à main armée sont qualifiés d'infractions et punis en conséquence, et ce, peu importe le montant en cause.

Section 4 : Dispositions particulières du Code pénal (II)

I. Contenu principal du chapitre 6 du Code pénal

Le chapitre 6 du Code pénal, qui concerne les infractions consistant à faire obstacle à l'administration de l'ordre public, comprend 9 sections et contient le plus grand nombre d'articles et de sujets parmi les dispositions particulières.

La section 1 intitulée « Du trouble à l'ordre public » comprend principalement les infractions suivantes : l'entrave aux activités publiques ; le rassemblement pour se livrer à différents types de violation comme le pillage, l'attaque d'édifices publics, la perturbation du service postal, etc. ; le fait de rassembler des personnes dans le but de jouer à des jeux de hasard ou de diriger une maison de jeux de hasard ; la contrefaçon, la falsification, l'achat ou la vente de documents officiels, de certificats ou de sceaux d'un organe de l'État ; la production, l'achat ou la vente illégale de matériel de police ; l'obtention illégale de secrets d'État ; l'utilisation illégale d'appareils à des fins d'écoute électronique ou de photographies secrètes ; l'intrusion illégale ou la destruction d'un système informatique ; la perturbation de réseaux sans fil ; la fabrication ou la propagande délibérée de fausses informations de nature terroriste ; l'organisation, la direction et la participation active à des organisations de nature criminelle telles que des syndicats du crime, la mafia ; les rassemblements, les processions ou les démonstrations illégaux ; l'organisation ou l'utilisation de sociétés secrètes, de fausses organisations religieuses, ou l'utilisation de la superstition pour perturber l'application des lois, ou qui provoque la mort d'une personne, le viol d'une femme, ou pour escroquer une personne en vue de lui subtiliser de l'argent ou des biens.

En pratique, l'organisation d'activités visant à troubler l'ordre public ainsi que l'organisation, la direction et la participation à des organisations criminelles, telles que la mafia sont les infractions les plus fréquentes. La création d'activités visant à troubler l'ordre public faisait partie des infractions d'hooliganisme dans le Code pénal de 1979. Afin de mettre en œuvre le principe de la légalité des délits et des peines, le Code a éliminé ces infractions presque complètement tout en les clarifiant. Alors que le système de rééducation par le travail est sur le point de prendre fin, les actes punis initialement par ce système pouvaient être assimilés à des infractions visant à troubler l'ordre public. Le fait de commettre des troubles à l'ordre public dans certaines circonstances entraîne des conséquences particulières. Ces circonstances sont les suivantes : battre une autre personne de manière incessante et flagrante ; poursuivre, intercepter, ou lancer des insultes à une autre personne de manière flagrante ; prendre de force ou exiger, de l'argent ou endommager volontairement, détruire ou occuper des biens publics ou privés avec une étendue importante ; créer des perturbations dans un lieu public, créant ainsi un grave désordre dans un tel lieu. Quiconque commet une telle infraction doit être condamné à une peine d'emprisonnement maximale de 5 ans, à une détention criminelle ou à une mise sous surveillance.

Les organisations criminelles telles que la mafia ont été au centre de la répression dans certaines parties de la Chine. Dans certains cas, elles sont même devenues un moyen de contrôle social. Les articles des dispositions particulières du Code pénal décrivent en détail 4 caractéristiques de ces organisations, qui sont très frappantes : former des organisations criminelles durables avec un nombre important de membres et qui comprend des organisateurs et des dirigeants qui sont clairement identifiés, et qui comporte des membres qui sont des piliers stables ; obtenir des avantages économiques par le biais d'activités illégales ou criminelles organisées ou par d'autres moyens et disposer d'une certaine force financière pour soutenir les activités de l'organisation ; commettre des activités illégales ou criminelles organisées par la violence, la menace ou d'autres moyens, tels que le fait de dominer les personnes d'une région, de commettre des outrages, de blesser cruellement ou de tuer des personnes, le tout portant gravement atteinte à l'ordre économique et social. Ces activités peuvent être organisées avec la connivence de fonctionnaires, mettant celles-ci en quelque sorte à l'abri de la justice.

La section 2 intitulée « De l'entrave aux activités judiciaires » prévoit principalement des infractions suivantes : les faux témoignages et les fausses preuves ; les menaces à l'encontre d'un témoin ; la perturbation de l'ordre du tribunal ; le recel ; la dissimulation des revenus du crime et de ses produits ; le refus d'exécution des jugements ou des décisions ; la disposition illégale de biens sous scellés, saisis ou bloqués ; la perturbation de l'ordre dans les prisons ; l'évasion d'une prison ; aider une personne escortée à s'enfuir.

La section 3 « De l'atteinte à la réglementation des frontières nationales » prévoit principalement des infractions telles que le fait de franchir en secret la frontière nationale, la fabrication de faux passeports ou leur altération, l'organisation du voyage et le transport d'autres personnes pour franchir secrètement la frontière nationale, et l'endommagement des bornes ou des marques des frontières.

La section 4 intitulée « Crimes à l'encontre du contrôle des reliques culturelles » porte principalement sur la dégradation intentionnelle des reliques culturelles, les dommages intentionnels sur des sites historiques ou des sites pittoresques, la vente ou le don illégal de reliques culturelles à des étrangers, la revente de reliques culturelles, la vente illicite ou le don sans autorisation de reliques culturelles.

La section 5 « De l'atteinte à la santé publique » vise principalement l'entrave de la prévention et du traitement des maladies infectieuses, la propagation de souches bactériennes ou virales d'une maladie infectieuse, l'atteinte à la santé et à la quarantaine aux frontières, la vente illégale de sang et le fait de contraindre des personnes à vendre du sang, la faute professionnelle médicale grave qui entraîne la mort ou un préjudice grave à la santé d'une personne et l'exercice illégal de la médecine.

Avec le développement économique soutenu et rapide, la question de la pollution environnementale a attiré l'attention de tous les secteurs de la société chinoise. La section 6 du chapitre 6 des dispositions particulières du Code pénal prévoit notamment les infractions de pollution de l'environnement, d'élimination illégale de déchets solides importés, d'importation sans autorisation de déchets solides et de trafic de déchets solides. Dans la pratique judiciaire actuelle, les infractions suivantes sont de plus en plus courantes : la pêche illégale de produits aquatiques, la capture ou la mise à mort illégale, l'achat, le transport et la vente illicite d'espèces fauniques précieuses et menacées d'extinction et de leurs produits, l'occupation illégale de terres cultivées, l'exploitation minière illégale et l'exploitation de ressources minérales de manière abusive. Les infractions contre la protection des plantes et des arbres incluent la coupe ou la destruction illégale de plantes sous protection spéciale de l'État, l'achat, le transport, la transformation ou la vente illégale de plantes sous protection spéciale de l'État et de leurs produits, la coupe illégale d'arbres et le déboisement illégal. Cette section est spécialement destinée à prévenir la destruction abusive de ressources environnementales par certaines personnes pour leurs intérêts à court terme.

La section 7 concerne la contrebande, le trafic, le transport et la fabrication de stupéfiants. Quiconque passe en contrebande, fait le trafic, transporte ou fabrique des stupéfiants et commet l'un des actes suivants est condamné à une peine d'emprisonnement à durée déterminée de 15 ans, à la réclusion à perpétuité ou à la peine de mort et assortie d'une confiscation de biens : les personnes qui font la contrebande, le trafic, le transport ou la fabrication d'opium d'au moins 1000 g, d'héroïne ou de méthylatinine d'au moins 50 g ou d'autres stupéfiants en grande quantité ; les chefs de gangs impliqués dans la contrebande, le trafic, le transport ou la fabrication de stupéfiants ; les personnes qui protègent par des armes la contrebande, le trafic, le transport ou la fabrication de stupéfiants ; les personnes qui résistent violemment à l'inspection, à la détention ou à l'arrestation dans des circonstances graves ; les personnes impliquées dans un trafic international organisé de drogues. Quiconque utilise des mineurs ou les incite à faire la contrebande, le trafic, le transport ou la fabrication de stupéfiants, ou leur vend des stupéfiants, sera condamné à une peine plus lourde. En ce qui concerne les personnes qui ont fait à plusieurs reprises de la contrebande, du trafic, du transport ou de la fabrication de stupéfiants sans que leur dossier ait été jugé, la peine de ces crimes est calculée de manière cumulative.

Les sections 8 et 9 du chapitre 6 des dispositions particulières du Code pénal prévoient les infractions suivantes : organiser, forcer, leurrer, héberger ou recruter des personnes dans le but de se prostituer ; propager des maladies vénériennes tout en sachant qu'on en souffre et s'engager dans la prostitution, ainsi que fabriquer, vendre et diffuser du matériel pornographique, de même qu'organiser des représentations pornographiques. Le droit pénal contient des dispositions sur-le-champ d'application des infractions relatives au matériel pornographique. Ce dernier réfère à l'obscénité que l'on retrouve dans des livres ou des périodiques, des films, des cassettes vidéo ou audio, des images, etc., décrivant explicitement des actes sexuels ou annonçant clairement du matériel pornographique. Toutefois, les travaux scientifiques concernant la physiologie du corps humain ou les connaissances médicales ne sont pas considérés des articles pornographiques. Il en va de même des œuvres littéraires ou du travail artistique de valeur contenant des éléments érotiques.

II. Contenu principal du chapitre 7 du Code pénal

Les infractions d'atteinte aux intérêts de la défense nationale énumérées au chapitre 7 des dispositions particulières du Code pénal sont les moins utilisées en pratique. Puisque les armes, les installations militaires et les zones militaires interdites sont essentiellement sous le contrôle effectif de l'armée, des actes d'entrave aux opérations militaires, de destruction d'armes, d'installations militaires ou de moyens de communication, de rassemblement se répercutant sur les zones militaires interdites sont très rares. Pour garantir la qualité du matériel militaire, le Code pénal prévoit que le fait de fournir intentionnellement ou par négligence des armes ou des installations militaires de qualité inférieure aux normes constitue une infraction. Si les circonstances sont particulièrement graves, la peine de mort peut être prononcée. Le fait de se faire passer pour un militaire afin de commettre une fraude, d'inciter un soldat à quitter les forces armées, d'accepter ou d'envoyer des soldats qui ne répondent pas aux normes ou de produire ou de trafiquer illégalement des uniformes constitue une infraction. Plusieurs infractions contenues dans cette section ne sont constituées qu'en temps de guerre, c'est-à-dire : le refus ou les échappatoires de recrutement, de la formation ou du service actif en temps de guerre, la fourniture intentionnelle de fausses informations provenant des ennemis, la fabrication de rumeurs pour saper le moral des troupes, le fait de fournir un abri, des biens ou de l'argent à des déserteurs, le refus ou le retard intentionnel de faire des commandes de biens militaires ainsi que le refus de réquisitionner du matériel militaire.

III. Contenu principal du chapitre 8 du Code pénal

Les infractions de détournement de fonds et de corruption mentionnées au chapitre 8 des dispositions particulières du Code pénal constituent des outils puissants de prévention et de lutte contre la corruption. Ces dispositions sont relativement détaillées. Tout fonctionnaire de l'État qui, en prenant avantage de son poste, s'empare, vole, escroque ou prend illégalement possession d'argent ou de biens publics, est coupable de corruption. Les fonctionnaires de l'État comprennent les personnes désignées par des organes de l'État, des entreprises d'État, des sociétés ainsi que celles des institutions ou des organisations de la société civile qui administrent ou gèrent des biens appartenant à l'État. Notons, plus particulièrement qu'un fonctionnaire de l'État qui, en profitant de sa position, détourne des fonds publics pour son propre usage ou pour mener des activités illégales, ou détourne une somme relativement importante de fonds publics à des fins lucratives, ou qui détourne une somme de fonds publics relativement importante et ne la restitue pas après 3 mois sera coupable d'un délit de détournement de fonds publics. Par ailleurs, quiconque détourne pour son propre usage des fonds ou du matériel alloués pour des catastrophes naturelles, au secours d'urgence, à la prévention et au contrôle des inondations, aux soins des soldats handicapés et des familles des martyrs et des militaires révolutionnaires, aux soins des pauvres, à la réinstallation des résidents ou à l'aide sociale sera puni plus lourdement.

Ajoutons que tout fonctionnaire qui, en se servant de son poste, extorque de l'argent ou des biens à une autre personne en échange de bénéfices pour celle-ci, se rend coupable d'acceptation d'un pot-de-vin. Les organes d'État, les entreprises étatiques, ainsi que les entreprises et les institutions d'intérêt public, de même que les associations populaires peuvent être accusés de corruption et condamnés à une amende alors que les personnes directement responsables de la commission de l'infraction recevront une sentence d'emprisonnement. Toutes ces unités de travail qui, dans le cadre de leurs activités économiques, acceptent secrètement des commissions et des frais de service hors compte qui sont offerts sous divers noms commettent un acte de corruption. Les infractions de corruption revêtent une grande variété de formes qui évoluent au fil du temps nécessitant ainsi une révision constante des dispositions du Code pénal. Par exemple, tout fonctionnaire de l'État qui, profitant des conditions de sa charge ou de son statut, cherche à réaliser des profits illicites pour le compte de tiers par le biais des fonctions d'un autre fonctionnaire et extorque ou accepte des biens de celui-ci, commet une infraction de corruption. De même, tout fonctionnaire de l'État, qui en se prévalant de ses propres fonctions et pouvoirs ou de sa position, permet d'obtenir des avantages illégitimes à une autre personne par un autre fonctionnaire et qui extorque cette autre personne, ou qui accepte des biens ou de l'argent de celle-ci, est considéré comme coupable de corruption. Les proches parents ou d'autres personnes proches d'un fonctionnaire de l'État fonctionnaire qui commettent les actes susmentionnés seront coupables d'un crime de corruption utilisant l'influence.

Un crime qui a longtemps fait l'objet de controverses, mais qui est toujours en vigueur est celui du délit de fortune provenant de sources non identifiées. Ainsi, tout fonctionnaire de l'État dont les biens ou les dépenses excèdent de façon évidente ses revenus légitimes peut, si la différence est énorme, être obligé d'expliquer les sources de ses biens. S'il ne peut pas expliquer que celles-ci sont légitimes, la partie de ses biens qui excèdent ses revenus légitimes est considérée comme des gains illégaux. Cette infraction a la particularité de ne demander aux parquets de prouver que la différence entre tous les gains légaux possibles et les biens réels possédés par le défendeur au lieu de prouver les sources des biens, ce qui favorise la preuve du poursuivant. Toutefois, la question de savoir si cette disposition imposerait la charge de la preuve au défendeur reste discutable.

IV. Contenu principal du chapitre 9 du Code pénal

Le chapitre 9 des dispositions particulières du Code pénal prévoit les crimes de manquement aux devoirs, qui comprennent principalement l'abus de pouvoir et la négligence dans ses devoirs. D'autres infractions proviennent essentiellement de ces deux types de crimes, telles que la violation de la loi par les officiers de justice pour leur propre intérêt, la libération sans autorisation de personnes surveillées, le non-renvoi frauduleux d'une affaire au pénal, la non-perception ou la perception partielle frauduleuse de la taxe due, la fraude commise par un fonctionnaire de l'État pour manquement à un devoir durant la signature ou l'exécution d'un contrat, le manquement au devoir de surveillance et de contrôle de la protection de l'environnement, la négligence dans la prévention ou le traitement de maladies infectieuses, la connivence dans la contrebande, la négligence dans le contrôle de marchandises, la connivence dans la production ou la vente de produits contrefaits ou non conformes, l'aide à des personnes de traverser secrètement la frontière nationale, la non libération d'une femme ou d'un enfant ayant fait l'objet d'un trafic ou qui a été enlevé, la fraude ou la corruption commise dans le recrutement de fonctionnaires ou d'étudiants, la destruction ou les dommages aux vestiges culturels rares et précieux pour manquement au devoir, etc. Cependant, plus les infractions deviennent détaillées, plus les omissions sont susceptibles d'être nombreuses. La liste de délits de manquement aux devoirs doit comprendre une limite raisonnable.

V. Contenu principal du chapitre 10 du Code pénal

Le chapitre 10 des dispositions particulières du Code pénal comprend des infractions de manquement aux devoirs des militaires, dont la grande majorité relève de la compétence des tribunaux militaires. Tout acte d'un militaire qui contrevient à ses devoirs ou met en danger les intérêts militaires de l'État est punissable pénalement et constitue une infraction de manquement aux devoirs des militaires. Ces infractions incluent principalement la désobéissance aux ordres en temps de guerre, le refus de communiquer un ordre militaire ou la communication d'un faux ordre militaire, la capitulation, la désertion avant une bataille, l'abandon d'un poste militaire sans autorisation ou la négligence dans l'exercice des devoirs militaires, l'entrave à l'exécution de tâches militaires, la désobéissance aux ordres et l'inaction dans une opération militaire, le refus de secourir les forces voisines en situation critique, le fait pour un militaire qui s'est rendu à l'ennemi de collaborer avec lui, l'obtention illégale de secrets militaires, la fabrication de rumeurs pour induire en erreur les autres en temps de guerre, l'auto blessure corporelle en temps de guerre, la désertion de l'armée, l'utilisation des armes et de l'équipement en violation des règles ainsi que la vente, le transfert ou l'abandon illégal des équipements et des armes. Selon les conventions internationales pertinentes, le Code pénal prévoit des infractions de maltraitance de résidents innocents et de pillage de leurs biens en temps de guerre afin de les protéger dans les zones d'opérations militaires.

Ce chapitre prévoit le système de sursis en temps de guerre, c'est-à-dire que tout militaire qui commet une infraction passable d'une peine de prison de 3 ans au maximum avec sursis et qui ne présente aucun danger réel, est autorisé à racheter son infraction en accomplissant des actes méritoires. S'il accomplit de tels actes, la peine initiale peut alors être annulée. Ce chapitre s'applique aux officiers, aux employés non militaires, aux soldats en service actif, aux cadets ayant le statut militaire de l'Armée de libération du peuple chinois, aux officiers de police, aux réservistes et aux autres personnes effectuant des tâches militaires, etc. L'expression « temps de guerre » fait référence au moment où l'État déclare l'état de guerre, l'armée reçoit des tâches d'opération ou lorsqu'un ennemi déclenche une attaque soudaine. Le moment où l'armée s'acquitte de tâches relevant de la loi martiale ou s'occupe d'incidents violents est considéré comme étant en temps de guerre.

Section 5 : Amélioration du système de justice pénale

I. Adaptation de la structure du droit pénal et de la portée des infractions

Depuis l'adoption du Code pénal de 1997, 8 amendements, une loi pénale spécifique et plus de 270 interprétations judiciaires ont été formulés, ce qui témoigne clairement d'un développement social rapide et de changements importants des intérêts quant à ce secteur. Le droit pénal ainsi que celui de la procédure pénale et d'autres disciplines ont intégré le contenu des conventions internationales auxquelles la Chine a adhéré, ce qui conduira certainement à l'ajustement des activités criminelles et mènera éventuellement à des modifications structurelles de ce type de droit. En fait, la modification de la structure du droit pénal consiste principalement à ajuster la séquence des chapitres des dispositions particulières du Code pénal et à coordonner l'arrangement des différents chapitres et sections. Il est ainsi nécessaire d'avancer le chapitre 4 intitulé « De l'atteinte aux droits extrapatrimoniaux et démocratiques des citoyens » et le chapitre 5 « De l'atteinte aux biens », et ce, au moins avant le chapitre 3 « De l'atteinte à l'ordre économique du marché socialiste », afin de renforcer la protection des droits extrapatrimoniaux et de la dignité des citoyens. Le chapitre 3 contient 8 sections et 92 articles, le chapitre 6, 9 sections et 91 articles, et les 2 chapitres comptent au total 183 articles qui représentent plus de la moitié des 350 articles des dispositions particulières. Il est nécessaire de séparer les sections des chapitres 3 et 6 et de les organiser en chapitres, de manière à éviter les divergences entre ces deux chapitres et les autres chapitres des dispositions particulières et le chaos au niveau logique de la catégorisation des infractions.

En ce qui concerne l'adaptation du champ d'application du droit pénal, les domaines financier et économique ont fait l'objet d'une attention particulière au cours des dernières années. Cela reflète non seulement l'essor économique, mais aussi l'influence des intérêts des acteurs de ces secteurs. Cela se traduit notamment par des chefs d'inculpation nouvellement insérés dans une série d'amendements déjà adoptés. Les ajustements futurs de la criminalité porteront sur les articles qui concernent tous les citoyens, en particulier ceux sur lesquels il est difficile de susciter de l'intérêt afin de proposer des amendements au droit pénal, tels que le délit de rassemblement pour des activités licencieuses limité au lieu public et excluant les actes sexuels privés commis par plusieurs citoyens. Une autre considération est que certains chefs d'inculpation doivent être déplacés directement vers les dispositions de la Loi sur les sanctions relatives à la sécurité publique après l'annulation de la rééducation par le travail. Il s'agit notamment d'ajuster correctement le seuil des infractions concernant les troubles à la sécurité publique, tout en y ajoutant les crimes de voies de fait contre la police et ceux d'intimidation sans objectif de faire du chantage afin de faciliter l'application de la loi par la police et de renforcer le sentiment de sécurité des citoyens.

En pratique, les chefs d'inculpation de diffamation sont généralement utilisés par des responsables locaux pour punir les personnes qui les critiquent et constituent en quelque sorte des poursuites privées, à moins qu'ils mettent gravement en danger l'ordre social et les intérêts nationaux. On devra donc se pencher sur cette problématique dans le futur, car cette réserve donne aux responsables locaux les possibilités d'affirmer qu'ils représentent « l'ordre social » et même « les intérêts nationaux » pour punir les critiqueurs. L'obtention de témoignages par la force par des officiers de justice visent non seulement les témoins, mais également des victimes de l'infraction qui seraient susceptibles de détenir des informations les concernant. Si les victimes sont interprétées comme des témoins au sens large, la justice peut être donnée aux victimes, mais ces agissements sont susceptibles de menacer le principe de la légalité des délits et des peines. Par conséquent, ces questions devraient être résolues le plus tôt possible par la législation plutôt que par des interprétations judiciaires.

Le nombre de morts et de blessés impliqués dans les accidents de la route en Chine atteint chaque année un niveau très élevé, qui dépasse le nombre total des autres pays. Un certain nombre d'accidents sont causés par la conduite en état d'ébriété. Il s'agit en effet d'une infraction non intentionnelle en droit pénal chinois. Par ailleurs quiconque s'enfuit après avoir causé des blessures ou dans d'autres circonstances particulièrement graves doit se voir infliger une peine plus sévère. L'aggravation des peines reflète l'intention législative d'inciter les conducteurs de secourir les blessés au lieu de s'enfuir. Mentionnons, aussi, que selon la Loi sur la sécurité des transports, les conducteurs qui s'enfuient après les accidents, ainsi que ceux en état d'ébriété, doivent en assumer l'entière responsabilité, ce qui a pour conséquence que de nombreux auteurs de conduite en état d'ébriété choisissent de fuir plutôt que de rester sur place. Cette situation peut avoir pour effet de contrecarrer l'intention législative, ce qui invite à faire en sorte d'assurer une coordination efficace des différents articles de loi.

La destruction et la falsification des preuves ainsi que l'entrave au témoignage commises par les avocats de la défense ou les représentants ad litem, énoncés à l'article 306 du Code pénal, sont considérés comme des sanctions particulières à l'encontre des avocats et suscitent la controverse, car elles pourraient servir à limiter le droit à une défense pleine et entière. Selon les cas, il arrive souvent que les avocats de la défense sont accusés d'avoir incité des témoins à modifier leur témoignage, ce qui peut menacer directement la confiance qui constitue le fondement même du travail des avocats.

Certains chefs d'inculpation doivent être abolis en temps utile en fonction de l'évolution de la société et le droit pénal ne peut constituer un système par lequel on ajoute sans cesse des crimes. Par exemple, l'infraction d'obtention frauduleuse de documents de sortie est constituée par des actes visant à obtenir frauduleusement, au nom de l'exportation du service du travail, des échanges économiques, du commerce extérieur, etc., un passeport, un visa ou d'autres certificats de sortie dans le but d'aider d'autres personnes à franchir illégalement la frontière nationale. Pour un pays exempt de visas, la possession d'un passeport suffit. Depuis des années, la Chine facilite les formalités pour obtenir un passeport. Celui qui possède un livret de résidence permanente et une carte d'identité peut facilement demander un passeport, et on n'a pas besoin de se procurer un passeport de manière frauduleuse. Les visas sont délivrés par les ambassades et les consulats étrangers. Les demandes d'obtention sont présentées aux ambassades et consulats étrangers et ne relève donc pas de la Chine qui ne doit pas consacrer des ressources pénales précieuses à ce sujet.

II. Mise en œuvre des concepts de légalité pénale

Le principe de légalité des délits et des peines n'était pas facile à s'inscrire dans le cadre du Code pénal de 1997. Il s'agissait d'un sujet très controversé. La population reconnaissait son sens premier comme signifiant qu'aucune incrimination ni aucune peine ne peuvent être retenues contre une personne à moins d'avoir été prévue par la loi. Bien que l'on admît au niveau conceptuel le sens évolutif de ce principe et que l'on pensait que la loi devait l'intégrer, la majorité de la population soutenait que l'on devait maintenir le principe de l'analogie en le contrôlant strictement comme un complément nécessaire à celui de la légalité au motif que la loi est limitée, mais que l'esprit ne l'est pas. L'adoption de ce principe dans le Code pénal de 1997 à l'époque constituait malgré tout une victoire.

On abandonne la doctrine de l'analogie qui permettait de sanctionner des faits analogues à une infraction incriminée dans le Code pénal.

Bien que le principe de la légalité l'emporte peu à peu sur celui de l'analogie, cela ne signifie pas pour autant qu'il a acquis une position prédominante dans le droit pénal chinois. Le principe de légalité des délits et des peines énoncés par le Code pénal de 1997 n'annonce que le début de conflits et de confusions entre le concept d'État de droit et les réalités du monde judiciaire. Principe primordial de l'État de droit en matière pénale, la légalité des délits et des peines a pour avantage principal d'apporter la prévisibilité à toutes les constituantes de la société : le monde politique, les acteurs économiques et la population. La prévisibilité est la condition préalable au maintien de la stabilité de la société. La stabilité et l'ordre constituent des raisons importantes pour lesquelles les personnes responsables d'édicter les lois pénales plaident en faveur de l'adoption du principe de la légalité des délits et des peines et qui l'aligne sur les conditions réelles et les intérêts nationaux de la Chine. La configuration d'un tel système ne permet pas toujours la réalisation de l'effet escompté, des écueils sont inévitables. Depuis que le système d'analogie a été définitivement aboli par le Code pénal 1997, les objectifs inhérents à la légalité pénale ont toutefois été fortement influencés par le système qui prévalait à l'époque.

Une certaine forme du principe de l'analogie subsiste dans le Code pénal de 1979, mais doit faire l'objet d'un examen et être approuvée par la Cour suprême. L'abolition du principe de l'analogie peut amener toutefois des interprétations élargies défavorables aux accusés. On s'écarte alors de l'intention originale d'abolir ce principe. Cela pourrait amener à la limite à des conclusions telles que la mendicité qui constitue un délit d'exploitation illégale. Prenons le problème de la condamnation pour « arbitrage truqué dans les matchs de football » comme exemple : un arbitre de football collectant de l'argent au noir et passant des appels visant la tricherie exerce certainement une influence néfaste dans la société et les fans de football constituent des victimes qui ressentent une grande indignation. En revanche, l'arbitre n'est ni un « fonctionnaire de l'État », tel que mentionné au paragraphe 1 de l'article 93 du Code pénal, ni « une personne qui effectue un service public » et qui est considérée comme un fonctionnaire, tel que mentionné au paragraphe 2 du même article. L'arbitrage n'est qu'une partie d'un match sportif et il serait de toute façon inapproprié de le considérer comme « un service public », aussi les actes de l'arbitre ne constitue pas une corruption, tel que prévu à l'article 385 du Code pénal. Par ailleurs, l'association de football à laquelle l'arbitre est affiliée n'est pas une « société ou entreprise » visée à l'article 163 du Code pénal (avant la promulgation de l'amendement 6), de sorte que le délit de corruption commis par le personnel de la société ou de l'entreprise n'est pas valablement constitué. Cependant, sous la pression de l'indignation populaire, le Parquet populaire suprême a interprété, à l'encontre du défendeur, la nature de l'« arbitrage truqué » entraînant une responsabilité criminelle. Les modifications apportées par l'amendement (VI) témoignent de l'inadéquation de l'article qui prévalait alors afin de condamner ce type de comportement.

III. Opinion publique et développement de l'état de droit par le système pénal

La question de la peine de mort est le reflet clair de tension entre l'opinion publique et le système juridique pénal et constitue aussi un portrait vivant des pratiques institutionnelles. L'existence ou l'abolition de la peine de mort a suscité des débats en Chine peu après l'adoption du Code pénal de 1979. La position fondamentale de la majorité est que la peine de mort ne doit pas être abolie à l'heure actuelle, mais que son application doit être réduite au minimum. L'abolition de la peine de mort transcende les conditions historiques et implique vraisemblablement une réalité selon laquelle cette abolition verra le jour éventuellement. La peine de mort étant un recours ultime, la Chine a pour politique constante de l'utiliser le moins possible. En termes d'effet politique, le moins qu'il y a d'exécution le plus qu'on peut recevoir le soutien de tous les secteurs de la société, et surtout de celui des proches et des amis des criminels. Du point de vue idéologique, il faut surmonter l'idée erronée selon laquelle « plus la peine infligée est lourde, plus elle est révolutionnaire et que plus de morts signifie plus de fermeté » conçue pendant la période de la « Révolution culturelle » et qui peut aller à l'encontre du but recherché. Après que la peine de mort soit devenue un sujet d'actualité partout sur la planète et transcendant les siècles, la réflexion sur son maintien ou son abolition a été portée à un niveau rationnel : elle a pleinement mesuré la nécessité même de la dépendance de la réalité chinoise et des sentiments populaires à l'égard de la peine de mort pour explorer d'autres moyens de substitution dans un esprit pragmatique. À l'échelle internationale, la peine de mort est associée à la protection des droits de l'homme, ce qui est également en train de gagner une reconnaissance et un soutien auprès de la population chinoise. Mais notons que l'imposition de la peine de mort pour un très petit nombre de crimes particulièrement graves est effectivement soutenue par la plupart des citoyens.

Les raisons invoquées au soutien de l'abolition de la peine de mort servent largement à son maintien. Par exemple, la peine de mort n'est pas plus dissuasive que l'emprisonnement à vie. Chaque fois qu'un meurtre est commis, la peine de mort échoue en tant que mesure de dissuasion : elle empêche les criminels de se repentir et de prendre un nouveau départ, et même sans peine de mort, de nombreuses personnes ne tuent plus ; la peine de mort constitue une représaille cruelle et non rationnelle et un manque de respect pour la vie, et le fait que les gens soutiennent celle-ci et, parfois, aveuglément, plaident en faveur de la vengeance, c'est parce qu'ils ignorent les raisons qui militent contre la peine de mort ; une peine de mort mal utilisée constitue un acte irréversible et s'applique surtout aux pauvres ; la peine de mort amène la Chine à des difficultés en matière de coopération judiciaire internationale, notamment en matière d'extradition, et donne prise à la critique sur la question des droits de l'homme.

Cependant, le fondement du maintien de la peine de mort correspond presque à celui de ses opposants : la peine de mort possède la plus grande force de dissuasion, parce que préférer la vie à la mort constitue le plus grand instinct de l'humain. Ainsi, sans la peine de mort, davantage de meurtres seraient commis. Les cas de dissuasion de la peine de mort ne peuvent être établis que si ceux-ci fonctionnent, ce qui n'est pas évident à établir. La peine de mort peut empêcher fondamentalement la récidive. Sans celle-ci, il est indifférent qu'un gardien de prison de plus soit tué. En tant que vengeance face aux assassins, la peine de mort constitue une forme de justice tant pour la société que pour les victimes et les membres de leur famille. Les sondages d'opinion publique en ligne montrent toutefois que le public est majoritairement contre la peine de mort après avoir pris connaissance des éléments qui s'opposent à celle-ci. Le risque de détournement existe dans toutes les peines et est irrémédiable. Quant à la discrimination liée à l'application de la peine de mort, c'est une question d'application de la loi plutôt que de système. La peine de mort est un besoin de l'État plutôt qu'une ressource pour échanger avec d'autres pays. Bien sûr, certaines questions méritent d'être examinées, telles que l'influence de la peine de mort sur les familles composées d'un enfant unique et la manière de prendre en compte son coût. En réalité, seul l'humanisme permet de supprimer la peine de mort et seule la maturité d'un État et la promotion de la dignité humaine peuvent conduire le maintien de la peine de mort à une impasse.

CHAPITRE 10.

SYSTÈME JURIDIQUE DES PROCÉDURES CONTENTIEUSES ET NON CONTENTIEUSES

JI Xiangde

Les procédures contentieuses constituent l'ensemble des normes juridiques qui régissent les activités judiciaires nationales visant à résoudre les litiges sociaux, tandis que les procédures non contentieuses concernent les normes juridiques qui s'appliquent aux institutions d'arbitrage, aux organisations de médiation populaire et aux organes administratifs destinés à résoudre les litiges. Jusqu'en juillet 2013, la Chine avait établi un système de normes juridiques qui visait la procédure pénale, la procédure civile et la procédure administrative comme principaux éléments ainsi que l'arbitrage, la médiation et d'autres matières non contentieuses comme complément.

Section 1 : Système de procédure pénale

Le 1er juillet 1979, la Ve APN a délibéré et adopté le Code de procédure pénale qui constituait le premier code s'adressant à ce sujet depuis la fondation de la République populaire de Chine. Après que la Chine ait fait son entrée dans le XXIe siècle et pour s'adapter aux besoins et résoudre les problèmes en suspens dans le domaine des pratiques judiciaires, intensifier les efforts pour punir les crimes, renforcer et appliquer le concept de protection des droits de l'homme dans les procédures pénales, elle a incorporé la révision du Code de procédure pénale dans ses plans législatifs nationaux. Le 14 mars 2012, la XIe APN a officiellement adopté le Code de procédure pénale, tel que révisé.

I. Objectifs de la procédure pénale

La procédure pénale permet de réguler de façon systématique les poursuites pénales menées par des organes spécialisés de l'État en ayant pour objectif majeur de punir les infractions commises par des prévenus. Celle-ci vise également à protéger les droits de l'accusé et des autres participants durant les diverses étapes du cheminement judiciaire. Dès 2004, un amendement à la Constitution indiquait clairement que « l'État respecte et garantit les droits de l'homme ». De même, le Code de procédure pénale, amendé en 2012, mentionne à l'article 2 de ses dispositions générales la formulation selon laquelle un de ses objectifs est de respecter et de protéger les droits de l'homme, contribuant ainsi à mieux refléter l'exigence essentielle de l'État de droit, et à aider les organes de sécurité publique et les organes judiciaires à être guidés et à appliquer ce principe constitutionnel dans leurs activités.

La protection des droits de l'homme est très importante dans la procédure pénale parce que des organes spécialisés de l'État peuvent inévitablement aller au-delà de leurs pouvoirs, voire d'en abuser dans l'exercice de leurs fonctions concernant la poursuite et la punition des auteurs d'infractions, violant ainsi les droits et les intérêts légitimes des participants à la procédure, en particulier ceux des suspects et des accusés. Cela a pour effet d'entraîner des injustices et de porter gravement atteinte à la justice et au principe que le pays doit diriger conformément à la loi. Même dans les pays dotés de systèmes juridiques relativement sophistiqués, il arrive parfois que des injustices se produisent. C'est pourquoi la vaste majorité des pays prévoient généralement divers mécanismes visant à protéger les droits de l'homme dans leur procédure pénale, la Chine n'y faisant pas exception.

II. Système de preuve pénale

Le régime de preuve pénale est un élément important du système de procédure pénale. La normalisation et la systématisation de la preuve permettent à l'organe judiciaire de vérifier si un crime a été commis et de réaliser la justice. Dans la révision du Code de procédure pénale, qui s'est déroulée en 2012, les progrès du régime de la preuve pénale sont notables et de nombreuses dispositions ont été ajoutées ou modifiées : premièrement, le concept de preuve a été modifié et la classification des moyens de preuves a été perfectionnée. Le nouveau Code de procédure pénale modifie le concept de preuve sur la base de la « doctrine du matériel », en séparant la preuve matérielle de la preuve documentaire et en y ajoutant des transcriptions de l'enquête, de l'examen, de l'identification et de la reconstitution d'enquête sur la scène du crime, de données électroniques et transformant les règles relatives aux avis d'experts. Deuxièmement, des dispositions relatives à la charge du fardeau de la preuve ont été ajoutées. La charge de la preuve incombe aux parquets populaires en cas de poursuite publique et aux poursuivants dans le cadre de poursuite privée. Troisièmement, on établit pour la première fois le principe selon lequel « Nul ne peut être contraint à témoigner contre lui-même ou à admettre sa culpabilité », conformément à l'article 14(3) du Pacte international relatif aux droits civils et politiques des Nations Unies qui démontre que le nouveau Code de procédure pénale chinois respecte et protège les droits de l'homme. Quatrièmement, mettre en place un système de l'exclusion de preuves illégales en fixant l'orientation de l'exclusion absolue des preuves de paroles obtenues illégalement et l'exclusion discrétionnaire des preuves matérielles obtenues illégalement. Enfin, il améliore le système des témoignages devant les tribunaux, de protection des témoins et de leur indemnisation, permettant ainsi de résoudre dans une certaine mesure les difficultés rencontrées par ces personnes lorsqu'elles interviennent devant les tribunaux.

Parmi ces modifications, la plus importante est la mise en place d'un système de l'exclusion de preuves illégales en Chine : en 2010, la Cour populaire suprême, le Parquet populaire suprême, le ministère de la Sécurité publique, le ministère de la Sécurité de l'État et le ministère de la Justice ont publié conjointement les Dispositions sur plusieurs questions relatives à l'examen et au jugement des preuves dans les affaires de peine de mort, ainsi que les Dispositions sur plusieurs questions relatives à l'exclusion de preuves illicites dans des affaires pénales. Ces deux dispositions clarifient davantage la portée de l'exclusion des preuves obtenues illégalement, l'obligation des tribunaux populaires, des parquets populaires et des organes de sécurité publique d'exclure les preuves obtenues illégalement, la surveillance par les parquets populaires de l'obtention illégale de preuves, les procédures d'enquête sur l'exclusion des preuves obtenues illégalement devant un tribunal, etc.

Premièrement, la portée de l'exclusion des preuves obtenues illégalement. Selon l'article 54 du nouveau Code de procédure pénale, une confession d'un suspect ou d'un prévenu extorqué par la torture ou obtenue par d'autres moyens illégaux ou une déclaration d'un témoin ou d'une victime obtenue par la violence, la menace ou un autre moyen illégal doit être exclue. Si une preuve matérielle ou documentaire n'est pas obtenue conformément à la procédure légale, au point de porter gravement atteinte à la justice, une correction ou une justification devra être fournie ; autrement, cette preuve doit être exclue. De plus, l'article 95 des Interprétations de la Cour populaire suprême sur l'application du Code de procédure pénale de la République populaire de Chine dispose que le recours à des châtiments corporels ou des châtiments corporels déguisés ou l'adoption de tout autre moyen faisant que le corps ou l'esprit d'un accusé souffre au point de l'obliger à avouer un crime contre sa volonté doit être identifié comme « avoir extorqué des aveux par la torture ou d'autres moyens illégaux ». L'article 65 du Règlement de procédure pénale des Parquets populaires du Peuple (provisoire) prévoit que l'expression « d'autres moyens illégaux » désignent ceux dont le degré d'illégalité et le fait de forcer des suspects à avouer équivaut à une extorsion d'aveux par la torture, à une violence ou à une menace qui va à l'encontre des objectifs d'empêcher les suspects à avouer contre leur volonté.

Deuxièmement, l'ouverture de procédures visant à exclure des preuves obtenues illégalement. L'article 56 du nouveau Code de procédure pénale dispose que des procédures d'enquête sur l'exclusion d'éléments de preuve obtenus illégalement sont engagées dans les deux cas suivants : premièrement, au cours de l'audience, lorsque le juge estime qu'il y a obtention illégale d'éléments de preuve au sens de l'article 54 de la loi, il doit alors mener une enquête judiciaire sur la légalité de l'obtention des éléments de preuve ; deuxièmement, une partie, le défendeur ou son représentant légal, ont le droit de demander à un tribunal populaire d'exclure des preuves obtenues illégalement.

Troisièmement, la preuve de la légalité des preuves. Selon l'article 57 du nouveau Code de procédure pénale, au cours d'une enquête du tribunal sur la légalité de l'obtention des preuves, il appartient au parquet populaire de prouver que la preuve a été obtenue légalement, par exemple, en utilisant « l'enregistrement audiovisuel du déroulement de l'interrogatoire pour prouver la légalité de celuici ». Dans le cas où les preuves matérielles ne permettent pas de prouver la légalité de l'obtention de preuves, le parquet populaire peut demander au tribunal populaire de notifier les enquêteurs concernés ou d'autres personnes afin de comparaître devant le tribunal pour fournir les explications nécessaires.

Quatrièmement, les standards d'approbation des procédures pour exclure des preuves illégales. L'article 58 du nouveau Code de procédure pénale prévoit que, lorsqu'au procès, l'obtention illégale de preuves est confirmée ou ne peut être déterminée, ces preuves doivent être exclues.

III. Système de mesures de contrainte pénales

En Chine, les mesures de contrainte en procédure pénale font référence aux méthodes adoptées par les organes de sécurité publique, les parquets populaires et les tribunaux populaires pour restreindre ou priver les suspects, les prévenus ou les accusés de leur liberté individuelle conformément à la loi afin de garantir le bon déroulement du processus pénal, y compris la convocation, la libération sous cautionnement, la surveillance résidentielle, la détention provisoire et l'arrestation. Ces 5 catégories de mesures, qui constituent un système adéquat et raisonnablement structuré par ordre d'intensité croissante, peuvent répondre efficacement à différentes situations et revêtent une grande importance pour le bon déroulement de la procédure pénale et qui normalise le comportement des organes de sécurité publique et des organes judiciaires.

En réponse aux difficultés et aux problèmes rencontrés par les mesures de contrainte dans la pratique judiciaire, le nouveau Code de procédure pénale en a révisé les conditions d'application et les méthodes d'exécution.

Premièrement, pour l'application de la libération sous cautionnement, le nouveau Code ajoute 2 circonstances : « le suspect ou le défendeur est atteint d'une maladie grave ou ne peut pas vivre seul, ou est une femme enceinte ou qui allaite son propre bébé, et qui ne causera pas de danger pour la société si elle est libérée sous cautionnement » ; « le temps de garde du suspect ou du prévenu est expiré, mais son dossier n'a pas été clos et une libération sous cautionnement est nécessaire ». Pour l'exécution de la libération sous cautionnement, la loi a ajouté une disposition, à savoir : « selon les circonstances de l'affaire, un tribunal populaire, un procureur populaire et un organe de sécurité publique peuvent ordonner à un suspect ou un accusé de respecter une ou plusieurs des conditions suivantes : (1) ne pas pénétrer dans des lieux particuliers ; (2) ne pas rencontrer ou communiquer avec des personnes déterminées ; (3) ne pas s'engager dans des activités particulières ; (4) remettre son passeport et ses autres documents d'identité de voyage international et son permis de conduire à l'autorité d'exécution à des fins de conservation ».

Deuxièmement, en ce qui concerne les circonstances pour lesquelles la surveillance résidentielle est appliquée, le nouveau Code de procédure pénale les énumère de façon distincte de celles concernant la libération sous cautionnement, à savoir : (1) le suspect ou le défendeur est atteint d'une maladie grave et ne peut pas vivre seul ; (2) le suspect ou le défendeur est une femme enceinte ou une femme qui allaite son propre bébé ; (3) le suspect ou l'accusé est l'unique soutien d'une personne qui ne peut pas vivre seule ; (4) compte tenu des circonstances spéciales de l'affaire en cause ou en fonction de la nécessité de traitement de celle-ci, la surveillance résidentielle est plus appropriée ; (5) la durée de la détention est expirée, mais le dossier n'est pas clos et une surveillance résidentielle est nécessaire. Un suspect ou un défendeur, lorsqu'il remplit les conditions pour être libéré sous caution, mais ne peut ni fournir une caution ni la payer, peut être placé sous surveillance résidentielle ». En même temps, en ce qui concerne les modalités d'exécution de cette dernière, la loi ajoute une disposition : « Les autorités d'exécution peuvent surveiller les suspects ou les accusés par la surveillance électronique ou par d'autres moyens afin de savoir s'il respecte les conditions qui leur sont imposées ; et pendant la période d'investigation criminelle, elles peuvent surveiller les communications des suspects sous surveillance résidentielle ».

Troisièmement, le nouveau Code de procédure pénale précise les conditions suivantes d'application des mesures d'arrestation : lorsqu'il existe des preuves permettant d'établir l'existence d'un crime et qu'un suspect ou un accusé peut être condamné à une peine d'emprisonnement ou à une peine plus lourde, si la surveillance résidentielle est insuffisante pour prévenir l'un des dangers suivants pour la société, le suspect ou le défendeur doit être arrêtée : le suspect ou le défendeur peut commettre un nouveau crime ; il existe un danger réel pour la sécurité nationale, la sécurité publique ou l'ordre social ; le suspect ou le défendeur peut détruire ou falsifier des preuves, interférer avec le témoignage d'un témoin ou faire de faux aveux en collusion ; le suspect ou le défendeur peur faire des représailles contre une victime, un informateur ou un accusateur ; le suspect ou le défendeur tente de se suicider ou de s'échapper. Par ailleurs, lorsqu'il existe des preuves pour prouver les faits d'une infraction et qu'un suspect ou un accusé peut être condamné à une peine d'emprisonnement à durée déterminée de 10 ans et plus ou qu'il existe des preuves permettant d'établir qu'une infraction a été commise et qu'un suspect ou un accusé qui a déjà été condamné pour un crime de nature intentionnelle ou si son identité n'est pas claire, il doit être arrêté. Lorsqu'un suspect ou un accusé est en attente d'un procès et qu'il est en liberté sous caution ou sous surveillance résidentielle et qu'il enfreint gravement les dispositions relatives à sa mise en liberté sous caution ou à sa surveillance résidentielle, il peut être arrêté.

En outre, au chapitre 6 intitulé des « Mesures de contrainte » du premier titre du Code de procédure pénale, l'article 82 prévoit également « l'opération d'arrêter et d'amener » réalisée par de simples citoyens, c'est-à-dire que : « dans les cas suivants, une personne peut être immédiatement arrêtée par tout citoyen et présentée à une autorité de sécurité publique, à un parquet populaire ou à un tribunal populaire : (1) la personne est en train de commettre une infraction ou est découverte immédiatement après la commission de celle-ci ; (2) la personne est recherchée ; (3) la personne s'est évadée d'une incarcération ; (4) la personne est poursuivie par la police ». Par essence, « l'opération d'arrêter et d'amener » ne ressort pas des mesures pénales de contrainte, mais d'un moyen accordé par la loi aux citoyens pour lutter contre les crimes et aider les organes de sécurité publique à capturer les suspects et les accusés. Elle revêt donc une signification très positive.

IV. Système de défense pénale

Relativement au système de défense pénale, la révision du Code de procédure pénale, en 2012, a résolu de nombreux problèmes qui existaient antérieurement. Elle protège et garantit le droit à la défense pleine et entière des suspects et des accusés. Cette révision couvre les aspects suivants :

Premièrement, il est clairement indiqué que les suspects peuvent maintenant recourir à un défenseur au stade de l'enquête. Selon le Code de procédure pénale de 1979, un avocat ne pouvait intervenir que durant la phase du procès. Bien entendu, même si un avocat peut intervenir au stade de l'enquête, à ce moment-là on ne peut pas véritablement dire que l'avocat est un véritable « défenseur ». Il est alors généralement qualifié comme une « personne fournissant une assistance juridique » par les théoriciens chinois.

Deuxièmement, en réponse aux problèmes qui existaient auparavant et qui étaient qualifiés par l'expression « des 3 difficultés en matière de défense pénale » (difficulté de rencontrer l'accusé, difficulté de consulter des pièces du procès et difficulté d'enquêter et d'obtenir des preuves) et sur la base de la Loi sur les avocats publiée en 2007, le nouveau Code de procédure pénale a résolu dans une large mesure ces problèmes. Premièrement, on améliore les procédures de rencontre des avocats avec les suspects et les accusés : (1) on supprime la disposition selon laquelle les enquêteurs pouvaient être présents lors de rencontres entre les suspects et les avocats, garantissant ainsi leurs pleins échanges ; (2) pour les affaires pénales ordinaires, à l'exception de l'atteinte à la sécurité nationale, des activités terroristes et de la corruption particulièrement grave, la rencontre entre les suspects et les avocats se déroulera comme suit : un avocat de la défense, n'étant plus soumis à l'autorisation de l'organe d'enquête judiciaire, peut rencontrer un suspect ou un accusé en garde à vue dans une maison d'arrêt sur la base d'un « brevet d'avocat, d'un certificat délivré par un cabinet d'avocats et d'une procuration ou d'un document officiel d'assistance juridique » ; (3) la rencontre entre un avocat et un suspect ou un accusé ne doit pas être surveillée par écoute électronique ou autrement. Deuxièmement, on améliore les dispositions relatives au droit des avocats de consulter les documents de l'affaire et on élargit la portée des documents que les avocats de la défense peuvent consulter au stade de l'instruction et de la poursuite. En matière d'enquête et d'obtention de preuves, le nouveau Code de procédure pénale ne modifie pas véritablement les articles relatifs au droit d'enquête des avocats et à l'obtention de preuves, mais améliore la situation dans d'autres aspects notamment en matière de collecte des preuves pour prouver l'innocence du suspect ou de l'accusé ou ayant pour effet d'atténuer sa responsabilité.

Troisièmement, on perfectionne le système d'aide juridique en matière pénale, qui contient notamment les dispositions suivantes : lorsqu'un suspect ou un prévenu n'a pas les moyens de se faire assister par un avocat de la défense, le système d'aide juridique doit lui fournir un avocat gratuitement. Depuis le nouveau Code de procédure pénale, promulgué en 1996, qui prévoyait déjà l'aide juridique, la Chine a alors mis en place, après plus de 10 ans de développement rapide, un système complet d'assistance juridique dans le domaine pénal. Jusqu'à la fin de l'année 2011, 3672 bureaux d'aide juridique ont été établis au pays et la couverture totale de ce système a été réalisée dans les régions administratives situées au-dessus du niveau du comté. En 2011, les institutions d'aide juridique du pays ont traité 113 717 affaires d'aide juridique au pénal[1]. Malgré cette initiative, le système d'aide juridique en matière pénale rencontrait encore quelques difficultés. Le nouveau Code de procédure pénale a donc été modifié de façon importante pour pallier ces difficultés : (1) le nombre de bénéficiaires de l'aide juridique en matière pénale passe de 3 catégories (mineurs, aveugles, sourds, muets et personnes passibles de la peine de mort) à 5 en y ajoutant « une personne qui souffre de maladie mentale, mais qui n'a pas complètement perdue sa capacité de discernement ou de contrôler son comportement » et « une personne pouvant être condamnée à la réclusion criminelle à perpétuité » ; (2) le moment à partir duquel on doit fournir l'aide juridique a été devancé pour inclure les phases de l'enquête et de l'instruction menée par le parquet. On doit alors dispenser une aide juridique gratuite aux 5 types de personnes susmentionnées qui n'ont pas les moyens de se faire assister par un défenseur ; (3) les moyens de fournir l'aide juridique ont

1 « Graphique de données de l'aide juridique nationale au fil des ans », http://www. chinalegalaid. gov. cn/ (http://www. chinalega-laid. gov. cn/China_legalaid/content/2010-08/27/ content_2263187. htm? node = 24953).

été modifiés. Au lieu de désigner par le tribunal un avocat chargé de fournir une aide juridique pour agir en défense comme cela existait auparavant, c'est maintenant au suspect ou à l'accusé de faire une demande auprès d'un bureau d'aide juridique, ou encore à l'un de ses proches, afin d'obtenir les services d'un avocat. À défaut de le faire, un tribunal populaire, un parquet populaire et les organes de sécurité publique doivent faire une notification à une institution d'aide juridique afin de désigner un avocat pour assurer la défense du suspect ou de l'accusé. On transfère ainsi la responsabilité de fournir l'aide juridique à des institutions, créées par le gouvernement, qui sont spécifiquement dédiées à ce service.

V. Procédures d'enquête criminelle

En Chine, l'enquête constitue une procédure indépendante dans le cadre du processus pénal. Dans les procédures d'enquête, les organes de sécurité publique ont pour tâche principale de mener des enquêtes sur les affaires pénales qui ont été enregistrées, de rassembler et découvrir des preuves qui permettent de prouver que le suspect est coupable ou qu'il est innocent ainsi que de vérifier s'il s'agit d'un crime mineur ou sérieux. Les autorités chargées de l'enquête ont également pour tâche principale de protéger les personnes innocentes de toute responsabilité pénale, de respecter et de protéger les droits de l'homme, de garantir les droits procéduraux des suspects et des autres justiciables qui participent au processus pénal. Les activités d'enquête qui sont contraignantes et de nature secrète peuvent porter atteinte aux droits et intérêts légitimes des suspects et des autres justiciables. De nombreux cas d'injustice commencent au cours des procédures d'enquête. En vue de renforcer la protection des droits de l'homme dans le cadre de la procédure pénale, le nouveau Code de procédure pénale, publié en 2012, améliore de nombreux éléments des activités d'enquête.

Premièrement, le nouveau Code instaure et perfectionne les systèmes relatifs à l'interrogatoire des suspects, notamment en annulant l'obligation qu'ils « fournissent des informations véridiques », tout en confirmant le principe de non-auto-incrimination forcée. De plus, la durée maximale des interrogatoires, les lieux dans lesquels on peut les tenir et les lieux de détention de suspects ont été strictement définis. Le nouveau Code de procédure pénale prévoit expressément que, dans le cas d'un suspect qui a été transféré dans un établissement de détention pour une garde à vue, les enquêteurs doivent l'interroger à cet endroit. Enfin, afin de prévenir les abus de pouvoir de la part des organes d'enquête et de dissuader les comportements illicites tels que l'extorsion d'aveux par la torture, le nouveau code établit également le système d'enregistrement audio et vidéo tout au long de l'interrogatoire. À l'égard de l'interrogatoire de suspects qui sont d'âge mineur, le code instaure également un système particulier, protégeant ainsi efficacement les droits et intérêts légitimes de ces suspects.

Deuxièmement, il renforce la surveillance des parquets concernant les enquêtes et accorde aux parties intéressées le droit de se plaindre des comportements illégaux lors des enquêtes. En Chine, en tant qu'organes publics de surveillance juridique, les parquets exercent une importante fonction de surveillance des enquêtes menées par les organes de sécurité publique et ses agents. Le nouveau Code de procédure pénale vise notamment à renforcer le contrôle exercé par les parquets concernant les enquêtes : lors de la réception de toute information, plainte ou dénonciation ou encore de la découverte que des enquêteurs ont recueilli des éléments de preuve par des moyens illégaux, les parquets doivent alors procéder à une enquête et faire les vérifications nécessaires. Lorsqu'on s'aperçoit qu'une telle conduite constitue une infraction, les personnes concernées doivent faire l'objet d'une poursuite pénale et le parquet doit exclure les preuves obtenues illégalement. Le nouveau Code accorde aussi à la partie concernée, à son avocat et à une autre personne intéressée, le droit de porter plainte ou de déposer une pétition au parquet populaire du même niveau ou d'un niveau supérieur s'ils sont d'avis qu'un organe d'investigation, un parquet populaire ou un tribunal populaire ou l'un de ses membres a entravé l'exercice légal de ses droits. Après avoir reçu une plainte ou une pétition, le parquet populaire saisi doit examiner celle-ci en temps utile et informer les autorités compétentes des corrections à apporter si les faits reprochés sont confirmés.

Troisièmement, on ajoute des dispositions relatives aux mesures d'enquêtes techniques. Avec le développement continu de la science et de la technologie, des crimes violents graves mettant en péril la sécurité nationale ou relatifs aux activités terroristes se développent d'une façon plus sophistiquée et plus dissimulée. Cela a pour effet de causer non seulement un préjudice social croissant, mais rend également plus difficile la répression de tels crimes. Pour découvrir et enquêter efficacement sur ces derniers, de nombreux pays du monde ont doté les organes d'enquête de pouvoirs d'enquête secrets par le biais de la législation (surveillance audio et vidéo, enquêtes sur une organisation par l'infiltration en tant qu'agent secret, activité de la police secrète, etc.). Mentionnons, à cet égard, à titre d'illustration le Patriot Act publié par les États-Unis. Afin de s'adapter et de punir de tels crimes dans ce nouveau contexte, de rassembler rapidement les preuves, de dépister et de rattraper les criminels, le nouveau Code de procédure pénale, publié en 2012, a ajouté une section intitulée « Mesures d'investigation techniques » au chapitre 2 du titre 2, qui inclut les enquêtes techniques, les enquêtes secrètes et les livraisons surveillées dans le cas de stupéfiants. Comme certaines mesures sont directement liées à la vie privée des citoyens, le nouveau Code de procédure pénale a établi des procédures d'autorisation pour garantir l'équilibre entre la « punition des infractions » et la « protection des droits de l'homme » et qui visent à rendre l'utilisation de ces mesures spéciales, les procédures de contrôle juridictionnel et la fixation des délais conformes aux lois fondamentales de la procédure pénale.

VI. Procédures de jugement pénal

Partout dans le monde, les pays qui adoptent le système juridique anglo-américain, ou le système juridique continental, les procédures entourant l'exercice visant à rendre un jugement pénal constituent une étape importante pour traiter les questions de fond d'une affaire et revêtent un caractère décisif tout au long de cet exercice. Les accusés ne peuvent pas être déclarés coupables sans avoir été jugés. À cet égard, l'article 12 du nouveau Code de procédure pénale dispose explicitement que « Nul ne peut être déclaré coupable sans être jugé ainsi par un tribunal populaire conformément à la loi ».

Afin de mieux inciter les tribunaux populaires à exercer l'autorité judiciaire qui leur est conférée par l'État, à établir correctement les faits, à réprimer les crimes et à protéger les droits et intérêts légitimes de l'accusé, le nouveau Code a apporté des modifications importantes dans les procédures chinoises menant au jugement, notamment :

Premièrement, il ajoute un système de conférence préparatoire avant l'audience du tribunal. Le paragraphe 2 de l'article 182 du nouveau Code de procédure pénale indique : « Avant l'ouverture d'une audience du tribunal, les juges peuvent organiser une rencontre avec le procureur général, l'accusé, ses avocats et les avoués afin de recueillir des informations et entendre leurs opinions sur des questions telles que la récusation, la liste des témoins et l'exclusion de preuves obtenues illégalement ou toute autre question liée au procès ». À cet égard, l'article 183 des Explications relatives à l'application du Code de procédure pénale de la République populaire de Chine, adopté par la Cour populaire suprême, contient des dispositions spécifiques sur les circonstances dans lesquelles une conférence préparatoire doit être organisée devant un tribunal, à savoir : (1) les parties concernées, leurs défenseurs ou leurs avoués demandent l'exclusion de preuves illégales ; (2) les éléments de preuve sont nombreux et l'affaire est importante et complexe ; (3) l'influence sociale de l'affaire est importante ; (4) il existe d'autres circonstances pour lesquelles il est nécessaire de convoquer une conférence préparatoire avant une audience du tribunal. L'ajout du système de convocation d'une conférence préparatoire avant l'audience aide à protéger les droits procéduraux des parties, concentre le débat à l'audience sur des questions majeures et améliore l'efficacité des litiges.

Deuxièmement, il définit l'étendue des affaires qui doivent être entendues en seconde instance. L'article 223 du nouveau Code prévoit que : « Un tribunal populaire de deuxième instance doit constituer un tribunal collégial pour entendre les affaires suivantes : (1) une affaire portée en appel lorsqu'un accusé, un poursuivant privé ou son représentant a soulevé une objection concernant les faits et la preuve qui ont été établis en première instance et qui peuvent affecter la condamnation et la sentence ; (2) une affaire portée en appel lorsque l'accusé a été condamné à mort ; (3) une affaire a été portée en appel au moyen de protestations de la part du parquet ; (4) toute autre affaire pour laquelle les circonstances requièrent qu'elle doit être jugée en audience devant cette cour ». Pour une affaire qui ne doit pas être entendue en audience publique, le tribunal populaire de deuxième instance doit interroger l'accusé et entendre l'opinion des autres justiciables concernées, des défenseurs et des avoués.

Troisièmement, il ajoute des dispositions restrictives sur le renvoi d'une affaire à une instance de jugement : l'article 225 du nouveau Code indique que si l'appelant ou le parquet interjette appel après le renvoi d'une affaire au tribunal initial en raison du non éclaircissement de faits ou de l'insuffisance de la preuve, le tribunal de seconde instance ne doit pas renvoyer l'affaire à nouveau devant le tribunal de première instance initiale, mais doit la juger ou statuer conformément à la loi. L'article 226, pour sa part, énonce que, dans une affaire renvoyée par le tribunal de seconde instance devant le tribunal de première instance, celui-ci ne doit pas aggraver la peine infligée à l'accusé, sauf en cas de nouveaux faits concernant le crime ou que des poursuites additionnelles sont menées par le parquet.

En outre, le nouveau Code de procédure pénale prévoit les circonstances pour lesquelles les témoins, la police populaire et les experts en identification témoignent devant un tribunal, ainsi que les conséquences du refus du témoin de comparaître ou de témoigner». Il prolonge les délais pour en appeler du jugement de première instance, étend le champ d'application des procédures simplifiées et ajoute un article selon lequel la Cour suprême en réexaminant une affaire de peine de mort doit interroger l'accusé et entendre son avocat si ce dernier en fait la demande.

VII. Procédures d'exécution et procédures spéciales

Dans les procédures d'exécution, le nouveau Code de procédure pénale ajoute le système de correction communautaire. Il a fallu 3 ans pour que ce système entre dans le champ de vision officiel en 2000 et fasse l'objet d'un projet pilote à grande échelle en 2003. La correction communautaire a alors connu un développement rapide en peu de temps. Avec l'introduction de l'Amendement au droit pénal (VIII) et l'adoption du nouveau Code de procédure pénale, le système de correction communautaire s'est officiellement imposé dans le droit pénal chinois.

Au fur et à mesure que la division sociale du travail s'affine et que les infractions criminelles se complexifient, la mise en place de procédures pénales spéciales pour certains types d'infractions est devenue un besoin urgent et réel pour le système de justice pénale afin d'améliorer son efficacité, ses coûts et de s'ajuster à d'autres valeurs. Le nouveau Code de procédure pénale prévoit notamment un livre spécial qui modifie l'ancien code et qui y ajoute 4 types de procédures spéciales, à savoir les procédures pénales pour les crimes commis par les mineurs, les procédures pour les poursuites publiques dans lesquelles les parties se sont réconciliées, les procédures de confiscation des revenus illégaux dans les cas où un suspect ou un défendeur criminel s'est enfui ou est décédé, les procédures de traitement médical obligatoire pour les personnes souffrant de maladies mentales et qui ont été déclarées non criminellement responsable. Parmi ces procédures, les 2 dernières, nouvellement ajoutées dans les procédures judiciaires pénales chinoises, comblent les lacunes des procédures contentieuses spéciales et ont un caractère novateur et ouvrent le chemin à de nouvelles voies.

Section 2 : Système juridique en procédure civile

En septembre 1979, la Commission des affaires législatives du Comité permanent de l'APN a officiellement créé un groupe de travail chargé de rédiger un projet de loi sur la procédure civile. En décembre 1981, la 4e session de la Ve Assemblée populaire nationale a adopté de façon préliminaire le Projet de loi de procédure civile de la République populaire de Chine. Selon l'avis des députés de l'APN et des ministères concernés, le projet a été publié pour être mis en œuvre à titre d'essai. En mars 1982, la 22e session du Ve Comité permanent de l'APN a examiné et modifié ce projet de loi, qui a été mis à l'essai le 1er octobre 1982. Après 9 ans d'essai, le 9 avril 1991, la 4e session de la VIIe APN a délibéré et adopté le Code de procédure civile, qui était le premier code couvrant cette matière en Chine. Par la suite, le 28 octobre 2007, la 30e session du Comité permanent de la Xe APN a adopté les Décisions sur la modification du code de procédure civile de la République populaire de Chine et a achevé la modification de ce Code pour la première fois. Après plus de 4 ans de discussions et de recherches, le 31 août 2012, la 28e session du comité permanent de la XIe APN a délibéré et adopté la Décision portant modification du code de procédure civile de la République populaire de Chine et a modifié le code de procédure civile pour une deuxième fois, dans le cadre d'une réforme plus complète.

I. Principes de base de la procédure civile

Les principes de base de la procédure civile guident le déroulement des phases clés des litiges de nature civile. Ces principes reflètent la philosophie et la pensée législative de cette matière qui prévalent en Chine, orientent les justiciables, leur avocat et les tribunaux lorsqu'il y a des litiges et ont pour fonction d'interpréter et de combler les lacunes quant à l'application de la loi[1]. Selon les dispositions des articles 5 à 17 du Code de la procédure civile chinoise, les principes de base de ce droit prévoient principalement :

Premièrement, le Code inclut le principe de l'indépendance judiciaire, qui est un principe fondamental généralement établi dans les pays modernes, par lequel les tribunaux doivent juger les affaires de façon indépendante selon la loi et ne doivent souffrir d'aucune ingérence des organes administratifs, des groupements

1 SONG Chaowu, Droit procédural civil (3e édition), China University of Political Science and Law Press, 2012, p. 66.

sociaux ou des individus. Les articles 123 et 126 de la Constitution chinoise contiennent également des dispositions précises à ce sujet.

Deuxièmement, il comprend le principe du contrôle du parquet : en Chine, les parquets sont non seulement des organes du ministère public chargés des poursuites pénales, mais également des organes de surveillance de l'État chargés de superviser l'application du droit national. Modifié en 2012, le champ de surveillance des parquets populaires a été élargi pour passer de celles des « activités judiciaires civiles » à celles des « activités d'exécution civiles », c'est-à-dire un pouvoir de contrôle couvrant l'ensemble de la procédure civile. On remarque que peu de magistrats ont mal utilisé le pouvoir juridictionnel des tribunaux ou même abusé de celui-ci par manque de compétence ou d'éthique professionnelle, entraînant ainsi des jugements mal fondés. Inciter l'ensemble du personnel judiciaire à utiliser leur pouvoir judiciaire conformément à la loi, par le biais du contrôle des parquets sur les procès civils, est essentiel pour la construction de la démocratie socialiste et de l'État de droit.

Troisièmement, on a aussi édicté le principe des langues nationales parlées et écrites. La Chine, on l'a dit, est un pays pluriethnique comprenant 56 nationalités. L'article 134 de la Constitution indique que « Les citoyens de toutes les nationalités chinoises ont le droit d'utiliser leur propre langue parlée et écrite d'origine au cours des procès ». L'article 11 du Code de procédure civile, pour sa part, prévoit la même règle.

Quatrièmement, le Code inclut le principe de l'égalité des droits procéduraux des justiciables. Il énonce dans son article 8 que toutes les parties à une action civile doivent bénéficier des mêmes droits procéduraux. Il ajoute que lorsqu'ils jugent des affaires civiles, les tribunaux populaires doivent préserver et faciliter l'exercice des droits procéduraux de toutes les parties et les traiter également dans l'application de la loi.

Cinquièmement, le Code comprend le principe de la médiation par les tribunaux. Le règlement des litiges par la médiation est une incarnation particulière de la culture juridique traditionnelle chinoise dans les procédures civiles : lors du procès civil, les deux parties doivent, sous la direction du juge et sur la base de leur propre volonté, tenter de régler les litiges par le biais de consultations et dans un rapport d'égalité. »

Enfin, le principe de la bonne foi dans le système de la procédure civile est instauré et constitue un élément nouveau émanant de la révision du Code de procédure civile, en 2012. Ces dernières années, dans les procès civils de toutes les régions chinoises, des fraudes judiciaires ont eu lieu : des preuves présentées par les parties étaient fausses et de nombreux témoins se sont parjurés, affectant gravement la possibilité de vérifier les faits et d'appliquer correctement les lois. En vue d'encourager la bonne foi de toutes les personnes qui interviennent dans les procès civils et de limiter de nombreuses sortes de fraudes procédurales, on l'a dit, un amendement a été ajouté au Code de procédure civile, en 2012, à l'article 13, qui se lit comme suit : « le principe de bonne foi doit être respecté dans les procédures civiles ». En même temps, pour mieux favoriser l'application de ce principe, on a ajouté 2 dispositions au chapitre 10 intitulé « Des mesures de contrainte contre l'entrave au déroulement du procès civil » : l'article 112, à l'égard des parties qui tentent de violer les droits et intérêts légitimes d'autrui de manière malicieuse, par l'introduction d'une procédure judiciaire ou d'une médiation, le tribunal du peuple doit alors rejeter leurs demandes et leur imposer une amende ou une mise en détention en fonction des circonstances et ces parties doivent être l'objet de poursuites pénales selon la loi. L'article 113, quant à lui, vise le cas de la collusion malveillante entre une partie qui fait l'objet d'une exécution judiciaire et toute autre partie, et ce, afin d'échapper à des obligations légales mentionnées dans un document juridique dans le cadre d'un litige, d'un arbitrage ou d'une médiation, le tribunal populaire doit alors leur infliger une amende ou une détention selon la gravité des circonstances et ces parties doivent être l'objet de poursuites pénales selon la loi.

En outre, le Code de procédure civile énonce le principe selon lequel lors d'une audience les faits doivent être considérés comme la base et la loi le standard applicable, le principe du traitement équitable et de réciprocité, le principe du droit pour les parties de se faire entendre et celui selon lequel les parties ont le droit, dans les limites fixées par la loi, de disposer de leurs propres droits civil et procéduraux.

II. Systèmes de compétence juridictionnelle civile et de récusation

Le système de compétence juridictionnelle civile est un système procédural par lequel on détermine la compétence des divers niveaux des tribunaux. Dans le cadre du nouveau Code de procédure civile promulguée en 2012 on a partiellement révisé ce système, notamment dans les cas suivants :

Premièrement, en ajoutant un système de compétence territoriale spéciale pour les procès des sociétés. Le paragraphe 3 de l'article 30 du Code de procédure civile (à l'essai), publié en 1982, prévoyait en effet que : « Un procès mettant en cause un enregistrement est de la compétence du tribunal populaire du lieu où se trouve le bureau où cet enregistrement a été effectué ». Toutefois, ce paragraphe a été supprimé lors de la révision du Code de procédure civile, en 1991. Des lacunes législatives sont ainsi apparues concernant la compétence juridictionnelle des litiges liés aux sociétés. Le nouveau Code de procédure civile ajoute à l'article 26 une disposition relative à une compétence territoriale spéciale qui se lit de la façon suivante : « l'action intentée pour un litige né de l'incorporation, de la confirmation de l'éligibilité d'un actionnaire d'une compagnie, de la distribution des profits ou de la dissolution d'une compagnie est de la compétence du tribunal populaire du lieu où se trouve le domicile de la compagnie ».

Deuxièmement, en élargissant le champ des affaires applicables liées à différents types de contrats et du choix des tribunaux compétents et en intégrant les systèmes de compétence contractuelle dans les procédures civiles nationales et étrangères ; ainsi, l'article 34 du nouveau Code de procédure civile étend le champ d'application en prévoyant que les parties, à une dispute contractuelle ou à toute autre dispute concernant tout bien, peuvent s'entendre par écrit qu'elles seront assujetties à la juridiction du tribunal populaire de l'endroit qui a des liens avec l'affaire en cause, comme l'endroit où le défendeur est domicilié, celui où le contrat est exécuté, celui où le contrat est signé, celui où le demandeur est domicilié, où l'endroit où l'objet du contrat est situé, etc., pourvu qu'une telle entente ne viole pas une loi prévoyant la juridiction exclusive des tribunaux. On intègre pleinement les concepts selon lesquels le Code de procédure civile respecte l'autonomie des parties et facilite leurs procédures judiciaires. Des restrictions ont été imposées à cet élargissement en l'encadrant dans les litiges relatifs à certains droits ou intérêts portant sur un bien. Bien entendu, il ne s'agit pas d'un concept juridique très clair, et les tribunaux peuvent avoir du mal à juger la nature des litiges, ce qui fait que ce concept reste à clarifier dans la législation future ou dans les interprétations judiciaires. Cet article élargit le champ du choix des tribunaux en ajoutant, à l'article qui le précède, la juridiction du tribunal populaire « de l'endroit où l'objet du contrat est situé ». Enfin, le nouveau Code de procédure civile modifie l'ancien régime législatif de compétence contractuelle des procédures civiles nationales et étrangères prévu respectivement aux articles 25 et 242, en supprimant l'article 242 et en appliquant de manière uniforme les règles de l'article 34 de la nouvelle loi qui consacre l'application du principe du traitement national dans le domaine de la procédure civile.

Troisièmement, en modifiant le système de transfert de compétence : au cours des dernières années, certains tribunaux locaux ont mis en œuvre un protectionnisme local en tirant parti du « transfert descendant » de compétence, qui nuit aux intérêts des parties au procès et qui porte atteinte au système judiciaire. L'article 38 du nouveau Code de procédure civile prévoit une restriction au système par lequel la compétence des tribunaux d'un niveau supérieur est déléguée à des tribunaux de niveau inférieur, c'est-à-dire : « que lorsqu'il est nécessaire pour un tribunal populaire, à titre de tribunal de première instance de transférer une affaire civile à un tribunal inférieur, il doit demander une autorisation à son tribunal supérieur » afin d'éliminer l'impact négatif du protectionnisme local sur la compétence juridictionnelle.

En outre, le Code de procédure civile a ajouté des dispositions relatives à la compétence juridictionnelle de référer. Le deuxième alinéa de l'article 127 dispose que : « lorsqu'une partie ne soulève aucune objection à la compétence juridictionnelle de l'affaire en cause, comparaît et soumet une défense, celle-ci est réputée avoir accepté la juridiction du tribunal populaire saisi de l'action, à moins d'une violation des dispositions concernant la compétence juridictionnelle par niveau et de la compétence exclusive d'un tribunal ».

L'article 44 du nouveau Code de procédure civile améliore le système de récusation d'un officier judiciaire principalement sous deux aspects : premièrement, le paragraphe 1 de cet article définit l'obligation de récusation volontaire du personnel judiciaire, c'est-à-dire que, lorsque les circonstances de récusation énumérées dans l'article sont rencontrées, un officier doit se récuser volontairement; deuxièmement, on indique que « lorsqu'un officier judiciaire accepte tout cadeau ou une invitation à un repas d'une partie à un procès ou d'un avoué de celle-ci ou les rencontrent en violation des dispositions légales, les autres parties ont le droit de demander la récusation de cet officier de l'affaire en cause ». En même temps, le paragraphe 3 nouvellement ajouté, prévoit que les officiers judiciaires qui commettent toute violation décrite au paragraphe 2 sont passibles de responsabilité légale et doivent faire l'objet d'une enquête.

III. Système des jurés du peuple

Les jurés font partie du système judiciaire chinois et participent aux actions judiciaires à titre de juges non professionnels. Certains pays de droit anglo-américain appliquent le système du jury alors que des pays de droit continental incluent ce système de participation. Selon le système des jurés du peuple, les assesseurs populaires de tous les rangs de la société jouissent des mêmes droits et obligations que les juges et participent aux décisions des affaires dans un cadre spécifique, incarnant la démocratisation judiciaire dans les procédures civiles en Chine. À cause du retard de la construction systémique du système judiciaire, les jurés du peuple n'ont pas joué traditionnellement un rôle important dans les activités de nature civile en Chine. À ce sujet, le Comité permanent de l'APN a promulgué une Décision sur l'amélioration du système des jurés du peuple (abrégé en Décision sur le jury), qui est entrée en vigueur le 1er mai 2005. La Décision sur le jury perfectionne le système des jurés du peuple chinois en matière de qualifications, de droits et obligations, de la portée des procès impliquant la participation des assesseurs populaires et d'autres aspects, qui revêtent une grande importance pour la promotion de la démocratie judiciaire, l'instauration de la justice et la sauvegarde de l'autorité judiciaire.

Premièrement, mentionnons les qualifications et la nomination des assesseurs populaires. Conformément aux dispositions de l'article 4 de la Décision sur le jury, un citoyen doit, pour exercer ses fonctions d'assesseurs : (1) respecter la Constitution de la République populaire de Chine; (2) avoir 23 ans; (3) avoir une bonne conduite et être équitable et honnête; (4) être en bonne santé. Les assesseurs populaires doivent avoir un niveau d'instruction supérieur ou égal à celui d'une école professionnelle ou d'une université. Comme la rédaction de jugements constitue un travail juridique très spécialisé, un citoyen qui sert d'assesseur doit avoir un certain niveau d'instruction. En raison du développement culturel moins développé dans diverses régions de Chine, l'article 2 des Avis sur les travaux de nomination, de formation et d'évaluation des assesseurs populaires publiés par la Cour populaire suprême et le ministère de la Justice indique que : « la condition culturelle de nomination des assesseurs populaires peut être assouplie pour toute région qui éprouve des difficultés réelles à appliquer la disposition, ou pour tout citoyen âgé, mais qui jouit d'un prestige élevé ». En outre, un citoyen ne peut pas servir d'assesseur populaire s'il a déjà été condamné pénalement pour une infraction ou a été révoqué de la fonction publique. Aucun membre du personnel d'un tribunal populaire, d'un parquet populaire, d'un organe de sécurité publique et d'un autre organe de l'État ne peut servir à titre d'assesseur populaire. Il existe 2 façons de nommer un assesseur populaire : un citoyen peut se présenter de son propre chef ou peut être recommandé par son unité ou par une organisation de base du lieu de sa résidence permanente immatriculée à un tribunal populaire de base. Après avoir examiné une candidature, celle-ci doit être agréée par l'organe judiciaire administratif compétent qui demande alors sa nomination au comité permanent de l'assemblée populaire du même niveau.

Deuxièmement, indiquons la portée des procès impliquant des assesseurs populaires. Conformément aux dispositions de l'article 2 de la Décision sur le jury, un panel collégial est formé par des assesseurs populaires et des juges pour entendre les affaires suivantes : de toute nature ayant un impact relativement important sur la société ; lors de la demande du défendeur dans une affaire pénale, de la part du demandeur ou du défendeur dans une affaire civile ou du demandeur concernant une affaire administrative. En raison du manque de compétences juridiques suffisantes, les assesseurs populaires ne peuvent pas entendre les référés qui doivent être jugés par un juge unique, ni les affaires relatives aux procédures de recouvrement des créances et les procédures de comparution publique en matière civile.

Troisièmement, citons les droits et obligations des assesseurs populaires. Le paragraphe 3 de l'article 39 du nouveau Code de procédure civile prévoit que, dans l'exercice de leurs fonctions, les jurés jouissent des mêmes pouvoirs et des mêmes obligations que les juges. L'article 1 de la Décision sur le jury, pour sa part, indique que les assesseurs jouissent des mêmes droits que les juges, à l'exception de celui de présider une audience. En effet, comme ce dernier organise et contrôle une audience, il a besoin de posséder une expertise juridique et une expérience étendue en matière de décisions judiciaires, les assesseurs populaires ne peuvent donc être qualifiés pour agir comme président. Ils constituent toutefois une partie entière du système de collégialité et peuvent donc exercer leur droit de vote de manière indépendante afin de rendre une décision. On l'a dit, les assesseurs populaires ont les mêmes obligations qu'un juge, notamment en ce qui concerne les obligations légales de récusation, les dispositions relatives à l'accomplissement des tâches des juges, la conservation des secrets judiciaires, l'obligation de respecter l'étiquette judiciaire et de participer à la défense de l'image du pouvoir judiciaire.

IV. Système des parties à l'action et système des avoués

En ce qui concerne le système des partis à l'action, le principal fait saillant de la modification du Code de procédure civile effectuée en 2012 est qu'il établit pour la première fois le système d'une action basée sur l'intérêt public. L'article 55 du nouveau Code dispose que : « des institutions légalement désignées par la loi ou des organisations compétentes peuvent initier des procédures auprès d'un tribunal populaire pour des actes mettant en danger l'intérêt public, tels que le fait de causer de la pollution à l'environnement ou de porter atteinte aux intérêts légitimes des consommateurs. La mise en place de ce système est non seulement une avancée importante du Code de procédure civile, mais également un nouveau jalon dans l'histoire du système juridique chinois.

Du point de vue des articles existants, l'article 55 prescrit principalement 2 aspects de l'action d'intérêt public en Chine. Pour déterminer la portée d'une affaire, 2 points doivent être notés : le premier point est que, en ce qui concerne les intérêts légitimes des consommateurs, ceux-ci doivent concerner un vaste nombre de ceux-ci et porter atteinte aux intérêts publics. S'ils ne visent que certains intérêts individuels, cela ne fait pas partie du champ d'application de l'action d'intérêt public prévu par cet article, mais relève plutôt de la procédure civile générale, à savoir de l'action à caractère privée. Le deuxième point est que les cas pour lesquels une action d'intérêt public peut être intentée comprennent, mais ne se limitent pas aux 2 cas de « pollution à l'environnement » et de « violation des droits et intérêts légitimes de nombreux consommateurs ». Il est aussi possible d'intenter des recours concernant d'autres atteintes aux autres intérêts sociaux publics, telles que les atteintes aux actifs appartenant à l'État et les violations causées par la concurrence déloyale[1].

À l'égard du demandeur dans une action concernant l'intérêt public, le nouveau Code de procédure civile ne prévoit pas expressément quelles institutions et quelles organisations en Chine ont les qualifications requises. Étant les dispositions légales et les pratiques judiciaires concernées, les actions d'intérêt public en Chine comprennent principalement 2 types de demandeurs. Premièrement, les organes administratifs de l'État qui sont reliés à un secteur d'activité concerné par l'action en justice possède ce pouvoir. Par exemple, conformément aux dispositions de l'article 90 de la Loi sur la protection du milieu marin, les services de gestion et de surveillance du milieu marin peuvent engager des poursuites en réparation de dommages pour le compte de l'État. Deuxièmement, des associations nationales de citoyens ont aussi ce pouvoir, comme par exemple, la Fédération de l'environnement de la Chine (ACEF), qui était la demanderesse dans une affaire qui a été jugée par le tribunal populaire intermédiaire municipal de Wuxi de la province de Jiangsu et dans laquelle elle a poursuivi une société à

1 SUN Youhai, « Compréhension du système de litige d'intérêt public dans le droit de procédure civile modifié », Law Science Magazine, 2012 (12).

responsabilité limitée de conteneurs basée à Jiangsu. En outre, une controverse persiste dans les milieux académiques et professionnels de la Chine sur la question de savoir si les parquets ont le droit d'intenter une action d'intérêt public. Cependant, à l'échelle mondiale, des pays comme l'Allemagne, la France et le Royaume-Uni prévoient que les organes du parquet peuvent intenter directement une action d'intérêt public au nom de l'État, ce qui devrait être aussi le cas en Chine.

En ce qui concerne le système des avoués, en réponse au phénomène selon lequel certaines personnes monopolisent depuis longtemps et abusent même des actions en se désignant comme un avoué, le nouveau Code de procédure civile modifie les dispositions concernant les avoués pour les limiter aux personnes suivantes : un avocat ou un travailleur juridique au niveau local ; un proche parent ou membre du personnel d'une partie ; un citoyen recommandé par la communauté ou l'unité employant une partie ou qui l'est par une association compétente.

V. Système de preuve civile

Dans les procédures civiles, les éléments de preuve constituent la base permettant aux parties d'affirmer et de faire valoir leurs droits substantiels et aux tribunaux d'identifier correctement les faits de la cause et de juger équitablement les litiges civils. Par conséquent, le nouveau Code de procédure civile, publié en 2012, modifie et perfectionne plusieurs éléments du système de preuve civile.

Premièrement, il ajoute des moyens de preuve et perfectionne ceux qui existent. L'article 63 du nouveau Code de procédure civile ajoute les « données électroniques » en tant qu'élément fondamental validement admissible en preuve. De nos jours, avec le développement rapide des technologies informatiques et de communications, une plus grande attention a été progressivement accordée à celles-ci et de nombreux pays ont également entamé des travaux législatifs sur la preuve électronique. L'amendement ajouté à l'article 63 du Code facilitera l'utilisation de manière large des données électroniques dans les pratiques judiciaires en Chine. En outre, le nouveau Code de procédure civile modifie les règles relatives aux « conclusions d'expert » en les transformant en « opinions d'expert ».

Deuxièmement, le Code établit le système régissant le délai dans lequel une preuve doit être présentée. L'article 65 de celui-ci prévoit le contenu principal de ce système, qui comprend principalement les éléments suivants : premièrement, une partie doit fournir la preuve de ses allégations en temps opportun ; deuxièmement, un tribunal populaire doit, selon les demandes des parties et les circonstances de l'affaire, déterminer les éléments de preuve qu'une partie doit fournir et le délai durant lequel elle doit le faire. Troisièmement, lorsqu'il est difficile pour une partie de fournir les éléments de preuves dans le délai imparti, celle-ci peut faire une demande au tribunal populaire afin de prolonger le délai de manière appropriée. Enfin, lorsqu'une partie fournit des preuves au-delà du délai imparti, le tribunal populaire doit ordonner à celle-ci de lui fournir des explications ; si celle-ci refuse de le faire ou que la raison fournit n'est pas défendable, le tribunal populaire peut, selon les circonstances, soit juger la preuve irrecevable ou l'accepter tout en lui imposant une réprimande ou une amende. La mise en place de ce système a joué un rôle très positif dans l'amélioration de l'efficacité de la procédure, en évitant qu'une partie soit prise par surprise par une preuve, et ce, tout en protégeant les droits de toutes les parties impliquées dans un litige.

Troisièmement, il perfectionne le système des témoignages lors de l'audience. Les circonstances dans lesquelles une personne ne peut pas témoigner directement devant un tribunal sont définies par le paragraphe 1 de l'article 73 du nouveau Code qui indique que celle-ci peut le faire par écrit, au moyen d'une transmission technologique ou par un moyen audio-visuel, si elle : (1) ne peut pas comparaître devant le tribunal pour des raisons de santé ; (2) n'est pas en mesure de comparaître devant le tribunal compte tenu de l'éloignement géographique ou des difficultés de transport ; (3) ne peut pas comparaître devant le tribunal pour un cas de force majeure, tel qu'une catastrophe naturelle ; (4) n'est pas en mesure de comparaître devant le tribunal pour toute autre raison légitime. Le Code améliore aussi le système des frais liés à la comparution des témoins. À cet égard, l'article 74 du nouveau Code indique que : « Les coûts et les dépenses nécessaires encourus par un témoin, pour s'acquitter de son obligation de témoigner devant le tribunal, incluant les frais de transport, de logement et de repas, ainsi que la perte de temps de travail, doivent être assumés par la partie qui perd la cause. La partie qui demande la comparution d'un témoin doit avancer ces frais ; ou si aucune partie n'en fait pas la demande et que le tribunal populaire demande à une personne de témoigner, celui-ci doit alors avancer lesdits frais ».

Quatrièmement, le nouveau Code améliore le système d'expertise. On a ainsi ajouté des dispositions sur la demande d'expertise par une partie. L'article 76 de celui-ci prévoit qu'une partie peut demander au tribunal populaire de consentir à un examen sur une question spécialisée pour la vérification d'un fait ; lorsqu'aucune partie ne demande pas d'expertise, mais que le tribunal populaire l'estime nécessaire concernant un problème spécialisé, il doit alors désigner un expert. De plus, le Code établit un système de témoignage d'experts lors d'une audience du tribunal. L'article 78 de celui-ci mentionne que, lorsqu'une partie soulève une objection à l'opinion d'un expert ou qu'un tribunal populaire l'estime nécessaire, l'expert doit témoigner à l'audience. Si l'expert refuse de témoigner après avoir été dûment notifié, son avis d'expertise ne doit pas servir de base pour déterminer des faits, et la partie qui a payé les frais d'expertise peut en exiger le remboursement. Enfin, il ajoute une disposition selon laquelle une partie peut demander au tribunal de notifier une personne possédant une expertise particulière de comparaître devant celui-ci afin de donner son opinion sur l'avis d'un expert ou sur des questions spécialisées.

Enfin, on a ajouté un système de conservation des preuves avant le procès. Afin d'empêcher que des preuves soient détruites, perdues ou difficiles à obtenir ultérieurement, l'article 81 du nouveau Code indique que dans ces cas une partie intéressée peut, avant d'intenter une action ou de demander un arbitrage, demander au tribunal populaire de l'endroit où est situé la preuve, ou du domicile de la partie contre laquelle la demande est faite ou qui a compétence sur l'affaire, de préserver la preuve.

VI. Procédures civiles

Les procédures civiles en Chine sont principalement classées en procédures générales en première instance, procédures sommaires, procédures en deuxième instance et procédures de surveillance des audiences. Le Code de procédure civile promulgué en 2012 a modifié ces procédures.

En termes de procédures générales en première instance, ce Code a modifié le contenu suivant : premièrement, au stade de la préparation préalable des audiences, on clarifie la manière dont un tribunal populaire traite les affaires acceptées selon les circonstances spécifiques de chacune de celles-ci : (1) si les parties ne soulèvent aucune objection et que les conditions prescrites sont remplies pour la procédure de recouvrement de dettes, cette procédure doit être suivie; (2) si la médiation est appropriée pour une affaire avant que celle-ci soit entendue, on doit tenter de la résoudre par cette méthode en temps opportun; (3) en basant sur les circonstances d'une affaire, on doit déterminer s'il faut utiliser la procédure sommaire ou la procédure générale; (4) on doit décider s'il est nécessaire de prévoir une audience afin d'obliger les parties à s'échanger la preuve. La première disposition permet de réaliser une convergence entre les procédures générales et les procédures pour accélérer le paiement d'une dette et d'améliorer l'efficacité des procédures. On note également que le nouveau Code de procédure civile prévoit qu'un jugement écrit doit indiquer clairement la décision et les motifs qui la supportent en indiquant précisément son contenu. Cela a pour objectif d'assurer la crédibilité du système judiciaire. Enfin, on a ajouté à l'article 156, le droit du public de consulter les jugements, les décisions et les ordonnances sauf ceux qui concernent les secrets d'État, les secrets commerciaux et la vie privée.

En termes de procédures sommaires, le nouveau Code modifie 3 principaux éléments : premièrement, on a ajouté le système des litiges concernant les petites créances, c'est-à-dire pour les affaires adaptées aux procédures sommaires, lorsque le montant en cause est inférieur à 30 % du salaire annuel moyen de l'année précédente des employés de toutes les provinces, des régions d'autonomie nationale, des municipalités relevant directement du gouvernement central. Les litiges de petites créances pour lesquels un jugement est rendu en première instance sera généralement définitif. Deuxièmement, il élargit le champ d'application des procédures sommaires, c'est-à-dire que les parties peuvent convenir de l'application des procédures sommaires avec l'autorisation du tribunal. Troisièmement, il a ajouté une disposition relative au transfert des procédures sommaires vers les procédures générales. Ainsi, l'article 163 du nouveau Code prévoit que : « lorsqu'il entend une affaire, le tribunal qui découvre que la procédure sommaire est inappropriée à celle-ci, il peut décider de la transférer au système de procédures générales ».

En ce qui concerne les procédures en deuxième instance, le nouveau Code modifie principalement les règles relatives aux audiences et le système de renvoi d'une affaire pour réexamen. L'article 169 supprime la disposition générale selon laquelle une chambre du conseil peut directement rendre des jugements et des décisions sans tenir d'audience et son application limite au cas pour lequel aucun nouveau fait, aucune nouvelle preuve ou aucun nouveau motif n'a été soumis. Quant au système de renvoi d'une affaire pour réexamen, le Code a modifié les règles de la façon suivante : premièrement, si « le jugement, ou l'ordonnance d'origine est erroné dans la constatation des faits ou dans l'application de la loi », l'affaire ne doit plus être renvoyée pour un réexamen et le tribunal populaire de deuxième instance doit alors l'annuler, ou la modifier pour la rendre conforme à la loi. Deuxièmement, il modifie les normes qui prévalaient jusqu'à ce moment en prévoyant que « lorsque le jugement initial viole sérieusement les règles de procédures statutaires, comme, par exemple, en omettant une partie ou en prononçant un jugement par défaut illégalement, une décision doit être rendue afin de renvoyer l'affaire au tribunal d'origine pour être rejugée. Enfin, il limite le nombre de renvois d'une affaire pour réexamen, c'est-à-dire que lorsqu'une partie fait appel du jugement rendu par un tribunal populaire de première instance pour une affaire déjà renvoyée, le tribunal de deuxième instance ne peut alors la renvoyer à nouveau.

Les procédures de supervision d'un jugement, également appelées procédures de révision, réfèrent à celles qui s'appliquent lorsqu'un tribunal populaire à tout niveau trouve une erreur dans un jugement, une ordonnance ou un rapport de médiation ayant une force effective légale et estime nécessaire de la rejuger. En Chine, le principe du double degré de juridiction est adopté dans le domaine de la procédure civile. La procédure de révision va au-delà du principe du double degré de juridiction et est essentiellement une procédure de recours pour corriger les jugements exécutoires erronés rendus par les tribunaux populaires. Elle revêt une importance particulière pour protéger les droits et intérêts légitimes des parties et assurer la justice. Le nouveau Code de procédure civile promulguée en 2012 améliore davantage les procédures de révision dans les domaines suivants : tout d'abord, on a ajouté un système de recommandations du procureur. Le Code de procédure civile confirme en 1991 que la procédure de révision peut être entamée si le parquet populaire fait appel, et que les sujets visés par l'appel sont limités à la juridiction du Parquet populaire suprême ou aux parquets populaires à des niveaux supérieurs. Le procureur peut alors demander au parquet populaire du niveau supérieur de faire appel. Après la modification du Code de procédure civile en 2012, l'article 208 du nouveau Code ajoute une disposition selon laquelle lorsqu'un parquet populaire local, à quelque niveau que ce soit, constate qu'une décision juridiquement valide rendue par un tribunal populaire de même niveau contient une erreur, il peut soumettre une proposition en matière de procuration au tribunal populaire du même niveau afin de lancer une procédure de révision. Un parquet populaire à quelque niveau que ce soit a le pouvoir de présenter au tribunal populaire du même niveau, une proposition de procuration concernant toute violation de la loi par un membre du personnel judiciaire dans les procédures judiciaires qui sort du cadre de la procédure de supervision.

Deuxièmement, on a inséré une disposition selon laquelle une partie peut demander à un parquet populaire de faire une recommandation de procuration ou de faire appel. Avant la modification du Code de procédure civile, une partie pouvait demander directement à un tribunal populaire de juger à nouveau une affaire. Sur la base du renforcement du rôle de supervision des litiges des parquets, le Code de procédure civile accorde désormais aux parties le droit de demander aux parquets populaires de faire une proposition de procuration, de manière à éviter un bouclier au sein des tribunaux populaires et à obtenir réparation lorsque les droits et intérêts légitimes des parties sont en jeu. Conformément aux dispositions du paragraphe 1 de l'article 209 du nouveau Code de procédure civile, une partie peut saisir un parquet populaire dans l'une des circonstances suivantes : lorsqu'un tribunal populaire rejette une requête en révision ; lorsqu'un tribunal populaire ne rend pas de décision concernant une requête en révision dans le délai imparti ; lorsque le jugement ou la décision rendu après le nouveau procès est clairement erroné. Le parquet populaire doit examiner, dans un délai de 3 mois, la demande de la partie en cause et doit décider de faire ou non une proposition de déposer un recours. Cette partie ne peut faire appel de cette décision.

Troisièmement, le Code de procédure civile a modifié le délai de demande de révision pour les parties. L'article 205 du nouveau Code indique qu'une partie qui demande une révision pour rejuger une affaire doit déposer une demande dans un délai de 6 mois à compter de la date de prise d'effet d'un jugement ou d'une décision ; lorsqu'il s'agit d'une partie qui demande de rejuger une affaire dans l'une des circonstances suivantes prévues par l'article 200 du nouveau Code, elle doit faire une demande dans un délai de 6 mois à partir de la date où elle a pris connaissance des faits ou que l'on peut raisonnablement croire qu'elle aurait dû en avoir connaissance : « (1) il existe de nouveaux éléments de preuve qui suffisent à annuler le jugement ou la décision d'origine ; (2) les principaux éléments de preuve qui ont été utilisés comme base pour établir des faits dans le jugement ou la décision d'origine étaient falsifiés ; (3) l'instrument juridique sur lequel le jugement ou la décision d'origine a été fondé a été révoqué ou modifié ; (4) lorsqu'un officier de justice a commis une faute personnelle lors de l'instruction d'une affaire, comme le détournement de fonds, la corruption, le favoritisme à des fins personnelles ou le fait de rendre un jugement qui pervertit la loi». En outre, le nouveau Code de procédure civile a élargi le champ des affaires qui peuvent être rejugées dans le cadre de la procédure de révision en s'appliquant aux accords de médiation.

VII. Procédures spécifiques

Outre les procédures contentieuses générales, le système de procédure civile chinois prévoit des procédures spéciales qui visent à accélérer le paiement des dettes et la publication d'un avis public pour faire valoir des droits.

Les procédures spéciales concernent principalement les cas d'éligibilité des électeurs, la déclaration de disparition et de décès de personnes, la jouissance des droits civils, la détermination des biens non réclamés, la confirmation d'accords de médiation et la réalisation des sûretés. Les cas de confirmation des accords de médiation et de réalisation de sûretés ont été ajoutés en 2012. Le fondement de la confirmation des accords de médiation par les tribunaux populaires se retrouve dans la reconnaissance des méthodes alternatives de résolution des litiges par l'État. Les procédures spéciales pour la réalisation des sûretés visent à demander directement à un tribunal populaire de mettre aux enchères ou de vendre des biens faisant l'objet d'une garantie. Pour ces affaires susmentionnées jugées selon des procédures spéciales, le jugement de première instance est généralement considéré comme définitif.

Les procédures visant à accélérer le paiement des dettes consistent pour un créancier de demander à un tribunal populaire de délivrer une ordonnance de paiement afin de forcer un débiteur de s'acquitter du remboursement d'une somme d'argent ou d'un titre négociable. Ces procédures s'appliquent principalement aux cas pour lesquels les deux parties en cause ont une relation claire de créancier débiteur et n'ont pas de différend à cet égard, mais que le débiteur refuse de s'acquitter de ses obligations. Dans de tels cas, si les procédures générales de contentieux étaient lancées, on comprend que des coûts élevés seraient engendrés inutilement et que ces ressources judiciaires seraient gaspillées. Pour exercer ses droits, le débiteur doit, dans les 15 jours suivant la réception de l'injonction de payer, soit rembourser la dette ou encore présenter une objection écrite au tribunal populaire. Selon l'article 217 du nouveau Code de procédure civile, si l'objection est défendable après examen par le tribunal populaire, celui-ci rend une décision mettant fin à la procédure d'accélération du paiement de la dette et des procédures contentieuses ordinaires sont automatiquement engagées pour l'affaire. Cette disposition permet non seulement la convergence entre les procédures d'accélération du paiement de la dette et les procédures contentieuses, mais améliore également l'efficacité du règlement des différends. Bien entendu, si la partie demandant l'injonction de payer n'est pas d'accord pour intenter une action, aucune procédure contentieuse ne sera engagée.

En pratique, le titulaire d'un instrument négociable par endossement peut, si celui-ci est volé, perdu ou détruit, demander une publication publique afin de faire valoir ses droits devant le tribunal populaire de première instance du lieu où le paiement de cet instrument doit être effectué. Les procédures de publication afin de faire valoir des droits, permettent de notifier et d'exhorter les parties intéressées par une affaire, mais qui sont inconnues à déposer leurs demandes dans un certain délai auprès du tribunal.

Section 3 : Système juridique dans la procédure administrative

L'établissement préliminaire du système de procédure administrative de la Chine a commencé par une insertion au paragraphe 2 de l'article 3 du Code de procédure civile (à l'essai) publiée en 1982, qui indiquait que : « Les dispositions de la présente loi sont applicables aux affaires administratives qui, selon la loi, doivent être jugées par les tribunaux populaires ». En d'autres termes, les affaires de procédure administrative étaient alors jugées dans le cadre de procédures civiles. Le 4 avril 1989, la 2e session de la VIIe APN a délibéré et adopté le Code de procédure administrative, qui était le premier code à ce sujet et qui est entré en vigueur le 1er octobre 1990. Après plus de 20 ans de mise en œuvre, le Code de procédure administrative a joué un rôle important dans la promotion de la construction d'une politique démocratique et d'un État de droit. Cependant, avec le développement rapide de la société et l'éveil de la conscience publique concernant le droit, l'application du Code de procédure administrative a progressivement révélé un certain nombre de difficultés en pratique. Pour cette raison, au cours des dernières années, la Cour populaire suprême a publié les Dispositions sur des questions concernant le procès des affaires de licences administratives, les Dispositions sur des questions concernant le procès des affaires d'immatriculation des bâtiments, les Dispositions sur des questions concernant le procès des affaires administratives impliquant des terres rurales détenues collectivement et d'autres interprétations judiciaires, améliorant ainsi dans une certaine mesure le système actuel de procédures administratives. À l'heure actuelle, après que les lois chinoises sur la procédure pénale et la procédure civile aient été modifiées consécutivement, le législateur chinois a incorporé la modification du Code de procédure administrative dans la planification législative nationale, afin de l'améliorer et de la développer davantage.

I. Principes de base de la procédure administrative

Selon les dispositions du Code de procédure administrative de la Chine, les principes de base qui ont une portée universelle sont le principe de l'indépendance judiciaire, le principe de considérer les faits comme étant la base d'une décision qui doit être rendue selon la loi, le principe du contrôle de la légitimité des décisions, le principe d'égalité du statut juridique des parties, le principe du droit d'application des langues nationales parlées et écrites, le principe du débat contradictoire et le principe du contrôle du parquet populaire. Parmi eux, le principe du contrôle de légitimité des décisions est propre aux procédures administratives alors que les autres principes sont identiques à ceux qui sont applicables dans les procédures civiles.

Conformément à l'article 5 du Code de procédure administrative, « le tribunal populaire doit, dans le traitement d'une affaire administrative, examiner le caractère légal ou non d'un acte administratif ». Ce principe sous-entend 2 types de relations sociales et 3 éléments de fonds : les 2 types de relations sociales sont celles qui existent entre les citoyens et les gouvernements ainsi que celles entre le pouvoir judiciaire et le pouvoir administratif ; les 3 éléments de fond concernent la démocratie, la restriction des pouvoirs et l'État de droit[1]. De manière générale, le principe du contrôle de légitimité des décisions contient 3 éléments : premièrement, les tribunaux populaires ont le droit de contrôler les actes des organes administratifs ; deuxièmement, ce contrôle est limité à des actes administratifs spécifiques ; troisièmement, ce contrôle vise la légitimité des actes, c'est-à-dire de vérifier si des actes spécifiques violent ou non les dispositions légales.

Il convient de noter que, par conséquent, les tribunaux populaires ne contrôlent pas la rationalité ou non des actes administratifs. La seule exception concerne l'examen des sanctions administratives. L'article 54(4) du Code de procédure administrative dispose que : « Lorsqu'une sanction administrative est manifestement injuste, un tribunal populaire peut prononcer un jugement pour la modifier ». C'est-à-dire que, uniquement pour les actes de sanction administrative, les tribunaux populaires doivent contrôler à la fois leur légitimité et leur rationalité.

II. Portée des affaires acceptées en contrôle judiciaire

En règle générale, les tribunaux populaires ont juridiction sur les affaires litigieuses déclenchées par des actes administratifs spécifiques. Selon le Code de procédure administrative chinois, le droit d'intenter une action administrative dont jouissent les citoyens, les personnes morales ou les autres organisations est prescrit par l'article 2 et le principe du contrôle de légitimité par les tribunaux populaires est énoncé à l'article 5 et sont orientés vers des actes administratifs spécifiques commis par des organes administratifs[2].

Plus précisément, les articles 11 et 12 du Code de procédure administrative précisent explicitement la nature des affaires acceptées ou refusées par les tribunaux populaires. En vertu des dispositions de l'article 11, les tribunaux populaires

1 LUO Haocai et YING Songnian, Droit procédural administratif, Pressesde l'Université chinoise des sciences politiques et du droit, 1990, pp. 33-34.

2 Les actes administratifs spécifiques réfèrent généralement aux actes unilatéraux faits par des organes administratifs et des fonctionnaires de l'État, des organisations autorisées par les lois et des règlements et des organisations ou des individus mandatés par des organes administratifs, lorsqu'ils exercent des fonctions et des pouvoirs administratifs à l'égard de citoyens, de personnes morales ou d'autres organisations, concernant certaines questions spécifiques.

doivent accepter d'entendre les affaires liées aux actes administratifs suivants : les cas de sanctions administratives, les cas de contrainte administrative, les cas d'atteinte au pouvoir d'autonomie dans la gestion des affaires autorisées par la loi, les cas de permis ou licence, les cas de manquement aux obligations légales, les cas d'indemnité financière, les cas d'exigence illégale d'exécution des obligations et d'autres cas d'atteinte aux droits extrapatrimoniaux et patrimoniaux. Selon l'Interprétation sur des questions concernant la mise en œuvre du Code de procédure administrative chinois émise par la Cour populaire suprême, d'autres interprétations judiciaires ainsi que des pratiques judiciaires, l'expression les « autres cas d'atteinte aux droits extrapatrimoniaux et patrimoniaux » comprennent principalement : les affaires concernant des décisions administratives, telles qu'un jugement en indemnité d'expropriation ; les cas de confirmation administrative, tels que les cas d'enregistrement de mariage et de bien immobilier ; les cas de contrats administratifs, par exemple, les organes administratifs traitant des certificats de droits d'utilisation de la terre par les promoteurs immobiliers conformément aux contrats ; les actes administratifs violant les droits des citoyens de bénéficier d'une concurrence basée sur leur égalité ; les affaires administratives relatives à la divulgation d'informations par le gouvernement.

En vertu des dispositions de l'article 12, les tribunaux populaires n'ont pas compétence pour les questions suivantes : les mesures prises par l'État en matière de défense nationale et d'affaires étrangères ; les règlements et les règles administratifs ou les décisions et les ordonnances qui ont une force obligatoire générale et qui sont formulés et publiés par des organes administratifs ; les décisions des organes administratifs concernant les récompenses ou les sanctions infligées à leur personnel, ainsi que leur nomination ou leur destitution ; les actes administratifs spécifiques pris par un organe administratif en dernier ressort conformément à la loi. Par ailleurs, le paragraphe 2 de l'article 1 de l'Interprétation sur plusieurs questions concernant l'application du Code de procédure administrative édictée par la Cour populaire suprême énumère plusieurs cas non acceptées en révision judiciaire : (1) les actes prévus à l'article 12 du Code de procédure administrative ; (2) les actes qui sont mis en œuvre par les organes de sécurité publique, de sécurité nationale et d'autres organes conformément à l'autorisation du Code de procédure pénale ; (3) les actes de médiation et d'arbitrage prescrits par la loi ; (4) les actes d'orientation administrative qui n'ont aucun pouvoir d'exécution ; (5) le traitement répété et abusif des recours des parties contre les actes administratifs ; (6) les actes qui n'ont aucun impact pratique sur les droits et les obligations des citoyens, des personnes morales ou d'autres organisations.

Comme la modification du Code de procédure administrative a été incorporée dans la planification législative nationale, un consensus a été obtenu dans les cercles universitaires et les milieux de pratique sur l'extension de la portée des cas qui devraient être acceptés dans les procédures administratives pouvant faire l'objet d'une révision judiciaire. D'une part, cela contribue à protéger les droits de l'homme et à fournir des recours rapides et efficaces en cas de violation des droits et intérêts légitimes des citoyens ; d'autre part, cela est également favorable au renforcement du contrôle de l'administration qui doit effectuer ses activités de façon légale et à la prévention des abus des pouvoirs administratifs et à l'inaction administrative. Les avis sur l'élargissement du champ d'application des procédures administratives susceptibles de révision en Chine concernent principalement 3 types d'actes administratifs : premièrement, les actes administratifs abstraits qui comprennent principalement des règlements et des règles administratifs ou des décisions et des ordonnances à force obligatoire générale élaborées et publiées par des organes administratifs. Les actes administratifs abstraits, lorsqu'ils peuvent porter atteinte aux droits et intérêts légitimes des citoyens, ceux-ci peuvent intenter des poursuites à l'encontre de ces actes. Deuxièmement, les actes administratifs internes, qui comprennent principalement les règles administratives de nature interne, les sanctions administratives, les mesures disciplinaires des collèges et des universités publics à l'encontre des étudiants et des enseignants, la gestion du personnel et l'inspection. Troisièmement, ces avis visent les contrats administratifs. Étant donné que les contrats administratifs ont de nombreuses caractéristiques différentes comparativement aux contrats civils, il est difficile de régler complètement par le biais de procédures civiles les différends engendrés par ceux-ci. Les procédures administratives sont ainsi plus adaptées afin de permettre des recours efficaces pour les droits et intérêts légitimes qui ont été violés[1].

III. Système de preuve administrative

Conformément au Code de procédure administrative chinois et aux interprétations judiciaires le concernant, le système de la preuve administrative contient les dispositions suivantes :

Premièrement, les types de preuves. Selon l'article 31 du Code de procédure administrative, les preuves administratives comprennent : la preuve documentaire, la preuve matérielle, la preuve audio-visuelle, le témoignage, les déclarations des parties, les conclusions d'experts, les procès-verbaux d'enquêtes et les notes rédigées sur place.

Deuxièmement, la répartition de la charge de la preuve et le délai de présentation des preuves. Conformément à l'article 32 du Code de procédure administrative, le défendeur a la charge de la preuve de l'acte administratif spécifique qu'il a fait. De même, les Dispositions sur des questions concernant la preuve en matière de procédure administrative (abrégé en Dispositions sur la preuve) émises par la Cour populaire suprême énoncent que le défendeur doit, dans les 10 jours suivant la date de réception de la copie d'une plainte, fournir toute la preuve et les

1 JIANG Mingan, « L'élargissement de la portée des affaires acceptées est le point culminant de la modification du droit de procédure administrative », Social Sciences in Guangdong, 2013 (1).

documents normatifs sur la base desquels l'acte a été fait. Si le défendeur ne fournit pas la preuve ou la remet au-delà du délai prescrit et sans motif valable, il est présumé que l'acte administratif en cause n'a pas été fait selon la loi. Lorsque le défendeur n'est pas en mesure de fournir des éléments de preuve pour un cas de force majeure ou pour toute autre raison justifiée, il peut demander à un tribunal populaire de proroger le délai de communication de la preuve. Les Dispositions sur la preuve définissent également le fardeau de la preuve des demandeurs. En vertu des dispositions des articles 4 et 5 de celles-ci, lors du dépôt d'une action, le demandeur doit fournir des éléments de preuve suffisants pour prouver que l'action en justice remplit les conditions nécessaires à son exercice ; dans les actions visant l'omission du défendeur, il doit fournir des éléments de preuve pour prouver que des demandes ont été introduites dans le cadre d'autres demandes administratives ; enfin, dans les procédures d'indemnisation administrative, le demandeur doit prouver que l'acte administratif spécifique en l'espèce a causé un dommage et l'établir selon les règles applicables.

Troisièmement, les règles d'exclusion des preuves. Conformément à l'article 57 des Dispositions sur la preuve formulées par la Cour populaire suprême, les éléments de preuve suivants ne doivent pas être considérés comme constituant le fondement de décisions définitives : (1) les éléments de preuve obtenus dans les cas de violations graves des procédures statutaires ; (2) les éléments de preuve obtenus en utilisant des caméras ou des magnétophones cachés, d'écoutes ou d'autres moyens et portant atteinte aux droits et intérêts légitimes d'autres personnes ; (3) des éléments de preuve obtenus par des moyens inappropriés tels que l'incitation, la fraude, la coercition et la violence ; (4) les éléments de preuve fournis au-delà du délai imparti sans raison valable ; (5) les éléments de preuve ne respectant pas les formalités légales du lieu d'où elles proviennent, obtenus à l'étranger, à Hong Kong, Macao ou à Taïwan ; (6) des copies de preuves qui ne sont pas reconnues par l'autre partie lorsqu'une partie refuse de fournir les originaux sans aucune raison valable et n'a pas d'autres preuves pour les confirmer ; (7) des éléments de preuve dont l'authenticité ne peut être validée en raison d'un processus technique utilisé par les parties ou d'autres personnes ; (8) un témoignage fourni par un témoin qui ne peut pas exprimer validement sa volonté ; (9) d'autres éléments de preuve dont on ne peut prouver la légitimité et l'authenticité. Pour sa part, l'article 60 prescrit des éléments de preuve qui ne doivent pas être utilisés pour prouver la légitimité d'un acte administratif spécifique : (1) les preuves recueillies par le défendeur et son avoué après que l'acte administratif spécifique en cause a été fait ou pendant le procès ; (2) les preuves utilisées par un défendeur dans des procédures administratives pour priver illégalement les droits d'action, de défense ou d'audition dont jouissent les citoyens, les personnes morales ou d'autres organisations conformément à la loi ; (3) les éléments de preuve fournis par un demandeur ou un tiers dans les procédures contentieuses et qui n'ont pas été utilisés par un défendeur comme base afin d'accomplir un acte administratif spécifique. L'article 61 indique également que ne sont pas considérées comme un élément pour juger de la légitimité d'un acte administratif spécifique posé, les preuves recueillies et complétées par les organes de réexamen ainsi que celles qui n'ont pas été soumises à ceux-ci.

En outre, le système de la preuve administrative chinoise comprend également les règles d'obtention, de conservation et de complément des preuves, le système des témoignages ainsi que d'expertise, les règles de notification judiciaire, les règles de confession, les règles de présomption, etc.

En ce qui concerne la modification future du système de la preuve administrative, sur la base des Dispositions sur la preuve adoptées par la Cour populaire suprême, la Chine devrait apporter des améliorations sur les aspects suivants : premièrement, ajouter les « données électroniques » comme un nouvel élément de preuve. En effet, avec la généralisation croissante des applications informatiques, le gouvernement électronique est devenu un mode d'administration important en Chine et la preuve de données électroniques deviendra une forme de plus en plus importante. Deuxièmement, définir la charge de la preuve des demandeurs, qui comprendra principalement : (1) lors du dépôt d'une demande, le demandeur assumera la charge initiale de la preuve en fournissant les éléments remplissant les conditions de la loi ; (2) en cas de demandes pour inaction administrative, le demandeur assume la charge initiale de la preuve pour démontrer qu'il a demandé à l'administration d'agir sans obtenir de résultats ; (3) dans les procédures d'indemnisation ou de réparation administratives, le demandeur assumera la charge de la preuve d'établir les dommages qu'il a subis[1]. Troisièmement, augmenter le pouvoir des tribunaux populaires d'obtenir des preuves par mandat. Les tribunaux populaires peuvent, à la demande d'un plaignant, confier à son avocat le soin d'obtenir des preuves liées à l'affaire en cause auprès d'organisations ou de citoyens afin d'apporter leur aide pour solutionner un litige. Quatrièmement, ajouter des dispositions sur les normes de preuve. Les tribunaux populaires doivent juger de la force probante de la preuve et déterminer de l'admissibilité ou non d'une preuve dans un jugement écrit. Pour les cas de décisions administratives entre des sujets égaux, des normes de preuve de prépondérance devraient s'appliquer ; pour les cas de sanctions administratives concernant les charges publiques, des normes de preuve claires et convaincantes devraient s'appliquer ; enfin, pour les affaires administratives qui restreignent la liberté personnelle des citoyens, des normes de preuve pour exclure le doute raisonnable devraient s'appliquer[2]. En outre, on devrait ajouter dans le Code de procédure administrative d'autres systèmes de preuve comme ceux figurant dans les Dispositions sur la

1 MO Yuchuan, « Sur la direction, les points et le schéma de la révision de la loi sur la procédure administrative en Chine », Journal de l'Université des sciences financières et juridiques du Henan, 2012 (3).

2 YANG Linping, « Dix axes dans la modification du droit de procédure administrative », Journal du Collège des procureurs nationaux, 2013 (3).

preuve énoncées par la Cour populaire suprême, tels que les systèmes d'obtention et de conservation de la preuve, les règles d'exclusion de la preuve et les règles de notification judiciaire et les règles de confession.

IV. Procédures administratives de jugement

En ce qui concerne les procédures de jugement administratif, le Code de procédure administrative de la Chine et les interprétations judiciaires concernées contiennent des dispositions détaillées, dont le contenu suivant présente les caractéristiques principales : premièrement, l'audience en chambre du conseil. L'article 46 du Code de procédure administrative énonce que, pour juger une affaire administrative, un tribunal populaire doit être constitué de juges, ou de juges et d'assesseurs d'un nombre impair minimal de 3. Distinctes de certaines affaires pénales et civiles jugées par un juge unique, les affaires relevant de la procédure administrative sont jugées par une chambre en conseil. Deuxièmement, aucune application de la médiation. Conformément à l'article 50 du Code de procédure administrative, le tribunal populaire ne peut pas appliquer la médiation dans un procès administratif, ce qui diffère de la procédure civile. Le paragraphe 3 de l'article 67 de ce code prévoit toutefois que la médiation peut s'appliquer dans des procédures d'indemnisation. En d'autres termes, la médiation ne s'applique pas dans les cas de procédure administrative en général, sauf pour les procédures administratives d'indemnisation. Troisièmement, la diversification des types de jugement. Conformément aux dispositions du Code de procédure administrative, les types de jugements rendus pour les affaires administratives comprennent : (1) arrêt confirmatif, c'est-à-dire lorsque la preuve est concluante qu'un acte administratif spécifique a été fait en conformité de l'application des lois et des règlements et que la procédure administrative a été suivie, cet acte doit être confirmé par jugement ; (2) arrêt infirmatif, c'est-à-dire lorsqu'un acte administratif spécifique a été fait dans l'une des circonstances suivantes, celui-ci doit être annulé totalement ou partiellement par jugement ou le défendeur peut-être requis par celui-ci d'entreprendre un acte administratif spécifique à nouveau : insuffisance de preuves essentielles ; application erronée d'une loi ou d'un règlement ; violation de la procédure légale ; dépassement de pouvoir ; abus de pouvoir ; (3) jugement d'exécution, c'est-à-dire lorsqu'un défendeur n'exécute pas ou tarde à s'acquitter de ses devoirs statutaires, un jugement doit être rendu pour exiger que le défendeur s'acquitte de celles-ci dans un certain délai ; (4) jugement de modification, c'est-à-dire lorsqu'une sanction est manifestement injuste, un jugement doit être rendu pour la modifier ; (5) jugement d'indemnisation, c'est-à-dire qu'un jugement est rendu pour exiger que les organes soumis à des obligations d'indemnisation compensent les pertes du demandeur. Par ailleurs, notons que les Dispositions sur la preuve émises par la Cour populaire suprême énoncent des règles concernant des arrêts de cassation ou de rejet. Enfin, le Code de procédure administrative prévoit des procédures de deuxième instance, des procédures de contrôle des procès, des mesures obligatoires pour exclure toute atteinte aux procédures administratives, etc.

Pour les problèmes liés à ses procédures administratives, la Chine devra modifier le Code de procédure administrative actuel concernant les aspects suivants. Premièrement, il faudra préciser que la médiation peut s'appliquer de manière générale dans les procédures administratives. Du point de vue des pratiques judiciaires au cours des dernières années, une concertation et une coopération croissantes se sont progressivement développées entre le pouvoir de l'État et les droits des citoyens. Il existe également de nombreuses conciliations sous des formes déguisées dans les pratiques judiciaires administratives, ce qui offre une riche expérience pratique pour assurer la modification du Code de procédure administrative. Parallèlement, à l'instar des procédures civiles, ce dernier énonce également le principe de l'égalité de statut juridique des parties, qui fournit une base utile pour la consultation et la conciliation entre les parties. Deuxièmement, il est nécessaire d'ajouter des procédures sommaires. Avec l'approfondissement de la construction de l'État de droit administratif et le développement des pratiques judiciaires administratives en Chine, pour certaines régions comptant un nombre relativement élevé d'affaires administratives, l'ajout de procédures sommaires permettrait effectivement de répartir les affaires de manière à réduire les frais judiciaires et à améliorer l'efficacité au bénéfice de toutes les parties impliquées. En fait, la Cour populaire suprême a publié, en octobre 2010, un Avis sur la mise en œuvre du programme pilote de procédures sommaires pour les litiges administratifs, afin de mettre en œuvre, tel que son nom l'indique, un programme pilote de procédures sommaires pour les litiges administratifs dans certains tribunaux populaires de base. En prenant en compte ce programme qui s'est déroulé dans différentes régions de la Chine, le législateur pourrait ajouter des contenus relatifs aux procédures sommaires dans la modification du Code de procédure administrative. Troisièmement, on devrait ajouter des procédures de référé. Dans les pratiques judiciaires, pour certains cas spéciaux, même s'ils sont jugés dans le cadre de procédures contentieuses générales et qui permettent en fin de compte d'obtenir gain de cause, cela pourrait également donner lieu à une réelle efficacité du jugement dans le cas d'irréversibilité. Par exemple, dans les procédures de qualification à une élection ou à un examen, à l'approche du jour où celui doit se dérouler, ce n'est qu'en remportant le litige avant cette date que les droits et intérêts légitimes peuvent être réellement protégés par le jugement. L'établissement de procédures de référé est alors utile afin de protéger les droits et intérêts légitimes du demandeur en temps opportun. En outre, lors de la modification future du Code de procédure administrative, la Chine devrait améliorer les procédures en deuxième instance, les procédures de révision des procès, la classification des structures de procès, la diversification des jugements, etc.

V. Procédure d'indemnisation administrative

Conformément aux dispositions du Code de procédure administrative et de la Loi sur l'indemnisation par l'État, la procédure contentieuse administrative s'applique dans les procédures d'indemnisation administrative auprès d'un tribunal populaire. Il s'agit d'un type spécial de procédure administrative.

En Chine, l'indemnisation administrative fait référence à un système dans lequel les organes soumis à des obligations d'indemnisation compensent des personnes lorsque des actes administratifs spécifiques commis par des préposés de l'État portent atteinte aux droits et intérêts légitimes des citoyens, des personnes morales ou d'autres organisations tout en leur causant des dommages. L'article 67 du Code de procédure administrative de la Chine dispose que : « Si un citoyen, une personne morale ou toute autre organisation fait une demande pour obtenir des dommages, celle-ci doit en premier lieu être traitée par l'organe administratif en cause. S'il n'est pas satisfait du résultat de cette demande, il peut intenter une action en justice auprès d'un tribunal populaire ». C'est-à-dire que lorsque les droits et intérêts légitimes des citoyens, des personnes morales ou d'autres organisations ont été violés et que des dommages ont été causés, ceux-ci doivent tout d'abord adresser une demande spéciale de compensation administrative aux organes soumis à des obligations d'indemnisation ; le demandeur ne peut déposer une plainte administrative auprès d'un tribunal que lorsque lesdits organes refusent d'accepter la demande, ne prennent pas de décisions dans le délai imparti ou lorsque le demandeur s'oppose au montant de l'indemnisation. L'article 9 de la Loi sur l'indemnisation par l'État prévoit toutefois une exception et que le demandeur peut introduire une demande d'indemnisation tout en engageant une action en justice contre un acte administratif spécifique. Dans un tel cas, le demandeur n'a pas à introduire d'abord une demande auprès des organes soumis à des obligations compensatoires et peut directement intenter une action en justice auprès d'un tribunal pour indemnisation administrative.

Section 4 : Système juridique de procédure non contentieuse

La procédure non contentieuse est un terme générique désignant diverses méthodes, procédures ou systèmes de règlement des différends, autres que les litiges devant les tribunaux et est généralement connue sous le nom de « modes alternatifs de règlement des conflits ». Le concept est né aux États-Unis et se référait en particulier à des méthodes alternatives de règlement des conflits durant les années 30. Actuellement, ce concept est devenu universel pour les procédures ou mécanismes de règlement des différends non contentieux qui sont omniprésents un peu partout sur la planète. En Chine, le législateur d'État a proposé le concept de droit procédural non contentieux pour la première fois dans le Rapport de travail du Comité permanent de l'APN en 2001. Avec le droit procédural, le droit procédural non contentieux constitue l'une des 7 branches juridiques, qui comprennent également la Constitution et les lois connexes, le droit civil et le droit commercial, le droit administratif, le droit économique, le droit social et le droit pénal. La législation procédurale non contentieuse actuelle de la Chine peut être classée selon sa nature dans les catégories suivantes : premièrement, on remarque les mécanismes et procédures de règlement des différends civils, y compris la Loi sur l'arbitrage, la Loi sur la médiation populaire, les dispositions concernant la médiation par les associations de protection des consommateurs dans la Loi sur la protection des droits et intérêts des consommateurs, ainsi que les institutions et procédures de médiation des différends telles que les associations ou les organisations sociales, les compagnies d'assurance et les ordres professionnels et qui figurent dans les lois qui les concernent. Deuxièmement, on note l'existence des mécanismes et des procédures de règlement administratif des différends, tels que les dispositions procédurales concernant le traitement des différends de la Loi sur le réexamen administratif, le Règlement sur la mise en œuvre de la Loi sur le réexamen administratif, la Loi sur les marques, la Loi sur les brevets, la Loi de la sécurité routière et le Règlement sur le traitement des accidents médicaux. Troisièmement, il existe des institutions et procédures spéciales de règlement des différends, telles que les institutions de traitement des conflits du travail, des accidents de la circulation, des conflits médicaux et des conflits de consommation[1].

I. Procédures non contentieuses de la société civile

Les procédures non contentieuses de la société civile réfèrent principalement aux procédures ou mécanismes de règlement des différends établis par des associations, des organisations sociales et d'autres institutions non officielles. En Chine, les procédures non contentieuses établies par l'État par voie législative ou d'un mandat accordé aux associations et organisations sociales, comprennent principalement le système de médiation populaire et le système d'arbitrage.

1. Système de médiation populaire

Le 28 août 2010, la 16e session du Comité permanent de la XIe APN a délibéré et adopté la Loi sur la médiation populaire, établissant officiellement le système de médiation populaire de la Chine. Conformément aux dispositions de l'article 2 de cette loi, le système de médiation populaire de la Chine fait référence à un processus par lequel un comité de médiation populaire persuade les parties concernées par un litige d'en arriver à un accord de médiation sur la base d'une négociation égale et librement consentie qui a pour effet de résoudre ainsi le différend entre elles. Le contenu principal de ce système comprend :

1 FAN Yu, Manuel de cours sur les procédures non contentieuses (ADR) (2e édition), China Renmin University Press, 2012, pp. 15 et 149.

Premièrement, la nature et la composition du comité de médiation populaire. Selon les dispositions de l'article 7 de la Loi sur la médiation populaire, les comités de médiation populaire sont des organisations de masse légalement constituées pour régler les différends entre les gens et sont constituées principalement par des comités de villageois ainsi que des comités de résidents qui sont des organisations de masse d'autogestion au niveau local. Conformément aux dispositions de l'article 8 de ladite loi, un comité de médiation populaire doit être composé de 3 à 9 membres, dont des membres féminins et des membres des ethnies minoritaires dans une zone de population multiethnique. Un comité de médiation populaire et ses membres peuvent recruter un certain nombre de médiateurs populaires pour effectuer des travaux de médiation. Parallèlement, afin d'élargir les possibilités de participation du public, l'article 20 de la Loi sur la médiation populaire indique que les médiateurs populaires peuvent, en fonction de la nécessité d'une médiation et avec le consentement des parties, inviter des parents, des voisins et des collègues des parties, des personnes possédant des connaissances ou des expériences spécifiques, ou des membres d'organisations sociales compétentes pour participer au processus de médiation.

Deuxièmement, les principales procédures de médiation populaire. En premier lieu, notons que les parties concernées par un conflit peuvent s'adresser à un comité de médiation populaire pour l'ouverture des procédures de médiation, et qu'un comité de médiation populaire peut, de sa propre initiative, offrir d'entreprendre une médiation. Également, conformément aux dispositions de l'article 18 de cette loi, pour les litiges susceptibles d'être réglés par voie de médiation populaire, les tribunaux populaires de base et les organes de sécurité publique peuvent, avant d'accepter la cause, informer les parties concernées qu'elles peuvent appliquer auprès d'un comité de médiation du peuple pour entendre celle-ci. En second lieu, dans les procédures de médiation, les médiateurs peuvent utiliser diverses méthodes pour amener les parties à résoudre leurs différends en fonction des circonstances en cause, entendre les prétentions des parties, leur expliquer les lois, les règlements et les politiques nationales concernés, persuader les parties avec patience, proposer des solutions de règlement des différends sur la base d'une négociation égale et d'une compréhension mutuelle, et aider les parties à conclure volontairement un accord de médiation. Enfin, lorsqu'un accord de médiation est conclu, les procédures de médiation prennent fin. Lorsque la médiation n'aboutit pas à une entente, les médiateurs mettent fin à la médiation et informent les parties que leurs différends peuvent être résolus par d'autres moyens prévus par la loi.

Troisièmement, l'effet d'un accord de médiation. Conformément aux dispositions de l'article 31 de cette loi, un accord de médiation conclu par le biais d'une médiation menée par un comité de médiation populaire est juridiquement contraignant. Les parties devront s'acquitter de leurs obligations comme convenu, et le comité de médiation populaire en supervisera l'exécution et exhortera les parties à honorer leurs engagements tel que prévu par l'accord. Cependant, une telle force contraignante n'a pas d'effet exécutoire. Lorsque des différends surviennent dans le processus de l'exécution d'un accord de médiation, une partie peut intenter une action en justice auprès d'un tribunal populaire. Alternativement, en vertu des dispositions de l'article 33 de cette loi, après qu'un accord de médiation a été conclu, les parties peuvent demander à un tribunal populaire de confirmer juridiquement la force de l'accord de médiation conformément à la loi. Après la confirmation judiciaire par le tribunal populaire, l'accord de médiation aura un effet exécutoire et, lorsqu'une partie refuse d'exécuter l'accord de médiation ou ne parvient pas à l'exécuter entièrement, l'autre partie peut alors demander l'exécution forcée à un tribunal populaire.

2. Système d'arbitrage

Le système d'arbitrage de la Chine est avant tout un système juridique qui règle les différends contractuels et les autres différends concernant les droits et intérêts relatifs à la propriété entre les citoyens, les personnes morales et d'autres types d'organisations. Le 31 août 1994, la 9e session du Comité permanent de la VIIIe APN a délibéré et adopté la Loi sur l'arbitrage qui est entrée en vigueur le 1er septembre 1995, marquant ainsi la mise en place officielle du système d'arbitrage moderne de la Chine. Parallèlement, le Code de procédure civile chinois contient des dispositions spéciales sur le système d'arbitrage relatif aux affaires étrangères. Depuis la mise en œuvre de la Loi sur l'arbitrage, le système d'arbitrage chinois s'est développé rapidement. En 2011, 215 institutions d'arbitrage se sont établies en Chine et ont accepté plus d'un million d'affaires. Rien qu'en 2011, près de 90 000 affaires ont été traitées, portant sur un montant total de plus de 100 milliards de yuans[1]. Mais comme le fonctionnement réel du système d'arbitrage ne répond pas aux attentes du législateur, la modification de la Loi sur l'arbitrage est entrée dans le programme de modification étatique. Les tendances de la réforme et du développement du système d'arbitrage chinois se concentrent principalement sur 3 aspects :

Premièrement, rendre les institutions d'arbitrage non gouvernementales. Un élément clé de la modification de la Loi sur l'arbitrage chinoise est de définir le positionnement non gouvernemental des institutions d'arbitrage. Bien que l'article 14 de cette loi indique que « l'arbitrage doit se dérouler de façon indépendante et sans interférence des organes administratifs, des groupes sociaux et des individus, il ne prévoit pas la nature non gouvernementale des comités d'arbitrage. En pratique, certaines institutions d'arbitrage se positionnent comme des institutions publiques et s'appuient sur des crédits administratifs, ce qui contredit manifestement la tendance non gouvernementale du développement des institutions d'arbitrage.

1 « Les institutions d'arbitrage à l'échelle nationale ont accepté plus d'un million de cas », Legal Daily, 20 sept., 2012.

Deuxièmement, introduire le système d'arbitrage ad hoc. L'arbitrage ad hoc signifie qu'après la survenance d'un différend, les parties choisissent conjointement un ou plusieurs arbitres pour le résoudre et mettent en place un tribunal d'arbitrage ad hoc, qui sera dissous après qu'une décision arbitrale aura été rendue. L'avantage de ce système réside dans son faible coût et sa commodité. Il ne repose pas sur une institution d'arbitrage. Bien entendu, la modification de la Loi sur l'arbitrage doit également établir des procédures ou des mécanismes de soutien sur la base de l'ajout du système d'arbitrage ad hoc.

Troisièmement, rendre l'arbitrage délocalisé et former des mécanismes de compétitivité de l'arbitrage. Actuellement, le monopole des institutions d'arbitrage en Chine garantit le statut et l'autorité de ces institutions, mais il conduit également à une situation de manque de concurrence, ce qui entrave le développement global de l'industrie de l'arbitrage. Une fois que l'industrie de l'arbitrage deviendra non gouvernementale et orientée vers le marché, la concurrence deviendra inévitable, les institutions d'arbitrage installées dans certaines petites villes pourraient être éliminées par la concurrence et certains comités d'arbitrage plus importants sont susceptibles d'obtenir une plus grande part de marché, créant ainsi une situation de concurrence féroce[1].

II. Procédures administratives non contentieuses

Les procédures administratives non contentieuses réfèrent principalement aux procédures établies pour régler les litiges de façon non contentieuse. En Chine, les principales formes de procédures administratives non contentieuses sont les suivantes : la médiation administrative, la décision administrative, l'arbitrage administratif, le réexamen administratif, etc. En termes de modes d'introduction, les procédures administratives non contentieuses de la Chine peuvent être classées en 3 catégories : (1) les pré-procédures légales obligatoires, c'est-à-dire que les parties ne peuvent pas déposer directement un recours auprès d'un tribunal et doivent tout d'abord suivre des procédures administratives non contentieuses, telles que le réexamen administratif et la décision administrative ; (2) les procédures sélectives, c'est-à-dire que les parties peuvent choisir des procédures administratives pour résoudre leurs différends ou déposer directement une action en justice auprès d'un tribunal ; (3) les procédures collatérales, c'est-à-dire que les sujets administratifs agissent comme exécuteurs de la loi et participent au règlement des différends généralement par la médiation.

1. Procédures de règlement des litiges relatifs à la propriété intellectuelle

Les procédures de règlement des litiges relatifs à la propriété intellectuelle comprennent principalement les procédures de règlement des litiges relatifs au droit des marques, au droit des brevets et au droit d'auteur. Selon le contenu des

1 FAN Yu, Manuel de cours sur les procédures non contentieuses (ADR) (2e édition), China Renmin University Press, 2012, p. 191.

décisions administratives, ces procédures de règlement des différends peuvent être classées en décisions administratives confirmatives et en décisions administratives délictuelles. Les décisions administratives confirmatives sont des pré-procédures légales obligatoires, tandis que les décisions administratives en matière délictuelle sont des procédures optionnelles.

La décision administrative confirmative est une forme de règlement des différends par laquelle les organes administratifs, à la demande des parties, déterminent si un certain droit de propriété intellectuelle doit être accordé ou non conformément à la loi. Il s'agit principalement des différends suivants : annulation du droit d'un brevet, objection à l'enregistrement d'une marque, invalidation d'une marque déposée et changement de nom et invalidation de nouvelles variétés végétales. Ces litiges doivent d'abord être soumis à la décision des organes administratifs. Si la décision n'est pas acceptée par une partie, celle-ci dépose un recours administratif contre l'organe administratif qui a émis cette décision. La décision sur un délit administratif fait référence à la procédure selon laquelle les organes administratifs rendent un jugement impartial sur les litiges relatifs à la responsabilité délictuelle en matière de propriété intellectuelle. Pour ce type de litige, les parties peuvent négocier un règlement ou demander une décision à un organe administratif ou encore intenter directement une action en responsabilité civile auprès d'un tribunal.

2. Mécanismes de règlement des différends relatifs aux ressources

Les litiges relatifs aux ressources réfèrent principalement aux litiges résultant de la propriété ou du droit d'utilisation des ressources. En Chine, les mécanismes de règlement de ce type de différends comprennent principalement : premièrement, les mécanismes de traitement des différends relatifs à la propriété des ressources. La plupart de ces mécanismes sont des pré-procédures légales obligatoires. Par exemple, l'article 16 de la Loi sur l'administration des terres chinoises énonce que les différends résultant de la propriété ou de l'utilisation des terres doivent être réglés par voie de consultation entre les parties ; en cas d'échec de la consultation, les différends seront traités par les gouvernements populaires. Les différends entre des unités seront traités par le gouvernement du peuple au niveau du comté et au-delà tandis que ceux entre des individus ou entre des individus et des unités le seront par le gouvernement du peuple au niveau du canton ou du comté. Lorsque les parties refusent d'accepter les décisions d'un gouvernement populaire, le différend peut être porté devant un tribunal populaire. Deuxièmement, les décisions sur les différends en matière de compensation et de réparation des ressources. Lorsque des différends découlent d'une compensation accordée par l'État aux parties en raison de l'expropriation et de la réquisition de ressources telles que des terres ou de la réparation des droits et intérêts sur les ressources entre les parties, les différends doivent être résolus par des procédures administratives non contentieuses. Troisièmement, les décisions sur les litiges relatifs à la responsabilité délictuelle en matière de ressources. Ce mécanisme s'applique principalement lorsque les droits et intérêts en matière de ressources dont jouit une partie impliquent l'administration et sont violés par d'autres, le sujet administratif concerné doit alors statuer sur les litiges.

3. Système de médiation et d'arbitrage des différends dans l'exploitation forfaitaire des terres rurales

En juin 2009, le Comité permanent de la XIe APN a adopté la Loi sur la médiation et l'arbitrage des différends relatifs à l'exploitation forfaitaire des terres rurales, qui a établi les mécanismes de médiation ou d'arbitrage pour régler les différends dans l'exploitation forfaitaire des terres rurales en Chine. Selon l'article 3 de cette loi, en cas de litige sur l'exploitation forfaitaire des terres rurales, les parties peuvent procéder à la réconciliation par elles-mêmes ou demander la médiation au comité des villageois, au gouvernement populaire du canton (ville), etc. L'article 4 de la loi indique que si les parties ne parviennent pas à se réconcilier ou aboutir à un accord de médiation ou ne sont pas disposées à faire la réconciliation ou à accepter la médiation, elles peuvent s'adresser au comité d'arbitrage de l'exploitation forfaitaire des terres rurales pour arbitrage, ou encore intenter directement une action en justice devant un tribunal populaire. La médiation n'est pas une procédure obligatoire. Au cours de l'arbitrage, le tribunal arbitral peut assurer une médiation et, si celle-ci échoue, rendre une décision d'arbitrage en temps opportun.

III. Procédures non contentieuses spécifiques

Les procédures non contentieuses spécifiques, également appelées mécanismes spécifiques de règlement des différends, sont des procédures ou des mécanismes établis pour résoudre, comme son nom l'indique, des types spécifiques de différends. En Chine, les mécanismes spécifiques de règlement des différends comprennent des mécanismes en matière des conflits du travail, de conflits de consommation, de gestion des accidents de la circulation et de gestion des conflits médicaux.

1. Mécanismes de traitement des conflits du travail

Les conflits du travail découlent principalement des relations de travail et d'emploi, telles que les conflits survenant entre un employeur et un employé en raison de la rémunération du travail, des conditions de travail, de l'indemnisation des accidents du travail, etc. Le Comité permanent de la Xe APN a adopté la Loi sur les contrats de travail et la Loi sur la médiation et l'arbitrage des conflits du travail en juin et en décembre, respectivement, de 2007, qui ont prévu des dispositions spécifiques sur les mécanismes de traitement des différends dans le règlement des conflits du travail.

Conformément à l'article 2 de la Loi sur la médiation et l'arbitrage des conflits du travail, on traite des conflits du travail suivants survenant entre un employeur et un employé sur les territoires de la République populaire de Chine, notamment : un différend né de la confirmation d'une relation de travail ; un différend né de la conclusion, de l'exécution, de la modification, de la résolution, de la résiliation ou de la terminaison d'un contrat de travail ; un différend découlant du renvoi ou de la mise à pied d'un employé ou de la démission ou de la retraite d'un employé ; un différend découlant des heures de travail, des pauses, des vacances, de l'assurance sociale, des avantages sociaux, de la formation ou de la sécurité du travail ; un différend découlant des rémunérations du travail, des frais médicaux pour une blessure liée au travail, des indemnités économiques ou des dommages, etc. et de tout autre conflit du travail prévu par une loi ou un règlement administratif.

En ce qui concerne les mécanismes de traitement des conflits du travail, conformément aux dispositions de cette loi, on adopte comme cadre de base « une médiation, un arbitrage, deux procès », à savoir la médiation, l'arbitrage et le régime du double degré de juridiction. Entre-temps, les parties peuvent également régler les conflits du travail par la voie de la négociation. En termes de procédures spécifiques, après la survenance d'un conflit du travail, outre le choix de la médiation, les parties doivent d'abord s'adresser à un comité d'arbitrage du travail pour obtenir un arbitrage. Si le comité d'arbitrage refuse d'accepter la demande, les demandeurs peuvent intenter une action en justice devant un tribunal populaire ; si le comité d'arbitrage accepte la demande et rend une décision, mais que les parties refusent d'accepter celle-ci, elles peuvent intenter une action devant un tribunal populaire dans un délai de 15 jours à compter de la date de réception de la décision arbitrale. Pour les cas pour lesquels une décision d'arbitrage est définitive et exécutoire, les parties ne peuvent pas intenter une action devant un tribunal populaire. En outre, lorsque les différends sont résolus par la médiation, les parties peuvent demander à un tribunal de confirmer l'accord de médiation, de manière à lui conférer un effet exécutoire.

2. Mécanismes de règlement des litiges de consommation

Les litiges de consommation se réfèrent principalement aux litiges survenant entre les producteurs et vendeurs de produits et les consommateurs et entre les prestataires de services et les consommateurs au sujet des produits achetés ou des services fournis.

En octobre 1993, le Comité permanent de la VIIIe APN a adopté la Loi sur la protection des droits et intérêts des consommateurs, qui a établi des mécanismes diversifiés pour régler les litiges de consommation en Chine, notamment : (1) négocier un règlement avec l'exploitant commercial ; (2) demander à une association de consommateurs de servir de médiateur ; (3) porter plainte auprès de l'organe administratif compétent ; (4) demander l'arbitrage à une institution d'arbitrage conformément à la convention d'arbitrage conclue avec l'exploitant commercial ; (5) intenter une action en justice devant un tribunal populaire. À l'heure actuelle, les mécanismes de règlement des litiges de consommation de la Chine doivent être encore améliorés et perfectionnés, en particulier en assurant une meilleure concertation entre les procédures contentieuses et les procédures non contentieuses afin de valoriser ces dernières. Entre-temps, un mécanisme spécialisé pour le règlement des litiges non contentieux devrait être mis en place et amélioré par la suite afin de renforcer la protection des droits et des intérêts des consommateurs.

3. Mécanismes de gestion des accidents de la circulation

Les accidents de la circulation réfèrent principalement aux accidents survenant lorsque des véhicules à moteur circulant sur la voie publique enfreignent les règles de la circulation routière et causent des blessures corporelles et des dommages matériels à d'autres personnes. En octobre 2003, le Comité permanent de la Xe APN a adopté la Loi sur la sécurité routière, indiquant plusieurs manières de gérer les accidents de la circulation en Chine : la négociation, la médiation et le contentieux. Selon les dispositions des paragraphes 2 et 3 de l'article 70 de cette loi, si un accident de la circulation survenu sur la route ne cause ni blessures ni décès, ou ne cause que des dommages matériels mineurs, et que les faits de base sont clairs, les parties concernées peuvent traiter elles-mêmes l'affaire par la négociation ; selon les dispositions de l'article 74 de celle-ci, en cas de litige sur l'indemnisation des dommages résultant d'un accident de la circulation, les parties concernées peuvent, soit demander la médiation au service administratif de la circulation de l'organe de sécurité publique, soit introduire directement une action civile en justice devant un tribunal populaire. Si, après une médiation tenue par ce service, les parties ne parviennent pas à un accord ou refusent d'exécuter l'accord de médiation après son entrée en vigueur, elles peuvent alors engager une poursuite civile devant un tribunal populaire.

4. Mécanismes de traitement des litiges médicaux

Les litiges médicaux réfèrent principalement aux litiges entre les patients et les médecins ou entre les premiers et les services médicaux résultant d'un accident ou d'une faute dans le cadre d'activités visant un traitement médical. En 2002, le Conseil des affaires d'État a publié le Règlement sur le traitement des accidents médicaux, qui a initialement établi des mécanismes diversifiés pour le traitement des litiges médicaux : premièrement, les parties règlent les litiges médicaux par voie de négociation. L'article 46 de ce règlement prévoit que les litiges en matière de responsabilité civile, y compris l'indemnisation pour des accidents médicaux, peuvent être réglés entre les deux parties par voie de négociation. De plus, les articles 43 et 47 du règlement énoncent que lorsque les parties en cause règlent un litige en responsabilité civile concernant un accident médical par voie de négociation, une convention doit être conclue. Par ailleurs, l'institution médicale doit, dans un délai de 7 jours à compter de la date du règlement par voie de négociation, faire rapport par écrit au service administratif de santé publique où elle se trouve, en joignant une copie de la convention. Deuxièmement, il est possible de demander une médiation au service administratif de la santé publique. Selon l'article 48 du règlement, lorsqu'un accident médical est constaté, les parties peuvent demander une médiation auprès du service administratif de santé publique. Si, après la médiation, les parties parviennent à un accord, une convention de médiation est conclue. En cas d'échec de la médiation ou si l'une des parties revient sur ses propos après la conclusion d'un accord, cela met fin à la médiation. Troisièmement, on peut aussi intenter une action en justice auprès d'un tribunal populaire. Les affaires qui impliquent des litiges sur l'indemnisation des accidents médicaux sont généralement considérées comme étant de nature civile et doivent être traitées conformément aux procédures contentieuses civiles. Toutefois, selon les dispositions de la Cour suprême populaire sur le traitement des accidents médicaux, lorsqu'une partie a des objections concernant les conclusions d'une expertise technique, l'affaire n'est pas du ressort du tribunal populaire; lorsqu'une partie a des objections concernant les avis sur le traitement des accidents médicaux données par le service administratif de santé publique, l'affaire doit être traitée conformément aux procédures contentieuses administratives.

CHAPITRE 11.

UN PAYS, DEUX SYSTÈMES ET LES SYSTÈMES JURIDIQUES DES RÉGIONS ADMINISTRATIVES SPÉCIALES DE LA RÉPUBLIQUE POPULAIRE DE CHINE

CHEN Xinxin

Section 1 : *Un pays, deux systèmes* et aspects généraux des systèmes juridiques dans les Régions administratives spéciales de la République populaire de Chine (ci-après intitulée les RAS)

Le concept d'un pays, deux systèmes proposé par Deng Xiaoping constitue la base théorique permettant l'existence des systèmes juridiques distincts qui s'appliquent dans les RAS. Ce principe est la formule abrégée de l'idée selon laquelle deux régimes coexistent dans un même pays. Selon la Constitution chinoise (ci-après intitulée la Constitution), à condition de maintenir une nation unifiée et sa souveraineté, et ce, tout en conservant l'intégrité territoriale, la Chine peut établir des RAS pour réaliser l'unité nationale et ces dernières sont autorisées à conserver leur régime capitaliste pendant une longue période. Il est donc possible en ayant une seule nation que des régimes sociaux différents prévalent dans certaines régions administratives spéciales. Le gouvernement central leur assigne un haut degré d'autonomie.

Selon l'article 31 de la Constitution, dans le but de constituer une base constitutionnelle pour établir les RAS, la Loi fondamentale de la Région administrative spéciale de Hong Kong de la République Populaire de Chine (ci-après intitulée la Loi fondamentale de Hong Kong) a été passée le 4 avril 1990 dans la 3e session de la VIIe APN. La Région administrative spéciale de Hong Kong de la République Populaire de Chine (ci-après intitulée La Région administrative spéciale de Hong Kong) a été fondée le 1er juillet 1997. Le 31 mars 1993, la 1re session de la VIIIe APN a passé la Loi fondamentale de la Région administrative spéciale de Macao de la République Populaire de Chine. (ci-après intitulée la Loi fondamentale de Macao) La Région administrative spéciale de Macao de la République Populaire de Chine (ci-après intitulée La Région administrative spéciale de Macao) a vu le jour le 20 septembre 1999. Ces deux Lois fondamentales reflètent le principe d'un pays et deux régimes. Hong Kong, Chine (ci-après intitulé Hong Kong) est gouverné par les résidents de cette région et il en va de même pour Macao, Chine (ci-après intitulé Macao).

Selon ces deux lois, le gouvernement central chinois est le principal responsable des affaires étrangères et de la défense nationale concernant ces régions. Il nomme le chef de l'exécutif et les officiers principaux de l'organe exécutif de celles-ci. Il contrôle la conformité des lois des RAS avec celles qui ont mené à leur création et s'assure qu'elles sont corrigées, le cas échéant. Les RAS jouissent d'un haut degré d'autonomie, y compris le droit d'exercer le pouvoir exécutif, le droit de formuler les lois, le droit de bénéficier d'un système judiciaire indépendant, incluant celui de l'adjudication finale et le pouvoir de mener certaines affaires extérieures en conformité avec la loi.

I. Pouvoir exécutif dans les RAS

Les chefs de l'exécutif exercent les pouvoirs nécessaires afin de diriger les gouvernements des RAS. Ils sont responsables de décider des politiques gouvernementales et d'émettre des ordres de l'exécutif, de signer les lois adoptées par le conseil législatif et de promulguer celles-ci, de mettre en application les lois spéciales dans les RAS, de veiller à l'application des lois nationales qui s'appliquent aux RAS, etc. Les gouvernements dans les RAS conduisent les affaires générales et ont le droit de proposer des projets de loi au Conseil législatif.

Les chefs de l'exécutif des RAS ont le droit de proposer les responsables des principaux ministères et de soumettre leur nom au gouvernement central pour leur nomination. Les Conseils législatifs des RAS possèdent le pouvoir de nommer et de révoquer les juges des cours de différents niveaux, y compris les juges des cours d'appel et ont le droit de nommer et révoquer d'autres fonctionnaires selon les procédures définies par les lois.

Selon les Lois fondamentales, les gouvernements des RAS sont responsables eux-mêmes du maintien de l'ordre public. Ils ont donc le droit d'organiser différents types de services disciplinaires, de permettre de conserver l'ordre social normal et la sécurité publique ainsi que de punir les crimes.

Les chapitres 5 et 6 de la Loi fondamentale de Hong Kong définissent les droits principaux de celle-ci. Sauf les actes administratifs abstraits[1], le gouvernement de la

1 Acte non réglementaire ou individuel en Droit administratif français.

Région administrative spéciale de Hong Kong possède le droit et l'obligation d'établir des actes administratifs concrets[1] dans les domaines concernant les finances, le commerce, l'industrie, le territoire, la navigation, l'aviation civile, l'éducation, les sciences, la culture, le sport, la religion, les travailleurs et les services sociaux. Concrètement, il a les droits suivants : (1) l'indépendance de la finance. Les recettes fiscales sont utilisées exclusivement pour satisfaire à ses propres besoins. Il n'a donc pas le droit de les remettre au gouvernement central. Notons également que le gouvernement central ne perçoit pas d'impôts dans cette RAS. (2) réaliser un système d'impôts indépendant. La Région administrative spéciale de Hong Kong définit ses propres types d'impôts, les taux applicables, les allègements fiscaux, les exemptions fiscales et les autres affaires concernant les impôts. (3) fixer ses propres politiques monétaires et financières. La Région administrative spéciale de Hong Kong possède le pouvoir d'émettre sa propre monnaie et peut autoriser des banques désignées à émettre ou à continuer d'émettre de la monnaie selon leur compétence statutaire. (4) l'absence de contrôle des changes. Cette région ne peut pas appliquer de contrôle sur les changes, mais possède le droit de contrôler un fonds d'échange. (5) lle peut déterminer ses propres politiques industrielles et économiques. Cette région peut établir ses propres politiques industrielles, protéger les investissements selon les lois, développer ses propres techniques, promouvoir et coordonner le développement de la fabrication, du commerce, du tourisme, de la propriété immobilière, de l'industrie des transports, des services publics, des services, de la pêche et de l'agriculture. Elle a également le pouvoir de définir ses propres politiques sur la protection de l'environnement. (6) lle maintient le statut de port libre et ne doit pas imposer de tarif sauf ceux prescrits par la loi. Cette région doit maintenir le statut de port libre et ne doit pas imposer de tarif à moins qu'ils soient prévus par la loi. Elle doit continuer à appliquer la politique de libre-échange, à assurer la libre circulation des marchandises, des fonds et des actifs incorporels. Elle doit également maintenir le statut de région douanière distincte. Cela comprend aussi, par exemple, le droit de délivrer des certificats d'origine pour les produits selon les politiques appropriées. (7) le droit de propriété est reconnu et celui d'exploiter les ressources naturelles. Cette région doit protéger le droit de propriété et celui d'obtenir une compensation en cas d'expropriation. Les ressources naturelles appartiennent à la région et elles sont gouvernées, utilisées et exploitées conformément à la loi. Les revenus provenant de celles-ci appartiennent au gouvernement de cette région. Il est aussi permis aux individus et aux entreprises de les utiliser et de les exploiter selon la loi. (8) ll conserve et perfectionne leurs anciens systèmes de gestion de la navigation. Cette région a l'obligation de maintenir le système antérieur de gestion et de réglementation de la navigation maritime, y compris celui des conditions des marins. Elle a le pouvoir de définir ses propres fonctions et responsabilités en matière de transport maritime. Elle continue à s'occuper de maintenir un registre

1 Acte réglementaire en Droit administratif français.

des inscriptions des navires et à délivrer les certificats nécessaires selon les lois au nom de Hong Kong, Chine. Les navires autres que les vaisseaux militaires des pays étrangers peuvent entrer et sortir des ports selon les lois de cette région. Les vaisseaux militaires des pays étrangers, quant à eux, doivent obtenir la permission du gouvernement central pour entrer dans cette région. Les entreprises privées dans le domaine de la navigation et les entreprises liées à la navigation ainsi que les entreprises exploitant des terminaux de conteneurs peuvent continuer à bénéficier du droit de les exploiter sans entraves. (9) elle continue à utiliser le système antérieur de gestion de l'aviation civile. Elle est responsable de son système de gestion de la navigation aérienne, de l'administration des aéroports, des services offerts aux compagnies aériennes, et elle a le droit de signer des accords concernant la navigation aérienne, mais dans ce dernier cas, avec l'autorisation du gouvernement central. (10) elle fixe ses propres politiques d'éducation. Ce pouvoir de formuler ses propres politiques de développement et d'amélioration du système d'éducation comprend ceux d'établir des politiques concernant le système éducatif et la gestion, la langue utilisée dans l'enseignement, l'allocation des fonds, le système d'examens, le système de diplômes et la politique de la reconnaissance de ceux-ci ainsi que celui des récompenses académiques. (11) elle peut définir ses propres politiques médicales. Cette région doit formuler ses propres politiques pour développer les médecines traditionnelles et occidentales et pour améliorer les services de santé. (12) elle a le droit de déterminer ses politiques de développement technologique. Cette région possède le pouvoir de formuler ses propres politiques dans le domaine des sciences et des technologies, de protéger au moyen de la loi les réalisations scientifiques et technologiques, les brevets, les découvertes et les inventions ainsi que de fixer les standards et les spécifications technologiques et scientifiques. (13) elle définit ses propres politiques culturelles. Cette région formule ses propres politiques culturelles et gère elle même les entreprises culturelles, y compris la littérature et les arts, la presse, les publications, la radio, la télévision, les films et les entreprises œuvrant dans ces secteurs. (14) elle fixe ses propres politiques sportives. Cette région a le pouvoir de formuler ses propres politiques sportives et elle doit continuer à soutenir l'existence et le développement des entreprises sportives selon la loi. (15) elle a le droit de définir le système de protection sociale. Cette région peut, sur la base du système antérieur, adopter ses propres politiques sur le développement et l'amélioration du système de protection sociale en se basant sur ses conditions économiques et ses besoins sociaux. (16) elle a le droit de définir ses propres standards. (17) elle a également le droit d'établir ses propres lois et politiques concernant le travail.

Tous ces pouvoirs sont généralement applicables à Macao.

II. Pouvoir législatif dans les RAS

Les RAS possèdent le pouvoir législatif dans leur région autonome et elles ont aussi le droit de modifier et de proposer des projets de loi. Selon les Lois fondamentales, l'exécution de ce pouvoir doit être supervisée par le gouvernement central. Ainsi, les lois élaborées par les autorités législatives des RAS doivent être enregistrées au Comité permanent de l'APN, pour une consultation, mais cela n'affecte pas la validité de celles-ci. Si le Comité permanent de l'APN, après avoir consulté le comité de la loi fondamentale de la région en cause, considère qu'une loi élaborée par cette dernière n'est pas compatible avec les dispositions de la loi fondamentale de cette région concernant les affaires qui sont de la responsabilité du gouvernement central ou concernant les relations entre ce gouvernement et cette région, cette loi doit être renvoyée à celle-ci sans aucun amendement. Une loi ainsi renvoyée est immédiatement invalidée sans effet rétroactif à moins d'une disposition contraire dans les lois de cette région.

III. Pouvoir judiciaire et celui du jugement final dans les RAS

Les tribunaux dans les RAS jouissent du pouvoir d'indépendance judiciaire sans intervention des autres organes de l'État, y compris celui de l'adjudication finale. Les jugements des cours d'appel de ces régions constituent donc des jugements finaux. Concernant les pouvoirs judiciaires, les Lois fondamentales octroient aux RAS une large compétence. Elles ont le pouvoir d'entendre toutes les affaires, sauf celles concernant la défense nationale et les affaires étrangères.

IV. Pouvoir des RAS dans le domaine des affaires étrangères

Relativement aux affaires étrangères, notons que les représentants des gouvernements des RAS peuvent être membres des délégations du gouvernement de la République Populaire de Chine et peuvent participer aux négociations diplomatiques qui concernent directement leurs intérêts. Les RAS peuvent, en leur propre nom, tout en utilisant le nom Hong Kong ou Macao maintenir et développer les relations et conclure et mettre en application des accords avec des États étrangers, des régions et des organisations internationales dans les domaines économique, commercial, financier et monétaire ainsi que ceux relatifs aux expéditions maritimes aux communications, au tourisme, à la culture, aux sciences et technologies, aux sports, etc. Les RAS peuvent également envoyer leurs représentants comme membres de la délégation de la RPC ou participer à des organisations et à des conférences internationales dans les domaines reliés à ces régions. Dans ces domaines, elles peuvent non seulement présenter leurs opinions au nom de Hong Kong, Chine, ou de Macao, Chine, mais aussi prendre des décisions différentes de celles du gouvernement populaire central. Le gouvernement populaire central doit par ailleurs autoriser les gouvernements des RAS à délivrer, selon la loi, des passeports sous le nom des RAS de la RPC aux citoyens chinois qui détiennent une carte d'identité permanente de celles-ci ainsi que les documents de voyages nécessaires aux personnes qui y séjournent légalement. Les RAS ont aussi le droit de contrôler de façon autonome les entrées et les sorties de celles-ci. Les RAS peuvent aussi selon les besoins, établir des missions économiques et commerciales officielles ou semi-officielles dans les États étrangers en tenant informer le gouvernement populaire central.

En plus, les RAS possèdent d'autres pouvoirs accordés par le gouvernement central.

Selon les Lois fondamentales, les citoyens chinois parmi les résidents des RAS peuvent participer à la gestion des affaires nationales. Les RAS ont le droit d'envoyer des députés pour participer aux affaires de l'Assemblée populaire nationale et exercent de façon indépendante tous les pouvoirs accordés aux représentants populaires par la Constitution. Elles peuvent ainsi proposer des projets de loi au nom de leur propre comité et participer à la discussion ainsi qu'au vote de ceux-ci.

Le principe d'un pays, deux systèmes a été proposé pour résoudre le problème de l'unification entre Taiwan et la Chine continentale et, après, cette idée a permis la réunification de Hong Kong et de Macao avec la Chine continentale. Cette réunification qui a connu un succès a prouvé que ce principe est applicable à Taiwan.

Section 2 : Caractéristique des systèmes juridiques dans les RAS

I. Règlements sur les RAS dans la Constitution

Selon le système de gouvernance de la Chine, ce pays se compose de régions administratives de plusieurs niveaux qui portent des noms différents. Les régions du premier niveau comprennent les provinces, les régions autonomes, les municipalités relevant directement de l'autorité centrale et les RAS. La possibilité d'établir, au besoin, des régions administratives spéciales dans la Constitution a spécialement été conçue pour résoudre les problèmes laissés dans l'histoire par Hong Kong, Macao et Taiwan. Après l'unification de la Chine, il sera toujours possible de construire ce genre de régions administratives du premier niveau, mais les modes de gouvernance de celles-ci seront différents de celles prévalant dans les provinces, les régions autonomes et les municipalités relevant directement de l'autorité centrale.

Selon l'article 30 de la Constitution, la division administrative de la RPC revêt la forme suivante : (1) le pays est divisé en provinces, régions autonomes et municipalités relevant directement de l'autorité centrale ; (2) les provinces et les régions autonomes sont divisées en départements autonomes, districts, districts autonomes et municipalités ; (3) les districts et les districts autonomes sont divisés en cantons, cantons de nationalité et commune ; les municipalités relevant directement de l'autorité centrale et les grandes villes sont divisées en arrondissements et districts, et les départements autonomes en districts, en districts autonomes et municipalités. Les régions autonomes, les départements autonomes et les districts autonomes sont des endroits gouvernés par des ethnies nationales minoritaires.

La première phrase de l'article 31 de la Constitution indique que l'État établit, au besoin, des régions administratives spéciales. On l'a dit, après avoir décidé de construire les RAS, il y a donc quatre types de régions administratives du premier niveau : les provinces, les régions autonomes, les municipalités relevant directement de l'autorité centrale et les RAS. La deuxième phrase de l'article 31 de la Constitution indique que les systèmes à appliquer dans les régions administratives spéciales sont déterminés selon la situation concrète par l'Assemblée populaire nationale, en vertu des dispositions prévues par la loi. Donc, il ne s'agit pas à proprement parler d'une division administrative. L'article 62 de la Constitution, pour sa part, porte sur les compétences de l'APN qui a élaboré le 12e règlement qui autorise la mise en place des provinces, des régions autonomes et des municipalités relevant directement de l'autorité centrale et qui après, selon le 13e règlement, a décidé de mettre en place les RAS et leurs systèmes. Autrement dit, il n'y a pas de dispositions détaillées portant sur les RAS dans la Constitution contrairement aux autres divisions territoriales, il faut donc les prévoir de façon spécifique dans une loi. Brièvement parlant, il y a deux éléments importants sur les RAS dans la Constitution. Premièrement, elle définit qu'il faut établir les RAS selon la nécessité ; deuxièmement, l'établissement des RAS est dans la compétence de l'APN.

Il y a toutefois un autre article dans la Constitution qui concerne les RAS. Il s'agit de l'alinéa 1 de l'article 59 selon lequel l'APN se compose des députés élus par les provinces, les régions autonomes, les municipalités relevant directement de l'autorité centrale, les RAS ainsi que les forces armées. Les différentes ethnies nationales minoritaires ont donc aussi leurs représentants.

Dans les systèmes de gouvernance nationale, on voit donc que les RAS constituent des organes spécialement conçus complétant ainsi les autres divisions administratives et constituant un système complet comprenant quatre composantes administratives de premier niveau. Dans la Loi sur la législation, les systèmes des RAS coexistent avec le système de l'autonomie locale ethnique, on n'a pas utilisé le concept de provinces et de municipalités relevant directement de l'autorité centrale, mais dans la pratique, ces quatre systèmes existent réellement. Ce qui est compatible avec la division de quatre types de régions administratives du premier niveau. Dans un pays unitaire comme la Chine, les régions administratives locales sont établies par l'autorisation de l'autorité centrale selon les besoins et elles constituent un élément important dans la gouvernance nationale. Donc, les systèmes de gouvernance de différents niveaux sont tous les constituants du système de gouvernance nationale, y compris ceux dans les RAS.

Le système de gouvernance dans les RAS est fort différent de ceux s'appliquant dans les autres régions administratives locales. Les principales différences sont les suivantes : premièrement, si nous nous penchons sur la nature sociale de ces divisions, les RAS constituent, on le sait, des régions de nature capitaliste tandis que les autres régions autonomes locales, adhèrent au socialisme. Concernant les pouvoirs, ceux des RAS sont limités dans les Lois fondamentales, mais elles jouissent d'un haut degré d'autonomie. En revanche, les pouvoirs de l'autorité centrale chinoise et des autres régions autonomes locales n'ont pas de limites claires. On peut noter, par ailleurs, que les pouvoirs des régions autonomes ethniques sont moins étendus que ceux dans les RAS. En ce qui concerne la gouvernance, pour être compatibles avec le haut degré d'autonomie dont les RAS jouissent, les Lois fondamentales ont mis en place une série de structures qui fonctionnent indépendamment. En ce qui concerne ceux qui détiennent des pouvoirs importants, soulignons que les chefs de l'exécutif des deux RAS sont sélectionnés par élection ou par des consultations tenues localement et sont nommés par le gouvernement central tandis que les autres membres du gouvernement doivent être des citoyens chinois qui sont des résidents permanents. Cependant, les officiers importants dans les régions administratives chinoises sont assignés par l'autorité centrale.

Dans les systèmes des RAS, les pouvoirs sont définis clairement dans les Lois fondamentales. On remarque deux juridictions qui possèdent des pouvoirs, l'autorité centrale et RAS elles-mêmes. Les RAS ont donc trois types de relations juridiques : (1) les relations entre l'autorité centrale et les RAS ; (2) les pouvoirs de l'autorité centrale qui s'exercent dans les RAS ; (3) la structure politique et juridique qui prévoit un haut degré d'autonomie à l'intérieur des RAS. La structure politique et juridique comprend le chef de l'exécutif, les autorités exécutives, la législature, le système judiciaire, le système juridique, économique, social et culturel, le système des services sociaux et de traitement les affaires étrangères, etc. qui, liés les uns avec les autres, forment le système de base dans les RAS.

II. Les Lois fondamentales dans les RAS sont des lois de type national qui portent spécialement sur les systèmes des RAS

Les Lois fondamentales dans les RAS constituent une légalisation de leur statut et une systématisation de l'organisation des pouvoirs selon la politique d'un pays, deux systèmes. Elles sont des lois nationales d'habilitation de nature constitutionnelle. Elles sont de nature interne et appliquent la Déclaration entre la Chine et l'Angleterre ainsi que celle entre la Chine et le Portugal. Indiquons qu'elles ont été spécialement élaborées pour les RAS. Les fondements des systèmes juridiques établis par ces lois sont les suivants :

(1) le fondement constitutionnel. On l'a dit, selon l'article 31 de la Constitution, l'État peut établir des RAS au besoin. On l'a aussi vu, l'APN a le pouvoir, selon l'article 62 de ce texte, de créer celles-ci et d'instaurer les systèmes à y instituer. Selon ces deux articles, l'APN peut déterminer les systèmes juridiques applicables au moyen de lois ou de décisions spéciales.

(2) le fondement des systèmes est prévu dans les Lois fondamentales. Notons, par exemple, que le troisième paragraphe de la préface de la Loi fondamentale de Hong Kong indique qu'en conformité avec la Constitution de la République Populaire de Chine, l'APN par les présentes a élaboré la Loi fondamentale de

la Région administrative spéciale de Hong Kong. On l'a dit, elle définit le système que l'on retrouve dans cette région pour assurer l'application des politiques conçues par le gouvernement central.

(3) l'existence de ces régions est également prévue dans la loi sur la législation. Selon l'article 8 de la Loi sur la législation, les systèmes applicables dans les régions autonomes, dans les RAS et dans les organisations populaires de base doivent être définis par les lois. Cette mention des RAS dans la Loi sur la législation est utilisée pour la première fois dans les lois chinoises. Le concept d'un pays, deux systèmes a été transposé dans les Lois fondamentales, la Chine a ainsi réussi à assurer une réunification avec ces deux régions.

III. Caractéristiques des systèmes juridiques en appliquant la politique d'un pays, deux systèmes

Dans la gestion du pays, les systèmes dans les RAS présentent les caractéristiques suivantes :

1. Application du capitalisme dans les RAS

Le socialisme et le capitalisme sont deux régimes totalement distincts qui s'opposent surtout depuis la Seconde Guerre mondiale. Mais, ces deux régimes coexistent dans les RAS, ce qui prouve que ces deux idéologies peuvent s'appliquer dans un même pays pour une longue période. C'est aussi la raison pour laquelle la politique d'un pays, deux systèmes attire l'attention du monde entier. Selon la Constitution, la Chine est un pays socialiste, mais les régimes applicables dans les RAS ont pour objectif de conserver le capitalisme dans une partie du pays. Ce dernier constitue donc la caractéristique fondamentale des RAS.

2. Les RAS jouissent d'un haut degré d'autonomie

Dans un certain sens, l'histoire des gouvernements constitutionnels constitue la façon de traiter les relations entre les autorités centrales et celles des parties constituantes. Donc, une difficulté constitutionnelle importante à l'échelle mondiale est de réaliser l'unification du pouvoir central et d'assurer en même temps un haut degré d'autonomie pour certaines parties du pays. Pour résoudre cette difficulté, certains pays ont réorganisé leurs structures internes, mais peu de ceux-ci ont obtenu du succès. Pour continuer à appliquer le système capitaliste dans les RAS, tout en assurant en même temps la souveraineté de l'État, l'unité nationale et l'intégrité territoriale, la Chine a dû insister sur le rôle important de l'autorité centrale à condition que les RAS jouissent d'un haut degré d'autonomie, ce qui constitue une caractéristique importante.

3. Les RAS possèdent le pouvoir d'assurer un jugement final des tribunaux locaux

Dans les pays qui appliquent un système fédéral, les départements ou les régions jouissent normalement de pouvoirs indépendants dans le domaine juridique qui se traduisent souvent par une décision finale de leurs tribunaux. Dans les pays appliquant un système unitaire, certaines régions possèdent des systèmes juridiques différents de ceux qui prévalent dans les autres parties du pays. Par exemple, la région d'Écosse applique le système du droit continental, ce qui est différent du système de common law des autres régions de l'Angleterre. Avant l'établissement de la Région administrative spéciale de Hong Kong, on remarque un phénomène sans précédent du fait que les tribunaux dans les départements locaux ont le pouvoir d'établir un jugement à caractère final. Pour maintenir les lois qui s'appliquaient à Hong Kong de façon compatible avec le système capitaliste, non seulement celle-ci continue à appliquer le système de common law et à conserver un statut d'une région juridique indépendante, mais elle bénéficie aussi du pouvoir pour la Cour d'appel d'émettre un jugement final. La Région administrative spéciale de Macao, pour sa part, conserve également les mêmes pouvoirs qui existaient au moment de sa réunification avec la Chine.

IV. Les systèmes applicables dans les RAS sont conformes à la gouvernance nationale prévue par la Constitution

Premièrement, indiquons que les systèmes dans les RAS sont conformes au principe prévalant dans un système unitaire où l'entité centrale conserve des privilèges ou des attributs importants. Plusieurs articles prévus dans la Loi fondamentale de Hong Kong reflètent aussi ce principe. Par exemple, l'article 1 de cette loi indique que cette région constitue une partie inaliénable de la Chine. L'article 2 mentionne, par ailleurs, que le haut degré d'autonomie dont la Région administrative spéciale de Hong Kong jouit est autorisé par l'APN. Selon l'article 12, La Région administrative spéciale de Hong Kong est une région administrative relevant directement de l'autorité centrale. Mentionnons également que, selon l'article 45, le chef de l'exécutif est désigné par le gouvernement central. Ces articles reflètent tous un principe découlant de la structure d'un pays unitaire. Dans ce type de pays, les départements locaux ne possèdent pas leurs propres pouvoirs. Ces derniers émanent d'une délégation de l'autorité centrale. En ce sens, la Loi fondamentale de Hong Kong est une loi d'habilitation.

Deuxièmement, notons que les systèmes applicables dans les RAS sont conformes aux principes démocratiques populaires. La Loi fondamentale de Hong Kong a été élaborée par un comité qui comprenait des compatriotes de Hong Kong et après les avoir consultés amplement, elle a été adoptée par la suite par l'APN. Ce processus reflète bien le principe de la démocratie populaire. Par ailleurs, notons que selon l'article 21 de la Loi fondamentale de Hong Kong, les citoyens chinois qui sont résidents de Hong Kong peuvent participer à la gestion des affaires nationales de la Chine. Par ailleurs, selon l'article 3 de cette loi, les autorités exécutives, y compris l'organe législatif de la Région administrative spéciale de Hong Kong, doivent être composées de résidents permanents de Hong Kong. Selon les articles 45 et 68 et les annexes I et II de cette loi, le chef de l'exécutif sera choisi par élection ou par des consultations tenues localement et désigné par le gouvernement central. Les membres du Conseil législatif sont aussi élus. Cela reflète les principes démocratiques populaires définis par la Constitution et appliqués à Hong Kong. Par ailleurs, indiquons que selon ces théories constitutionnelles générales, les droits démocratiques applicables dans les pays ne visent que ses propres citoyens de ceux-ci. Mais, considérant la situation spéciale de Hong Kong, l'article 67 de cette loi prévoit que les résidents permanents de cette région qui n'ont pas de nationalité chinoise et ceux qui ont le droit de séjour dans un pays étranger peuvent aussi être élus comme les membres du Conseil législatif, pourvu que leur pourcentage ne dépasse pas 20 %. Par ailleurs, indiquons que certains postes dans les organes politiques ne peuvent être assumés que par les citoyens chinois, cela revient encore une fois au principe général de la gouvernance par l'autorité nationale.

Troisièmement, selon l'article 31 de la Constitution, on l'a dit, une chose importante dans les systèmes appliqués par l'APN dans les RAS est le capitalisme. Par exemple, la Loi fondamentale de Hong Kong prévoit des éléments qui existent généralement dans les régimes capitalistes et qui sont de nature économique et culturelle. De plus, selon l'article 11 de la Loi fondamentale de Hong Kong et l'article 31 de la Constitution, les systèmes et les politiques appliquées à Hong Kong doivent être fondés sur cette loi, y compris le système social et économique, le système protégeant les droits fondamentaux et la liberté des citoyens, les systèmes exécutif, législatif et judiciaire ainsi que les politiques pertinentes.

Quatrièmement, précisons que la gouvernance applicable dans les RAS a confirmé la prédominance du régime fondamental du pays, soit sa subordination à l'Assemblée populaire nationale tout en disposant de vastes pouvoirs. Par exemple, après la réunification de Hong Kong avec la Chine, l'APN, son Comité permanent et le gouvernement populaire central, on l'a dit, conservent leurs pouvoirs indispensables qui assurent le maintien de la souveraineté nationale et, en même temps, elles donnent à la Région administrative spéciale de Hong Kong un haut degré d'autonomie en lui permettant d'être gouverné par ses résidents. Selon le principe d'un pays, deux systèmes, les systèmes appliqués dans les RAS, on l'a vu, sont définis par la Constitution et les lois nationales par l'Assemblée populaire nationale. Selon les Lois fondamentales, le système d'assemblée populaire est encore un système de base de notre pays, même dans les RAS. Les Lois fondamentales sont élaborées par l'APN, le haut degré d'autonomie dans les RAS est aussi accordé par l'APN. On l'a aussi dit les citoyens chinois dans les RAS peuvent élire leurs propres représentants et participer aux affaires du gouvernement central. Ce qui différencie les RAS des provinces, des régions autonomes et des municipalités relevant directement de l'autorité centrale, c'est le fait qu'il n'y a pas d'assemblée populaire locale dans les RAS. Les Lois fondamentales ont conçu une série de systèmes politiques spéciaux. Ce qui mérite d'être souligné, c'est que les systèmes politiques dans tout le pays et dans les RAS ne sont pas tout à fait séparables. Ils ont une relation interne. Cela est reflété non seulement dans le fait que l'établissement des RAS et leurs systèmes sont définis par l'APN, l'autorité centrale concerne la défense et les affaires étrangères liées aux RAS. Mais aussi cela est reflété dans la relation entre l'APN et son Comité permanent, entre le gouvernement populaire central et les organes législatifs des RAS. Donc, si nous parlons de la gestion dans les RAS, il faut parler de la gestion du haut degré d'autonomie, mais aussi de l'autorité centrale. Les systèmes politiques dans les RAS et ceux de l'autorité centrale se constituent un ensemble organique. Il faut que ces deux systèmes assument leurs responsabilités dans le cadre de la Constitution et des Lois fondamentales pour appliquer différentes politiques et pour garder la prospérité économique dans les RAS.

Section 3 : Les systèmes juridiques applicables dans les RAS sont des sous-systèmes de celui de la Chine

I. Le principe un pays, deux systèmes n'a pas changé le caractère moniste du système chinois

Les critères pour évaluer si un système est moniste ou pluraliste consistent à examiner le caractère prévalant des normes ainsi que celui de l'initiative législative.

Dans un système moniste, les normes qui possèdent la force suprême émanent de l'autorité centrale. D'autres organes ou unités locales peuvent avoir le droit d'élaborer des normes, mais celles-ci possèdent un caractère subordonné à celles émanant de l'autorité centrale. Les normes établies localement ne peuvent entrer en conflit avec ces dernières et ne s'appliquent que dans le territoire de l'autorité qui les a adoptées. Dans un système pluraliste, les normes qui ont une force suprême sont multiples. Elles dépendent du partage des pouvoirs mentionnés dans la constitution de l'État en cause. Généralement, les affaires à caractère national sont de la compétence du gouvernement central tandis que celles concernant des matières locales relèvent des autorités territoriales. Les constitutions ou les tribunaux prévoient généralement des règles concernant les domaines flous ou qui peuvent se chevaucher. Ils peuvent notamment appliquer des théories comme celle du pouvoir résiduel qui doit prédominer.

Dans un système moniste, le système d'autorisation du pouvoir d'initiative législative est moniste. L'organe constitutionnel national et l'organe législatif suprême ont le droit de définir les normes suprêmes, elles ont le droit d'accorder d'autres organes à établir leurs normes juridiques. Dans ses limites, les organes législatifs et les organes administratifs subordonnés ont le droit de définir les textes normatifs juridiques. De la même façon, en ce qui concerne la relation entre les organes législatifs locaux et l'organe central, le pouvoir législatif local n'a pas son propre pouvoir, il est accordé par l'organe législatif central ou par les lois de type national. La force des normes juridiques législatives locales vient des normes juridiques nationales. Les pouvoirs législatifs des organes administratifs n'ont pas non plus leurs propres pouvoirs, ce pouvoir est aussi un pouvoir accordé. La force du pouvoir législatif administratif vient des lois de type national ou de l'autorisation de l'organe législatif national. Dans un système pluraliste, le pouvoir d'initiative législative est pluraliste. Le système national de la mise en place des normes juridiques et celui des unités locales coexistent. En ce qui concerne la relation entre ces deux systèmes, l'autonomie des unités locales est un lieu de rencontre. L'autonomie des unités locales est le fondement pour accorder l'organe constitutionnel ou l'organe législatif suprême à définir les normes juridiques nationales, elle constitue aussi la base accordée aux unités locales qui n'ont pas le droit de définir les normes juridiques locales. C'est grâce au statut de base de l'autonomie locale que le pourvoir d'initiative législative des normes nationales juridiques est limité aux opinions publiques locales. Et pour respecter l'autonomie locale, les normes juridiques nationales gèrent les affaires dans le domaine public, elles ne concernent pas les affaires locales autonomes. Dans les domaines flous, nous appliquons la théorie de pouvoir résiduel et nous les classons dans le domaine de l'autonomie locale.

Le concept d'un pays, deux systèmes a été établi sur la base d'un système moniste. La différence entre le système moniste et le système fédéral est que le premier applique le principe de la souveraineté inséparable des entités formant l'État et d'un seul pouvoir législatif suprême tandis que le second applique le principe que la souveraineté est divisible ainsi que le pouvoir suprême d'édicter des lois. Dans un système moniste, il y a seulement un organe législatif suprême qui est l'organe constitutionnel représenté par l'APN et dont les pouvoirs ont été accordés par le peuple selon le principe de l'autorité populaire. Les normes constitutionnelles définies par l'organe constitutionnel ne sont pas seulement des normes juridiques suprêmes dans les pays du type moniste, elles sont aussi celles par lesquelles les autres organes obtiennent des pouvoirs par délégation. Comme les autorités locales ne bénéficient pas de leurs propres pouvoirs, elles les obtiennent par l'organe constitutionnel et législatif national selon la Constitution et les lois de type national. Le concept d'un pays, deux systèmes, au lieu de changer le système moniste de notre pays, l'a plutôt perfectionné. Bien que les RAS aient un haut degré d'autonomie dans certains domaines (par exemple le pouvoir de contrôle financier et le pouvoir pour les tribunaux de rendre des jugements finaux), ce dernier dépasse celui prévalant normalement dans les départements ou les régions dans les pays fédéraux. On l'a vu, les pouvoirs autonomes dans les RAS sont établis par l'autorité centrale selon les lois fondamentales et les autres pouvoirs législatifs. Donc, au lieu d'être inhérents à leur structure, ils sont accordés formellement par les lois fondamentales. La force des normes juridiques définies par les organes législatifs vient de la Constitution. Donc, le système juridique dans les RAS n'est pas absolument indépendant. Il constitue une partie appartenant au système juridique national chinois. Les normes juridiques suprêmes sont donc les normes dans la Constitution et non pas celles mentionnées dans les lois fondamentales. Après l'application du principe d'un pays, deux systèmes, les normes juridiques qui ont la force suprême sont les normes constitutionnelles et les forces d'autres textes juridiques sont accordées par les normes constitutionnelles chinoises. La mise en place des lois dans les organes nationales et locales vient de l'autorisation de la Constitution et de l'autorité centrale. Le système juridique chinois malgré ses particularités conserve malgré tout son caractère moniste.

Il faut remarquer que la nature moniste ou pluraliste du pouvoir juridique et celui du caractère final des jugements ne sont pas les critères pour juger si un système juridique est de nature moniste ou pluraliste. Dans certains pays fédéraux, par exemple en Inde ou en Malaisie, les systèmes juridiques sont pluralistes alors que leurs systèmes judiciaires sont monistes. Dans ces pays, les cours suprêmes dans les départements ou les régions n'ont pas de pouvoir de rendre des jugements finaux. Ces divisions territoriales possèdent une compétence pour les affaires qui appliquent les lois de celles-ci. Il appartient aux cours suprêmes fédérales de rendre un jugement final. Les pays dont les systèmes judiciaires sont monistes sont dans la plupart des cas des pays fédéraux dont l'autorité centrale est forte selon la tradition. Les départements ou les régions doivent alors respecter l'autorité fédérale pour le règlement final des affaires judiciaires. En plus, les affaires et les domaines définis par les départements sont très vastes. En pratique, notons qu'il y a rarement des affaires de nature purement départementale. Le système judiciaire moniste est donc efficace pour réduire les coûts, pour éviter les différends concernant la compétence des tribunaux et favorise donc les justiciables. Mais comme les normes juridiques suprêmes et le pouvoir d'élaborer les lois sont encore pluralistes, le système judiciaire moniste ne porte pas atteinte à l'autonomie législative des départements. Le pluralisme des systèmes juridiques n'a pas changé. Avec le principe d'un pays, deux systèmes, comme les RAS bénéficient d'un pouvoir judiciaire indépendant et que les tribunaux peuvent rendre des jugements, on a donc des systèmes judiciaires pluralistes. Mais comme les normes juridiques suprêmes sont définies par la Constitution qui octroie les pouvoirs suprêmes au gouvernement central, le système juridique conserve son caractère moniste.

II. Relation entre les règles dans les RAS et le système juridique national

Le système juridique chinois comprend tant les règles appliquées en Chine continentale que dans les RAS. Ces règles constituent en quelque sorte des sous-systèmes du système juridique chinois. Ainsi, les règles applicables en Chine continentale n'équivalent pas au système juridique nationale puisque qu'elles ne s'appliquent pas dans l'ensemble du territoire chinois. Il en va de même des normes juridiques élaborées par les RAS. De même, quant aux normes juridiques nationales, certaines sont appliquées seulement dans la Chine continentale et non pas dans les RAS, alors que d'autres s'appliquent sur l'ensemble du territoire chinois. Les normes juridiques nationales qui ne sont pas appliquées dans les RAS ne sont pas des composantes de celles-ci, mais elles appartiennent au système juridique national. En effet, le concept d'un pays, deux systèmes se caractérise par le monisme du système juridique national et le pluralisme des sous-systèmes.

1. Statut et application de la Constitution chinoise selon le concept d'un pays, deux systèmes

Le système juridique national moniste se reflète par le fait que les normes constitutionnelles ont une force juridique suprême dans toutes les parties de la Chine. Mais, l'application de la Constitution dans les RAS présente une caractéristique particulière qui, selon le concept d'un pays, deux systèmes, permet au capitalisme de s'appliquer dans les RAS plutôt que le socialisme. Donc, l'application de la Constitution dans les RAS présente certaines difficultés. Des chercheurs croient que la Constitution ne peut pas être appliquée dans les RAS parce que l'interprétation de l'article 31 de la préface, de l'article 1 et de l'article 5 de la Constitution irait en ce sens. De plus, le préambule de celle-ci définit aussi quatre principes fondamentaux qui ne laissent pas de place à un autre régime que celui du socialisme. Selon l'article 1, le socialisme est un régime fondamental et il est interdit à toute organisation et à tout individu de lui porter atteinte. Selon l'article 5, toute norme ne peut entrer en contradiction avec la Constitution. La Loi fondamentale de Hong Kong élaborée selon l'article 31 de la Constitution serait donc contradictoire avec le préambule de la Constitution et avec de nombreux autres articles de celle-ci qui indiquent la nature socialiste du pays. Donc, certaines personnes croient la loi fondamentale des RAS et, par conséquent, celle de Hong Kong n'est pas valide à cause de leur contradiction avec la Constitution[1].

Il ne nous apparaît pas convenable d'opposer certaines normes de la Constitution avec d'autres ou d'opposer des normes constitutionnelles à celles des RAS. Dans la Constitution, on remarque qu'il existe non seulement des cas spéciaux prévus à l'article 31, mais aussi pour d'autres circonstances. Par exemple,

1 La relation entre les Lois fondamentales et la Constitution (rapport final), Groupe s'occupant des relations entre le gouvernement central et les RAS du Comité de conseils de la Loi fondamentale de la Région administrative spéciale de Hong Kong : 1987.

selon l'article 19 de la Constitution, le pays généralise l'emploi de la langue standard dans tout le pays. Mais, selon l'article 4, toutes les nationalités jouissent de la liberté d'utiliser leur langue et leur écriture. De plus, selon l'article 5, l'État assure l'unité et l'intégrité de la légalité socialiste. Mais, selon l'article 115, les organes d'administration autonome dans les régions autonomes ethniques peuvent appliquer les lois et les politiques en fonction des conditions réelles de leur région. Ces articles semblent contradictoires, mais en réalité on doit les interpréter de façon harmonieuse de manière à respecter tant les règles qui s'appliquent de façon universelle que celles qui ont une vocation particulière. Ces dernières font partie intégrante de la Constitution et on doit leur donner effet.

D'autres personnes croient que dans la Constitution, seul l'article 31 est conforme avec les RAS et que les autres articles ne le sont pas. Cette idée n'est pas tout à fait correcte non plus. Les articles concernant la structure et les fonctions de l'État, les droits fondamentaux et les devoirs des citoyens, les drapeaux nationaux, les emblèmes nationaux et les capitaux sont applicables en tout ou en partie aux différentes RAS. Sinon, il est vain de parler d'une nation. Bien sûr, sur certains aspects, il y a des différences entre la Chine continentale et les RAS. Par exemple, en ce qui concerne les droits des citoyens, ceux des RAS ont des pouvoirs plus vastes et les citoyens chinois parmi les habitants de Hong Kong et de Macao n'ont pas d'obligation de faire leur service militaire. Par ailleurs, les habitants à Taiwan accomplissent des obligations de service militaire selon leurs propres lois. Ces problèmes peuvent en quelque sorte être résolus selon le concept d'un pays, deux systèmes.

Lors de l'élaboration des Lois fondamentales de Hong Kong et de Macao, certaines personnes ont cru qu'il fallait définir dans les Lois fondamentales les articles constitutionnels qui ne sont pas applicables aux RAS afin de clarifier les problèmes d'applicabilité. Toutefois, la plupart des membres du comité d'élaboration des Lois fondamentales estimaient que la Constitution constitue la loi de base de la nation chinoise. Si nous avions défini le problème de l'application des divers articles de la Constitution dans les lois fondamentales des RAS, cela aurait été à l'encontre de l'article 67 de la Constitution qui prévoit qu'il appartient au Comité permanent de l'APN d'interpréter celle-ci et de veiller à son application. En plus, cela n'aurait pas été conforme à l'idée que la Constitution est la loi de base de la nation et que toutes les autres lois ne doivent pas être contradictoires aux principes constitutionnels. De plus, il est difficile de dire que des articles sont applicables dans les RAS et que d'autres ne le sont pas dans celles-ci, et ce, d'autant plus lorsqu'une partie d'un article est applicable alors qu'une autre ne l'est pas. Donc, sur la problématique de l'applicabilité de la Constitution dans les RAS, il vaut mieux ne pas dresser de liste et de définir des normes concrètes pour remédier. Ce genre de traitement a pour avantage de maintenir le statut primordial de la Constitution tout en prenant en compte la spécificité des RAS à partir des Lois fondamentales.

2. Comment assurer une liaison entre les normes des systèmes juridiques dans les RAS et celles dans les systèmes juridiques nationaux ?

L'existence d'une liaison est un symbole attestant de l'existence d'une relation entre un système mère et un sous-système. L'absence de liaison constitue une illustration de systèmes juridiques indépendants. À titre de sous-système du système juridique national, les normes juridiques applicables dans les RAS réalisent une liaison avec le premier (système mère) à partir non seulement de ces normes, mais aussi des normes juridiques nationales appliquées dans ces régions et qui sont prévues dans les Lois fondamentales.

Ces dernières constituent des lois constitutionnelles et sont aussi des lois de base de la Chine. En ce qui concerne leur autorité hiérarchique, elles se situent à un rang à peine inférieur aux normes constitutionnelles. Les normes d'un rang inférieur, comme les lois, les règlements administratifs et les règlements locaux ne doivent pas être contradictoires avec les Lois fondamentales. Le contenu principal des Lois fondamentales des RAS, on l'a vu, concerne le système politique, économique, social, culturel de celles-ci et les façons de les appliquer. Mais, elle porte aussi sur la division des fonctions entre l'autorité centrale et les RAS ainsi que sur la relation entre les autres régions et les RAS. Donc, non seulement les RAS et leurs citoyens doivent respecter les Lois fondamentales, mais aussi tous les autres citoyens auxquels elles peuvent s'appliquer (y compris tous les citoyens chinois et les étrangers habitant dans les RAS). Il s'agit d'une exigence correspondant à une société respectueuse de la règle de droit.

Comme les systèmes applicables dans les RAS sont différents de ceux de la Chine continentale et que ceux-ci sont définis et protégés par les Lois fondamentales, ces dernières doivent posséder un statut suffisamment élevé et bénéficier de l'autorité requise pour permettre d'appliquer le principe d'un pays, deux systèmes, et ce, tout en assurant le fonctionnement normal des RAS et les droits de leurs habitants. Si des lois ou des règlements adoptés en Chine continentale sont contradictoires avec les Lois fondamentales, il faut les corriger. Il en va de même des normes élaborées par les organes législatifs dans les RAS, car sinon elles devront être déclarées invalides. Donc, les Lois fondamentales occupent ainsi une position importante dans les RAS. C'est donc la raison pour laquelle certains désignent les Lois fondamentales comme la petite Constitution. Comme la hiérarchie des Lois fondamentales est élevée, elles prévoient des règles strictes pour les modifier. Ce pouvoir appartient à l'APN tandis que celui de soumettre des demandes de modification est de la compétence du Comité permanent de l'APN, du Conseil des affaires d'État et des RAS. Tout amendement aux Lois fondamentales concernant les RAS doit être soumis à l'APN par la délégation des députés siégeant à celle-ci et provenant de la région concernée, après avoir obtenu le consentement d'une majorité des deux tiers des membres du Conseil législatif de cette région ainsi que par son chef de l'exécutif. Par prudence, il est conseillé que le projet d'amendement aux Lois fondamentales, avant d'être mis au programme de l'APN, soit étudié pour suggérer des modifications, le cas échéant, par le comité des Lois fondamentales dans la RAS en cause. Pour réaliser pleinement le concept d'un pays, deux systèmes, les Lois fondamentales des RAS prévoient que toute modification ne doit pas évidemment entrer en contradiction avec les politiques de base établies pour ces régions par la République Populaire de Chine.

Section 4 : *Un pays, deux systèmes*, respect et défense des lois par l'autorité centrale

Le fait que le régime socialiste de la Chine soit fondé sur le respect de la loi implique que les organes de l'autorité centrale et leurs fonctionnaires respectent et défendent le principe d'un pays, deux systèmes, tel qu'il est exprimé dans les diverses normes juridiques. Ce principe requiert également que ces normes reconnaissent une seule autorité centrale et un système juridique unifié. Après la réalisation d'un pays, deux systèmes, un pays demande que la Chine continentale, Taiwan, Hong Kong et Macao qui exercent de différents systèmes juridiques reconnaissent une seule autorité centrale. C'est-à-dire qu'il existe seulement un seul système d'organe central et un seul système juridique central. Selon la théorie de la hiérarchie des normes juridiques, le système de l'organe central doit occuper la position la plus élevée et tous les autres systèmes de nature locale se trouvent alors dans une position inférieure. Il est important pour l'autorité centrale de respecter les lois. Si les organes centraux et leurs fonctionnaires ne respectent pas strictement celles-ci, il sera alors difficile pour les organes locaux et les citoyens d'utiliser les voies juridiques pour assurer leur autonomie. Le concept d'un pays, deux systèmes deviendra alors sans valeur.

Par conséquent, et premièrement, les organes de l'État, c'est-à-dire l'APN et son Comité permanent doivent respecter et protéger la Constitution et les Lois fondamentales des RAS. Définie par la Constitution, l'APN constitue l'organe suprême de l'État. Elle a le droit de l'élaboration et de la correction de la Constitution et des lois de type national. Le Comité permanent de l'APN est un organe permanent qui, dans l'intervalle des sessions de l'APN, exerce la plupart des fonctions de celle-ci et qui peut interpréter la Constitution et les lois de type national et contrôler leurs applications. Selon les Lois fondamentales de Hong Kong et de Macao, l'APN a évidemment le droit de modifier celles-ci. Pour sa part, le Comité permanent de l'APN a le droit d'interpréter les Lois fondamentales. Mais, le statut et les fonctions de l'APN et de son Comité permanent ne veulent pas dire qu'elles peuvent se placer au-dessus des Lois fondamentales et de leurs lois subordonnées, la Constitution indiquant clairement que tous les organes de l'État sont tenus d'observer la Constitution et la loi et que toute organisation et tout individu ne peut avoir le privilège d'être au-dessus de ces normes. Bien que les Lois fondamentales de Hong Kong et de Macao ne définissent pas clairement les actes que l'APN et son Comité permanent n'ont pas la compétence d'accomplir, il faut savoir que selon le principe qu'un acte est interdit sans autorisation expresse, tous les pouvoirs qui ne sont pas autorisés clairement par les Lois fondamentales à ces organes ne doivent pas être utilisés par eux. Lorsqu'ils possèdent des pouvoirs selon les Lois fondamentales, ils sont alors tenus d'observer ces dernières dans le cadre de l'exercice de ceux-ci. Ces limites aux pouvoirs de l'APN et de son Comité permanent n'affectent pas leur statut d'être les organes principaux de l'autorité suprême. Il faut mentionner que dans la pyramide du pouvoir désignée par la Constitution, l'APN se trouve au sommet. Tout autre organe de l'État exerce des pouvoirs subsidiaires. La Constitution ne définit pas clairement les pouvoirs qui ne peuvent être exercés par l'APN et la procédure que doivent suivre les autres organes de l'État ou les citoyens pour exercer un contrôle sur l'APN et son Comité permanent qui auraient outrepassé leurs pouvoirs. Cette absence suscite des malentendus. On pourrait estimer que le pouvoir de l'APN n'a pas de limites et que ses décisions sont toujours correctes. Tout individu, tout organe, toute organisation possède des défauts et les pouvoirs sans limites peuvent mener à la corruption ou à la tyrannie. Selon la Constitution, il y a des limites aux pouvoirs de l'APN et de son Comité permanent. Si on dépasse ces limites, les autres organes de l'État ou les citoyens doivent prendre en considération le principe selon lequel ces actes sont invalides compte tenu de l'excès de pouvoir. Si l'organe national suprême ne suit pas les exigences définies par la Constitution et les lois ou s'il excède ses pouvoirs ou s'il en abuse ou enfreint les procédures prévues, ces actions vont alors perdre leur force légale. Tout organe de l'État, toute organisation politique, toute association sociale et tout individu a le droit de refuser d'être assujetti à des actes illégaux. Ce genre de refus constitue un pouvoir de résistance pacifique, ce qui est non seulement permis par l'État de droit, mais qui, en quelque sorte, constitue une exigence qui consiste pour tous à respecter l'État de droit et qui constitue la base du respect de la construction socialiste.

En respectant le principe d'un pays, deux systèmes, le concept de l'État de droit définit en quelque sorte les exigences à suivre pour l'APN et son Comité permanent. De façon générale, ces exigences se présentent sous deux aspects. Premièrement, ces organes doivent exécuter leurs pouvoirs selon les règles prévues par les Lois fondamentales, et notamment celui de maintenir le principe de l'unité nationale. Deuxièmement, ils doivent respecter le principe du haut degré d'autonomie des RAS et ne pas intervenir dans leurs affaires qui sont de leur compétence telle que définie dans les Lois fondamentales, permettant ainsi de réaliser la coexistence des deux systèmes. Dans le futur, la Loi fondamentale de Taiwan devrait probablement suivre ce même modèle qui implique qu'une fonction importante de l'autorité centrale est de conserver le principe d'une nation unifiée. Ce principe est indispensable. Les fonctions de l'APN et de son Comité permanent sont divisées comme suit concernant les RAS. Le pouvoir de voter et de modifier les lois fondamentales appartient à l'APN. Le pouvoir d'interpréter la Constitution et de veiller à son application revient, quant à lui, à son Comité permanent. L'élaboration et la modification des Lois fondamentales et essentielles doivent obéir à des critères de prudence. C'est pourquoi les Lois fondamentales des RAS donnent ce pouvoir à l'APN et non pas à son Comité permanent permettant ainsi de répondre aux exigences strictes de l'État de droit. Donc, selon la Constitution tout organe national, toute organisation politique, tout groupement social, toute entreprise, toute institution sociale et tout individu n'a pas le droit d'intervenir dans l'exécution de ce pouvoir par l'APN, ni n'a le droit de la remplacer. Pour les articles qui ne répondent plus adéquatement au principe d'un pays, deux systèmes et qui possèdent des défauts évidents, il faut les modifier. Il faut ajouter et porter attention au fait que selon la Constitution et la Loi organique de l'APN que le Comité permanent peut compléter et modifier partiellement, dans l'intervalle des sessions de l'APN, les lois votées par celle-ci à condition que les principes fondamentaux régissant ces lois ne soient pas violés. Le Code civil, le Code pénal et le Code de la procédure s'appliquant en Chine continentale sont adoptés par l'APN. Mais, ces lois contiennent des traces de modifications qui ont été faites par le Comité permanent. Donc, dans ces cas-là, le Comité permanent remplace l'APN, en quelque sorte, pour exercer le pouvoir de modifier les lois. L'objectif est alors de compléter les défauts des lois pendant la fermeture lors d'une longue période de l'APN. Ce principe est très efficace en Chine continentale, mais il n'est pas vraiment applicable dans les RAS. Notons qu'en respectant le principe d'un pays, deux systèmes, les Lois fondamentales de Hong Kong et de Macao n'ont indiqué d'aucune façon que le Comité permanent de l'APN avait le pouvoir de faire des modifications à celles-ci pendant l'intervalle des sessions de l'APN, et ce, même si la Constitution et la Loi organique de l'APN permettent au Comité permanent de le faire. Mais, de toute façon, selon le principe de réserve, il ne serait pas approprié pour l'APN d'utiliser ce modèle afin de modifier les Lois fondamentales des RAS. Bien sûr, selon les deux Lois fondamentales, le Comité permanent de l'APN possède le pouvoir d'interpréter ces lois, pouvoir qu'il ne faille pas confondre avec celui de les modifier.

Le deuxième niveau du respect et de la défense des lois est que les organes administratifs et judiciaires doivent y adhérer. Les organes administratifs sont constitués par le Conseil des affaires d'État ainsi que les organes qui relèvent directement de celui-ci et qui sont chargés de l'exécution des lois au niveau central. Ces organes ont le droit de gérer les affaires administratives. Dans la structure d'un pays, deux systèmes, les organes centraux sont non seulement responsables de la gestion des affaires étrangères, de la défense, mais aussi d'assurer le haut degré d'autonomie des RAS. Ils possèdent aussi, selon les Lois fondamentales, le droit de nommer et de révoquer les chefs de l'exécutif et les officiers principaux des organes administratifs. Si cela s'avère nécessaire, ils peuvent, à la demande des gouvernements des RAS, ordonner à l'armée de maintenir l'ordre public et de fournir une aide lors des catastrophes naturelles. Ajoutons que dans l'éventualité où le Comité permanent de l'APN déclare l'état de guerre ou qu'en raison de troubles dans une RAS qui menacent l'unité ou la sécurité nationale et qui sont en dehors du contrôle du gouvernement de la région en cause, il peut décider que celle-ci est en état d'urgence et le gouvernement central populaire peut émettre une ordonnance y appliquant les lois nationales pertinentes. Il s'agit d'une lourde responsabilité. Cela demande que le gouvernement populaire central gère les affaires selon les lois nationales et, en même temps, qu'il suive les principes démocratiques et l'État de droit ainsi que le concept d'un pays, deux systèmes. Notons aussi que le gouvernement populaire central a le droit de nommer les officiers principaux, y compris les chefs de l'exécutif dans les RAS. C'est un pouvoir réel au lieu d'être symbolique ou seulement théorique. Le Conseil des affaires d'État a le droit de refuser de nommer les candidats élus ou de refuser d'approuver une censure et une démission. Mais, selon le concept d'un pays, deux systèmes et le respect de l'opinion publique, le Conseil des affaires d'État ne doit utiliser son droit de veto que dans des cas exceptionnels. S'il survient des cas extraordinaires dans les RAS, le Conseil des affaires d'État doit entendre suffisamment les opinions des différentes parties en cause, il ne faut pas qu'il gère ceux-ci de manière subjective. Même dans les circonstances urgentes, il est nécessaire que le gouvernement populaire central exerce prudemment ses pouvoirs d'appliquer les lois de type national (les lois de la Chine continentale) qui ne sont pas conformes à celles des RAS de manière à porter atteinte au principe d'un pays, deux systèmes le moins possible. Ce pouvoir devrait aussi être exercé de façon temporaire.

Les organes judiciaires centraux doivent également respecter et protéger la loi, ce qui comprend évidemment les compétences de chaque région définie par les Lois fondamentales. Le principe du pouvoir judiciaire indépendant et celui du jugement final des RAS ne doivent pas subir d'interférence. Il s'agit de la première fois que différentes régions du pays jouissent du pouvoir indépendant afin de rendre un jugement final. Cela signifie qu'avec le concept d'un pays, deux régimes, il n'y a pas de Cour suprême nationale. On retrouve donc quatre cours suprêmes dans les régions judiciaires (la Chine continentale, Taiwan, Hong Kong et Macao) qui ont une juridiction limitée à un territoire particulier contrairement aux organes législatifs et administratifs qui ont une compétence complète sur l'ensemble du pays. Ces organes judiciaires ont seulement la compétence de rendre un jugement final, on l'a dit, dans leur territoire respectif[1]. Donc, les organes judiciaires centraux doivent saisir suffisamment et précisément le sens des articles concernés dans les Lois fondamentales relativement aux pouvoirs judiciaires des tribunaux dans les RAS en maintenant une bonne relation de coopération avec ces derniers. L'ensemble des tribunaux doivent ainsi s'entraider sur la base des intérêts mutuels et éviter les conflits judiciaires. En même temps,

1 Selon les principes d'un pays, deux systèmes et de l'État de droit, la Cour populaire suprême équivaut à la Cour de cassation de la Chine continentale.

les organes judiciaires centraux doivent servir à guider les organes judiciaires locaux afin de saisir correctement le concept d'un pays, deux systèmes et de corriger les problèmes susceptibles de se rencontrer.

Section 5 : Coordination des systèmes juridiques dans les différentes régions juridiques en suivant le concept d'*un pays, deux systèmes*

I. Conflits des systèmes juridiques rencontrés dans le cadre du concept d'*un pays, deux systèmes*

Après l'application du concept d'un pays, deux systèmes, on note l'apparition d'un pays, de deux régimes, de trois systèmes et de quatre régions. Un pays désigne la Chine indépendante et unifiée ; deux systèmes signifient deux régimes sociaux différents : le socialisme et le capitalisme ; trois systèmes impliquent l'application du système de common law tirant ses origines d'Angleterre et des États-Unis à Hong Kong, celle des systèmes des droits continentaux à Taiwan et à Macao et, enfin, celle des systèmes socialistes en Chine continentale. Le terme Quatre régions représente évidemment la Chine continentale, Taiwan, Hong Kong et Macao qui possèdent quatre sous-systèmes judiciaires différents qui coexistent. Cette situation complexe fait naître des conflits de normes judiciaires entre ceux-ci. Comment résoudre les conflits de normes et l'application des lois entre les régions ?

Après l'application du concept d'un pays, deux systèmes, les conflits dans les différentes régions présentent diverses caractéristiques : (1) les conflits des systèmes juridiques entre différentes régions. Ces conflits peuvent se présenter dans des régions avec les mêmes régimes sociaux, par exemple entre Hong Kong, Macao et Taiwan. Ils sont aussi susceptibles de naître entre des régimes sociaux différents, c'est-à-dire entre le système juridique socialiste en Chine continentale et les systèmes juridiques capitalistes dans les RAS. Cela constitue une particularité de la Chine puisque dans les autres pays du monde, les conflits se présentent dans le même type de régimes sociaux. Il en résulte donc une situation moins complexe qu'en Chine. (2) Les systèmes juridiques des diverses régions peuvent présenter non seulement des conflits entre les différentes branches d'un même système juridique, mais aussi entre les différents systèmes juridiques. Par exemple, remarquons que le système juridique de Taiwan provient de la branche germanique du système juridique continental alors que celui de Macao appartient à la branche française de ce système. Il existe aussi des conflits entre les différents systèmes juridiques. Par exemple, les lois de Hong Kong, on l'a indiqué, appartiennent au système common law tandis qu'à Taiwan, elles tirent leur origine du droit continental. (3) Les systèmes juridiques des différentes régions présentent des conflits non seulement entre des lois locales, mais aussi entre celles-ci et les traités internationaux appliqués dans certaines régions chinoises ainsi qu'entre les traités internationaux applicables dans celles-ci. Par exemple, selon les Lois fondamentales de Hong Kong et de Macao, le Traité international sur les droits des citoyens et les droits politiques qui s'appliquaient à ces régions lors de leur retour à la Chine continuent à s'y appliquer. Notons toutefois qu'en Chine continentale, ce n'est qu'après ce retour que l'on a adhéré à ce traité. Donc, il y a inévitablement des conflits entre ces trois régions qui se présentent sur l'application de ce dernier. (4) Les conflits de normes entre différentes régions chinoises sont des conflits spéciaux dans un pays dont le système juridique est moniste. Ils sont différents de ceux provenant de différents départements de pays fédéraux. Par exemple, en Alsace et Lorraine, le système juridique présente une caractéristique germanique, car ces deux régions ont été occupées par l'Allemagne après la guerre entre la Prusse et la France en 1870. (5) Les régions possèdent toutes leurs propres cours suprêmes. On l'a dit, il n'y a pas d'organe suprême judiciaire central qui chapeaute ceux de ces régions et qui pourrait résoudre les conflits de façon à coordonner les pouvoirs. La Cour populaire suprême a ainsi seulement le pouvoir du jugement terminal pour les affaires se déroulant en Chine continentale concernant Hong Kong, Macao et Taiwan. (6) En ce qui concerne la compétence législative, il n'y a pas de distinction entre le pouvoir législatif central et celui des différentes régions. Les RAS possèdent leurs propres pouvoirs législatifs concernant leur région tout en appliquant aussi certaines lois nationales chinoises conformément aux Lois fondamentales. La législation en Chine continentale n'a donc pas force de loi dans les RAS sauf lorsque les Lois fondamentales le prévoient de façon explicite. Dans la future Loi fondamentale de Taiwan, il est prévu que le gouvernement de Taiwan aura l'autonomie dans le domaine de la défense. Cette région va maintenir sa propre armée et les lois appliquées dans les affaires de défense nationale se présenteront différemment, en cas de différends, de celles de Hong Kong et Macao. On l'a vu, les pouvoirs législatifs de Hong Kong et de Macao ont été accordés par des Lois fondamentales plutôt que par la Constitution chinoise. On a aussi remarqué la diversité de provenance des normes juridiques prévalant dans les diverses régions chinoises. Ces facteurs expliquent la nature particulièrement complexe des conflits de normes entre ces régions.

II. Coordination des systèmes juridiques selon le concept d'*un pays, deux systèmes*

La coordination des systèmes juridiques selon le concept d'un pays, deux systèmes doit suivre les principes suivants.

1. Adhérer au principe de l'unité nationale

Défendre l'unité nationale est le principe le plus important de la constitution concernant les régions et pour résoudre les conflits entre celles-ci. En effet, Hong Kong, Macao et Taiwan font partie intégrale du territoire chinois. Bien que la Chine ait décidé de mettre en place les RAS à Hong Kong, Macao et à Taiwan dans le but de maintenir la prospérité et la stabilité à long terme de ces régions tout en considérant leur histoire et leur situation actuelle et afin de leur permette de jouir d'un haut degré d'autonomie et de préserver leurs propres systèmes juridiques, lorsque des conflits juridiques se présentent dans les différentes régions, il ne faut pas porter atteinte à l'unité nationale, à la souveraineté de l'État et à l'intégrité territoriale. Sa coordination juridique doit être bénéfique, elle ne doit pas nuire à l'unité nationale. En ce qui concerne des méthodes et des procédures concernant la coordination juridique, il faut s'aider mutuellement, peser les avantages et les désavantages d'une action, prendre en considération l'intérêt général et il ne faut pas nuire aux intérêts des autres régions.

2. Coexistence pacifique en respectant le concept d'un pays, deux systèmes

L'esprit du principe d'un pays, deux systèmes signifie la coexistence pacifique et le développement coordonné de régimes politiques et économique de différentes natures. Le principe de la coexistence pacifique est aussi le principe de base à appliquer dans le cadre des relations internationales. Selon les expériences vécues, ce principe est également une bonne méthode pour résoudre les problèmes qui peuvent survenir à l'intérieur d'un pays. La Chine, en proposant ce concept d'un pays, deux systèmes pour résoudre le problème de l'unité nationale, applique en quelque sorte celui de la coexistence pacifique[1]. Les différences juridiques entre la Chine continentale et les différentes RAS vont certainement exister pendant une longue période. Il ne faut pas être pressé d'unifier les systèmes juridiques des différentes régions afin d'en assurer une meilleure cohésion et d'éviter de créer des obstacles inutiles.

3. Insister sur l'égalité et l'avantage mutuel

Il faut non seulement appliquer les principes de l'égalité et de l'avantage mutuel dans les communications normales entre divers pays, mais aussi appliquer ce principe afin de coordonner les différents systèmes juridiques qui existent entre les régions d'un même pays. Pour résoudre les conflits juridiques, ces principes se reflètent à travers les aspects suivants : (I) reconnaître que les systèmes juridiques en Chine continentale, à Hong Kong, à Macao et à Taiwan sont égaux. Les normes qui s'appliquent sur tout le territoire de la Chine sont considérées comme une partie commune à ces quatre régions juridiques. Ces dernières reconnaissent à certaines conditions la portée extraterritoriale des normes provenant d'une autre région et reconnaissent le caractère d'égalité des lois adoptées par celle-ci. Si les régions défendent fermement leur territoire et pensent que leurs lois locales sont meilleures que celles des autres régions lorsqu'il s'agit de traiter des conflits juridiques, il serait inutile de rejeter ces dernières, car il serait

1 DENG Xiaoping, Construire un pays socialiste à caractères chinois, la maison d'édition du peuple, 1984, p. 67.

alors vain de parler de l'égalité et de la coordination juridique qui doivent exister au bénéfice de l'ensemble ; (2) reconnaître l'égalité entre les personnes morales et physiques et que leurs droits sont égaux et qu'il faut les protéger. Il ne faut pas appliquer un protectionnisme régional ou la discrimination envers les personnes d'autres régions ; (3) dans l'application du droit, quand il est nécessaire d'exécuter les lois des autres régions, il faut les exécuter adéquatement tout en respectant leurs habitudes et leur conception juridique. Il ne faut donc pas agir selon celles prévalant dans la région chargée de cette exécution ; (4) en ce qui concerne la compétence des différentes régions, il faut suivre les normes édictées par la loi et éviter inutilement les conflits ; (5) afin de renforcer l'entraide judiciaire, il faut se coordonner adéquatement tout en respectant le principe du respect des lois. On doit aussi assurer l'exécution des jugements et des ordonnances provenant des autres régions correctement, efficacement et rapidement.

On note qu'il y a trois moyens afin d'assurer la coordination juridique entre les différentes régions : la coordination législative, administrative et judiciaire. La coordination législative signifie d'élaborer des droits substantiels et procéduraux unifiés ou des règles de conflits unifiées pour supprimer complètement les conflits juridiques entre les différentes régions juridiques ou à tout le moins de tenter de les éviter. Toutefois, selon la situation prévalant en Chine, il serait impensable de réaliser l'unification des systèmes juridiques en un temps relativement limité. Cela ne serait pas conforme à la réalité objective et à l'esprit du principe d'un pays, deux systèmes. Il n'est donc pas possible de coordonner les systèmes juridiques par l'unification de ceux-ci. Il pourrait toutefois être utile d'établir une loi portant sur les conflits législatifs afin de réaliser une coordination efficace. D'autres pays ont utilisé cette méthode pour résoudre leurs problèmes de coordination. Normalement, il y a deux façons d'effectuer celle-ci. La première façon, c'est que l'organe législatif suprême élabore une loi qui s'applique à tout le territoire du pays. La deuxième façon, c'est que les différentes régions traitent les problèmes en se référant à des normes pour résoudre les conflits internationaux de lois. Certains croient qu'il est utile de faire référence aux méthodes internationales pour résoudre les conflits de lois en se basant sur l'expérience des divers pays afin de traiter ceux se déroulant dans les différentes régions chinoises. Quant à la méthode consistant à élaborer une loi nationale unifiée, cette idée mérite une plus grande réflexion et nécessite d'effectuer une recherche approfondie. Mais cette méthode ne vise pas à supprimer les différences entre les systèmes juridiques des diverses régions. Donc, elle a pour objectif de régler les conflits de lois sans réaliser un droit unifié. De plus, soulignons que les conflits internationaux concernent dans la plupart des cas les acteurs du commerce, c'est-à-dire qu'ils relèvent du domaine privé. Les conflits juridiques en Chine ne se limitent pas à ce sujet, il concerne souvent le domaine public. On l'a mentionné, les conflits juridiques chinois sont particuliers, car ils comprennent des affaires mettant en cause des systèmes juridiques de différentes natures, ce qui est beaucoup plus complexe que ceux se déroulant dans la plupart des pays fédéraux, dont les régimes sont généralement de même nature. Donc, nous estimons que les lois sur les conflits juridiques adoptées dans les pays fédéraux ne sont généralement pas suffisantes pour régler les conflits se déroulant en Chine. D'ailleurs, pour élaborer ce genre de loi, il faut des expériences riches et des bases théoriques bien développées, ce qui ne constitue pas un travail facile. Donc, nous sommes d'avis qu'il ne faut pas considérer cette méthode comme étant une façon privilégiée pour réaliser une coordination juridique efficace.

La coordination administrative désigne, pour sa part, que les organes administratifs de différentes régions coopèrent pour assurer une meilleure coordination juridique. L'avantage est que les organes administratifs jouissent de pouvoirs très larges. Ils peuvent aider à conserver une continuité et une stabilité des systèmes juridiques sans passer par l'adoption de nouvelles lois ou par des modifications législatives. En ce sens, au début de la fondation de la Chine, le gouvernement chinois a commencé à réaliser l'harmonisation juridique avec Hong Kong, Macao et Taiwan au moyen de la coordination au sein des divers organes administratifs. Après l'affaire du Cachemire, par le biais de la coopération entre les organes de police de la Chine continentale et ceux du gouvernement de Hong Kong et au moyen de traités entre le gouvernement de Hong Kong et de Taiwan, les agences d'information coopèrent concernant les actes de violence et le terrorisme. Après la politique de réforme et d'ouverture sur le monde, la coopération entre la Chine continentale et les organes administratifs de Hong Kong et de Macao est de plus en plus fréquente et a permis d'obtenir de grands succès pour lutter contre la criminalité transrégionale. Après le retour de Hong Kong au sein de la Chine, ces coopérations sont maintenant garanties par la Loi fondamentale et sont beaucoup plus efficaces. Ajoutons qu'après la crise financière en Asie, les organes financiers en Chine continentale et à Hong Kong ont établi des mécanismes de coopération et ont joué un rôle important pour éviter la dévaluation de RMB, pour conserver le taux de change s'appliquant à Hong Kong et pour permettre la stabilité et la prospérité de l'économie de cette région. Ce genre de coopération est fort utile et ne peut pas être remplacée adéquatement par celle impliquant l'intervention législative et judiciaire. Le défaut de la législation est qu'elle ne peut que difficilement s'appliquer aux changements découlant de nouvelles situations. Ce défaut peut être plus facilement corrigé par l'adoption de nouveaux règlements administratifs. Par exemple, mentionnons que les règlements concernent les sociétés cotées en bourse sont différents en Chine continentale et à Hong Kong. Par exemple, si les sociétés anonymes à responsabilité limitée en Chine continentale voulaient s'inscrire à la bourse de Hong Kong, elles devraient satisfaire à la fois aux critères de la Chine continentale et à ceux de Hong Kong. Pour pallier cette difficulté, la Commission nationale des valeurs mobilières en Chine continentale se coordonne avec la bourse de Hong Kong et définit les règlements pour s'inscrire à cette dernière. Cela a permis la coordination des règles s'appliquant aux sociétés de ces deux régions par le mécanisme du droit d'habilitation, et ce, sans faire de modifications à la Loi sur l'entreprise. En même temps, cela a fourni une expérience à la Chine continentale en se servant du système juridique plus avancé s'appliquant à Hong Kong. À cause de l'état d'opposition prévalant actuellement entre la Chine continentale et Taiwan, il n'est pas encore possible de réaliser une pleine coopération entre les organes administratifs de ces deux régions, même si l'Association pour les relations entre les deux rives du détroit et la Fondation d'échanges au moyen du détroit ont déjà réalisé une coordination juridique dans beaucoup de domaines. Mais compte tenu de l'indépendance de Taiwan, les communications entre ces deux associations se sont arrêtées. Le rôle de la coordination est maintenant largement compromis. Ce n'est lorsque Taiwan abandonnera la voix de l'indépendance, que ne pourront à ce moment-là établir des moyens de coordination directs dans les domaines des affaires civiles et politiques. Donc, nous pouvons voir qu'avec l'approfondissement de la relation qui a prévalu entre les deux rives, la coordination administrative peut encore jouer un rôle important.

La coordination judiciaire implique que les organes judiciaires de différents territoires se concertent afin d'assurer une meilleure efficacité. L'avantage de ce type de coordination est que les organes peuvent tirer des expériences selon l'analyse de nombreuses situations concrètes à partir d'innombrables litiges. La coordination judiciaire constitue une méthode principale pour résoudre les conflits judiciaires entre les différentes régions des pays fédéraux (spécialement dans les pays fédéraux appliquant le système de common law). Par exemple, depuis la publication de la Constitution des États-Unis, les cours fédérales suprêmes de ce pays se servent de la coordination judiciaire afin de résoudre les difficultés liées à la distribution des pouvoirs entre les États et ceux du gouvernement fédéral. On a aussi accumulé beaucoup d'expérience pour réaliser la coordination entre la Chine continentale et Hong Kong. Ainsi en 1988, le Tribunal populaire de la province du Guangdong et la Cour suprême de Hong Kong ont signé un accord après plusieurs années d'expérimentation pour la signification des documents concernant les litiges. Pour le moment, comme les systèmes et les habitudes juridiques sont similaires en Chine continentale, à Taiwan et à Macao, la coordination juridique n'est pas trop difficile à effectuer. Mais celle-ci n'est pas facile avec Hong Kong. Comme le système juridique de cette région appartient à la common law, les méthodes, les concepts et la distribution des pouvoirs sont tous très différents de ceux prévalant en Chine continentale, à Taiwan et à Macao. On l'a dit, cette relation de coordination est fort importante. Les organes judiciaires à Hong Kong occupent un statut particulier compte tenu de leur appartenance au système de common law. On le sait, dans ce système, les tribunaux ont la possibilité de créer le droit au moyen de la jurisprudence. La loi est plutôt vue comme une exception alors qu'en droit civil, celle-ci constitue la source fondamentale de création des normes. La coordination judiciaire apparaît comme la méthode principale qui sera utilisée dans le futur afin de permettre une meilleure cohésion entre les systèmes juridiques de la Chine continentale, de Taiwan, de Macao et de Hong Kong. Les autres méthodes sont appelées à jouer un rôle secondaire. En outre, avec les échanges commerciaux croissants entre ces quatre régions, ainsi que la facilitation des communications, les problèmes concernant la coordination judiciaire vont devenir de plus en plus nombreux compte tenu, notamment, de l'augmentation du nombre de litiges et de la nécessité d'exécuter les jugements. Après le retour de Hong Kong, une base légale concernant les accords d'entraide judiciaire a été établie et a obtenu du succès. Après le retour de Macao au sein de la Chine, ce genre d'accord va être signé entre la Chine continentale et cette région. Toutefois, à Taiwan, à cause de l'état d'opposition et les divergences politiques qui existent avec la Chine continentale, il est donc difficile de réaliser une coordination concernant l'entraide judiciaire. Même si la Cour suprême populaire a défini des règles concernant l'entraide judiciaire avec les tribunaux de Taiwan et que cette dernière a présenté des résolutions et que même si, enfin, les deux régions ont signé un accord intitulé l'entraide judiciaire pour lutter mutuellement contre les crimes, en 2009, il faut constater que la réalisation d'une coordination efficace entre ces deux rives demande encore beaucoup de travail.

CHAPITRE 12.

DROIT INTERNATIONAL ET SYSTÈME JURIDIQUE CHINOIS

ZHU Xiaoqing

La question du rapport entre le droit international et le système juridique chinois correspond essentiellement à la relation existante entre le droit international et le droit interne. Le présent chapitre développera, principalement du point de vue des traités internationaux, certains aspects théoriques et pratiques fondamentaux concernant cette question.

Section 1 : Relations générales entre le droit international et le droit interne chinois

I. Théories générales sur la relation entre le droit international et le droit interne chinois

Les théories traditionnelles sur la relation entre le droit international et le droit interne sont constituées par le « monisme » et le « dualisme » qui s'opposent sur le rapport entre les ordres juridiques nationaux et l'ordre international. Le dualisme est apparu plus tôt que le monisme. L'opposition entre ces deux théories se concentre sur le point de savoir si le droit international et le droit interne sont 2 systèmes juridiques indépendants ou non. Le dualisme affirme que le droit international et le droit interne sont 2 systèmes juridiques indépendants et que les normes du droit international n'acquièrent de force juridique qu'en étant incorporées au droit national. Le monisme, pour sa part, prône que le droit international et le droit interne composent des éléments d'un même système juridique. Le dualisme exerce actuellement une certaine influence à la fois sur la théorie et la pratique, ce qui n'est pas le cas du monisme.

Le monisme contient deux arguments différents : l'un est que le droit international précède le droit interne ou « la doctrine de la suprématie du droit international » ; l'autre est que le droit interne précède le droit international, ou « la doctrine de la suprématie du droit interne ». La racine idéologique de la doctrine de la suprématie du droit interne sur le droit international est la théorie de la souveraineté absolue de l'État de Georg Wilhelm Friedrich HEGEL qui nie fondamentalement l'existence du droit international. Sa partialité théorique a été fortement critiquée par d'autres théories. N'étant pas conforme à la pratique du droit international, cette doctrine a progressivement perdu son influence après la Première Guerre mondiale. Aucun savant ne la soutient actuellement. La doctrine de la suprématie du droit international est née après la Première Guerre mondiale. Selon Hans KELSEN, éminent représentant de cette doctrine, le droit international et le droit interne appartiennent au même système juridique dans lequel les normes juridiques diffèrent selon une certaine hiérarchie et le droit international l'emporte sur le droit interne en cas de conflit. KELSEN pense que les normes prennent effet à partir de la même base et que le droit interne prend sa source dans le droit international et en tire ses effets. KELSEN soutient également que la portée juridique du droit international n'est pas limitée et que l'ordre juridique international « détermine la portée de l'effet territorial, personnel et temporel des ordres juridiques dans les divers pays »[1]. L'effet du droit international vient finalement de « normes de base », comme le « pacta sunt servanda »[2], ce qui signifie qu'un accord doit être respecté. Bien qu'elle ne soit pas universellement reconnue, la doctrine de la suprématie du droit international a jusqu'à présent exercé une influence certaine.

La plupart des chercheurs chinois pensent que les théories du monisme et du dualisme sont imparfaites. À propos du dualisme, ceux-ci soutiennent que cette théorie se concentre sur l'exploration des différences entre le droit international et le droit interne, insistent sur leurs différences en matière de sujets, de sources, d'effets et de méthodes de mise en œuvre, mais ignorent les liens qui existent entre les deux. À l'égard du monisme, préconisant la suprématie du droit international, les auteurs chinois estiment que KELSEN n'indique pas clairement les éléments sur lesquels reposent la suprématie du droit international et que cette théorie n'est pas convaincante ; en outre, la théorie de KELSEN, on l'a dit,

1 Hans KELSEN, Principes de droit international, traduit par WANG Tiya, Maison d'édition Huaxia, 1989, p. 335.

2 La doctrine de la suprématie du droit international défendue par Hans KELSEN peut être consultée au chapitre 5 de « Droit international et droit interne » des Principes du droit international et au chapitre 6 « Droit interne et droit international » de la Théorie générale du droit et de l'État. Les Principes du droit international ont été écrits par Hans KELSEN, traduits par WANG Tieya et publiés par la maison d'édition Huaxia en 1989, et la Théorie générale du droit et de l'État a été écrite par Hans KELSEN, traduite par SHEN Zongling et publiée par l'Encyclopedia of China Publishing House en 1996.

préconise que le droit interne est subordonné au droit international, ce qui nierait logiquement le principe de la souveraineté des États et qui placerait celui-ci sous l'emprise du droit international. Cela n'est pas sans poser d'importantes difficultés.

Afin d'échapper à cette division entre les théories du monisme et du dualisme, ou pour éviter leurs lacunes, certains chercheurs étrangers ont proposé la théorie de la coordination sur la relation entre le droit international et le droit interne[1]. Selon cette théorie, les déductions logiques du monisme et du dualisme « entrent en conflit avec les modes d'action des institutions et des tribunaux internationaux et nationaux »[2]. Les partisans de celle-ci soutiennent qu'en tant que « systèmes juridiques », le droit international et le droit interne n'entrent pas véritablement en conflit puisqu'ils opèrent dans des domaines différents ; ils constituent des normes d'un même niveau hiérarchique, qui est le plus élevés, dans leurs domaines respectifs, de sorte que la question de suprématie ne se pose pas. Cependant, comme des pays peuvent ne pas agir conformément aux exigences du droit international au niveau interne, des conflits peuvent donc survenir ; le résultat n'est pourtant pas que le droit interne devient invalide, mais que les pays doivent assumer leurs responsabilités au niveau international[3].

Certains auteurs chinois ont également élaboré « la théorie de l'ajustement naturel » ou « la théorie de la coordination naturelle » sur la base de leurs réflexions portant sur le monisme et le dualisme. ZHOU Gengsheng, célèbre juriste international chinois, a créé « la théorie de l'ajustement naturel » sur la relation entre le droit international et le droit interne. ZHOU a souligné que le dualisme avait tendance à faire ressortir l'opposition formelle entre le droit international et le droit interne, tout en ignorant leurs liens réels. Il a écrit : « De telles connexions existent d'abord dans le fait objectif qu'un pays formule le droit interne et participe également à l'élaboration du droit international. Deuxièmement, la politique étrangère d'un pays est étroitement liée à la politique intérieure de sa classe dirigeante ; les lois servent à donner effet à ces politiques. La politique étrangère d'un pays influe naturellement sur son attitude et sa position à l'égard du droit international. On peut donc affirmer que, selon l'essence de ces deux droits, il ne devrait pas y avoir de problème de suprématie de l'un ou de l'autre, et on ne peut pas dire qu'ils sont opposés l'un à l'autre »[4]. Il a également souligné que la question de la relation entre le droit international et

1 Les principaux représentants de la théorie de la coordination sont Fitzmaurice, ROUSSEAU et Ian BROWNLIE.

2 Ian BROWNLIE, Principes de droit international public (5e édition), Oxford University Press, 1998, p. 33. Ce livre a été traduit en chinois par ZENG Lingliang et SHE Minyou. Le titre de la version chinoise est GUO Ji GONG Fa YUAN Li《国际公法原理》et publiée par Law Press of China en 2003.

3 Ian BROWNLIE. Principes de droit international public (5e édition), pp. 33-34 et 55-56.

4 ZHOU Gengsheng, International Law (Volume I), Commercial Press, 1976, pp. 19-20.

le droit interne est après tout celle de savoir comment les pays appliquent le droit international au niveau interne, c'est-à-dire comment les pays remplissent leurs obligations émanant du droit international. Par sa nature, le droit international engage les États et non pas directement leurs organes et leur peuple. Même si le droit interne est contraire au droit international, les tribunaux nationaux d'un pays doivent toujours appliquer le droit interne, mais cet État assumera donc une responsabilité pour avoir commis une violation de ses obligations internationales. Par conséquent, lorsqu'un pays reconnaît les normes du droit international, il a l'obligation d'adapter son droit interne afin de le rendre conforme avec celles-ci. Selon cet auteur, du point de vue de la conformité des lois et des politiques, tant qu'un pays remplit sérieusement ses obligations internationales, la relation entre le droit international et le droit interne peut toujours faire l'objet d'un ajustement naturel[1]. D'autres universitaires chinois qui partagent des points de vue similaires conviennent que le droit international et le droit interne sont des systèmes juridiques différents et qu'ils sont étroitement liés, se pénètrent mutuellement et se complémentent au lieu d'être antagonistes. Par conséquent, « la théorie de l'ajustement naturel » reflète mieux la réalité de la relation entre le droit international et le droit interne[2], et elle est conforme à « la théorie de la coordination » adoptée par des universitaires étrangers. Une telle théorie semble être bien équilibrée.

Ces dernières années, certains chercheurs chinois ont remis en question la théorie de l'ajustement naturel. Ils estiment que cette théorie situe négativement la relation entre le droit international et le droit interne en dehors des normes juridiques et provient d'une réflexion arbitraire ; une telle théorie semble être trop tranchée et échappe en fait à l'essence même de la relation entre le droit international et le droit interne, à savoir « comment les pays mettent en œuvre le droit international à l'interne, afin de s'acquitter de leurs obligations internationales »[3]. Ainsi, ils ont avancé « la doctrine de la coordination des normes juridiques » ou « la théorie de la coordination des normes juridiques ». Cette théorie soutient que l'harmonie et la conformité des normes juridiques est un point de départ pour saisir avec précision la relation entre le droit international et le droit interne ; l'universalité des caractéristiques inhérentes au droit, la similitude des caractéristiques formelles du droit et les exigences fondamentales d'une société régie par

1 ZHOU Gengsheng, International Law (Volume I), Commercial Press, 1976, p. 20.

2 Parmi les autres chercheurs chinois en droit international qui partagent ces opinions, citons DUANMU Zheng, CHEN Zhizhong, LIANG Xi, CHENG Xiaoxia, etc. Citations de : Sous la direction éditoriale de WANG Tieya. Introduction au Droit international, Beijing University Press, 1998, pp. 191-192. Sous la direction éditoriale de WANG Tieya. Droit international, Law Press of China, 1981, p. 44. Sous la direction éditoriale de WANG Tieya. Droit international, Law Press of China, 1995, pp. 29-30. Sous la direction éditoriale de WAN Exiang. Étude sur la relation entre le droit international et le droit national, Peking University Press, 2011, pp. 20-22.

3 LI Long et WANG Xigen. « Réflexion doctrinale sur les relations entre le droit international et le droit interne – Discussions à partir du point de vue des pays asiatiques sur cette question », Modern Law Science, 2001 (1).

le droit basée sur l'intégration et la coordination des systèmes juridiques font en sorte que le droit international et le droit interne doivent et ne peuvent que coexister harmonieusement et être coordonnés par le biais de normes juridiques. Les normes juridiques internationales et celles à caractère national réalisent une harmonie interne au sein des systèmes juridiques auxquels elles s'appliquent et sont corrélatives, causales l'une pour l'autre, se pénètrent et se promeuvent mutuellement[1].

Relativement à cette théorie, d'autres chercheurs chinois répondent ou commentent de la manière suivante : d'une part, ils affirment que cette théorie absorbe l'essence de la théorie de l'ajustement naturel et démontre adéquatement la relation entre le droit international et le droit interne du point de vue des normes juridiques, à savoir la relation d'interdépendance et de coordination relatives de ces droits plutôt que celle basée sur la hiérarchie des normes et la supériorité de certaines d'entre elles; d'autre part, ils soulignent que cette théorie considère la relation entre le droit international et le droit interne du point de vue des normes juridiques elles-mêmes, de sorte qu'elle présente des lacunes ou des limites dans ses méthodes de démonstration[2].

II. Relation entre les traités internationaux et le système juridique chinois

En Chine, la relation entre les traités internationaux et le système juridique chinois implique principalement deux questions : l'une est de savoir si les traités internationaux font partie du système juridique chinois et l'autre, consiste à se demander quel est le statut des traités internationaux dans celui-ci.

1. Concepts et controverse relatifs au système juridique

Concernant la définition de l'expression système juridique, les chercheurs chinois estiment qu'« il fait généralement référence à une unité organique formée de différentes branches du droit comprenant toutes les normes juridiques actuelles d'un pays par le biais d'une classification ». Dans un système juridique unifié, diverses normes juridiques sont divisées en plusieurs branches du droit en fonction de la nature différente des diverses relations sociales qu'elles sont chargées de réguler, telles que le droit constitutionnel, le droit administratif, le droit pénal, le droit de la procédure pénale, le droit civil, le droit économique, le droit du mariage, le droit de la procédure civile, etc. »[3].

1 LI Long et WANG Xigen, « Réflexion doctrinale sur les relations entre le droit international et le droit interne – Discussions à partir du point de vue des pays asiatiques sur cette question », Modern Law Science, 2001 (1). Sous la direction éditoriale de WAN Exiang. Étude sur la relation entre le droit international et le droit interne, Peking University Press, 2011, pp. 26-33.

2 Sous la direction éditoriale de WAN Exiang. Étude sur la relation entre le droit international et le droit interne, Peking University Press, 2011, pp. 29-33.

3 L'Encyclopédie chinoise du droit, Encyclopedia of China Publishing House, 1984, p. 84.

Déterminé par la nature du système socialiste chinois, le système juridique chinois revêt également des caractéristiques déterminées par ce système. Le Système de droit socialiste aux caractéristiques chinoises (livre blanc), publié en octobre 2011, a fourni une définition du « système de droit socialiste aux caractéristiques chinoises », en indiquant qu'il s'agit « d'une unité organique dominée par la Constitution, qui prend les lois comme colonne vertébrale, les règlements administratifs et règlements locaux comme éléments importants, et qui se compose de plusieurs branches de droit telles que le droit constitutionnel, le droit civil et commercial, le droit administratif, le droit économique, le droit social, le droit pénal, le droit procédural s'appliquant au domaine du contentieux ainsi que celui dédié aux méthodes alternatives de règlement des différends ». De toute évidence, les traités internationaux ne figurent pas dans cette définition.

Cependant, certains juristes théoriciens chinois estiment que la composition du système juridique en Chine, qui prend le droit écrit comme source du droit, devrait inclure, en plus des branches du droit, les diverses sources du droit, les caractères principaux du droit, les catégories de sanctions, etc. Le système des sources du droit réfère principalement à ses sources directes, c'est-à-dire aux règles qui sont promulguées par certains organes dûment autorisés conformément aux normes établies dans des documents normatifs, notamment la Constitution, les lois, les règlements administratifs, les règlements ministériels, les règlements locaux, les règlements d'autonomie des régions d'autonomie nationale, les règlements autonomes, les traités, etc. Les traités constituent des sources directes de droit et font donc partie du système juridique chinois.

Malgré les objections qui peuvent exister sur la définition du concept de système juridique, il faut noter qu'il existe évidemment plusieurs lois en vigueur en Chine qui contiennent des dispositions concernant les relations entre les traités internationaux (ou la pratique internationale) et le droit interne. Les exemples les plus représentatifs sont l'article 142, susmentionné, des Principes généraux du droit civil et l'article 260 du Code de procédure civile (modifié en 2012)[1]. Sur cette base, afin de clarifier la relation entre les traités internationaux et le système juridique chinois, les chercheurs chinois ont fait des recherches approfondies.

2. Les traités internationaux font-ils partie du système juridique chinois ?

Étant donné que la Constitution chinoise et les autres lois particulières, telles que la Loi sur les procédures de conclusion des traités et la Loi sur la législation ne contiennent pas de dispositions sur la relation entre le droit international et le droit interne, celle-ci s'avère encore incertaine en Chine jusqu'à présent. L'une

1 L'article 260 du Code de procédure civile indique : « Si un traité international conclu ou auquel la République populaire de Chine a adhéré contient des dispositions différentes de celles du présent code, les dispositions du traité international s'appliquent, à moins que ces dispositions ne soient celles sur lesquelles la République populaire de Chine a indiqué des réserves ».

des manifestations de cette incertitude est de savoir si les traités internationaux font partie du système juridique chinois.

Pour répondre à cette question, les principaux spécialistes chinois du droit international ont 2 opinions opposées.

Les opposants à l'inclusion des traités internationaux dans le système juridique chinois estiment que puisque le droit chinois ne le prévoit pas clairement, mais indique seulement que « les traités prévalent », non pas dans la Constitution qui est la loi fondamentale de la Chine, [1]mais uniquement dans les lois, ceci n'est pas suffisant pour en faire une source formelle du droit. De plus, du point de vue du droit interne, la promulgation de lois et la conclusion de traités appartiennent à 2 types différents de pouvoir, c'est-à-dire, pour la première, le pouvoir législatif et, pour la seconde, le pouvoir de l'exécutif. Cependant, le pouvoir de conclure des traités est en grande partie conforme ou fondamentalement compatible avec le pouvoir législatif en Chine, créant ainsi les conditions nécessaires à l'application directe des traités internationaux dans le système du droit interne chinois[2].

Ceux qui soutiennent que les traités internationaux font partie du système juridique chinois énoncent les motifs suivants : (1) conformément aux dispositions de la Constitution et de la Loi sur les procédures de conclusion des traités, la ratification des traités partage à peu près les mêmes procédures que celles de voter les lois. Par conséquent, ils estiment que les traités et les lois ont le même effet en Chine[3] ; (2) de nombreux textes législatifs prévoient que lorsque les traités entrent en conflit avec le droit interne chinois, les traités prévalent à l'exception des clauses sur lesquelles la Chine a indiqué des réserves ; (3) à l'exception de quelques traités qui nécessitent une période de transition avant d'entrer en vigueur en Chine, de nombreux autres peuvent l'être directement en vertu des dispositions du droit interne sur l'application des traités internationaux qui énoncent qu'ils sont un élément indispensable du système juridique chinois et que le fait de les exclure des sources du droit chinois ne respecte pas les dispositions de ce dernier[4].

Nous estimons que les traités internationaux sont un élément fondamental du système juridique chinois pour les raisons principales suivantes :

Premièrement, l'approbation des traités internationaux constitue une activité législative de l'État. Qu'est-ce que la législation ? Les auteurs chinois ont des définitions différentes à ce sujet. Par exemple, « la législation, également connue sous le nom de création de lois, fait référence au pouvoir qui autorise des organes ou des individus de l'État à édicter, modifier, compléter, interpréter et abolir des

1 WAN Exiang, Droit sur les traités internationaux, Wuhan University Press, 1988, p. 192.

2 WANG Liyu, Application des traités internationaux dans le droit interne chinois, Annuaire chinois du droit international, China Translation & Publishing Corporation, 1994, pp. 289-290.

3 WANG Tieya, Introduction au droit international, Peking University Press, 1998, p. 209.

4 TAO Zhenghua, « Questions sur la validité des traités », dans Zhu Xiaoqing et Huang Lie, éd., La relation entre les traités internationaux et le droit interne, World Affairs Press, 2000, p. 3.

normes juridiques »[1], ou, encore, « la législation s'entend des actes de promulgation, de ratification, de modification, d'ajout et d'abolition de lois accomplis par des autorités particulières conformément à certains de leurs fonctions et pouvoirs, le tout selon des procédures établies. Son objectif direct est de créer ou de modifier des lois qui constituent des normes sociales spécifiques »[2]. Bien que ces définitions sur le sens du mot « législation » soient quelque peu différentes, elles se recoupent sur trois éléments essentiels, à savoir les organes législatifs, le pouvoir législatif et les procédures législatives.

Sur la base de l'analyse du processus de ratification des traités internationaux par la Chine, il est facile de constater qu'il constitue une activité législative de l'État.

Notons que, la promulgation des lois internes et la ratification des traités internationaux sont soumises au même organe de l'État agissant en vertu de son pouvoir législatif. Ainsi l'article 58 de la Constitution énonce que « l'APN et son Comité permanent exercent le pouvoir législatif de l'État ». Ils doivent évidemment exercer ce pouvoir conformément aux dispositions de la Constitution. Les articles 62 et 67 de la Constitution définissent précisément l'exercice du pouvoir législatif par l'APN et son Comité permanent. Selon l'article 67, le Comité permanent de l'APN exerce des fonctions et des pouvoirs qui comprennent « de voter et modifier des lois, à l'exception de celles qui doivent être votées par l'APN » et « de décider de la ratification ou de la dénonciation des traités et des accords importants conclus avec les États étrangers ». Il en résulte, selon nous, que ces deux fonctions constituent l'exercice d'un pouvoir législatif exercé par le Comité permanent de l'APN. En outre, l'article 7 de la Loi sur la procédure de conclusion des traités prévoit également de manière explicite que : « La ratification des traités et des accords importants avec des États étrangers sera décidée par le Comité permanent de l'APN ». Cela va dans le même sens que ce que nous venons d'indiquer.

Mentionnons aussi que les projets de traités à ratifier passent par les mêmes procédures que celles prévues pour les lois. Conformément aux dispositions de la Constitution chinoise, de la Loi sur la procédure de conclusion des traités et de la Loi organique de l'APN, les traités et les accords importants, après avoir été signés, doivent être soumis au Conseil des affaires d'État pour examen et soumis sous forme de proposition de cet organe au Comité permanent de l'APN pour délibération et approbation. En d'autres termes, ils partagent les mêmes procédures d'examen et d'approbation que les projets de loi, et ils doivent être adoptés à la majorité des votes de membres du Comité permanent de l'APN. Cela suggère encore ici que la ratification des traités internationaux constitue une activité législative de l'État.

1 LI Lin, Étude comparative des organes législatifs, People's Daily Press, 1991, p. 5.
2 ZHOU Wangsheng, Théorie sur la législation, Peking University Press, 1996, p. 62.

Deuxièmement, nous sommes également d'avis que les traités internationaux sont l'une des sources du droit chinois. Cela se reflète principalement dans le fait que plusieurs lois en Chine contiennent des dispositions concernant les relations entre les traités internationaux et le droit interne. Ces lois appartiennent aux 6 branches du droit chinois[1] et peuvent être classées en 4 grandes catégories.

La première catégorie comprend des dispositions qui mentionnent l'application à la fois des traités internationaux et de la pratique internationale. Par exemple, l'article 142 des Principes généraux du droit civil indique : « Si un traité international conclu ou auquel la République populaire de Chine a adhéré contient des dispositions différentes de celles du droit civil de la République populaire de Chine, les dispositions du traité international s'appliquent, à l'exception des dispositions pour lesquelles la République populaire de Chine a émis des réserves. La pratique internationale peut être appliquée à des questions non prévues par le droit de la République populaire de Chine ni par un traité international conclu ou auquel la République populaire de Chine a adhéré ». D'autres lois contiennent des dispositions similaires : l'article 268 de la Loi maritime, l'article 95 de la Loi sur les effets de commerce et l'article 184 de la Loi sur l'aviation civile.

La deuxième catégorie comprend des dispositions qui ne prévoient que l'application des traités internationaux. Par exemple, l'article 260 de la Loi sur la procédure civile dispose que : « Si un traité international conclu ou auquel la République populaire de Chine a adhéré contient des dispositions différentes de celles de la présente loi, les dispositions du traité international s'appliquent, sauf les dispositions sur lesquelles la République populaire de Chine a indiqué des réserves ». Des articles similaires se retrouvent à l'article 27 du Règlement concernant les privilèges et les immunités diplomatiques, à l'article 27 du Règlement concernant les privilèges et immunités consulaires, à l'article 47 de la Loi sur la quarantaine d'entrée et de sortie des animaux et des plantes (modifiée en 2009), à l'article 41 de la Loi sur la météorologie (modifiée en 2009), à l'article 78 de la Loi sur l'eau (modifiée en 2009), à l'article 40 de la Loi sur la protection de la faune (modifiée en 2009), à l'article 24 de la Loi sur la santé et la quarantaine des frontières (modifiée en 2009), à l'article 97 de la Loi sur la protection du milieu marin, à l'article 46 de la Loi sur la protection de l'environnement, à l'article 77 de la Loi sur les semences (modifiée en 2013), à l'article 72 de la Loi sur la procédure administrative et à l'article 3 de la Loi sur la procédure maritime spéciale.

La troisième catégorie comprend des dispositions applicables aux traités sans mention de réserves. Par exemple, le paragraphe 3 de l'article 36 de la Loi sur les successions se lit comme suit : « Lorsque des traités ou des accords sont conclus entre la République populaire de Chine et des pays étrangers, les questions

1 Les six branches du droit (droit constitutionnel, droit civil et droit commercial, droit administratif, droit économique, droit social et droit de la procédure contentieuse et non contentieuse) possèdent toutes des lois contenant ce type de dispositions.

d'héritage sont traitées conformément à ces traités ou accords». L'article 16 de la Loi sur l'arpentage et la cartographie, l'article 8 de la Loi sur la pêche (modifiée en 2009) et l'article 91 de la Loi sur l'administration de la perception des impôts (modifiée en 2013) peuvent également entrer dans cette catégorie.

La quatrième catégorie comprend des dispositions qui s'appliquent tant aux traités qu'en droit interne. Par exemple, l'article 45 de la Loi sur le notariat indique que «les officiers des ambassades (consulats) de la République populaire de Chine en poste à l'étranger peuvent accomplir des actes notariés en vertu de la présente loi ou des traités internationaux que la République populaire de Chine a conclus ou auxquels elle a adhéré». L'article 261 de la Loi de procédure civile fait également partie de cette catégorie. Il prévoit que «les actions civiles intentées contre un ressortissant étranger, une organisation étrangère ou une organisation internationale qui jouit de privilèges et immunités diplomatiques seront traitées conformément aux lois concernées de la République populaire de Chine et aux dispositions des traités conclus ou auxquels la République populaire de Chine a adhéré».

En conclusion, nous sommes d'avis que les traités internationaux constituent un élément indispensable du système juridique chinois. Cependant, il ne serait pas juste de conclure que la Chine a clairement confirmé la relation entre les traités internationaux et le droit interne d'un point de vue juridique. La pratique a prouvé que la vision selon laquelle les traités internationaux font partie du système juridique chinois est plus conforme à la situation actuelle de celui-ci et répond mieux aux besoins de la réalité législative et judiciaire de la Chine. Néanmoins, comme la Constitution ne prévoit pas la relation entre le droit international et le droit interne, il reste difficile de résoudre adéquatement la question du rapport entre les traités internationaux et le système juridique chinois.

3. Statut des traités internationaux dans le système juridique chinois

Le statut des traités internationaux dans le système de droit interne fait référence à la relation mutuelle entre ceux-ci. LI Haopei, célèbre juriste international chinois, s'est attardé à cette question. Selon lui, les systèmes des divers pays concernant la relation mutuelle entre les traités internationaux et le droit interne peuvent être classés en 4 catégories : le droit interne est supérieur aux traités; le droit interne a un statut égal aux traités; les traités sont supérieurs au droit interne; les traités sont supérieurs à la Constitution[1].

Bien que la Constitution chinoise et les lois qui y sont relatives ne contiennent aucune disposition claire sur le statut entre les traités internationaux et le droit interne, les spécialistes chinois du droit international ont déduit certaines conclusions en examinant les dispositions procédurales de la Constitution, les lois constitutionnelles et les lois civiles sur les pouvoirs de conclusion et de

1 LI Haopei, Introduction au droit des traités, Law Press of China, 1987, p. 393.

ratification des traités, ainsi que sur leur application lorsqu'ils entrent en conflit avec le droit interne. Ainsi, il existe essentiellement 4 types d'opinions : (1) Les traités sont des normes hiérarchiquement inférieures à la Constitution, mais supérieurs au droit interne. (2) Les traités sont inférieurs à la Constitution et ont un statut égal aux lois[1]. (3) Les traités sont inférieurs à la Constitution et ont un statut égal aux lois et règlements promulgués par la législature. En conséquence, le statut relatif des traités et du droit interne de la Chine va du haut vers le bas : la Constitution ; les lois fondamentales ; les traités et accords importants ratifiés par le Comité permanent de l'APN ; les lois ; les traités, les accords approuvés par le Conseil des affaires d'État ainsi que les règlements administratifs ; les traités et les règles départementales qui n'ont pas besoin d'être ratifiés ou approuvés[2]. (4) Les traités et accords importants sont inférieurs à la Constitution et ont un statut équivalent aux lois fondamentales nationales[3].

Il sera utile d'adopter la vision de la théorie de la « hiérarchie » des normes dans la composition du système juridique chinois pour assurer une meilleure compréhension du statut des traités internationaux dans le système juridique chinois.

Les juristes théoriciens chinois préconisent que la composition du système juridique comprend également son effet. Les tenants de ce point de vue estiment que conformément à la Constitution et aux lois concernées, l'effet du système juridique chinois a été logiquement pensé et il a été formé sur la base de la hiérarchie des pouvoirs des différentes autorités législatives. La hiérarchie fait référence à différents niveaux que possèdent des normes dans le système juridique d''un pays et aux relations verticales et horizontales entre elles[4]. L'auteur utilisera cette théorie de la « hiérarchie » des normes pour analyser le statut des traités internationaux dans le système juridique chinois.

---

1 WANG Tieya, « Le statut des traités dans le système juridique chinois », Annuaire chinois de droit international compilé par la Société chinoise de droit international, China Translation & Publishing Corporation, 1996, pp. 5-6. WANG Tieya, Introduction au droit international, Peking University Press, 1998, pp. 209-211.

2 WU Hui, « Le statut des traités dans le droit interne chinois et la prévention et la solution des Conflits entre traités et droit interne », sous la direction éditoriale de ZHU Xiaoqing et HUANG Lie dans La relation entre les traités internationaux et le droit interne, World Affairs Press, 2000, pp. 125-128. CHEN Hanfeng, ZHOU Weiguo et JIANG Hao, « La relation entre les traités internationaux et le droit interne et les pratiques des traités internationaux en Chine », sous la direction éditoriale de ZHU Xiaoqing et HUANG Lie, dans La relation entre les traités internationaux et le droit interne, World Affairs Press, 2000, p. 97.

3 RAO Geping, « Sur l'application des traités en droit interne », sous la direction éditoriale de ZHU Xiaoqing et HUANG Lie, dans La relation entre les traités internationaux et le droit interne, World Affairs Press, 2000, p. 186.

4 LI Lin, « Composition du système juridique socialiste aux caractéristiques chinoises », sous la direction éditoriale de LIU Hainian et LI Lin, L'État de droit et la construction du système juridique, Social Sciences Academic Press, 2008, pp. 15-21.

Selon cette théorie, l'effet juridique d'une norme dépend de sa hiérarchie dans le système juridique ; les pouvoirs des divers organes de l'État étant différents, les normes qu'ils adoptent bénéficient d'une certaine hiérarchie qui n'est pas nécessairement la même pour chacune d'entre elles et qui, par conséquent, n'ont pas le même effet juridique. En Chine, la Constitution adoptée par l'APN occupe la première place dans la hiérarchie du système juridique chinois et possède donc l'effet juridique le plus élevé. La Constitution est suivie dans l'ordre hiérarchique par les lois fondamentales, les lois, les règlements administratifs, les règlements locaux et la règlementation administrative. Dans un tel cadre du système juridique chinois, les traités internationaux se retrouvent également à des échelons différents de la hiérarchie des normes, car les organes qui détiennent le pouvoir de les ratifier ne sont pas toujours les mêmes.

Conformément aux dispositions de l'article 4 de la Loi sur la procédure de conclusion des traités, l'organe compétent peut conclure des traités et des accords avec des États étrangers au nom de la République populaire de Chine, du gouvernement de celle-ci ou encore de ses organes gouvernementaux. Après la signature d'un traité, dépendamment de qui l'a conclu, différents organes de ratification l'examinent et le ratifient en appliquant les procédures prescrites par la loi. Une conclusion peut donc être tirée du raisonnement ci-dessus : les traités, selon les différents organes qui les ratifient, se retrouvent avec un statut qui peut varier au sein du système juridique chinois.

L'analyse détaillée des dispositions des lois actuellement en vigueur en Chine est la suivante. Premièrement, l'article 67 de la Constitution prévoit que le Comité permanent de l'APN a le pouvoir de « décider de la ratification ou de la dénonciation des traités et des accords importants conclus avec les États étrangers »[1]. Selon l'article 64 de celle-ci, les amendements à la Constitution ne prennent effet qu'après leur adoption par un vote de la majorité des deux tiers au moins des députés à l'APN. Conformément à cet article et à l'article 22 de la Loi sur la législation, les autres lois et résolutions sont adoptées à la majorité simple des voix des députés de l'APN. De même, selon l'article 40 de la Loi sur la législation et selon l'article 31 de la Loi organique de l'Assemblée populaire nationale, les lois qui relèvent de la compétence du Comité permanent sont adoptées à la majorité simple des voix des membres du Comité. Selon ce que nous avons vu, les traités et accords importants qui doivent être ratifiés relèvent de la

1 Selon les dispositions de l'article 7 de la Loi sur la procédure de conclusion des traités, la ratification des traités et des accords importants est décidée par le Comité permanent de l'Assemblée populaire nationale. Ceux-ci concernent : les traités d'amitié et de coopération, les traités concernant la paix et les autres traités à caractère politique ; les traités et les accords concernant le territoire et la délimitation des frontières ; les traités et les accords relatifs à l'entraide judiciaire et à l'extradition ; les traités et accords contenant des stipulations incompatibles avec les lois de la République populaire de Chine ; les traités et les accords soumis à ratification comme convenu par les parties contractantes ; les autres traités et accords soumis à ratification.

compétence du Comité permanent de l'APN et sont adoptés à la majorité simple de ses membres. Les dispositions sur les fonctions, les pouvoirs et les procédures législatifs impliquent donc que le statut de ces traités et ces accords importants devraient être inférieurs à la Constitution, mais égaux aux lois[1].

Deuxièmement, l'article 8 de la Loi sur la procédure de conclusion des traités énonce que le Conseil des affaires d'État homologue les accords ou les autres documents de nature similaire à celle d'un traité et qui ne constituent pas des traités et des accords importants. On peut en déduire que ceux-ci ont un statut égal aux règlements administratifs édictés par le Conseil des affaires d'État.

Cependant, il convient de noter que les lois chinoises ne précisent pas quels sont les types d'accords ou de documents de la nature d'un traité qui doivent être approuvés par le Conseil des affaires d'État. En d'autres termes, la Loi sur la procédure de conclusion des traités ne prévoit qu'un principe général sans aucune autre précision. Les autres lois pertinentes ne définissent pas non plus ces traités et ces accords. Un problème en résulte donc : si les traités et accords ne peuvent être classés en fonction de leur contenu ou de leur sens, il sera certainement difficile de déterminer les organes qui devra les ratifier, leur statut ainsi que leur effet. Cela pourrait affecter la pleine exécution des obligations conventionnelles de la Chine.

En résumé, le statut des traités internationaux dans le système juridique chinois étant déduit à partir des procédures de ratification, on ne peut pas encore dire que le droit interne chinois ait clairement établi le statut juridique des traités.

III. Modes d'application des traités internationaux en Chine

Le problème le plus important dans la relation entre les traités internationaux et le droit interne est l'application des traités internationaux en Chine. Conformément au principe selon lequel « les traités doivent être respectés », un pays, après avoir ratifié ou adhéré à un traité international, doit s'acquitter, en tant qu'État contractant, des obligations conventionnelles auxquelles il a adhéré et appliquer le traité en cause dans son pays. Cependant, le droit international ne contient pas de dispositions uniformes ou obligatoires sur la manière dont les traités internationaux sont appliqués dans un pays ou sur les moyens qu'il doit adopter pour le faire. Cela signifie que, dans le cadre de l'exécution de ses obligations conventionnelles, un pays a le droit de choisir lui-même les façons d'appliquer les traités sur le plan national. En raison de l'influence des théories du monisme ou du dualisme, les

1 Du point de vue du système juridique chinois, les lois fondamentales promulguées par l'Assemblée populaire nationale et les lois promulguées par le Comité permanent de l'Assemblée populaire nationale diffèrent par leur statut, mais la Constitution et la loi législative ne contiennent aucune disposition sur la supériorité ou l'infériorité de celles-ci. L'analyse des dispositions existantes indique que le statut des traités et accords importants est égal à celui des lois ratifiées par le Comité permanent de l'Assemblée populaire nationale.

pays adoptent généralement 2 voies d'application des traités internationaux en leur sein, à savoir « l'adoption » et la « transformation ». L'« adoption » signifie que les traités internationaux sont directement applicables en droit interne. Une fois qu'ils sont ratifiés par un État, ils s'appliquent donc sur son territoire sans avoir besoin d'une intervention législative. La « transformation », pour sa part, implique que les traités internationaux possèdent une applicabilité indirecte en droit interne ; par conséquent, un traité international ratifié par un État ne peut être appliqué dans celui-ci avant d'avoir été transformé au moyen de l'adoption d'une loi nationale.

Dans le cadre du système juridique chinois, la relation entre le droit international et le droit interne n'étant pas bien définie par la Constitution ou par la loi, les modalités d'application des traités internationaux en Chine sont donc incertaines. Cependant, l'application de ceux-ci peut être déterminé de façon indirecte à partir des lois actuellement en vigueur et des pratiques judiciaires chinoises.

1. Modes d'application des traités qui se profilent dans les lois actuelles

L'expression « se profiler » est interprétée dans le dictionnaire chinois moderne comme signifiant « disparaissant et réapparaissant ; n'apparaissant pas clairement ». Si l'expression « se profiler » est utilisée ici, c'est principalement parce que, nous l'avons dit, selon les lois chinoises actuelles, les modalités d'application des traités internationaux en Chine restent jusqu'à présent floues ou ambiguës, et celle-ci peut décrire dans une certaine mesure cet état de fait.

Du point de vue juridique, les traités internationaux sont appliqués en Chine principalement des 2 manières que nous avons indiquées, à savoir l'application directe et celle par la transformation.

A. Application directe des traités internationaux

La question de l'application directe des traités internationaux a été discutée lors de la description des raisons pour lesquelles les traités internationaux font partie du système juridique chinois et constituent des sources de celui-ci. Cette partie, nous l'avons vu, indique 4 catégories de dispositions législatives concernant les relations entre les traités internationaux et le droit interne, de sorte que nous n'estimons pas utile d'insister davantage sur ce point. Cependant, de nombreux chercheurs chinois estiment que les dispositions portant sur les traités internationaux sont directement applicables dans les 4 catégories mentionnées ci-dessus. Bien que les dispositions législatives ne précisent pas clairement leur application directe, on peut toutefois dire que c'est le cas à tout le moins dans les domaines du droit civil et commercial, étant donné que les pratiques judiciaires vont en ce sens.

B. Application par la transformation des traités internationaux

Outre l'application directe des traités internationaux, il existe d'autres modes d'application de ceux-ci en Chine, à savoir la « transformation ». Les exemples typiques de ce phénomène sont les suivants : que ce soit avant ou après ou la ratification de la Convention des Nations unies sur le droit de la mer de1982, la Chine a adopté successivement la Loi sur la mer territoriale et la zone contiguë de Chine et la Loi sur la zone économique exclusive et le plateau continental. Après son adhésion à l'Organisation mondiale du commerce, en 2001, la Chine a fait beaucoup d'efforts afin de clarifier la législation nationale en édictant ou en modifiant des lois et règlements tels que la Loi sur le commerce extérieur, le Règlement sur les mesures de sauvegarde, le Règlement antidumping et le Règlement sur les mesures anti compensatoires. Ces mesures législatives sont considérées comme des actes de l'application des traités par le phénomène de « transformation ». À ce propos, la Loi fondamentale de la région administrative spéciale de Hong Kong et la Loi fondamentale de la région administrative spéciale de Macao peuvent également servir d'illustration. Le paragraphe 1 de l'article 39 de la Loi fondamentale de la Région administrative spéciale de Hong Kong indique que : « Les dispositions du Pacte international relatif aux droits civils et politiques, du Pacte international relatif aux droits économiques, sociaux et culturels et des conventions internationales relatives au travail appliqué à Hong Kong resteront en vigueur et seront appliquées au moyen des lois de la Région administrative spéciale de Hong Kong ». L'article 40 de la Loi fondamentale de la Région administrative spéciale de Macao est au même effet. Ces dispositions indiquent que les traités en question ne peuvent être appliqués en droit interne avant d'avoir été dûment transformée au moyen de l'adoption d'une loi.

En fait, ce principe doit être nuancé. La Loi sur la protection des droits et intérêts des femmes qui prévoit la protection des droits politiques, des droits et intérêts relatifs à la culture et à l'éducation, des droits et intérêts du travail, des droits et intérêts relatifs à la propriété, des droits extrapatrimoniaux et des droits et intérêts relatifs au mariage et à la famille des femmes constitue une excellente illustration. Certains universitaires chinois pensent que cette loi est la transformation de la Convention sur l'élimination de toutes les formes de discrimination à l'égard des femmes, tandis que d'autres chercheurs soutiennent qu'elle est plutôt l'adoption de celle-ci. En analysant les dispositions de la Loi sur la protection des droits et intérêts des femmes, il n'est pas difficile de constater que cette loi intègre réellement le contenu principal ou les principaux droits de la Convention, sans toutefois pouvoir être considérée comme obéissant aux phénomènes de la transformation ou de l'adoption.

2. Modes d'application des traités révélés par les pratiques judiciaires

Notre enquête révèle que les institutions de professionnels du droit en Chine (y compris les organes judiciaires) adoptent des façons complètement différentes lors de l'application des traités de droit privé et de droit public.

Les traités internationaux dans le domaine civil et commercial sont généralement considérés comme appartenant à la catégorie du droit privé. La Chine a ratifié les principaux traités internationaux suivants dans ce domaine : la Convention pour la reconnaissance et l'exécution des sentences arbitrales étrangères (la Convention de New York), la Convention des Nations Unies sur les contrats de vente internationale de marchandises (Convention sur les contrats de vente), la Convention relative à la signification et la notification à l'étranger des actes judiciaires et extrajudiciaires en matière civile ou commerciale (Convention de La Haye relative à la signification et la notification) et la Convention sur l'obtention des preuves à l'étranger en matière civile ou commerciale (Convention de La Haye sur l'obtention de preuves). Les pratiques judiciaires de la Chine démontrent que ces traités constituent le fondement juridique des litiges civils et commerciaux de nature internationale en Chine et il est clair qu'ils peuvent être appliqués directement.

En tant qu'organe judiciaire, la Cour populaire suprême a publié elle-même ou de concert avec d'autres ministères et commissions une série de documents juridiques afin de garantir l'application des traités conclus par la Chine dans le domaine civil et commercial dans le cadre des litiges. Ces documents juridiques comprennent principalement : (1) la Communication sur l'application de la « Convention pour la reconnaissance et l'exécution des sentences arbitrales étrangères » à laquelle la Chine a adhéré, publiée par la Cour populaire suprême, le 10 avril 1987, qui prévoit différentes questions pour lesquelles les tribunaux populaires à divers échelons devront prêter attention afin d'assurer la mise en œuvre de la Convention de New York. (2) la Circulaire sur la transmission de certaines questions du MOFTEC[1] dans le cadre de la mise en œuvre de la « Convention des Nations Unies sur les contrats de vente internationale de marchandises », publiée par la Cour populaire suprême, le 10 décembre 1987, qui informe les tribunaux populaires à tous les échelons de l'application correcte de la Convention sur les contrats de vente dans les procès civils et commerciaux relatifs aux étrangers. (3) l'Avis sur les procédures pour la mise en œuvre de la Convention relative à la signification et la notification à l'étranger des actes judiciaires et extrajudiciaires en matière civile ou commerciale, publié conjointement, le 4 mars 1992, par la Cour populaire suprême, le Ministère des Affaires étrangères et le Ministère de la Justice, et qui prescrit explicitement les procédures à suivre pour la mise en œuvre de la Convention de La Haye relative à la signification et la notification. Par la suite, ces 3 organes ont publié des Mesures pour la mise en œuvre de la Convention de La Haye relative à la signification et la notification, le 9 septembre 1992, qui prévoit des mesures de mise en œuvre détaillées applicables par les tribunaux. (4) l'Avis sur la mise en œuvre des accords chinois et étrangers sur l'assistance judiciaire publié par la Cour populaire suprême, le 1e février 1988, qui prescrit comment les tribunaux populaires à tous les échelons

1 MOFTEC est l'abréviation du Ministry of Foreign Trade and Economic Cooperation.

doivent correctement mettre en œuvre les accords internationaux sur l'assistance judiciaire civile et commerciale.

Lors du traitement des affaires civiles et commerciales liées à l'étranger, les tribunaux chinois appliquent les traités internationaux dans de nombreux cas, ce qui se reflète principalement dans les exemples suivants : (1) les tribunaux populaires à tous les échelons se basent sur des traités internationaux pour rendre des jugements. Prenons l'exemple de la Convention sur les contrats de vente internationale de marchandises. Entre 1987 et 2007, lors du traitement des litiges sur les contrats de vente internationale de marchandises, de nombreux tribunaux dans au moins 8 régions sous la juridiction des cours populaires supérieures ont appliqué celle-ci pour rendre des jugements écrits, le tout totalisant 31 affaires, dont 11 cas au Zhejiang, 6 à Shanghai, 5 au Shandong, 2 à Pékin, 2 au Guangdong, 1 à Tianjin, 1 au Liaoning, 1 au Ningxia et 2 au Hubei; certains autres tribunaux ont appliqué des traités bilatéraux dans des domaines en cause pour rendre des jugements civils. (2) dans les affaires concernant la signification d'actes judiciaires, les tribunaux populaires à tous les échelons ont appliqué les traités d'entraide judiciaire civile et commerciale en matière internationale, notamment la Convention de La Haye relative à la signification. (3) dans les cas où les parties demandent aux tribunaux la reconnaissance et l'exécution des sentences arbitrales étrangères, les tribunaux populaires à tous les échelons appliquent les traités internationaux pertinents, en particulier la Convention de New York. (4) dans les cas où les parties demandent aux tribunaux chinois la reconnaissance et l'exécution des jugements civils et commerciaux rendus par des tribunaux étrangers, les tribunaux populaires à tous les niveaux appliquent également les traités appropriés, y compris les traités bilatéraux conclus entre la Chine et les pays étrangers, tels que le Traité d'entraide judiciaire en matière civile et pénale entre la République populaire de Chine et la Fédération de Russie[1].

En Chine, étant donné que la Constitution nationale ne prévoit pas explicitement la relation entre le droit international et le droit interne et qu'il existe des modes différents d'application des traités dans les pratiques législatives et judiciaires, on doit donc conclure qu'il n'y a pas de moyens uniformes pour déterminer les règles d'application des traités internationaux. On peut également ajouter que les principes de l'application directe ou de l'application par transformation des traités internationaux ne sont pas non plus directement adoptés par le système juridique chinois.

1 GAO Xiaoli, « Rapport d'enquête sur l'application des traités internationaux dans les procès civils et commerciaux de la Chine relatifs à l'étranger », sous la direction éditoriale de WAN Exiang, Guide sur les procès commerciaux et maritimes liés à l'étranger, People's Court Press, 2008 (Volume 1), pp. 204-205.

Section 2 : Lois internationales sur les droits de l'homme et droit interne chinois

Le droit international des droits de l'homme est un nouveau domaine généré par le développement du droit international après la Seconde Guerre mondiale. Il s'agit d'un terme générique concernant les principes et les règles de respect, de protection, de promotion et d'application des droits de l'homme. La principale source du droit international des droits de l'homme est l'adoption d'une convention internationale (ou la signature d'un traité). Pour cette raison, cette partie abordera certaines questions concernant la relation entre les conventions internationales sur les droits de l'homme et le droit interne chinois.

I. Caractéristiques des conventions internationales sur les droits de l'homme : analyse du point de vue des traités

Les conventions internationales sur les droits de l'homme possèdent à la fois des caractéristiques générales liées à leur caractère international et leurs propres particularités. Comme pour les autres branches du droit international, les États sont généralement le sujet principal visé par les conventions portant sur les droits de l'homme. Ceux-ci prennent des engagements à multiples facettes et à plusieurs niveaux, dont nous discuterons un peu plus loin.

La plupart des traités internationaux relatifs aux droits de l'homme portent le nom de « Convention » plutôt que celui de traité. Mais il ne s'agit qu'une différence mineure de nom. En tant que type de traité, les conventions internationales présentent la caractéristique générale des traités, à savoir la force juridique contraignante, tout en ayant leur propre caractéristique, soit la nature non réciproque.

Qu'est-ce que la nature non réciproque ? Selon certains, il s'agit de l'élément le plus marquant qui différencie les traités internationaux relatifs aux droits de l'homme des autres traités. La raison en est que « contrairement à la plupart des traités multilatéraux, les traités relatifs aux droits de l'homme ne créent pas de relations réciproques entre les États parties mais plutôt un système objectif de protection des droits de l'homme. Les obligations découlant de ces traités sont assumées non seulement par les États, mais aussi par les individus qui ont alors des obligations personnelles unilatérales. Totalement différents des autres traités, les bénéficiaires directs des traités relatifs aux droits de l'homme sont les individus »[1].

Les universitaires chinois estiment que les normes contenues dans les traités internationaux relatifs aux droits de l'homme sont contraignantes. Il s'agit de normes universelles et le principe de réciprocité que l'on retrouve dans les

1 Konstantin KORKELIA, « Nouveaux défis pour le régime des réserves en vertu du Pacte international relatif aux droits civils et politiques », Revue européenne de droit international, 2002 (Volume 13) 2, p. 439.

relations conventionnelles multilatérales générales ne s'applique pas aux traités internationaux relatifs aux droits de l'homme. Par conséquent, toute réserve dans les traités internationaux relatifs aux droits de l'homme est considérée comme étant invalide[1].

La raison pour laquelle ces traités ont un caractère non réciproque est défendable. Dans l'ensemble, la nature non réciproque a 2 significations : (1) du point de vue national, les traités internationaux relatifs aux droits de l'homme ne créent pas de relations réciproques entre les États qui en sont des parties signataires, mais imposent plutôt des obligations à caractère national de protéger les droits de l'homme ainsi que de les mettre en œuvre. (2) du point de vue individuel, les personnes détiennent des droits qui sont souvent entendus comme étant des obligations unilatérales d'un État à l'égard d'elles.

De toute évidence, la « nature non réciproque » signifie que tous les États parties à un traité international sur les droits de l'homme peuvent demander à un autre État signataire de s'acquitter de ses obligations conventionnelles et d'assumer également les autres obligations qui en découlent, telles que celles de soumettre des rapports nationaux aux organes de contrôle des traités. Cependant, il est indéniable que les obligations des États issues des traités internationaux relatifs aux droits de l'homme visent essentiellement les individus. L'objectif fondamental de ces traités est de protéger et d'assurer les droits de l'homme de tous les individus sur le territoire des États signataires et qui sont sous leur juridiction. Ainsi, des mécanismes de mise en œuvre aux niveaux national et international sont constitués afin d'assurer la mise en œuvre de ces traités. Habituellement, le mécanisme national de mise en œuvre constitue la première ligne de défense pour la protection des droits de l'homme. Le mécanisme international, pour sa part, est considéré comme une forme auxiliaire ou comme le dernier recours de protection. Cela est conforme à l'exigence des règles générales s'appliquant dans les conventions internationales dans ce secteur, c'est-à-dire que la protection internationale des droits de l'homme ne peut être invoquée qu'après l'épuisement des recours internes. En conséquence, un État devrait, dans le cadre de son système de droit interne, adopter des mesures législatives, judiciaires, administratives et toute autre mesure nécessaire pour mettre en œuvre les conventions internationales sur les droits de l'homme, et ce, afin de respecter ses obligations internationales.

1 Sous la direction éditoriale de SHAO Shaping et YU Minyou. Monographie sur la question du droit international, Wuhan University Press, 2002, p. 171.

II. Traités internationaux relatifs aux droits de l'homme et droit interne chinois

Selon les statistiques, jusqu'en 2010, la Chine a ratifié 27 traités internationaux relatifs aux droits de l'homme[1]. En outre, elle a reconnu 14 conventions internationales du travail ratifiées par le gouvernement du Kuomintang (entre 1930 et 1947), en 1984, et elle a signé le Pacte international relatif aux droits civils et politiques, le 5 octobre 1998.

1. Analyse de l'application des traités internationaux relatifs aux droits de l'homme en Chine

Conformément au principe selon lequel « les traités doivent être respectés », la Chine a activement rempli ses obligations en vertu des traités internationaux relatifs aux droits de l'homme qu'elle a ratifiés et elle a soumis comme prévu les rapports nationaux requis par ceux-ci. Cependant, du point de vue de l'application nationale des traités internationaux, l'application de ces traités en Chine est toujours soumise à la macro-influence de l'ambiguïté des relations entre le droit international et le système juridique chinois, qui comme nous l'avons vu, subsiste pour tous les types de traités.

En termes de modalités d'application des traités internationaux relatifs aux droits de l'homme, certains chercheurs chinois estiment qu'il existe une applicabilité directe des traités internationaux en Chine en se basant sur leur analyse des dispositions contenues dans les titres, les chapitres ou les dispositions spéciales concernant l'application des lois à caractère international. À cet égard, soulignons les textes suivants : le chapitre 8 des Principes généraux du droit civil qui est intitulé « Application de la loi dans les relations civiles avec les étrangers », la partie 4 du Code de procédure civile intitulée « Dispositions spéciales sur les procédures civiles liées à l'étranger », le chapitre 14 de la Loi maritime appelé « Application de la loi en matière étrangère » et le chapitre 10 du Code de procédure administrative qui porte le titre de « Procédure administrative concernant les étrangers ». Autre exemple, l'article 21 des dispositions générales de la Loi sur les marques, amendée en août 2013, prévoit que : « L'enregistrement des marques doit se conformer aux règles établies par les traités internationaux concernés conclus ou adoptés par la République populaire de Chine et les mesures particulières élaborées par le Conseil des affaires d'État ». Bien que ce mode d'intervention législative montre que certains traités internationaux peuvent être directement appliqués par des lois s'appliquant aux étrangers, il n'illustre pas les différentes manières d'appliquer les traités internationaux relatifs aux droits de l'homme en Chine.

Certains universitaires chinois ont tenté de prouver, grâce aux pratiques du gouvernement chinois dans les affaires de droits de l'homme internationales,

1 Sous la direction éditoriale de LI Junru, Rapport annuel sur les droits de l'homme en Chine (2011) (Blue Book of Human Rights), Social Sciences Academic Press, 2011, pp. 34-36.

que les traités internationaux relatifs à ce sujet devraient être appliqués de façon directe en Chine. Un exemple fréquemment utilisé est celui-ci : le 27 avril 1990, lorsque le Comité des Nations Unies contre la torture a délibéré concernant le rapport sur l'application de la Convention contre la torture et autres peines ou traitements cruels, inhumains ou dégradants soumis par le gouvernement chinois, le représentant de celui-ci a répondu aux questions de certains membres du comité de la manière suivante : « Selon le système juridique chinois, les traités internationaux, une fois ratifiés par le gouvernement chinois et qui entrent en vigueur en Chine, ce dernier assumera alors les obligations correspondantes. En d'autres termes, la Convention contre la torture est directement entrée en vigueur en Chine, les actes de torture tels que définis dans celle-ci sont strictement interdits selon les lois chinoises »[1].

Certains autres chercheurs soutiennent cependant que : « les explications du représentant du gouvernement chinois sont davantage une note explicative sur l'application des traités dans le droit interne chinois ou une interprétation administrative du service diplomatique du gouvernement sur la relation entre les traités et le droit interne chinois, plutôt qu'une déclaration ou un engagement du gouvernement. S'il s'agit d'une interprétation administrative des lois chinoises, elle n'aura pas de force juridique contraignante en Chine »[2].

Sur l'applicabilité directe des traités internationaux relatifs aux droits humains en Chine, différents exemples illustrent bien les systèmes d'« intégration » et de « transformation », tels que la Loi sur la protection des droits et intérêts des femmes, la Loi fondamentale de la région administrative spéciale de Hong Kong et Loi fondamentale de la région administrative spéciale de Macao, déjà mentionnées.

En outre, indiquons que l'applicabilité directe ou non en Chine des traités internationaux relatifs aux droits de l'homme n'a toujours pas de base juridique claire et qu'aucun tribunal n'a directement appliqué ces traités pour prononcer des jugements.

En conclusion, bien que le gouvernement chinois ait une attitude positive et claire vis-à-vis des traités internationaux relatifs aux droits de l'homme, le statut de ces traités et leurs modalités d'application en Chine sont encore incertains. La manière dont la Chine devrait appliquer ces traités qui ont été ratifiés reste un problème urgent à résoudre par le biais de la législation nationale.

2. Analyse de la législation sur les droits de l'homme en Chine

Afin de respecter et de protéger les droits de l'homme, la Chine a adopté une voie particulière pour relier la législation nationale aux lois internationales sur les

---

1 People's Daily, Overseas Edition, 4e édition, 16 novembre 1991.

2 GONG Renren, « Sur l'application des traités internationaux relatifs aux droits de l'homme en Chine », dans XIA Yong, Droit Public (Volume 1), Law Press of China, 1999, p. 290.

droits de l'homme. Bien que la Chine n'ait pas de charte des droits de l'homme particulière au sens strict du terme, il existe un certain nombre de lois et de règlements concernant les droits de l'homme, ainsi que des dispositions concrètes dans la Constitution.

La Constitution joue un rôle vital dans la protection des droits de l'homme en Chine. En septembre 1949, la première session plénière de la Conférence consultative politique du peuple chinois a adopté le Programme commun de la Conférence consultative politique du peuple chinois. Dans ce programme commun qui a servi de constitution provisoire, « l'absence de statut constitutionnel indépendant pour les droits fondamentaux des citoyens reflète le fait que le programme commun est toujours une sorte de constitution révolutionnaire »[1]. Depuis ce moment, la Chine a élaboré 4 constitutions au cours des années 1954, 1975, 1978 et 1982. Ces constitutions garantissent toutes les droits fondamentaux des citoyens. La Constitution de 1982 constitue celle qui s'applique actuellement et a connu 4 amendements en 1988, 1993, 1999 et 2004. Après un processus long et tortueux, les droits de l'homme ont été inscrits dans la Constitution par un amendement à la Constitution de la République populaire de Chine adopté par la 2e session de la Xe Assemblée populaire nationale le 14 mars 2004. L'article 33 de la Constitution énonce explicitement que : « L'État respecte et garantit les droits de l'homme ». C'est la première fois que la Chine inscrit la protection des droits de l'homme dans la Constitution. Désormais, la Chine a mis en place « une série de normes juridiques de protection des droits de l'homme dont la Constitution constitue le cœur et les lois et les règlements administratifs agissent comme ossature »[2].

Les statistiques montrent que depuis 1978, la Chine a promulgué près de 160 lois et règlements concernant la protection des droits de l'homme[3]. Ces lois et règlements concernent principalement : (1) la protection des droits économiques, sociaux et culturels des personnes, y compris la Loi sur le travail, la Loi sur la promotion de l'emploi, la Loi sur les contrats de travail (amendée en 2012), la Loi sur la sécurité au travail, la Loi sur la prévention et le contrôle des maladies professionnelles, la Loi sur les syndicats, la Loi sur l'enseignement obligatoire, le Règlement sur les congés payés des employés et les Dispositions sur l'interdiction du travail des enfants. (2) la protection des droits civils et politiques, y compris les Principes généraux du droit civil, le Code pénal (modifié en 2011), la Loi sur l'indemnisation par l'État (modifiée en 2012), la Loi sur l'indemnisation des consommateurs, la Loi sur les successions, la Loi sur les droits réels, la Loi sur la

1 MO Jihong, Pactes internationaux sur les droits de l'homme et la Chine, World Affairs Press, 2005, p. 129.

2 BAN Wenzhan, « Rapport d'analyse sur la législation relative aux droits de l'homme », sous la direction éditoriale de Li Junru, Rapport Annuel sur les droits de l'homme en Chine (2011) (Livre bleu des droits de l'homme), Social Sciences Academic Press, 2011, p. 466.

3 Sous la direction éditoriale de LI Junru, Rapport annuel sur les droits de l'homme en Chine (2011) (Livre bleu des droits de l'homme), Social Sciences Academic Press, 2011, p. 34.

responsabilité délictuelle et la Loi sur le mariage. (3) la protection des droits des groupes spéciaux, y compris la Loi sur le mariage, la Loi sur la protection des droits et intérêts des femmes, les Principes généraux du droit civil, la Loi sur le travail, la Loi sur les élections, la Loi sur les successions, la Loi sur la protection des mineurs (modifiée en 2012), la Loi sur la protection des droits et intérêts des personnes âgées (amendée en 2012), la Loi sur la protection des personnes handicapées, la Loi sur l'hygiène et les Dispositions spéciales sur la protection des femmes salariées au travail. (4) la protection des droits de l'homme dans le domaine judiciaire, y compris le nouveau Code de procédure pénale (modifié en 2012), la Loi sur les prisons (modifiée en 2012), le Code de procédure civile (modifié en 2012), le Code de procédure administrative, la Loi sur l'indemnisation par l'État, la Loi sur les avocats (modifiée en 2012), etc. En outre, il existe également des lois sur la protection des droits environnementaux.

Bien que des progrès notables aient été accomplis dans la législation chinoise sur les droits de l'homme, des lacunes manifestes subsistent. Il existe encore un certain écart entre les lois et les règlements en vigueur et les normes internationales relatives aux droits de l'homme. Ceux-ci ne couvrent pas par ailleurs tous les domaines des droits de l'homme. Par exemple, les droits fondamentaux des citoyens prévus par la Constitution sont différents des normes relatives aux droits de l'homme, ce qui se traduit dans une large mesure par l'absence de contenu relatif aux droits civils dans les lois et règlements chinois.

Section 3 : Règles de l'organisation mondiale du commerce et droit interne chinois

Les accords sur l'Organisation mondiale du commerce constituent des éléments importants du commerce international. L'Accord de Marrakech instituant l'Organisation mondiale du commerce (Accord instituant l'OMC) a été adopté à Marrakech (Maroc), le 15 avril 1994, et est entré en vigueur le 1e janvier 1995. L'Accord instituant l'OMC et ses quatre annexes constituent des normes émanant d'un mode conventionnel, [1] essentiellement des traités internationaux, plutôt que de provenir des coutumes internationales. Les accords de l'OMC sont des éléments importants du droit international moderne et notons que les principes généraux du droit international s'appliquent également à ces accords.

I. Obligations des membres fixées par les accords de l'OMC

En tant qu'organisation économique internationale la plus représentative du monde d'aujourd'hui, l'Organisation mondiale du commerce a mis en place un

1 «Accord sur l'OMC» dans ce livre signifie le groupe de traités internationaux constitué par l'Accord instituant l'Organisation mondiale du commerce et des accords particuliers provenant de ses 4 annexes. L'accord OMC sera utilisé ici pour se référer en particulier à l'Accord instituant l'Organisation mondiale du commerce.

système juridique, qui prend l'Accord instituant l'OMC comme noyau principal et les dispositions générales et particulières contenues dans les quatre annexes comme supplément. Ce système juridique constitue la base la plus importante pour réglementer le commerce international.

Compte tenu de la nature du droit international, le respect fidèle de ces accords par chaque pays signataire dans leur droit interne détermine dans quelle mesure ils maintiendront la stabilité de l'ordre économique international. Tout pays qui adhère à l'OMC (y compris les territoires douaniers distincts) doit accepter de se conformer à l'Accord instituant l'OMC et ses annexes. L'article 2 de l'Accord énonce que « les accords et les documents juridiques associés figurant aux annexes 1, 2 et 3 (ci-après dénommés « accords commerciaux multilatéraux ») font partie intégrante du présent accord et ont force obligatoire pour tous les membres »[1]. Cela confirme sans aucun doute la nature des accords de l'OMC qui possède une force contraignante.

L'article 16 de l'Accord instituant l'OMC fixe une obligation importante pour chaque membre qui accède à l'OMC : « Chaque Membre assurera la conformité de ses lois, règlementations et procédures administratives avec ses obligations telles qu'elles sont énoncées dans les accords figurant en annexe » ; « Il ne pourra pas être formulé de réserves en ce qui concerne une disposition du présent accord ». Cela établit en outre le statut selon lequel les accords de l'OMC ont une force contraignante pour tous ses membres et consacre « le principe constitutionnel selon lequel les règles de l'OMC bénéficient d'une hiérarchie supérieure à celle des lois nationales des divers pays membres »[2].

L'article 16 de l'Accord instituant l'OMC fixe une obligation importante pour chaque membre qui accède à l'OMC : « Chaque membre doit assurer la conformité de ses lois, règlements et procédures administratives avec les obligations prévues dans les accords annexés ». Ces obligations sont de nature conventionnelle et, par conséquent, le principe selon lequel « les traités doivent être respectés » qui est propre au droit international s'applique évidemment aux accords de l'OMC.

Toutefois, de quelle manière doit-on remplir l'obligation énoncée à l'article 16 selon laquelle les normes nationales doivent être conformes aux accords de l'OMC ? En d'autres termes, quelle manière doit être adoptée par les membres de l'OMC, dans le cadre de leurs systèmes de droit respectifs, afin de rendre leurs lois, leurs règlements et leurs procédures administratives nationales en conformité avec les accords de l'OMC avec pour objectif de garantir leur pleine

1 Les clauses sur les règles de l'OMC discutées dans ce livre sont extraites des Compilation des instruments juridiques sur les Résultats des négociations commerciales multilatérales du Cycle d'Uruguay traduits par le Département des relations économiques et commerciales internationales sous la tutelle du Ministère du commerce extérieur et de la coopération économique et publiées par Law Press of China, en 2000.

2 ZHAO Weitian, Le système juridique de l'Organisation mondiale du commerce (OMC), Jilin People's Presse, 2000, p. 31.

application dans leur pays. Cela devrait être une question qui relève directement des membres conformément à leur système juridique.

II. Application des accords de l'OMC en Chine

Après son adhésion à l'Organisation mondiale du commerce, la Chine devait naturellement suivre le principe selon lequel « les traités doivent être respectés », remplir ses obligations conformément aux accords de l'OMC et appliquer ceux-ci au niveau national. À cette fin, la Chine est confrontée à la problématique que nous avons vue et elle doit résoudre les problèmes liés à la relation entre les traités internationaux et le droit interne, et dont le plus important concerne le statut des accords de l'OMC dans le système juridique chinois et leur application sur le plan interne.

1. Respect des engagements de l'OMC

En 2001, on l'a dit, la Chine a adhéré à l'OMC. Par la suite, la Chine, conformément à ses engagements indiqués dans le Protocole d'accession de la République populaire de Chine, a complètement révisé la législation nationale concernée et elle a rempli ses obligations conventionnelles en vertu des accords de l'OMC. Elle a ainsi aboli, suspendu ou modifié les lois et règlements incompatible avec l'Accord, tout en promulguant de nouvelles lois et de nouveaux règlements. Pour respecter ses engagements, la Chine a commencé à modifier ses normes et a élaboré des plans d'élaboration, de modification et d'abolition de celles-ci, dès la fin de 1999. En conséquence, l'APN et son comité permanent ont modifié initialement la Loi sur les coentreprises à capitaux chinois et étrangers, la Loi sur les coentreprises contractuelles sino-étrangères, la Loi sur les entreprises à capitaux étrangers, la Loi sur les douanes, la Loi sur les marques, la Loi sur les brevets et la Loi sur le droit d'auteur, complétant ainsi son engagement de modifier celles-ci avant de devenir officiellement membre de l'OMC. D'autres travaux ont été achevés au cours de la période de transition conformément aux engagements de la Chine. Également, afin de s'adapter aux besoins prévalant après son accession à l'OMC, la Chine a formulé ou modifié un certain nombre d'autres lois et de règlements, notamment la Loi sur le commerce extérieur, le Règlement sur les mesures de sauvegarde, le Règlement antidumping et le Règlement anti-compensation, de façon à s'ajuster le plus rapidement possible aux règles internationales.

2. Application des accords de l'OMC en Chine : analyse macro-juridique et micro-juridique des perspectives

Les accords de l'OMC sont considérés en Chine comme des traités multilatéraux de droit public. Les accords de l'OMC, en raison de la complexité de leur nature et de leur contenu, diffèrent des traités internationaux du domaine civil et commercial. Ici, une analyse sera effectuée aux niveaux macro-juridique et micro-juridique concernant le statut des accords de l'OMC dans le système juridique chinois et les modalités de leur application en Chine.

Dans l'optique d'une analyse macro-juridique, étant donné que les accords de l'OMC constituent un traité, le traitement de la relation entre les accords de l'OMC et les lois chinoises est lié lui aussi à l'absence de règles précises dans les lois chinoises. D'une part, la Constitution n'indique pas, on l'a vu, la relation entre les traités internationaux et le droit interne chinois, de sorte que l'incertitude qui prévalait pour les autres traités s'applique ici également. Dans ce cas, il est impossible de déterminer, d'une part, si les accords de l'OMC font partie intégrante du système juridique chinois et d'autre part, si ces accords peuvent être directement invoqués par les tribunaux chinois comme base de leurs décisions. D'un autre côté, les pratiques législatives de la Chine comprennent l'application nationale des traités internationaux par le biais des principes de « l'adoption » ou de la « transformation ». Cependant, une question subsiste, quels traités internationaux devraient être appliqués par le biais du principe de « l'adoption » et quels traités internationaux devrait l'être par le biais de celui de la « transformation » ? L'absence ou l'insuffisance de la classification des traités internationaux rend difficile cette détermination, et ce, compte tenu aussi du fait qu'ils concernent des sujets et des fonctions très différents. Cette absence de principes clairs affectera certainement l'application des accords sur l'OMC en Chine.

Sur la base d'une analyse micro-juridique, le rapport du Groupe de travail de l'accession de la Chine déclare que, conformément à la Constitution et à la Loi sur la procédure de conclusion des traités, les accords de l'OMC sont « des accords internationaux importants » à ratifier par le Comité permanent de l'APN[1]. Cela pourrait sembler classifier le statut des accords de l'OMC dans le système juridique chinois, mais ce n'est pas vrai. Le rapport du Groupe de travail de l'accession de la Chine n'est pas un document juridique et n'a pas de véritable valeur. De plus, l'existence des lois sur la procédure de ratification des traités ne règle pas la détermination du statut des traités. Par conséquent, le statut des accords de l'OMC en tant qu'« accord international important » reste à confirmer par des lois ou des actes législatifs, ce qui constitue une question urgente à résoudre.

Cependant, bien que les accords de l'OMC ne puissent pas être appliqués directement en Chine selon le principe de l'adoption, cela ne signifie pas qu'ils sont sans effet. En Chine, on remarque qu'il existe des cas de modification des lois nationales pertinentes sur la propriété intellectuelle afin de mettre en œuvre les décisions des organes de règlement des différends de l'OMC. Cela semble signifier que la Chine adopte une manière pragmatique d'appliquer les accords de l'OMC. En outre, il

1 Compilation des instruments juridiques sur l'adhésion de la Chine à l'Organisation mondiale du commerce, traduits par le Département des relations économiques et commerciales internationales du Ministère du commerce extérieur et de la coopération économique, Law Press of China, 2002, p. 775.

convient de mentionner que le 29 juillet 2013, le Ministère du commerce de la Chine a publié des Règles provisoires pour la mise en œuvre des décisions de l'Organisation mondiale du commerce sur les différends relatifs aux recours commerciaux (décret n° 2 [2013]). L'article 1 des Règles provisoires énonce que : « Ces règles sont adoptées pour mettre en œuvre les décisions de l'Organisation mondiale du commerce concernant les différends relatifs aux mesures antidumping, antisubventions et de sauvegarde, le tout conformément aux dispositions des lois et règlements administratifs concernés ». Du côté positif, ces règles peuvent être considérées comme une mesure visant à promouvoir une solution concernant la question de l'application des accords de l'OMC en Chine. Cependant, en fait, en raison de l'absence de lois de niveau hiérarchiquement supérieur correspondantes, les Règles provisoires ne peuvent pas être utilisées comme base juridique pour traiter de la relation entre les accords de l'OMC et le droit interne chinois.

En un mot, du point de vue des traités internationaux, la relation entre le droit international et le système juridique chinois n'est toujours pas assez claire : premièrement, la question de savoir si les traités internationaux font partie ou non du système juridique chinois reste une question indéterminée ; deuxièmement, leur statut n'a pas lui non plus été déterminé ; troisièmement, les modalités d'application de ceux-ci n'ont pas été clarifiées ; quatrièmement, la question de savoir si les tribunaux chinois peuvent utiliser des traités internationaux (principalement des traités internationaux de droit public) comme base de leurs décisions n'a pas été validée. Ainsi, ces incertitudes finiront par affecter la relation entre les lois internationales sur les droits de l'homme et le droit interne chinois. Il en va de même de la relation entre les règles de l'Organisation mondiale du commerce et le droit interne chinois. Dans la perspective d'un progrès, ce n'est qu'en aménageant la Constitution, en modifiant et en perfectionnant la Loi sur la procédure de conclusion des traités de la République populaire de Chine que la question fondamentale des relations entre le droit international et le droit interne pourra être résolue durablement.

PRÉSENTATION DES TRADUCTEURS

ZHU Lin, professeur adjoint à l'Université de Sciences Politiques et de Droit de Chine, docteur en droit.

DU Yixiong, maître de conférences à l'Université de Sciences Politiques et de Droit de Chine, titulaire d'un doctorat en sciences de l'éducation.

LIU Xiaoyan, maître de conférences à l'Université de Sciences Politiques et de Droit de Chine, titulaire d'un doctorat en linguistique.

TABLE DES MATIÈRES

Structures éditoriales du groupe L'Harmattan

L'Harmattan Italie
Via degli Artisti, 15
10124 Torino
harmattan.italia@gmail.com

L'Harmattan Hongrie
Kossuth l. u. 14-16.
1053 Budapest
harmattan@harmattan.hu

L'Harmattan Sénégal
10 VDN SICAP AMITIE 3
BP 45034 Dakar-Fann
direction@senharmattan.com

L'Harmattan Cameroun
Tsinga/Derrière polyclinique FECAFOOT
BP 11486 Yaoundé
Jacques.koukam@harmattan.fr

L'Harmattan Burkina Faso
Villa 281, secteur 23 623, rue 14.32
Ouagadougou
zagbie@outlook.fr

L'Harmattan Guinée
Almamya, rue KA 028 OKB Agency
BP 3470 Conakry
harmattanguinee@yahoo.fr

L'Harmattan RDC
185, avenue Nyangwe
Commune de Lingwala – Kinshasa
matangilamusadila@yahoo.fr

L'Harmattan Congo
219, avenue Nelson Mandela
BP 2874 Brazzaville
deunovmikhael@gmail.com

L'Harmattan Mali
Immeuble Mgr Jean Marie Cissé
Aci Hamadallaye
BP 145 Bamako
syllaka@yahoo.fr

L'Harmattan Togo
Djidjole – Maison Amela
face EPP BATOME
02 BP 20680 Lomé
didieramela11@gmail.com

L'Harmattan Côte d'Ivoire
Résidence Karl – Cité des Arts
Abidjan-Cocody
03 BP 1588 Abidjan
harmattan.ivoire@gmail.com

L'Harmattan Bénin
Rue 604, (Immeuble à l'entrée
de la rue UCAO- Cite de Saint-Jean)
Cotonou
stepcorpus@gmail.com

Nos librairies en France

Librairie internationale
16, rue des Écoles
75005 Paris
librairie.internationale@harmattan.fr
01 40 46 79 11
www.librairieharmattan.com

Librairie des savoirs
21, rue des Écoles
75005 Paris
librairie.sh@harmattan.fr
01 46 34 13 71
www.librairieharmattansh.com

www.ingramcontent.com/pod-product-compliance
Lightning Source LLC
LaVergne TN
LVHW021146061026
849535LV00002B/370